总第 33 期

广西统计年鉴

GUANGXI STATISTICAL YEARBOOK

广西壮族自治区统计局 编

Compiled By Guangxi Statistical Bureau

中国统计出版社

China Statistics Press

图书在版编目(CIP)数据

广西统计年鉴. 2015:汉英对照/广西壮族自治区统计局编. —北京:中国统计出版社,2015.9
ISBN 978-7-5037-7581-9

Ⅰ.①广… Ⅱ.①广… Ⅲ.①统计资料-广西-2015-年鉴-汉、英 Ⅳ.①C832.67-54

中国版本图书馆 CIP 数据核字(2015)第 202286 号

广西统计年鉴—2015

作　　者/ 广西壮族自治区统计局
责任编辑/ 佘竞雄　熊　威　周　旻
装帧设计/ 黄小纯
出版发行/ 中国统计出版社
地　　址/ 北京市丰台区西三环南路甲 6 号
邮政编码/ 100073
电　　话/ 邮购(010)63376909　书店(010)68783171
网　　址/ http://www.zgtjcbs.com
印　　刷/ 广西民族印刷包装集团有限公司
经　　销/ 新华书店
开　　本/ 890mm×1240mm　1/16
字　　数/ 1505 千字
印　　张/ 43.25
版　　别/ 2015 年 9 月第 1 版
版　　次/ 2015 年 9 月第 1 次印刷
定　　价/ 360.00 元

本书附同版本 CD-ROM 一张,光盘内容以书面文字为准。
如有印装差错,由本社发行部调换。

编 者 说 明

一、《广西统计年鉴—2015》是一部全面反映广西壮族自治区国民经济和社会发展情况的大型资料性年刊。本书收录了全自治区2014年和1978年以来重要年份的主要统计数据，各市县（区）2014年的主要统计数据。

二、全书内容分为23个篇章，即：1.综合；2.国民经济核算；3.人口；4.就业人员和职工工资；5.固定资产投资；6.对外经济贸易；7.资源与环境；8.能源生产与消费；9.财政、金融和保险；10.物价；11.人民生活；12.城市概况；13.农业；14.工业；15.建筑业；16.交通、运输和邮电通信业；17.批发和零售业；18.住宿餐饮业和旅游；19.教育、科技和文化；20.体育、卫生、社会福利及服务业；21.区域经济；22.各市基本情况；23.县（市、区）基本情况。为便于读者更直观地了解全书内容和正确使用资料，篇章的后面附有主要统计指标解释。附录内容有：2014年广西国民经济和社会发展统计公报。

三、资料中所使用的度量衡单位均采用国际统一标准计量单位。

四、本年鉴部分数据合计数或相对数由于单位取舍不同产生的计算误差均未作机械调整。

五、本年鉴对以前发表的统计资料重新进行审核，凡与本年鉴资料有出入的，均以本年鉴为准。

六、本年鉴的资料来源：大部分来自统计年报，部分来自抽样调查。

七、本年鉴表中的符号使用说明：

“…”表示数据不足本表最小计量单位数；

“空格”表示该项统计数据不详或无该项统计数据；

“#”表示其中的主要项。

八、鉴于统计制度的改革，对统计年鉴中某些统计指标数据相应作了调整，对这些指标我们作了脚注，请读者在使用数据时要加以注意。

九、年鉴中涉及到经济普查的有关专业数据已按照第三次全国经济普查数据进行了调整，对此在各篇中我们也相应做了说明。

十、根据全国第二次农业普查，对2006年和2007年的农林牧渔业总产值以及粮食经济作物和主要畜禽水产等指标数据进行衔接，但2005年以前的数据均未修正。

十一、在本年鉴的编辑过程中，得到了许多单位和同志的大力支持，在此我们深表谢意。限于我们的水平，年鉴中的错误和不足之处在所难免，恳请广大读者给予批评指正。

PREFACE

Ⅰ. Guangxi Statistical Yearbook is an annual statistics publication, which covers very comprehensive data in 2014 and some selected data series in historically important years since 1978 of the whole autonomous region, the main statistical data of city, county(district) in 2014 and therefore, reflects various aspects of Guangxi ' s social and economic development.

Ⅱ. This book contains the following twenty–three parts, 1.General Survey; 2.National Economic Accounting; 3.Population; 4.Employment & Wages; 5.Investment in Fixed Assets; 6.Foreign Economy & Trades; 7.Natual Resources & Environment; 8. Energy Production & Consumption; 9. Finance, Banking & Insurance; 10. Price; 11. People ' s Livelihood; 12. General Survey of Cities; 13. Agriculture; 14. Industry; 15. Construction; 16. Transportation, Postal & Telecommunication Services; 17. Wholesale & Retail Trades; 18. Hotels Catering Services & Tourism; 19. Education, Science & Culture; 20. Sport, Public Health, Social Welfare & Service Industry; 21. Economic Zones; 22. Basic Statistics of Cities; 23.Basic Statistics of Counties(Cities, Districts). In Order to make readers understand the whole content of this book and use the materials correctly, most of the chapters are equipped with explanatory notes on main statistical indicators at the end. Moreover, addenda(Statistical Communique on National Economic & Social Development of Guangxi in 2014) is attached at the end of the book.

Ⅲ. The international standard unit of measurement is applied in this book.

Ⅳ. Statistical discrepancies in this book due to rounding are not adjusted.

Ⅴ. In this yearbook, the statistical materials published before have been verified again, and the data that tally with this book should take the data of this book as standard.

Ⅵ. The major data sources of this publication are obtained from annual statistical reports and some from sample surveys.

Ⅶ. Notations used in this yearbook:

"…" indicates that the figure is not large enough to be measured with the smallest unit in the table;

"(blank)" indicates that the data are not available;

"#" indicates the major items of the table.

Ⅷ. Because of innovation in statistical system, some statistical data in this yearbook have been adjusted accordingly, and we have made footnote to these indicators. The users should notice that when using these data.

Ⅸ. Since the comprehensive survey of economy has not been publicized, data that related to national economy account are from preliminary reports, and it is explanted in the chapters.

Ⅹ. According to the 3rd Agriculture Census, the data of gross output value of farming, forestry animal husbandry and fishery, and the output of grains crops, economic crops and major animals in 2006 and 2007 has been adjusted, while the data in 2005 and before hasn't.

XI. During the editions of this yearbook, we have won wide support from many departments and comrades, and we deeply thanks for these all. Based on our limited level, perhaps there are some mistakes in the book, we welcome all candid comments and criticism from our readers.

《广西统计年鉴—2015》编辑委员会及编辑人员

Editorial Board & Staff of Guangxi Statistical Yearbook-2015

广西主要经济指标占全国的比重（2014 年，%）

Proportion of Guangxi to Nation on Major Indicators(2014,%)

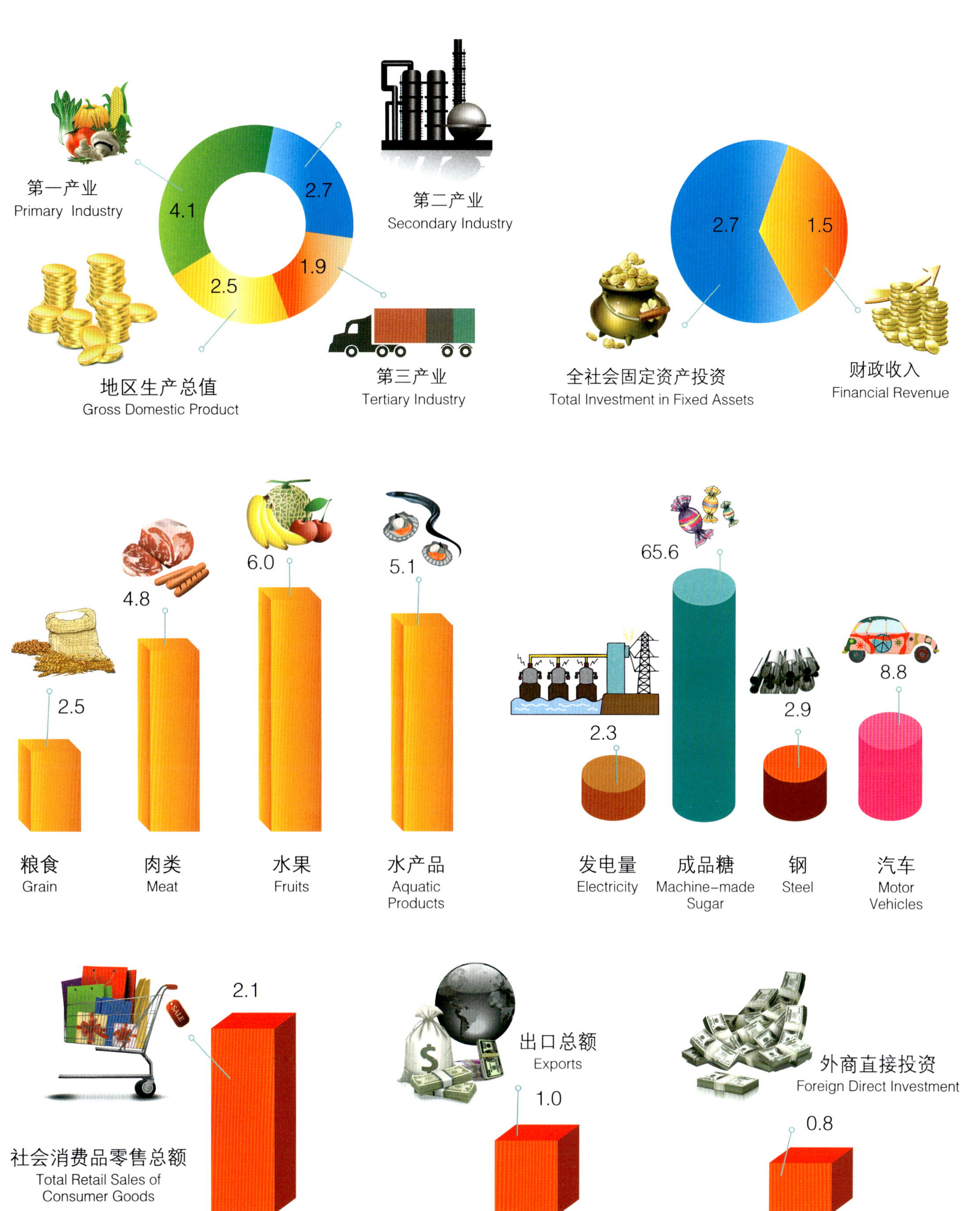

广西生产总值及增速

Guangxi Gross Domestic Product & Its Growth Rate

地区生产总值构成（%）

Composition of Guangxi Gross Domestic Product （%）

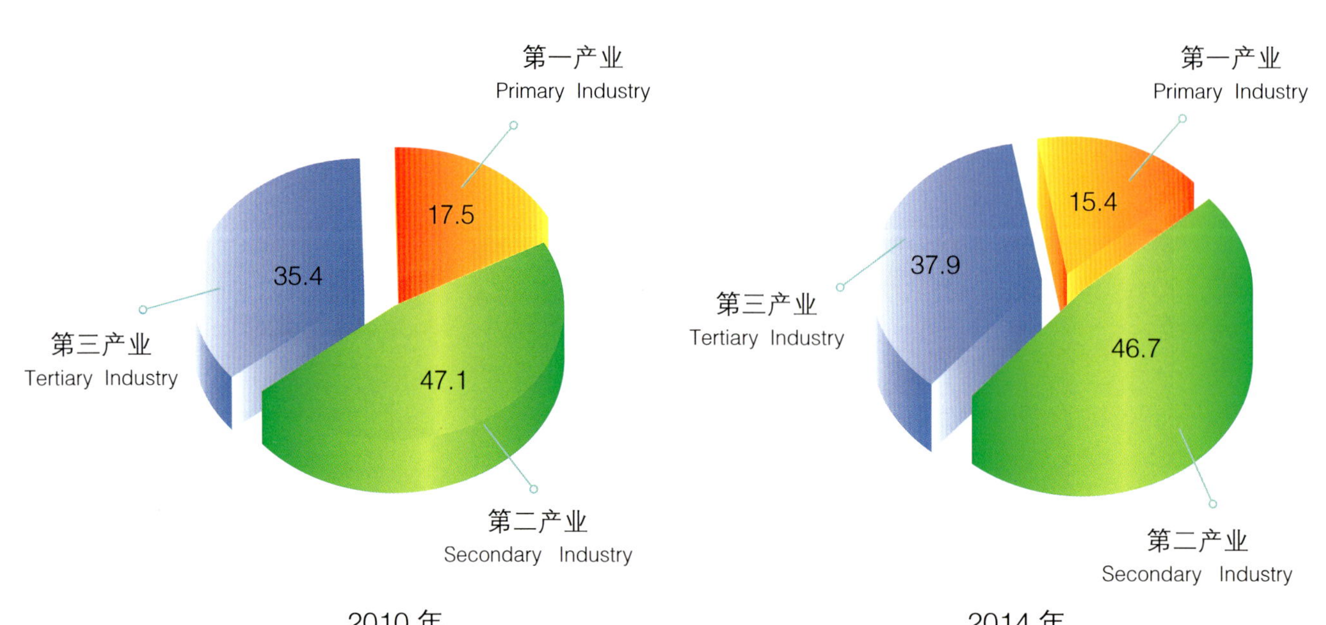

人均地区生产总值（元）

Per Capita Gross Domestic Product （yuan）

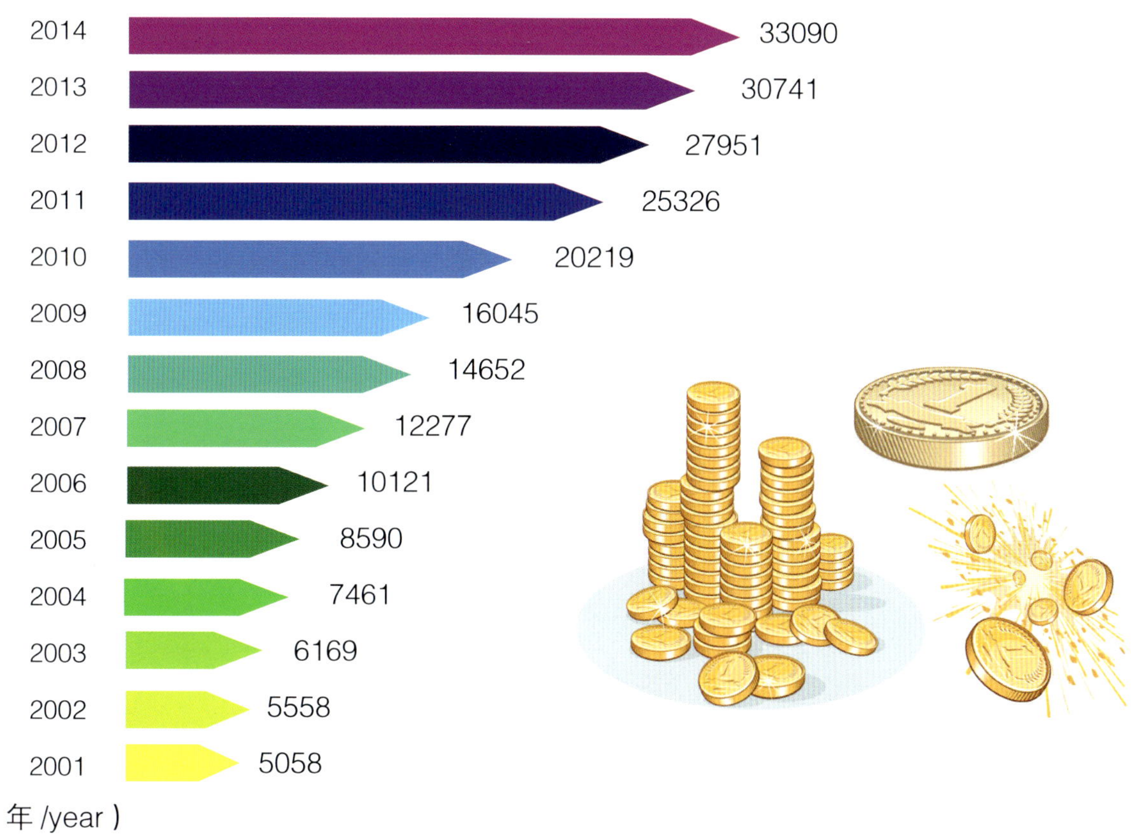

年末总人口（万人）

Total Population （10 000 persons）

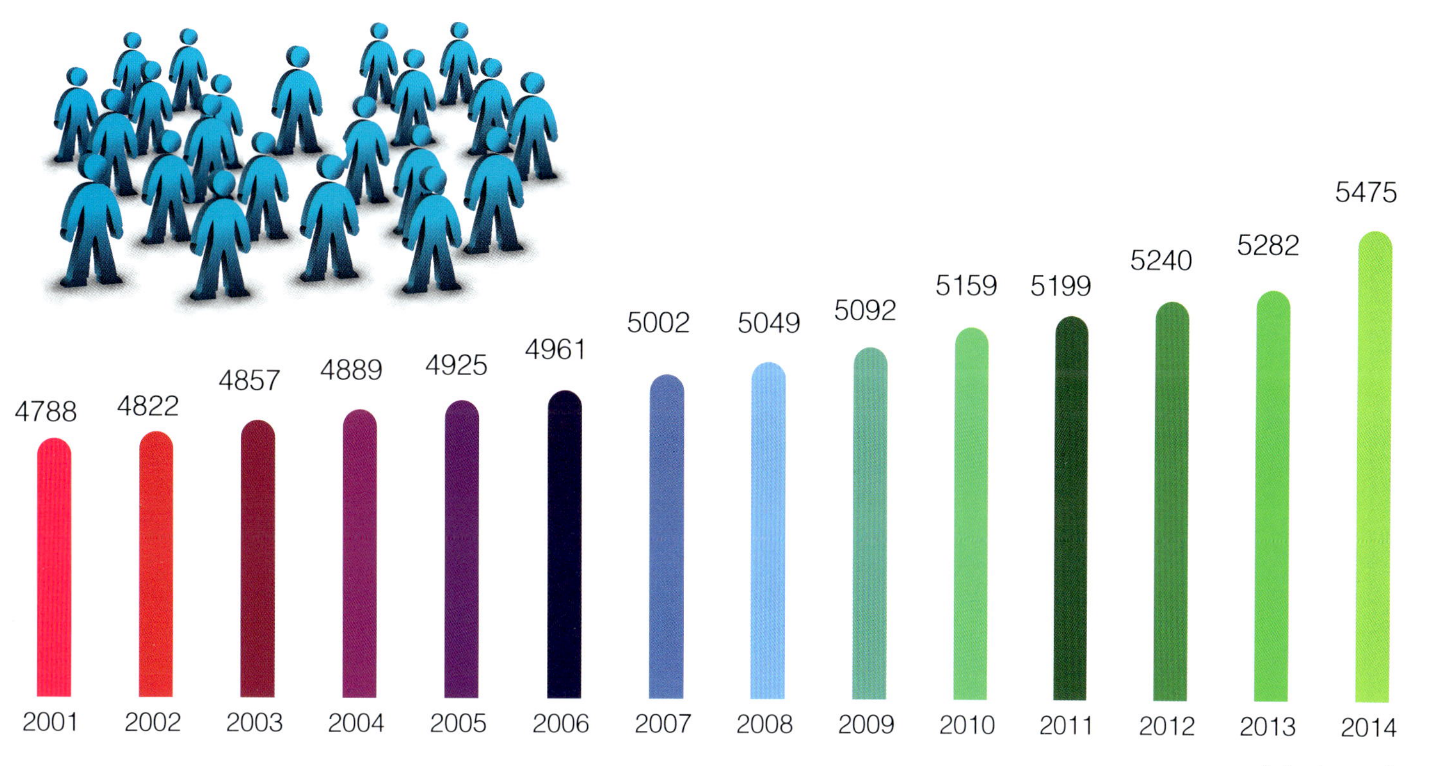

性别比（以女性为 100）

Sex Ratio（Female=100）

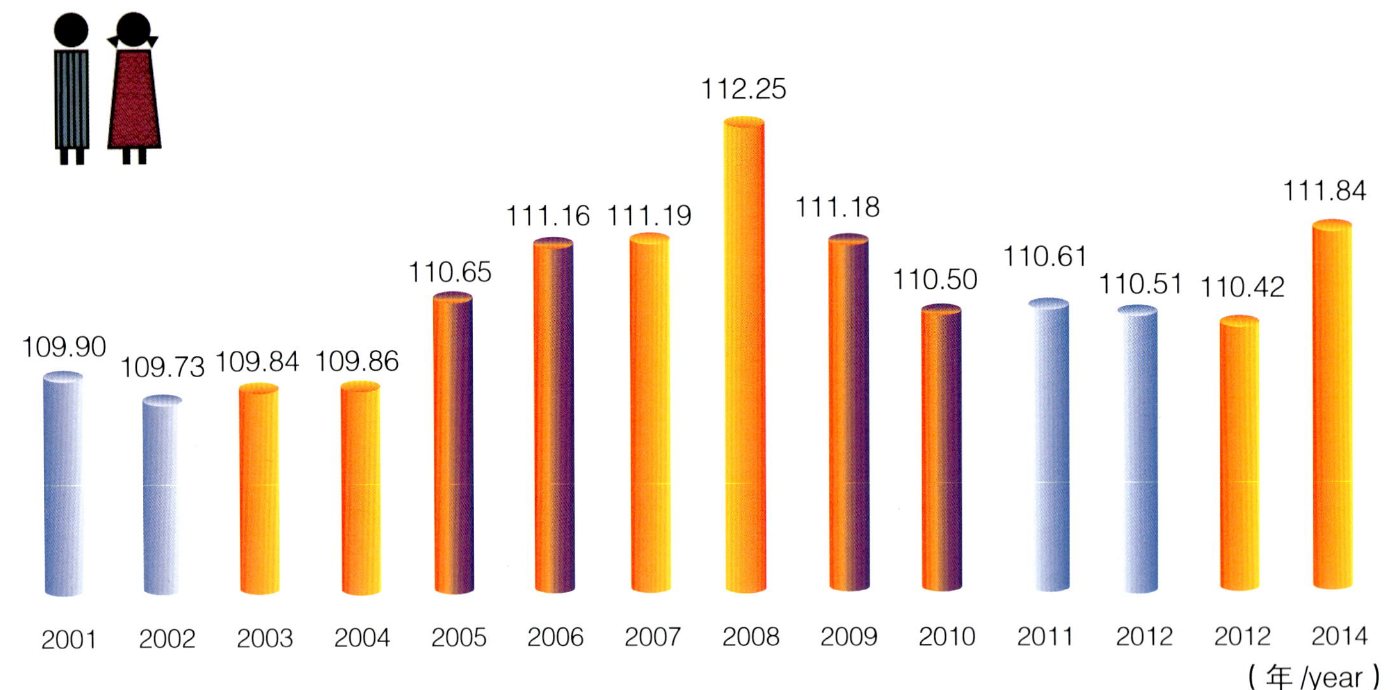

人口增长（‰）

Growth of Population（‰）

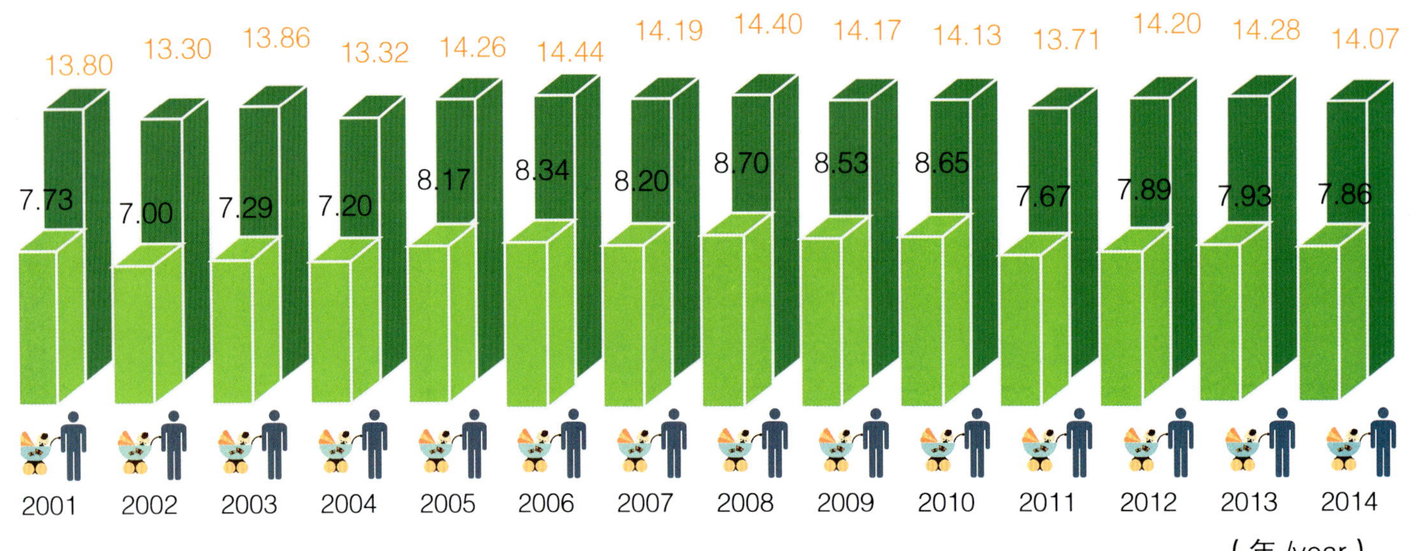

全社会从业人员（万人）

Total Employed Persons (10 000 persons)

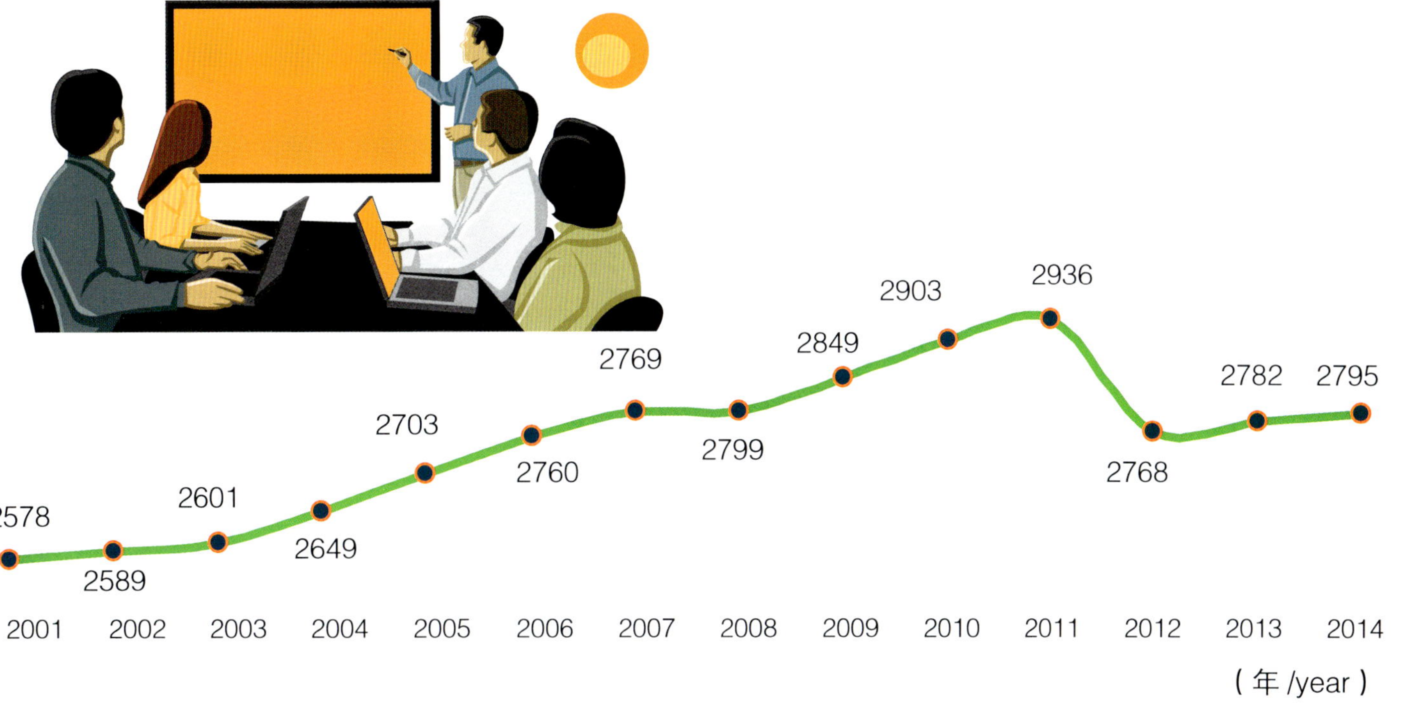

全社会从业人员构成（%）

Composition of Employment (%)

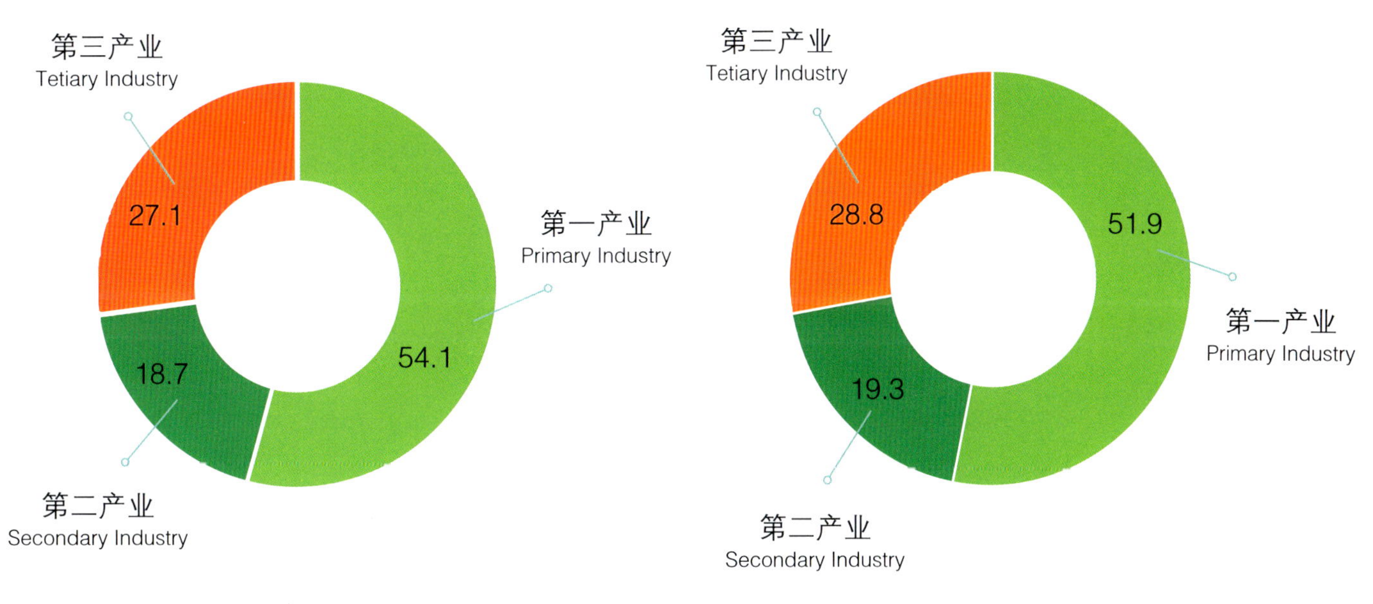

城镇单位在岗职工平均工资（元）

Average Wages of Staff & Workers at Post in Urban Units（yuan）

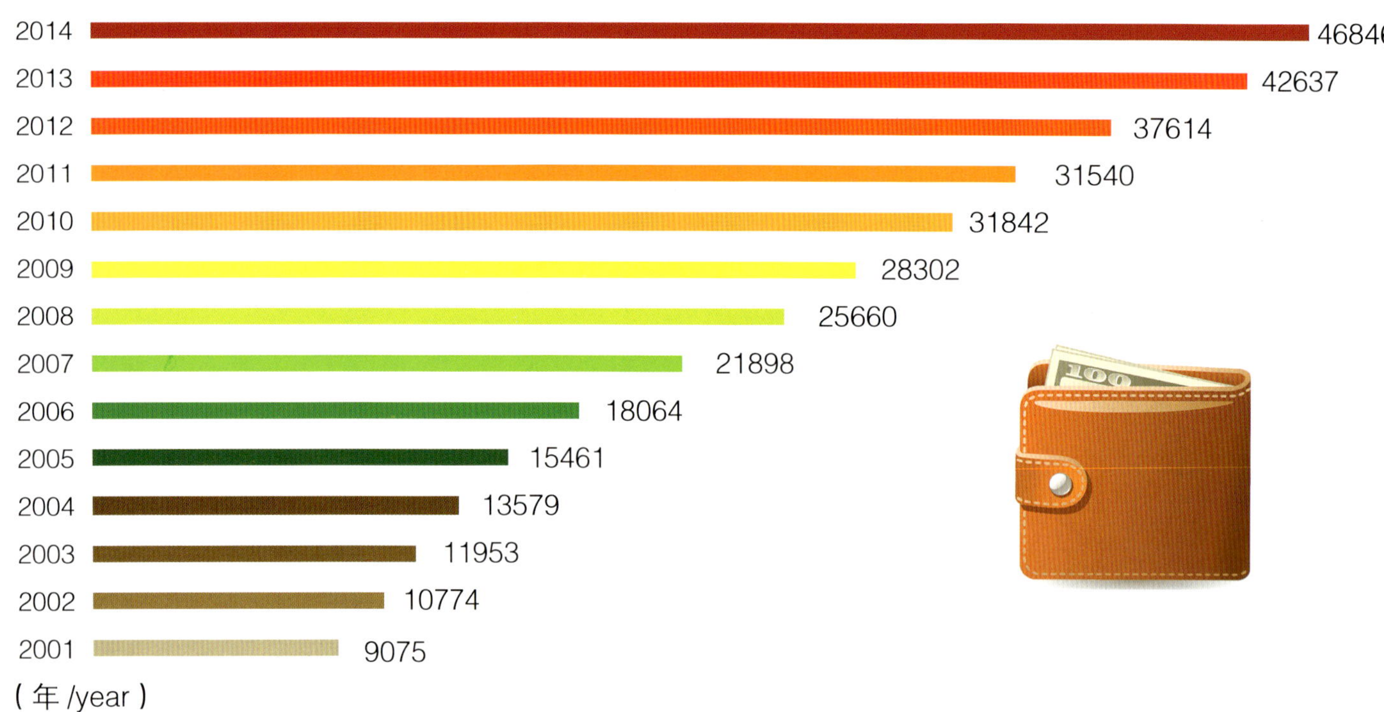

全社会固定资产投资（亿元）

Total Investment in Fixed Assets（100 million yuan）

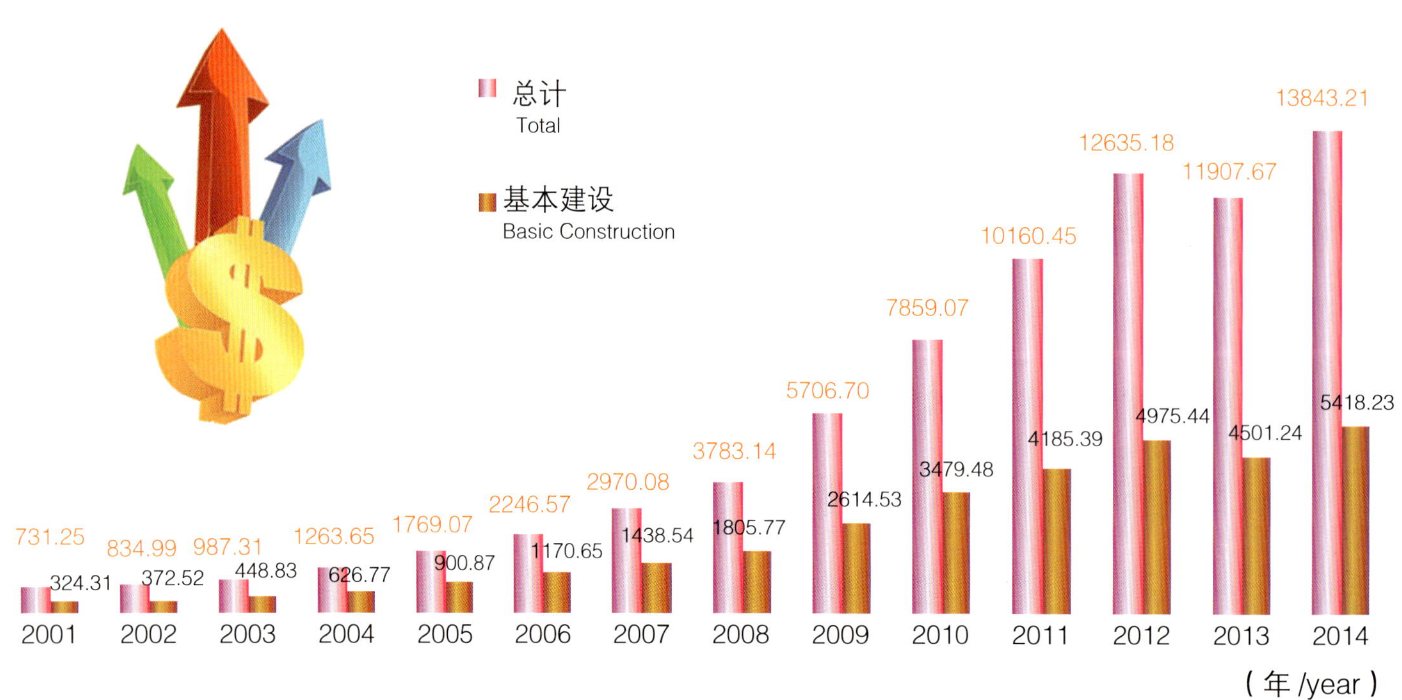

房地产投资完成额（亿元）

Real Estate Development（100 million yuan）

55.58
88.28
140.31
211.68
286.79
369.98
536.28
627.34
813.63
1206.22
1517.47
1554.94
1614.63
1838.49
2001
2002
2003
2004
2005
2006
2007
2008
2009
2010
2011
2012
2013
2014
（年 /year）

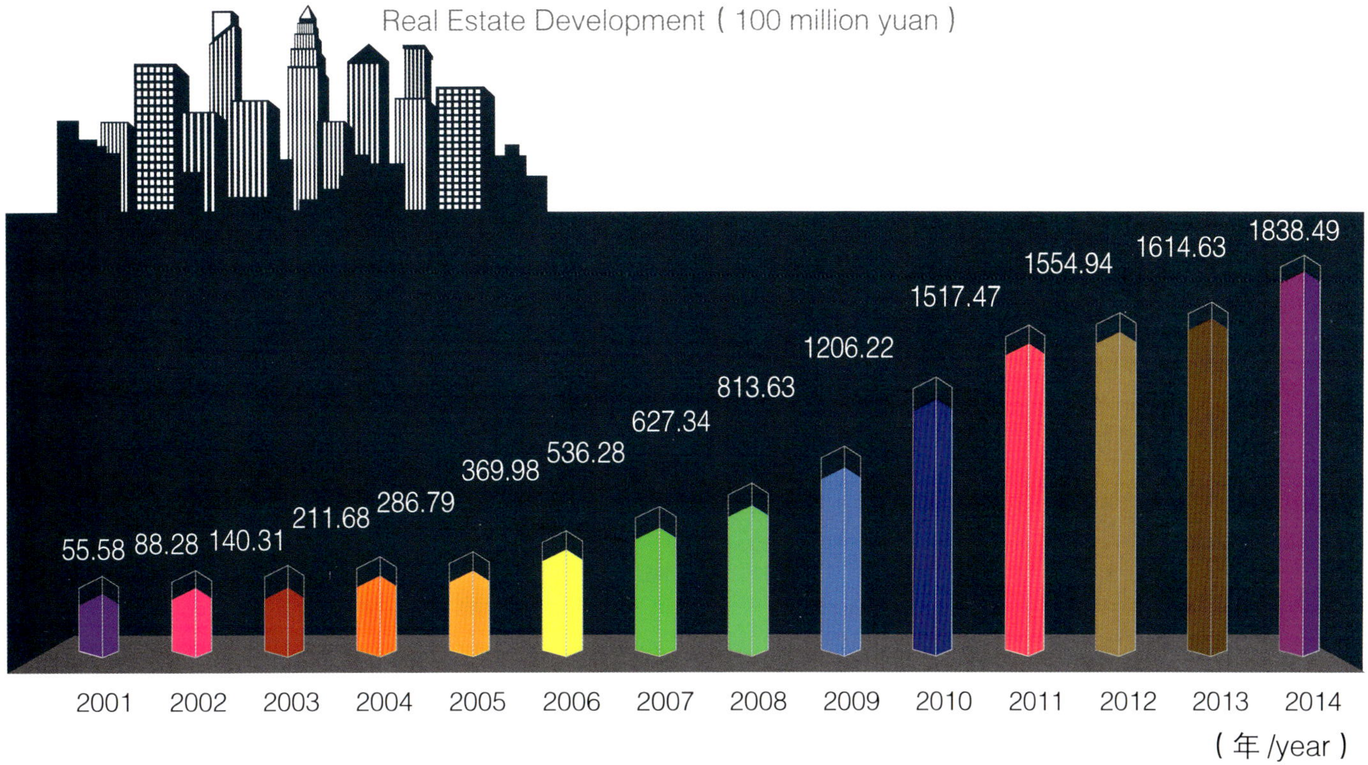

社会消费品零售总额（亿元）

Total Retail Sales of Consumer Goods （100 million yuan）

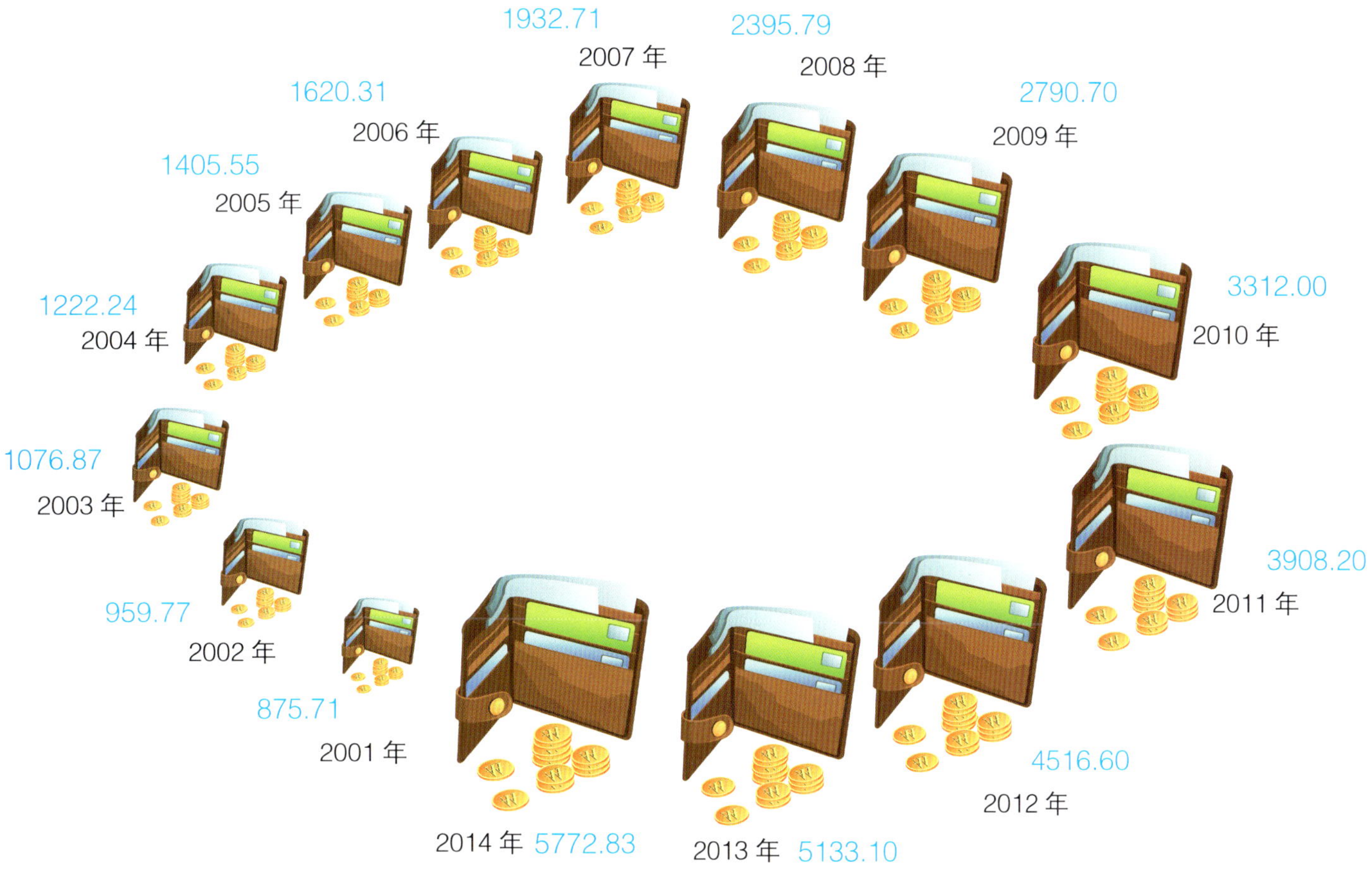

2001 年 875.71
2002 年 959.77
2003 年 1076.87
2004 年 1222.24
2005 年 1405.55
2006 年 1620.31
2007 年 1932.71
2008 年 2395.79
2009 年 2790.70
2010 年 3312.00
2011 年 3908.20
2012 年 4516.60
2013 年 5133.10
2014 年 5772.83

进出口总额（亿美元）

Total Import & Export Value （USD 100 million）

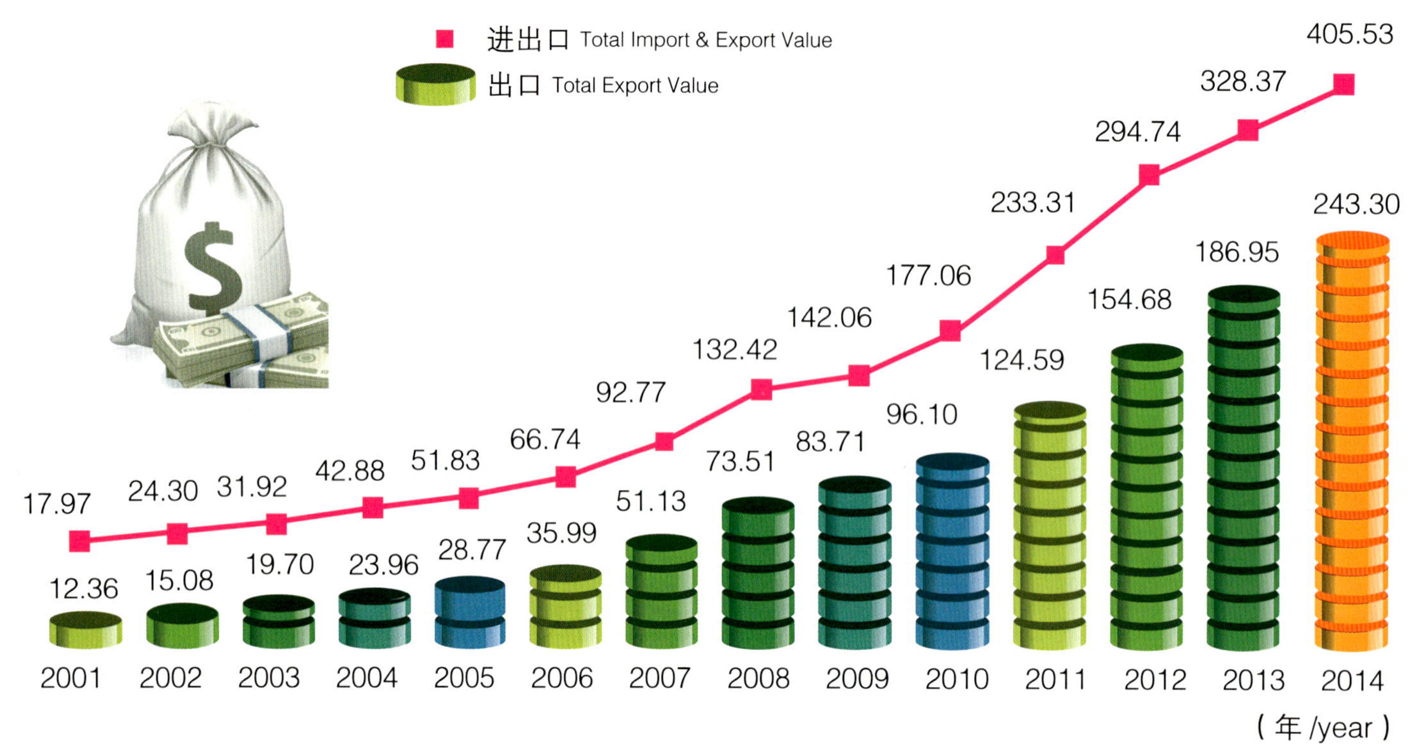

外商直接投资（亿美元）

Foreign Direct Investment （USD 100 million）

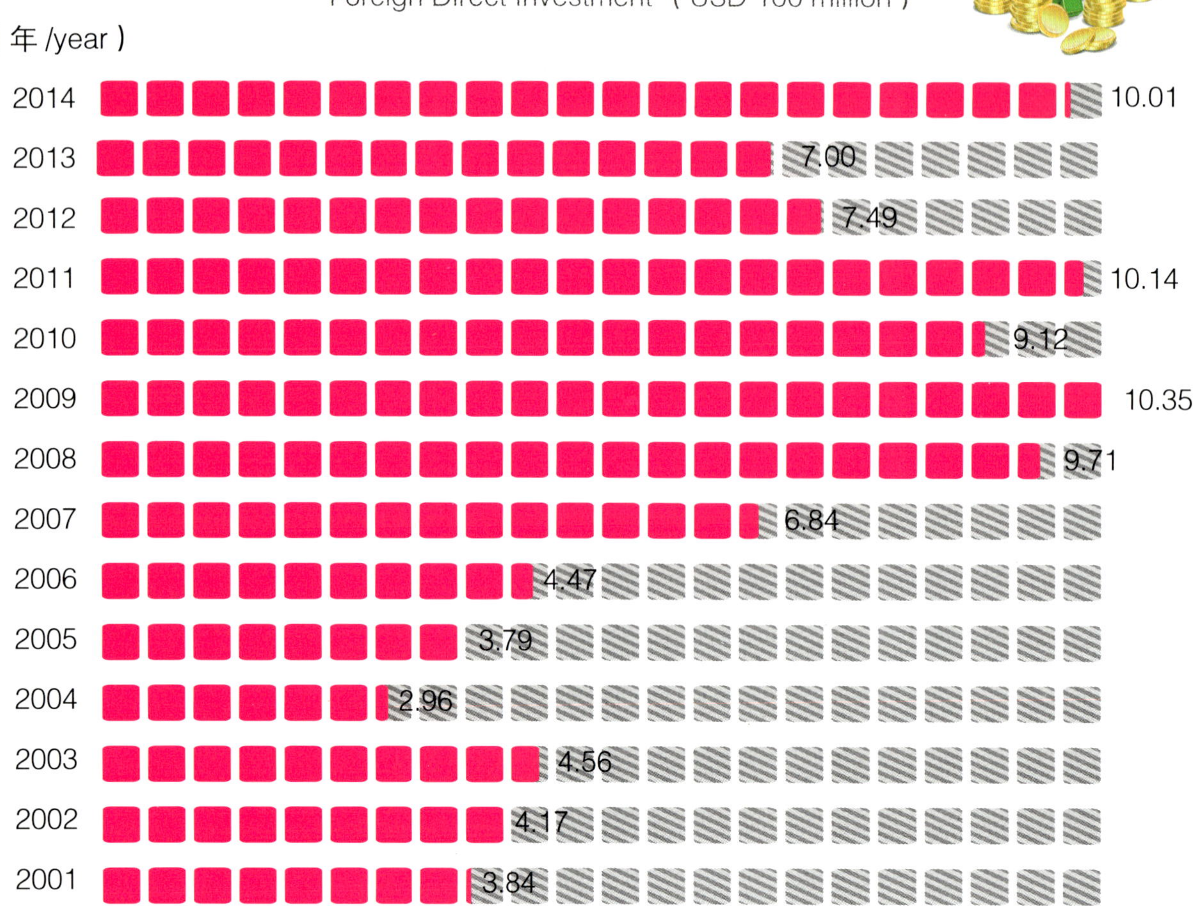

国际旅游人数（万人次）

Number of International Tourism （10 000 person-times）

国际旅游外汇收入（亿美元）

Income of International Tourism （USD 100 million）

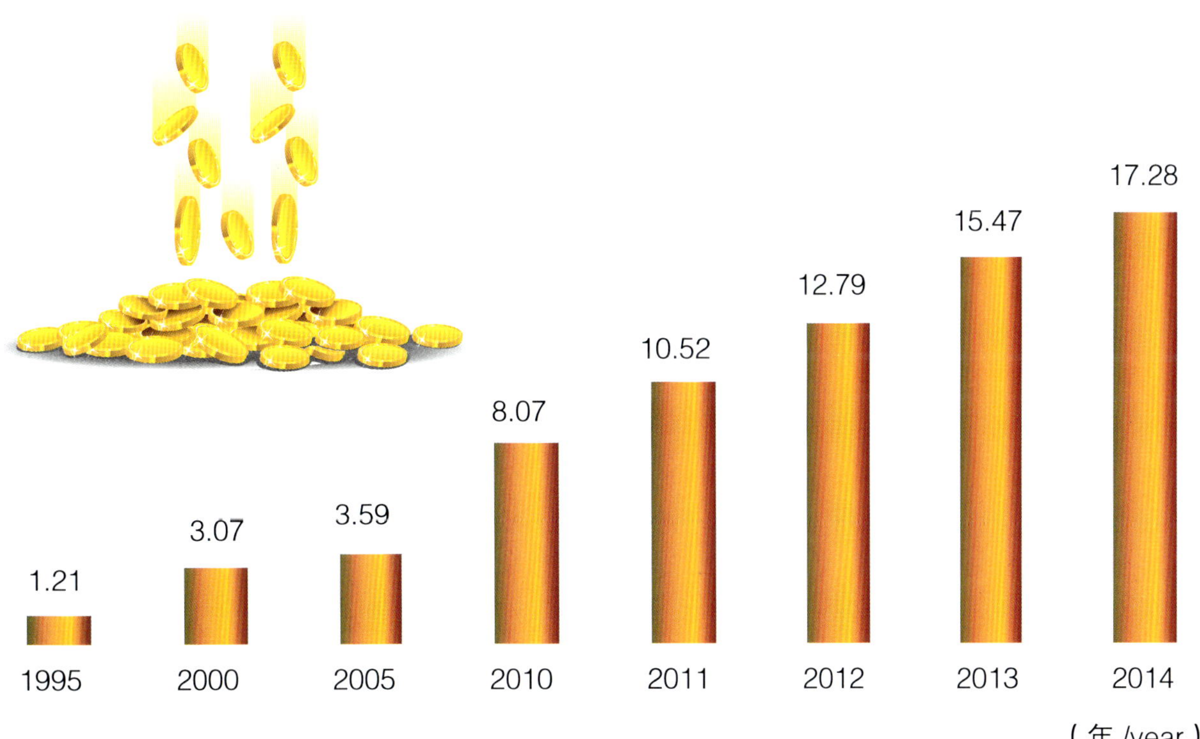

每万元 GDP 消费能源（吨标准煤）

Per 10 000 Yuan GDP Energy Consumption （ton of SCE）

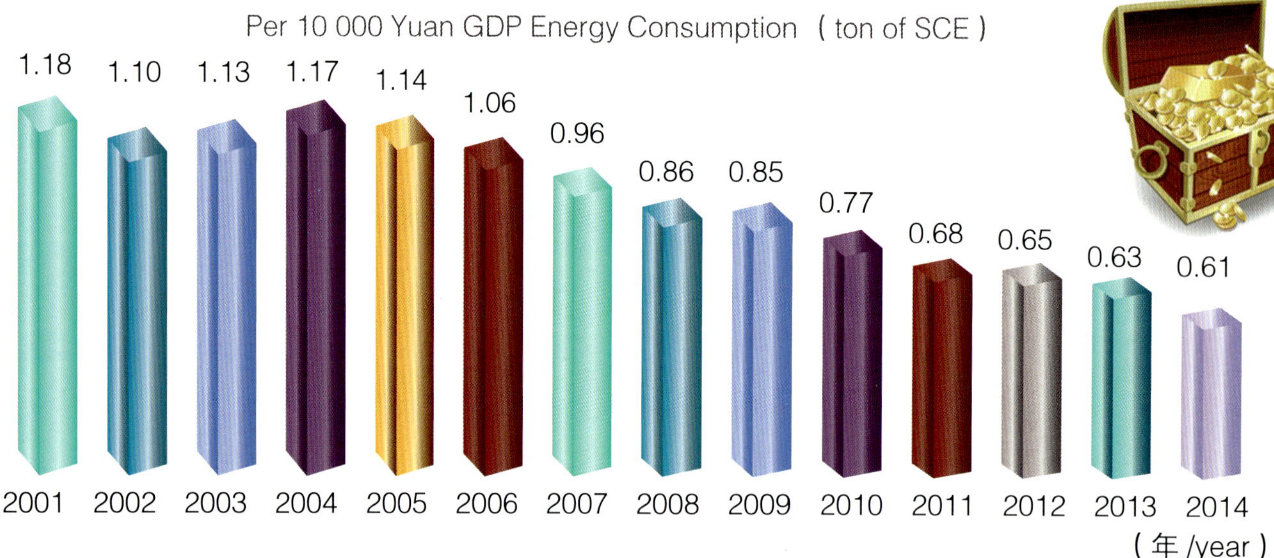

每万元工业总产值消费能源（吨标准煤）

Per 10 000 Yuan Gross Output Value of Industry Energy Consumption （ton of SCE）

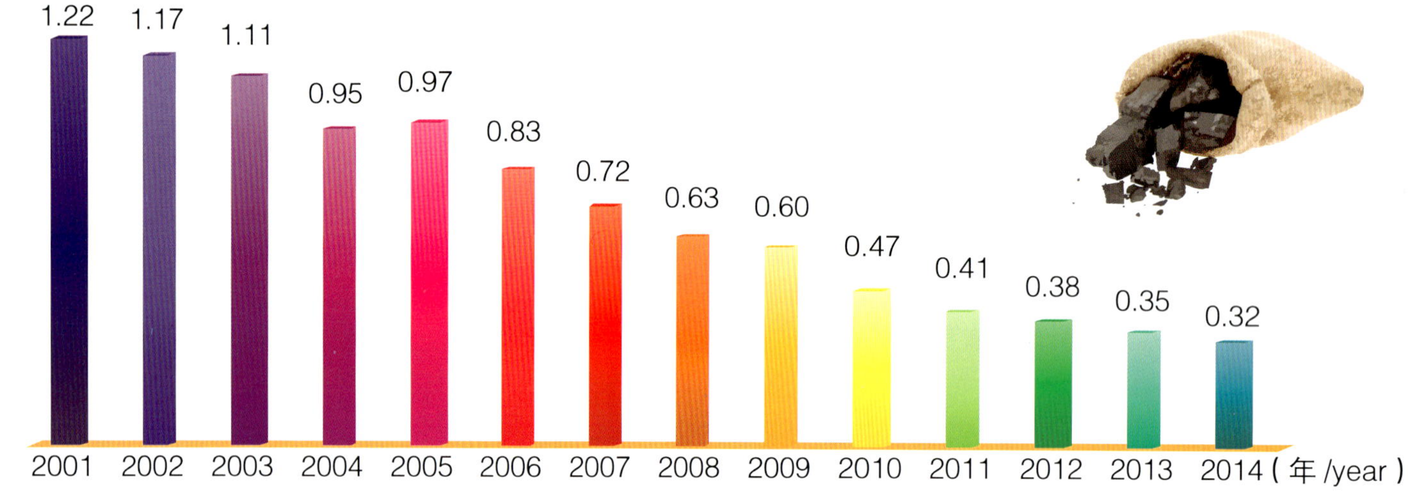

消费弹性系数

Elasticity Ratio of Energy Consumption

财政收入（亿元）

Financial Revenue （100 million yuan）

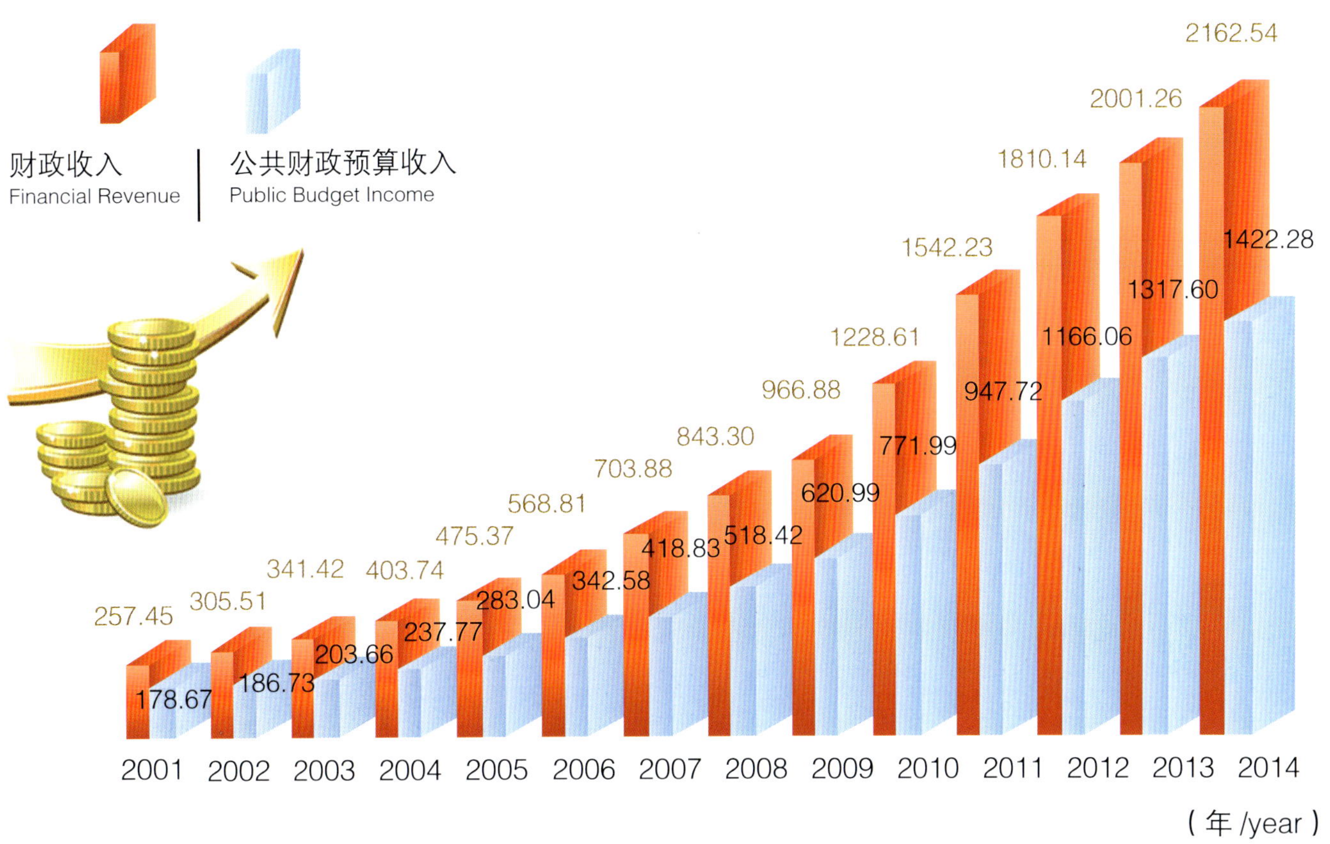

公共财政预算支出构成（%）

Composition of Public Budget Expenditure（%）

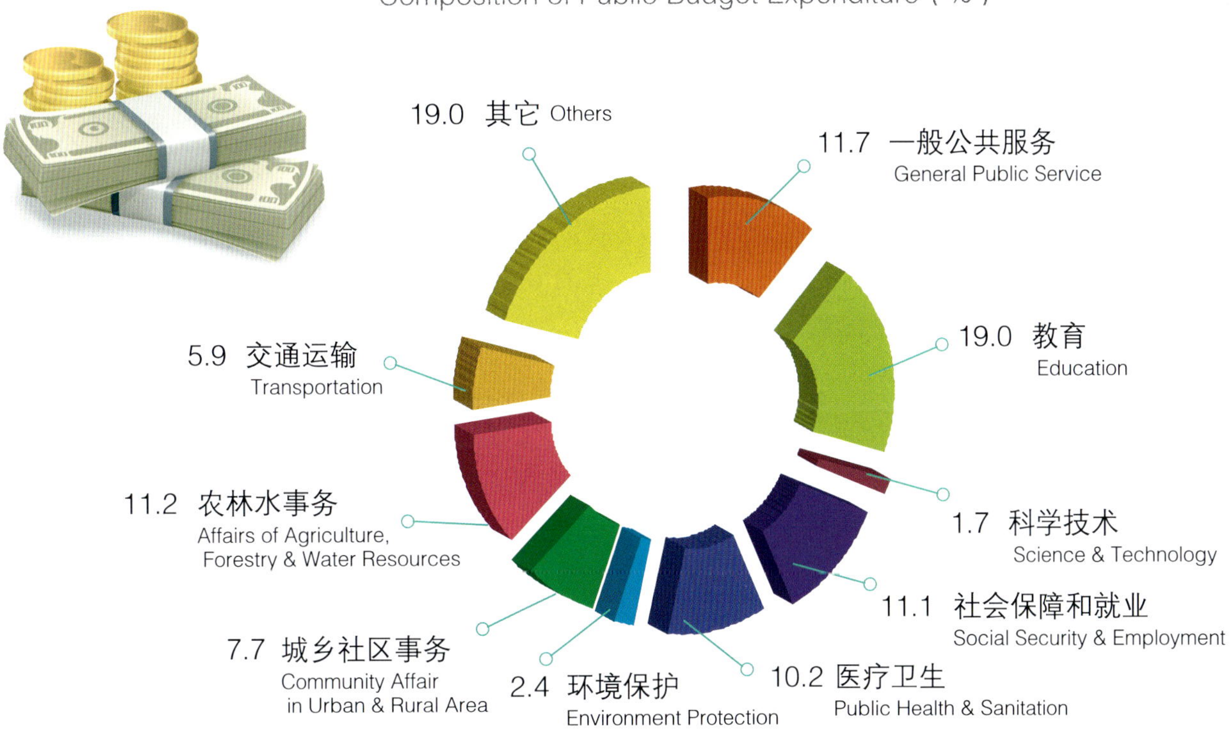

2014 年

个人存款（亿元）

Personal Deposits （100 million yuan）

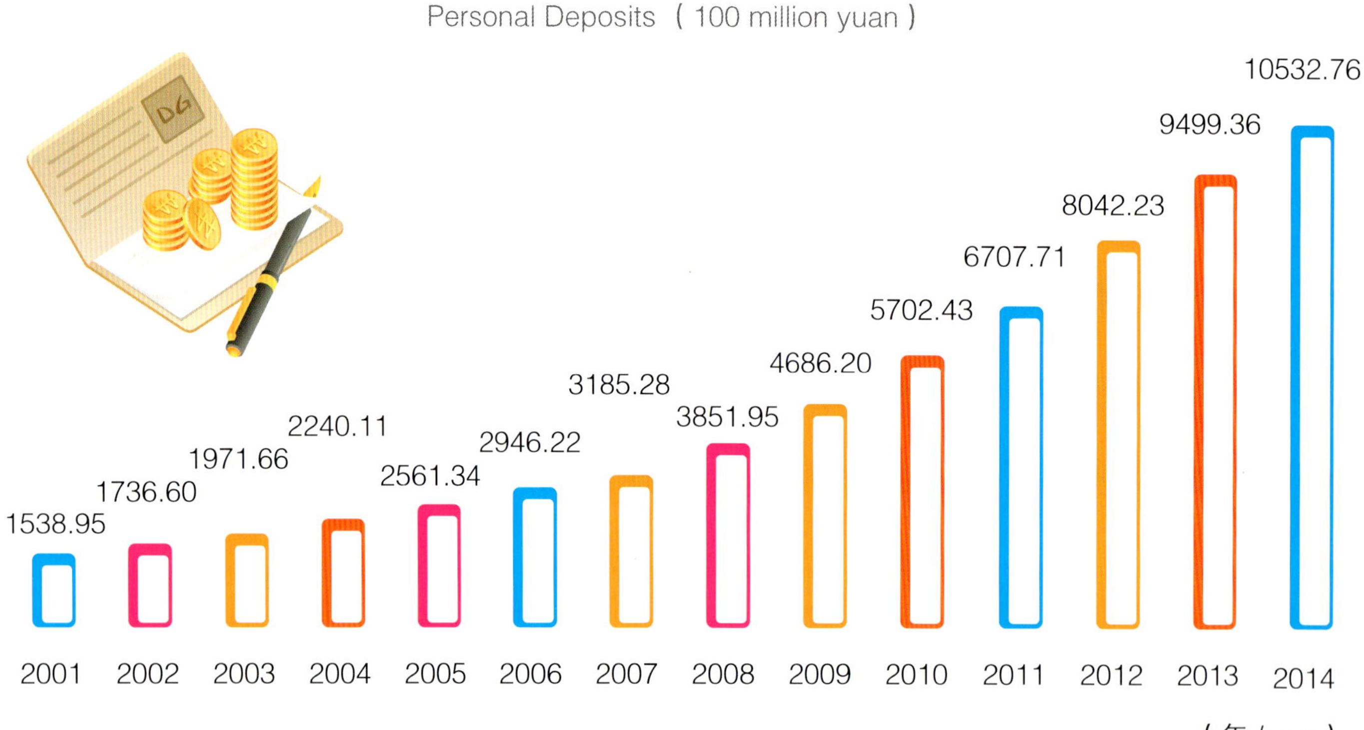

说明：根据中国人民银行南宁中心支行报表的调整，自 2011 年起，本图表中原指标“城乡居民储蓄存款”改为“个人存款”。

Note: Accroding to the reports adjustment of the Central Branch in Nanning of the People's Bank of China, the indicator "Urban & Rural Saving Deposits" has changde into "Personal Deposits" since 2011.

物价指数（上年 =100）

Price Indices （preceding year = 100）

居民消费价格指数 Consumer Price Index

商品零售价格指数 Retail Price Index

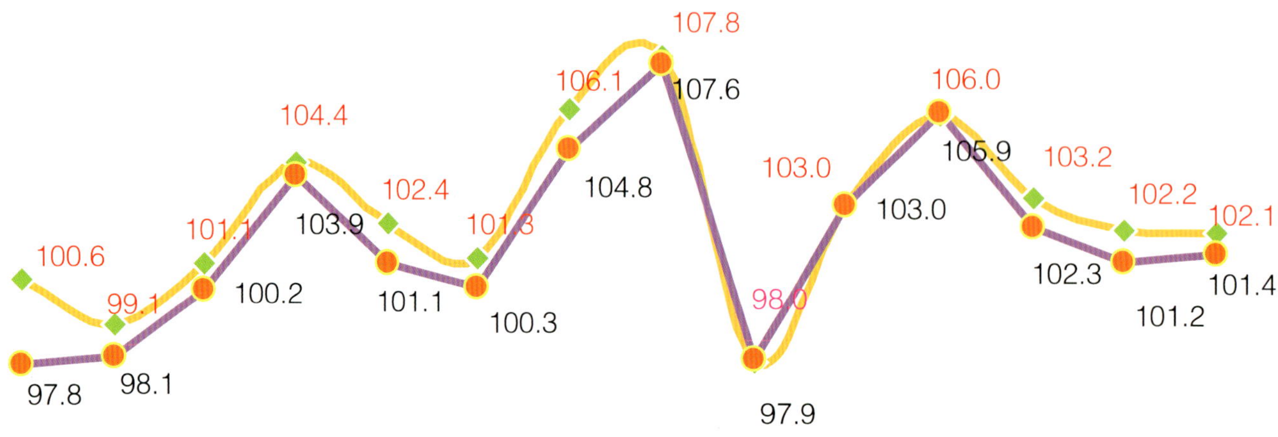

2001 2002 2003 2004 2005 2006 2007 2008 2009 2010 2011 2012 2013 2014

（年 /year）

居民消费价格指数（上年=100）

Consumer Price Index （preceding year = 100）

工业生产者出厂价格指数、工业生产者购进价格指数（上年=100）

Producer Price Indices for Industrial Products，Purchasing Price Indices for Industrial Producers （preceding year = 100）

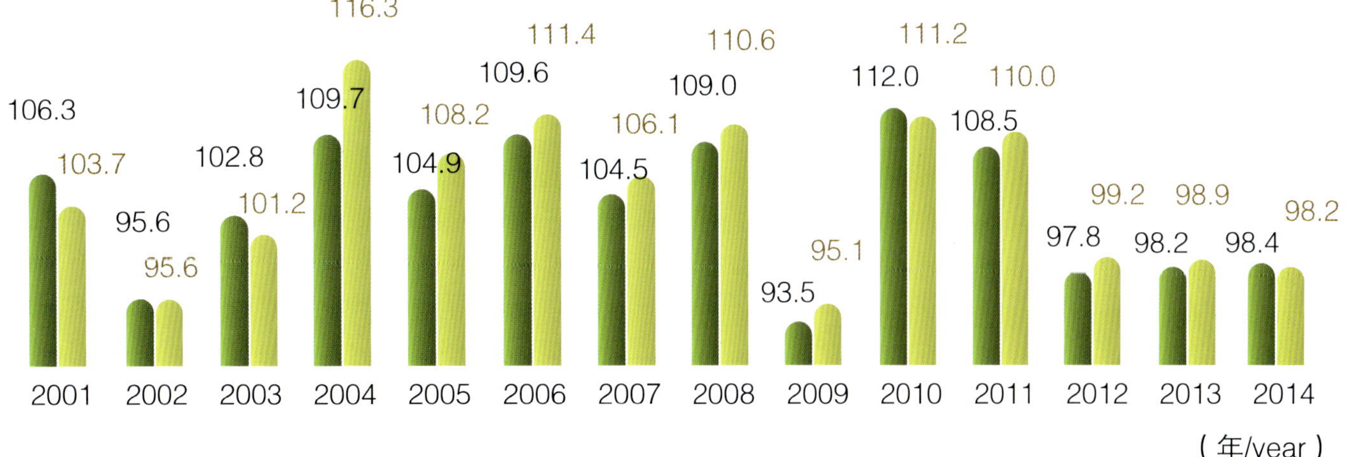

城镇居民人均可支配收入（元）

Per Capita Annual Disposable Income of Urban Households （yuan）

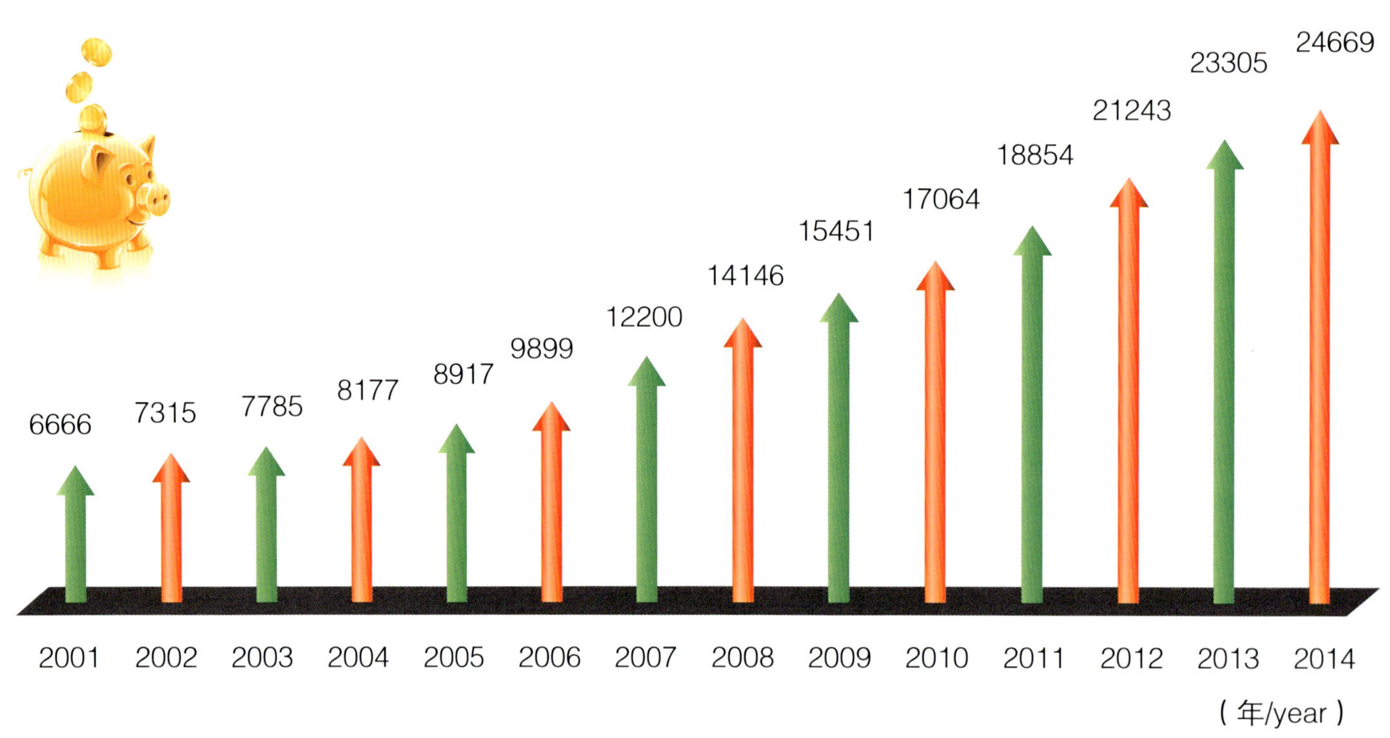

2014年城乡居民人均消费构成（%）

Composition of Per Capita Annual Consumption Expenditure of Urban & Rural Households in 2014（%）

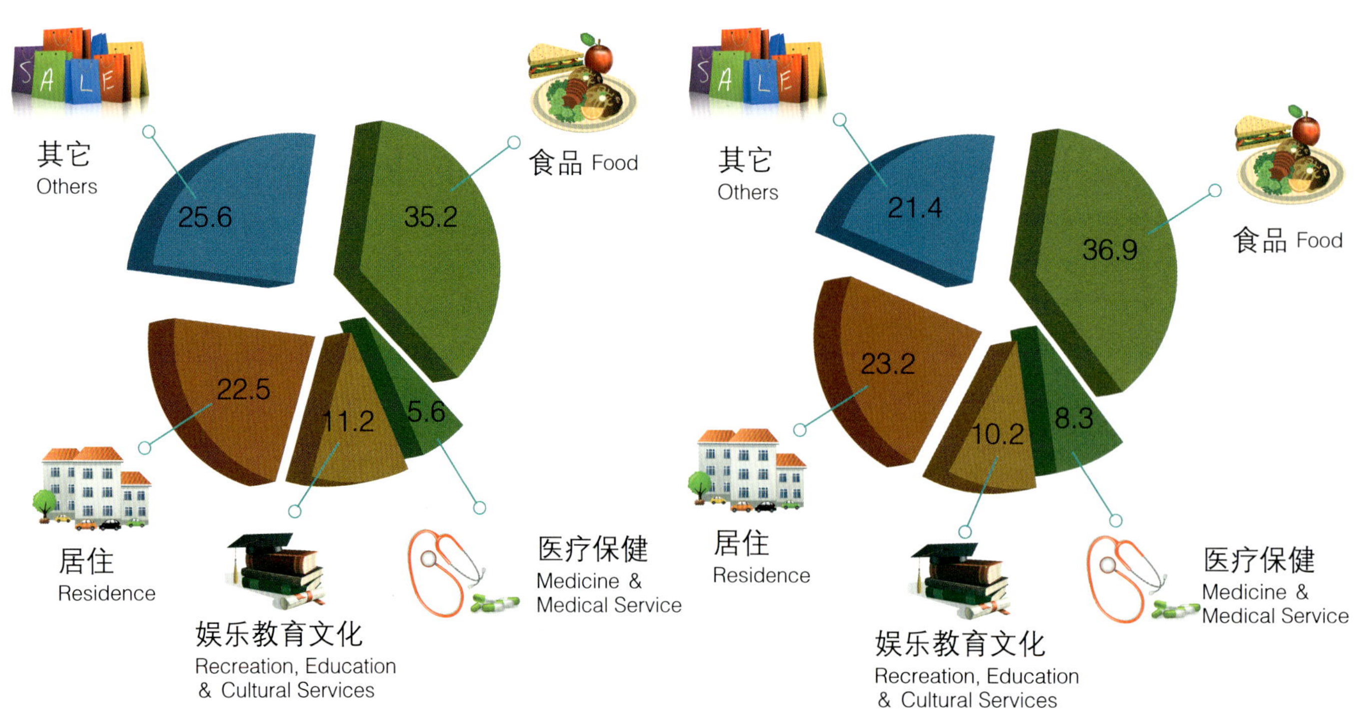

城镇居民人均消费构成
Composition of Per Capita Annual Consumption Expenditure of Urban Households

农民人均消费构成
Composition of Per Capita Annual Consumption Expenditure of Rural Households

农民人均纯收入（元）

Per Capita Annual Net Income of Rural Households （yuan）

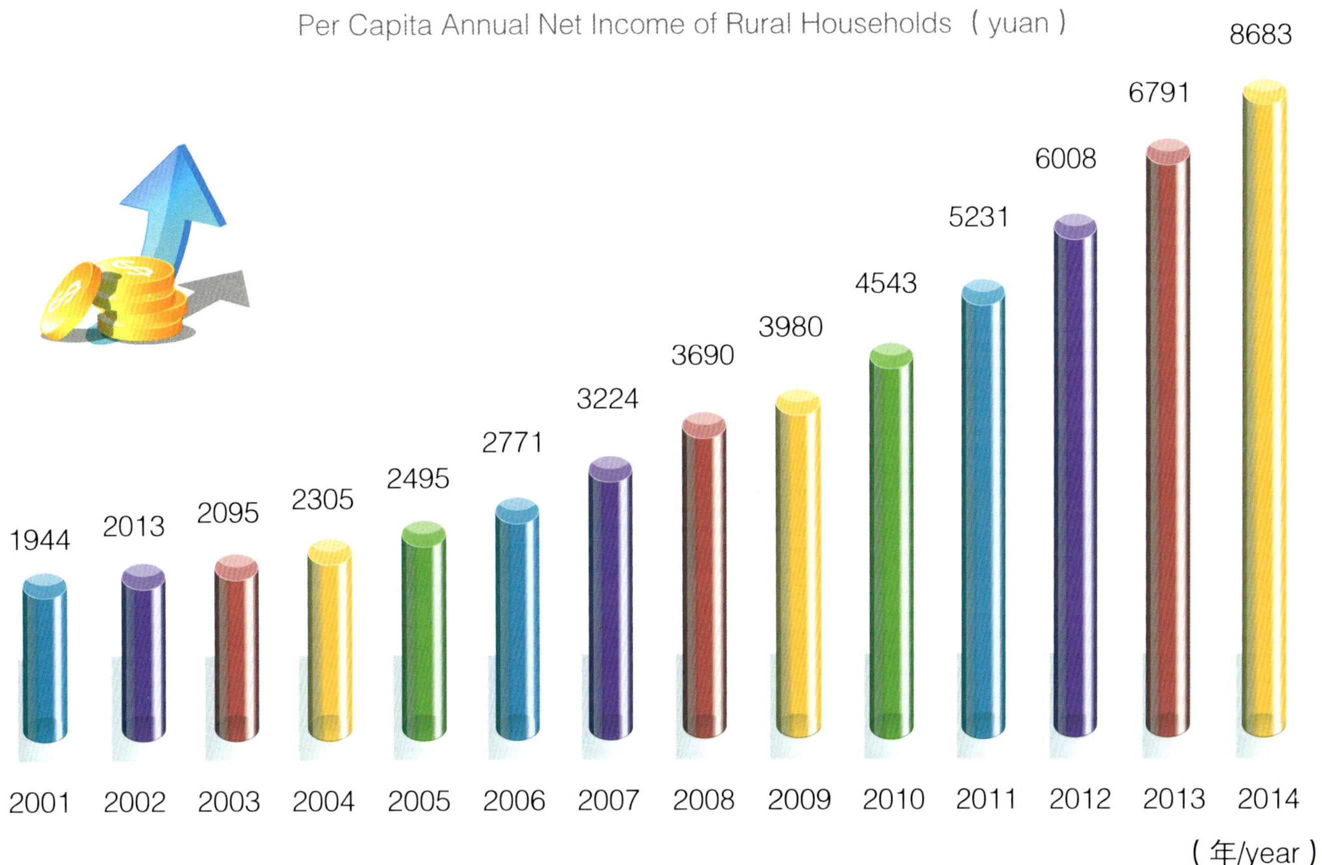

说明：2014年数据口径为农民人均可支配收入，与2013年不可比。

Note: The data in 2014 is the “Per Capita Annual Disposable Income of Rural Households”, not comparable with the data in 2013.

污染治理投资完成额（亿元）

Completed Investment in Pollution Treatment Projects（100 million yuan）

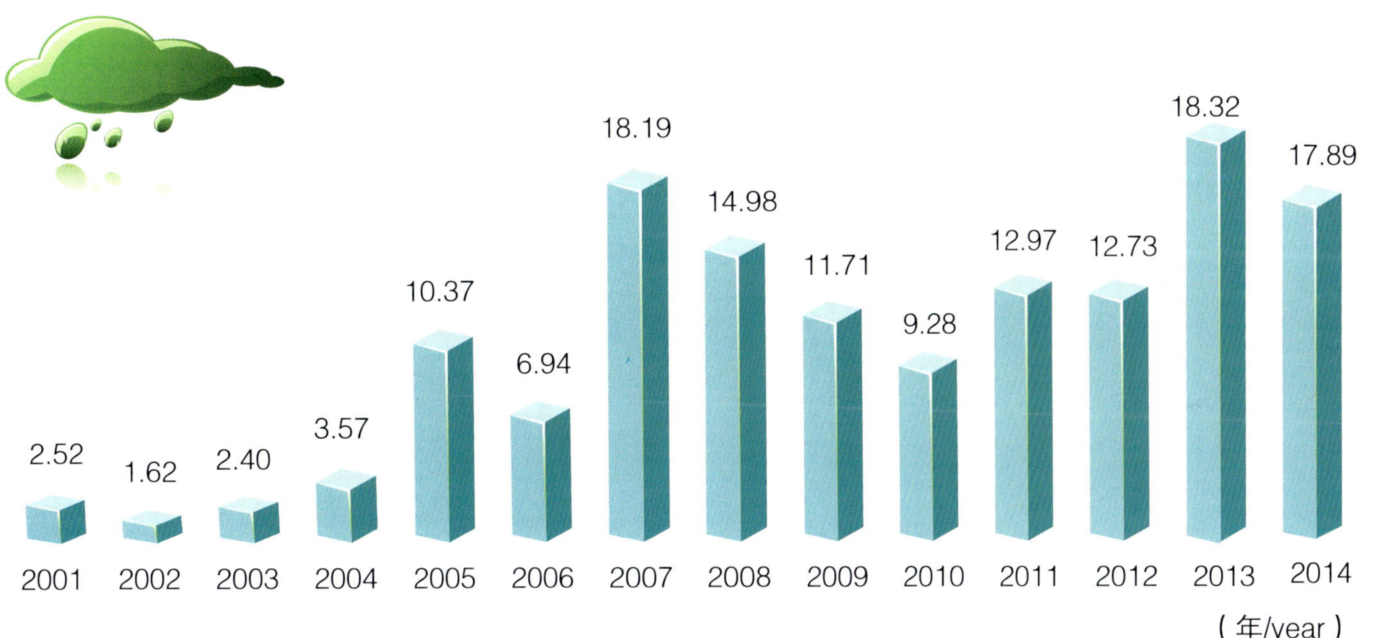

公园绿地面积（公顷）

Park Green Area （hectare）

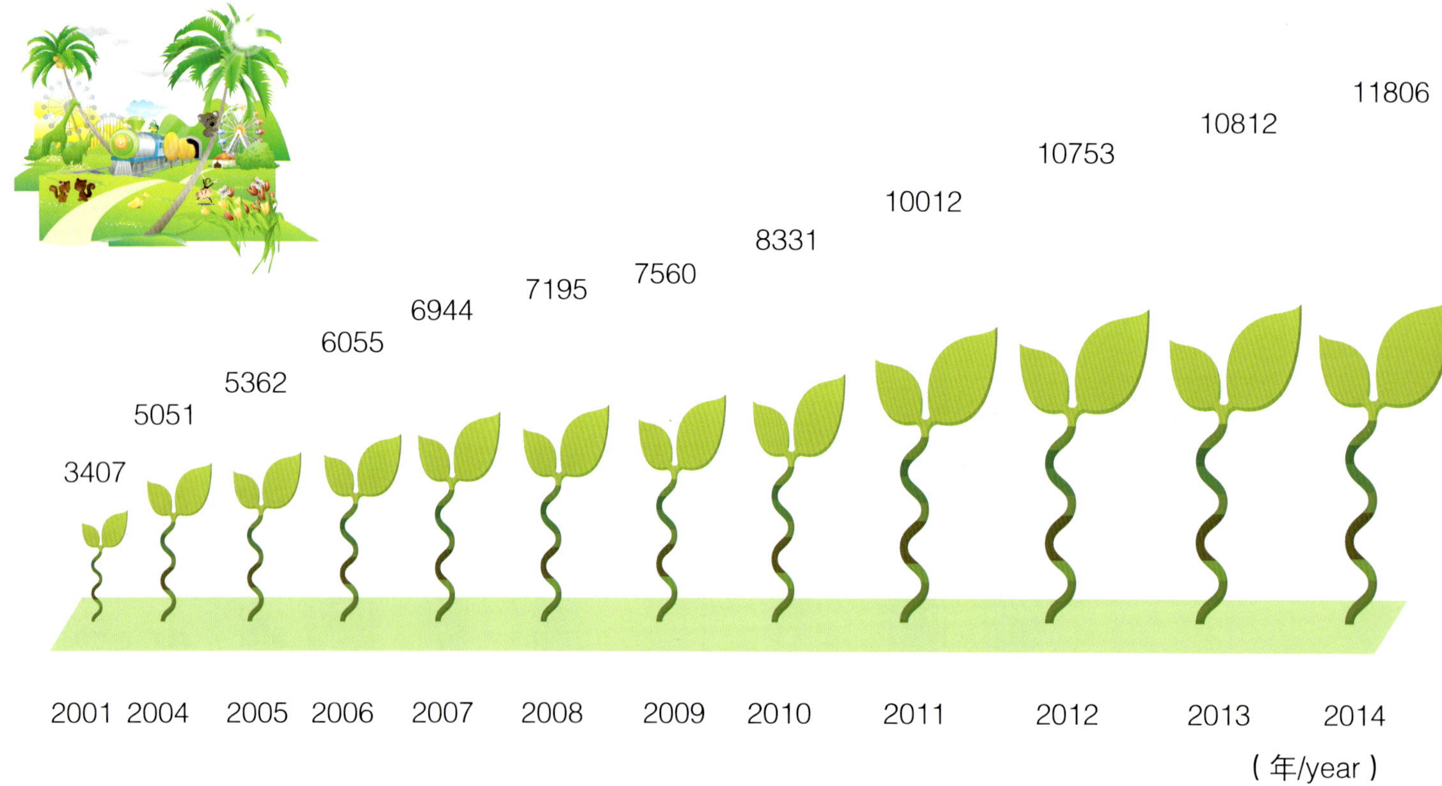

污水处理能力（万立方米/日）

Treatment Capacity of Pol luted Water （10 000 cu.m/day）

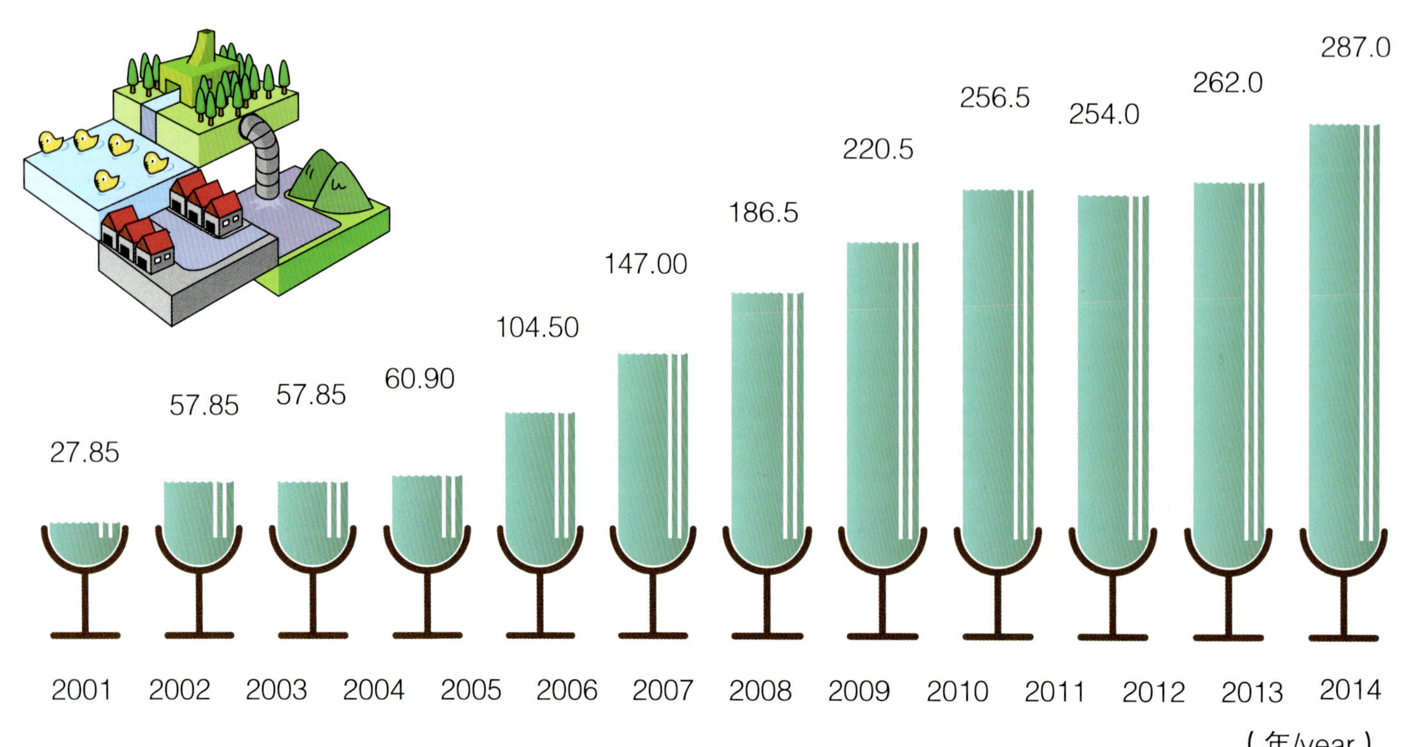

农林牧渔业总产值（当年价，亿元）

Gross Output Value of Farming,Forestry,Animal Husbandry & Fishery
(at current prices,100 million yuan)

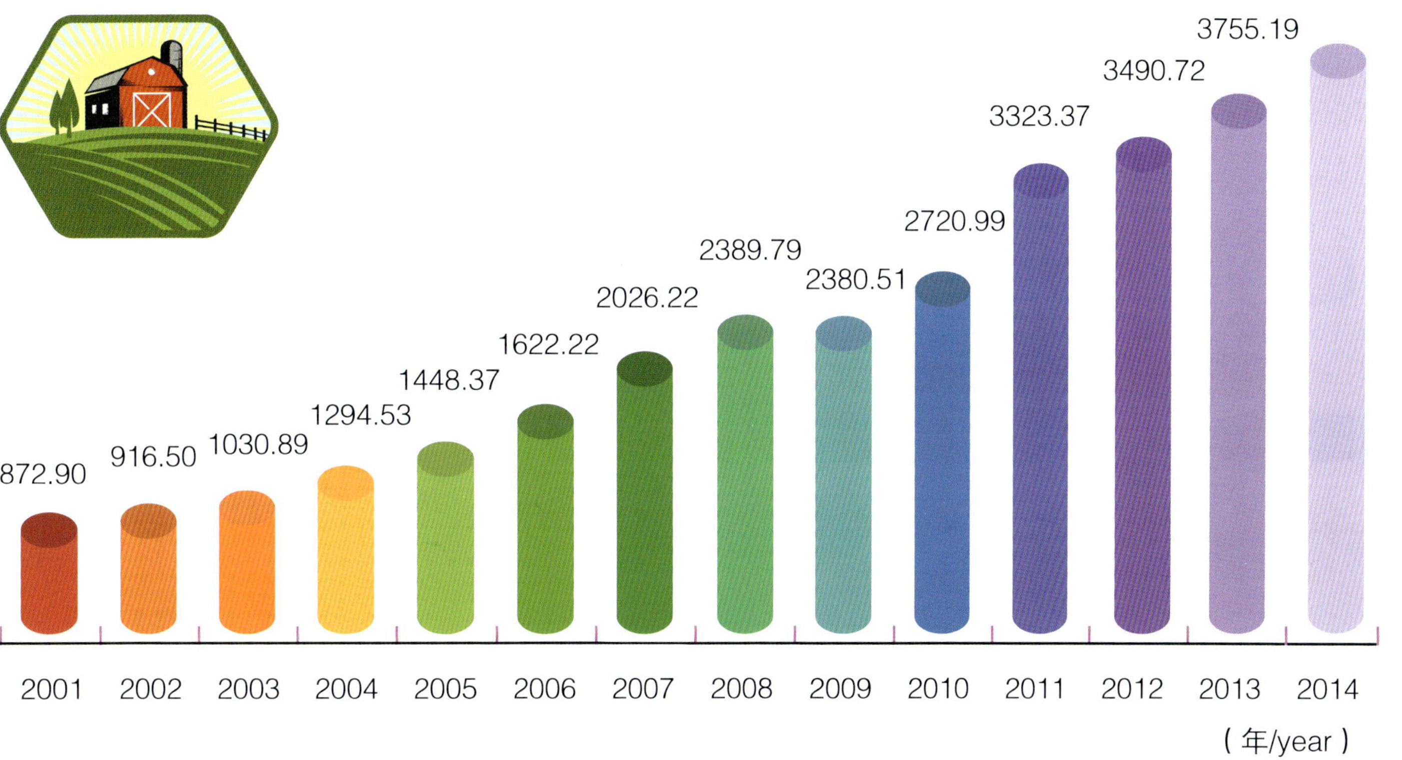

农林牧渔业总产值构成（%）

Composition of Gross Output Value of Farming,Forestry,Animal Husbandry & Fishery（%）

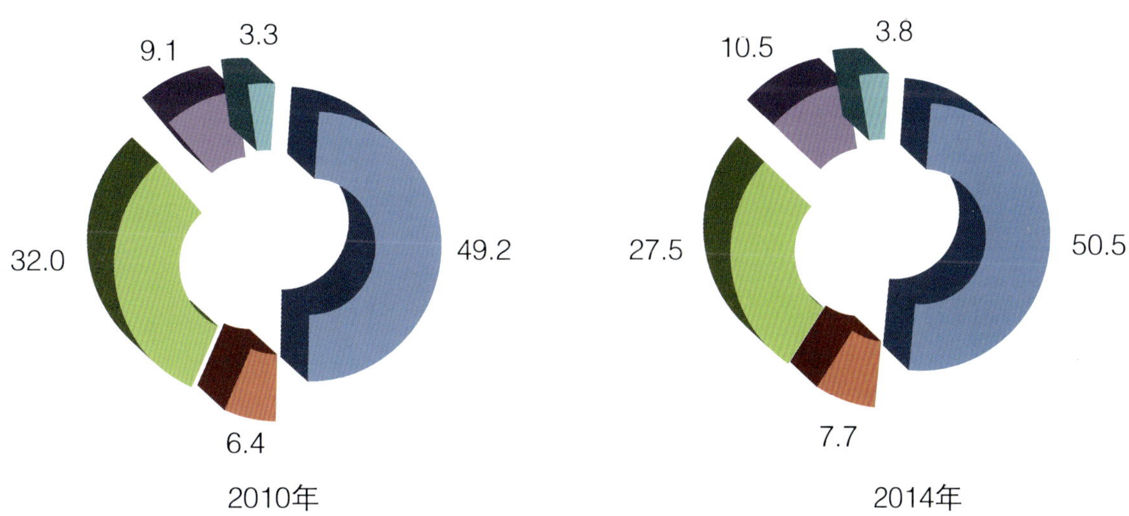

人均农产品产量（公斤）

Per Capita Major Agricultural Products (kg)

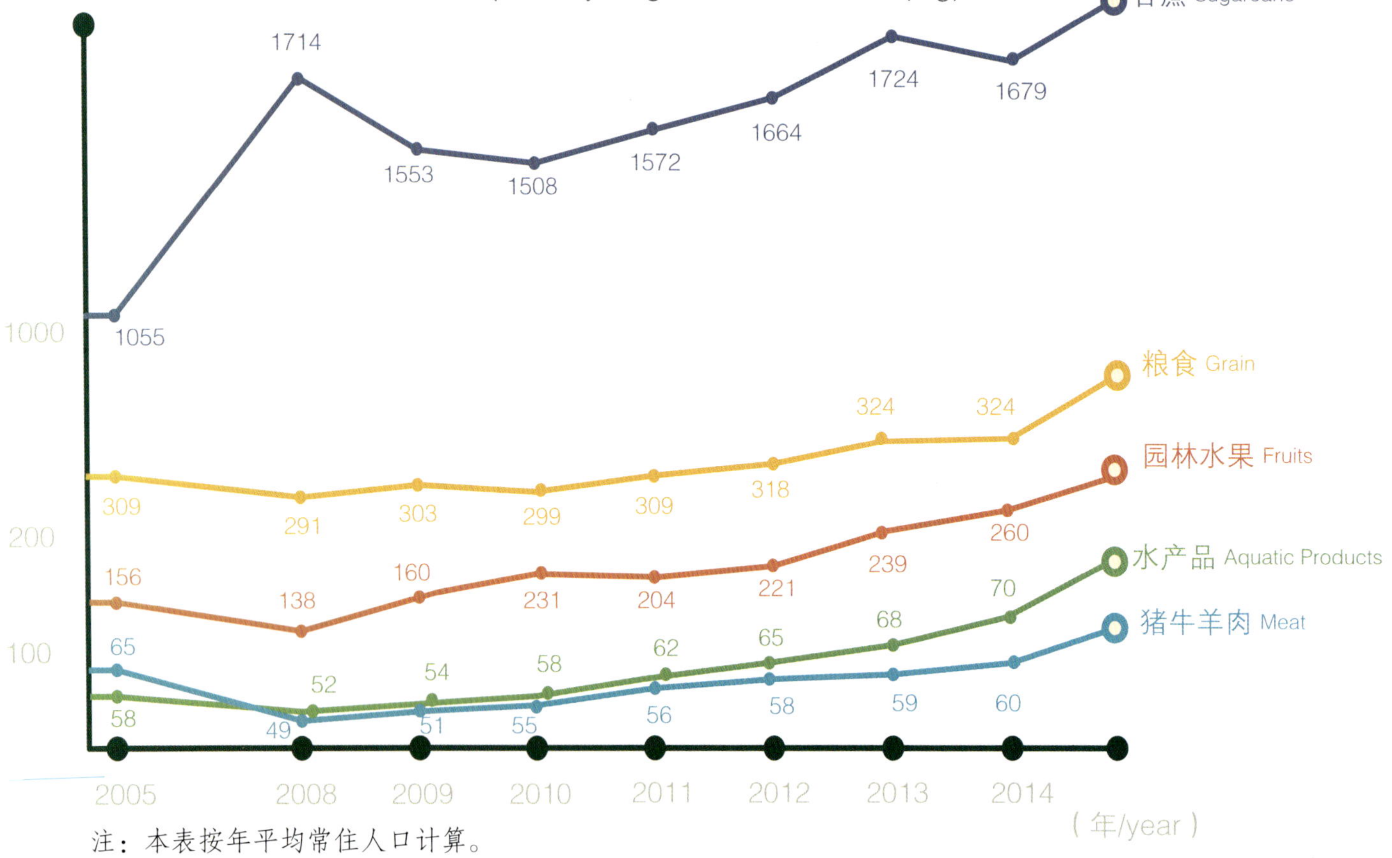

甘蔗 Sugarcane
粮食 Grain
园林水果 Fruits
水产品 Aquatic Products
猪牛羊肉 Meat
1000
200
100
1055
1714
1553
1508
1572
1664
1724
1679
309
291
303
299
309
318
324
324
156
138
160
231
204
221
239
260
58
52
54
58
62
65
68
70
65
49
51
55
56
58
59
60
2005
2008
2009
2010
2011
2012
2013
2014
（年/year）

注：本表按年平均常住人口计算。

Note: The data is calculated by the annual everage permanent population.

全部工业总产值（当年价，亿元）

All Included Gross Industrial Output Value
(At Current Prices,100 million yuan)

1903.14
2036.56
2354.25
3153.04
3684.07
4686.47
6102.86
7801.97
8699.95
11671.79
15091.88
17204.62
19434.55
21730.31
2001
2002
2003
2004
2005
2006
2007
2008
2009
2010
2011
2012
2013
2014
（年/year）

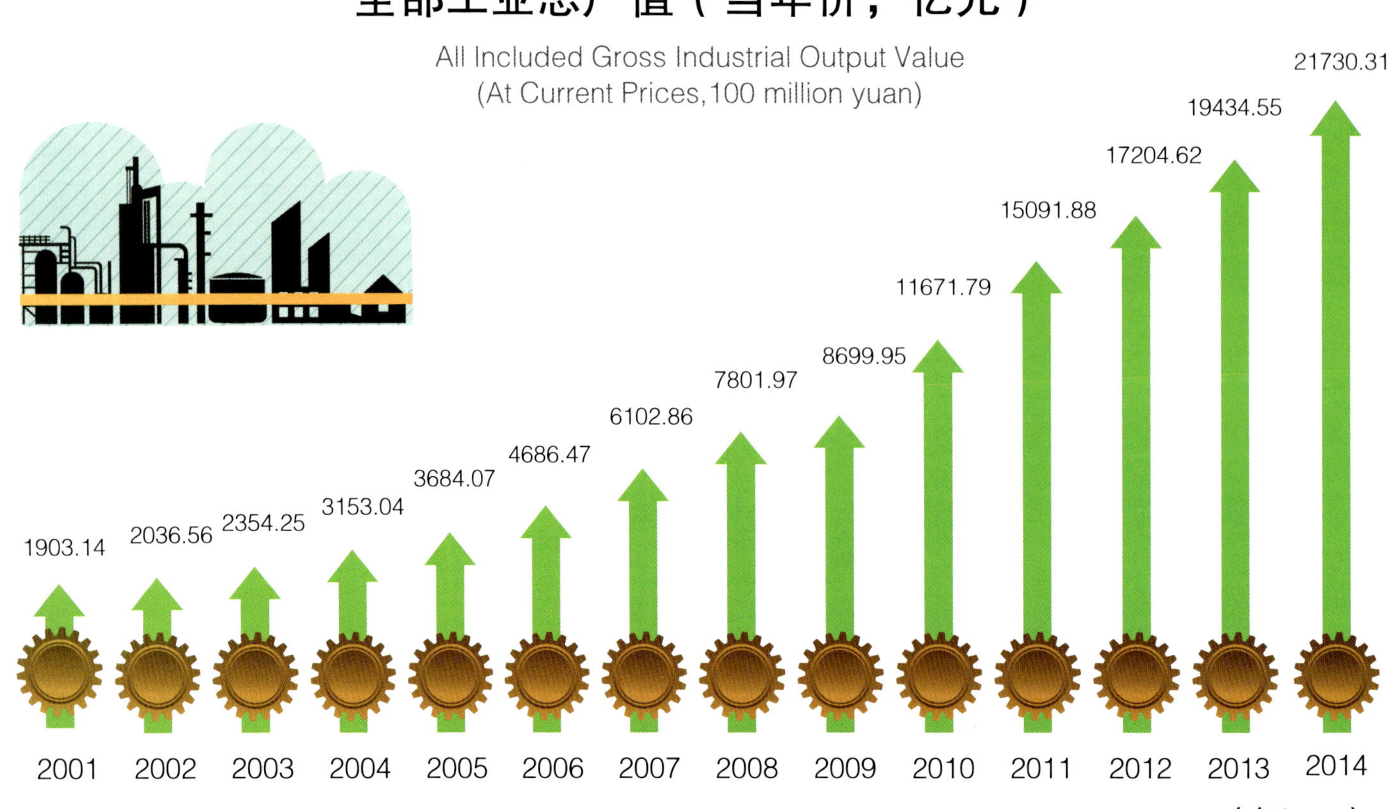

规模以上工业利润总额（亿元）

Total Profits of Industrial Enterprises above Designated Size (100 million yuan)

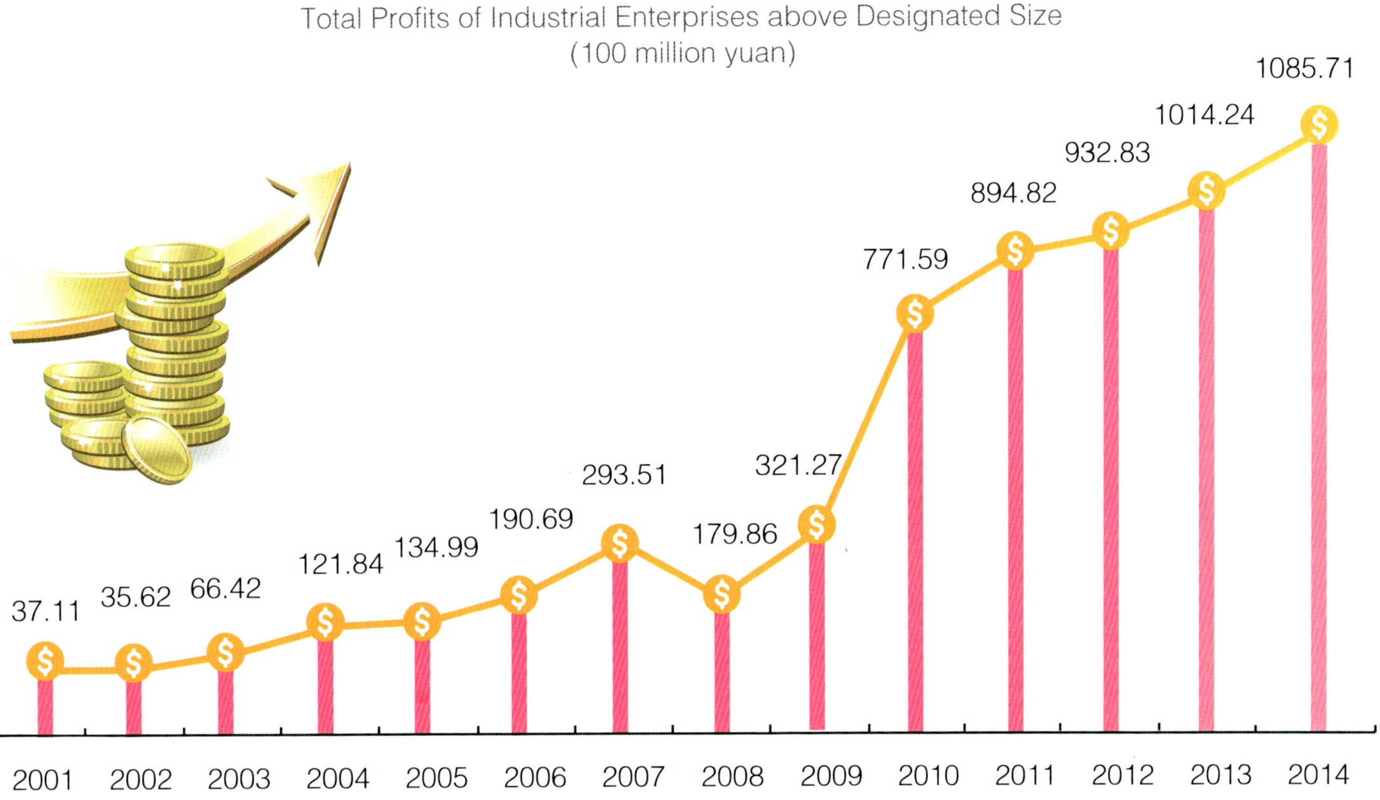

建筑业总产值（三级及三级以上，亿元）

Gross Output Value of Construction Enterprises (Third & Higher Grade,100 million yuan)

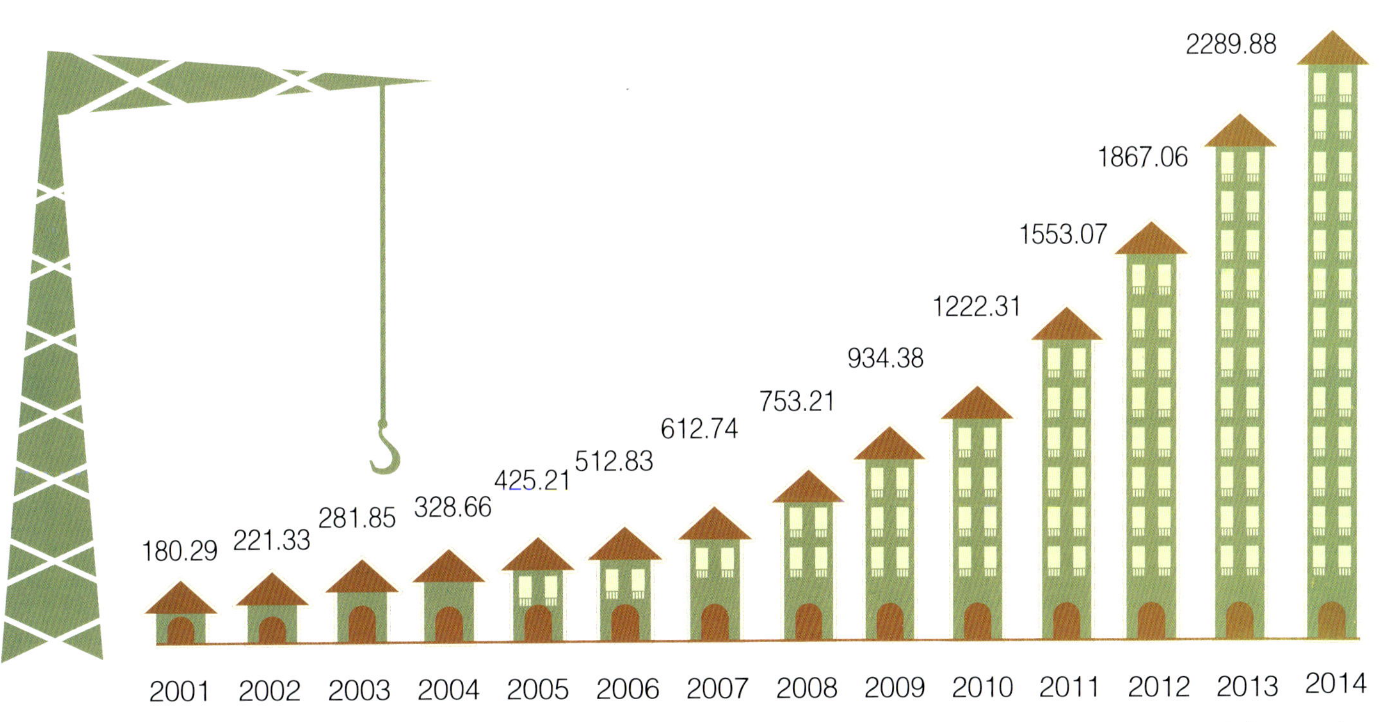

建筑业从业人员（三级及三级以上企业，万人）

Number of Employed Persons in Construction Enterprises (Third & Higher Grade, 10 000 persons)

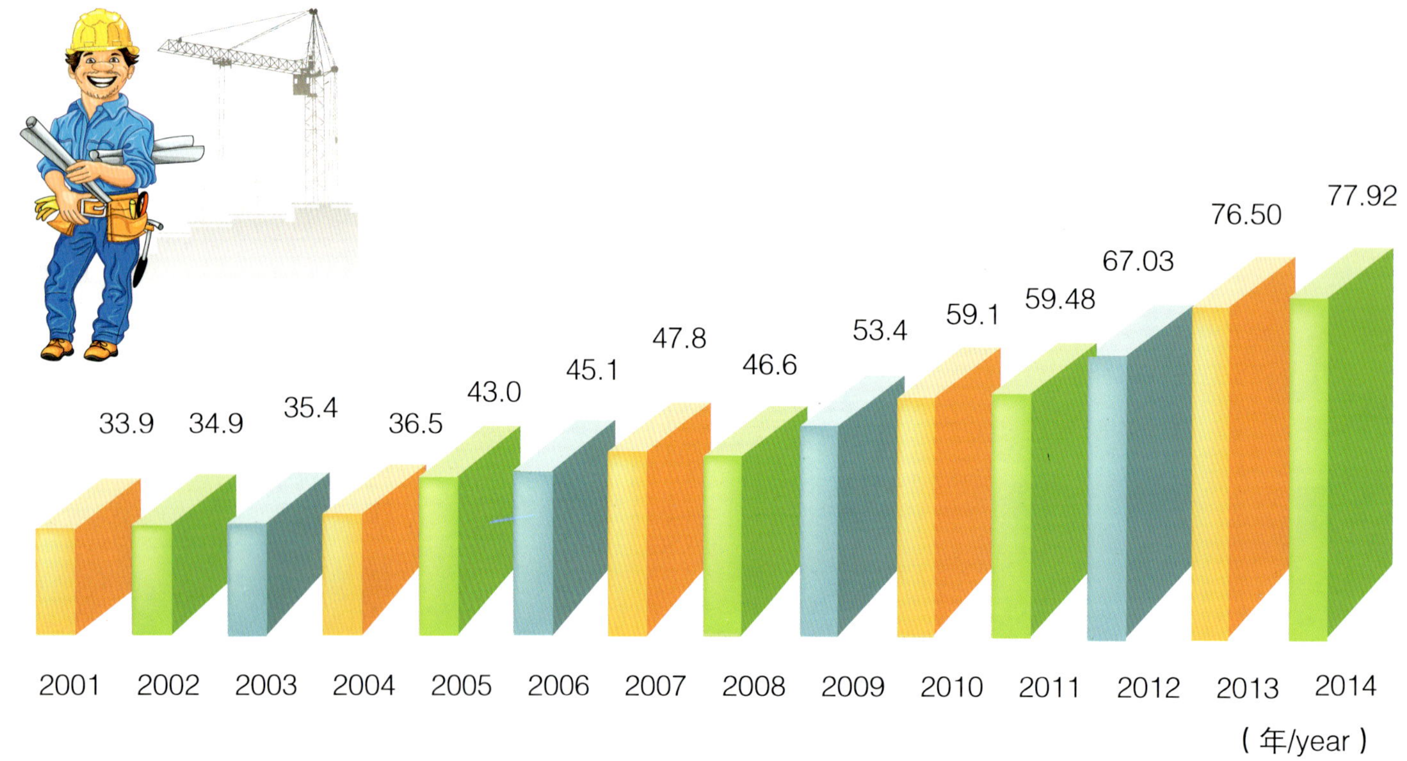

客货运输量

Total Passenger & Freight Traffic

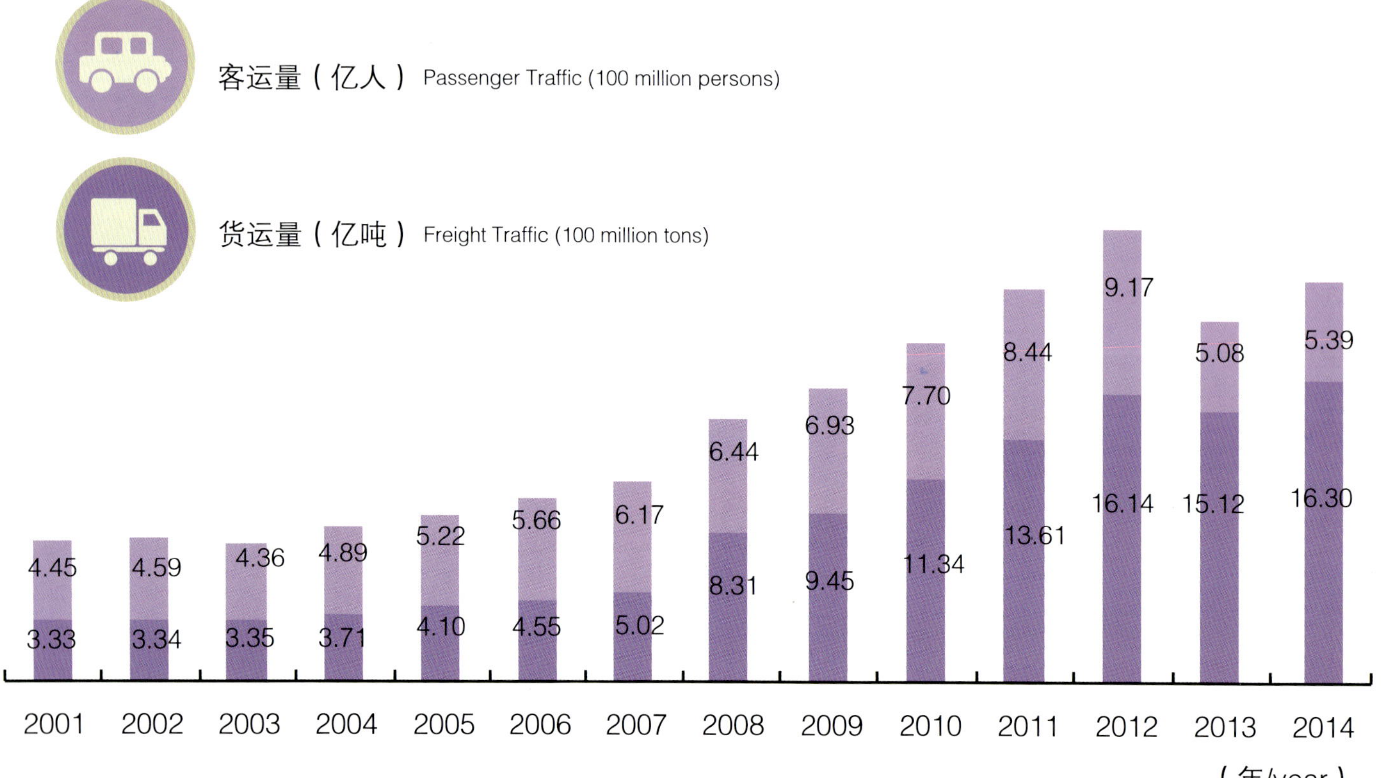

高速公路里程（公里）

Lenth of Expressway (km)

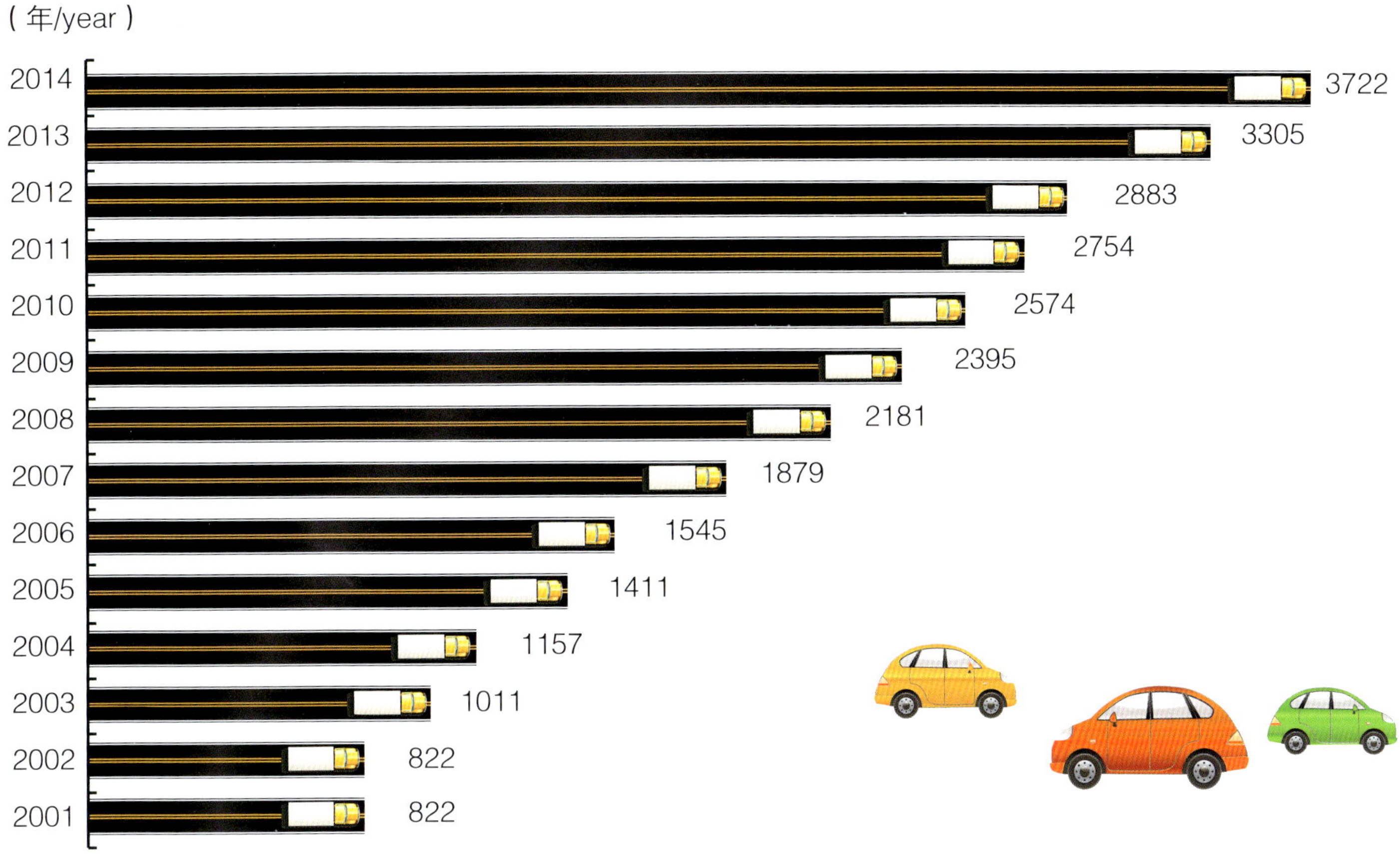

(年/year)
2014 3722
2013 3305
2012 2883
2011 2754
2010 2574
2009 2395
2008 2181
2007 1879
2006 1545
2005 1411
2004 1157
2003 1011
2002 822
2001 822

平均每万人拥有电话机（部）

Average Number of Telephone Subscribers per 10 000 Persons Owned (set)

2001 1433
2002 1973
2003 2662
2004 3474
2005 3853
2006 4286
2007 4543
2008 5168
2009 5420
2010 6177
2011 6880
2012 7469
2013 8152
2014 8558
(年/year)

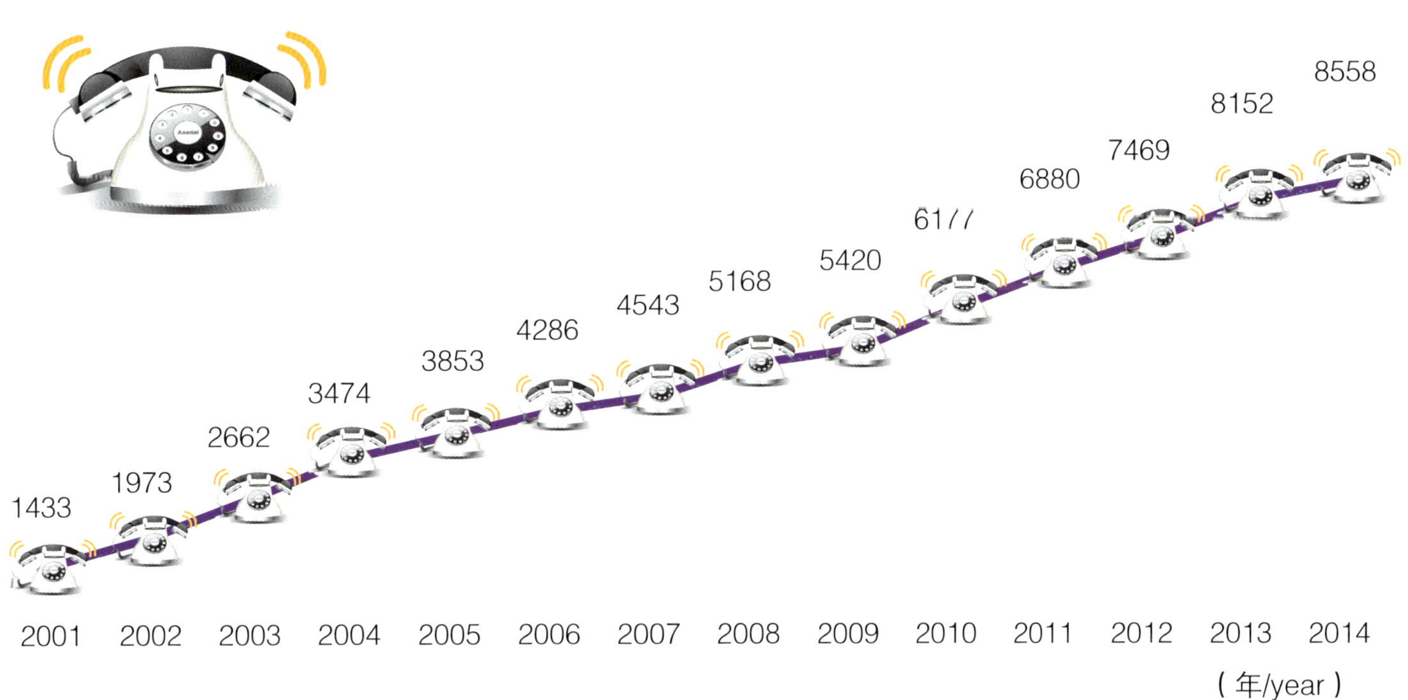

每万人在校大学生（人）

Number of University & College Students per 10 000 Persons (person)

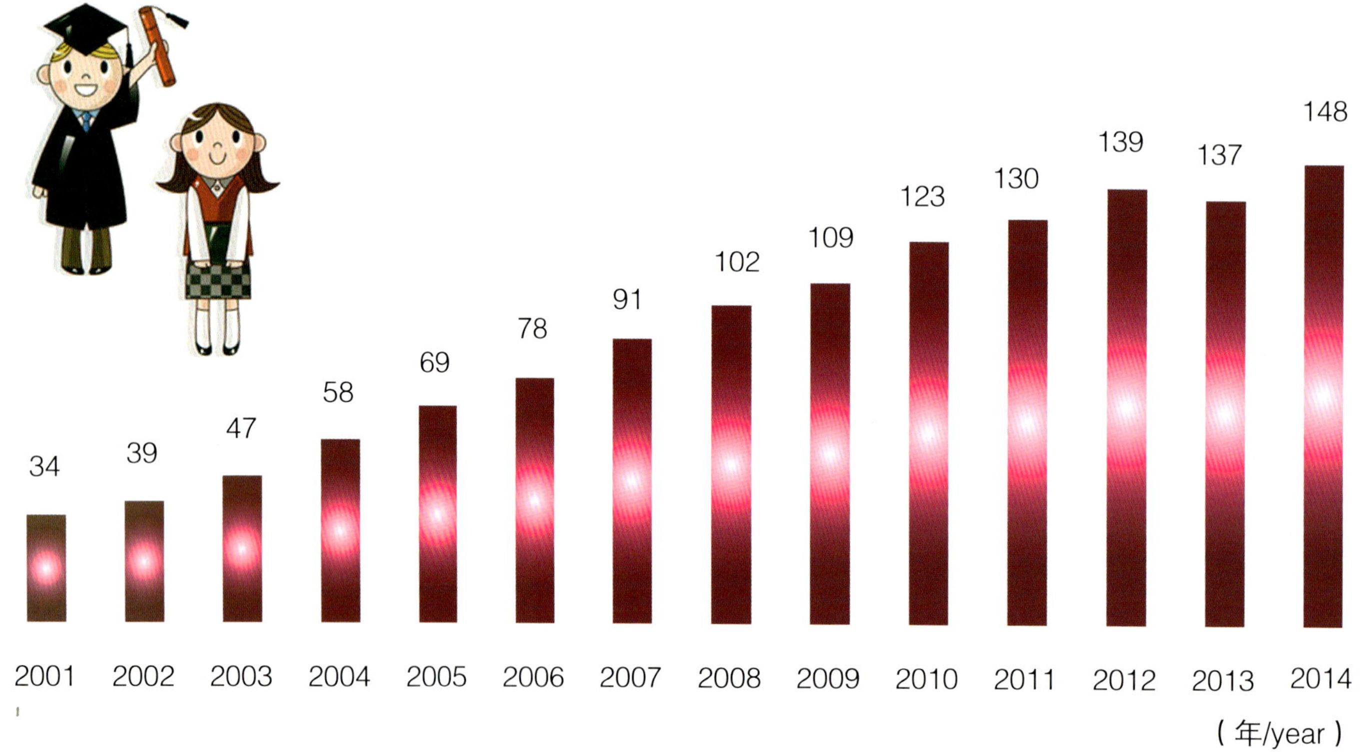

科技活动人员（万人）

Number of Persons Engaged in Scientific & Technological Activities(10 000 persons)

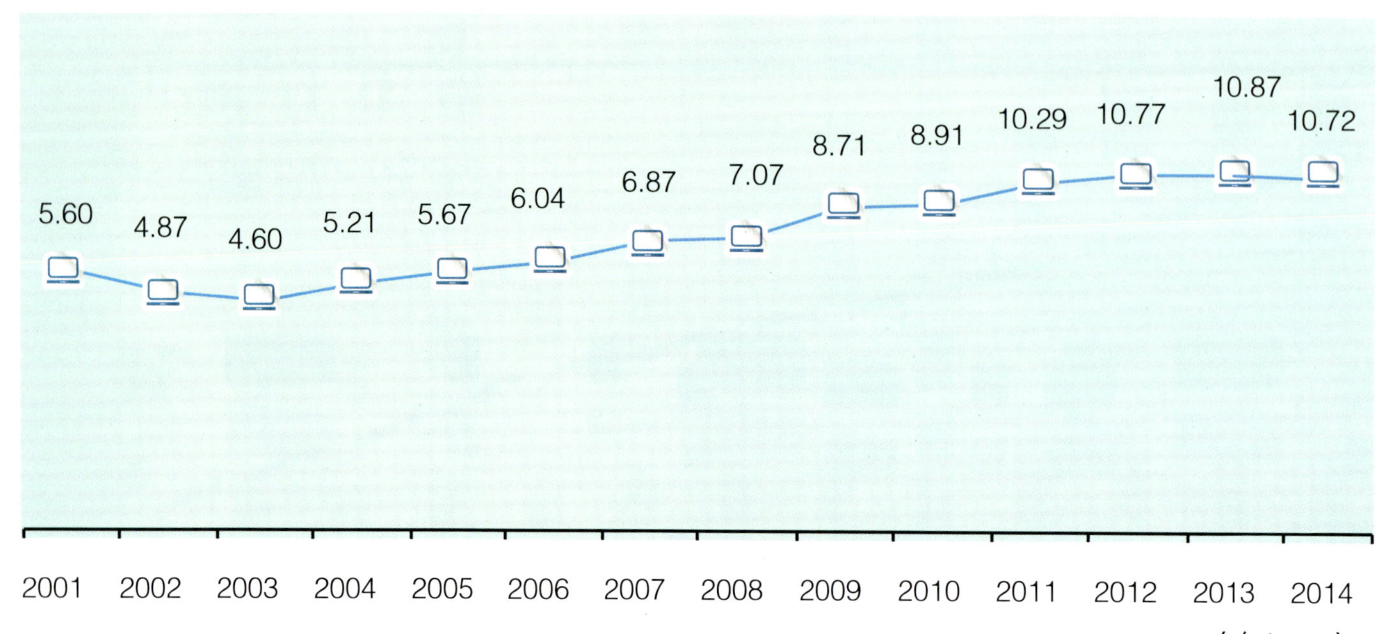

报纸、图书出版数量

Number of Pulications of Newspaper & Books

报纸出版（万份） Number of Publications of Newspaper (10 000 copies)
图书出版（万册） Number of Publications of Books (10 000 copies)
59724
68024
69269
63918
58222
60423
63842
64902
67163
69560
67229
69546
71812
72972
22158
26229
24326
21122
18818
18916
25298
25739
25793
24810
26820
28796
34376
39773
2001
2002
2003
2004
2005
2006
2007
2008
2009
2010
2011
2012
2013
2014
（年/year）

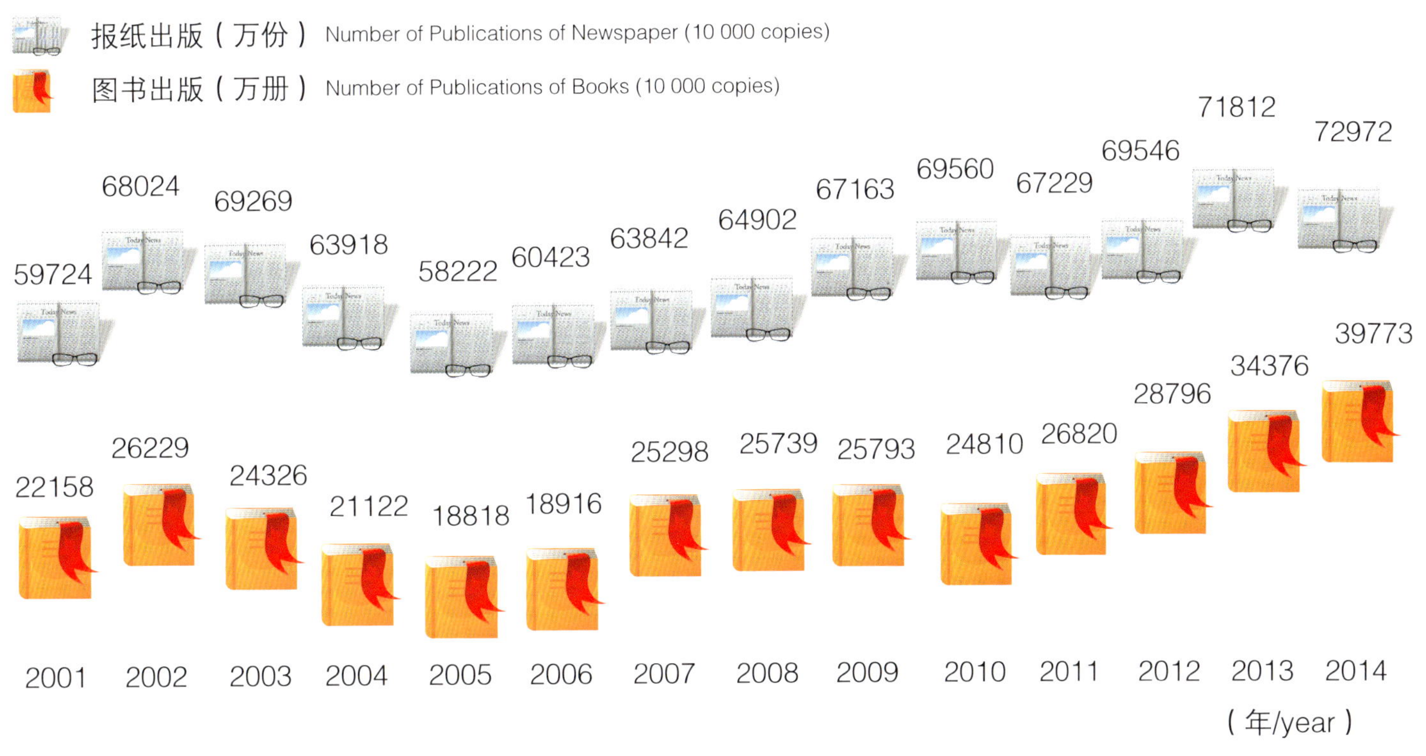

每万人医院、卫生院病床（张）

Number of Hospital Beds per 10 000 Persons (bed)

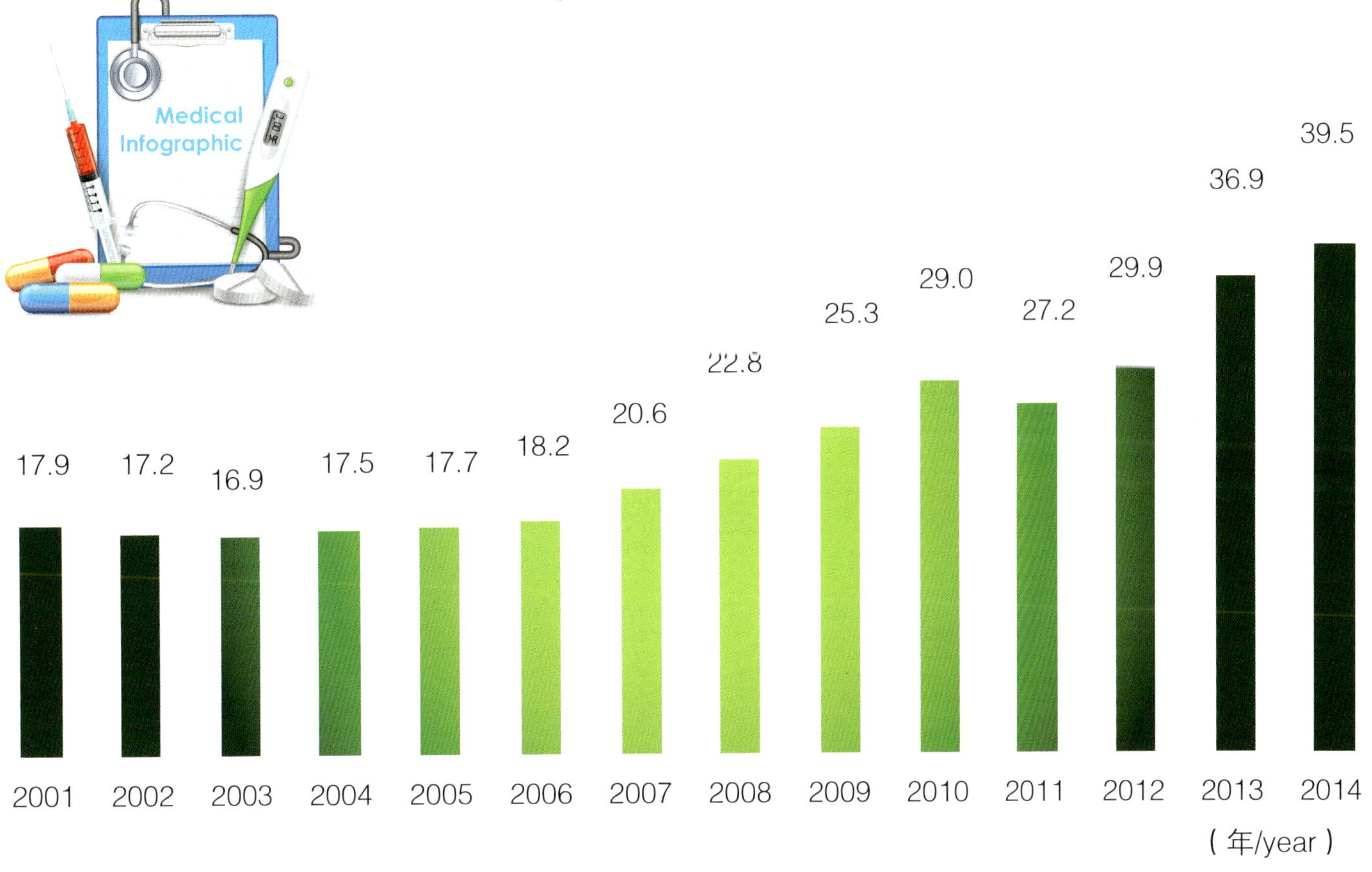

Medical
Infographic
17.9
17.2
16.9
17.5
17.7
18.2
20.6
22.8
25.3
29.0
27.2
29.9
36.9
39.5
2001
2002
2003
2004
2005
2006
2007
2008
2009
2010
2011
2012
2013
2014
（年/year）

每万人卫生技术人员（人）

Number of Medical Technical Personnnel per 10 000 Persons (person)

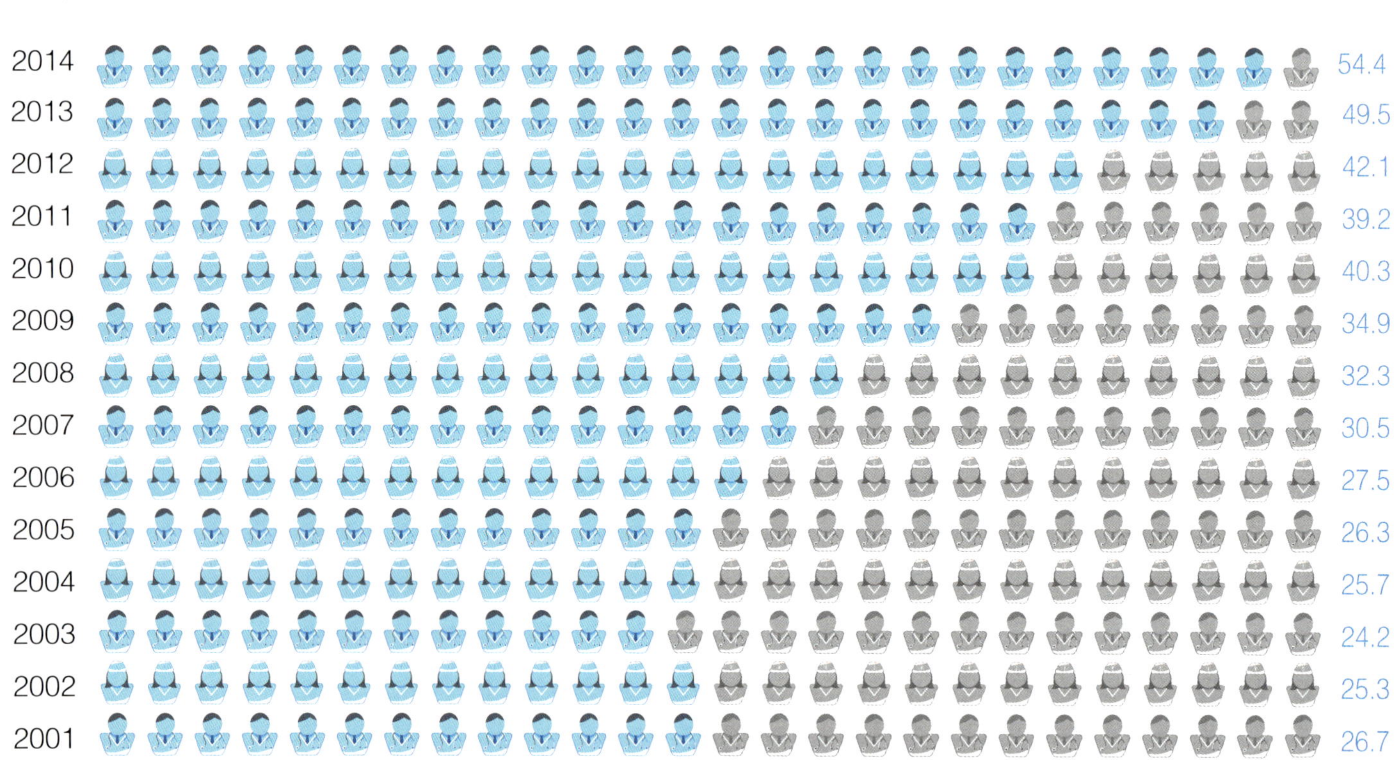

城乡居民生活最低保障人数（万人）

Population Receiving Lowest Cost-of-Living in Urban & Rural Area (10 000 persons)

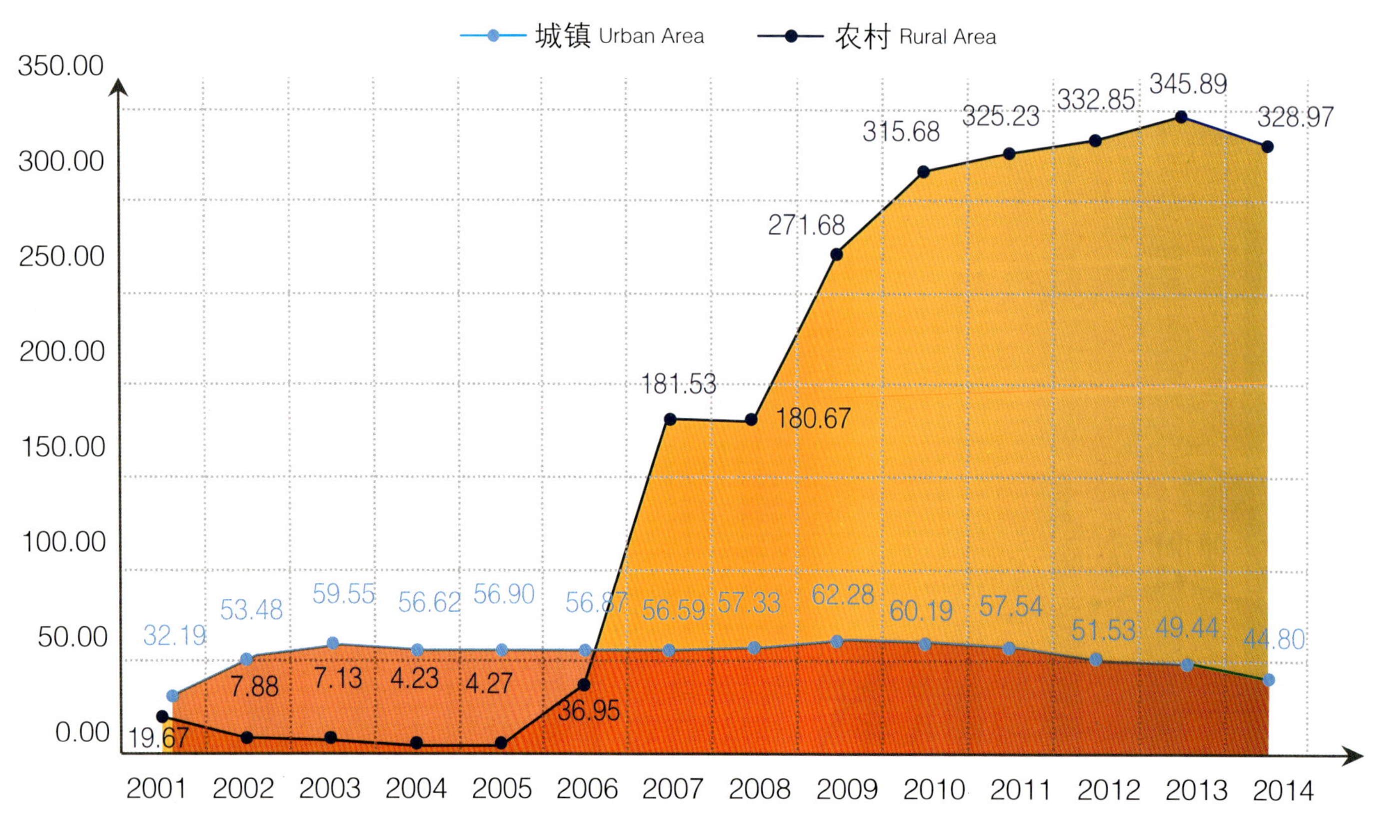

目　　录

CONTENTS

第一篇　综　合

CHAPTER 1　GENERAL SURVEY

第二篇　国民经济核算

CHAPTER 2　NATIONAL ECONOMIC ACCOUNTING

第三篇　人　口

CHAPTER 3　POPULATION

第四篇　就业人员和职工工资

CHAPTER 4　EMPLOYMENT & WAGES

第六篇　对外经济贸易

CHAPTER 6　FOREIGN ECONOMY & TRADES

第七篇　资源与环境

CHAPTER 7　NATURAL RESOURCES & ENVIRONMENT

第八篇　能源生产与消费

CHAPTER 8　ENERGY PRODUCTION & CONSUMPTION

第九篇　财政、金融和保险

CHAPTER 9　FINANCE, BANKING & INSURANCE

第十篇 物 价
CHAPTER 10 PRICE

第十一篇 人民生活
CHAPTER 11 PEOPLE'S LIVELIHOOD

第十二篇　城市概况

CHAPTER 12　GENERAL SURVEY OF CITIES

第十三篇　农　业

CHAPTER 13　AGRICULTURE

第十四篇 工 业
CHAPTER 14 INDUSTRY

第十五篇 建筑业
CHAPTER 15 CONSTRUCTION

第十六篇 交通、运输和邮电通信业
CHAPTER 16 TRANSPORTATION, POSTAL & TELECOMMUNICATION SERVICES

第十七篇　批发和零售业

CHAPTER 17　WHOLESALE & RETAIL TRADES

第十八篇　住宿餐饮业和旅游

CHAPTER 18　HOTELS, CATERING SERVICES & TOURISM

第十九篇 教育、科技和文化

CHAPTER 19 EDUCATION, SCIENCE, Technology & CULTURE

第二十一篇　区域经济

CHAPTER 21　ECONOMIC ZONES

第二十二篇　各市基本情况

HAPTER 22　BASIC STATISTICS OF CITIES

第二十三篇　县（市、区）基本情况

HAPTER 23　BASIC STATISTICS OF COUNTIES（CITIES, DISTRICTS）

附　录

GENERAL SURVEY

第一篇
综合
GENERAL SURVEY

（编辑：沈环宇、黄浩洲）

1—1 行政区划（2014年末）

Division of Administrative Areas (End of 2014)

单位：个 (unit)

年 份 Year	地级单位合计 Number of Prefectures	县级单位合计 Number of Prefectures	市辖区 Districts under the Jurisdiction of Cities	县级市 Cities at County Level	县 County	自治县 Autono- mous County
1978	14	84	2	2	73	7
1980	14	99	17	2	73	7
1985	14	110	22	6	73	9
1990	14	111	21	7	71	12
1995	14	117	28	9	68	12
2000	14	120	29	10	69	12
2001	14	119	28	10	69	12
2002	14	115	32	7	64	12
2003	14	109	33	7	57	12
2004	14	109	33	7	57	12
2005	14	109	34	7	56	12
2006	14	109	34	7	56	12
2007	14	109	34	7	56	12
2008	14	109	34	7	56	12
2009	14	109	34	7	56	12
2010	14	109	34	7	56	12
2011	14	109	34	7	56	12
2012	14	109	34	7	56	12
2013	14	110	36	7	55	12
2014	14	110	36	7	55	12

注：本表资料由自治区民政厅提供。

Note: The data in this table is provided by Guangxi Civil Bureau.

1－1 续表 1 continued

单位：个 (unit)

年 份 Year	乡镇级单位合计 Number of Prefectures	镇 Town	乡 Township	民族乡 Nationlity Township	街道办事处 Urban Sub-district Office	居民委员会 Neighbourhood Committees	村民委员会 Village Committees
1978		66					
1980							
1985	1248	265	962	60	21	937	13873
1990	1412	359	1012	58	41	1154	76073
1995	1442	627	738	60	77	1233	28243
2000	1422	745	616	63	61	1250	14750
2001	1410	749	598	61	63	1261	14743
2002	1388	750	576	61	62	1555	14443
2003	1395	748	576	61	71	1621	14398
2004	1396	748	576	61	72	1611	14333
2005	1232	700	426	61	106	1644	14359
2006	1230	700	426	58	104	1649	14363
2007	1230	702	424	58	104	1648	14361
2008	1230	702	424	58	104	1701	14353
2009	1232	702	424	58	106	1701	14345
2010	1234	702	424	58	108	1714	14355
2011	1235	702	424	58	109	1725	14336
2012	1243	715	411	58	117	1791	14345
2013	1247	722	405	59	120	1835	14313
2014	1243	773	350	59	120	1891	14323

1－1 续表2 continued

单位：个 (unit)

地 区	Region	地级单位合计 Number of Prefectures	县级单位合计 Number of Prefectures	市辖区 Districts under the Jurisdiction of Cities	县级市 Cities at County Level	县 County	自治县 Autono- mous County
全区合计	**Total**	**14**	**110**	**36**	**7**	**55**	**12**
南宁市	Nanning	1	12	6	0	6	0
柳州市	Liuzhou	1	10	4	0	4	2
桂林市	Guilin	1	17	6	0	9	2
梧州市	Wuzhou	1	7	3	1	3	0
北海市	Beihai	1	4	3	0	1	0
防城港市	Fangchenggang	1	4	2	1	1	0
钦州市	Qinzhou	1	4	2	0	2	0
贵港市	Guigang	1	5	3	1	1	0
玉林市	Yulin	1	7	2	1	4	0
百色市	Baise	1	12	1	0	10	1
贺州市	Hezhou	1	4	1	0	2	1
河池市	Hechi	1	11	1	1	4	5
来宾市	Laibin	1	6	1	1	3	1
崇左市	Chongzuo	1	7	1	1	5	0

注：本表资料由自治区民政厅提供。
Note: The data in this table is provided by Guangxi Civil Bureau.

1－1 续表3 continued

单位：个 (unit)

地 区	Region	乡镇级单位合计 Number of Prefectures	镇 Town	乡 Township	民族乡 Nationlity Township	街道办事处 Urban Sub-district Office	居民委员会 Neighbourhood Committees	村民委员会 Village Committees
全区合计	**Total**	**1243**	**773**	**350**	**59**	**120**	**1891**	**14323**
南宁市	Nanning	127	86	16	3	25	379	1383
柳州市	Liuzhou	117	50	36	6	31	278	935
桂林市	Guilin	147	81	53	15	13	229	1654
梧州市	Wuzhou	67	53	5	2	9	143	861
北海市	Beihai	30	21	2	0	7	85	342
防城港市	Fangchenggang	28	16	7	2	5	44	316
钦州市	Qinzhou	61	54	0	0	7	98	932
贵港市	Guigang	74	55	17	2	2	78	1074
玉林市	Yulin	110	102	0	0	8	150	1343
百色市	Baise	135	70	63	13	2	76	1797
贺州市	Hezhou	61	46	11	5	4	48	707
河池市	Hechi	139	61	77	11	1	147	1501
来宾市	Laibin	69	38	28	0	3	44	724
崇左市	Chongzuo	78	40	35	0	3	92	754

1—2 县级以上行政区划（2014年末）
Division of Administrative Areas at & above County Level(End of 2014)

市	City	县（市、区）名称	Name of County (City, District) Level
南宁市	Nanning	兴宁区 青秀区 江南区 西乡塘区 良庆区 邕宁区 武鸣县 隆安县 马山县 上林县 宾阳县 横 县	Xingning, QingXiu, Jiangnan, Xixiangtang, Liangqing, Yongning, Wuming,Long'an,Mashan,Shanglin,Binyang,Hengxian
柳州市	Liuzhou	城中区 鱼峰区 柳南区 柳北区 柳江县 柳城县 鹿寨县 融安县 融水苗族自治县 三江侗族自治县	Chengzhong, Yufeng, Liunan, Liubei, Liujiang, Liucheng, Luzhai, Rong'an, Rongshui Miao Automous County, Sanjiang Dong Automous County
桂林市	Guilin	秀峰区 叠彩区 象山区 七星区 雁山区 临桂区 阳朔县 灵川县 全州县 兴安县 永福县 灌阳县 龙胜各族自治县 资源县 平乐县 荔浦县 恭城瑶族自治县	Xiufeng, Diecai, Xiangshan, Qixing, Yanshan, Lingui, Yangshuo, Lingchuan, Quanzhou, Xing'an, Yongfu, Guanyang, Longsheng all of Nationality Automous County, Ziyuan, Pingle, Lipu, Gongcheng Yao Automous County
梧州市	Wuzhou	万秀区 长洲区 龙圩区 苍梧县 藤 县 蒙山县 岑溪市	Wanxiu, Changzhou, Longxu, Cangwu, Tengxian, Mengshan, Cenqi
北海市	Beihai	海城区 银海区 铁山港区 合浦县	Haicheng, Yinhai, Tieshangang, Hepu
防城港市	Fangchenggang	港口区 防城区 上思县 东兴市	Gangkou, Fangcheng, Shangsi, Dongxing
钦州市	Qinzhou	钦南区 钦北区 灵山县 浦北县	Qinnan, Qinbei, Lingshan, Pubei
贵港市	Guigang	港北区 港南区 覃塘区 平南县 桂平市	Gangbei, Gangnan, Qintang, Pingnan, Guiping
玉林市	Yulin	玉州区 福绵区 容 县 陆川县 博白县 兴业县 北流市	Yuzhou, Fumian, Rongxian, Luchuan, Bobai, Xingye, Beiliu
百色市	Baise	右江区 田阳县 田东县 平果县 德保县 靖西县 那坡县 凌云县 乐业县 田林县 西林县 隆林各族自治县	Youjiang, Tianyang, Tiandong, Pingguo, Debao, Jingxi, Napo, Lingyun, Leye, Tianlin, Xilin,Longlin all of Nationality Automous County
贺州市	Hezhou	八步区 昭平县 钟山县 富川瑶族自治县	Babu, Zhaoping, Zhongshan, Fuchuan Yao Automous County
河池市	Hechi	金城江区 南丹县 天峨县 凤山县 东兰县 罗城仫佬族自治县 环江毛南族自治县 巴马瑶族自治县 都安瑶族自治县 大化瑶族自治县 宜州市	Jinchengjiang, Nandan, Tian'e, Fengshan, Donglan, Luocheng Mulao Automous County, Huanjiang Maonan Automous County, Bama Yao Automous County, Du'an Yao Automous County, Dahua Yao Automous County, Yizhou
来宾市	Laibin	兴宾区 忻城县 象州县 武宣县 金秀瑶族自治县 合山市	Xingbin, Xincheng,Xiangzhou, Wuxuan, Jinxiu Yao Automous County,Heshan
崇左市	Chongzuo	江州区 扶绥县 大新县 天等县 宁明县 龙州县 凭祥市	Jiangzhou, Fusui,Ningming,Longzhou,Daxin,Tiandeng,Pingxiang

注：本表资料由自治区民政厅提供。
Note: The data in this table is provided by Guangxi Civil Bureau.

1－3 主要年份国民经济和社会发展主要指标
Major Indicators on National Economic & Social Development in Main Years

指 标	Indicators	2000	2005	2010	2012	2013	2014
人口与就业	**Population & Employment**						
人 口（万人）	**Population(10 000 persons)**						
年末总人口	Year-end Population	4751	4925	5159	5240	5282	5475
非农业人口	Non-agricultural Population	826	910	838	1027	1007	1432
农业人口	Agricultural Population	3898	3984	4229	4166	4248	4022
总人口中：男性	Male	2484	2587	2708	2759	2772	2891
女性	Female	2267	2338	2451	2481	2510	2584
就 业（万人）	**Employment(10 000 persons)**						
从业人员	Employment	2566	2703	2903	2768	2782	2795
城镇登记失业人数	Number of Registered Unemployed Persons in Urban Area	11.30	18.51	19.07	18.94	18.09	18.66
宏观经济	**Macroeconomic Indicators**						
国民核算（亿元）	**National Accounting (100 million yuan)**						
地区生产总值	Gross Domestic Product	2080.04	3984.10	9569.85	13035.10	14449.90	15672.89
第一产业	Primary Industry	557.38	912.50	1675.06	2172.37	2290.64	2413.44
第二产业	Secondary Industry	732.76	1510.68	4511.68	6247.43	6731.32	7324.96
#工业	Industry	612.33	1264.84	3860.46	5279.26	5600.50	6065.34
第三产业	Tertiary Industry	789.90	1560.92	3383.11	4615.30	5427.94	5934.49
人均地区生产总值	Per Capita GDP	4652	8590	20219	27951	30741	33090
支出法地区生产总值	Gross Demestic Product by Expenditure Approach	2080.04	3984.10	9569.85	13035.10	14378.00	15672.89
#最终消费	Final Consumption Expenditure	1448.30	2463.52	4942.23	6535.83	7407.67	8187.66
居民消费	Resident Consumption	1091.00	1808.47	3745.84	4923.64	5504.38	6131.54
政府消费	Government Consumption	357.30	655.05	1196.39	1612.19	1903.29	2056.12
资本形成总额	Total Capital Formation	676.10	1798.25	7934.80	9421.61	10129.47	10789.81
固定资本	Fixed Assets Formation	670.70	1749.87	7785.50	8900.49	9725.64	10463.07
存货增加	Inventory Increasement	5.50	48.38	149.30	521.12	403.83	326.74
固定资产投资（亿元）	**Investment in Fixed Assets (100 million yuan)**						
全社会固定资产投资	Total Investment in Fixed Assets	660.01	1769.07	7859.07	12635.22	11907.67	13843.21
#基本建设	Capital Counstruction	281.54	900.87	3479.48	4975.44	4501.24	5418.23
更新改造	Innovation	80.16	274.73	2215.90	4257.10	4319.06	5038.93
房地产开发	Real Estate Development	38.67	286.79	1206.22	1554.94	1614.63	1838.49
其他	Others	59.26	59.97	260.24	694.85	319.75	304.48

注:1.总人口中,2000年、2010年为人口普查数，其他年份为人口变动抽样调查数,农业、非农业人口为户籍统计数，不能直接相加等于总计。2012年从业人员按常住人口口径统计。

2.根据国家统计制度要求，2013年我区固定资产投资统计起点由项目计划总投资50万元提高到500万元；2013年各增长数据根据2012年度国家口径数据作为基数计算；2013年度全区固定资产投资与国家公布的各省数据口径完全一致（不包括跨省项目投资），各市投资包含跨省项目投资，因此各市投资合计与全区固定资产投资不一致。

Note: 1. The data on the total population in 2000 and 2010 is taken from the National Population Survey, and the data on the total population in other years is taken from the sample survey of population variation. The data on agriculture population and non-agriculture population is taken from annual reports of household registration, and cannot be added up as the total population.

2. According to the National Statistical System, the statistical floor level of total planned projects investment in fixed assets of Guangxi has been raised from 500 000 Yuan to 5 000 000 Yuan. The data on growth rates in 2013 is calculated on the data of national statistical range in 2012. The statistical range of data on investment in fixed assets of Guangxi is completely the same as the data of other provinces published by National Bureau of Statistic (excluding investment in inter-provincial projects). Due to the investment in inter-provincial projects is included in the investment of cities separately, there are differences between the summary of investment of cities and investment of Guangxi.

1－3 续表1 continued

指 标	Indicators	2000	2005	2010	2012	2013	2014
财 政（亿元）	**Public Finance (100 million yuan)**						
财政收入	Financial Revenue	220.01	475.37	1228.61	1810.14	2001.26	2162.54
#公共财政预算收入	Public Budget Income	147.05	283.04	771.99	1166.06	1317.60	1422.28
公共财政预算支出	Public Budget Expenditure	258.49	611.48	2007.59	2985.23	3208.67	3479.79
物价总指数（上年=100）	**Price Indices(preceding year=100)**						
居民消费价格总指数	General Consumer Price Index	99.7	102.4	103.0	103.2	102.2	102.1
城 市	Urban Area	100.0	103.0	102.9	103.2	102.1	102.2
农 村	Rural Area	99.5	101.6	103.4	103.3	102.4	101.9
商品零售价格总指数	General Retail Price Index	98.6	101.1	103.0	102.3	101.2	101.4
利用外资（亿美元）	**Utilization of Foreign Capital (100 million USD)**						
外商直接投资	Foreign Direct Investment	5.25	3.79	9.12	7.49	7.00	10.01
能源生产与消费（万吨标准煤）	**Production & Consumption of Energy (10 000 tons of SCE)**						
能源生产总量	Total Energy Production	833.28	1220.99	1951.85	2129.80	1973.19	2372.52
能源消费总量	Total energy Consumption	2487.40	4536.74	7379.23	8530.56	9100.37	9515.34
产 业	**Industry**						
农 业	**Agriculture**						
农林牧渔业劳动力（万人）	Labor Force of Farming,Forestry,Animal Husbandry & Fishery(10 000 persons)	1557	1503	1571	1481	1565	1450
农林牧渔业总产值（亿元）	Gross Output Value of Farming,Forestry,Animal Husbandry & Fishery(100 million yuan)	828.97	1448.37	2720.99	3490.72	3755.19	3947.73
主要农产品产量（万吨）	Output of Major Farm Products(10 000 tons)						
粮 食	Grain	1667.24	1516.29	1412.32	1484.90	1521.80	1534.41
油 料	Oil-bearing Crops	58.61	63.18	45.81	53.94	57.21	61.30
甘 蔗	Sugar Cane	2937.89	5154.69	7119.62	7829.71	8104.26	7952.57
园林水果	Fruits(grove)	360.14	571.58	841.77	1030.95	1122.63	1233.30
肉 类	Meat	287.26	418.60	387.77	410.99	420.02	420.03
水产品	Aquatic Products	239.86	284.19	275.09	303.47	319.06	332.12
工 业	**Industry**						
全部工业总产值（亿元）	All Included Gross Industrial Output Value (100 million yuan)	1800.24	3684.07	11671.79	17204.62	19434.6	21730.31
轻工业	Light Industry	862.00	1461.05	3857.83	5395.91	5837.6	6343.78
重工业	Heavy Industry	938.24	2223.02	7813.96	11808.71	13597.0	15386.52

1—3 续表2 continued

指 标	Indicators	2000	2005	2010	2012	2013	2014
主要工业产品产量	Output of Major Industrial Products						
成品糖（万吨）	Machine-made Sugar(10 000 tons)	325.76	504.34	705.46	861.47	1010.89	1077.16
机制纸及纸板（万吨）	Machine-made Paper(10 000 tons)	82.55	125.37	225.11	336.37	413.90	338.67
粗钢（万吨）	Steel(10 000 tons)	104.73	496.29	1204.57	1341.65	2223.65	2085.62
钢材（万吨）	Steel Products(10 000 tons)	102.63	519.88	1506.34	2149.54	2791.68	3263.68
十种有色金属（万吨）	Nonferrous Metal(10 000 tons)	60.59	66.63	140.55	111.23	123.86	137.54
发电量（亿千瓦时）	Electricity(100 million kwh)	289.09	446.04	1032.15	1186.12	1249.53	1310.03
原 煤（万吨）	Coal(10 000 tons)	706.67	700.34	757.57	753.61	640.34	615.43
农用化肥（折纯100%,万吨）	Chemical Fertilizer(10 000 tons)	53.3	84.02	86.9	124.41	105.71	111.49
水 泥（万吨）	Cement(10 000 tons)	2198.35	3306.13	7516.51	6986.88	11202.83	10744.58
汽 车（万辆）	Motor Vehicles(10 000 sets)	13.12	37.72	136.61	167.33	186.91	209.23
建筑业（三级及三级以上企业）	**Construction**						
建筑企业年末从业人数（万人）	Number of Employed Persons (10 000 persons)	33.30	43.00	59.06	67.03	76.50	77.92
建筑业总产值（亿元）	Gross OutputValue(100 million yuan)	150.92	425.21	1222.31	1867.06	2289.88	2608.91
交通运输业	**Transportation**						
货运量（万吨）	Freight Traffic(10 000 tons)	31270	41025	113445	161368	151155	163043
#铁路	Railways	5843	8517	7052	6846	6916	6687
客运量（万人）	Passenger Traffic(10 000 persons)	42952	52197	76967	91656	50846	53881
#铁路	Railways	2508	2037	3163	3310	3275	4770
公路里程（公里）	Length of Highways(km)	52910	62003	101782	107906	111384	114900
规模以上港口货物吞吐量（万吨）	Volume of Freight Handled at Major Ports(10 000 tons)	2879	6877	18575	26873	29276	31025
邮电通信业	**Post & Telecommunication Services**						
年末电话用户数（万户）	Number of Subscribers of Telephone (10 000 subscribers)	485.96	1890.4	2923.4	3483.4	3831.9	4053.63
固定电话年末用户(万户)	Number of Subscribers of Fixed-line Telephone(10 000 subscribers)	319.12	869.40	708.9	599.3	546.3	499.85
城 市	Urban	233.48	557.70	430.3	376.5	354.7	336.91
农 村	Rural	85.64	311.70	278.6	222.8	191.6	162.94
移动电话用户数	Motor Telephoone(10 000 sets)	167	1021	2215	2884	3285.6	3553.78
邮电业务总量（亿元）	Business Volume of Post & Telecommunication Services (100 million yuan)	96.36	322.87	807.81	366.44	392.82	503.24
国内商业	**Domestic Trade**						
社会消费品零售总额（亿元）	Total Retail Sales of Consumer Goods (100 million yuan)	804.14	1405.55	3312	4516.60	5133.10	5772.83
对外经济贸易和国际旅游	**Foreign Trade & International Tourism**						
进出口总额（亿美元）	Total Exports & Imports(100 million USD)	20.38	51.83	177.06	294.74	328.37	405.53
进口总额	Imports	5.45	23.05	80.96	140.05	141.42	162.23
出口总额	Exports	14.93	28.77	96.1	154.68	186.95	243.30
接待入境旅游者人数（万人次）	**Number of International Tourists(10 000 persons)**	**124.03**	**146.16**	**250.24**	**350.27**	**391.54**	**421.18**
国际旅游收入(亿元)	Earnings from International Tourism(100 million yuan)	21.78	25.93	54.85	80.80	95.80	106.15

1－3 续表3 continued

指 标	Indicators	2000	2005	2010	2012	2013	2014
金融、保险（亿元）	**Finance & Insurance(100 million yuan)**						
金融机构本外币存款余额	Total Saving Deposit in RMB & Foreign Currency of Financial Institutions		4262.30	11813.9	15966.65	18400.48	20298.54
金融机构本外币贷款余额	Total Loan Balances in RMB & Foreign Currency of Financial Institutions		3104.60	8979.87	12355.52	14081.01	16070.95
财产险保费收入	Premium Income from Property Insurance	12.16	23.88	69.19	96.92	118.88	140.67
人身险保费收入	Premium Income from Life Insurance	18.82	49.24	109.86	141.35	156.60	172.56
教育、科技、文化	**Education, Science & Technology, Culture**						
教 育	**Education**						
专任教师数（万人）	Full-time Teachers(10 000 persons)						
普通高等学校	Institutions of Higher Education	0.93	1.96	3.17	3.50	3.74	3.77
普通中等专业学校	Special Secondary Schools	0.88	0.7	2.05	2.08	2.05	2.04
普通中学	Secondary Schools	12.67	15.24	16.08	16.20	16.98	16.62
小 学	Primary Schools	19.9	20.48	22.02	21.72	20.95	21.07
在校学生数（万人）	Student Enrollment (10 000 persons)						
普通高等学校	Institutions of Higher Education	11.79	33.83	56.75	62.92	64.42	70.19
普通中等专业学校	Special Secondary Schools	15.87	17.04	80.95	86.24	82.22	78.27
普通中学	Secondary Schools	285.63	303.87	275.79	276.2	276.96	278.90
小 学	Primary Schools	536.79	452.79	430.06	426.48	426.26	431.81
科 技	**Science & Technology**						
科技活动人员数（万人）	Personnel in Scientific & Technological Activities (10 000 persons)	4.86	5.67	8.91	10.77	10.87	10.72
研究与发展经费内部支出（亿元）	Inner Expenditure of Funds for Research & Develop-ment (100 million yuan)	8.36	14.67	62.52	97.15	107.68	111.90
文 化	**Culture**						
图书出版数量（万册）	Number of Books Published(10 000 copies)	23691	18818	24810	28796	34376	39773
期刊出版数量（万册）	Number of Magazines Issued(10 000 copies)	5242	5571	4268	4516	4870	4808
报纸出版数量（万份）	Number of Newspapers Issucd(10 000 copies)	56008	58222	69560	69546	71812	72972
家庭 生活 环境	**Family,Livelihood & Environment**						
家 庭	**Family**						
家庭总户数（万户）	Total Number of Households(10 000 households)	1140	1329	1347	1361	1383	1567
城镇居民平均每户家庭人口（人）	Average Persons Per Household in Urban Areas(person)			3.15	3.03	3.25	3.22
农村居民平均每户家庭人口（人）	Average Persons Per Household in Rural Areas(person)			3.47	3.47	3.38	3.37

注：2006年以后中等专业学校在校学生包括中等职业学校学生。

Note: The "Student Enrollment of Special Secondary Schools" after 2006 includes the students of vocational schools for secondary edcation.

1－3 续表4 continued

指 标	Indicators	2000	2005	2010	2012	2013	2014
居 住	**Housing**						
城镇居民人均居住面积（平方米）	Per Capita Net Floor Space of Urban Residents (sq.m)	18.91	25.2	28.88	29.83	29.90	
农村居民人均生活用房面积（平方米）	Per Capita Net Floor Space of Rural Residents (sq.m)	23.40	28.67	33.94	35.98	36.81	
生 活	**Livelihood**						
城镇居民人均可支配收入（元）	Per Capita Annual Disposable Income of Urban Households(yuan)	5834	8917	17064	21243	23305	24669
农村居民人均纯收入（元）	Per Capita Net Income of Rural Residents(yuan)	1865	2495	4543	6008	6791	8683
工资和福利	**Wages & Welfare**						
在岗职工平均工资（元）	Average Annual Wages of Staff & Workers(yuan)	6772	15461	31842	37614	42637	46846
离退休退职职工保险福利费用（亿元）	Insurance & Welare Funds of VCSR, Retired & Resigned(100 million yuan)	52.89	127.22	324.4	457.61	544.1	613.34
卫 生	**Health Care**						
卫生机构数（个）	Health Institution(unit)	13707	9432	10341	10829	11195	11469
#医院、卫生院	Hospitial	1868	1753	1728	1749	1755	1756
医院、卫生院病床数（万张）	Hospital Beds(10 000 beds)	8.30	8.71	13.39	15.67	17.40	18.77
卫生技术人员（万人）	Medical Technical Personnel (10 000 persons)	12.70	12.92	18.57	22.08	23.38	25.86
市政建设	**City Construction**						
全年供水总量（亿吨）	Volume of Tap Water Supply (100 million tons)	13.58	13.29	14.73	15.55	16.17	16.22
排水管道长度（公里）	Length of Sewer Pipelines(km)	2885	4116	6417	7725.6	8309	8771
园林绿地面积（公顷）	Area of Gardens & Green Land(hectare)	44149	29689	60225	67149	69870	72414
环 境	**Environment**						
工业污染治理本年完成投资额（亿元）	Actual Investment for Industrial Pollution Treatment in the Year(100 million yuan)	7.37	10.37	9.28	12.73	18.32	17.89
工业污染治理本年施工项目（个）	Implementation Project of Industrial Pollution Treatment in the Year(unit)	1270	389	175	207	143	109
工业废水排放达标量（万吨）	Volume of Meeting Standard for Industrial Sewage Discharged (10 000 tons)	30303	121873	160139			

注：1. 2014年及以后城镇居民和农村居民人均可支配收入为一体化后新口径数据，与2013年及以前公布的数据不可比。
2. 2003年以后职工工资及平均工资为在岗职工。
3. 市政建设指标为全区21个设市城市合计数。

Note: 1. The data of "Per capita Annual Disposable Income of Urban Households" and "Per Capita Annual Disposable Income of Rural Households" in 2014 uses the new statistical range of integration, and it is not comparable with the data in 2013.
2. Since 2003,the total wages and average annual wages of staff and workers refers to the ones at work.
3. The data on city construction refers to the summary of 21 cities in Guangxi.

1—4　主要年份国民经济和社会发展速度指标

Growth Rates of Major Indicators on National Economic & Social Development in Main Years

单位：%　　(%)

指　　标	Indicators	指数（2014年为下列各年）Index(2014 as Percentage of the Following Years)			平均增长速度 Average Annual Growth Rate		
		2000	2005	2010	2001-2005	2006-2010	2011-2014
人口与就业	**Population & Employment**						
人　口	**Population**						
年末总人口	Year-end Population	115.2	111.2	106.1	0.7	0.9	1.5
非农业人口	Non-agricultural Population	173.4	157.4	170.9	2.0	-1.6	14.3
农业人口	Agricultural Population	103.2	101.0	95.1	0.4	1.2	-1.2
总人口中：男性	Male	116.4	111.8	106.8	0.8	0.9	1.6
女性	Female	114.0	110.5	105.4	0.6	0.9	1.3
就　业	**Employment**						
从业人数	Employment	108.9	103.4	96.3	1.0	1.4	-0.9
城镇登记失业人数	Number of Registered Unemployed Persons	165.1	100.8	97.9	10.4	0.6	-0.5
宏观经济	**Macroeconomic Indicators**						
国民核算	**National Accounting**						
地区生产总值	Gross Domestic Product	753.5	393.4	163.8	10.8	13.9	13.1
第一产业	Primary Industry	433.0	264.5	144.1	5.4	5.3	9.6
第二产业	Secondary Industry	999.6	484.9	162.4	13.8	19.1	12.9
#工业	Industry	990.5	479.5	157.1	13.8	19.4	12.0
第三产业	Tertiary Industry	629.7	318.7	147.0	11.2	12.7	10.1
人均地区生产总值	Per Capita GDP	336.9	182.5	77.5	10.0	12.9	13.1
支出法地区生产总值	Gross Domestic Expenditures	753.5	393.4	163.8	10.8	13.9	13.1
#最终消费	Total Consumption	565.3	332.4	165.7	9.5	11.4	13.5
居民消费	Resident Consumption	562.0	339.0	163.7	8.9	12.0	13.1
政府消费	Public Consumption	575.5	313.9	171.9	11.4	9.4	14.5
资本形成总额	Total Investment	1595.9	600.0	136.0	19.1	31.4	8.0
固定资本	Fixed Assets	1560.0	597.9	134.4	18.7	31.6	7.7
存货增加	Inventory Increasement	5940.7	675.4	218.8	47.0	20.2	21.6
固定资产投资	**Investment in Fixed Assets**						
全社会固定资产投资	Total Investment in Fixed Assets	2097.4	782.5	176.1	21.8	34.7	15.2
#基本建设	Capital Counstruction	1924.5	601.4	155.7	26.2	31.0	11.7
更新改造	Innovation	6286.1	1834.1	227.4	27.9	51.8	22.8
房地产开发	Real Estate Development	4754.3	641.1	152.4	49.3	33.3	11.1
其他	Others	525.0	518.8	119.6	0.2	34.1	4.6

1-4 续表1 continued

单位：% (%)

指 标	Indicators	指数（2014年为下列各年） Index(2014 as Percentage of the Following Years)			平均增长速度 Average Annual Growth Rate		
		2000	2005	2010	2001-2005	2006-2010	2011-2014
财 政	**Public Finance**						
财政收入	Financial Revenue	982.9	454.9	176.0	16.7	20.9	15.2
#公共财政预算收入	Public Budget Income	967.1	502.4	184.2	14.0	22.2	16.5
公共财政预算支出	Public Budget Expenditure	1344.7	568.4	173.1	18.8	26.8	14.7
利用外资	**Utilization of Foreign Capital**						
#外商直接投资	Foreign Direct Investment	190.7	264.1	109.8	-6.3	19.2	2.4
能源生产与消费	**Production & Consumption of Energy**						
能源生产总量	Total Energy Production	284.7	194.3	121.6	7.9	9.8	5.0
能源消费总量	Total energy Consumption	356.5	195.4	120.2	12.8	10.2	4.7
产 业	**Industry**						
农 业	**Agriculture**						
农林牧渔业总产值	Gross Output Value of Farming, Forestry, Animal, Husbandry & Fishery	476.2	262.6	145.1	6.1	5.7	9.8
主要农产品产量	Output of Major Farm Products						
粮 食	Grain	92.0	101.2	108.6	-1.9	-1.4	2.1
油 料	Oil-bearing Crops	104.6	97.0	133.8	1.5	-6.2	7.6
甘 蔗	Sugar Cane	270.7	154.3	111.7	11.9	6.7	2.8
园林水果	Fruits	342.5	215.8	146.5	9.7	8.0	10.0
肉 类	Meat	146.2	100.3	108.3	7.8	-1.5	2.0
水产品	Aquatic Products	138.5	116.9	120.7	3.4	-0.6	4.8
工 业	**Industry**						
全部工业总产值	All Included Gross Industrial Output Value	1207.1	589.8	186.2	14.0	25.9	16.8
轻工业	Light Industry	735.9	434.2	164.4	10.4	21.4	13.2
重工业	Heavy Industry	1639.9	692.1	196.9	17.1	28.6	18.5
主要工业产品产量	Output of Major Industrial Products						
成品糖	Machine-made Sugar	330.7	213.6	152.7	9.1	6.9	11.2
机制纸及纸板	Machine-made Paper	410.3	270.1	150.4	8.7	12.4	10.8
粗 钢	Steel	1991.4	420.2	173.1	36.5	19.4	14.7
钢 材	Steel Products	3180.0	627.8	216.7	38.3	23.7	21.3
十种有色金属	Nonferrous Metal	227.0	206.4	97.9	1.9	16.1	-0.5
发电量	Electricity	453.2	293.7	126.9	9.1	18.3	6.1
原 煤	Coal	87.1	87.9	81.2	-0.2	1.6	-5.1
农用化肥	Chemical Fertilizer	209.2	132.7	128.3	9.5	0.7	6.4
水 泥	Cement	488.8	325.0	142.9	8.5	17.9	9.3
汽 车	Motor Vehicles	1594.7	554.7	153.2	23.5	29.4	11.2

1－4 续表2 continued

单位：% (%)

指 标	Indicators	指数（2014年为下列各年）Index(2014 as Percentage of the Following Years)			平均增长速度 Average Annual Growth Rate		
		2000	2005	2010	2001-2005	2006-2010	2011-2014
建筑业	**Construction**						
建筑企业年末从业人数	Number of Employed Persons	234.0	181.2	131.9	5.2	6.6	7.2
交通运输业	**Transportation**						
货运量	Freight Traffic	521.4	397.4	143.7	5.6	22.6	9.5
#铁路	Railways	114.4	78.5	94.8	7.8	-3.7	-1.3
客运量	Passenger Traffic	125.4	103.2	70.0	4.0	8.1	-8.5
#铁路	Railways	190.2	234.2	150.8	-4.1	9.2	10.8
公路里程	Length of Highways	217.2	185.3	112.9	3.2	10.4	3.1
规模以上港口货物吞吐量	Volume of Freight Handled at Major Ports	1077.6	451.1	167.0	19.0	22.0	13.7
邮电通信业	**Post & Telecommunication Services**						
年末电话用户数	Number of Subscribers of Telephone	834.1	214.4	138.7	31.2	9.1	8.5
固定电话年末用户	Number of Subscribers of Fixed-line Telephone	156.6	57.5	70.5	22.2	-4.0	-8.4
城 市	Urban	144.3	60.4	78.3	19.0	-5.1	-5.9
农 村	Rural	190.3	52.3	58.5	29.5	-2.2	-12.5
移动电话用户数	Motor Telephoone	2129.8	348.1	160.5	43.7	16.7	12.6
国内商业	**Domestic Trade**						
社会消费品零售总额	Total Retail Sales of Consumer Goods	717.9	410.7	174.3	11.7	18.7	14.9
对外经济贸易	**Foreign Trade**						
进出口总额	Total Exports & Imports	1989.8	782.4	229.0	20.5	27.9	23.0
进口总额	Imports	2976.7	703.8	200.4	33.4	28.6	19.0
出口总额	Exports	1629.6	845.7	253.2	14.0	27.3	26.1
国际旅游	**International Tourism**						
接待入境旅游者人数	Number of International Tourists	339.6	288.2	168.3	3.3	11.4	13.9
国际旅游收入	Earnings from International Tourism	487.4	409.4	193.5	3.5	16.2	17.9

1－4 续表3 continued

单位：% (%)

指 标	Indicators	指数（2014年为下列各年）Index(2014 as Percentage of the Following Years)			平均增长速度 Average Annual Growth Rate		
		2000	2005	2010	2001-2005	2006-2010	2011-2014
金融、保险	**Finance & Insurance**						
金融机构存款余额	Total Saving Deposit in RMB & Foreign Currency of Financial Institutions		476.2	171.8		22.6	14.5
金融机构贷款余额	Total Loan Balances in RMB & Foreign Currency of Financial Institutions		517.6	179.0		23.7	15.7
财产险保费收入	Premium Income from Property Insurance	1156.8	589.1	203.3	14.5	23.7	19.4
人身险保费收入	Premium Income from Life Insurance	916.9	350.4	157.1	21.2	17.4	12.0
教育、科技、文化	**Education, Science & Technology, Culture**						
教 育	**Education**						
专任教师数	Full-time Teachers						
普通高等学校	Institutions of Higher Education	405.4	192.3	118.9	16.1	10.1	4.4
普通中等专业学校	Special Secondary Schools	231.8	291.4	99.5	-4.5	24.0	-0.1
普通中学	Secondary Schools	131.2	109.1	103.4	3.8	1.1	0.8
小 学	Primary Schools	105.9	102.9	95.7	0.6	1.5	-1.1
在校学生数	Student Enrollment						
普通高等学校	Institutions of Higher Education	595.3	207.5	123.7	23.5	10.9	5.5
普通中等专业学校	Special Secondary Schools	493.2	459.3	96.7	1.4	36.6	-0.8
普通中学	Secondary Schools	97.6	91.8	101.1	1.2	-1.9	0.3
小 学	Primary Schools	80.4	95.4	100.4	-3.3	-1.0	0.1
科 技	**Science & Technology**						
科技活动人员数	Personnel in Scientific & Technological Activities	220.6	189.1	120.3	3.1	9.5	4.7
研究与发展经费内部支出	Inner Expenditure of Funds for Research & Develop-ment	1338.5	762.8	179.0	18.8	33.6	15.7
文 化	**Culture**						
图书出版数量	Number of Books Published	167.9	211.4	160.3	-4.5	5.7	12.5
期刊出版数量	Number of Magazines Issued	91.7	86.3	112.7	1.2	-5.2	3.0
报纸出版数量	Number of Newspapers Issued	130.3	125.3	104.9	0.8	3.6	1.2
家庭 生活 环境	**Family, Livelihood & Environment**						
家 庭	**Family**						
家庭总户数	Total Number of Households	137.5	117.9	116.3	2.9	0.3	3.9
城镇居民平均每户家庭人口	Average Persons Per Household in Urban Areas			102.2			0.6
农村居民平均每户家庭人口	Average Persons Per Household in Rural Areas			97.1			-0.7

1－4 续表4 continued

单位：% (%)

指　标	Indicators	指数（2014年为下列各年）Index(2014 as Percentage of the Following Years) 2000	2005	2010	平均增长速度 Average Annual Growth Rate 2001-2005	2006-2010	2011-2014
居　住	**Housing**						
城镇居民人均居住面积	Per Capita Net Floor Space of Urban Residents				5.9	2.8	
农村居民人均生活用房面积	Per Capita Net Floor Space of Rural Residents				4.1	3.4	
生　活	**Livelihood**						
城镇居民人均可支配收入	Per Capita Annual Disposable Income of Urban Households	422.8	276.7	144.6	8.9	13.9	9.7
农村居民人均纯收入	Per Capita Net Income of Rural Residents	465.6	348.0	191.1	6.0	12.7	17.6
工资和福利	**Wages & Welfare**						
在岗职工平均工资	Average Annual Wages of Staff & Workers	691.8	303.0	147.1	18.0	15.5	10.1
离退休退职职工保险福利费用	Insurance & Welare Funds of VCSR, Retired & Resigned	1159.7	482.1	189.1	19.2	20.6	17.3
卫　生	**Health Care**						
卫生机构数	Health Institution	83.7	121.6	110.9	-7.2	1.9	2.6
#医院、卫生院	Hospitial	94.0	100.2	101.6	-1.3	-0.3	0.4
医院、卫生院病床数	Hospital Beds	226.1	215.5	140.2	1.0	9.0	8.8
卫生技术人员	Medical Technical Personnel	203.6	200.2	139.3	0.3	7.5	8.6
市政建设	**City Construction**						
全年供水总量	Volume of Tap Water Supply	119.4	122.0	110.1	5.2	2.1	2.4
排水管道长度	Length of Sewer Pipelines	304.0	213.1	136.7	17.7	9.3	8.1
园林绿地面积	Area of Gardens & Green Land	164.0	243.9	120.2	-2.0	15.2	4.7
环　境	**Environment**						
工业污染治理本年完成投资额	Actual Investment for Industrial Pollution Treatment in the Year	242.7	172.5	192.8	7.1	-2.2	17.8
工业污染治理本年施工项目	Implementation Project of Industrial Pollution Treatment in the Year	8.6	28.0	62.3	-21.1	-14.8	-11.2
工业废水排放达标量	Volume of Meeting Standard for Industrial Sewage Discharged	0.0	0.0	0.0	12.3	2.6	-100.0

1－5 主要年份国民经济和社会发展结构指标

Composition Indicators on National Economic & Social Development in Main Years

单位：% (%)

指 标	Indicators	2000	2005	2010	2012	2013	2014
人口与就业	**Population & Employment**						
人 口	**Population**						
农业非农业人口结构（户籍数）	Structure of Agriculture & Non-agriculture						
非农业人口	Non-agricultural Population	17.5	18.6	16.5	19.8	18.7	26.2
农业人口	Agricultural Population	82.5	81.4	83.5	80.2	81.3	73.8
性别结构	Sexual Structure						
男	Male	52.6	52.5	52.5	52.7	52.7	52.8
女	Female	47.7	47.5	47.5	47.3	47.3	47.2
就 业	**Employment**						
从业人员结构	Exployment Structure of Industry						
第一产业	Primary Industry	61.2	56.2	54.1	53.5	53.1	51.9
第二产业	Secondary Industry	10.8	11.9	18.7	18.8	19.0	19.3
第三产业	Tertiary Industry	28.0	31.9	27.1	27.7	27.9	28.8
宏观经济	**Macroeconomic Indicators**						
国民核算	**National Accounting**						
地区生产总值产业结构	Industrial Structure of GDP						
第一产业	Primary Industry	26.8	22.9	17.5	16.7	15.9	15.4
第二产业	Secondary Industry	35.2	37.9	47.1	47.9	46.6	46.7
第三产业	Tertiary Industry	38.0	39.2	35.4	35.4	37.6	37.9
地区生产总值支出结构	Expenditure Structure of GDP						
最终消费	Final Consumption	69.6	61.8	51.6	50.0	51.5	52.2
居民消费	Personal Consumption	52.5	45.4	39.1	37.6	38.3	39.1
农村居民	Urban Households	24.4	18.3	11.4	11.0	10.6	11
城镇居民	Rural Households	28.1	26.5	27.8	26.7	27.7	28.2
政府消费	Government Consumption	17.2	16.4	12.5	12.4	13.2	13.1
资本形成总额	Gross Capital Formation	32.5	45.1	82.9	84.9	70.5	68.8
固定资本	Fixed Assets Formation	32.2	43.9	81.4	80.9	67.6	66.8
存货增加	Inventory Increasement	0.3	1.2	1.6	4.0	2.8	2.1
固定资产投资	**Investment in Fixed Assets**						
全社会投资管理渠道结构	Administrative Channels of Total Investment						
基本建设	Capital Counstruction	42.7	50.9	44.3	39.4	37.8	39.1
更新改造	Innovation	12.2	15.5	28.2	33.7	36.3	36.4
房地产开发	Real Estate Development	5.9	16.2	15.3	12.3	13.6	13.3
其他投资	Other Investment	9.0	3.4	3.3	5.5	2.7	2.2

1－5 续表1 continued

单位：% (%)

指 标	Indicators	2000	2005	2010	2012	2013	2014
资金来源结构	**Structure of Funded Sources**						
国家预算内资金	State Budgetary Appropriation	9.0	8.7	5.0	5.1	6.0	6.2
国内贷款	Domestic Loans	24.5	18.9	15.4	12.0	15.6	12.6
利用外资	Foreign Investment	3.7	3.9	0.9	0.3	0.1	0.1
自筹和其他投资	Fundraising & Others Investment	45.3	68.5	78.7	82.5	78.3	81.0
财 政	**Government Finance**						
财政收入结构	Structure of Government Revenue						
中 央	Central Government	33.2	40.5	37.2	35.6	34.2	34.2
地 方	Local Government	66.8	59.5	62.8	64.4	65.8	65.8
财政支出结构	Structure of Government Expenditures						
#社会保障和就业	Social Security & Employment			10.8	9.5	10.8	11.1
农林水事务	Affairs of Agriculture, Forestry & Water Resources			13.0	12.4	11.6	11.2
教育	Education			18.3	19.7	19.0	19.0
能源生产和消费	**Production & Consumption of Energy**						
能源生产总量结构	Structure of Energy Production						
原 煤	Coal	36.0	29.4	22.0	20.7	18.7	15.6
原 油	Petroleum Crude Oil	0.6	0.4	0.2	0.2	3.2	3.5
水电及其他	Hydropower	63.4	70.2	77.9	79.1	78.3	82.1
能源消费总量结构	Structure of Energy Consumption						
煤 炭	Coal	49.3	56.0	53.9	53.4	57.5	52.8
石 油	Petroleum Crude Oil	15.2	17.6	16.6	16.5	15.9	16.7
水电及其他	Hydropower	20.5	17.6	19.2	18.4	17.0	20.5
产 业	**Industry**						
农 业	**Agriculture**						
农林牧渔业产值结构	Structure of Gross Output Value of Agriculture						
农 业	Farming	50.5	49.1	49.2	49.4	49.8	50.5
林 业	Forestry	4.7	4.3	6.4	7.0	7.7	7.7
牧 业	Animal Husbandry	33.2	35.3	32.0	30.7	29.3	27.5
渔 业	Fishery	11.6	9.9	9.1	9.5	9.8	10.5
农林牧渔服务业	Service Industry for Farming, Forestry, Animal Husbandry & Fishery		1.4	3.3	3.4	3.4	3.8
工 业	**Industry**						
全部工业总产值结构	Structure of Gross Output Value of Industry						
轻工业	Light Industry	47.9	39.7	33.1	31.4	30.0	29.2
重工业	Heavy Industry	52.1	60.3	66.9	68.6	70.0	70.8

1－5 续表2 continued

单位：% (%)

指 标	Indicators	2000	2005	2010	2012	2013	2014
建筑业（三级及三级以上企业）	**Construction**						
建筑业总产值结构	Structure of Gross Output Value of Construction Industry						
#国有及国有控股企业	State-owned Enterprises	58.9	58.4	52.8	49.4	48.5	46.6
城镇集体企业	Urban Collective-owned Enterprises	30.9	15.0	9.6	8.2	6.7	6.6
交通运输业	**Transportation**						
货运量结构	Structure of Freight Traffic						
#铁路	Railways	18.7	20.8	6.2	4.2	4.6	4.1
公路	Highways	75.2	67.9	82.5	83.7	82.5	82.4
水运	Waterways	6.1	11.3	11.3	12.0	12.9	13.5
客运量结构	Structure of Passenger Traffic						100.0
#铁路	Railways	5.8	3.9	4.1	3.6	6.4	8.9
公路	Highways	91.6	93.4	93.8	94.3	89.7	86.5
水运	Waterways	1.8	1.7	0.5	0.5	0.8	1.0
对外经济贸易	**Foreign Trade**						
进出口结构	Structure of Imports & Exports						
出口	Structure of Exports	73.3	55.5	54.3	52.5	56.9	60.0
进口	Structure of Imports	26.7	44.5	45.7	47.5	43.1	40.0
国际旅游	**International Tourism**						
来华旅游人数结构	Structure of Tourists						
外国人	Foreigners	40.8	59.7	56.5	55.0	54.2	52.6
港澳台同胞	Compatriots from Hongkong, Macao & Taiwan	58.9	40.1	43.5	45.0	45.8	47.4
教育、科技、文化	**Education,Science & Technology & Culture**						
教 育	**Education**						
在校学生结构	Structure of Students Enrollment						
大学生	College & University Students	1.4	4.2	6.7	7.4	7.8	8.3
中学生	Secondary School Students	35.5	40.3	42.3	42.5	42.8	42.2
小学生	Primary School Students	63.1	55.5	51.0	50.1	49.4	49.5
专任教师结构	Structure of Full-time Teachers						
大学	College & Universities	2.7	5.1	7.3	8.1	8.4	8.6
中学	Secondary School	39.4	42.1	41.9	42.0	44.3	43.5
小学	Primary School	57.9	52.8	50.8	49.9	47.3	47.9
科 技	**Science & Technology**						
从事科技活动人员结构	Structure of Personnel in Scientific & Technological Activities						
自然科学	Natural Sciences		8.5	9.8	10.8	10.4	10.5

注：本表在校生和专任教师结构自2013年起，大学生包括研究生和普通高等学校在在校生，专任教师仅指普通高校专任教师，中学包括普通中等专业学校、技工学校和普通中学（高中、初中）。科技活动人员结构范围为县及县以上政府部门。

Note: Since 2013, the "College & University Students" includes postgraduate students and internal students of regular higher education institutions, the "Full-time Teachers" only includes full-time teachers in regular institutions of higher education, the "Secondary School" includes specialized secondary schools, skiller workers schools and regular secondary schools (senior, junior). The range of data in "Structure of Personnel in Scientific & Technological Activities" is in governmental departments at and above county level.

1－5 续表3 continued

单位：% (%)

指 标	Indicators	2000	2005	2010	2012	2013	2014
农业科学	Agricultural Sciences		39.6	36.3	35.4	33.7	33.3
医药科学	Medical Sciences		13.1	15.9	15.8	16.7	17.6
工程与技术科学	Engineering & Technology Sciences		28.6	28.7	29.0	30.2	29.9
人文与社会科学	Humanities & Social Sciences		10.2	9.3	9.0	9.0	8.7
生活 环境	**Livelihood & Environment**						
生 活	**Livelihood**						
城镇居民消费结构	Consumption Structure of Urban Residents						
#食品类	Food	39.9	42.5	38.1	39.0	37.9	35.2
衣着类	Clothing	6.5	7.3	8.1	8.0	6.6	5.3
家庭设备用品及服务	Household Facilities, Articles & Services	9.0	5.9	7.4	7.9	7.0	6.0
居住	Residence	15.5	11.5	10.2	9.7	10.8	22.5
农村居民消费结构	Consumption Structure of Rural Residents						
#食品类	Food	55.4	50.5	48.5	42.8	40.0	36.9
衣着类	Clothing	3.5	3.4	3.2	3.2	3.3	3.1
家庭设备用品及服务	Household Facilities, Articles & Services	4.2	4.1	5.6	5.6	5.4	5.9
居住	Residence	13.5	16.2	20.0	24.6	26.1	23.2
卫 生	**Health Care**						
卫生技术人员结构	Structure of Medical Technical Personnel						
#执业（助理执业）医师	Practioner Doctors & Practi-tioner Assistant Doctors	36.2	42.3	36.2	35.4	33.3	33.5
注册护士	Registered Nurses	31.8	34.5	37.6	38.7	40.2	40.2
环 境	**Environment**						
工业污染治理投资结构	Used of Funds in Industrial Pollution Treatment						
治理废水	Waste Water Treatment	54.3	32.5	51.0	37.6	35.8	
治理废气	Waste Gas Treatment	36.5	54.8	29.3	49.6	60.2	
治理固体废物	Solid Waste Treatment	3.7	1.8	18.3	6.9	0.3	
治理噪声	Noise Treatnent	0.1	0.5	0.1	0.0	0.1	
其他	Others	5.3	10.4	1.2	6.0	3.6	

注：2014年城乡居民生活数据为一体化城乡住户收支调查后新口径数据，为人均消费结构，与2013年及以前数据不可比。

Note: The data on urban and rural livelihood in 2014 is based on the new statistical range of the integrated survey of urban and rural residents' income and expenses, and it is the consumption structure per capita, not comparable with the data in and before 2013.

1－6 主要年份国民经济和社会发展比例和效益指标
Indicators on Proportions & Efficiency in National Economic & Social Development in Main Years

指 标	Indicators	2000	2005	2010	2012	2013	2014
人口与就业	**Population & Employment**						
人 口	**Population**						
人口出生率（‰）	Birth Rate（‰）	13.6	14.3	14.1	14.2	14.3	14.1
人口死亡率（‰）	Deatn Rate（‰）	5.7	6.1	5.5	6.3	6.4	6.2
人口自然增长率（‰）	Natural Growth Rate（‰）	7.9	8.2	8.7	7.9	7.9	7.9
就 业	**Employment**						
三次产业就业者比例（以第一产业为100）	Employment Ratio by Types of Industry（Employment in primary industry=100）						
第一产业	Primary Industry	100.0	100.0	100.0	100.0	100.0	100.0
第二产业	Secondary Industry	17.7	21.2	34.6	35.1	35.8	37.2
第三产业	Tertiary Industry	45.6	56.7	50.1	51.8	52.4	55.5
城镇登记失业率（%）	Unemployment Rate in Urban Area（%）	3.2	4.15	3.66	3.41	3.30	3.15
宏观经济	**Macroeconomic Indicators**						
国民核算	**National Accounting**						
三次产业增加值比例（以第一产业为100）	Ratio of Value-added by Tape of Industry（Value-added in primary industry=100）						
第一产业	Primary Industry	100.0	100.0	100.0	100.0	100.0	100.0
第二产业	Secondary Industry	131.5	165.6	269.3	287.6	303.5	303.5
第三产业	Tertiary Industry	141.7	171.1	202.0	212.5	245.9	206.1
全社会劳动生产率（元/人）	Overall Labor Productivity(yuan/person)	8106	14740	32965	47087	51682	56075
第一产业	Primary Industry	3548	6007	10662	14668	15852	16644
第二产业	Secondary Industry	26358	46915	82935	120143	129741	135647
第三产业	Tertiary Industry	11017	18108	42933	60173	66741	75346
固定资产投资	**Investment in Fixed Assets**						
全社会固定资产投资相当于地区生产总值比例（%）	Proportion of Investment in Fixed Assets to GDP（%）	31.7	44.4	82.1	96.9	82.4	88.3

1－6 续表1 continued

指 标	Indicators	2000	2005	2010	2012	2013	2014
财 政	**Government Finance**						
财政收入相当于地区生产总值比例（%）	Proportion of Financial Revenue to GDP(%)	10.6	11.9	12.8	13.9	13.8	13.8
公共财政预算收入相当于地区生产总值比例（%）	Proportion of Public Budget Income to GDP(%)	7.1	7.1	8.1	8.9	9.1	9.1
公共财政预算支出相当于地区生产总值比例（%）	Proportion of Fublic Budyet Expenditure to GDP(%)	12.4	15.3	21.0	22.9	22.2	22.2
能源生产与消费	**Production & Consumption of Energy**						
能源消费弹性系数	Elasticity Ratio of Energy Consumption	1.01	1.18	0.84	0.58	0.66	0.54
每万元地区生产总值消耗的能源（吨标准煤）	Energy Consumption per 10 000 yuan GDP(ton of SCE)	1.28	1.22	0.83	0.70	0.68	0.61
产 业	**Industry**						
农 业	**Agriculture**						
每公顷播种面积农产品产量（公斤）	Output of Farm Crops per Hectare of Sown Area (kg)						
粮食	Grain	4563	4525	4614	4838	4947	5002
甘蔗	Sugarcane	57756	68950	66583	69411	72032	73530
工 业	**Industry**						
产值利税率（%）	Ratio of Per-tax Profits to Gross Output Value (%)	11.67	11.51	13.7	11.2	10.5	10.4
成本费用利润率（%）	After-Tax Profits/Cost（%）	3.86	5.82	8.8	6.7	6.3	6.2
建筑业	**Construction**						
技术装备率（元/人）	Value of Machinery per Laborer(yuan/person)	6797	8723	7128	6818	6576	—
产值利税率（%）	Ratio of Per-tax Profits to Gross Output Value(%)	4.3	6.1	5.7	4.9	5.1	5.1
全员劳动生产率（元/人,按总产值计算）	Overall Labor Productivity(yuan/person,in terms of gross output value)	46667	100545	212375	315962	322334	290337
运输邮电业	**Transportation, Post & Telecommuni-cation Services**						
铁路网密度（公里/万平方公里）	Railway Density(km/10 000 sq.km)	115	115	133	133	168	198

1－6 续表2 continued

指 标	Indicators	2000	2005	2010	2012	2013	2014
公路网密度（公里/万平方公里）	Highway Density(km/10 000 sq.km)	2235	2619	4284	4541	4688	4836
电话普及率（部/万人,含移动电话）	Access to Telephones(set/10 000 persons, including mobilephone)	1102	3852	6177	7470	8152	8558
对外贸易	**Foreign Trade**						
进出口总额相当于地区生产总值比例（%）	Proportion of Total Exports & Imports to GDP(%)	8.1	10.5	12.3	14.2	13.9	15.9
金 融	**Finance**						
金融机构存款相当于地区生产总值比例（%）	Bank Deposits as Percentage of GDP(%)	109.1	105.5	122.7	122.5	127.3	129.5
金融机构贷款相当于地区生产总值比例（%）	Bank Loans as Percentage of GDP(%)	77.6	77.9	92.7	94.8	97.4	102.5
教育、科技、文化	**Education,Science & Technology & Culture**						
教 育	**Education**						
学龄儿童入学率（%）	Rate of School-age Children Enrollment(%)	98.68	99.10	99.4	99.8	99.6	99.6
每万人在校小学生（人）	Number of Primary School Students per 10 000 Persons(person)	1139	926.1	934.3	910.9	903.3	908.3
每万人在校中学生（人）	Number of Secondary School Students per 10 000 Persons(person)	692.5	711.3	798.5	797.6	783.4	775.3
每万人在校大学生（人）	Number of University & College Students per 10 000 Persons(person)	25	69	123.3	139.4	136.5	147.6
科 技	**Science & Technology**						
研究与发展经费内部支出相当于地区生产总值比例（%）	R&D Expenditures at & above County Level as Percentage of GDP(%)	0.40	0.37	0.65	0.75	0.75	0.71
文 化	**Culture**						
广播人口覆盖率（%）	Listener Rating (%)	85.0	88.7	95.0	96.1	96.2	96.6
电视人口覆盖率（%）	Viewer Rating (%)	90.0	93.5	97.0	97.7	98.0	98.2
卫 生	**Health Care**						
每万人卫生技术人员（人）	Number of Medical Technical Personnel per 10 000 Persons(person)	26.7	26.3	36	42.1	49.5	54.4
每万人医院、卫生院病床数（张）	Number of Hospital Beds per 10 000 Persons(unit)	17.4	17.7	26	29.9	36.9	39.5

1-7 主要年份人均主要工农业产品产量
Per Capita Output of Major Industrial & Agricultural Products in Main Years

指　标	Indicators	2000	2005	2010	2012	2013	2014
粮食产量（公斤）	Grain(kg)	352	309	298.4	318.4	323.75	323.95
油料产量（公斤）	Oil-bearing Crops(kg)	12.0	13.0	9.7	11.6	12.17	12.94
甘蔗产量（公斤）	Sugarcane Crops(kg)	621	1050	1504.3	1678.9	1724.13	1679.00
水果产量（公斤）	Fruits(kg)	76	156	177.9	221.1	304.95	329.48
猪牛羊肉（公斤）	Pork, Beef & Mutton(kg)	49	65	54.6	57.8	59.34	59.94
水产品（公斤）	Aquatic Products(kg)	51	58	58.1	65.1	67.88	70.12
原煤（吨）	Coal(ton)	0.15	0.14	0.16	0.16	0.14	0.13
发电量（千瓦时）	Electricity(kwh)	611	909	2180.8	2543.4	2658.29	2765.76
水泥（公斤）	Cement(kg)	465	674	1588.1	1498.2	2383.33	2268.46
糖产量（公斤）	Sugar(kg)	69	103	149.1	184.7	215.06	227.42
机制纸及纸板（公斤）	Machine-made Paper & Paperboard(kg)	17	26	47.6	72.1	88.05	71.50

注：本表2007年起按年平均常住人口计算。自2013年起水果包括果用瓜。

Note: The data from 2007 in this table is calculated with the average permanent population in this year, and the fruits include the melons since 2013.

1—8 各个时期主要经济指标
Main Economic Indicators of Each Period

单位：亿元 (100 million yuan)

时 期	Period	地区生产总值 Gross Domestic Product	第一产业 Primary Industry	第二产业 Secondary Industry	#工业 Industry	第三产业 Tertiary Industry	固定资产投资 Investment in Fixed Assets
“一五”时期	“First Five-Year Plan” Period	88.96	50.35	22.59	19.89	16.02	6.19
“二五”时期	“Second Five-Year Plan” Period	125.03	57.92	37.65	31.64	29.46	19.58
	1963—1965	83.12	43.66	22.42	19.26	17.04	7.21
“三五”时期	“Third Five-Year Plan” Period	165.9	89.17	41.41	36.68	35.32	19.42
“四五”时期	“Fourth Five-Year Plan” Period	287.04	133.8	91.39	82.8	61.85	32.87
“五五”时期	“Fifth Five-Year Plan” Period	393.84	172.14	132.55	119.91	89.15	48.79
“六五”时期	“Sixth Five-Year Plan” Period	708.45	321.87	202.77	175.97	183.81	120.68
“七五”时期	“Seventh Five-Year Plan” Period	1592.8	627.12	479.93	417.65	485.75	337.65
“八五”时期	“Eighth Five-Year Plan” Period	4732.74	1465.25	1655.27	1423.97	1612.19	1314.72
“九五”时期	“Ninth Five-Year Plan” Period	9477.90	2829.42	3283.83	2772.24	3364.65	2808.14
“十五”时期	“Tenth Five-Year Plan” Period	15041.78	3567.49	5366.53	4462.13	6107.76	5586.27
“十一五”时期	“Eleventh Five-Year Plan” Period	34919.58	6861.12	15234.82	13034.13	12823.64	22565.56
	2011—2014	54806.86	8976.61	26110.76	21945.627	19719.511	48546.55

1－8 续表 continued

时 期	Period	公共财政预算收入（亿元）Public Budget Income (100 million yuan)	公共财政预算支出（亿元）Public Budget Expenditure (100 million yuan)	外贸进出口总额（亿美元）Total Exports & Imports (100 million USD)	#出口总额 Exports	社会消费品零售总额（亿元）Total Retail Sales of Consumer Goods (100 million yuan)	货运量（万吨）Freight Traffic (10 000 tons)
“一五”时期	“First Five-Year Plan” Period	15.33	12.61	1.74	1.74	41.8	4344
“二五”时期	“Second Five-Year Plan” Period	23.66	34.7	1.48	1.48	59.36	12595
	1963—1965	12.64	15.92	1.24	1.21	42.88	5191
“三五”时期	“Third Five-Year Plan” Period	25.24	34.25	2.37	2.19	84.47	11523
“四五”时期	“Fourth Five-Year Plan” Period	48.32	61.57	7.77	7.21	114.48	21750
“五五”时期	“Fifth Five-Year Plan” Period	61.72	87.53	13.66	12.82	177.1	26379
“六五”时期	“Sixth Five-Year Plan” Period	72.99	105.13	21.12	17.46	321.52	30448
“七五”时期	“Seventh Five-Year Plan” Period	177.9	265.93	37.97	28.32	720.45	94604
“八五”时期	“Eighth Five-Year Plan” Period	354.75	923.09	104.11	71.14	1656.07	138187
“九五”时期	“Ninth Five-Year Plan” Period	589.95	1009.68	126.74	91.87	3433.48	155717
“十五”时期	“Tenth Five-Year Plan” Period	1089.87	2334.06	168.91	99.86	5540.13	178259
“十一五”时期	“Eleventh Five-Year Plan” Period	2672.81	6641.98	611.05	340.44	12051.51	389077
	2011—2014	4853.67	12218.96	1261.94	709.52	19330.73	611709

1—9 各个时期主要经济指标平均增长率
Average Growth Rate of Main Economic Indicators of Each Period

单位：% (%)

时 期	Period	地区生产总值 Gross Domestic Product	第一产业 Primary Industry	第二产业 Secondary Industry	#工业 Industry	第三产业 Tertiary Industry	固定资产投资 Investment in Fixed Assets
“一五”时期	“First Five-Year Plan” Period	10.8	6.5	11.2	12.1	27.5	41.7
“二五”时期	“Second Five-Year Plan” Period	1.2	-4.5	3.9	4.7	8.4	-0.9
	1963—1965	7.5	11.5	9.5	8.4	-0.02	27.8
“三五”时期	“Third Five-Year Plan” Period	5.1	2.6	5.3	5.1	8.7	15.6
“四五”时期	“Fourth Five-Year Plan” Period	9.6	6.2	15.0	16.5	9.9	5.3
“五五”时期	“Fifth Five-Year Plan” Period	6.2	3.9	4.8	5.5	12.2	10.5
“六五”时期	“Sixth Five-Year Plan” Period	8.3	4.4	9.9	9.2	13.3	27.4
“七五”时期	“Seventh Five-Year Plan” Period	6.1	5.0	8.7	9.7	4.4	10.2
“八五”时期	“Eighth Five-Year Plan” Period	15.1	8.4	24.3	24.2	13.6	43.9
“九五”时期	“Ninth Five-Year Plan” Period	8.5	6.5	8.6	8.5	9.7	9.3
“十五”时期	“Tenth Five-Year Plan” Period	10.8	5.4	13.8	13.8	11.2	21.8
“十一五”时期	“Eleventh Five-Year Plan” Period	13.9	5.3	19.1	19.4	12.7	34.7
	2011—2014	10.5	4.6	13.1	12.8	9.8	23.1

注：本表增长率按可比价格计算。

Note: The average growth rates in this table are calculated at comparable prices.

1－9 续表 continued

单位：% (%)

时　期	Period	公共财政预算收入 Pubic Budget Income	公共财政预算支出 Public Budget Expenditure	外贸进出口总　额 Total Exports & Imports	#出口总额 Exports	社会消费品零售总　额 Total Retail Sales of Consumer Goods	货运量 Freight Traffic
"一五"时期	"First Five-Year Plan" Period	6.4	14.7	47.1	47.1	13.2	39.8
"二五"时期	"Second Five-Year Plan" Period	2.7	2.0	-20.3	-20.3	6.1	1.7
	1963—1965	12.9	18.7	37.1	33.5	7.1	19.9
"三五"时期	"Third Five-Year Plan" Period	8.5	8.3	0.3	0.4	2.9	5.9
"四五"时期	"Fourth Five-Year Plan" Period	8.6	7.5	33.5	33.2	8.1	11.5
"五五"时期	"Fifth Five-Year Plan" Period	2.1	5.8	11.4	12.7	11.9	-2.4
"六五"时期	"Sixth Five-Year Plan" Period	10.4	11.3	6.7	0.3	14.1	23.5
"七五"时期	"Seventh Five-Year Plan" Period	18.3	16.9	11.4	14.4	14.6	9.0
"八五"时期	"Eighth Five-Year Plan" Period	11.1	16.7	29.0	25.2	23.2	7.5
"九五"时期	"Ninth Five-Year Plan" Period	13.1	13.0	-8.7	-7.8	10.1	1.8
"十五"时期	"Tenth Five-Year Plan" Period	14.0	18.8	20.5	14.0	11.7	5.6
"十一五"时期	"Eleventh Five-Year Plan" Period	22.2	26.8	27.9	27.3	18.7	22.6
	2011—2014	16.5	14.7	23.0	26.1	14.9	9.5

1—10 主要年份平均每天主要社会经济活动
Selected Indicators on Average Daily Social & Economic Activities in Main Years

指　标	Indicators	2000	2005	2010	2012	2013	2014
每天创造的财富	**Daily Production**						
地区生产总值（亿元）	Gross Domestic Product(100 million yuan)	5.70	10.92	26.22	35.62	39.59	42.94
第一产业	Primary Industry	1.53	2.50	4.59	5.94	6.28	6.61
第二产业	Secondary Industry	2.01	4.14	12.36	17.07	18.44	20.07
#工业	Industry	1.68	3.47	10.58	14.42	15.34	16.62
第三产业	Tertiary Industry	2.16	4.28	9.27	12.61	14.87	13.63
#运输、仓储及邮政业	Transport, Storage & Post	0.44	0.59	1.32	1.71	1.86	2.01
批发零售、餐饮业	Wholesale, Retail & Catering Businesses	0.76	1.25	2.88	3.68	3.95	4.05
公共财政预算收入（亿元）	Public Budget Income (100 million yuan)	0.40	0.78	2.12	3.19	3.61	3.90
公共财政预算支出（亿元）	Public Budget Expenditure (100 million yuan)	0.71	1.68	5.50	8.16	8.79	9.52
粮食（万吨）	Grain(10 000 tons)	4.57	4.15	3.87	4.06	4.17	4.20
油料（万吨）	Oil-bearing Grops(10 000 tons)	0.16	0.17	0.13	0.15	0.16	0.17
甘蔗（万吨）	Sugar Cane	8.03	14.12	19.51	21.39	22.2	21.79
猪牛羊肉（万吨）	Meat(10 000 tons)	0.63	0.88	0.71	0.74	0.72	0.74
水产品（万吨）	Aquatic Products(10 000 tons)	0.66	0.78	0.75	0.83	0.87	0.91
成品糖(万吨)	Machine-made Sugar(10 000 tons)	0.89	1.38	1.93	2.35	2.77	2.95
原 煤（万吨）	Coal(10 000 tons)	1.94	1.92	2.08	2.06	1.75	1.69
发电量（亿千瓦时）	Electricity (100 million kwh)	0.79	1.22	2.83	3.24	3.39	3.59
粗 钢（万吨）	Stee(10 000 tons)	0.29	1.36	3.30	3.67	6.09	5.71
钢 材（万吨）	Steel Products(10 000 tons)	0.28	1.42	4.13	5.87	7.65	8.94
水 泥（万吨）	Cement(10 000 tons)	6.02	9.06	20.59	19.09	30.69	29.44

1－10 续表 continued

指　标	Indicators	2000	2005	2010	2012	2013	2014
每天消费量	**Daily Consumption**						
最终消费（亿元）	Final Consumption Expenditure(100 million yuan)	3.97	6.75	13.54	17.86	20.29	22.43
居民消费	Resident Consumption	2.99	4.95	10.26	13.45	15.08	16.80
农村居民	Rural Resident	1.39	1.99	2.98	3.94	4.17	4.71
城镇居民	Urban Resident	1.60	2.96	7.28	9.51	10.91	12.09
政府消费	Government Consumption	0.98	1.79	3.28	4.40	5.21	5.63
能源消费量（万吨标准煤）	Energy Consumption (10 000 tons of SCE)	7.31	13.34	21.70	25.01	24.93	26.07
社会消费品零售总额（亿元）	Total Retail Sales of Consumer Goods(100 million yuan)	2.20	3.85	9.07	12.34	14.06	15.82
每天其他经济活动	**Other Daily Economic Activities**						
资本形成总额（亿元）	Gross Capital Formation(100 million yuan)	1.85	4.93	21.74	25.81	27.75	29.56
固定资产形成	Fixed Assets Formation	1.84	4.79	21.33	24.38	26.65	28.67
存货增加	Inventory Increasement	0.02	0.13	0.41	1.43	1.11	0.90
货运量（万吨）	Freight Traffic(10 000 tons)	85.67	112.40	310.81	440.90	492.59	446.69
客运量（万人）	Passenger Traffic(10 000 persons)	117.68	143.01	210.87	250.43	267.89	147.62
规模以上港口货物吞吐量(万吨)	Volume of Freight Handled at Major Ports (10 000 tons)	7.89	18.84	50.89	73.59	80.21	85.00
邮电业务总量（万元）	Revenue from Postal & Telecommunication Services (10 000 yuan)	2640	8846	22131.88	10012.02	10762.19	13787.40
进出口总额（万美元）	Total Exports & Imports(10 000 USD)	558	1420	4850.98	8052.92	8996.41	11110.42
出口总额	Exports	409	788	2632.84	4226.34	5121.92	6665.76
进口总额	Imports	149	632	2218.14	3826.58	3874.50	4444.66
外商直接投资（万美元）	Foreign Direct Investments (10 000 USD)	143.74	103.74	249.86	204.52	191.80	274.25
来华旅游人数（人次）	Number of International Tourists (10 000 Persons-time)	3398	4004	6855.79	9570.31	10727.22	11539.30
每天人口变动和婚姻	**Daily Population Changes & Marriages**						
出　生（人）	Births(person)	1753	1918	1973	2022	2055	1973
死　亡（人）	Deaths(person)	712	822	685	902	904	822
结　婚（对）	Marriages(couple)	873	862	1439	1338	1288	1294
离　婚（对）	Divorces(couple)	80	133	200	235	255	221

1—11 按行业分组的法人单位数

单位：个

行业门类	Sector	1996	2001	2004	2005
总计	**Total**	**96356**	**123298**	**120706**	**130209**
农、林、牧、渔业	Farming,Forestry,Animal Husbandry & Fishery	4487	8081	193	3536
采矿业	Mining	2157	1165	1503	1639
制造业	Manufacturing	17703	15105	16068	17110
电力、燃气及水的生产和供应业	Power, Gas & Water Production & Supply	970	1069	1578	1723
建筑业	Construction	1841	1905	1586	1821
批发和零售业	Wholesale & Retail Trade	14306	14921	14365	16291
交通运输、仓储和邮政业	Transportation,Storage,Postal,& Telecommunication Services	1412	2430	1925	2068
住宿和餐饮业	Hotel & Catering Trade	1798	1891	1918	2056
信息传输、计算机服务和软件业	Information Transmission, Computer Service & Software Industries	614	2052	2300	2721
金融业	Finance	1904	2085	1151	1191
房地产业	Real Estate	1218	2417	3189	3644
租赁和商务服务业	Leasing & Business Service	2433	5389	4781	5406
科学研究、技术服务和地质勘查业	Scientific Research, Technology Service & Geological Prospecting	1112	1811	4901	5083
水利、环境和公共设施管理业	Water Conservancy, Environment & Public Facility Management	1074	3026	1481	1582
居民服务和其他服务业	Resident & Other Services	630	1230	972	1124
教育	Education	8309	18650	17326	17477
卫生、社会保障和社会福利业	Public Health, Social Security & Social Welfare	3178	6227	6264	6204
文化、体育和娱乐业	Culture, Sports & Entertainment	1255	2290	2574	2559
公共管理和社会组织	Public Administration & Social Organizations	29955	31554	36631	36974

注：1. 2004年和2008年及2013年农、林、牧、渔业法人单位数为兼营第二、三产业的农、林、牧、渔业法人单位。
2. 本表1996年、2001年、2004年、2008年及2013年均为普查数据，其余为年报数据，2013年为普查初步数，其余年份为年报数据。
3. 本表数据2011年以前按GB/T4754-2002标准分类，2012年以后按GB/T4754-2011标准分类。

Note: 1. The indicator of “Farming,Forestry,Animal Husbandry & Fishery” in 2004 and 2008，2013 refers to the juridical entities operating primary industry also operating secondary industry or tertiary industry on the side.
2. The data in this table in 1996,2001,2004,2008 is based on the Economic Census, the data in 2013 is preliminary statistics of the Economic Census, and the data in other years is based on the annual reports.
3. The data in and before 2011 in this table is sorted out by the standard of (GB/T4754-2002), and the data since 2012 is sorted out by the standard of GB/T4754-2011.

Number of Juridical Entities Grouped by Sector

(unit)

2006	2007	2008	2009	2010	2011	2012	2013	2014
139566	**149472**	**154748**	**180744**	**204970**	**238483**	**274666**	**274899**	**334564**
4034	4306	210	2630	4486	10310	23041	39826	49601
1935	2225	2258	2716	3079	3396	3656	2988	3386
18752	20307	19683	22156	24381	27106	27725	24215	28087
1865	1999	2271	2508	2628	2700	2771	2587	2750
2131	2455	2329	3130	3951	5035	5713	4727	7516
18775	22034	21560	33174	42384	54820	67375	64260	84623
2282	2586	3178	3929	4634	5459	6107	5147	6647
2258	2445	2152	2378	2764	3177	3466	3471	4103
3044	3479	5040	5610	5997	6508	6952	2546	3851
1241	1280	636	938	1249	1649	1643	1610	2321
4402	5218	5628	7084	9013	10224	11034	8446	11513
6140	7238	10535	12964	15394	18798	22108	18611	25498
5310	5573	7141	7627	8397	9020	9959	10359	12613
1626	1698	2081	2227	2376	2571	2748	2762	3129
1339	1552	1607	2152	2666	3417	4093	3542	4709
17643	17786	16435	16776	17126	17497	17788	18301	20043
6405	6480	6207	6363	6446	6573	6644	5387	5745
2667	2760	2600	2795	3005	3180	3489	6664	7302
37717	38051	43197	43587	44994	47043	48354	49450	51127

1—12 各市按机构类型分组的法人单位数（2014年）
Number of Juridical Entities Grouped by Region & Type of Institution(2014)

地 区	Region	法人单位（个）Number of Juridical Entities (unit)	企业 Enterprise	事业单位 Institution	机关 Agency	社会团体 Social Group	其他法人 Others
广 西	**Guangxi**	**334563**	**230232**	**42819**	**10555**	**10249**	**40708**
南宁市	Nanning	66864	52686	5192	1080	1608	6298
柳州市	Liuzhou	34240	25990	2723	891	839	3797
桂林市	Guilin	40634	28401	4489	1436	1289	5019
梧州市	Wuzhou	20804	14484	2634	552	782	2352
北海市	Beihai	14455	11166	1448	373	290	1178
防城港市	Fangchenggang	9349	6407	1187	462	391	902
钦州市	Qinzhou	15207	9898	2124	519	712	1954
贵港市	Guigang	19421	12123	3098	484	401	3315
玉林市	Yulin	33379	22536	4672	796	1028	4347
百色市	Baise	24067	15021	3634	1096	733	3583
贺州市	Hezhou	12897	7497	2669	561	439	1731
河池市	Hechi	18561	10189	3724	1012	644	2992
来宾市	Laibin	12398	7199	2360	622	560	1657
崇左市	Chongzuo	12287	6635	2865	671	533	1583

1—13 各市按主要行业分组的法人单位数（2014年）
Number of Juridical Entities Grouped by Region & Major Sector(2014)

单位：个 (unit)

地　区	Region	合计 Total	农、林、牧、渔业 Agriculture, Forestry, Animal Husbandry & Fishery	采矿业 Mining	制造业 Manufacturing	电力、燃气及水的生产和供应业 Production & Supply of Electricity, Gas & Water	建筑业 Construction	批发和零售业 Wholesale & Retail Trade
广　西	**Guangxi**	**334563**	**49601**	**3386**	**28087**	**2750**	**7515**	**84623**
南宁市	Nanning	66864	6931	309	4725	181	2301	21402
柳州市	Liuzhou	34240	4185	233	3540	184	468	11152
桂林市	Guilin	40634	4981	521	3973	836	1153	9415
梧州市	Wuzhou	20804	4914	234	1472	184	423	5220
北海市	Beihai	14455	922	70	1118	40	558	4006
防城港市	Fangchenggang	9349	1181	86	563	52	242	2249
钦州市	Qinzhou	15207	2343	179	1432	84	447	3049
贵港市	Guigang	19421	2288	141	2489	87	402	4217
玉林市	Yulin	33379	6944	247	3728	280	314	7890
百色市	Baise	24067	4774	351	1623	226	402	5006
贺州市	Hezhou	12897	3097	165	739	224	198	2310
河池市	Hechi	18561	2992	418	1191	154	199	3681
来宾市	Laibin	12398	2248	261	880	118	244	2388
崇左市	Chongzuo	12287	1801	171	614	100	164	2638

1－13 续表1 continued

地 区	Region	交通运输、仓储和邮政业 Transport, Storage & Post	住宿和餐饮业 Hotel & Catering Trade	信息传输、计算机服务和软件业 Information Transmission, Computer Service & Software Industries	金融业 Finance	房地产业 Real Estate	租赁和商务服务业 Leasing & Business Service	科学研究、技术服务和地质勘查业 Scientific Research, Technology Service & Geological Prospecting
广 西	**Guangxi**	**6647**	**4103**	**3851**	**2321**	**11513**	**25498**	**12613**
南宁市	Nanning	1250	968	1302	327	2676	8894	2843
柳州市	Liuzhou	758	341	508	284	1266	2745	1277
桂林市	Guilin	551	804	633	366	1353	3410	1465
梧州市	Wuzhou	294	204	175	229	564	920	570
北海市	Beihai	381	225	207	148	1419	1460	625
防城港市	Fangchenggang	553	124	56	69	451	741	297
钦州市	Qinzhou	628	143	128	107	548	811	563
贵港市	Guigang	471	178	121	162	610	1116	525
玉林市	Yulin	576	334	196	166	789	1564	1271
百色市	Baise	341	333	139	140	493	1383	789
贺州市	Hezhou	147	76	124	82	225	474	480
河池市	Hechi	217	196	87	97	439	844	910
来宾市	Laibin	190	88	100	62	334	561	452
崇左市	Chongzuo	290	89	75	82	346	575	546

1－13 续表2 continued

地　区	Region	水利、环境和公共设施管理业 Management of Water Conservancy, Environment and Public Facilities	居民服务和其他服务业 Services to Households and Other Services	教　育 Education	卫生、社会保障和社会福利业 Health, Social Securities and Social Welfare	文化、体育和娱乐业 Culture, Sports and Entertainment	公共管理和社会组织 Public Management and Social Organizations
广　西	**Guangxi**	**3129**	**4709**	**20043**	**5745**	**7302**	**51127**
南宁市	Nanning	339	1243	3445	782	1188	5758
柳州市	Liuzhou	255	603	1273	511	667	3990
桂林市	Guilin	523	745	1915	751	900	6339
梧州市	Wuzhou	158	168	1413	236	345	3081
北海市	Beihai	111	215	918	154	337	1541
防城港市	Fangchenggang	123	120	324	126	175	1817
钦州市	Qinzhou	146	206	931	212	391	2859
贵港市	Guigang	148	234	2098	649	571	2914
玉林市	Yulin	297	379	2989	457	676	4282
百色市	Baise	250	317	1021	674	549	5256
贺州市	Hezhou	125	78	1172	152	282	2747
河池市	Hechi	299	180	824	529	624	4680
来宾市	Laibin	156	105	779	234	300	2898
崇左市	Chongzuo	199	116	941	278	297	2965

1－14 按行业、营业状态分组的企业法人单位数（2014年）

Number of Juridical Entities Grouped by Sector & Operating State(2014)

单位：个 (unit)

行 业	Sector	单位数 Number of Juridical Entities	营业 Operating	停业(歇业) Shutout (closed)	筹建 Preparing to Construct	当年关闭 Closedown in the Present Year	当年破产 Bankrupted in the Present Year	其他 Others
合计	**Total**	**230233**	**195708**	**12671**	**9445**	**8430**	**288**	**3691**
农、林、牧、渔业	Farming, Forestry, Animal Husbandry & Fishery	36577	32485	1091	1719	411	29	842
采矿业	Mining	3386	2483	505	201	131	19	47
制造业	Manufacturing	28019	23450	1831	1417	902	86	333
电力、燃气及水的生产和供应业	Power, Gas & Water Production & Supply	2680	2382	92	134	32	3	37
建筑业	Construction	7513	6257	372	350	340	5	189
交通运输、仓储和邮政业	Transportation, Storage & Postal Services	6210	5409	309	253	163	8	68
信息传输、计算机服务和软件业	Information Transmission, Computer Service & Software Industries	3420	2842	174	136	221	3	44
批发和零售业	Wholesale & Retail Trade	83434	71744	4861	2596	3362	75	796
住宿和餐饮业	Hotel & Catering Trade	4046	3571	180	121	129	6	39
金融业	Finance	2267	1987	84	141	26		29
房地产业	Real Estate	11344	9084	672	607	334	7	640
租赁和商务服务业	Leasing & Business Service	22751	18197	1477	1113	1608	26	330
科学研究、技术服务和地质勘查业	Scientific Research, Technology Service & Geological Prospecting	6165	5078	383	317	293	5	89
水利、环境和公共设施管理业	Water Conservancy, Environment & Public Facility Management	1014	775	83	104	28	1	23
居民服务和其他服务业	Resident & Other Services	4441	3823	229	110	195	6	78
教育	Education	1407	1242	46	42	30	1	46
卫生、社会保障和社会福利业	Public Health, Social Security & Social Welfare	460	419	7	16	8		10
文化、体育和娱乐业	Culture, Sports & Entertainment	5094	4476	275	68	217	8	50
公共管理、社会保障和社会组织	Public Admini stration, Social Security & Social Organizations	5	4					1

1—15 按行业、登记注册类型分组的企业法人单位数（2014年）

Number of Juridical Entities Grouped by Sector & Registration Status(2014)

单位：个 (unit)

行业	Sector	合计 Total	内资 Domestic Fund	国有 State-owned	集体 Collective-owned	股份合作企业 Cooperative Share Holding	联营企业 Joint-owned
合计	**Total**	**230233**	**228649**	**3651**	**3601**	**596**	**243**
农、林、牧、渔业	Farming,Forestry,Animal Husbandry & Fishery	36577	36518	233	69	27	28
采矿业	Mining	3386	3366	43	39	21	6
制造业	Manufacturing	28019	27232	439	735	128	45
电力、燃气及水的生产和供应业	Power, Gas & Water Production & Supply	2680	2639	296	184	37	13
建筑业	Construction	7513	7493	116	218	16	3
批发和零售业	Wholesale & Retail Trade	83434	83258	905	1376	109	81
交通运输、仓储和邮政业	Transportation,Storage & Postal Services	6210	6159	284	178	22	6
住宿和餐饮业	Hotel & Catering Trade	4046	3980	167	99	21	8
信息传输、计算机服务和软件业	Information Transmission, Computer Service & Software Industries	3420	3396	22	3	3	
金融业	Finance	2267	2240	71	8	94	
房地产业	Real Estate	11344	11161	282	231	28	2
租赁和商务服务业	Leasing & Business Service	22751	22684	293	235	42	22
科学研究、技术服务和地质勘查业	Scientific Research, Technology Service & Geological Prospecting	6165	6146	270	103	12	8
水利、环境和公共设施管理业	Water Conservancy, Environment & Public Facility Management	1014	1001	61	19	2	1
居民服务和其他服务业	Resident & Other Services	4441	4428	42	59	15	9
教育	Education	1407	1407	23	21	4	6
卫生、社会保障和社会福利业	Public Health, Social Security & Social Welfare	460	459	15	9	8	1
文化、体育和娱乐业	Culture, Sports & Entertainment	5094	5077	86	15	7	4
公共管理、社会保障和社会组织	Public Admini stration, Social Security & Social Organizations	5	5	3			

1－15 续表1 continued

单位：个 (unit)

行业	Sector	国有联营 State Joint-owned	集体联营 Collective Joint-owned	国有与集体联营 State & Collective Joint-owned	其他联营 Other Joint-owned	有限责任公司 Limited Liability Company	国有独资公司 State Sole Investment	其他有限责任公司 Other Limited Companies	股份有限公司 Share Holding Limited
合计	**Total**	**37**	**118**	**14**	**74**	**34509**	**818**	**33691**	**4638**
农、林、牧、渔业	Farming,Forestry,Animal Husbandry & Fishery	1	6	1	20	1254	11	1243	205
采矿业	Mining	1	3		2	350	7	343	90
制造业	Manufacturing	4	24	6	11	3886	71	3815	589
电力、燃气及水的生产和供应业	Power, Gas & Water Production & Supply	3	5	1	4	377	59	318	91
建筑业	Construction		2		1	1667	47	1620	190
批发和零售业	Wholesale & Retail Trade	18	43	2	18	12839	130	12709	1353
交通运输、仓储和邮政业	Transportation,Storage & Postal Services	2	3		1	1391	58	1333	202
住宿和餐饮业	Hotel & Catering Trade	1	4	1	2	644	8	636	115
信息传输、计算机服务和软件业	Information Transmission, Computer Service & Software Industries					805	19	786	71
金融业	Finance					478	14	464	422
房地产业	Real Estate	1			1	2843	90	2753	387
租赁和商务服务业	Leasing & Business Service	4	12	1	5	5243	201	5042	560
科学研究、技术服务和地质勘查业	Scientific Research, Technology Service & Geological Prospecting		7		1	1343	36	1307	162
水利、环境和公共设施管理业	Water Conservancy, Environment & Public Facility Management		1			267	38	229	50
居民服务和其他服务业	Resident & Other Services	1	5		3	664	11	653	70
教育	Education		2	1	3	140		140	28
卫生、社会保障和社会福利业	Public Health, Social Security & Social Welfare				1	31		31	13
文化、体育和娱乐业	Culture, Sports & Entertainment	1	1	1	1	287	18	269	40
公共管理、社会保障和社会组织	Public Admini stration, Social Security & Social Organizations								

1－15 续表2 continued

单位：个 (unit)

行 业	Sector	私营 Individual	私营独资 Individual Sole Investment	私营合伙 Private Partnership	私营有限责任公司 Private Limited Liability Company	私营股份有限公司 Private Share Holding Limited	其他 Others	港澳台商投资 Funded by Enterprises from Hong Kong, Macao & Taiwan
合计	**Total**	**170406**	**63753**	**4732**	**96329**	**5592**	**11005**	**847**
农、林、牧、渔业	Farming,Forestry,Animal Husbandry & Fishery	30374	25023	629	4441	281	4328	24
采矿业	Mining	2655	1242	322	966	125	162	10
制造业	Manufacturing	20449	7687	1224	10794	744	961	439
电力、燃气及水的生产和供应业	Power, Gas & Water Production & Supply	1505	392	606	441	66	136	20
建筑业	Construction	5177	405	48	4505	219	106	14
批发和零售业	Wholesale & Retail Trade	63563	19641	792	40964	2166	3032	85
交通运输、仓储和邮政业	Transportation,Storage & Postal Services	3956	384	79	3249	244	120	22
住宿和餐饮业	Hotel & Catering Trade	2713	1090	142	1384	97	213	38
信息传输、计算机服务和软件业	Information Transmission, Computer Service & Software Industries	2410	288	17	2038	67	82	19
金融业	Finance	1135	98	15	944	78	32	4
房地产业	Real Estate	7258	364	87	6423	384	130	108
租赁和商务服务业	Leasing & Business Service	15759	1461	266	13320	712	530	31
科学研究、技术服务和地质勘查业	Scientific Research, Technology Service & Geological Prospecting	4034	429	77	3348	180	214	6
水利、环境和公共设施管理业	Water Conservancy, Environment & Public Facility Management	582	74	13	460	35	19	9
居民服务和其他服务业	Resident & Other Services	3371	1260	120	1890	101	198	7
教育	Education	925	425	75	390	35	260	
卫生、社会保障和社会福利业	Public Health, Social Security & Social Welfare	279	168	28	72	11	103	
文化、体育和娱乐业	Culture, Sports & Entertainment	4261	3322	192	700	47	377	11
公共管理、社会保障和社会组织	Public Admini stration, Social Security & Social Organizations						2	

1－15 续表3 continued

单位：个 (unit)

行 业	Sector	与港澳台商合资经营 Joint Venture	与港澳台商合作经营 Cooperative Operation	港澳台商独资 Sole Investment	港澳台商投资股份有限公司 Share Holding Limited	其他港澳台	外商投资 Foreignfunded	中外合资经营 Joint Venture	中外合作经营 Cooperative Operation	外资企业 Sole Investment	外商投资股份有限公司 Share Holding Limited	其他外资
合计	**Total**	**278**	**57**	**473**	**31**	**8**	**737**	**270**	**49**	**316**	**39**	**63**
农、林、牧、渔业	Farming,Forestry,Animal Husbandry & Fishery	6	1	13	4		35	7	2	20		6
采矿业	Mining	5	1	3	1		10	3	2	5		
制造业	Manufacturing	138	14	273	14		348	151	13	157	12	15
电力、燃气及水的生产和供应业	Power, Gas & Water Production & Supply	8	3	9			21	9	5	4	3	
建筑业	Construction	3	11				6	2		3		1
批发和零售业	Wholesale & Retail Trade	23	2	54	4	2	91	23	5	38	3	22
交通运输、仓储和邮政业	Transportation,Storage & Postal Services	9	4	9			29	11	5	11	2	
住宿和餐饮业	Hotel & Catering Trade	10	3	22	3		28	7	5	14	1	1
信息传输、计算机服务和软件业	Information Transmission, Computer Service & Software Industries	6	1	8	2	2	5	2		2		1
金融业	Finance			2	1	1	23	5	1	3	12	2
房地产业	Real Estate	57	8	43			75	31	4	32	3	5
租赁和商务服务业	Leasing & Business Service	5	3	18	2	3	36	9	4	15	2	6
科学研究、技术服务和地质勘查业	Scientific Research, Technology Service & Geological Prospecting	3	1	2			13	5	1	6		1
水利、环境和公共设施管理业	Water Conservancy, Environment & Public Facility Management	3	1	5			4	1	1	1		1
居民服务和其他服务业	Resident & Other Services		3	4			6	2	1	1		2
教育	Education											
卫生、社会保障和社会福利业	Public Health, Social Security & Social Welfare						1				1	
文化、体育和娱乐业	Culture, Sports & Entertainment	2	1	8			6	2		4		
公共管理、社会保障和社会组织	Public Admini stration, Social Security & Social Organizations											

主要统计指标解释

发展速度 是表示某一时期内某一指标发展程度的相对数，它是报告期与基期水平之比，一般用百分数表示，即把基期水平定为1（或100%），以报告期的指标数值除以基期指标数值的商乘100%，即得发展速度。由于比较的标准时期不同，发展速度可分为定期发展速度和环比发展速度两种。发展速度的计算公式为：

发展速度=（指标当期数值/指标基期数值）×100%

增长速度 是反映社会经济增长程度的指标，它是报告期增长量与基期水平之比，又称增长率。其计算公式为：

增长速度=（指标当期数值/指标基期数值-1）×100%

或=发展速度-1（或100%）。

平均每年增长速度 我国计算平均增长速度有两种方法,一种是习惯上经常使用的“水平法”，又称几何平均法，是以间隔最后一年的水平同基期水平对比来计算平均每年增长（或下降）的速度；另一种是“累计法”又称代数平均法或方程法，是以间隔年内各年水平的总和同基期水平对比来计算平均每年增长（或下降）的速度。

在一般正常情况下，两种方法计算的平均每年增长速度比较接近，但在经济发展不平衡出现大起大落时，两种方法计算的结果差别较大。

本年鉴内所列的平均每年增长速度都是用水平法计算的。从某年到某年平均增长速度的年份，均不包基期年在内。如1981-2004年平均每年增长速度，是以1980年为基期，2004年为报告期，年份从1981年算起，共24年。

当年价格 是报告期当年的实际价格，也称现价或现行价格。使用当年价格计算的以货币表现的物量指标，反映当年的实际情况，可用于考核社会经济效益，便于对生产、流通、分配、消费之间进行经济核算和综合平衡。

可比价格 亦称固定价格。指在不同时期的价值指标对比时，扣除了价格变动因素，以确切反映物量的变化。按可比价格计算有两种方法：一种是直接用于产品产量乘其不变价格；一种是指数法换算。

不变价格 用某一时期的同类产品的平均价格作为固定价格，来计算各个时期的产品价值。目的是为了消除各个时期价格变动的影响，保证各时期间、地区间的可比性。

指数 指数是一种表明社会经济现象动态的相对数，一般用百分数表示。运用指数可以测定不能直接相加和直接对比的社会经济现象的总动态；可以分析社会经济现象总变动中各因素变动的影响程度；可以研究总平均指标变动中各组标志水平和总体结构变动的作用。它是在把各个年份的产值换算成可比价格的基础上，根据定基数等于相应各个环比指数的连乘积这个换算关系计算出来的。

本《年鉴》所列“国内生产总值指数”等都是按可比价格计算的，如计算有关年份产值增长情况，可用定期指数（即简称年度为100的定基指数）直接进行对比。例如，求2000年国内生产总值为1980年的百分比，按表上2000年指数，1980年指数，两者相除即得，其余以此类推。

各个计划时期 本年鉴表内所用各个“时期”代表的年份如下：第一个五年计划时期（简称“一五”时期）为1953到1957年；第二个五年计划时期（简称“二五”时期）为1958到1962年；第三个五年计划时期（简称“三五”时期）为1966到1970年；第四个五年计划时期（简称“四五”时期）为1971到1975年；第五个五年计划时期（简称“五五”时期）为1976到1980年；第六个五年计划时期（简称“六五”时期）为1981到1985年；第七个五年计划时期（简称“七五”时期）为1986到1990年；第八个五年计划时期（简称“八五”时期）为1991到1995年；第九个五年计划的时期（简称“九五”时期）为1996到2000年；第十个五年计划时期（简称“十五”时期）为2001到2005年；第十一个五年计划时期（简称“十一五”时期）为2006到2010年。

Explanatory Notes on Main Statistical Indicators

Development Rate is a relative indicator that reflects the development extends of a certain indicator in a certain period. It is calculated by comparing the level of report period to the level of base period, and is expressed with percentage. Namely to set the value of base period for 1 (or 100%), the development rate equals to multiply the quotient that the indicator valve in report period comparing to base period by 100%. Development rate can be classified into fixed-base development rate and chain-base development rate. The formula is:

Development Rate = (Value of Indicator in Report Period / Value of Indicator in Base Period)×100%

Growth Rate is a indicator that reflects the growth extend of social economy, and is calculated by growth level of report period to base period. The formula is:

Growth Rate = (Value of Indicator in Report Period/ Value of Indicator in Base Period - 1) ×100%

or :

=Development Rate –1 (or 100%)

Average Annual Growth Rate Two methods for calculating average annual growth rate are applied in China, one is often called level approach or the method of calculating geometric average, which is derived by comparing the level of the last year of the interval with that of the beginning year; the other is called "accumulative approach" or algebraic average or equation method, which is derived by the summation of the actual figure of each year in the interval divided by the figure in the base year.

Usually the results calculated by the two methods are fairly close, but they differed sharply when uneven economic development occurred with striking fluctuation in growth.

The average annual growth rates listed in this statistical yearbook are calculated by "level approach". The base year are not listed when the year are listed for average annual growth rates. For instance, the average annual growth rate of 24 years since 1981 is listed as average annual growth rate of 1981-2004, among which 1980 is the base year and 2004 is the reference year.

Current Price refers to the actual price in the reference period. The quantum indicators calculated in accordance with actual prices in current year can reflect the actual situation in the reference year. It can be used to check the social economic effect, and to carry though economic accounting and comprehensive balance during production, circulation, distribution and consumption.

Comparable Price also called fixed price. It is applied when comparing indicators of value over time to reflect accurately the changes in real them. Two methods are used for calculating comparable prices: (1) multiplying the output of products by their constant prices of certain year; (2) conversion of the data in current prices by relevant price index.

Constant Price refers to the average price of a given product in certain year, which is used for comparison of output value over time. As the output value at constant prices removes the factor of price changes, it reflects the trend of production development over time.

Index Index is a kind of relative indicator that reflects the trends of social economic phenomena, and is usually expressed with percentage. Using indexes can determine the whole trend of social economic phenomena that cannot be added up or compared directly; can analysis the degree of various factors impacting during the whole variation of social economic phenomena; and also can research the actions of levels and general construction movements of groups of indicators during the variation of total average indicator. It is calculated on the converting relation that fixed cardinal number equal to the continues product of corresponding chain index, when the output value in various years has been converted into comparable prices.

All of the indexes of GDP listed in this yearbook are calculated at comparable prices. The situation of output value growth in certain years can be calculated by comparing term indexes (fixed base indexes that set annual data =100) directly. For instance, the GDP in 2000 as the percentage of in 1980 can be calculated by multiplying index of 2000 to index of 1980 listed in table, and this method by analogy apply to others.

Various Plan Periods The years represented by the various “periods” in tables of this yearbook are as follows: First Five-year Plan Period refers to 1953-1957; Second Five-year Plan Period refers to 1958-1962; Third Five-year Plan Period refers to 1966-1970; Fourth Five-year Plan Period refers to 1971-1975; Fifth Five-year Plan Period refers to 1976-1980; Sixth Five-year Plan Period refers to 1981-1985; Seventh Five-year Plan Period refers to 1986-1990; Eighth Five-year Plan Period refers to 1991-1995; Ninth Five-year Plan Period refers to 1996-2000; and Tenth Five-year Plan Period refers to 2001-2005; and Eleventh Five-year plan period refers to 2006-2010.

第二篇

国民经济核算

NATIONAL ECONOMIC ACCOUNTING

（编辑：陈家芹、韦冬艺）

2—1 广西生产总值（1978—2014年）
Gross Domestic Product(1978—2014)

（按当年价格计算）(calculated at current prices) 单位：亿元（100 million yuan）

年 份 Year	广 西 生产总值 Gross Domestic Product	第一产业 Primary Industry	第二产业 Secondary Industry	工 业 Industry	建筑业 Construc-tion	第三产业 Tertiary Industry	#交通运输、仓储及邮政业 Transport, Storage & Post	#批发、零售和住宿餐饮业 Wholesale, Retail Trade, Hotel & Catering Services	人均地区生产总值（元/人） Per Capita GDP (yuan/person)
1978	75.85	31.01	25.81	23.29	2.52	19.03	2.91	4.43	225
1979	84.59	37.57	27.98	25.12	2.86	19.04	2.94	3.98	246
1980	97.33	44.07	30.79	27.78	3.01	22.47	3.80	5.00	278
1981	113.46	52.58	33.01	29.71	3.30	27.87	4.01	10.40	317
1982	129.15	63.15	34.72	30.98	3.74	31.28	4.25	11.36	354
1983	134.60	63.59	37.09	32.39	4.70	33.92	4.70	11.17	363
1984	150.27	66.26	43.26	36.97	6.29	40.75	5.46	12.31	399
1985	180.97	77.49	54.69	45.92	8.77	48.79	6.11	14.56	471
1986	205.46	85.62	69.03	58.41	10.62	50.81	7.17	12.30	525
1987	241.56	99.94	81.79	70.96	10.83	59.83	9.14	13.55	607
1988	313.28	118.25	100.69	86.38	14.31	94.34	12.46	28.23	770
1989	383.44	149.98	109.97	97.11	12.86	123.49	16.21	44.41	927
1990	449.06	176.77	118.45	104.79	13.66	153.84	20.45	57.53	1066
1991	518.59	195.17	141.02	123.66	17.36	182.40	30.65	62.03	1211
1992	646.60	233.03	187.48	161.44	26.04	226.09	38.96	74.92	1490
1993	871.70	250.11	321.10	273.03	48.07	300.49	48.49	101.66	1982
1994	1198.29	333.79	469.81	404.59	65.22	394.69	55.12	130.96	2675
1995	1497.56	453.15	535.86	461.25	74.61	508.55	73.76	168.97	3304
1996	1697.90	534.88	587.37	503.32	84.05	575.65	88.77	200.72	3706
1997	1817.25	582.74	614.07	524.49	89.58	620.44	95.20	223.52	3928
1998	1911.30	586.70	667.29	561.34	105.95	657.31	98.65	247.04	4346
1999	1971.41	567.72	682.34	570.76	111.58	721.35	114.07	267.96	4444
2000	2080.04	557.38	732.76	612.33	120.43	789.90	125.36	290.02	4652
2001	2279.34	576.34	771.18	639.55	131.64	931.82	145.86	312.68	5058
2002	2523.73	601.99	846.89	699.15	147.74	1074.85	174.63	342.28	5558
2003	2821.11	658.78	984.08	813.79	170.29	1178.25	184.12	375.96	6169
2004	3433.50	817.88	1253.70	1044.80	208.90	1361.92	211.15	416.50	7461
2005	3984.10	912.50	1510.68	1264.84	245.84	1560.92	213.99	455.80	8590
2006	4746.16	1032.47	1878.56	1592.33	286.23	1835.12	235.72	515.23	10121
2007	5823.41	1241.35	2425.29	2090.10	335.19	2156.76	266.90	583.37	12277
2008	7021.00	1453.75	3037.74	2627.39	410.35	2529.51	337.30	664.77	14652
2009	7759.16	1458.49	3381.54	2863.84	517.70	2919.13	378.75	759.13	16045
2010	9569.85	1675.06	4511.68	3860.46	651.22	3383.11	480.17	1052.61	20219
2011	11720.87	2047.23	5675.32	4851.37	823.95	3998.33	588.20	1111.36	25326
2012	13035.10	2172.37	6247.43	5279.26	968.17	4615.30	625.57	1346.64	27951
2013	14449.90	2290.64	6731.32	5600.50	1134.24	5427.94	677.77	1442.63	30741
2014	15672.89	2413.44	7324.96	6065.34	1263.87	5934.49	733.63	1477.11	33090

注：1. 表中数据按国民经济新行业划分进行了调整。
2. 根据国家统计局的布置，1998—2003年按经济普查数据进行了衔接。

Note: 1. The data in this table has been adjusted by new divisions of trades in national economy .
2. The data in this table from 1998 to 2003 has got interlinked with the data of the Economic Census by arrangement of National Statistic Bureau.

2-2 广西生产总值构成（1978－2014年）
Composition of Gross Domestic Product (1978－2014)

（按当年价格计算） (calculated at current prices)　　单位：%（%）

年份 Year	广西生产总值 Gross Domestic Product	第一产业 Primary Industry	第二产业 Secondary Industry	工业 Industry	建筑业 Construction	第三产业 Tertiary Industry	#交通运输、仓储及邮政业 Transport, Storage & Post	#批发、零售和住宿餐饮业 Wholesale, Retail Trade, Hotel & Catering Services
1978	100.0	40.9	34.0	30.7	3.3	25.1	3.8	5.8
1979	100.0	44.4	33.1	29.7	3.4	22.5	3.5	4.7
1980	100.0	45.3	31.6	28.5	3.1	23.1	3.9	5.1
1981	100.0	46.3	29.1	26.2	2.9	24.6	3.5	9.2
1982	100.0	48.9	26.9	24.0	2.9	24.2	3.3	8.8
1983	100.0	47.2	27.6	24.1	3.5	25.2	3.5	8.3
1984	100.0	44.1	28.8	24.6	4.2	27.1	3.6	8.2
1985	100.0	42.8	30.2	25.4	4.8	27.0	3.4	8.0
1986	100.0	41.7	33.6	28.4	5.2	24.7	3.5	6.0
1987	100.0	41.4	33.9	29.4	4.5	24.8	3.8	5.6
1988	100.0	37.7	32.1	27.6	4.6	30.1	4.0	9.0
1989	100.0	39.1	28.7	25.3	3.4	32.2	4.2	11.6
1990	100.0	39.4	26.4	23.3	3.0	34.3	4.6	12.8
1991	100.0	37.6	27.2	23.8	3.3	35.2	5.9	12.0
1992	100.0	36.0	29.0	25.0	4.0	35.0	6.0	11.6
1993	100.0	28.7	36.8	31.3	5.5	34.5	5.6	11.7
1994	100.0	27.9	39.2	33.8	5.4	32.9	4.6	10.9
1995	100.0	30.3	35.8	30.8	5.0	34.0	4.9	11.3
1996	100.0	31.5	34.6	29.6	5.0	33.9	5.2	11.8
1997	100.0	32.1	33.8	28.9	4.9	34.1	5.2	12.3
1998	100.0	30.7	34.9	29.4	5.5	34.4	5.2	12.9
1999	100.0	28.8	34.6	29.0	5.7	36.6	5.8	13.6
2000	100.0	26.8	35.2	29.4	5.8	38.0	6.0	13.9
2001	100.0	25.3	33.8	28.1	5.8	40.9	6.4	13.7
2002	100.0	23.9	33.6	27.7	5.9	42.6	6.9	13.6
2003	100.0	23.4	34.9	28.8	6.0	41.8	6.5	13.3
2004	100.0	23.8	36.5	30.4	6.1	39.7	6.1	12.1
2005	100.0	22.9	37.9	31.7	6.2	39.2	5.4	11.4
2006	100.0	21.8	39.6	33.5	6.0	38.7	5.0	10.9
2007	100.0	21.3	41.6	35.9	5.8	37.0	4.6	10.0
2008	100.0	20.7	43.3	37.4	5.8	36.0	4.8	9.5
2009	100.0	18.8	43.6	36.9	6.7	37.6	4.9	9.8
2010	100.0	17.5	47.1	40.3	6.8	35.4	5.0	11.0
2011	100.0	17.5	48.4	41.4	7.0	34.1	5.0	9.5
2012	100.0	16.7	47.9	40.5	7.4	35.4	4.8	10.3
2013	100.0	15.9	46.6	38.8	7.8	37.6	4.7	10.0
2014	100.0	15.4	46.7	38.7	8.1	37.9	4.7	9.4

2—3 广西生产总值指数（1978—2014年）

Indices of Gross Domestic Product (1978—2014)

（按可比价格计算，以上年为100） (calculated at comparable prices, preceding year = 100)

年 份 Year	广 西 生产总值 Gross Domestic Product	第一产业 Primary Industry	第二产业 Secondary Industry	工 业 Industry	建筑业 Construction	第三产业 Tertiary Industry	#交通运输、仓储及邮政业 Transport, Storage & Post	#批发、零售和住宿餐饮业 Wholesale, Retail Trade, Hotel & Catering Services	人均地区生产总值 Per Capita GDP
1978	111.7	102.3	100.2	100.0	103.6	148.2	119.5	123.6	109.1
1979	103.4	105.5	105.4	105.2	109.1	98.3	100.7	91.8	101.3
1980	110.2	112.6	107.5	108.5	92.1	110.2	129.2	114.9	108.2
1981	108.0	102.5	105.5	106.9	92.7	123.0	106.2	205.2	105.9
1982	112.5	118.5	105.0	104.1	114.7	110.6	106.9	106.8	110.5
1983	103.3	99.3	106.9	105.0	125.6	107.0	104.0	100.6	101.5
1984	106.9	97.8	113.6	112.6	122.0	115.5	117.8	108.0	105.2
1985	111.0	105.0	119.0	117.8	128.2	111.1	107.7	109.2	108.9
1986	106.4	105.7	118.1	119.4	109.2	93.7	106.5	79.8	104.6
1987	109.2	105.7	112.0	114.5	92.6	110.8	119.7	103.3	107.3
1988	104.5	93.8	108.8	108.1	115.0	114.2	117.6	137.3	102.3
1989	103.6	112.4	99.2	100.7	86.1	99.0	102.4	82.9	101.8
1990	107.0	108.5	106.4	106.6	104.3	105.8	93.3	96.8	105.2
1991	112.7	108.8	115.9	114.8	125.0	114.8	131.7	106.2	110.9
1992	118.3	112.9	128.0	127.9	128.5	116.6	119.7	112.8	116.8
1993	118.3	99.6	144.9	145.1	143.8	115.1	108.4	116.9	116.7
1994	115.2	106.0	127.3	128.3	120.0	110.7	111.7	104.2	113.2
1995	111.4	115.6	108.6	108.2	111.4	111.1	116.0	111.2	110.0
1996	108.3	107.2	109.3	109.4	108.8	108.2	113.5	113.3	107.2
1997	108.0	111.2	106.4	106.4	106.1	107.3	106.6	111.3	107.0
1998	110.0	106.8	112.8	112.7	113.7	109.8	101.9	117.8	109.0
1999	108.0	107.6	106.6	106.1	109.5	109.8	113.9	109.6	107.1
2000	107.9	100.2	108.3	108.2	108.9	113.4	112.1	108.6	107.0
2001	108.3	103.4	108.0	108.0	108.2	111.8	107.2	109.7	107.4
2002	110.6	107.3	111.3	110.9	113.1	112.0	110.6	110.1	109.8
2003	110.2	104.0	114.6	114.6	114.6	110.0	112.5	109.0	109.4
2004	111.8	105.4	117.1	117.0	117.4	110.7	116.8	105.6	111.1
2005	113.2	107.1	118.4	118.9	116.2	111.3	107.3	109.4	112.3
2006	113.6	106.5	119.3	120.1	115.1	112.1	109.8	109.7	112.3
2007	115.1	105.5	120.7	122.1	113.7	114.6	104.5	109.6	113.8
2008	112.8	104.9	117.4	118.6	110.6	111.8	121.5	106.1	111.7
2009	113.9	105.2	117.7	115.7	130.3	113.8	107.5	114.6	112.9
2010	114.2	104.6	120.5	120.4	121.2	111.1	117.0	110.9	113.9
2011	112.3	104.8	116.5	116.5	116.4	110.5	109.8	115.9	112.0
2012	111.3	105.6	114.2	113.8	116.6	109.8	102.0	114.7	110.4
2013	110.2	104.1	111.6	110.7	117.3	110.9	105.2	105.6	109.3
2014	108.5	103.9	110.1	110.3	109.0	108.1	105.0	104.4	107.7

2—4 广西生产总值指数（1978—2014年）

Indices of Gross Domestic Product (1978—2014)

（按可比价格计算，以1978年为100） (calculated at comparable prices, 1978 = 100)

年份 Year	广西生产总值 Gross Domestic Product	第一产业 Primary Industry	第二产业 Secondary Industry	工业 Industry	建筑业 Construction	第三产业 Tertiary Industry	#交通运输、仓储及邮政业 Transport, Storage & Post	#批发、零售和住宿餐饮业 Wholesale, RetailTrade, Hotel & Catering Services	人均地区生产总值 Per Capita GDP
1978	100.0	100.0	100.0	100.0	100.0	100.0	100.0	100.0	100.0
1979	103.4	105.5	105.4	105.2	109.1	98.3	100.7	91.8	101.3
1980	113.9	118.8	113.3	114.2	100.5	108.3	130.2	105.4	109.4
1981	123.1	121.8	119.6	122.1	93.2	133.3	138.2	216.4	115.8
1982	138.4	144.3	125.6	127.2	106.9	147.3	147.7	231.1	127.7
1983	143.0	143.2	134.3	133.5	134.2	157.7	153.6	232.5	129.8
1984	152.9	140.1	152.6	150.2	163.8	182.1	181.0	251.1	136.5
1985	169.7	147.2	181.6	177.0	210.0	202.2	194.8	274.3	148.8
1986	180.6	155.6	214.6	211.4	229.4	189.5	207.5	218.8	155.5
1987	197.2	164.4	240.2	242.1	212.6	209.8	248.3	226.0	166.8
1988	206.0	154.2	261.3	261.8	244.3	239.6	292.1	310.3	170.5
1989	213.5	173.3	259.2	263.5	210.4	237.2	299.0	257.3	173.8
1990	228.4	188.0	275.7	280.9	219.4	251.1	279.1	249.1	182.6
1991	257.5	204.5	319.6	322.3	274.3	288.2	367.5	264.4	202.4
1992	304.7	230.9	409.1	412.3	352.5	336.1	440.0	298.4	236.3
1993	360.4	230.0	592.8	598.2	506.8	386.9	476.9	348.8	275.7
1994	415.2	243.8	754.5	767.4	608.2	428.2	532.6	363.5	312.0
1995	462.4	281.7	819.3	830.5	677.7	475.8	618.0	404.1	343.3
1996	500.9	301.9	895.4	908.2	737.1	515.1	701.4	457.8	368.1
1997	541.2	335.6	952.4	966.3	782.4	552.8	747.8	509.6	393.8
1998	595.4	358.4	1074.3	1089.0	889.5	607.0	762.0	600.4	429.3
1999	643.0	385.6	1145.2	1155.4	974.0	666.5	867.9	658.0	459.8
2000	693.8	386.4	1240.3	1250.2	1060.7	755.8	972.9	714.6	492.0
2001	751.4	399.5	1339.5	1350.2	1147.7	844.9	1043.0	783.9	528.4
2002	831.0	428.7	1490.9	1497.4	1298.1	946.3	1153.5	863.1	580.2
2003	915.8	445.8	1708.5	1716.0	1487.6	1041.0	1297.7	940.8	634.7
2004	1023.8	469.9	2000.7	2007.7	1746.4	1152.3	1515.7	993.4	705.1
2005	1159.5	503.2	2369.6	2387.0	2029.3	1282.3	1626.2	1087.3	791.9
2006	1316.6	535.9	2827.0	2867.1	2336.4	1437.5	1785.0	1193.2	889.3
2007	1515.0	565.2	3413.6	3499.7	2656.3	1646.7	1864.5	1308.0	1012.0
2008	1709.0	593.1	4008.2	4150.7	2938.4	1841.3	2265.7	1387.2	1130.4
2009	1947.2	624.2	4719.2	4802.3	3829.7	2095.1	2436.6	1589.8	1276.2
2010	2224.5	653.1	5687.7	5782.0	4641.1	2327.7	2851.0	1763.7	1453.6
2011	2498.1	684.5	6626.2	6736.0	5402.2	2572.1	3130.4	2044.1	1628.0
2012	2779.5	722.5	7567.3	7665.7	6297.4	2824.6	3192.7	2344.6	1797.6
2013	3061.9	752.2	8445.1	8486.0	7386.9	3132.4	3358.8	2475.9	1964.8
2014	3322.2	781.5	9298.1	9360.1	8051.7	3386.1	3526.7	2584.8	2116.1

2—5 三次产业贡献率（1990—2014年）

Contribution Rate of Three Industries (1990—2014)

（按可比价格计算） (calculated at comparable prices) 单位：%（%）

年份 Year	地区生产总值 Gross Domestic Product	第一产业 Primary Industry	第二产业 Secondary Industry	#工业 Industry	第三产业 Tertiary Industry
1990	100.0	48.3	31.1	28.1	20.7
1991	100.0	27.2	33.0	27.1	39.8
1992	100.0	26.8	41.5	36.3	31.7
1993	100.0	-0.8	72.3	63.6	28.5
1994	100.0	12.0	64.5	58.6	23.5
1995	100.0	38.6	30.1	25.3	31.4
1996	100.0	26.3	40.1	34.9	33.6
1997	100.0	41.2	28.4	24.5	30.4
1998	100.0	21.1	45.7	39.1	33.2
1999	100.0	28.5	30.2	24.0	41.3
2000	100.0	0.8	39.2	33.1	60.1
2001	100.0	11.1	34.3	28.7	54.6
2002	100.0	17.7	37.7	30.4	44.6
2003	100.0	9.8	51.0	42.4	39.2
2004	100.0	10.7	53.3	44.1	36.0
2005	100.0	12.0	54.1	46.3	33.9
2006	100.0	11.0	54.0	47.1	35.0
2007	100.0	7.8	54.7	49.2	37.5
2008	100.0	7.6	56.9	51.9	35.6
2009	100.0	6.8	55.3	42.3	37.9
2010	100.0	5.5	64.8	54.6	29.8
2011	100.0	6.8	63.1	54.0	30.1
2012	100.0	8.1	61.6	51.3	30.3
2013	100.0	6.6	59.0	48.0	34.4
2014	100.0	6.5	60.2	52.0	33.3

2-6　各市生产总值、人均地区生产总值（2014年）
GDP & Per Capita GDP by City (2014)

（按当年价格计算）(calculated at current prices)　　单位：亿元（100 million yuan）

城　市	City	地区生产总值 Gross Domestic Product	第一产业 Primary Industry	第二产业 Secondary Industry	#工业 Industry	第三产业 Tertiary Industry	人均地区生产总值（元/人） Per Capita GDP (yuan/person)
南宁市	Nanning	3148.32	354.69	1251.54	923.49	1542.09	45735
柳州市	Liuzhou	2208.51	160.07	1312.54	1191.11	735.90	57049
桂林市	Guilin	1826.27	320.63	865.05	717.27	640.59	37288
梧州市	Wuzhou	1062.00	117.18	646.06	595.31	298.76	35819
北海市	Beihai	856.54	149.49	454.51	407.81	252.54	53636
防城港市	Fangchenggang	588.89	70.57	340.36	298.41	177.96	65178
钦州市	Qinzhou	854.96	193.95	338.94	250.57	322.07	26971
贵港市	Guigang	805.40	162.14	325.51	270.65	317.75	19004
玉林市	Yulin	1341.52	248.78	591.66	479.53	501.08	23780
百色市	Baise	917.95	158.71	490.02	417.90	269.22	25807
贺州市	Hezhou	448.97	98.59	192.02	134.23	158.36	22375
河池市	Hechi	601.17	137.23	205.26	152.07	258.68	17467
来宾市	Laibin	551.12	133.17	228.21	173.67	189.75	25558
崇左市	Chongzuo	649.72	147.28	277.45	232.64	224.99	31942

2—7 各市生产总值、人均地区生产总值指数（2014年）

Indices of GDP & Per Capita GDP by City (2014)

（按可比价格计算，以上年为100） (calculated at comparable prices, preceding year = 100)

城市	City	地区生产总值 Gross Domestic Product	第一产业 Primary Industry	第二产业 Secondary Industry	#工业 Industry	第三产业 Tertiary Industry	人均地区生产总值 Per Capita GDP
南宁市	Nanning	108.5	104.2	109.9	110.3	108.2	107.5
柳州市	Liuzhou	108.5	103.3	108.5	108.6	109.7	107.6
桂林市	Guilin	108.0	104.9	109.9	110.0	106.6	107.1
梧州市	Wuzhou	106.0	102.1	107.0	107.8	105.0	105.2
北海市	Beihai	112.4	101.9	118.7	119.7	105.7	111.3
防城港市	Fangchenggang	110.4	101.6	115.2	117.1	105.2	109.1
钦州市	Qinzhou	109.8	104.0	113.6	110.8	107.5	109.0
贵港市	Guigang	105.2	103.0	105.2	105.2	106.4	104.3
玉林市	Yulin	108.4	103.4	110.9	109.9	107.2	107.6
百色市	Baise	108.4	104.2	109.9	108.7	107.8	107.6
贺州市	Hezhou	106.1	104.2	105.5	105.6	108.1	105.4
河池市	Hechi	108.2	103.7	112.4	113.1	105.9	107.6
来宾市	Laibin	106.1	102.1	105.9	106.3	109.4	105.4
崇左市	Chongzuo	108.3	103.8	111.5	111.0	107.5	107.8

2-8 支出法广西生产总值（1978-2014年）
Gross Domestic Product by Expenditure Approach (1978-2014)

（按当年价格计算）(calculated at current prices) 单位：亿元(100 million yuan)

年份 Year	支出法广西生产总值 Gross Domestic Product by Expenditure Approach	最终消费 Final Consumption Expenditure	居民消费 Resident Consumption	农村居民 Rural Households	城镇居民 Urban Households	政府消费 Government Consumption	资本形成总额 Total Capital Formation	固定资本 Fixed Assets Formation	存货增加 Inventory Increasement
1978	75.85	58.50	49.40	35.90	13.50	9.10	26.80	20.90	5.90
1979	84.59	64.60	54.50	38.80	15.70	10.10	26.20	20.60	5.60
1980	97.33	76.90	64.90	45.70	19.20	12.00	29.10	26.80	2.30
1981	113.46	86.00	73.10	52.00	21.10	12.90	32.70	27.00	5.80
1982	129.15	102.90	87.50	65.60	21.90	15.40	30.60	19.10	11.50
1983	134.60	108.70	91.80	67.90	23.90	16.90	32.40	23.30	9.10
1984	150.27	123.50	100.70	73.60	27.10	22.80	36.50	34.40	2.10
1985	180.97	142.80	115.50	87.80	27.70	27.30	61.80	42.20	19.60
1986	205.46	166.00	136.40	93.00	43.40	29.60	72.00	55.20	16.80
1987	241.56	186.50	153.50	102.40	51.10	33.00	79.70	62.70	17.00
1988	313.28	251.00	199.60	121.40	78.20	51.40	104.30	75.60	28.70
1989	383.44	293.10	231.10	142.20	88.90	62.00	111.50	70.80	40.70
1990	449.06	342.90	268.90	162.20	106.70	74.00	107.40	72.60	34.80
1991	518.59	391.30	303.60	175.30	128.30	87.70	137.10	99.40	37.80
1992	646.60	441.50	336.70	190.90	145.80	104.80	227.40	150.10	77.30
1993	871.70	566.00	439.60	230.40	209.20	126.40	350.50	278.10	72.50
1994	1198.29	790.20	622.10	300.20	321.90	168.10	472.30	382.60	89.70
1995	1497.56	1009.30	799.10	382.60	416.50	210.20	618.80	423.40	195.40
1996	1697.90	1214.10	968.20	482.90	485.30	245.90	597.00	483.60	113.40
1997	1817.25	1265.10	989.70	485.30	504.40	275.40	578.60	487.30	91.30
1998	1911.30	1312.00	1007.10	494.70	512.40	304.90	650.60	573.10	77.50
1999	1971.41	1350.40	1041.00	498.10	542.90	309.40	654.60	629.10	15.60
2000	2080.04	1448.30	1091.00	507.00	584.00	357.30	676.10	670.70	5.50
2001	2279.34	1595.40	1159.40	523.00	636.40	436.00	769.00	735.60	33.50
2002	2523.73	1699.70	1250.90	560.20	690.70	448.80	877.90	842.70	35.20
2003	2821.11	1859.50	1360.20	576.70	783.50	499.30	1030.40	990.70	39.70
2004	3433.50	2097.20	1538.00	625.10	912.90	559.20	1356.35	1296.55	59.80
2005	3984.10	2463.52	1808.47	727.32	1081.15	655.05	1798.25	1749.87	48.38
2006	4746.16	2779.59	2006.99	754.49	1252.50	772.60	2200.39	2141.72	58.67
2007	5823.41	3343.41	2425.83	833.08	1592.75	917.58	2994.88	2791.97	202.91
2008	7021.00	3880.17	2947.82	945.78	2002.04	932.35	4093.19	3762.70	330.49
2009	7759.16	4375.89	3369.86	1015.40	2354.46	1006.03	5795.76	5533.23	262.53
2010	9569.85	4942.23	3745.84	1088.89	2656.95	1196.39	7934.80	7785.50	149.30
2011	11720.87	5601.59	4248.30	1276.15	2972.15	1353.29	10036.05	9745.72	290.33
2012	13035.10	6535.83	4923.64	1442.13	3481.51	1612.19	9421.61	8900.49	521.12
2013	14378.00	7407.67	5504.38	1520.60	3983.78	1903.29	10129.47	9725.64	403.83
2014	15672.89	8187.66	6131.54	1718.09	4413.45	2056.12	10789.81	10463.07	326.74

注：根据国家统计局的布置，2005-2008年数据进行了调整。
Note: The data in from 2005 to 2008 has been adjusted by arrangement of National Statistic Bureau.

2—9 支出法广西生产总值构成（1978—2014年）

Composition of Gross Domestic Product by Expenditure Approach (1978—2014)

（按当年价格计算）(calculated at current prices) 单位：%（%）

年份 Year	支出法广西生产总值 Gross Domestic Product by Expenditure Approach	最终消费 Final Consumption Expenditure	居民消费 Resident Consumption	农村居民 Rural Households	城镇居民 Urban Households	政府消费 Government Consumption	资本形成总额 Total Capital Formation	固定资本 Fixed Assets Formation	存货增加 Inventory Increasement
1978	100.0	77.1	65.1	47.3	17.8	12.0	35.3	27.6	7.8
1979	100.0	76.4	64.4	45.9	18.6	11.9	31.0	24.4	6.6
1980	100.0	79.0	66.7	47.0	19.7	12.3	29.9	27.5	2.4
1981	100.0	75.8	64.4	45.8	18.6	11.4	28.8	23.8	5.1
1982	100.0	79.7	67.8	50.8	17.0	11.9	23.7	14.8	8.9
1983	100.0	80.8	68.2	50.4	17.8	12.6	24.1	17.3	6.8
1984	100.0	82.2	67.0	49.0	18.0	15.2	24.3	22.9	1.4
1985	100.0	78.9	63.8	48.5	15.3	15.1	34.1	23.3	10.8
1986	100.0	80.8	66.4	45.3	21.1	14.4	35.0	26.9	8.2
1987	100.0	77.2	63.5	42.4	21.2	13.7	33.0	26.0	7.0
1988	100.0	80.1	63.7	38.8	25.0	16.4	33.3	24.1	9.2
1989	100.0	76.4	60.3	37.1	23.2	16.2	29.1	18.5	10.6
1990	100.0	76.4	59.9	36.1	23.8	16.5	23.9	16.2	7.7
1991	100.0	75.5	58.5	33.8	24.7	16.9	26.4	19.2	7.3
1992	100.0	68.3	52.1	29.5	22.5	16.2	35.2	23.2	12.0
1993	100.0	64.9	50.4	26.4	24.0	14.5	40.2	31.9	8.3
1994	100.0	65.9	51.9	25.1	26.9	14.0	39.4	31.9	7.5
1995	100.0	67.4	53.4	25.5	27.8	14.0	41.3	28.3	13.0
1996	100.0	71.5	57.0	28.4	28.6	14.5	35.2	28.5	6.7
1997	100.0	69.6	54.5	26.7	27.8	15.2	31.8	26.8	5.0
1998	100.0	68.6	52.7	25.9	26.8	16.0	34.0	30.0	4.1
1999	100.0	68.5	52.8	25.3	27.5	15.7	33.2	31.9	0.8
2000	100.0	69.6	52.5	24.4	28.1	17.2	32.5	32.2	0.3
2001	100.0	70.0	50.9	22.9	27.9	19.1	33.7	32.3	1.5
2002	100.0	67.3	49.6	22.2	27.4	17.8	34.8	33.4	1.4
2003	100.0	65.9	48.2	20.4	27.8	17.7	36.5	35.1	1.4
2004	100.0	61.1	44.8	18.2	26.6	16.3	39.5	37.8	1.7
2005	100.0	61.8	45.4	18.3	27.1	16.4	45.1	43.9	1.2
2006	100.0	58.6	42.3	15.9	26.4	16.3	46.4	45.1	1.2
2007	100.0	57.4	41.7	14.3	27.4	15.8	51.4	47.9	3.5
2008	100.0	55.3	42.0	13.5	28.5	13.3	58.3	53.6	4.7
2009	100.0	56.4	43.4	13.1	30.3	13.0	74.7	71.3	3.4
2010	100.0	51.6	39.1	11.4	27.8	12.5	82.9	81.4	1.6
2011	100.0	47.8	36.2	10.9	25.4	11.5	85.6	83.1	2.5
2012	100.0	50.1	37.8	11.1	26.7	12.4	72.3	68.3	4.0
2013	100.0	51.5	38.3	10.6	27.7	13.2	70.5	67.6	2.8
2014	100.0	52.2	39.1	11.0	28.2	13.1	68.8	66.8	2.1

2-10 支出法广西生产总值指数（1978-2014年）
Indices of Gross Domestic Product by Expenditure Approach (1978-2014)

（按可比价格计算，以上年为100） (calculated at comparable prices, preceding year = 100)

年份 Year	支出法广西生产总值 Gross Domestic Product by Expenditure Approach	最终消费 Final Consumption Expenditure	居民消费 Resident Consumption	农村居民 Rural Households	城镇居民 Urban Households	政府消费 Government Consumption	资本形成总额 Total Capital Formation	固定资本 Fixed Assets Formation	存货增加 Inventory Increasement
1978	111.7	110.1	106.5	108.4	101.5	132.2	109.3	109.3	109.3
1979	103.4	101.8	100.6	97.2	110.4	108.5	91.5	92.1	90.2
1980	110.2	117.4	117.1	117.8	115.4	118.1	95.1	121.2	41.9
1981	108.0	111.2	111.8	114.0	106.5	107.9	100.0	89.6	221.7
1982	112.5	116.6	116.8	123.9	98.8	115.7	95.2	67.5	225.5
1983	103.3	104.4	103.6	102.9	105.9	108.7	106.5	130.2	73.0
1984	106.9	110.6	105.6	103.5	112.1	137.8	103.1	135.1	22.6
1985	111.0	111.0	111.5	110.4	114.6	108.8	159.9	115.1	831.6
1986	106.4	103.5	103.3	102.1	106.8	104.4	110.1	122.3	84.8
1987	109.2	104.9	104.9	102.9	110.2	104.8	102.6	105.2	94.8
1988	104.5	107.4	105.3	100.2	117.8	116.2	90.2	78.2	129.9
1989	103.6	95.3	98.4	100.7	93.6	83.5	110.5	97.0	137.6
1990	107.0	108.4	107.6	104.2	115.1	112.2	102.2	89.1	120.7
1991	112.7	113.3	111.9	108.6	116.8	118.5	112.6	115.7	106.0
1992	118.3	110.3	106.0	104.6	108.1	124.9	153.7	135.8	194.3
1993	118.3	107.8	110.8	102.0	122.8	99.3	151.8	196.0	81.5
1994	115.2	113.0	115.0	106.8	124.3	106.6	118.8	122.5	104.5
1995	111.4	112.1	113.3	115.9	110.7	108.2	122.6	107.0	192.8
1996	108.3	111.0	110.8	114.6	107.0	111.7	94.7	110.3	55.9
1997	108.0	107.7	105.0	103.6	106.5	117.8	97.2	100.5	81.3
1998	110.0	108.5	106.0	107.0	105.0	116.5	112.1	116.1	87.5
1999	108.0	107.4	107.7	108.9	106.4	106.4	106.9	114.4	46.5
2000	107.9	108.8	106.6	106.2	107.0	115.6	105.5	105.1	114.3
2001	108.3	108.5	105.1	102.5	107.3	118.9	112.0	107.5	658.9
2002	110.6	107.2	108.4	108.9	108.0	103.9	113.9	114.2	108.3
2003	110.2	107.1	106.1	100.4	110.8	110.0	115.2	115.5	110.1
2004	111.8	109.3	109.3	101.7	115.1	110.4	125.2	125.1	126.1
2005	113.2	115.4	115.7	115.4	116.0	114.5	130.3	133.1	69.4
2006	113.6	111.5	109.7	102.8	114.4	116.4	120.8	121.0	112.3
2007	115.1	112.9	113.1	101.4	120.3	112.2	132.4	127.5	322.1
2008	112.8	109.6	112.0	102.0	117.1	103.2	127.2	125.5	153.4
2009	113.9	112.6	116.8	110.0	119.9	100.6	144.3	149.2	82.3
2010	114.2	110.2	108.5	103.8	110.5	115.6	133.4	136.8	54.9
2011	112.3	106.3	106.1	108.4	105.2	106.8	119.5	118.3	181.1
2012	111.3	112.6	111.6	107.9	113.1	115.6	93.4	90.8	180.6
2013	110.2	111.4	110.0	103.4	112.6	115.6	107.3	109.0	78.3
2014	108.5	107.7	108.4	110.8	107.5	105.8	106.6	107.6	81.4

2－11 支出法广西生产总值指数（1978－2014年）

Indices of Gross Domestic Product by Expenditure Approach (1978－2014)

（按可比价格计算，以1978年为100） (calculated at comparable prices, 1978 = 100)

年 份 Year	支出法广西生产总值 Gross Domestic Product by Expenditure Approach	最终消费 Final Consumption Expenditure	居民消费 Resident Consumption	农村居民 Rural Households	城镇居民 Urban Households	政府消费 Government Consumption	资本形成总额 Total Capital Formation	固定资本 Fixed Assets Formation	存货增加 Inventory Increasement
1978	100.0	100.0	100.0	100.0	100.0	100.0	100.0	100.0	100.0
1979	103.4	101.8	100.6	97.2	110.4	108.5	91.5	92.1	90.2
1980	113.9	119.5	117.8	114.5	127.4	128.1	87.0	111.6	37.8
1981	123.1	132.9	131.7	130.5	135.7	138.3	87.0	100.0	83.8
1982	138.4	155.0	153.8	161.7	134.1	160.0	82.8	67.5	188.9
1983	143.0	161.8	159.4	166.4	142.0	173.9	88.2	87.9	137.9
1984	152.9	178.9	168.3	172.2	159.1	239.6	91.0	118.8	31.2
1985	169.7	198.6	187.6	190.2	182.4	260.7	145.4	136.7	259.2
1986	180.6	205.6	193.8	194.2	194.8	272.2	160.1	167.2	219.8
1987	197.2	215.6	203.3	199.8	214.6	285.2	164.3	175.9	208.4
1988	206.0	231.6	214.1	200.2	252.9	331.4	148.2	137.5	270.7
1989	213.5	220.7	210.7	201.6	236.7	276.8	163.8	133.4	372.5
1990	228.4	239.2	226.7	210.0	272.4	310.5	167.4	118.9	449.6
1991	257.5	271.1	253.7	228.1	318.2	368.0	188.4	137.5	476.6
1992	304.7	299.0	268.9	238.6	343.9	459.6	289.6	186.7	926.0
1993	360.4	322.3	297.9	243.4	422.4	456.4	439.7	366.0	754.7
1994	415.2	364.2	342.6	259.9	525.0	486.5	522.3	448.4	788.6
1995	462.4	408.3	388.2	301.3	581.2	526.4	640.4	479.8	1520.5
1996	500.9	453.2	430.1	345.2	621.9	588.0	606.4	529.2	849.9
1997	541.2	488.1	451.6	357.7	662.3	692.6	589.5	531.8	691.0
1998	595.4	529.6	478.7	382.7	695.4	806.9	660.8	617.4	604.6
1999	643.0	568.7	515.6	416.8	739.9	858.6	706.4	706.4	281.2
2000	693.8	618.8	549.6	442.6	791.7	992.5	745.2	742.4	321.4
2001	751.4	671.4	577.6	453.7	849.5	1180.1	834.7	798.1	2117.4
2002	831.0	719.7	626.2	494.0	917.4	1226.1	950.7	911.4	2293.2
2003	915.8	770.8	664.4	496.0	1016.5	1348.7	1095.2	1052.6	2524.8
2004	1023.8	842.5	726.2	504.5	1170.0	1489.0	1371.2	1316.9	3183.7
2005	1159.5	972.3	840.2	582.1	1357.2	1704.9	1786.6	1752.7	2209.5
2006	1316.6	1084.1	921.7	598.4	1552.6	1984.5	2158.3	2120.8	2481.3
2007	1515.0	1223.9	1042.4	606.8	1867.8	2226.6	2857.5	2704.0	7992.2
2008	1709.0	1341.4	1167.5	618.9	2187.2	2297.9	3634.7	3393.5	12260.0
2009	1947.2	1510.4	1363.6	680.8	2622.4	2311.6	5244.9	5063.1	10090.0
2010	2224.5	1664.5	1479.5	706.7	2897.8	2672.3	6996.7	6926.4	5539.4
2011	2498.1	1769.3	1569.8	766.1	3048.5	2854.0	8361.1	8193.9	10031.9
2012	2779.5	1992.3	1751.9	826.6	3447.8	3299.2	7809.3	7440.1	18117.6
2013	3061.9	2219.4	1927.1	854.7	3882.3	3813.9	8379.3	8109.7	14186.1
2014	3322.2	2390.3	2088.9	947.0	4173.4	4035.1	8932.4	8726.0	11547.5

2—12 主要年份按支出法计算的广西生产总值
Gross Domestic Product by Expenditure Approach in Main Years

（按当年价格计算）(calculated at current prices)　　　　单位：亿元 （100 million yuan）

指　　标	Item	2005	2010	2011	2012	2013	2014
支出法广西生产总值	**Gross Domestic Product by Expenditure Approach**	**3984.10**	**9569.85**	**11720.87**	**13035.10**	**14378.00**	**15672.89**
最终消费	Final Consumption Expenditure	2463.52	4853.46	5601.59	6517.95	7407.67	8187.66
居民消费	Resident Consumption	1808.47	3657.07	4248.30	4905.76	5504.38	6131.54
农村居民	Rural Households	727.32	1009.29	1276.15	1431.78	1520.60	1718.09
食品类支出	Expenditure for Food	370.61	474.81	504.07	557.59	547.02	599.32
衣着类支出	Expenditure for Clothes	24.82	31.30	33.86	41.84	44.85	47.31
居住类支出	Expenditure for Housing	50.61	68.35	108.33	108.41	139.11	150.77
家庭设备、用品及服务类支出	Expenditure for Household Equip-ment, Facilities & Services	29.82	54.63	74.41	73.41	73.76	82.34
医疗保健类支出	Expenditure for Medical Appliances & Articles	38.53	64.90	149.57	199.16	224.67	249.02
公共医疗消费支出	Expenditure for Public Medical Care	0.22	0.00	0.00	0.00	0.00	0.00
交通和通信类支出	Expenditure for Transportation & Comm-unication	66.85	87.94	108.52	121.11	135.47	147.77
文教娱乐用品及服务类支出	Expenditure for Facilities & Services for Culture, Education & Entertainment	70.70	51.73	59.76	57.29	72.48	78.06
金融中介服务虚拟支出	Virtual Expenditure for Financial Agency Services	7.36	71.81	79.73	84.30	91.80	136.44
金融机构实际消费支出	Actual Expenditure for Financial Insti-tutions	0.66	6.09	7.50	8.40	11.35	
保险服务消费支出	Expenditure for Insurance Services	1.94	3.47	3.98	4.40	6.18	10.81
自有住房服务虚拟支出	Virtual Expenditure for Services for Private-owned Houses	51.32	76.60	125.36	146.78	147.01	183.97
其它商品和服务类支出	Expenditure for Other Goods & Services	13.88	17.66	21.06	29.09	26.90	32.28
城镇居民	Urban Households	1081.15	2647.78	2972.15	3473.98	3983.78	4413.45
食品类支出	Expenditure for Food	413.73	828.85	961.79	1104.96	1212.92	1349.11
衣着类支出	Expenditure for Clothes	71.17	175.60	193.20	228.15	210.95	226.94
居住类支出	Expenditure for Housing	99.81	221.18	234.63	274.07	345.22	386.11
家庭设备、用品及服务类支出	Expenditure for Household Equip-ment, Facilities & Services	57.48	161.80	169.07	223.95	225.60	247.12
医疗保健类支出	Expenditure for Medical Appliances & Articles	57.83	185.63	227.17	327.18	378.03	391.69
公共医疗消费支出	Expenditure for Public Medical Care	23.48	0.00	0.00	0.00	0.00	0.00
交通和通信类支出	Expenditure for Transportation & Com-munication	98.13	373.99	379.18	415.64	532.61	533.16
文教娱乐用品及服务类支出	Expenditure for Facilities & Services for Culture, Education & Entertainment	131.22	235.75	284.80	323.58	432.74	453.34
金融中介服务虚拟支出	Virtual Expenditure for Financial Agency Services	29.44	152.19	175.27	196.70	214.20	318.37
金融机构实际消费支出	Actual Expenditure for Financial Institutions	2.65	12.91	16.50	19.60	26.49	
保险服务消费支出	Expenditure for Insurance Services	7.75	31.23	35.84	39.59	55.61	97.33
自有住房服务虚拟支出	Virtual Expenditure for Services for Private-owned Houses	46.16	156.53	172.17	186.21	220.52	275.96
实物消费支出	Expenditure for In-kind	9.85	49.90	56.29	45.98	48.64	48.02
其它商品和服务类支出	Expenditure for Other Goods & Services	32.44	62.22	66.24	88.37	80.25	86.30
政府消费	Government Consumption	655.05	1196.39	1353.29	1612.19	1903.29	2056.12

注：公共医疗消费支出数据从2009年开始合并到医疗保健支出中，2014年金融中介服务虚拟支出和金融机构实际消费支出合并为银行中介服务支出。

Note: The data on "Expenditure for Public Medical Care" has been combined into "Expenditure for Medical Appliances & Articles" since 2009. The indicator "Virtual Expenditure for Financial Agency Services" and "Actual Expenditure for Financial Institutions" have been combined as "Expenditure for Intermediary Services of Banks".

主要统计指标解释

地区生产总值（原国内生产总值） 是指一个地区所有常住单位在一定时期内生产活动的最终成果。地区生产总值有三种表现形态,即价值形态、收入形态和产品形态。从价值形态看，它是所有常住单位在一定时期内所生产的全部货物和服务价值超过同期投入的全部非固定资产货物和服务价值的差额，即所有常住单位的增加值之和；从收入形态看，它是所有常住单位在一定时期内所创造并分配给常住单位和非常住单位的初次分配收入之和；从产品形态看，它是最终使用的货物和服务减去进口货物和服务。在核算中， 地区生产总值的三种表现形态表现为三种计算方法，即生产法、收入法和支出法。三种方法分别从不同的方面反映地区生产总值及其构成。根据国家统计局有关我国GDP核算和数据发布制度的规定，广西国内生产总值自2004年起更名为“广西生产总值”，简称“广西GDP”。

地区生产净值 是市场价格计算的地区生产净值的简称，它等于地区生产总值减去所有常住单位的固定资产折旧。

地区收入总值 是按市场价格计算的地区收入总值的简称。它是一个国家或地区所有常住单位在一定时期内收入初次分配的最终成果。一地区常住单位从事生产活动所创造的增加值在初次分配过程中主要分配给该地区的常住单位，但也有一部分以生产税及进口税（扣除生产和进口补贴）、劳动者报酬和财产收入等形式分配给非常住单位，同时，地区外生产所创造的增加值也有一部分以生产税及进口税（扣除生产和进口补贴）、劳动者报酬和财产收入的形式分配给该地区的常住单位，从而产生了地区收入总值概念。它等于地区生产总值加上来自地区外的净要素收入。地区生产总值是一个生产概念，而地区收入总值总值是个收入概念。

地区收入净值 是按市场价格计算的地区收入净值简称，它等于地区收入总值减所有常住单位的固定资产折旧。

三次产业 是根据社会生产活动历史发展的顺序对产业结构的划分，产品直接取自然界的部门称为第一产业，对初级产品进行再加工的部门称为第二产业，为生产和消费提供各种服务的部门称为第三产业。

我国的三次产业划分是:

第一产业：农业（包括种植业、林业、牧业和渔业）。

第二产业：工业（包括采掘业，制造业，电力、煤气及水的生产和供应业）和建筑业。

第三产业：除第一、第二产业以外的其他各业。由于第三产业包括的行业多，范围广，根据我国的实际情况，第三产业又分为两大部分：一是流通部门，二是服务部门。

增加值 是指常住单位生产过程中创造的新增价值和固定资产的转移价值。它可以按生产法计算，也可以按收入法计算。按生产法计算，它等于总产出减去中间投入；按收入法计算，它等于劳动者报酬、生产税净额、固定资产折旧和营业盈余之和。

劳动者报酬 是指劳动者因从事生产活动所获得的全部报酬。它包括劳动者获得的各种形式工资、奖金和津贴，既包括货币形式的，也包括实物形式的，还包括劳动者所享受的公费医疗和医药卫生费、上下班交通补贴和单位支付的社会保险费等。单位支付的社会保险费，就是单位直接支付给负责社会保险的政府单位（一般指劳动部门）的社会保险金或为本单位职工离退休、发生死亡、伤残、医疗保险等而支付的保险费。对于个体经济来说，其所有者所获得的劳动报酬和经营利润不易区分，这两部分统一作为劳动者报酬处理。

生产税净额 是指生产税减生产补贴后的差额。生产税指政府对生产单位生产、销售和从事经营活动以及因从事生产活动使用某些生产要素，如固定资产、土地、劳动力所征收的各种税、附加费和规费。具体包括销售税金及附加、增值税、管理费中开支的各种税、应交纳的养路费、排污费和水电费附加、烟酒专卖上缴政府的专项收入等。生产补贴与生产税相反，是政府对生产单位的单方面收入转移，因此视为负生产税处理，包括政策亏损补贴、粮食系统价格补贴、外贸企业出口退税收入等。

固定资产折旧 是指一定时期内为弥补固定资产损耗按照核定的固定资产折旧率提取的固定资产折旧，或按国民经济核算统一规定的折旧率虚拟计算的固定资产折旧。它反映了固定资产在当期生产中的转移价值。

营业盈余 是指常住单位创造的增加值扣除劳动者报酬、生产税净额和固定资产折旧后的余额。它相当于企业的营业利润加上生产补贴，但要扣除从利润中开支的工资和福利等。

支出法地区生产总值　指一个地区所有常住单位在一定时期内用于最终消费、资本形成总额、以及货物和服务的净流出总额，它反映本期生产的地区生产总值的使用及结构。

最终消费　是指常住单位在一定时期内对于货物和服务的全部最终消费支出，也就是常住单位为满足物质、文化和精神生活的需要，从本地区经济领土和国外购买的货物和服务的支出。它不包括非常住单位在本地区经济领土内的消费支出。最终消费分为居民消费和政府消费。

居民消费　指常住住户在一定时期内对于货物和服务的全部最终消费支出。居民关于货物的最终消费支出在货物的所有权发生变化时记录，关于服务的最终消费支出在服务提供的时候记录。居民消费按市场价格计算，即按居民支付的购买者价格计算，货物的购买者价格是购买者取得交货所支付的价格，它包括购买者支付的运输和商业费用。

政府消费　指政府部门为全社会提供的公共服务的消费支出和免费或以较低的价格向居民住户提供的货物和服务的净支出，前者等于政府服务的产出价值减去政府单位所获得的经营收入的价值，政府服务的产出价值等于它的经常性业务支出加上固定资产折旧；后者等于政府部门免费或以较低价格向居民住户提供的货物和服务的市场价值减去向住户收取的价值。

资本形成总额　指常住单位在一定时期内对固定资产和存货的投资支出合计，包括固定资本形成总额和存货增加。

固定资本形成总额　指常住单位在一定时期内购置、转入和自产自用的固定资产，扣除固定资产的销售和转出后的价值。可分为有形固定资本形成总额和无形固定资本形成总额。

存货增加　指常住单位在一定时期内存货实物量变动的市场价值，即期末价值减期初价值的差额，存货增加可以是正值，也可以是负值，正值表示存货上升，负值表示存货下降。它包括生产单位购进的原材料、燃料和储备物资等存货，以及生产单位生产的产成品、在制品和半成品等存货等。

货物和服务净流出　指货物和服务流出减货物和服务流进的差额。流出包括常住单位向非常住单位出售或无偿转让的各种货物和服务的价值；流进包括常住单位从非常住单位购买或无偿得到的各种货物和服务的价值。

来自国（地区）外的净要素收入　指一个国家（地区）来自国外（地区外）的生产税及进口税（扣除生产及进口补贴）、劳动者报酬和财产收入，减去支付给国外（地区外）的生产税及进口税（扣除生产及进口补贴）、劳动者报酬和财产收入的差额。国内（地区）生产总值加上来自国外的净要素收入等于国民生产总值（或地区收入总值）。

Explanatory Notes on Main Statistical Indicators

Gross Domestic Product (GDP) refers to the final products of all resident units in a region during a certain period of time. Gross domestic product is expressed in three different forms, i.e. value added, income, and products respectively. The form of value added refers to the total value of all products and services produced by all resident units during a certain period of time minus total value of input of materials and services of the nature of non-fixed assets of the summation of the value added of all resident units; the form of income includes all the income created by all resident units and distributed primarily to all resident and non-resident units; the form of products refers to all final goods and services minus imports of goods and services. In the practice of national accounting, gross domestic product is calculated with three approaches, i.e. product approach, income approach, and expenditure approach respectively to reflect gross domestic product and its composition from different aspects.

Net Value of Domestic Product is the abbreviation for net value of domestic product calculated in market prices. It equals to gross domestic product minus the depreciation of fixed assets of total resident units.

Gross National Product is the abbreviation for net value of domestic national product calculated by market prices. It is the final income that after first distribution of all resident units in a country (or region) in a certain period of time. The added value created during productive activities in resident units in a country is mainly distributed to the resident units in this country, while a part of it to non-resident units in form of taxes on production and import (deducted subsidies for production and importation), laborers' remuneration and income from property, then come out the concept of gross domestic product. It equals to gross domestic product adds income of net elements from foreign countries. GDP is a concept of production, while GNP is a concept of income.

Net Value of Gross National Product is the abbreviation for net value of national product calculated in market prices. It equals to gross national product minus the depreciation of fixed assets of total resident units.

Three Industries Industry structure has been classified according to the historical sequence of development. Primary industry refers to extraction of natural resources; secondary industry involves processing of primary products; and tertiary industry provides services of various kinds for production and consumption. Industry in China comprises:

Primary industry agriculture (including farming, forestry, animal husbandry and fishery).

Secondary industry industry (including mining and quarrying, manufacturing, and electricity, gas and water production and supply).

Tertiary industry all other industries not included in primary or secondary industry. Since tertiary industry includes various trades and is with extensive coverage, it is divided into 2 parts according to our country's actual situation: circulation department and service department.

Value Added refers to the newly increased value and the transfer value of fixed assets created by all resident units in a country (or a region) during a certain period of time. It can be calculated by production approach and income approach. In terms of product approach, it is the total output minus intimidates input. In terms of income approach, it is the summation of laborers' remuneration, net taxes on production, depreciation of fixes assets and operating surplus.

Laborers' Remuneration refers to the whole payment of various forms earned by the laborers from the productive activities they are engaged in. It includes wages, bonuses and allowance the laborers earned in monetary form and in kind. It also includes the free medical services provided to the laborers and the medicine expenses, traffic subsidies and social insurance free paid by the laborers'working units for them. Social insurance free paid by the laborers' working units refers to the social insurance directly paid by units to government institutions in charge of social insurance, or premiums paid by units for retired employees, death, invalidity and medical treatment of workers and staff in this unit. As the individual economy is concerned, since the laborers' remuneration is not easily distinguished from the operating profit, both are treated as laborers remuneration.

Net Taxes on Production refers to the residual of the taxes on production minus the subsidies on production. The taxes on production refer to the various taxes, extra charges and fees levied on the production units on their production, sail and business activities as well as on some factors of production, such as fixed assets land and labor force, used in the production activities they are engaged in. Concretely, they include taxes on sales, additional tax, value added tax, various taxes from expense for administration, way maintenance fee, waste discharging fee and electricity and water bills should be paid, and specific income from monopoly tobacco and liquor turned in government. In contrast to the taxes on production, the subsidies on production refer to the unilateral transfer of part of the government's revenue to the production units and are therefore regarded as negative taxes on production. They include subsidies on the loss due to implementation of government policies, price subsidies to the grain institutions, foreign trade corporations' receipts from drawback, etc.

Depreciation of Fixes Assets refers to the depreciation of fixed assets of a given period, drawn in accordance with the stipulated depreciation rate for purpose of compensating the wear loss of the fixed assets or the depreciation of fixed assets calculated in a fictitious way in accordance with the stipulated unified depreciation rate in the national economic accounting system. It reflects the value of transfer of the fixed assets in the production of the current period.

Operating Surplus refers to the balance of the value added created by the resident units deducting the laborers' remuneration, net taxes on production and the depreciation of fixed assets. It is equivalent to the business profit of the enterprises plus subsidies on production, but the wages and welfare expenses paid from the profits should be deducted.

GDP Calculated by Expenditure Approach refers to total expenditure on final consumption, total capital formation and net export of goods and services by resident units of a region in a certain period of time. It reflects the composition of GDP by its use.

Final Consumption refers to the total expenditure of resident units on final consumption of goods and services in a certain period, namely the expenditure of the resident units for purchase the goods and services from domestic economic territory and abroad to meet the requirements of material, cultural and spiritual life. It excludes the expenditure of non-resident units on consumption in the economic territory of the country. The final consumption is classified into household consumption and government consumption.

Household Consumption refers to the total expenditure of resident households on the final consumption of goods and services in a certain period. The expenditure of resident households on the final consumption of goods is recorded when the proprietary rights of goods changed, and the expenditure of resident households on the final consumption of services is recorded when the services are providing. The households' consumption is calculated at market prices, namely the purchaser's prices that the households pay; the purchaser's prices of goods are the prices the households pay when they obtain the goods including the transport and commercial expenses paid by the households.

Government Consumption refers to the expenditure on the consumption of the public services provided by the government to the whole society and the net expenditure on the goods and services provided by the government to the households at free charge or lower prices. The former equals to the output value of the government services minus the value of operating income obtained by the government departments, and the output value of the government services equals to its current operating expenditure plus depreciation of fixed assets. The latter equals to the market value of goods and services provided by the government free of charge or at low prices to the households minus the value received by the government from the households.

Total Capital Formation refers to the fixed assets acquired minus those disposed and the change in inventory including the total fixed assets formation and the increase in inventory.

Total Fixed Capital Formation refers to the value of fixed assets purchased, transferred in by the resident units and those produced and used by themselves deducting the value of fixed assets sold and transferred out. It can be classified into total tangible assets formation and total intangible formation.

Increase in Inventory refers to the market value of the change in inventory, i.e. the difference of value between the beginning and the end of the period. The increase in inventory can be positive or negative. A positive value indicates the increase in inventory while a negative value indicates the decrease in stock. The inventory includes the raw materials, fuels, and reserve materials purchased by the production units as well as the inventory of finished products, products work-in-progress and semi finished products ect.

Net Export of Goods and Services refers to the difference of the exports of goods and services minus the imports of goods and services. The imports include the value of various goods and services sold or gratuitously transferred by the resident units to the non-resident units. The imports included the value of various goods and services purchased or gratuitously acquired by the resident units from the non-resident units.

Income of Net Elements from Foreign Countries (Regions) refers to the balance, which taxes on production and import (deducted subsidies for production and importation), laborers' remuneration and income from property from foreign countries (regions) minus the ones paid to foreign countries (regions). GDP adds income of net elements from foreign countries (regions) equals GNP.

第三篇

人口

POPULATION

（编辑：黄润明　雷　亮）

3－1 总人口及其构成
Population & Its Composition

年 份 Year	总户数 (万户) Total Households (10 000 households)	总人口 (万人) Total Population (10 000 persons)	男 性 Male	女 性 Female	性别比 (以女性为100) Sex Ratio (Female=100)	常住人口 (万人) Permanent Population (10 000 persons)	人口密度 (人/平方公里) Population Density (person/sq.km)
1978	661	3402	1753	1649	106.31		144
1980	676	3538	1822	1716	106.18		149
1985	757	3873	2005	1868	107.33		164
1990	896	4242	2205	2037	108.25		179
1991	918	4324	2250	2074	108.49		183
1992	950	4380	2285	2095	109.07		185
1993	973	4438	2317	2121	109.24		187
1994	997	4493	2346	2147	109.27		190
1995	1020	4543	2377	2166	109.74		192
1996	1040	4589	2398	2191	109.45		194
1997	1069	4633	2421	2212	109.45		196
1998	1092	4675	2442	2233	109.37		198
1999	1110	4713	2463	2250	109.51		199
2000	1140	4751	2484	2267	109.56		201
2001	1178	4788	2506	2282	109.90		202
2002	1197	4822	2521	2301	109.73		204
2003	1235	4857	2542	2315	109.84		205
2004	1285	4889	2559	2330	109.86		206
2005	1329	4925	2587	2338	110.65	4660	208
2006	1374	4961	2612	2349	111.16	4719	209
2007	1416	5002	2634	2368	111.19	4768	201
2008	1459	5049	2659	2390	111.25	4816	203
2009	1499	5092	2681	2411	111.18	4856	205
2010	1347	5159	2708	2451	110.5	4610	195
2011	1359	5199	2730	2469	110.54	4645	196
2012	1361	5240	2759	2481	110.51	4682	197
2013	1383	5282	2772	2510	110.42	4719	199
2014	1567	5475	2891	2584	111.84	4754	201

注：本表数字按当年行政区划计算，总人口2000年为根据第五次人口普查资料推算，2010年为人口普查数，2011-2013年为人口抽样调查数。其余年份为户籍统计年报数，人口密度从2007年起按常住人口计算。

Note: The data in this table is calculated on the administrative division of the year, the total population in 2000 is estimated by the 5th Population Census, the data in 2010 is estimated by the population census, the data after 2011 is estimated by population Sample Survery,and total population in other years is based on the annual reports of the household registration.Population density has been calculated by permanent population since 2007.

3－2 人口自然变动情况
Status of Population Natural Changes

年 份 Year	总人口比上年增减 Total Population Changes in Comparison with Last Year		出生人口（万人） Birth Population (10 000 persons)	出生率（‰） Birth Rate(‰)	死亡人口（万人） Mortality Rate (10 000 persons)	死亡率（‰） Mortality Rate (‰)	自然增长率（‰） Natural Growth Rate (‰)
	绝对数（万人） Absolute Population (10 000 persons)	增长速度（%） Growth Rate (%)					
1978	73	2.19	83	24.69	19	5.79	18.90
1980	68	1.96	88	25.17	20	5.80	19.37
1985	67	1.76	98	25.51	22	5.60	19.91
1990	92	2.22	85	20.20	28	6.60	13.60
1991	63	1.48	93	21.89	31	7.24	14.65
1992	56	1.30	87	20.19	32	7.28	12.91
1993	58	1.32	86	19.58	28	6.35	13.23
1994	55	1.24	84	18.84	29	6.60	12.24
1995	50	1.11	79	17.54	29	6.53	11.01
1996	46	1.01	77	16.83	31	6.82	10.01
1997	44	0.96	74	15.93	30	6.40	9.53
1998	42	0.91	74	15.87	32	6.86	9.01
1999	38	0.81	70	14.96	32	6.93	8.03
2000	38	0.81	64	13.60	26	5.70	7.90
2001	37	0.78	66	13.80	29	6.07	7.73
2002	34	0.71	64	13.30	30	6.30	7.00
2003	35	0.73	67	13.86	32	6.57	7.29
2004	32	0.66	65	13.32	30	6.12	7.20
2005	36	0.74	70	14.26	30	6.09	8.17
2006	36	0.73	71	14.44	30	6.10	8.34
2007	41	0.83	71	14.19	30	5.99	8.20
2008	47	0.94	72	14.40	29	5.70	8.70
2009	43	0.85	72	14.17	29	5.64	8.53
2010	67	1.32	72	14.13	25	5.48	8.65
2011	40	0.78	71	13.71	31	6.04	7.67
2012	41	0.79	74	14.20	33	6.31	7.89
2013	42	0.80	75	14.28	33	6.35	7.93
2014	53	0.98	72	14.07	30	6.21	7.86

注：1. 1978、1980年的“三率”数字，根据第三次人口普查资料进行了调整。2000年、2010年为人口普查数，其余年份为人口抽样调查数。
2. 1990年以前和2014年的总人口增减绝对数、增长速度为户籍统计年报数，1991年起为人口抽样调查数。

Note: 1. The Third Population Census adjusted the data of birth rate, mortality rate and natural growth rate in 1978 and 1980, and the data since 1985 is based on population sample survey.
2. Before 1990, the absolute figures of the total population variation,the growth rate are based on the annual reports of the household registration. Since 1991,they are based on the population sample survey.

3—3 农业、非农业人口及少数民族人口
Population by Agriculture, Non-agriculture & Minority Population

单位：万人 (10 000 persons)

年份 Year	按农业、非农业分 Population by Agriculture & Non-agriculture		少数民族人口 Minority Population
	农业人口 Agriculture	非农业人口 Non-agriculture	
1978	3042	360	1272
1980	3140	398	1335
1985	3402	471	1510
1990	3677	565	1650
1991	3713	581	1664
1992	3730	629	1683
1993	3735	673	1701
1994	3743	712	1719
1995	3757	745	1734
1996	3771	775	1752
1997	3793	795	1764
1998	3816	806	1777
1999	3841	817	1790
2000	3898	826	1809
2001	3912	846	1820
2002	3927	864	1839
2003	3946	884	1854
2004	3980	902	1868
2005	3984	910	1898
2006	3985	989	1930
2007	4117	944	1944
2008	4176	964	1959
2009	4235	969	1976
2010	4229	838	1957
2011	4123	1000	1973
2012	4166	1027	1988
2013	4248	1007	2004
2014	4022	1432	2077

注：本表2010年为人口普查登记数，2011-2013年为人口抽样调查数。其余年份为公安户籍统计数。农业人口、非农业人口与总人口之差为户口待定人口。

Note: The data in this table in 2010 is from registration of the 5th population census, the data in2011.2012 is based on the population sample survey ,and the data in other years is basde on household report from the public security bureau. The balance between population of Agriculture & Non-agriculture and total population is undetermined registration population.

3－4 主要年份按居住地分的城乡人口
Population by Urban & Rural by Living Areas in Main Years

单位：万人 (10 000 persons)

年 份 Year	按城乡分 Population by Urban & Rural		占总人口比例（%） As Percentage of Total Population (%)	
	市镇人口 Urban	乡村人口 Rural	市镇人口 Urban	乡村人口 Rural
1990	641	3601	15.10	84.90
1995	838	3705	18.45	81.55
2000	1337	3414	28.15	71.85
2001	1350	3438	28.20	71.80
2002	1365	3457	28.30	71.70
2003	1411	3446	29.06	70.94
2004	1550	3339	31.70	68.30
2005	1567	3093	33.62	66.38
2006	1635	3084	34.64	65.36
2007	1728	3040	36.24	63.76
2008	1838	2978	38.16	61.84
2009	1904	2952	39.20	60.80
2010	1849	2761	40.11	59.89
2011	1942	2703	41.8	58.20
2012	2038	2644	43.53	56.47
2013	2115	2604	44.81	55.19
2014	2187	2567	46.01	53.99

注：本表1990、2000、2010年为根据人口普查推算，其余年份为人口抽样调查数。2005年起为常住人口数。
Note:The data in 1990,2000 & 2010 is estimated by the population census, and the data of 2005 is based on permanent population, while the data in the other years is based on the population sample survey.

3-5 主要年份各市按居住地分的城乡人口

Population by Urban & Rural by Living Areas by City in Main Years

单位：万人 (10 000 persons)

地 区	按城乡分 Population by Urban & Rural		2005	2010	2011	2012	2013	2014
南宁市 Nanning City	市镇人口	Urban	286.58	350.52	367.37	382.21	395.24	403.70
	乡村人口	Rural	359.74	315.64	306.03	296.87	290.13	287.68
柳州市 Liuzhou City	市镇人口	Urban	166.89	206.91	214.71	222.77	229.53	237.32
	乡村人口	Rural	200.30	168.96	164.68	159.68	156.07	151.33
桂林市 Guilin City	市镇人口	Urban	165.36	184.02	193.87	207.05	215.46	224.12
	乡村人口	Rural	314.78	290.78	284.95	276.89	272.59	267.79
梧州市 Wuzhou City	市镇人口	Urban	109.43	123.87	130.26	137.21	142.00	145.57
	乡村人口	Rural	187.84	164.35	160.59	155.73	153.44	151.98
北海市 Beihai City	市镇人口	Urban	71.16	74.82	78.34	81.76	84.49	87.33
	乡村人口	Rural	79.02	79.11	77.10	75.44	74.53	73.04
防城港市 Fangchenggang City	市镇人口	Urban	31.82	41.85	44.08	46.05	47.66	49.09
	乡村人口	Rural	46.52	44.84	43.76	42.64	42.24	41.71
钦州市 Qinzhou City	市镇人口	Urban	79.73	94.57	101.08	106.97	111.66	114.88
	乡村人口	Rural	233.43	213.40	209.88	206.36	204.26	203.18
贵港市 Guigang City	市镇人口	Urban	113.51	165.65	174.87	183.08	189.22	194.18
	乡村人口	Rural	302.29	246.23	240.80	235.60	232.83	231.38
玉林市 Yulin City	市镇人口	Urban	177.95	217.32	229.71	241.03	249.66	258.10
	乡村人口	Rural	372.48	331.42	324.13	317.09	312.59	307.91
百色市 Baise City	市镇人口	Urban	88.33	92.23	99.25	104.89	110.26	116.85
	乡村人口	Rural	264.14	254.45	250.21	246.92	244.26	240.03
贺州市 Hezhou City	市镇人口	Urban	60.31	68.95	72.98	77.39	80.51	83.72
	乡村人口	Rural	144.13	126.46	124.05	121.34	119.47	117.62
河池市 Hechi City	市镇人口	Urban	104.13	92.14	98.25	103.70	109.80	115.12
	乡村人口	Rural	265.79	244.79	241.09	237.85	233.39	230.02
来宾市 Laibin City	市镇人口	Urban	57.80	69.65	73.95	77.71	80.52	85.47
	乡村人口	Rural	164.85	140.32	137.87	135.80	134.38	130.90
崇左市 Chongzuo City	市镇人口	Urban	54.15	59.36	63.29	66.53	68.96	72.10
	乡村人口	Rural	157.55	140.07	137.85	135.44	133.85	131.88

注：本表按常住人口口径统计。2010年为人口普查数，其余年份为人口抽样调查推算数。

Note:The data in this table 1is based on permanent population, the data in 2010 is from the population census , while the data in the other years is estimatel by the population sample survey.

3－6　各市县人口数（2014年）
Population by City & County (2014)

单位：万人　　(10 000 persons)

市、县	City & County	公安户籍户数（万户）Total Households (10 000 households)	公安户籍人口 Total Population	男　性 Male	女　性 Female	#非农业人口 Non-agriculture	常住人口 Permanent Population
南宁市	**Nanning**	**220.09**	**729.66**	**382.65**	**347.00**	**293.86**	**691.38**
市辖区	District	87.13	284.38	146.50	137.88	179.78	360.99
兴宁区	Xingning District	9.32	30.83	15.85	14.98	19.80	41.77
青秀区	Qingxiu District	20.72	67.35	33.89	33.47	55.03	75.68
江南区	Jiangnan District	15.04	48.22	25.10	23.12	30.72	60.20
西乡塘区	Xixiangtang District	23.79	76.66	38.81	37.85	57.66	119.44
良庆区	Liangqing District	8.16	26.35	14.06	12.30	11.87	36.38
邕宁区	Yongning District	10.10	34.96	18.79	16.18	4.71	27.52
武鸣县	Wuming	23.76	70.01	36.64	33.37	20.64	55.50
隆安县	Long'an	11.43	41.53	22.05	19.48	8.15	30.71
马山县	Mashan	15.90	55.59	29.35	26.24	8.89	40.11
上林县	Shanglin	14.88	49.22	25.86	23.35	10.03	35.17
宾阳县	Binyang	31.10	104.38	55.75	48.63	30.58	80.28
横　县	Hengxian	35.87	124.55	66.51	58.05	35.79	88.62
柳州市	**Liuzhou**	**111.71**	**377.94**	**196.16**	**181.77**	**181.25**	**388.65**
市辖区	District	37.97	117.60	59.28	58.32	110.52	158.44
城中区	Chengzhong District	4.73	14.42	7.10	7.32	14.04	16.83
鱼峰区	Yufeng District	10.66	33.70	16.94	16.76	30.77	46.76
柳南区	Liunan District	11.53	34.94	17.77	17.18	34.35	50.98
柳北区	Liubei District	11.05	34.53	17.47	17.07	31.36	43.87
柳江县	Liujiang	15.17	55.77	29.16	26.61	15.60	59.13
柳城县	Liucheng	12.43	40.78	21.11	19.67	16.06	36.21
鹿寨县	Luzhai	11.69	40.87	21.59	19.28	14.03	34.11
融安县	Rong'an	10.60	32.59	17.34	15.26	10.25	29.23
融水苗族自治县	Rongshui	13.20	51.00	26.88	24.12	10.21	41.07
三江侗族自治县	Sanjiang	10.64	39.33	20.80	18.53	4.57	30.46
桂林市	**Guilin**	**161.65**	**526.48**	**273.56**	**252.92**	**118.69**	**491.91**
市辖区	District	39.14	126.84	63.98	62.85	63.55	150.72
秀峰区	Xiufeng District	3.68	11.07	5.36	5.70	8.96	15.98
叠彩区	Diecai District	4.63	14.63	7.13	7.49	11.85	18.00

3－6 续表 1 continued

单位：万人 (10000 persons)

市、县	City & County	公安户籍户数（万户）Total Households (10 000 households)	公安户籍人口 Total Population	男 性 Male	女 性 Female	#非农业人口 Non-agriculture	常住人口 Permanent Population
象山区	Xiangshan District	8.58	24.05	11.80	12.25	21.15	28.72
七星区	Qixing District	6.98	21.01	10.51	10.50	15.12	29.95
雁山区	Yanshan District	1.79	6.84	3.39	3.45	0.68	11.87
临桂区	Lingui District	13.48	49.24	25.79	23.46	5.80	46.20
阳朔县	Yangshuo	9.29	32.23	16.69	15.54	4.68	28.20
灵川县	Lingchuan	11.72	38.16	19.36	18.80	7.04	36.07
全州县	Quanzhou	25.15	83.46	45.01	38.45	8.93	65.22
兴安县	Xing' an	12.66	38.40	19.83	18.57	5.64	33.80
永福县	Yongfu	7.96	28.46	15.08	13.38	3.28	23.96
灌阳县	Guanyang	9.90	29.30	15.66	13.65	3.44	23.81
龙胜各族自治县	Longsheng	4.81	18.10	9.18	8.91	2.36	15.80
资源县	Ziyuan	5.76	17.68	9.28	8.40	2.20	15.05
平乐县	Pingle	14.87	45.15	23.90	21.25	5.93	38.08
荔浦县	Lipu	11.35	38.57	19.85	18.72	6.95	35.70
恭城瑶族自治县	Gongcheng	9.05	30.13	15.74	14.39	4.68	25.50
梧州市	**Wuzhou**	**98.35**	**340.27**	**180.84**	**159.43**	**127.75**	**297.55**
市辖区	District	24.02	77.85	40.06	37.78	53.51	79.56
万秀区	Wanxiu District	10.34	30.86	15.61	15.25	24.99	31.68
长洲区	Changzhou District	5.26	16.71	8.39	8.32	6.20	20.03
龙圩区	Longxu District	8.42	30.28	16.07	14.22	22.31	27.85
苍梧县	Cangwu	10.18	39.84	21.29	18.55	10.23	32.41
藤　县	Tengxian	29.76	107.09	57.94	49.15	11.90	86.08
蒙山县	Mengshan	7.43	22.13	11.67	10.45	2.98	19.80
岑溪市	Cenxi	26.96	93.37	49.87	43.49	49.13	79.70
北海市	**Beihai**	**43.73**	**169.31**	**89.02**	**80.28**	**73.32**	**160.37**
市辖区	District	18.09	63.65	32.29	31.36	33.43	69.49
海城区	Haicheng District	9.45	29.83	14.86	14.98	25.81	35.94
银海区	Yinhai District	4.27	15.80	8.15	7.65	4.84	18.70
铁山港区	Tieshangang District	4.38	18.02	9.28	8.74	2.78	14.85
合浦县	Hepu	25.64	105.65	56.73	48.92	39.89	90.88

3－6 续表 2 continued

单位：万人 (10000 persons)

市、县	City & County	公安户籍户数（万户）Total Households (10 000 households)	公安户籍人口 Total Population	男 性 Male	女 性 Female	#非农业人口 Non-agriculture	常住人口 Permanent Population
防城港市	**Fangchenggang**	**24.66**	**94.24**	**51.12**	**43.13**	**24.65**	**90.80**
市辖区	District	14.27	55.94	30.17	25.77	15.12	54.58
港口区	Gangkou District	4.04	13.32	6.95	6.37	5.81	16.54
防城区	Fangcheng District	10.22	42.61	23.22	19.39	9.31	38.04
上思县	Shangsi	6.57	24.17	13.52	10.66	4.23	20.94
东兴市	Dongxing	3.83	14.13	7.43	6.71	5.29	15.28
钦州市	**Qinzhou**	**97.82**	**402.00**	**219.78**	**182.23**	**47.49**	**318.06**
市辖区	District	33.31	146.63	80.93	65.69	26.16	124.40
钦南区	Qinnan District	14.66	62.83	33.78	29.06	13.64	55.20
钦北区	Qinbei District	18.64	83.80	47.16	36.64	12.52	69.20
灵山县	Lingshan	40.42	163.32	88.90	74.42	12.79	118.60
浦北县	Pubei	24.09	92.06	49.95	42.11	8.54	75.06
贵港市	**Guigang**	**157.29**	**543.17**	**288.60**	**254.57**	**60.46**	**425.56**
市辖区	District	60.35	197.40	103.30	94.10	30.17	154.81
港北区	Gangbei District	21.63	68.67	35.74	32.92	22.32	60.10
港南区	Gangnan District	21.31	68.50	36.21	32.29	5.24	52.70
覃塘区	Qintang District	17.41	60.23	31.35	28.88	2.61	42.01
平南县	Pingnan	43.02	149.29	80.41	68.88	12.58	116.15
桂平市	Guiping	53.92	196.48	104.88	91.60	17.72	154.60
玉林市	**Yulin**	**203.23**	**707.95**	**379.62**	**328.33**	**244.23**	**566.01**
市辖区	District	29.70	107.55	57.21	50.34	53.72	109.65
玉州区	Yuzhou District	17.99	64.84	33.86	30.98	40.44	70.40
福绵区	Fumian District	11.71	42.70	23.35	19.36	13.28	39.25
容 县	Rongxian	28.46	85.04	45.16	39.88	22.92	65.40
陆川县	Luchuan	32.38	109.50	57.89	51.61	34.26	78.24
博白县	Bobai	50.41	182.21	99.56	82.65	62.95	138.00
兴业县	Xingye	21.59	76.48	41.43	35.06	20.68	57.62
北流市	Beiliu	40.69	147.17	78.37	68.79	49.70	117.10
百色市	**Baise**	**110.78**	**412.02**	**214.64**	**197.39**	**62.03**	**356.88**
右江区	Youjiang District	9.51	35.37	17.89	17.47	12.77	38.95
田阳县	Tianyang	10.41	35.38	17.88	17.49	4.19	32.05
田东县	Tiandong	11.16	43.17	22.53	20.64	5.75	36.82
平果县	Pingguo	14.37	51.21	26.71	24.50	16.75	44.99
德保县	Debao	10.22	36.84	19.69	17.16	3.36	30.48
靖西县	Jingxi	16.69	65.84	34.90	30.94	5.19	51.34
那坡县	Napo	6.08	21.32	11.25	10.08	2.01	15.68
凌云县	Lingyun	5.93	22.18	11.60	10.58	2.21	19.01
乐业县	Leye	4.90	17.39	9.14	8.24	3.27	15.25

3－6 续表 3 continued

单位：万人 (10 000 persons)

市、县	City & County	公安户籍户数（万户）Total Households (10 000 households)	公安户籍人口 Total Population	男 性 Male	女 性 Female	#非农业人口 Non-agriculture	常住人口 Permanent Population
田林县	Tianlin	6.74	26.06	13.36	12.70	2.42	22.90
西林县	Xilin	4.09	15.80	8.22	7.57	1.31	14.26
隆林各族自治县	Longlin	10.67	41.47	21.45	20.02	2.80	35.15
贺州市	**Hezhou**	**64.51**	**238.05**	**125.46**	**112.59**	**33.06**	**201.34**
市辖区	District	32.19	117.07	60.95	56.12	16.31	104.03
八步区	Babu District	19.92	71.76	37.27	34.49	12.20	63.53
平桂管理区	Pinggui District	12.27	45.32	23.68	21.64	4.11	40.50
昭平县	Zhaoping	12.75	44.25	23.77	20.47	5.87	34.92
钟山县	Zhongshan	10.83	43.95	23.43	20.53	6.06	36.04
富川瑶族自治县	Fuchuan	8.74	32.78	17.31	15.47	4.82	26.35
河池市	**Hechi**	**124.06**	**419.85**	**218.64**	**201.21**	**79.28**	**345.14**
金城江区	Jinchengjiang District	10.99	33.81	17.48	16.33	12.29	33.99
南丹县	Nandan	9.72	31.46	16.49	14.97	8.77	28.60
天峨县	Tian'e	4.97	17.28	9.04	8.24	2.70	15.85
凤山县	Fengshan	5.93	21.54	11.26	10.27	3.48	16.52
东兰县	Donglan	8.41	30.79	16.23	14.57	2.25	21.85
罗城仫佬族自治县	Luocheng	11.79	37.96	19.63	18.32	8.49	30.58
环江毛南族自治县	Huanjiang	11.69	37.08	19.64	17.43	3.08	27.72
巴马瑶族自治县	Bama	7.71	28.18	14.72	13.46	2.48	22.85
都安瑶族自治县	Du'an	19.56	70.21	36.36	33.85	18.12	52.98
大化瑶族自治县	Dahua	13.18	46.05	23.80	22.25	5.57	36.85
宜州市	Yizhou	20.12	65.50	33.98	31.52	12.06	57.35
来宾市	**Laibin**	**77.89**	**266.38**	**139.92**	**126.46**	**38.12**	**216.37**
兴宾区	Xingbin District	30.60	112.82	59.47	53.35	17.09	94.63
忻城县	Xincheng	13.03	42.70	22.20	20.49	4.95	31.92
象州县	Xiangzhou	11.19	36.71	19.32	17.39	3.28	29.25
武宣县	Wuxuan	13.29	44.69	23.74	20.96	6.34	36.30
金秀瑶族自治县	Jinxiu	5.09	15.61	8.05	7.56	2.10	12.67
合山市	Heshan	4.68	13.84	7.14	6.71	4.36	11.60
崇左市	**Chongzuo**	**70.76**	**248.18**	**130.86**	**117.32**	**47.69**	**203.98**
江州区	Jiangzhou District	10.84	37.17	19.87	17.30	7.66	33.30
扶绥县	Fusui	15.09	45.91	24.47	21.44	10.43	39.10
宁明县	Ningming	11.41	44.02	23.40	20.62	6.05	34.50
龙州县	Longzhou	7.99	26.96	13.87	13.10	5.71	22.35
大新县	Daxin	10.13	37.83	19.58	18.25	6.37	30.30
天等县	Tiandeng	11.99	45.10	23.89	21.21	7.07	32.95
凭祥市	Pingxiang	3.31	11.18	5.77	5.41	4.40	11.48

注：本表为公安统计年报数，常住人口为根据人口抽样调查推算数。
Note: The data in this table is based on the annual report from public security Bureau of Guangxi, and the perrnanent population is estimated by the population sample survey.

3－7 主要年份婚姻情况
Marital Status in Main Years

项　目	Item	2000	2005	2010	2011	2012	2013	2014
内地居民登记结婚（万对）	Registered Marriages of Inland Residents（10 000 couples）	31.86	31.47	52.51	49.38	48.98	47.01	47.22
涉外婚姻（对）	Registered Foreign Marriage（couple）	3700	3411	2018	1995	1881	1747	1653
#国内公民（人）	Domestic Individuals(person)	3700	3411	2017	1965	1872	1747	1653
#男性	Male	504	196	231	298	429	554	503
女性	Female	2196	3215	1786	1667	1443	1193	1150
初婚（万人）	First Marriage（10 000 persons）	61.43	59.70	98.59	91.88	90.45	86.38	84.54
再婚（万人）	Remarriage（10 000 persons）	2.28	3.92	6.84	6.88	7.89	8.00	9.91
#女性	Female	1.12	1.51	3.33	3.38	4.25	4.37	5.43
离婚人数（万人）	Divorces (10 000 persons)	5.8	9.69	14.61	15.49	17.18	18.60	16.16
#民政部门批准	Divorces Approved	2.6	7.32	11.25	12.06	13.42	14.68	6.10
法院调判	Mediated by the Court	3.2	2.37	3.36	3.44	3.76	3.92	2.01

注：本表为民政部门统计数。
Note: The data in this table is provided by civil affairs department.

3－8 主要年份各种规模家庭户构成
Composition of Various Size of Family Household in Main Years

单位：% (%)

年份 Year	合计 Total	1人户 Family of 1 Person	2人户 Family of 2 Persons	3人户 Family of 3 Persons	4人户 Family of 4 Persons	5人户 Family of 5 Persons	6人户 Family of 6 Persons	7人户 Family of 7 Persons	8人及以上户 Family of 8 & More Persons	家庭户平均每户人数（人） Average Population of One Family (person)	城镇家庭户平均每户人数 Average Population of One Urban Family	乡村家庭户平均每户人数 Average Population of One Rural Family
1995	100	6.50	9.58	16.84	23.75	19.30	12.50	6.40	5.12	4.31		
2000	100	10.05	13.86	21.67	23.43	17.54	7.63	3.34	2.48	3.81		
2005	100	11.18	20.45	24.71	21.82	13.02	5.25	1.98	1.59	3.37		
2007	100	6.75	18.06	26.33	26.67	13.29	5.67	1.89	1.34	3.56		
2008	100	6.87	19.17	26.56	26.69	12.62	5.31	1.66	1.12	3.48		
2009	100	4.79	9.97	20.81	28.04	20.11	9.28	3.92	3.09	3.53		
2010	100	11.30	12.98	20.23	23.41	16.35	7.97	4.00	3.76	3.34	3.15	3.47
2011	100	13.82	22.09	24.87	19.70	10.99	5.29	1.64	1.61	3.24	3.19	3.29
2012	100	13.27	21.01	23.86	20.68	11.75	5.86	1.87	1.70	3.32	3.03	3.47
2013	100	14.43	20.73	23.32	21.09	10.99	5.61	2.03	1.80	3.29	3.25	3.38
2014	100	13.73	21.13	24.41	19.78	11.29	5.77	2.08	1.81	3.30	3.22	3.37

注：本表为按常住人口口径统计。2000、2010年为人口普查数,其余年份为人口抽样调查数。
Note:The data in 2000,2010 is based on the population census，while the data in other years is based on the population sample survey.

3—9 主要年份人口年龄构成

Population Composition by Age in Main Years

单位：% (%)

年 份 Year	0~14岁占总人口的比重 Ages Ranging from 0 to 14 as Percentage of Total Population	15-64岁占总人口的比重 Ages Ranging from 15 to 64 as Percentage of Total Population	65岁及以上占总人口的比重 Ages in & above 65 as Percentage of Total Population
1990	33.38	61.20	5.42
2000	26.20	66.49	7.31
2005	23.76	66.67	9.57
2007	22.28	68.45	9.27
2008	22.07	68.48	9.45
2009	22.10	68.50	9.40
2010	21.71	69.05	9.24
2011	21.80	68.37	9.83
2012	21.96	68.3	9.74
2013	21.57	68.77	9.66
2014	21.58	68.75	9.67

注：本表为按常住人口口径统计。1990、2000、2010年为人口普查数,其余年份为人口抽样调查数。
Note:The data in 1990, 2000 and 2010 is based on the population census，while the data in other years is based on the population sample survey.

3—10 6岁及以上人口受教育程度构成

Composition of Educational Status of Ages in 6 & above

单位：% (%)

年 份 Year	小 学 Primary Schools	初 中 Junior Secondary Schools	高中（含中职） Senior Secondary Schools (including specialized secondary schools)	大专及以上 Junior Colleges & above
2000	45.60	35.20	10.40	2.60
2005	39.84	38.19	9.89	3.96
2007	34.64	42.50	12.37	4.64
2008	34.70	43.63	11.39	4.51
2009	33.30	44.42	11.38	5.06
2010	34.85	42.64	12.14	6.58
2011	34.80	42.60	12.20	6.60
2012	33.28	43.97	12.40	6.63
2013	32.57	44.17	12.72	6.92
2014	32.32	44.17	12.79	7.10

注：本表为按常住人口口径统计。2000、2010年为人口普查数,其余年份为人口抽样调查数。
Note:The data in 2000, 2010 is based on the population census，while the data in other years is based on the population sample survey.

主要统计指标解释

户数　包括家庭户（含单身独居）和集体户。

人口数　指一定时点、一定地区范围内有生命的个人的总和。

人口出生率　指在一定时期内（通常为一年）一定地区的出生人数与同期平均人数（或期中人数）之比，一般用千分率表示。计算公式：

$$人口出生率=\frac{年出生人口}{年平均人口}\times 1000‰$$

式中：出生人数指活产婴儿，即胎儿脱离母体时（不管怀孕月数），有过呼吸或其他生命现象。年平均人数指年初、年底人口数的平均数，也可用年中人口数代替。

出生人数　指活产婴儿，即胎儿脱离母体时（不管怀孕月数），有过呼吸或其他生命现象。

人口死亡率（又称粗死亡率）　指在一定时期内（通常为一年）一定地区的死亡人数与同期平均人数（或期中人数）之比，一般用千分率表示。计算公式：

$$人口死亡率=\frac{年死亡人数}{年平均人数}\times 1000‰$$

人口自然增长率　指在一定时期内（通常为一年）人口自然增加数（出生人数减死亡人数）与该时期内平均人数（或期中人数）之比，一般用千分率表示。计算公式：

$$人口自然增长率=\frac{本年出生人数—本年死亡人数}{年平均人数}\times 1000‰$$

或人口自然增长率=人口出生率－人口死亡率

性别比　反映两性人口间比例的指标，指在总人口中或各年龄组人口中，男性人数与女性人数之比。通常以每100个女性人口相对应的男性人口数来表示。计算公式：

$$性别比=\frac{男性人口}{女性人口}\times 100$$

常住人口　包括：

（一）居住本乡、镇、街道，并已在本乡、镇、街道办理常住户口登记的人；

（二）已在本乡、镇、街道居住半年以上，常住户口在本乡、镇、街道以外的人；

（三）在本乡、镇、街道居住不满半年，但已离开常住户口登记地半年以上的人；

（四）居住本乡、镇、街道，户口待定的人；

（五）原住本乡、镇、街道，在国外工作或者学习，暂无常住户口的人。

市人口　指居住在城区区域上的人口。城区是指在市辖区和不设区的市，区、市政府驻地的实际建设连接到的居民委员会和其他区域。

镇人口　指居住在镇区区域上的人口。镇区是指在城区以外的县人民政府驻地和其他镇，政府驻地的实际建设连接到的居民委员会和其他区域。

农业人口 指农业户口人口。

非农业人口 指非农业户口人口。

孩次构成 指一定时期内（通常为一年）某一孩次的出生婴儿人数占同期全部出生婴儿的比例。

家庭户规模 家庭的大小，亦即家庭成员的多少。

Explanatory Notes on Main Statistical Indicators

Households include family household (including single household) and collective households.

Total Population refers to the total number of people alive at a certain point of time within a given area.

Population Birth Rate refers to the ratio of the number of births to the average population during a certain period of time (usually a year) in a certain region, which is often expressed in ‰.The following formula is used:

$$\text{Birth Rate} = \frac{\text{Number of Births}}{\text{Annual Average Number of Population}} \times 1000‰$$

In this formula, number of births refers to live births, i.e. the births babies had showed any vital phenomena regardless of the length of pregnancy, and annual average number of population refers to the average number of the beginning and end of the year (also can be replaced by midyear population).

Number of Births refers to live births, i.e. the births babies had showed any vital phenomena regardless of the length of pregnancy.

Death Rate refers to the ratio of the number of deaths to the average population (or mid-period population) during a certain period of time (usually a year) which is often expressed in ‰. The following formula is used:

$$\text{Death Rate} = \frac{\text{Annual Average Number of Population}}{\text{Number of Deaths}} \times 1000‰$$

Natural Growth Rate of Population refers to the ratio of natural increase in population (number of births minus number of deaths) in a certain period of time (usually a year) to the average population (or mid-period population) to the same period which is often expressed in ‰. The following formula are applied:

$$\text{Natural Growth Rate of Population} = \frac{\text{Number of Births} - \text{Number of Deaths}}{\text{Average Number of Population}} \times 1000‰$$

or: Natural Growth Rate of Population = Birth Rate – Death Rate

Sex Ratio is the indicator reflects the ratio of the population of male to female in total population or various age groups. Generally, it is often expressed in the ratio of male population to 100 female. The calculating formula:

$$\text{Sex Ratio} = \frac{\text{Male Population}}{\text{Female Population}} \times 100$$

Permanent Population includes:

1. the population living in the local countries, towns or streets, and registered as permanent residences in the local countries, towns or streets.

2. the population having been living in the local countries, towns or streets for more than half a year, with the permanent residences outside the local countries, towns or streets.

3. the population having been living in the local countries, towns or streets for less than half a year, but having been apart from the countries, towns or streets where registered their permanent residences for more than half a year.

4. the population living in the local countries, towns or streets, with undetermined residences.

5. the population once living in the local countries, towns or streets, working or studying in foreign countries now, and without

permanent residences temporarily.

City Population refers to the population living in the urban area. Urban area refers to the municipal districts, the cities without distrct being set up, the neighborhood committees conected with the actual construction of governments of districts and cities and other areas.

Town Population refers to the population living in the town areas. The town area refers to the seat of town governments and other town beside the urban areas, the neighborhood committees conected with the seat of governments and other areas.

Urban Population refers to city population and town population.

Country Population refers to the total population living in the areas beside the urban areas and town areas.

Agricultural Population refers to the number of persons who have agricultural household registration.

Non-agricultural Population refers to the number of persons that have non-agricultural household registration.

Composition of Birth refers to the ratio of the number of births of a certain composition to the total births in the same period during a certain period of time (usually a year).

Household Size refers to the size of a family, or the number of family members.

第四篇

就业人员和职工工资

EMPLOYMENT & WAGES

（编辑：韦　昆　邓杰芳）

4—1 主要年份就业和劳动报酬基本情况
Resource of Labor Force & Number of Employed Persons in Main Years

指标	Items	1995	2000	2005	2010	2011	2012	2013	2014
劳动力资源总数（万人）	**Total Resource of Labor Force(10 000 persons)**	**2907**	**3203**	**3536**	**3732**	**3777**	**3349**	**3373**	**3399**
占人口总数比重（%）	Proportion in Total Population (%)	64.0	67.4	71.8	72.34	72.65	71.53	71.48	71.49
劳动力资源利用率（%）	Utilization Ratio of Resource of Labor Force (%)	82	80.1	76.44	77.79	77.73	82.65	82.49	82.30
从业人员合计（万人）	**Employed Persons(10 000 persons)**	**2383**	**2566**	**2703**	**2903**	**2936**	**2768**	**2782**	**2795**
第一产业	Primary Industry	1583	1571	1519	1571	1565	1481	1478	1450
第二产业	Secondary Industry	282	278	322	544	562	520	529	540
第三产业	Tertiary Industry	518	717	862	788	809	767	775	805
从业人员构成（%）	**Composition of Employment (%)**								
第一产业	Primary Industry	66.4	61.2	56.20	54.12	53.30	53.50	53.14	51.9
第二产业	Secondary Industry	11.8	10.8	11.91	18.74	19.10	18.80	19.01	19.3
第三产业	Tertiary Industry	21.8	28	31.89	27.14	27.60	27.70	27.85	28.8
按城乡分从业人员	**Employed Persons by Urban & Rural**								
城镇从业人员（万人）	Urban (10 000 persons)	405	421	785	1003	1035	1113	1120	1145
国有单位	State Owned Units	293.45	234.52	199	203.32	209.49	214.03	210.93	206.48
城镇集体单位	Urban Collective Owned Units	48.72	28.36	20	17.27	18.76	16.25	14.39	15.09
股份合作单位	Cooperative Share Holding Units		1.39	2	2.96	2.78	3.29	2.18	2.04
联营单位	Joint-owned Units	0.42	0.34	1	0.75	0.79	0.99	0.21	0.15
有限责任公司	Limited-liability Companies		15.09	34	49.82	58.11	68.55	108.38	113.59
股份有限公司	Share Holding Limited Compa-nies	6	8.79	11	15.15	19.69	19.81	27.73	27.66
港澳台商投资单位	Enterprises Funded by Hong Kong, Macao & Taiwan	1.62	2.97	5.5	8.23	9.53	11.18	17.41	17.20
外商投资单位	Foreign-funded Enterprises	5.66	3.83	6.2	8.99	11.06	10.53	14.42	13.43
私营企业	Private Enterprises	9.01	22.14	54	100	123	137	130	
个体	Individual	52.99	67.86	90	141	157	139	168	
在岗职工人数（万人）	Number of Staff & Workers at Post (10 000 persons)	343	283	269	291.98	293.60	303.45	330.23	326.5
国有单位	State-owned Units	283	225	189	187.53	187.90	190.45	186.35	184.15
城镇集体单位	Urban Collective Owned Units	47	26	18	13.57	15.41	12.12	11.15	10.82
其他类型单位	Others	13	32	62	90.87	90.27	100.88	132.73	131.54
乡村从业人员（万人）	Rural (10 000 persons)	1965	2145	2275	2387	2407	1655	1662	1650
城镇单位从业人员劳动报酬	**Remu ner ation of Staff & Workers in Urban Units**								
单位从业人员平均劳动报酬（元）	Average Remuneration of Staff & Workers (Yuan)	5105	6772	15079	30673	33032	36386	41391	45424
国有单位	State-owned Units	5226	7081	15668	32587	34886	37706	42552	46065
城镇集体单位	Urban Collective owned Units	4064	4471	10392	21533	22123	28819	32197	36874
城镇登记失业人数（万人）	**Registered Unemployment in Urban Areas (10 000 persons)**	**10.10**	**11.30**	**18.51**	**19.07**	**18.81**	**18.94**	**18.09**	**18.66**
城镇登记失业率（%）	**Registered Unemployment Rate in Urban Areas (%)**	**2.4**	**3.2**	**4.15**	**3.66**	**3.46**	**3.41**	**3.30**	**3.15**

注：1.2002年以后城镇从业人员数含农村进城从业人员。2012年按常住人口口径统计，劳动力资源总数、从业人员人数不包括外出自治区以外半年以上的人员。

2.根据国家劳动统计报表制度的统一规定，从2013年年报起，将原属于乡镇企业的“四上”企业（即规模以上工业企业，有资质的建筑业及全部房地产开发经营企业，限额以上批发和零售业、限额以上住宿和餐饮业，部分规模以上服务业企业）纳入城镇单位从业人员与工资统计的范围。

Note:1.Employed population in urban areas since 2002 include employed persons entering urban areas from rural areas.sinve 2012,the statistical range of “Employed population in urban areas” has been changed into permanent population ,and total resource of labor force and number of employed persons excludes the persons leaving Guangxi for more than half a year.

2.According to the standard of National Statistical System of Labour Report, the onterprises of “4 Aboves” (industrial enterprises above designated size, qualified construction enterprises and all of the enterprises of real estate development & management, whole sale & retail trade hotels & catering above designated size, and some service enterprises above designated size) which belonged to rural enterprises have been included to the statistical range of employment & wages of urban units since 2013.

4－2　城乡从业人员及城镇单位在岗职工平均工资（1978－2014年）

Urban & Rural Employed Persons, Average Wages of Staff & Workers at Post in Urban Units (1978－2014)

年　份 Year	从业人员（万人） Employed Persons(10 000 persons)			城镇单位在岗职工平均工资 Average Wages of Staff & Workers at Post in Urban Units	
	第一产业 Primary Industry	第二产业 Secondary Industry	第三产业 Tertiary Industry	绝对数（元） Absolute Number (yuan)	指数（上年=100） Relate Indices (Preceding year=100)
1978	1171	153	132	462	105
1980	1283	125	142	609	109
1985	1463	160	207	1077	100
1986	1501	177	218	1282	129
1987	1529	193	239	1438	108
1988	1548	205	259	1720	107
1989	1575	203	269	1819	109
1990	1614	207	288	2049	137
1991	1643	215	313	2262	106
1992	1628	235	355	2634	112
1993	1594	253	428	3368	111
1994	1589	268	479	4468	130
1995	1583	282	518	5105	121
1996	1600	283	534	5397	118
1997	1606	283	565	5540	108
1998	1620	283	596	5779	108
1999	1619	276	619	6254	108
2000	1571	278	717	7650	119
2001	1570	275	733	9075	117
2002	1571	270	748	10774	122
2003	1556	279	766	11953	109
2004	1532	283	817	13579	110
2005	1519	322	862	15461	115
2006	1521	334	905	18064	119
2007	1521	419	829	21898	116
2008	1528	424	847	25660	115
2009	1561	516	771	28302	121
2010	1571	544	788	31842	107
2011	1565	562	809	34150	104
2012	1481	520	767	37614	113
2013	1478	529	775	42637	115
2014	1451	540	805	46846	110

4—3 按产业、经济类型分组的从业人员（2014年）

Number of Employed Persons Grouped by Industry & the Categories of Registration (2014)

单位：万人 (10 000 persons)

行　业	Sector	从业人员 Employed Persons	国有单位 State-owned Units	城镇集体单位 Urban Collective Owned Units
总　计	**Total**	**2795**	**206.48**	**15.09**
第一产业	**Primary Industry**	**1450**	**7.68**	**0.02**
农、林、牧、渔业	Farming, Forestry, Animal Husbandry & Fishery		7.68	0.02
第二产业	**Secondary Industry**	**540**	**18.97**	**10.05**
工业	Industry		11.69	2.46
采矿业	Mining		1.16	0.05
制造业	Manufacturing		5.58	2.35
电力、煤气及水的生产和供应业	Electricity, Gas & Water Production & Supply		4.95	0.06
建筑业	Construction		7.28	7.59
第三产业	**Tertiary Industry**	**805**	**179.83**	**5.02**
交通运输、仓储和邮政业	Transportation, Storage & Postal Services		10.9	0.71
信息传输、计算机服务和软件业	Information Transmission, Computer Service & Software Industries		0.77	0.00
批发和零售业	Wholesale & Retail Trade		2.71	0.83
住宿和餐饮业	Hotel & Catering Trade		1.06	0.11
金融业	Finance		4.93	1.43
房地产业	Real Estate		1.05	0.28
租赁和商务服务业	Leasing & Business Service		3.84	1.07
科学研究、技术服务和地质勘查业	Scientific Research, Technology Service & Geological Prospecting		8.02	0.11
水利、环境和公共设施管理业	Water Conservancy, Environment & Public Facility Management		8.89	0.10
居民服务和其他服务业	Residents & Other Services		0.24	0.15
教育	Education		59.58	0.13
卫生、社会保障和社会福利业	Public Health, Social Security & Social Welfare		28.92	0.09
文化、体育和娱乐业	Culture, Sports & Entertainment		2.58	0.00
公共管理和社会组织	Public Administration & Social Organizations		46.34	0.01
国际组织	International Organizations			

4—4　城镇单位从业人员（2014年）
Number of Employed Persons in Urban Units (2014)

单位：人　(person)

项　　目	Item	从业人员年末人数 Total Employed Persons at Year End	在岗职工 Staff & Workers at Post	劳务派遣工 Labor-dispatched Workers	其他从业人员 Others
总　　计	**Total**	**4014584**	**3265035**	**467406**	**282143**
按登记注册类型分	**By Registered Style**				
国有单位	State-owned Units	2064774	1841457	71658	151659
城镇集体单位	Urban Collective Owned Units	150932	108176	16001	26755
其他类型单位	Others	1798878	1315402	379747	103729
内资	Domestic Capital	1492628	1028855	367102	96671
外商投资	Foreign Investment	134291	121285	9744	3262
港、澳、台投资	Enterprise Funded by Hong Kong, Macao & Taiwan	171959	165262	2901	3796
按企业、事业、机关分	**By Enterprise,Institution & Agency**				
企业	Enterprise	2394601	1781926	446171	166504
事业	Institution	1194176	1099267	9284	85625
机关	Agency	397125	360185	9968	26972
民间非营利组织	Nongovernmental Nonprofit Organizations & Others	8532	8383	42	107
其他	Others	20150	15274	1941	2935
按国民经济行业分	**By Sector**				
农、林、牧、渔业	Farming,Forestry,Animal Husbandry & Fishery	82798	64920	166	17712
采矿业	Mining	37971	33985	1958	2028
制造业	Manufacturing	781960	711381	40622	29957
电力、煤气及水的生产和供应业	Electricity, Gas & Water Production & Supply	140576	128393	7635	4548
建筑业	Construction	609645	241597	302533	65515
批发和零售业	Wholesale & Retail Trade	132932	117681	10952	4299
交通运输、仓储和邮政业	Transportation, Storage & Postal Services	209094	167141	34144	7809
住宿和餐饮业	Hotel & Catering Trade	50128	47099	1465	1564
信息传输、计算机服务和软件业	Information Transmission, Computer Service & Software Industries	44580	30180	12876	1524
金融业	Finance	117620	92152	6413	19055
房地产业	Real Estate	79528	68011	7076	4441
租赁和商务服务业	Leasing & Business Service	110740	80599	20254	9887
科学研究、技术服务和地质勘查业	Scientific Research, Technology Service & Geological Prospecting	97686	88996	2723	5967
水利、环境和公共设施管理业	Water Conservancy, Environment & Public Facility Management	95895	76144	2012	17739
居民服务和其他服务业	Residents & Other Services	8167	6787	654	726
教育	Education	618594	575586	2125	40883
卫生、社会保障和社会福利业	Public Health,Social Security & Social Welfare	298863	282572	2484	13807
文化、体育和娱乐业	Culture, Sports & Entertainment	33603	31208	230	2165
公共管理和社会组织	Public Administration & Social Organizations	464204	420603	11084	32517
国际组织	International Organizations				

注：城镇单位不包括城镇私营和个体（下同）。

Note: Urban collective owned units exclude urban private and individual enterprises.

4—5 按行业、经济类型分组的城镇单位女性从业人数（2014年）

Number of Female Employed in Urban Units Grouped by Industry & the Categories of Registration (2014)

单位：人 (person)

行业	Sector	合计 Total	国有单位 State-owned Units	城镇集体单位 Urban Collective owned Units	其他类型单位 Others
总计	**Total**	**1508015**	**871564**	**38980**	**597471**
按企业、事业、机关分	**By Enterprise, Institution & Agency**				
企业	Enterprise	760388	143507	36830	580051
事业	Institution	619269	612134	1883	5252
机关	Agency	114642	114153	11	478
民间非营利组织	Nongovernmental Nonprofit Organizations	6166	7	14	6145
其他	Others	7550	1763	242	5545
按国民经济行业分	**By Sector**				
第一产业	**Primary Industry**	**26999**	**25166**	**28**	**1805**
农、林、牧、渔业	Farming, Forestry, Animal Husbandry & Fishery	26999	25166	28	1805
第二产业	**Secondary Industry**	**434939**	**44924**	**20662**	**369353**
工业	Industry	377335	33206	10978	333151
采矿业	Mining	8966	3116	113	5737
制造业	Manufacturing	330210	16100	10678	303432
电力、煤气及水的生产和供应业	Electricity, Gas & Water Production & Supply	38159	13990	187	23982
建筑业	Construction	57604	11718	9684	36202
第三产业	**Tertiary Industry**	**1046077**	**801474**	**18290**	**226313**
批发和零售业	Wholesale & Retail Trade	64675	8629	3208	52838
交通运输、仓储和邮政业	Transportation, Storage & Postal Services	55025	26111	2401	26513
住宿和餐饮业	Hotel & Catering Trade	29335	6124	663	22548
信息传输、计算机服务和软件业	Information Transmission, Computer Service & Software Industries	18390	2915	10	15465
金融业	Finance	58505	25074	5518	27913
房地产业	Real Estate	29226	3747	777	24702
租赁和商务服务业	Leasing & Business Service	37569	12242	2796	22531
科学研究、技术服务和地质勘查业	Scientific Research, Technology Service & Geological Prospecting	30717	25033	342	5342
水利、环境和公共设施管理业	Water Conservancy, Environment & Public Facility Management	47966	45245	522	2199
居民服务和其他服务业	Residents & Other Services	3502	751	625	2126
教育	Education	327872	313033	760	14079
卫生、社会保障和社会福利业	Public Health,Social Security & Social Welfare	191900	185348	640	5912
文化、体育和娱乐业	Culture, Sports & Entertainment	14730	10795	6	3929
公共管理和社会组织	Public Administration & Social Organizations	136665	136427	22	216
国际组织	International Organizations				

4—6 城镇单位从业人员工资总额（2014年）
Earning of Employed Persons in Urban Units (2014)

单位：万元 (10 000 yuan)

指 标	Item	从业人员全年工资总额 Total Remuneration	在岗职工工资总额 Wages of Staff & Workers at Work	劳务派遣工工资总额 Total Wages of Labor-dispatched Workers	其他从业人员工资总额 Remuneration Payment to Other Employed Persons
总 计	**Total**	**18003829**	**15270507**	**2007236**	**726086**
按登记注册类型分	**By Registered Style**				
国有单位	State Owned Units	9468960	8810453	316583	341924
城镇集体单位	Urban Collective Owned Units	533790	407189	49862	76739
其他类型单位	Others	8001079	6052865	1640791	307423
内资	Domestic Funds	6685357	4814622	1589379	281356
外商投资	Foreign Investment	667941	617493	36814	13634
港、澳、台投资	Enterprises Funded by Hong Kong,Macao & Taiwan	647781	620750	14598	12433
按企业、事业、机关分	**By Enterprise,Institution & Agency**				
企业	Enterprise	11009152	8582688	1946463	480001
事业	Institution	5163367	4963442	24646	175279
机关	Agency	1699161	1626165	23565	49431
民间非营利组织及其他	Nongovernmental Nonprofit Organizations & Others	132149	98212	12562	21375
按国民经济行业分	**By Sector**				
农、林、牧、渔业	Farming, Forestry, Animal Husbandry & Fishery	218057	177088	520	40449
采矿业	Mining	173117	159807	6812	6498
制造业	Manufacturing	3281298	3037994	161587	81717
电力、煤气及水的生产和供应业	Electricity, Gas & Water Production & Supply	900249	859877	31345	9027
建筑业	Construction	2528432	933391	1378649	216392
批发和零售业	Wholesale & Retail Trade	572301	523372	36988	11941
交通运输、仓储和邮政业	Transportation, Storage & Postal Services	1129446	952656	150723	26067
住宿和餐饮业	Hotel & Catering Trade	144358	135505	4523	4330
信息传输、计算机服务和软件业	Information Transmission, Computer Service & Software Industries	302463	213354	82262	6847
金融业	Finance	990980	901519	31973	57488
房地产业	Real Estate	315911	288037	16293	11581
租赁和商务服务业	Leasing & Business Service	408290	336637	50168	21485
科学研究、技术服务和地质勘查业	Scientific Research, Technology Service & Geological Prospecting	505580	478557	8885	18138
水利、环境和公共设施管理业	Water Conservancy, Environment & Public Facility Management	292687	251000	5223	36464
居民服务和其他服务业	Residents & Other Services	30408	26902	1975	1531
教育	Education	2535292	2459367	4478	71447
卫生、社会保障和社会福利业	Public Health,Social Security & Social Welfare	1577582	1528834	8320	40428
文化、体育和娱乐业	Culture, Sports & Entertainment	156325	151230	730	4365
公共管理和社会组织	Public Administration & Social Organizations	1941053	1855380	25782	59891
国际组织	International Organizations				

4—7 城镇单位从业人员平均工资（2014年）

Average Earning of Staff & Workers in Urban Units (2014)

单位：元 (yuan)

指 标	Item	单位从业人员平均工资 Average Remuneration of Staff & Workers	国有单位 State-owned Units	城镇集体单位 Urban Collective owned Units	其他类型单位 Others
总 计	**Total**	**45424**	**46065**	**36874**	**45378**
按企业、事业、机关分	**By Enterprise, Institution & Agency**				
企业	Enterprise	46758	54356	36733	45472
事业	Institution	43545	43529	34446	49698
机关	Agency	43257	43176	53182	69178
按国民经济行业分	**By Sector**				
农、林、牧、渔业	Farming, Forestry, Animal Husbandry & Fishery	26186	24546	21124	47584
采矿业	Mining	44610	40137	35443	46754
制造业	Manufacturing	42245	52442	37730	41543
电力、煤气及水的生产和供应业	Electricity, Gas & Water Production & Supply	62789	58014	36880	65449
建筑业	Construction	43772	49999	31649	44707
批发和零售业	Wholesale & Retail Trade	42787	61589	23729	39166
交通运输、仓储和邮政业	Transportation, Storage & Postal Services	54638	63590	26776	46093
住宿和餐饮业	Hotel & Catering Trade	28759	32843	29522	27564
信息传输、计算机服务和软件业	Information Transmission, Computer Service & Software Industries	65285	57000	20385	66994
金融业	Finance	86500	84927	83054	88910
房地产业	Real Estate	40344	36851	26312	41501
租赁和商务服务业	Leasing & Business Service	36951	36673	31464	38061
科学研究、技术服务和地质勘	Scientific Research, Technology Service & Geological Prospecting	52236	51648	40161	55997
水利、环境和公共设施管理业	Water Conservancy, Environment & Public Facility Management	31189	30623	24493	41000
居民服务和其他服务业	Resident & Other Services	37218	49960	35417	30816
教育	Education	41021	41326	38061	32624
卫生、社会保障和社会福利业	Public Health, Social Security & Social Welfare	53786	54051	39918	46473
文化、体育和娱乐业	Culture, Sports & Entertainment	46735	45401	16833	51252
公共管理和社会组织	Public Administration & Social Organizations	42220	42220	25810	44141
国际组织	International Organizations				

4－8 城镇单位在岗职工平均工资（2014年）

Average Earning of Staff & Workers in Urban Units (2014)

单位：元 (yuan)

项 目	Item	在岗职工 Staff & Workers at Post	国有单位 State-owned Units	城镇集体单位 Urban Collective-owned Units	其他类型单位 Others
总 计	**Total**	**46846**	**47949**	**38360**	**46192**
按企业、事业、机关分	**By Enterprise, Institution & Agency**				
企业	Enterprise	47975	56854	38085	46290
事业	Institution	45288	45256	39865	51618
机关	Agency	45004	44913	53182	75982
按国民经济行业分	**By Sector**				
农、林、牧、渔业	Farming,Forestry,Animal Husbandry & Fishery	27071	25832	21604	42278
采矿业	Mining	45210	40694	37358	47385
制造业	Manufacturing	42636	52889	39371	41877
电力、煤气及水的生产和供应业	Electricity, Gas & Water Production & Supply	64325	59200	38221	67177
建筑业	Construction	45032	52263	31621	45657
批发和零售业	Wholesale & Retail Trade	43432	63355	24274	39458
交通运输、仓储和邮政业	Transportation, Storage & Postal Services	55447	64163	27308	46702
住宿和餐饮业	Hotel & Catering Trade	28900	33549	29610	27621
信息传输、计算机服务和软件业	Information Transmission, Computer Service & Software Industries	65961	57490	20385	67748
金融业	Finance	96307	90245	83964	107429
房地产业	Real Estate	41310	38886	26977	42189
租赁和商务服务业	Leasing & Business Service	38726	38264	31556	40387
科学研究、技术服务和地质勘查业	Scientific Research, Technology Service & Geological Prospecting	53761	53266	41757	56942
水利、环境和公共设施管理业	Water Conservancy, Environment & Public Facility Management	33510	32806	39369	43074
居民服务和其他服务业	Resident & Other Services	38741	53900	36577	31365
教育	Education	42635	42997	38912	33002
卫生、社会保障和社会福利业	Public Health, Social Security & Social Welfare	54952	55235	40856	47051
文化、体育和娱乐业	Culture, Sports & Entertainment	48367	47232	16833	52180
公共管理和社会组织	Public Administration & Social Organizations	43959	43954	25810	50479
国际组织	International Organizations				

4—9　分市城镇单位在岗职工人数（2014年）
Number of Employed Persons in Urban Units by City (2014)

单位：人　　　　(person)

市　别	Region	在岗职工人数 Staff & Workers at Post	国有单位 State-owned Units	城镇集体单位 Urban Collective-owned Units	其他类型单位 Others
总　计	**Total**	**3265035**	**1841457**	**108176**	**1315402**
南宁市	Nanning	722808	364801	8653	349354
柳州市	Liuzhou	396469	186748	10722	198999
桂林市	Guilin	357326	195725	9459	152142
梧州市	Wuzhou	167745	80100	7517	80128
北海市	Beihai	119709	62487	5648	51574
防城港市	Fangchenggang	76877	53926	1332	21619
钦州市	Qinzhou	192490	100648	12936	78906
贵港市	Guigang	155835	104601	9150	42084
玉林市	Yulin	315687	150663	18253	146771
百色市	Baise	203385	143576	10746	49063
贺州市	Hezhou	91747	65782	1278	24687
河池市	Hechi	168111	118825	4674	44612
来宾市	Laibin	112177	68779	3737	39661
崇左市	Chongzuo	125614	87511	2301	35802

注：总计包括广西电网、广西中烟、南宁铁路局等单位。
Note: The total data includes Nanning Railway Bureau, Guangxi Building Engineering Group Corporation and Central Logistics Department.

4—10　分市城镇单位在岗职工平均工资（2014年）

Average Wages of Staff & Workers at Post in Urban Units by City (2014)

单位：元　　(yuan)

市　别	Region	在岗职工 Staff & Workers at Post	国有单位 State-owned Units	城镇集体单位 Urban Collective-owned Units	其他类型单位 Others
总　计	**Total**	**46846**	**47949**	**38360**	**46192**
南 宁 市	Nanning	54826	56836	44050	53471
柳 州 市	Liuzhou	48969	50472	37760	48739
桂 林 市	Guilin	46670	47723	43055	45713
梧 州 市	Wuzhou	38612	41397	35706	36133
北 海 市	Beihai	44336	49712	40288	38481
防城港市	Fangchenggang	43807	42644	34313	46592
钦 州 市	Qinzhou	40576	42561	38110	38485
贵 港 市	Guigang	42432	45531	27926	37520
玉 林 市	Yulin	41211	43342	42898	38824
百 色 市	Baise	40981	39953	34140	44999
贺 州 市	Hezhou	42958	43404	40210	41981
河 池 市	Hechi	40193	41123	29156	38944
来 宾 市	Laibin	42680	43521	44035	41147
崇 左 市	Chongzuo	39575	40209	29853	38656

注：总计包括广西电网、广西中烟、南宁铁路局等单位。

Note: The total data includes Nanning Railway Bureau, Guangxi Building Engineering Group Corporation and Central Logistics Department.

4—11　分市城镇单位从业人员工资总额（2014年）

Earning of Employed Persons in Urban Units by City (2014)

单位：万元　　(10000 yuan)

市　别	Region	单位从业人员工资总额 Wages of Employed Persons in Urban Units at the Year-end	国有单位 State-owned Units	城镇集体单位 Urban Collective-owned Units	其他类型单位 Others
总　计	**Total**	**18003829**	**9468960**	**533790**	**8001079**
南宁市	Nanning	5063582	2251824	43263	2768495
柳州市	Liuzhou	2792768	1023672	86104	1682992
桂林市	Guilin	1930725	1013375	51733	865616
梧州市	Wuzhou	710768	361034	26877	322857
北海市	Beihai	610137	331399	40528	238211
防城港市	Fangchenggang	397699	247128	5751	144820
钦州市	Qinzhou	791909	431264	51764	308881
贵港市	Guigang	742246	531574	32426	178247
玉林市	Yulin	1395451	700611	95161	599680
百色市	Baise	856075	573257	36265	246553
贺州市	Hezhou	417684	298028	5189	114466
河池市	Hechi	735062	522235	19574	193253
来宾市	Laibin	539792	333051	19981	186760
崇左市	Chongzuo	519169	361948	6972	150249

注：总计包括广西电网、广西中烟、南宁铁路局等单位。

Note: The total data includes Nanning Railway Bureau, Guangxi Building Engineering Group Corporation and Central Logistics Department.

4—12　分市城镇单位从业人员平均工资（2014年）
Number of Employed Persons in Urban Units by City & Sector (2014)

单位：元　　(yuan)

市别	Region	单位从业人员平均工资 Average Wages of Employed Persons	国有单位 State-owned Units	城镇集体单位 Urban Collective-owned Units	其他类型单位 Others
总　计	**Total**	**45424**	**46065**	**36874**	**45378**
南宁市	Nanning	53190	54454	41559	52429
柳州市	Liuzhou	47759	48412	36409	48131
桂林市	Guilin	45194	46430	40909	44096
梧州市	Wuzhou	37091	38477	34427	35878
北海市	Beihai	42761	46315	38422	39319
防城港市	Fangchenggang	41604	39951	33609	45225
钦州市	Qinzhou	40199	42047	38068	38212
贵港市	Guigang	40155	43121	27542	35795
玉林市	Yulin	40176	41550	41401	38507
百色市	Baise	40897	39867	34036	44927
贺州市	Hezhou	41536	41639	39766	41353
河池市	Hechi	38229	38903	25854	38294
来宾市	Laibin	40475	41158	40043	39355
崇左市	Chongzuo	38611	39222	28595	37808

注：总计包括广西电网、广西中烟、南宁铁路局等单位。
Note: The total data includes Nanning Railway Bureau, Guangxi Building Engineering Group Corporation and Central Logistics Department.

4—13 城镇单位分市分行业从业人员（2014年）
Number of Employed Persons in Urban Units by City & Sector (2014)

单位：人 (person)

市 别 Region	合计 Total	农、林、牧、渔业 Farming, Forestry, Animal Husbandry & Fishery	采矿业 Mining	制造业 Manufacturing	电力、煤气及水的生产和供应业 Electricity, Gas & Water Production & Supply	建筑业 Construction	批发和零售业 Wholesale & Retail Trade	交通运输、仓储和邮政业 Transportation, Storage & Postal Services	住宿和餐饮业 Hotel & Catering Trade	信息传输、计算机服务和软件业 Information Transmission, Computer Service & Software Industries
总 计 Total	**4014584**	**82798**	**37971**	**781960**	**140576**	**609645**	**132932**	**209094**	**50128**	**44580**
南宁市 Nanning	958485	12619	183	141732	56812	197610	46202	47837	19008	15937
柳州市 Liuzhou	605638	4927	1672	163253	8555	162450	16634	18163	4902	2996
桂林市 Guilin	433886	3807	5187	94185	12663	58348	17488	13370	9884	3754
梧州市 Wuzhou	193741	814	1171	63790	6963	7790	4604	5594	1158	2199
北海市 Beihai	144084	5440	934	38812	2693	14940	2983	4644	2468	1735
防城港市 Fangchenggang	96541	11097	789	5760	2902	12050	1808	10170	983	1500
钦州市 Qinzhou	202274	3018	1593	31975	3914	50745	5350	5807	1370	1329
贵港市 Guigang	186694	2288	337	29501	4955	15523	4936	10499	1245	1797
玉林市 Yulin	347201	7136	178	90998	7805	47538	9308	10531	2015	3457
百色市 Baise	208209	3301	10766	26897	10042	11988	7516	8771	2004	1519
贺州市 Hezhou	101490	1728	995	15108	4521	1741	2292	2487	710	1444
河池市 Hechi	193782	3556	7626	28189	7907	8732	6234	7103	1502	3620
来宾市 Laibin	135860	8960	2312	26023	6315	12885	3389	2791	288	1670
崇左市 Chongzuo	136039	13886	4228	20343	4529	5935	3728	3049	1196	1501

注：总计包括广西电网、广西中烟、南宁铁路局等单位。
Note: The total data includes Nanning Railway Bureau, Guangxi Building Engineering Group Corporation and Central Logistics Department.

4－13 续表 continued

单位：人 (person)

市 别 Region	金融业 Finance	房地产业 Real Estate	租赁和商务服务业 Leasing & Business Service	科学研究、技术服务和地质勘查业 Scientific Research, Technology Service & Geological Prospecting	水利、环境和公共设施管理业 Water Conservancy, Environment & Public Facility Management	居民服务和其他服务业 Resident & Other Services	教育 Education	卫生、社会保障和社会福利业 Public Health, Social Security & Social Welfare	文化、体育和娱乐业 Culture, Sports & Entertainment	公共管理和社会组织 Public Administration & Social Organizations
总 计 Total	**117620**	**79528**	**110740**	**97686**	**95895**	**8167**	**618594**	**298863**	**33603**	**464204**
南宁市 Nanning	34108	25612	44653	36681	23318	1948	108698	55139	12110	78278
柳州市 Liuzhou	10449	16184	23887	15846	17743	1123	58490	34800	3163	40401
桂林市 Guilin	15043	10038	14017	8970	14421	1712	62670	31001	5863	51465
梧州市 Wuzhou	6621	4777	1659	3022	3522	0	35511	18174	1408	24964
北海市 Beihai	6621	3633	2980	3039	4250	279	21169	10013	1224	16227
防城港市 Fangchenggang	1969	2493	1731	1599	3232	12	14840	7514	629	15463
钦州市 Qinzhou	3796	2546	2008	2560	2174	710	40352	19264	822	22941
贵港市 Guigang	7316	1513	1428	2550	3372	462	51676	18876	681	27739
玉林市 Yulin	8276	3868	6189	5262	6551	451	73604	28223	1726	34085
百色市 Baise	4937	1811	1793	3679	5622	174	40161	20288	1321	45619
贺州市 Hezhou	4439	608	1550	2645	2135	59	24287	10673	940	23128
河池市 Hechi	6058	1933	2398	4010	4134	226	40775	21057	1734	36988
来宾市 Laibin	3930	2613	2573	2991	2331	77	22496	11568	1053	21595
崇左市 Chongzuo	4057	1624	2780	4098	3090	64	23865	11938	817	25311

注：总计包括广西电网、广西中烟、南宁铁路局等单位。
Note: The total data includes Nanning Railway Bureau, Guangxi Building Engineering Group Corporation and Central Logistics Department.

4—14 城镇单位分市分行业女性从业人数（2014年）

Number of Female Employed Persons in Urban Units by City & Sector (2014)

单位：人 (person)

市别 Region	合计 Total	农、林、牧、渔业 Farming, Forestry, Animal Husbandry & Fishery	采矿业 Mining	制造业 Manufac-turing	电力、煤气及水的生产和供应业 Electricity, Gas & Water Production & Supply	建筑业 Construc-tion	批发和零售业 Wholesale & Retail Trade	交通运输、仓储和邮政业 Transpor-tation, Storage & Postal Services	住宿和餐饮业 Hotel & Catering Trade	信息传输、计算机服务和软件业 Information Transmi- ssion, Computer Service & Software Industries
总　计 Total	**1508015**	**26999**	**8966**	**330210**	**38159**	**57604**	**64675**	**55025**	**29335**	**18390**
南宁市 Nanning	339990	4097	30	67390	14357	18611	23041	14567	10723	6012
柳州市 Liuzhou	185507	1778	425	44215	2558	9282	9694	5523	2800	1447
桂林市 Guilin	178183	1388	1443	43213	3661	6865	9403	4478	5908	1776
梧州市 Wuzhou	77764	164	233	27100	1997	1214	1894	1637	754	983
北海市 Beihai	63701	1944	152	21118	706	1311	1227	1303	1508	783
防城港市 Fangcheng-gang	32469	2172	458	2229	894	2187	635	2793	500	621
钦州市 Qinzhou	77573	1132	296	17034	960	5487	2176	1536	783	582
贵港市 Guigang	83328	427	45	14241	1317	1671	2072	3086	868	765
玉林市 Yulin	151099	2484	24	48613	2060	4533	3799	2325	1204	1519
百色市 Baise	77162	1052	1681	8329	3222	1452	3512	3540	1241	450
贺州市 Hezhou	44139	680	260	6431	1389	357	1064	943	435	589
河池市 Hechi	78959	990	2292	11851	2023	1337	2739	2780	845	1396
来宾市 Laibin	52295	3378	277	9673	1653	2603	1505	936	206	809
崇左市 Chongzuo	53096	5281	1350	7347	1362	435	1673	971	728	626

注：总计包括广西电网、广西中烟、南宁铁路局等单位。
Note: The total data includes Nanning Railway Bureau, Guangxi Building Engineering Group Corporation and Central Logistics Department.

4-14 续表 continued

单位：人 (person)

市 别 Region	金融业 Finance	房地产业 Real Estate	租赁和商务服务业 Leasing & Business Service	科学研究、技术服务和地质勘查业 Scientific Research, Technology Service & Geological Prospecting	水利、环境和公共设施管理业 Water Conservancy, Environment & Public Facility Management	居民服务和其他服务业 Resident & Other Services	教育 Education	卫生、社会保障和社会福利业 Public Health, Social Security & Social Welfare	文化、体育和娱乐业 Culture, Sports & Entertainment	公共管理和社会组织 Public Administration & Social Organizations
总 计 Total	**58505**	**29226**	**37569**	**30717**	**47966**	**3502**	**327872**	**191900**	**14730**	**136665**
南宁市 Nanning	18061	9413	15506	12296	12295	901	53853	31357	5250	22230
柳州市 Liuzhou	5204	5721	9814	5588	9002	450	34356	22726	1431	13493
桂林市 Guilin	7682	3430	3506	2793	6947	975	34670	21373	2901	15771
梧州市 Wuzhou	2424	1744	342	705	804	0	17818	11572	365	6014
北海市 Beihai	3564	1617	632	926	2163	121	12503	6561	583	4979
防城港市 Fangchenggang	939	872	512	447	1505	1	6681	3995	250	4778
钦州市 Qinzhou	1836	960	631	615	1135	130	23530	12088	297	6365
贵港市 Guigang	3845	632	434	729	1360	80	29562	12218	331	9645
玉林市 Yulin	3864	1546	2293	1547	3095	180	43267	18516	738	9492
百色市 Baise	2161	771	465	1068	3458	93	17235	14070	607	12755
贺州市 Hezhou	2163	221	329	871	1063	10	12614	7190	419	7111
河池市 Hechi	2908	777	869	927	2244	82	19358	14467	639	10435
来宾市 Laibin	1802	876	787	848	1087	18	11387	7875	524	6051
崇左市 Chongzuo	2052	578	963	1239	1808	18	11038	7732	349	7546

注：总计包括广西电网、广西中烟、南宁铁路局、总后勤部等单位。
Note: The total data includes Nanning Railway Bureau, Guangxi Building Engineering Group Corporation and Central Logistics Department.

4—15 城镇单位分市分行业从业人员平均工资（2014年）

Average Earning of Staff & Workers at Work in Urban Units by City & Sector (2014)

单位：元 (yuan)

市别 Region	合计 Total	农、林、牧、渔业 Farming, Forestry, Animal Husbandry & Fishery	采矿业 Mining	制造业 Manufacturing	电力、煤气及水的生产和供应业 Electricity, Gas & Water Production & Supply	建筑业 Construction	批发和零售业 Wholesale & Retail Trade	交通运输、仓储和邮政业 Transportation, Storage & Postal Services	住宿和餐饮业 Hotel & Catering Trade	信息传输、计算机服务和软件业 Information Transmi- ssion, Computer Service & Software Industries
总计 Total	**45424**	**26186**	**44610**	**42245**	**62789**	**43772**	**42787**	**54638**	**28759**	**65285**
南宁市 Nanning	53190	34812	47478	42692	72496	50122	47138	57906	29148	80303
柳州市 Liuzhou	47759	34172	35955	54307	56186	44994	42247	45085	30776	69826
桂林市 Guilin	45194	31039	48301	41885	55719	47130	40163	48765	27238	58064
梧州市 Wuzhou	37091	29014	40754	33150	51858	30922	32690	41642	22284	59534
北海市 Beihai	42761	40758	38906	32771	55324	40331	45773	55431	32266	62948
防城港市 Fangchenggang	41604	14618	24285	48690	40742	34673	48110	54284	29344	54698
钦州市 Qinzhou	40199	25010	38259	42470	78781	32692	46028	43447	24930	67151
贵港市 Guigang	40155	34949	33370	31167	76846	53941	42521	32011	23714	52968
玉林市 Yulin	40176	20827	35048	38705	54770	33181	36903	36384	28063	58905
百色市 Baise	40897	24053	53948	44902	50352	31458	34440	36499	22365	31604
贺州市 Hezhou	41536	28185	32796	34621	58730	27075	55585	37781	20793	58978
河池市 Hechi	38229	26186	42047	33936	51149	24218	37137	36696	22992	52049
来宾市 Laibin	40475	27546	34928	37740	63238	36116	39467	34773	22121	58511
崇左市 Chongzuo	38611	17517	42105	35784	44559	26690	40791	42370	28434	62624

注：总计包括广西电网、广西中烟、南宁铁路局等单位。

Note: The total data includes Nanning Railway Bureau, Guangxi Building Engineering Group Corporation and Central Logistics Department.

4－15　续表　continued

单位：元 (yuan)

市　别 Region	金融业 Finance	房地产业 Real Estate	租赁和商务服务业 Leasing & Business Service	科学研究、技术服务和地质勘查业 Scientific Research, Technology Service & Geological Prospecting	水利、环境和公共设施管理业 Water Conservancy, Environment & Public Facility Management	居民服务和其他服务业 Resident & Other Services	教育 Education	卫生、社会保障和社会福利业 Public Health, Social Security & Social Welfare	文化、体育和娱乐业 Culture, Sports & Entertainment	公共管理和社会组织 Public Administration & Social Organizations
总　计 Total	**86500**	**40344**	**36951**	**52236**	**31189**	**37218**	**41021**	**53786**	**46735**	**42220**
南宁市 Nanning	113527	44149	42208	68490	36629	44447	48020	67835	59673	46819
柳州市 Liuzhou	98994	33884	33459	41829	32155	36348	41690	57305	42038	46472
桂林市 Guilin	91659	40770	33809	45810	30764	30458	44713	50780	42752	43410
梧州市 Wuzhou	66069	34865	29920	41586	27920	0	32453	45754	37550	37476
北海市 Beihai	69978	49202	30190	52916	29874	46197	46039	48984	38679	46484
防城港市 Fangchenggang	67344	48572	34628	46074	33458	41167	46493	45462	33861	46703
钦州市 Qinzhou	67032	49073	31946	37399	29562	36379	36321	52149	38197	39618
贵港市 Guigang	40079	39989	28409	41185	29749	27595	35944	56302	33770	38423
玉林市 Yulin	82651	36317	36496	45695	28505	36548	37266	55636	35993	41907
百色市 Baise	60548	40401	32040	37638	25341	32591	43105	40494	34922	38663
贺州市 Hezhou	84626	44485	28561	39061	23884	30169	38170	48377	37356	38756
河池市 Hechi	60442	28097	29481	35885	24913	29465	37246	45538	38030	38695
来宾市 Laibin	81248	32672	27948	38122	27019	38753	39231	48605	36092	39157
崇左市 Chongzuo	65848	41021	34235	36379	26522	25175	41063	48444	41195	42508

注：总计包括广西电网、广西中烟、南宁铁路局等单位。
Note: The total data includes Nanning Railway Bureau, Guangxi Building Engineering Group Corporation and Central Logistics Department.

4—16 主要年份离休、退休、退职人员和保险福利费用情况
Statistics of VCSR, Retired & Resigned, Insurance & Welfare Funds in Main Years

项　目	Item	2005	2010	2011	2012	2013	2014
一、截止年末离休、退休、退职人员数总计（人）	**Total Number of VCSR, Retired & Resigned at Year End (person)**	**1199346**	**1869510**	**2000563**	**2138426**	**2243670**	**2331856**
企业	Enterprise	755568	920376	948254	953245	980095	1006166
（一）内资企业	Domestic Capital	752135		941323	946730	973339	999030
国有企业	State Owned Units	585777		652180	659505	673947	665913
集体企业	Collective Owned Units	105402		99688	95810	100030	89890
其他企业	Others	60956		189455	191415	199362	243227
（二）港澳台投资企业	Enterprise Funded by Hong Kong, Macao & Taiwan	3433		6931	6515	6756	7136
（三）外商投资企业	Foreign Investment						
事业	Institution	315286	372802	369019	380388	391202	399955
机关	Agency	117678	115427	116634	122215	126503	129114
其他*	Others*	10814	460905	566656	682578	745870	796621
二、保险福利费用总计（万元）	**Total Insurance & Welfare Funds (10 000 yuan)**	**1272195.9**	**3244030**	**3770184**	**4576084**	**5441025**	**6133443**
企业	Enterprise	615790.4	1362997	1596028	1835566	2155958	2425804
离休金	Pensions for VCSR	14918.3	15229	15050	16599	20361	18415
退休金（含退职人员生活费）	Pensions for Retired (including the cost-of-living for the retired)	559820.8	1342027	1574570	1813453	2113772	2395348
医疗卫生费	Medical Care	18828.9					
其他	Others	22222.4	5741	6408	5514	21825	12041
事业	Institution	455450.4	965149	972827	1205115	1438915	1581838
离休金	Pensions for VCSR	10757	16285	14126	15123	15747	14616
退休金（含退职人员生活费）	Pensions for Retired (including the cost-of-living for the retired)	397501.3	948864	958701	1189992	1423168	1567223
医疗卫生费	Medical Care	13996.8					
其他	Others	33195.3					
机关	Agency	194206.2	423213	428434	457535	525323	571685
离休金	Pensions for VCSR	11768.7	28912	26824	25866	9345	25217
退休金（含退职人员生活费）	Pensions for Retired (including the cost-of-living for the retired)	162705.7	394301	401610	431669	507767	5464680
医疗卫生费	Medical Care	4903.9					
其他	Others	14827.9					
其他*	Others*	6748.9	492671	772895	1077868	1320829	1554116
离休金	Pensions for VCSR	0		11	127		
退休金（含退职人员生活费）	Pensions for Retired (including the cost-of-living for the retired)	6603.8	491805	772721	1066613	1319431	1542068
医疗卫生费	Medical Care	43.9					
其他	Others	101.2	866	163	11128	1398	12048

注：其他*是指个体经济组织以及灵活就业人员中的退休人员及其保险福利费用。该项指标从2005年起建立。

Note: The ‘Others*’ refers to the retired and their insurance & welfare funds that belong to individual economy organizations and manoeuvrable employ.This item has been set up since 2005.

4－17　主要年份参加社会保险人员
Number of Persons Joined Social Security in Main Years

单位：人　　　　(person)

项　目	Item	1995	2000	2005	2010	2011	2012	2013	2014
一、截止年末参加城镇基本养老保险人员总数	**Total Number of Persons Joined Urban Basic Pension Insurance at Year End**	**1877974**	**2393591**	**2886039**	**4492947**	**4837549**	**5126503**	**5383687**	**5575905**
#离休退休退职人数	Total Retired, VCSR & RRSW	311777	544752	733163	1381281	1514910	1635823	1725965	1802787
（一）企业	Enterprise	1872739	2344595	2530863	3090550	3238704	3357387	3525967	3649533
1.内资企业	Domestic Capital	1849675	2326409	2489608	3012981	3149831	3266298	3424817	3559943
2.港、澳、台及外资企业	Foreign Investment & Enterprise Funded by Hong Kong, Macao & Taiwan	23064	18186	41255	77569	88873	91089	101150	89590
（二）事业	Institution		21679						
（三）机关	Agency		1970						
（四）其他	Others	5235	25347	355176	1402397	1598845	1769116	745870	1926372
二、截止年末参加失业保险人员总数	**Total Number of Persons Joined Unemplo-yment Insurance atYear End**	**1695402**	**2246213**	**2198887**	**2383997**	**2407687**	**2433782**	**2522599**	**2589759**
（一）企业	Enterprise	1614170	1534533	1338494	1462614	1503290	1513305	1573786	1605320
1.内资企业	Domestic Capital	1594891	1506561	1291660	1355066	1387759	1390096	1449815	1489422
2.港、澳、台及外资企业	Foreign Investment & Enterprise Funded by Hong Kong, Macao & Taiwan	19279	27972	46834	107548	115531	123209	123971	115898
（二）事业	Institution	81232	707429	856373	895587	882196	883606	888994	910604
（三）其他	Others		4251	4020	25796	22201	36871	59819	73835
三、截止年末参加城镇基本医疗保险人员总数	**Total Number of Persons Joined the Urban Basic Health Care Program at Year End**		**985230**	**2858668**	**9352054**	**9813170**	**10115274**	**10309751**	**10673463**
（一）城镇职工基本医疗保险参保人数	**Urban Staff & Workers**				**4135213**	**4372110**	**4562741**	**4666150**	**4826207**
#退休人数	Total Number of VCSR		215418	822846	1229962	1288146	1335769	1377762	1437888
（一）企业	Enterprise		414074	1377356	2210311	2347142	2479696	2551320	2629897
1.内资企业	Domestic Capital		413914						
2.港、澳、台及外资企业	Foreign Investment & Enterprise Funded by Hong Kong, Macao & Taiwan		160						
（二）事业	Institution		397472	1029657	1241687	1255617	1291955	1326885	1319178
（三）机关	Agency		172913	380721	429011	463103	466049	439713	474915
（四）其他	Others		771	70934	254204	306248	325041	348232	402217
（二）城镇居民基本医疗保险参保人数	**Urban Residents**				**5216841**	**5441060**	**5552533**	**5643601**	**5847256**
四、截止年末参加工伤保险人员总数	**Total Number of Persons Joined the Industrial Injury Insurance at Year End**		**1265640**	**1444346**	**2356611**	**2725161**	**3123855**	**3256231**	**3382238**
五、截止年末参加生育保险人员总数	**Total Number of Persons Joined the Bearing Insurance at Year End**		**1125761**	**1413554**	**2184535**	**2437685**	**2547091**	**2702362**	**2802486**

注：1.表中基本养老保险人数不含在人事部门参加基本养老保险的人数；
2.1995—1997年基本养老保险人数尚未分企业、事业、机关统计，故该年份事业、机关基本养老保险人数空缺；
3.2007年10月开始启动城镇居民基本医疗保险试点，2007—2009年城镇基本医疗保险人员总数包括城镇职工基本医疗保险和城镇居民基本医疗保险参保人员之和。

Note: 1. The number of persons joined basic pension insurance excludes the persons joined basic pension insurance in the administrative departments.
2. Since the number of persons joined basic pension insurance from 1995 to 1997 hadn't been divided into enterprise, institution and agency, the number of persons joined urban basic pension insurance are blank.
3. The pilot work of urban basic health care program was started up in October 2007. The total number of Persons Joined the Urban Basic Health Care Program from 2007 to 2009 includes the summary of the number of urban staff & workers and the urban.

4—18 分市社会保险参保人数（2014年）
Number of Persons Joined Social Security by City (2014)

单位：人 (person)

市 别	City	基本养老保险人数 Number of Person Participating in the Basic Retirement Security Program	#在职职工人数 Number of Staff & Workers at Post	失业保险人数 Number of Persons Participating in the Unemployment Insurance Program	基本医疗保险人数 Number of Persons Participating in the Basic Health Care Program	工伤保险人数 Number of Persons Participating in the Industrial Injury Insurance	生育保险人数 Number of Persons Participating in the Bearing Insurance
总 计	**Total**	**5575905**	**3773118**	**2589759**	**10673463**	**3382238**	**2802486**
南宁市	Nanning	983572	692543	449719	1823700	532731	451571
柳州市	Liuzhou	876600	601574	346849	1487488	498484	372878
桂林市	Guilin	686703	459674	260431	1182702	398329	292323
梧州市	Wuzhou	321730	198839	129994	700640	167238	152445
北海市	Beihai	196528	128639	97634	461000	113651	71595
防城港市	Fangchenggang	118367	90756	56658	295680	75610	64098
钦州市	Qinzhou	153790	98806	78103	502037	103263	103218
贵港市	Guigang	194503	118356	99035	594047	151229	118057
玉林市	Yulin	358240	231205	159999	882414	181003	194573
百色市	Baise	216590	156344	115644	569488	156613	141343
贺州市	Hezhou	115339	74864	65569	311876	73629	71485
河池市	Hechi	227437	155668	118692	599912	132046	151776
来宾市	Laibin	146301	85145	70478	368294	82938	90444
崇左市	Chongzuo	156977	111625	76513	465090	104552	92475

注:1.总计包括自治区本级；
2.基本医疗保险人数包括城镇职工基本医疗保险与城镇居民基本医疗保险能参保人数之和。
3.根据国家劳动统计报表制度的统一规定，从2013年年报起，讲原属于乡镇企业的“四上”企业（即规模以上工业企业、有资质的建筑业及全部房地产开发经营企业，限额以上批发和零售业、限额以上住宿和餐饮业，部分国模以上服务企业）纳入城镇单位从业人员与工资统计范围。

Note: 1. The total number of persons joined social security includes the Autonomous Bureau.
2. The number of persons participating in the basic health care program includes the summary of persons which be able to participating in the urban staff
3.According to the standard of National Statistical System of Labour Report, the onterprises of “4 aboves” (industrial enteprises above designated size, qualified construction enterprises and all of the enterprises of real estate development & managemenet, whole sale & retail trade hotels & catering above designated size, and some service enterprises above designated size) which belonged to rural enterprises have been included to the statistical range of employment & wages of urban unit since 2013.

主要统计指标解释

劳动力资源总数 指在劳动年龄内人口（16周岁及以上）总数中，具有劳动能力，在正常情况下，可能或实际参加社会劳动的人口数。

从业人员 指从事一定社会劳动并取得劳动报酬或经营收入的人员。从业人员按从业身份分组包括：（1）职工；（2）再就业的离退休人员；（3）私营业主；（4）个体户主；（5）私营企业和个体从业人员；（6）乡镇企业从业人员；（7）农村从业人员；（8）其他从业人员（包括现役军人）。

职工 指在国有、城镇集体、联营、股份制、外商和港、澳、台投资、其他单位及其附属机构中工作，并由其支付工资的各类人员。不包括下列人员：（1）乡镇企业从业人员；（2）私营企业从业人员；（3）城镇个体劳动者；（4）离休、退休、退职人员；（5）再就业的离、退休人员；（6）民办教师；（7）其他按有关规定不列入职工统计范围的人员。

城镇登记失业人员 指有非农业户口，在一定的劳动年龄内（16岁及以上男50岁以下，女45岁以下），有劳动能力，无业而要求就业，并在当地就业服务机构进行求职登记的人员。

城镇登记失业率 城镇登记失业人员与城镇单位从业人员（扣除使用的农村劳动力、聘用的离退休人员、港澳台及外方人员）、城镇单位中的不在岗职工、城镇私营业主、个体户主、城镇私营企业和个体从业人员、城镇登记失业人员之和的比。计算公式为：

$$城镇登记失业率=\frac{城镇登记失业人数}{(城镇登记单位从业人员-使用的农村劳动和-聘用的离退休人员-聘用的港澳台及外方人员)+不在岗职工+城镇私营业主+城镇个体户主+城镇私营企业及个体从业人员+城镇登记失业人数}\times 100$$

工资总额 指各单位在一定时期内直接支付给本单位全部职工的劳动报酬总额。工资总额的计算应以直接支付给职工的全部劳动报酬为根据。各单位支付给职工的劳动报酬以及其他根据有关规定支付的工资，不论是计入成本的还是不计入成本的，不论是以货币形式支付的还是以实物形式支付的，均应列入工资总额的计算范围。工资总额包括计时工资、计件工资、奖金、津贴和补贴、加班加点工资、特殊情况下支付的工资。

平均工资 指企业、事业、机关等单位的职工在一定时期内平均每人所得的货币工资额。其计算公式为：

$$平均工资=\frac{报告期实际支付的全部职工工资总额}{报告期全部职工平均人数（人）}$$

平均实际工资 是指扣除物价变动因素后的职工平均工资。其计算公式为：

$$平均实际工资=\frac{报告期职工平均工资}{报告期城市居民消费价格指数}$$

参加城镇基本养老保险人员总数 指截止报告期末参加城镇基本养老保险并在社会保险机构已建立缴费记录档案的人数，包括不能正常缴费、已中断缴费但未终止养老保险关系的人数，包括已参加基本养老保险、后进入再就业服务中心、并继续缴费的下岗职工人数。不包括只登记而未建立缴费记录档案的人数。

参加城镇基本养老保险的离退职人数 指报告期末参加城镇基本养老保险并由养老保险基金支付养老金的离休人员、退休人员、退职人员人数。

参加失业保险人员总数　指截止报告期末按照国家法律、法规和有关政策规定，参加了失业保险的城镇企业事业单位职工和地方政府规定的参加失业保险的其他人员的总数。

参加城镇基本医疗保险人员总数　指截止报告期末参加城镇基本医疗保险（实施统帐结合和单建统筹基金）的职工人数和退休人数的总数。

Explanatory Notes on Main Statistical Indicators

Total Resource of Labor Force refers to the population aged 16 and over who are capable to work , are willing to participate in or participating in social labor.

Employees refers to the persons who are engaged in social labor and receive remuneration payment or earn business income, including: (1) staff and workers at work; (2) re-employed retirees; (3) employers of private enterprises; (4) self-employed workers; (5) employers in private and individual economy; (6) employees in township; (7) employed persons in the rural areas; (8) other employed persons (including the servicemen).

Staff and Workers refer to the persons who work in (and receive payment there from) enterprise and institutions of state ownership, collective ownership, joint ownership, share holding, foreign ownership, and ownership by entrepreneurs from Hong Kong, Macao, and Taiwan, and other types of ownership and their affiliated units, excluding: (1) employed persons in rural enterprises; (2) employed persons in private enterprises; (3) urban individual laborers;(4) retired persons, VCSR and RRSW; (5) re-employed retirees and VCSR; (6) teachers in the schools run by the local people; (7) other persons aren't included in the statistic range of staff and workers according to related rules.

Registered Urban Unemployed Persons refer to the persons who are registered as permanent residents in the urban areas engaged in non-agricultural activities, aged within the range of working age (16 age and over, while male below 50 and female below 45), capable to labor, unemployed but desirous to be employed and have been registered at the local employment service agencies to apply for a job.

Registered Urban Unemployment Rate refers to the ratio of the number of the registered unemployed persons to the sum of the number of persons employed in various units and in private enterprises in urban areas, urban self-employed individuals and the registered urban unemployed persons. The formula is as follows:

$$\text{Registered urban unemployment rate} = \frac{\text{Number of registered urban unemployed persons}}{\text{(number of persons employed in urban units+number of persons employed in urban private enterprises+self-employed individuals in urban areas+number of registered urban unemployed persons) +number of staff and workers out of post+number of urban privately owners+number of urban self-employed ivdividuals+number of personneel in urban privately enterprises and self-employed laborers+number of the registered urban unemployed persons}} \times 100$$

Total Wages of Staff and Workers refer to the total remuneration payment to staff and workers in various units during a certain period of time. The calculation of total wages is based on the total remuneration payment to the staff and workers. Therefore, all the wages and salaries and other payments to staff and workers are included in the total wages regardless of their sources, category, and forms (in kind or cash). Total wages of staff and workers includes the wage calculated by time, wage calculated by volume, bonus, subsidies and allowances, wage paid in special.

Average Wage of Staff and Workers refers to the average wage in money terms per person during a certain period of time for staff and workers in enterprises, institutions and government agencies. The formula for calculating Average Wage of Staff and Workers is as follows:

$$\text{Average Wage of Staff and Workers} = \frac{\text{Total Wages of Ataff and Workers in Reference Period}}{\text{Average Number of Staff and Workers in Reference Period}}$$

Average Real Wage of Staff and Workers refers to the average wage, which has removed the factor of price change. The formula is as follows:

$$\text{Average Real Wage of Staff and Workers} = \frac{\text{Average Wago of Staff and Workers in Reference Period}}{\text{Urban Consumer Prices Indes in Reference Period}}$$

Total Number of Persons Participating in Urban Basic Pension Programs refers to the persons participating in the urban basic pension programs and registering in the social insurance institutions with payment registration, including the persons who cannot pay regularly, have stopped paid but maintained the pension insurance relation; including laid-off workers who have participated basic pension insurance, entered re-employment service center and go on paying; excluding the persons registered but without payment registration.

Total Number of Retired, VCSR & RRSW Participating in Urban Basic Pension Programs refers to number of the retired, VCSR & RRSW participating in urban basic pension programs in the report period and are paid pensions from the pension insurance funds.

Total Number of Persons Participating in Unemployment Insurance Programs refers to the number of staff and workers in urban enterprises and institutions or other persons by local government in participating in unemployment insurance programs according to national laws, rules and relative policies in the report period.

Total Number of Persons Participating Urban Basic Health Insurance Programs refers to the total number of staff, workers and retired participating urban basic health insurance programs in the report period.

第五篇

固定资产投资

INVESTMENT IN FIXED ASSETS

（编辑：易　静）

5－1 全社会固定资产投资及增长速度（1978－2014年）
Investment in Fixed Assets & Its Growth Rate (1978－2014)

年 份 Year	全社会投资总额 Total Investment	城镇投资 Urban Investment	按管理渠道分 By Channel of Management				农村投资 Rural Investment	全社会投资总额中住宅 Residential Buildings
			基本建设投资 Basic Investment	更新改造投资 Innovation	其他固定资产投资 Others	房地产开发投资 Real Estate Development		
投资额（万元） Investment (10 000 yuan)								
1978	96055	96055	96055					6745
1980	121815	121815	103067	18748				23185
1985	422191	422191	167327	71218	17599			142092
1990	685666	471432	212880	169619	35800	21933	214234	221077
1991	896479	622695	288923	220662	42900	23310	273784	285398
1992	1410395	1050784	522135	341696	76855	45413	359611	378228
1993	2780754	2288445	1099415	527724	210325	316451	492309	680317
1994	3825871	2800623	1407722	658346	146333	328408	1025248	1102233
1995	4233742	3206590	1570988	685572	162654	515050	1027152	1208881
1996	4764200	3405965	1744608	713293	105148	432305	1358235	1537400
1997	4798023	3435948	1829651	591029	145175	335374	1362075	1664245
1998	5717025	4231848	2405296	697162	156963	326838	1485177	1851688
1999	6202035	4658915	2630000	700972	394008	329735	1543120	1918970
2000	6600146	5241049	2815412	801593	592572	386747	1359097	1644650
2001	7312523	5953938	3243086	865975	646851	555826	1358585	1734899
2002	8349852	6931808	3725200	1055354	606548	882807	1418044	2008016
2003	9873063	8476445	4488309	1427401	622937	1403112	1396618	2549373
2004	12636500	11217558	6267732	1985739	847299	2116787	1418942	2863485
2005	17690715	15223560	9008716	2747259	599670	2867915	2467155	3416021
2006	22465743	19956664	11706485	3722813	827563	3699803	2509079	3978916
2007	29700845	26271518	14385378	5270504	1252801	5362835	3429327	5562505
2008	37831385	33526716	18057743	7689521	1512659	6273423	4304669	6663557
2009	57066957	51593360	26145334	15525521	1785694	8136811	5473597	9200203
2010	78590660	71618399	34794814	22158979	2602395	12062211	6972261	12279939
2011	101604527	92803004	41853857	30548054	5226437	15174656	8801523	15554926
2012	126352181	114823208	49754367	42570996	6948457	15549388	11528973	16020340
2013	119076669	107546757	45012370	43190601	3197464	16146322	11529912	16212711
2014	138432123	126067961	54182316	50389319	3111384	18384942	12364162	17861116

5－1　续表　continued

年 份 Year	全社会投资总额 Total Investment	按管理渠道分 By Channel of Management					农村投资 Rural Investment	全社会投资总额中住宅 Residential Buildings
		城镇投资 Urbam Investment	基本建设投资 Basic Investment	更新改投资 Innovation	其他固定资产投资 Others	房地产开发投资 Real Estate Development		
增长速度（上年=100）Growth Rate (preceding year=100)								
1978	22.1		22.1					17.2
1980	24.2		7.4	809.7				84.2
1985	49.9		54.9	55.9	129.4			72.7
1990	-4.6		2.5	-13.1	-33.5			16.4
1991	30.7	32.1	35.7	30.1	19.8	6.3	27.8	29.1
1992	57.3	68.7	80.7	54.9	79.1	94.8	31.3	32.5
1993	97.2	117.8	110.6	54.4	173.7	596.8	36.9	79.9
1994	37.6	22.4	28.0	24.8	-30.4	3.8	108.3	62.0
1995	10.7	14.5	11.6	4.1	11.2	56.8	0.2	9.7
1996	12.5	6.2	11.1	4.0	-35.4	-16.1	32.2	27.2
1997	0.7	0.9	4.9	-17.1	38.1	-22.4	0.3	8.3
1998	19.2	23.2	31.5	18.0	8.1	-2.5	9.0	11.3
1999	8.5	10.1	9.3	0.5	151.0	0.9	3.9	3.6
2000	6.4	12.5	7.0	14.4	50.4	17.3	-11.9	-14.3
2001	10.8	13.6	15.2	8.0	9.2	43.7	0.0	5.5
2002	14.2	16.4	14.9	21.9	-6.2	58.8	4.4	15.7
2003	18.2	22.3	20.5	35.3	2.7	58.9	-1.5	27.0
2004	28.0	32.3	39.6	39.1	36.0	50.9	1.6	12.3
2005	40.0	35.7	43.7	38.3	-29.2	35.5	73.9	19.3
2006	27.0	31.1	29.9	35.5	38.0	29.0	1.7	16.5
2007	32.2	31.6	22.9	41.6	51.4	44.9	36.7	39.8
2008	27.2	27.6	25.5	45.9	20.7	15.9	25.5	19.8
2009	50.8	53.9	44.8	101.9	18.1	29.7	27.2	38.1
2010	37.7	38.8	33.1	42.7	45.7	48.2	27.4	33.5
2011	29.3	29.6	20.3	37.9	100.8	25.8	26.2	26.7
2012	24.4	23.7	18.9	39.4	32.9	2.5	31.0	3.0
2013	21.4	19.8	17.8	30.0	14.6	3.8	38.5	7.3
2014	16.3	17.2	20.4	16.7	-2.7	13.9	7.2	10.2

注：1. 1978年～1981年为全民投资总额，1982年以后为全社会投资总额。2008年的数据根据经济普查数予以调整。

2. 根据相关制度要求，2013年我区固定资产投资统计起点由项目计划总投资50万元提高到500万元；2013年各增长数据根据2012年度国家口径作为基数计算；2013年度全区固定资产投资与国家公布的各省数据口径完全一致（不包含跨省项目投资），各市投资包含跨省项目投资，因此各市投资合计与全区固定资产投资不一致。

Note:1. Investment in fixed assets during the years 1978 to 1981 refer to total people investment, and since 1982 are total social investment in fixed assets. The data in 2008 has been adjusted by the 2nd Economic Census.

2. According to the National Statistical System, the statistical floor level of total planned projects investment in fixed assets of Guangxi has been raised from 500 000 Yuan to 5 000 000 Yuan. The data on growth rates in 2013 is calculated on the data of national statistical range in 2012. The statistical range of data on investment in fixed assets of Guangxi is completely the same as the data of other provinces published by National Bureau of Statistic (excluding investment in inter-provincial projects). Due to the investment in inter-provincial projects is included in the investment of cities separately, there are differences between the summary of investment of cities and investment of Guangxi.

5－2 国有单位固定资产投资及增长速度（1978－2014年）

Investment in Fixed Assets of State-owned Units & Its Growth Rate (1978－2014)

年 份 Year	投资总额 Total Investment	中央项目 Central	地方项目 Local	地方投资占总额比重（%） Proportion of Local Investment in Total Investment(%)	新 增 固定资产 Newly Increased Fixed Assets
投资额（万元） Investment (10 000 yuan)					
1978	96055	15710	80345	83.6	54677
1980	121815	28129	93686	76.9	89031
1985	247349	88319	159030	64.3	163230
1990	411663	88657	323006	78.5	374779
1991	542295	128015	414280	76.4	419072
1992	926799	229885	696914	75.2	609629
1993	1693664	393855	1299809	76.7	960428
1994	1939743	518424	1421319	73.3	1089639
1995	2162880	623052	1539828	71.2	1917553
1996	2361406	550378	1811028	76.7	1753595
1997	2228299	467362	1760937	79.0	1946615
1998	2765781	581435	2184346	79.0	2141607
1999	3034692	689587	2345105	77.3	2112000
2000	3287710	994743	2292967	69.7	3140709
2001	3575582	922303	2653279	74.2	2332310
2002	4023603	990379	3033224	75.4	2270341
2003	4492504	1052907	3439597	76.6	3142566
2004	5394295	932227	4462068	82.7	3296786
2005	7078102	1135701	5942401	84.0	4248682
2006	8225875	1190370	7035505	85.5	4107952
2007	10056627	1167349	8889278	88.4	5110058
2008	12698400	1445195	11253205	88.6	5492696
2009	23510063	3850208	19659855	83.6	10552524
2010	30665485	5562613	25102872	81.9	11285161
2011	34849787	5196362	29653425	85.1	15927158
2012	38361748	5416951	32944797	85.9	18639488
2013	34182726	2288299	31894427	93.3	19534313
2014	38854457	2461364	36393093	93.7	22040292

注：2006年以后国有单位固定资产投资包含了农村非农户投资，2006年数据做相应调整。根据经普对2008年数据进行调整。

Note: Investment in fixed assets of state-owned units has included investment from rural non-agriculture households in fixed assets since 2006,and the data of 2006 is adjusted relevantly.The data in 2008 has been adjusted by the 2nd Economic Census.

5－2　续表　continued

年　份 Year	投资总额 Total Investment	中央项目 Central	地方项目 Local	地方投资占总额比重（%） Proportion of Local Investment in Total Investment(%)	新　增 固定资产 Newly Increased Fixed Assets
增长速度（上年=100） Growth Rate (preceding year=100)					
1978	20.9	32.3	18.8		-8.5
1980	24.2	-4.3	36.5		13.0
1985	50.6	57.4	47.0		19.6
1990	-0.6	-8.0	1.6		2.5
1991	31.7	44.4	28.3		11.8
1992	70.9	79.6	68.2		45.5
1993	82.7	71.3	86.5		57.5
1994	14.5	31.6	9.3		13.5
1995	11.5	20.2	8.3		76.0
1996	9.2	-11.7	17.6		-8.6
1997	-5.6	-15.1	-2.8		11.0
1998	24.1	24.4	24.0		10.0
1999	9.7	18.6	7.4		-1.4
2000	8.3	44.3	-2.2		48.7
2001	8.8	-7.3	15.7		-25.7
2002	12.5	7.4	14.3		-2.7
2003	11.7	6.3	13.4		38.4
2004	20.1	-11.5	29.7		4.9
2005	31.2	21.8	33.2		28.9
2006	16.2	4.8	18.4		-3.3
2007	22.3	-1.9	26.3		24.4
2008	26.3	23.8	26.6		7.5
2009	85.1	166.4	74.7		92.1
2010	30.4	44.5	27.7		6.9
2011	13.6	-6.6	18.1		41.1
2012	10.1	4.2	11.1		17.0
2013	9.1	-48.3	18.5		28.3
2014	13.7	7.6	14.1		12.8

5—3 主要年份全社会固定资产投资总额

Total Investment in Fixed Assets in Main Years

单位：亿元 (100 million yuan)

指　标	Item	1995	2000	2005	2010	2011	2012	2013	2014
总　计	**Total**	**423.37**	**660.01**	**1769.07**	**7859.07**	**10160.45**	**12635.22**	**11907.67**	**13843.21**
基本建设投资	**Basic Construction**	**157.10**	**281.54**	**900.87**	**3479.48**	**4185.39**	**4975.44**	**4501.24**	**5418.23**
按经济类型分	By Economic Type								
国有经济	State-owned Units	137.15	249.95	553.93	2245.94	2506.27	2868.61	2332.70	2709.51
联营经济	Joint-owned	0.86	0.45	4.23	1.86	4.85	10.65	24.86	19.74
其他经济	Others	19.09	31.14	342.71	1231.67	1674.26	2096.18	2143.67	2688.98
按隶属关系分	By Administrative Relationship								
中　央	Central	43.58	71.48	118.63	490.81	446.27	471.34	170.29	188.52
地　方	Local	113.52	210.06	782.24	2988.67	3739.12	4504.10	4330.94	5229.71
更新改造投资	**Innovation**	**68.56**	**80.16**	**274.73**	**2215.90**	**3054.81**	**4257.10**	**4319.06**	**5038.93**
按经济类型分	By Economic Type								
国有经济	State-owned Units	55.24	64.41	106.81	538.18	616.13	684.74	633.87	771.68
联营经济	Joint-owned	0.07	0.08	0.27	6.19	5.26	11.00	17.03	11.10
其他经济	Others	13.25	15.67	167.65	1671.52	2433.41	3561.36	3668.16	4256.15
按隶属关系分	By Administrative Relationship								
中　央	Central	18.81	38.51	39.34	98.73	108.51	86.64	77.68	86.23
地　方	Local	49.75	41.65	235.39	2117.17	2946.29	4170.46	4241.38	4952.70
其他投资	**Others**	**16.27**	**59.26**	**59.97**	**237.25**	**441.77**	**569.99**	**313.50**	**304.48**
按经济类型分	By Economic Type								
国有经济	State-owned Units	5.41	2.96	17.04	72.49	94.17	102.97	96.24	65.12
联营经济	Joint-owned	8.10	6.92	4.32	0.86	3.30	1.10	1.04	1.47
其他经济	Others	2.76	49.38	38.61	163.89	344.30	465.92	216.22	237.88
按隶属关系分	By Administrative Relationship								
中　央	Central	0.17	0.15	1.43	2.10	9.51	4.31	2.86	1.05
地　方	Local	16.10	59.11	58.54	235.14	432.27	565.68	310.64	303.42
房地产开发投资	**Real Estate Development**	**51.51**	**38.67**	**286.79**	**1206.22**	**1517.47**	**1554.94**	**1614.63**	**1838.49**
按经济类型分	By Economic Type								
国有经济	State-owned Units	18.28	11.45	30.03	100.49	145.01	189.27	137.52	94.58
联营经济	Joint-owned	9.23	3.25	6.35	0.84	0.24	5.74	1.83	0.00
其他经济	Others	23.80	23.97	250.41	1104.90	1372.22	1359.93	1475.27	1743.92
农村非农户固定资产投资	**Investment from Rural Non-agriculture in Fixed Assets**	**39.67**	**50.32**	**99.74**	**358.97**	**470.40**	**689.46**	**629.25**	**680.81**
私人固定资产投资	**Individual**	**90.28**	**150.06**	**146.97**	**361.25**	**490.63**	**588.29**	**529.99**	**562.27**
城镇和工矿区私人建房	Housing Construction by Urban & Industrial & Mining Areas Individuals	27.23	64.47		22.99	80.87	124.86	6.25	6.66
农村农户投资	Rural Individuals	63.05	85.59	146.97	338.26	409.76	463.43	523.74	555.61

注：2005年前，非农户投资由调查队提供，城镇工矿区为全部私人建房投资。2005年起，国家统计制度改革统一将城镇工矿区私人建房以及农村非农户投资按项目统计。2008年的数据根据经济普查数予以调整。

Note: Before 2005, the data on the investment from non-agriculture households was provided by the Survey Office in Guangxi, and the housing construction by urban & industrial & mining areas refered to the total investment for individual housing construction. Since 2005, the housing construction by urban & industrial & mining areas individuals and the investment from rural non-agriculture households were calculated unitedly by sector according to the reformation of the state statistic system.

5-4 主要年份固定资产投资资金来源
Investment in Fixed Assets by Source of Funds in Main Years

单位：万元 (10 000 yuan)

指 标	Item	1995	2000	2005	2010	2011	2012	2013	2014
资金来源总计	**Total Fund**	**2939513**	**4198133**	**16044415**	**75978774**	**95911551**	**121833076**	**115286106**	**136737288**
#地 方	Local	2331578	3066097	14357240	70082471	72249974	116621621	112559191	133046079
#国家预算内	State Budgetary Appropriation	78769	378744	1400300	3819964	4335425	6213347	5993435	8115523
#地 方	Local	57511	280640	889757	3108320	3814097	5657903	5762880	7854940
国内贷款	Domestic Loans	854107	1029012	3026562	11669666	12032171	14654095	15569087	18439270
#地 方	Local	611133	617914	2495061	9637499	7499023	13073702	14654564	17271360
利用外资	Foreign Investment	220117	154224	629035	718151	769380	420027	140943	132717
#地 方	Local	177239	154224	628585	711543	699256	387026	140943	132717
自筹投资	Fundraising	1264132	1901390	7702416	47479010	65682301	82805057	78113682	91881533
#地 方	Local	1012207	1330788	7089364	45136176	55798279	80731248	76741722	90241623
在资金来源总计中:	In Total Fund								
基本建设资金来源	**Basic Construction**	**1540377**	**2714050**	**9129466**	**34765422**	**41499968**	**70853235**	**67357690**	**56702552**
#地 方	Local	1117568	1966652	7853019	29978628	36662231	66622236	65480825	54564006
#国家预算内	State Budgetary Appropriation	69741	369687	1312284	3105247	3450090	4617904	4562547	6437761
#地 方	Local	48550	272429	820560	2481063	2938630	4115766	4375960	6206685
国内贷款	Domestic Loans	435347	738631	2136352	6815018	6566367	10282592	10090530	8160430
#地 方	Local	216517	357399	1620027	4948199	4652505	8920765	9313312	7150775
利用外资	Foreign Investment	139004	126656	349733	291442	317719	211504	90812	62250
#地 方	Local	103334	126656	349283	285942	317719	178503	90812	62250
自筹投资	Fundraising	653431	1084562	4088562	21118834	27928690	40433080	38884501	37985530
#地 方	Local	547660	863847	3844733	19572221	26192105	39060701	38174715	37168991
更新改造资金来源	**Innovation**	**669422**	**790952**	**2897512**	**23214855**	**31259988**	**43925090**	**44657932**	**52670321**
#地 方	Local	490525	410096	2508256	22166358	30147586	42987692	43836557	51743433
#国家预算内	State Budgetary Appropriation	3511	3881	41947	578956	722581	1362091	1151840	1471295
#地 方	Local	3444	3035	23128	491496	712713	1308785	1110372	1443588
国内贷款	Domestic Loans	204597	172464	303837	2301995	2771150	4238135	5398272	6795931
#地 方	Local	180841	143345	288661	2136647	2628207	4019569	5260967	6696676
利用外资	Foreign Investment	16959	7076	194299	321268	367446	205748	49031	68411
#地 方	Local	9751	7076	194299	320160	367446	205748	49031	68411
自筹投资	Fundraising	401512	579146	2193981	19020094	26585829	36729030	36608276	42114222
#地 方	Local	257846	231174	1840264	18244885	25632832	36070580	35972169	41325992

注：资金来源为城镇基建、更改、其它和房地产四部分当年资金到位数。

Note: Sources of funds refer to the funds reaching the designated positions in the current year, including basic construction, innovation, other investment & real estate by urban areas.

5—5 按登记注册类型分的固定资产投资（2014年）

Investment in Fixed Assets Grouped by Registration Status (2014)

单位：万元 (10 000 yuan)

指　标	Item	投资合计 Total Investment	基本建设 Basic Construction	更新改造 Innovation	其他 Others	房地产 Real Estate Development
合　计	**Total**	**126067961**	**54182316**	**50389319**	**3111384**	**18384942**
内资	**Domestic Fund**	**120512830**	**52643011**	**47817355**	**2977533**	**17074931**
国有	State-owned	29509290	21963852	6484808	652489	408141
集体	Collective-owned	1533711	942492	500552	86313	4354
股份合作	Cooperative Share Holding	576245	338357	216084	2998	18806
国有联营	State Joint-owned	305642	283979	20813	850	0
集体联营	Collective Joint-owned	86151	72284	9827	4040	0
国有与集体联营	State & Collective Joint-owned	76310	60896	14518	896	0
其他联营	Other Joint-owned	160716	64232	86684	9800	0
国有独资公司	State Sole Investment	6596595	4847301	1211137	538	537619
其他有限责任公司	Other Limited Companies	24263162	5625313	10402365	582314	7653170
股份有限公司	Share Holding Limited	5914819	2167388	2820340	184424	742667
私营	Individual	41192316	11509099	20931074	1201364	7550779
其他	Others	10297873	4767818	5119153	251507	159395
港澳台商投资	**Funded by Enterprises from Hong Kong, Macao & Taiwan**	**2178177**	**284984**	**865622**	**9399**	**1018172**
合资经营	Joint Venture	587329	48621	268459	0	270249
合作经营	Cooperative Operation	103411	6000	20365	0	77046
独资	Sole Investment	1190246	101036	417520	813	670877
股份有限	Share Holding Limited	249545	114567	132092	2886	0
其他	Others	47646	14760	27186	5700	0
外商投资	**Foreign-funded**	**1599159**	**391954**	**893100**	**22266**	**291839**
合资经营	Joint Venture	582963	135774	382673	1056	63460
合作经营	Cooperative Operation	51015	28870	18580	1225	2340
独资	Sole Investment	529736	34314	268102	2237	225083
股份有限	Share Holding Limited	337055	163497	168802	3800	956
其他	Others	98390	29499	54943	13948	0
个体经营	**Individual**	**1777795**	**862367**	**813242**	**102186**	0
个体户	Private	1291928	654746	586981	50201	0
个人合伙	Individual Partnership	485867	207621	226261	51985	0

注：本表数据合计含城镇基建、更改、其他和房地产四部分。
Note: Total investment in this table includes basic construction, innovation, other investment & real estate development over designated size .

5-6 按登记注册类型分的投资资金来源（2014年）

单位：万元

指　标	Item	资金来源合计 Total Sources of Fund	上年末结余资金 Surplus from Fund of the End of Last Year
合　计	**Total**	**145251018**	**8513730**
内资	**Domestic Fund**	**138053991**	**7595299**
国有	State-owned	32556040	1754139
集体	Collective-owned	1616056	22980
股份合作	Cooperative Share Holding	601845	28842
国有联营	State Joint-owned	321110	13976
集体联营	Collective Joint-owned	86871	0
国有与集体联营	State & Collective Joint-owned	80719	0
其他联营	Other Joint-owned	192601	7440
国有独资公司	State Sole Investment	7338019	455861
其他有限责任公司	Other Limited Companies	30162869	2596756
股份有限公司	Share Holding Limited	6757907	260689
私营	Individual	47274444	2282671
其他	Others	11065510	171945
港澳台商投资	**Funded by Enterprises from Hongkong, Macao & Taiwan**	**3330901**	**705050**
合资经营	Joint Venture	788321	177886
合作经营	Cooperative Operation	155559	12300
独资	Sole Investment	2092937	513464
股份有限	Share Holding Limited	246384	1400
其他	Others	47700	0
外商投资	**Foreign-funded**	**1985522**	**200922**
合资经营	Joint Venture	727080	117454
合作经营	Cooperative Operation	56762	1468
独资	Sole Investment	654409	28138
股份有限	Share Holding Limited	448824	52878
其他	Others	98447	984
个体经营	**Individual**	**1880604**	**12459**
个体户	Private	1370942	7551
个人合伙	Individual Partnership	509662	4908

注：本表含城镇基建、更改、其他和房地产四部分。
Note: Total investment in this table includes basic construction, innovation, other investment & real estate development over designated size .

Sources of Funds for Investment in Fixed Assets Grouped by Registration Status (2014)

(10 000 yuan)

本年资金来源小计 Surplus of Fund in This Year	预算内资金 Budgetary Appropriation	国内贷款 Domestic Loans	利用外资 Foreign Investment	自筹资金 Fundraising	其他资金 Others
136737288	**8115523**	**18439270**	**132717**	**91881533**	**18080256**
130458692	**8111669**	**17447895**	**81405**	**87930479**	**16799892**
30801901	7184393	3792585	17755	16509024	3223036
1593076	92267	63417	0	1285366	151818
573003	1100	18050	0	528849	25004
307134	777	65780	16000	224118	459
86871	1364	120	0	79407	5980
80719	700	33503	0	46093	423
185161	250	8200	0	171179	5532
6882158	431808	3592834	6500	2393223	452293
27566113	63819	2976504	23364	18667202	5835224
6497218	78283	889536	0	4797529	730793
44991773	132014	4734750	16286	34943452	5159812
10893565	124894	1272616	1500	8285037	1209518
2625851	**0**	**279281**	**19956**	**1440146**	**885831**
610435	0	106651	2500	284898	216386
143259	0	10876	0	32750	98996
1579473	0	159554	17456	838394	564069
244984	0	1500	0	239254	4230
47700	0	700	0	44850	2150
1784600	**2403**	**511498**	**31356**	**1023125**	**216218**
609626	600	257741	4866	265165	81254
55294	0	6303	0	38737	10254
626271	0	112625	25990	371675	115981
395946	0	129364	500	262131	3951
97463	1803	5465	0	85417	4778
1868145	**1451**	**200596**	**0**	**1487783**	**178315**
1363391	800	165146	0	1110747	86698
504754	651	35450	0	377036	91617

5－7　按登记注册类型分的新增固定资产（2014年）

单位：万元

指　标	Item	新增固定资产合计 Newly Increased Fixed Assets
合　计	**Total**	**77828457**
内资	**Domestic Fund**	**74614550**
国有	State-owned	18595830
集体	Collective-owned	1272227
股份合作	Cooperative Share Holding	235546
国有联营	State Joint-owned	209361
集体联营	Collective Joint-owned	75469
国有与集体联营	State & Collective Joint-owned	43143
其他联营	Other Joint-owned	116181
国有独资公司	State Sole Investment	1311034
其他有限责任公司	Other Limited Companies	13339903
股份有限公司	Share Holding Limited	3417861
私营	Individual	28935858
其他	Others	7062137
港澳台商投资	**Funded by Enterprises from Hong Kong, Macao & Taiwan**	**915733**
合资经营	Joint Venture	245464
合作经营	Cooperative Operation	26139
独资	Sole Investment	434454
股份有限	Share Holding Limited	176287
其他	Others	33389
外商投资	**Foreign-funded**	**766991**
合资经营	Joint Venture	322439
合作经营	Cooperative Operation	28740
独资	Sole Investment	268478
股份有限	Share Holding Limited	83211
其他	Others	64123
个体经营	**Individual**	**1531183**
个体户	Private	1112276
个人合伙	Individual Partnership	418907

注：本表仅含城镇基建、更改、其他和房地产四部分。
Note: The investment in fixed assets in this table just contains 3 parts by urban areas: investment in basic construction, innovation & others.

Newly Increased Fixed Assets Grouped by Registration Status (2014)

(10 000 yuan)

基本建设 Basic Construction	更新改造 Innovation	其他 Others	房地产 Real Estate Development
31927598	**37798802**	**2213304**	**5888753**
30917285	**36064642**	**2090702**	**5541921**
13209372	4839804	478675	67979
726620	448956	93420	3231
120924	112952	1670	0
178986	29075	1300	0
62187	9317	3965	0
28625	14518	0	0
52933	63248	0	0
984514	259801	0	66719
3369918	7931985	461343	1576657
1186497	1947533	79553	204278
8016455	16610026	789925	3519452
2980254	3797427	180851	103605
149904	**570132**	**9399**	**186298**
33274	173513	0	38677
5700	20364	0	75
10151	275944	813	147546
86019	87382	2886	0
14760	12929	5700	0
153939	**433600**	**18918**	**160534**
62086	191082	0	69271
6480	18580	0	3680
25222	154503	1170	87583
41511	37900	3800	0
18640	31535	13948	0
706470	**730428**	**94285**	**0**
550583	525525	36168	0
155887	204903	58117	0

5－8　分行业固定资产投资（2014年）
Investment in Fixed Assets by Sector (2014)

单位：万元　　　　(10 000 yuan)

指　标	Item	投资总额 Total Investment	按隶属关系分 By Administrative Relationship		新增固定资产 Newly Increased Fixed Assets
			中 央 Central	地 方 Local	
总　计	**Total**	**107683019**	**2758045**	**104924974**	**71939704**
按三次产业分	**By Industry**				
第一产业	Primary Industry	3722720	8882	3713838	2940236
第二产业	Secondary Industry	54308328	1263866	53044462	39739643
第三产业	Tertiary Industry	49651971	1485297	48166674	29259825
按国民经济行业分	**By Sector**				
农、林、牧、渔业	Farming, Forestry, Animal Husbandry & Fishery	3722720	8882	3713838	2940236
#农业	Farming	921335	0	921335	713475
林业	Forestry	819020	6000	813020	662509
工业	Industry	53711696	1252053	52459643	39297798
采矿业	Mining	3081660	18882	3062778	2449397
制造业	Manufacturing	44881046	222265	44658781	33516986
电力燃气及水的生产供应业	Power, Gas & Water Production & Supply	5748990	1010906	4738084	3331415
建筑业	Construction	596632	11813	584819	441845
交通运输、仓储及邮政业	Transportation,Storage & Postal	11926866	878245	11048621	4780401
交通运输业	Transportation	11062098	854437	10207661	4340248
仓储业	Storage	859157	23808	835349	434798
邮政业	Postal	5611	0	5611	5355
信息传输、计算机服务和软件业	Information Transmission, Computer Service & Software Industries	1319055	350575	968480	1098503

注：本表仅含城镇基建、更改、其他三部分，不含房地产开发投资。
Note: The investment in fixed assets in this table just contains 3 parts by urban areas: investment in basic construction, innovation & others.

5－8 续表 continued

单位：万元 (10 000 yuan)

指标	Item	投资总额 Total Investment	按隶属关系分 By Administrative Relationship 中央 Central	地方 Local	新增固定资产 Newly Increased Fixed Assets
批发和零售业	Wholesale & Retail Trade	4656520	60444	4596076	3469547
批发业	Wholesale	1994257	15107	1979150	1452437
零售业	Retail Trade	2662263	45337	2616926	2017110
住宿和餐饮业	Hotel & Catering Trade	2251996	0	2251996	1526182
#餐饮业	Catering Trade	610998	0	610998	533172
金融业	Finance	452036	18633	433403	311400
房地产业	Real Estate	4369998	27686	4342312	2459406
租赁和商务服务业	Leasing & Business Service	2185502	5952	2179550	1611892
科学研究、技术服务地质勘查业	Scientific Research, Technology Service & Geological Prospecting	649038	3115	645923	477023
水利、环境和公共设施管理业	Water Conservancy, Environment & Public Facility Management	13476156	52858	13423298	7648164
水利管理业	Water Conservancy	1232646	4116	1228530	924303
公共设施管理业	Public Facility Management	11778733	48742	11729991	6494907
居民服务和其他服务业	Resident & Other Services	628918	2430	626488	568409
教育事业	Education	2937384	12263	2925121	1996312
卫生、社会保障和社会福利业	Public Health, Social Security & Social Welfare	1366786	576	1366210	1023669
#卫生事业	Public Health	1240960	576	1240384	893331
文化、体育和娱乐业	Culture, Sports & Entertainment	1548412	45000	1503412	856661
公共管理和社会组织	Public Administration & Social Organizations	1883304	27520	1855784	1432256
国际组织	International Organizations				

5—9 城镇工业分行业固定资产投资（2014年）
Investment in Urban Fixed Assets by Industrial Sector (2014)

单位：万元 (10 000 yuan)

指 标	Item	投资总额 Total Investment	按隶属关系分 By Administrative Relationship		新增固定资产 Newly Increased Fixed Assets
			中 央 Central	地 方 Local	
合 计	**Total**	**53711696**	**1252053**	**52459643**	**39297798**
煤炭采选业	Coal Mining & Processing	116499	0	116499	67608
石油和天然气开采	Petrol & Natural Gas Mining	60103	7512	52591	48779
黑色金属矿采选业	Ferrous Metals Mining & Processing	493705	0	493705	445828
有色金属矿采选业	Nonferrous Metals Mining & Processing	842314	8520	833794	625323
非金属矿采选业	Nonmetal Mining & Processing	1423062	2850	1420212	1132314
开采辅助活动	Assist Activities of Mining	45424	0	45424	32477
其他采矿业	Other Mining & Processing	100553	0	100553	97068
农副食品加工	Major Grain & Sideline Food Processing	3006565	7976	2998589	2363560
#制糖业	Sugar Production	327273	0	327273	314577
食品制造业	Food Production	1257762	4732	1253030	990162
饮料制造业	Beverage Production	1406765	0	1406765	1127745
烟草加工业	Tobacco Processing	64395	38239	26156	18528
纺织业	Textile Industry	906815	0	906815	652626
纺织服装、鞋帽制造业	Textile Clothes, Shoes & Caps Producing	830799	0	830799	728668
皮革、毛皮、羽毛（绒）及其制品业	Leathers, Furs, Down & Related Products	534049	0	534049	322024
木材加工及竹、藤、棕、草制品业	Timber, Bamboo, Cane, Palm Fiber, Straw Products	4502072	0	4502072	3653399
家具制造业	Furniture Manufacturing	958554	0	958554	772676
造纸及纸制品业	Papermaking & Paper Products	1128415	0	1128415	785721
印刷业、记录、媒介的复制	Printing & Record Medium Reproduction	565689	0	565689	465554
文教体育用品制造业	Culture, Education & Sports Facilities Producing	20370	0	20370	14270
石油加工、炼焦及核燃料加工业	Petroleum Processing, Coking Products & Nuclear Fuel Processing	494904	750	494154	104195
化学原料及化学制品制造业	Raw Chemical Materials & Chemical Products	2345906	1700	2344206	2039844

注：本表仅含基建、更改、其他三部分。

说明：2014年起，由于新国民经济行业代码调整，原办公用机械制造业已归至通用机械制造业。“仪器仪表及文化、办公用机械制造业”数据与往年不可比。

Note: The investment in fixed assets in this table just contains 3 parts: investment in basic construction, innovation & others.

5－9 续表 continued

单位：万元 (10 000 yuan)

指标	Item	投资总额 Total Investment	按隶属关系分 By Administrative Relationship 中央 Central	地方 Local	新增固定资产 Newly Increased Fixed Assets
医药制造业	Medical & Pharmaceutical Products	1352606	0	1352606	895711
化学纤维制造业	Chemical Fiber	68076	0	68076	93022
橡胶和塑料制品业	Rubber & Plastic Products	1141369	36143	1105226	891286
非金属矿物制品业	Nonmetal Mineral Products	7263426	1220	7262206	5647272
#水泥制造业	Cements Products	599188	1220	597968	498702
黑色金属冶练及压延加工业	Smelting & Pressing of Ferrous Metals	1755003	0	1755003	586335
有色金属冶练及压延加工业	Smelting & Pressing of Nonferrous Metals	1464558	9217	1455341	585746
金属制品业	Metal Products	1837102	0	1837102	1440149
通用机械制造业	General Machinery Manufacturing	1519864	5340	1514524	1291531
专用设备制造业	Special Purpose Equipment	2264979	33740	2231239	1914584
交通运输设备制造业	Transport Equipment	3091025	51984	3039041	2280978
电气、机械及器材制造业	Electric Equipment & Machinery Manufacturing	1716523	13223	1703300	1449189
通信设备、计算机及其他电子设备制造业	Communications Equipment, Computer & Other Electric Equipment Manufacturing	1486726	11537	1475189	946005
仪器仪表及文化、办公用机械制造业	Instruments, Meters, Cultural & Clerical Machinery	171235	0	171235	115220
工艺品及其他制造业	Artworks & Other Products Manufacturing	786392	0	786392	508638
废弃资源和废旧材料回收加工业	Abandoned Resources & Junk Materials Recycling & Processing	618672	0	618672	581903
金属制品、机械和设备修理业	Metal Product, Machinery & Equipment Repair Services	136867	6464	130403	104028
电力、蒸气、热水的生成和供应业	Electricity, Steam, Hot Water Production & Supply	3864689	984996	2879693	2206012
#水电	Hydropower	847194	97078	750116	660674
火电	Thermal Power	340922	162228	178694	58703
煤气生成和供应业	Gas Production & Supply	698188	9263	688925	343439
自来水的生成和供应业	Tap Water Production & Supply	1186113	16647	1169466	781964

5－10 基本建设分行业固定资产投资（2014年）
Investment in Fixed Assets in Basic Construction by Sector (2014)

单位：万元 (10 000 yuan)

指 标	Item	投资总额 Total Investment	按隶属关系分 By Administrative Relationship		新增固定资产 Newly Increased Fixed Assets
			中 央 Central	地 方 Local	
总 计	**Total**	**54182316**	**1885220**	**52297096**	**31927598**
按三次产业分	**By Industry**				
第一产业	Primary Industry	2618079	6000	2612079	2126652
第二产业	Secondary Industry	12973774	675707	12298067	8252835
第三产业	Tertiary Industry	38590463	1203513	37386950	21548111
按国民经济行业分	**By Sector**				
农、林、牧、渔业	Farming,Forestry,Animal Husbandry & Fishery	2618079	6000	2612079	2126652
#农业	Farming	638354	0	638354	495114
林业	Forestry	571782	6000	565782	469652
工业	Industry	12685813	672020	12013793	8036758
采矿业	Mining	685796	5259	680537	559926
制造业	Manufacturing	9541156	37514	9503642	6389405
电力燃气及水的生产供应业	Power, Gas & Water Production & Supply	2458861	629247	1829614	1087427
建筑业	Construction	287961	3687	284274	216077
交通运输、仓储及邮政业	Transportation,Storage & Postal	9389095	803701	8585394	3183279
交通运输业	Transportation	8718398	779893	7938505	2885070
仓储业	Storage	666907	23808	643099	294139
邮政业	Postal	3790	0	3790	4070
信息传输、计算机服务和软件业	Information Transmission, Computer Service & Software Industries	512683	181119	331564	435501

5—10 续表 continued

单位：万元 (10 000 yuan)

指标	Item	投资总额 Total Investment	按隶属关系分 By Administrative Relationship		新增固定资产 Newly Increased Fixed Assets
			中央 Central	地方 Local	
批发和零售业	Wholesale & Retail Trade	3108190	34349	3073841	2160118
批发业	Wholesale	1201322	3541	1197781	816660
零售业	Retail Trade	1906868	30808	1876060	1343458
住宿和餐饮业	Hotel & Catering Trade	1819202	0	1819202	1200106
#餐饮业	Catering Trade	482465	0	482465	418271
金融业	Finance	335645	16927	318718	230950
房地产业	Real Estate	3866580	22963	3843617	2149836
租赁和商务服务业	Leasing & Business Service	1541254	5952	1535302	1182970
科学研究、技术服务地质勘查业	Scientific Research, Technology Service & Geological Prospecting	376615	1869	374746	270677
水利、环境和公共设施管理业	Water Conservancy, Environment & Public Facility Management	11086877	52499	11034378	6324011
水利管理业	Water Conservancy	933180	4116	929064	708139
公共设施管理业	Public Facility Management	9854635	48383	9806252	5496089
居民服务和其他服务业	Resident & Other Services	388978	2430	386548	368990
教育事业	Education	2467268	12263	2455005	1623288
卫生、社会保障和社会福利业	Public Health, Social Security & Social Welfare	868126	576	867550	675823
#卫生事业	Public Health	767259	576	766683	569057
文化、体育和娱乐业	Culture, Sports & Entertainment	1304582	45000	1259582	674812
公共管理和社会组织	Public Administration & Social Organizations	1525368	23865	1501503	1067750
国际组织	International Organizations				

5-11　工业行业基本建设投资（2014年）
Investment in Basic Construction by Industrial Sector (2014)

单位：万元　　　　(10 000 yuan)

指　标	Item	投资总额 Total Investment	按隶属关系分 By Administrative Relationship		新增固定资产 Newly Increased Fixed Assets
			中　央 Central	地　方 Local	
合　计	**Total**	**12685813**	**672020**	**12013793**	**8036758**
煤炭采选业	Coal Mining & Processing	27300	0	27300	24800
石油和天然气开采	Petrol & Natural Gas Mining	40175	5259	34916	37226
黑色金属矿采选业	Ferrous Metals Mining & Processing	74959	0	74959	58271
有色金属矿采选业	Nonferrous Metals Mining & Processing	118294	0	118294	84818
非金属矿采选业	Nonmetal Mining & Processing	380374	0	380374	318926
开采辅助活动	Assist Activities of Mining	14571	0	14571	10581
其他采矿业	Other Mining & Processing	30123	0	30123	25304
农副食品加工	Major Grain & Sideline Food Processing	883419	4567	878852	651670
#制糖业	Sugar Production	42498	0	42498	36732
食品制造业	Food Production	289969	4131	285838	227515
饮料制造业	Beverage Production	285988	0	285988	218048
烟草加工业	Tobacco Processing	32194	18871	13323	7728
纺织业	Textile Industry	174580	0	174580	103012
纺织服装、鞋帽制造业	Textile Clothes, Shoes & Caps Producing	279236	0	279236	250410
皮革、毛皮、羽毛（绒）及其制品业	Leathers, Furs, Down & Related Products	268841	0	268841	135737
木材加工及竹、藤、棕、草制品业	Timber, Bamboo, Cane, Palm Fiber, Straw Products	1004776	0	1004776	718677
家具制造业	Furniture Manufacturing	396742	0	396742	332912
造纸及纸制品业	Papermaking & Paper Products	164487	0	164487	134566
印刷业、记录、媒介的复制	Printing & Record Medium Reproduction	85593	0	85593	64216
文教体育用品制造业	Culture, Education & Sports Facilities Producing	5570	0	5570	2370
石油加工、炼焦及核燃料加工业	Petroleum Processing, Coking Products & Nuclear Fuel Processing	84671	0	84671	25778
化学原料及化学制品制造业	Raw Chemical Materials & Chemical Products	445660	0	445660	286819

5－11 续表 continued

单位：万元 (10 000 yuan)

指 标	Item	投资总额 Total Investment	按隶属关系分 By Administrative Relationship 中央 Central	地方 Local	新增固定资产 Newly Increased Fixed Assets
医药制造业	Medical & Pharmaceutical Products	274049	0	274049	142377
化学纤维制造业	Chemical Fiber	25714	0	25714	50660
橡胶和塑料制品业	Rubber & Plastic Products	252583	1425	251158	197516
非金属矿物制品业	Nonmetal Mineral Products	1721001	0	1721001	1202096
#水泥制造业	Cements Products	67318	0	67318	45168
黑色金属冶练及压延加工业	Smelting & Pressing of Ferrous Metals	349733	0	349733	70302
有色金属冶练及压延加工业	Smelting & Pressing of Nonferrous Metals	412204	0	412204	135922
金属制品业	Metal Products	341050	0	341050	238150
通用机械制造业	General Machinery Manufacturing	192766	0	192766	154703
专用设备制造业	Special Purpose Equipment	296758	0	296758	290616
交通运输设备制造业	Transport Equipment	180332	5080	175252	132972
电气、机械及器材制造业	Electric Equipment & Machinery Manufacturing	325375	0	325375	195414
通信设备、计算机及其他电子设备制造业	Communications Equipment, Computer & Other Electric Equipment Manufacturing	384967	3440	381527	161809
仪器仪表及文化、办公用机械制造业	Instruments, Meters, Cultural & Clerical Machinery	49999	0	49999	29385
工艺品及其他制造业	Artworks & Other Products Manufacturing	210860	0	210860	142478
废弃资源和废旧材料回收加工业	Abandoned Resources & Junk Materials Recycling & Processing	53313	0	53313	33397
金属制品、机械和设备修理业	Metal Products, Machinery & Equipment Repair Services	33440	0	33440	26863
电力、蒸气、热水的生成和供应业	Electricity, Steam, Hot Water Production & Supply	1589402	622684	966718	560070
#水电	Hydropower	165640	18087	147553	167678
火电	Thermal Power	300	0	300	0
煤气生成和供应业	Gas Production & Supply	283288	6563	276725	212933
自来水的生成和供应业	Tap Water Production & Supply	586171	0	586171	314424

5-12　基本建设分行业投资项目和新增固定资产（2014年）
Basic Construction Projects & Newly Increased Fixed Assets by Sector(2014)

项　目	Item	施工项目（个）Project under Construc-tion (unit)	全部建成投产项目（个）Projects Fully Completed Put into Operation (unit)	项目建成投产率（%）Rate of Investment of Projects Completed (%)	投资总额（万元）Total Investment (10 000 yuan)	新增固定资产（万元）Newly Increased Fixed Assets (10 000 yuan)	固定资产交付使用率（%）Rate of Fixed Assets Put into Use (%)
总　计	**Total**	**17325**	**10999**	**63.5**	**54182316**	**31927598**	**58.9**
按三次产业分	**By Industry**						
第一产业	Primary Industry	1260	951	75.5	2618079	2126652	81.2
第二产业	Secondary Industry	3956	2436	61.6	12973774	8252835	63.6
第三产业	Tertiary Industry	12109	7612	62.9	38590463	21548111	55.8
按国民经济行业分	**By Sector**						
农、林、牧、渔业	Farming,Forestry,Animal Husbandry & Fishery	1260	951	75.5	2618079	2126652	81.2
#农业	Farming	270	208	77.0	638354	495114	77.6
林业	Forestry	263	206	78.3	571782	469652	82.1
工业	Industry	3838	2361	61.5	12685813	8036758	63.4
采矿业	Mining	264	184	69.7	685796	559926	81.6
制造业	Manufacturing	2953	1881	63.7	9541156	6389405	67.0
电力燃气及水的生产供应业	Power, Gas & Water Production & Supply	621	296	47.7	2458861	1087427	44.2
建筑业	Construction	118	75	63.6	287961	216077	75.0
交通运输、仓储及邮政业	Transportation,Storage, Postal & Telecommunication Services	1768	1119	63.3	9389095	3183279	33.9
交通运输业	Transportation	1610	1039	64.5	8718398	2885070	33.1
仓储业	Storage	155	77	49.7	666907	294139	44.1
邮政业	Postal	3	3	100	3790	4070	107.4
信息传输、计算机服务和软件业	Information Transmission, Computer Service & Software Industries	185	144	77.8	512683	435501	84.9

5－12 续表 continued

项　目	Item	施工项目(个) Project under Construc-tion (unit)	全部建成投产项目(个) Projects Fully Completed Put into Operation (unit)	项目建成投产率(%) Rate of Investment of Projects Completed (%)	投资总额(万元) Total Investment (10 000 yuan)	新增固定资产(万元) Newly Increased Fixed Assets (10 000 yuan)	固定资产交付使用率(%) Rate of Fixed Assets Put into Use (%)
批发和零售业	Wholesale & Retail Trade	1100	813	73.9	3108190	2160118	69.5
批发业	Wholesale	423	327	77.3	1201322	816660	68.0
零售业	Retail Trade	677	486	71.8	1906868	1343458	70.5
住宿和餐饮业	Hotel & Catering Trade	589	424	72.0	1819202	1200106	66.0
#餐饮业	Catering Trade	229	179	78.2	482465	418271	86.7
金融业	Finance	94	65	69.1	335645	230950	68.8
房地产业	Real Estate	1144	638	55.8	3866580	2149836	55.6
租赁和商务服务业	Leasing & Business Service	398	277	69.6	1541254	1182970	76.8
科学研究、技术服务地质勘查业	Scientific Research, Technology Service & Geological Prospecting	160	109	68.1	376615	270677	71.9
水利、环境和公共设施管理业	Water Conservancy, Environment & Public Facility Management	3590	2086	58.1	11086877	6324011	57.0
水利管理业	Water Conservancy	565	399	70.6	933180	708139	75.9
公共设施管理业	Public Facility Management	2908	1621	55.7	9854635	5496089	55.8
居民服务和其他服务业	Resident & Other Services	180	136	75.6	388978	368990	94.9
教育事业	Education	1236	755	61.1	2467268	1623288	65.8
卫生、社会保障和社会福利业	Public Health, Social Security & Social Welfare	513	310	60.4	868126	675823	77.8
卫生事业	Public Health	440	265	60.2	767259	569057	74.2
文化、体育和娱乐业	Culture, Sports & Entertainment	388	260	67.0	1304582	674812	51.7
公共管理和社会组织	Public Administration & Social Organizations	764	476	62.3	1525368	1067750	70.0
国际组织	International Organizations						

5－13 分行业更新改造投资（2014年）
Investment in Innovation by Sector(2014)

单位：万元 (10 000 yuan)

指 标	Item	投资总额 Total Investment	按隶属关系分 By Administrative Relationship		新增固定资产 Newly Increased Fixed Assets
			中 央 Central	地 方 Local	
总 计	**Total**	**50389319**	**862279**	**49527040**	**37798802**
按三次产业分	**By Industry**				
第一产业	Primary Industry	788443	2882	785561	561714
第二产业	Secondary Industry	40546123	581478	39964645	30942833
第三产业	Tertiary Industry	9054753	277919	8776834	6294255
按国民经济行业分	**By Sector**				
农、林、牧、渔业	Farming,Forestry,Animal Husbandry & Fishery	788443	2882	785561	561714
#农业	Farming	221876	0	221876	168234
林业	Forestry	104481	0	104481	86396
工业	Industry	40336156	578280	39757876	30772817
采矿业	Mining	2287343	11870	2275473	1792255
制造业	Manufacturing	34809572	184751	34624821	26779204
电力燃气及水的生产供应业	Power, Gas & Water Production & Supply	3239241	381659	2857582	2201358
建筑业	Construction	209967	3198	206769	170016
交通运输、仓储及邮政业	Transportation,Storage,Postal & Telecommunication Services	2001859	74544	1927315	1195913
交通运输业	Transportation	1827015	74544	1752471	1068217
仓储业	Storage	173528	0	173528	126916
邮政业	Postal	1316	0	1316	780
信息传输、计算机服务和软件业	Information Transmission, Computer Service & Software Industries	762616	169456	593160	623822

5－13 续表 continued

单位：万元 (10 000 yuan)

指 标	Item	投资总额 Total Investment	按隶属关系分 By Administrative Relationship 中 央 Central	 地 方 Local	新增固定资产 Newly Increased Fixed Assets
批发和零售业	Wholesale & Retail Trade	1161460	25095	1136365	1022156
批发业	Wholesale	583051	10566	572485	509785
零售业	Retail Trade	578409	14529	563880	512371
住宿和餐饮业	Hotel & Catering Trade	318915	0	318915	272891
#餐饮业	Catering Trade	89864	0	89864	84797
金融业	Finance	69685	0	69685	66342
房地产业	Real Estate	405482	4723	400759	242223
租赁和商务服务业	Leasing & Business Service	471092	0	471092	315457
科学研究、技术服务地质勘查业	Scientific Research, Technology Service & Geological Prospecting	224747	1246	223501	178355
水利、环境和公共设施管理业	Water Conservancy, Environment & Public Facility Management	2221938	0	2221938	1200494
水利管理业	Water Conservancy	264814	0	264814	187615
公共设施管理业	Public Facility Management	1793067	0	1793067	904494
居民服务和其他服务业	Resident & Other Services	217164	0	217164	190925
教育事业	Education	353602	0	353602	272477
卫生、社会保障和社会福利业	Public Health, Social Security & Social Welfare	330448	0	330448	250324
卫生事业	Public Health	314786	0	314786	236049
文化、体育和娱乐业	Culture, Sports & Entertainment	213462	0	213462	159499
公共管理和社会组织	Public Administration & Social Organizations	302283	2855	299428	303377
国际组织	International Organizations				

5－14 工业分行业更新改造投资（2014年）
Investment in Innovation by Industrial Sector(2014)

单位：万元 （10 000 yuan）

指 标	Item	投资总额 Total Investment	按隶属关系分 By Administrative Relationship		新增固定资产 Newly Increased Fixed Assets
			中 央 Central	地 方 Local	
合 计	**Total**	**40336156**	**578280**	**39757876**	**30772817**
煤炭采选业	Coal Mining & Processing	89199	0	89199	42808
石油和天然气开采	Petrol & Natural Gas Mining	18175	500	17675	9800
黑色金属矿采选业	Ferrous Metals Mining & Processing	405974	0	405974	379345
有色金属矿采选业	Nonferrous Metals Mining & Processing	701708	8520	693188	523413
非金属矿采选业	Non-metal Mining & Processing	974623	2850	971773	746848
开采辅助活动	Assist Activities of Mining	30853	0	30853	21896
其他采矿业	Other Mining & Processing	66811	0	66811	68145
农副食品加工	Major Grain & Sideline Food Processing	2085626	3409	2082217	1672999
#制糖业	Sugar Production	282661	0	282661	277070
食品制造业	Food Production	950087	601	949486	755367
饮料制造业	Beverage Production	1091636	0	1091636	888446
烟草加工业	Tobacco Processing	29318	19368	9950	9950
纺织业	Textile Industry	720938	0	720938	539564
纺织服装、鞋帽制造业	Textile Clothes, Shoes & Caps Producing	535110	0	535110	469668
皮革、毛皮、羽毛（绒）及其制品业	Leathers, Furs, Down & Related Products	254098	0	254098	175227
木材加工及竹、藤、棕、草制品业	Timber, Bamboo, Cane, Palm Fiber, Straw Products	3451275	0	3451275	2897781
家具制造业	Furniture Manufacturing	552197	0	552197	431580
造纸及纸制品业	Papermaking & Paper Products	956924	0	956924	648451
印刷业、记录、媒介的复制	Printing & Record Medium Reproduction	464826	0	464826	390163
文教体育用品制造业	Culture, Education & Sports Facilities Producing	14800	0	14800	11900
石油加工、炼焦及核燃料加工业	Petroleum Processing, Coking Products & Nuclear Fuel	410233	750	409483	78417
化学原料及化学制品制造业	Raw Chemical Materials & Chemical Products	1885945	1700	1884245	1742724

5－14 续表 continued

单位：万元 (10 000 yuan)

指标	Item	投资总额 Total Investment	按隶属关系分 By Administrative Relationship 中央 Central	地方 Local	新增固定资产 Newly Increased Fixed Assets
医药制造业	Medical & Pharmaceutical Products	1076662	0	1076662	751439
化学纤维制造业	Chemical Fiber	42362	0	42362	42362
橡胶和塑料制品业	Rubber Products	877512	34718	842794	685870
非金属矿物制品业	Nonmetal Mineral Products	5449615	1220	5448395	4402499
#水泥制造业	Cements Products	529353	1220	528133	453534
黑色金属冶练及压延加工业	Smelting & Pressing of Ferrous Metals	1403071	0	1403071	515218
有色金属冶练及压延加工业	Smelting & Pressing of Nonferrous Metals	1048264	9217	1039047	441634
金属制品业	Metal Products	1487150	0	1487150	1196287
通用机械制造业	General Machinery Manufacturing	1298055	5340	1292715	1113800
专用设备制造业	Special Purpose Equipment	1882072	33740	1848332	1576483
交通运输设备制造业	Transport Equipment	2893955	46904	2847051	2133778
电气、机械及器材制造业	Electric Equipment & Machinery Manufacturing	1368512	13223	1355289	1243362
通信设备、计算机及其他电子设备制造业	Communications Equipment, Computer & Other Electric Equipment Manufacturing	1085953	8097	1077856	772977
仪器仪表及文化、办公用机械制造业	Instruments, Meters, Cultural & Clerical Machinery	119851	0	119851	85835
工艺品及其他制造业	Artworks & Other Products Manufacturing	558720	0	558720	360880
废弃资源和废旧材料回收加工业	Abandoned Resources & Junk Materials Recycling & Processing	565359	0	565359	548506
金属制品、机械和设备修理业	Metal Products, Machinery & Equipment Repair Services	102669	6464	96205	76407
电力、蒸气、热水的生成和供应业	Electricity, Steam, Hot Water Production & Supply	2255889	362312	1893577	1629750
#水电	Hydropower	679054	78991	600063	490496
火电	Thermal Power	339634	162228	177406	58703
煤气生成和供应业	Gas Production & Supply	406411	2700	403711	124943
自来水的生成和供应业	Tap Water Production & Supply	576941	16647	560294	446665

5－15　分行业更新改造投资项目和新增固定资产（2014年）
Investment in Innovation Projects & Newly Increased Fixed Assets by Sector (2014)

指　标	Item	施工项目（个）Project under Construc-tion (unit)	全部建成投产项目（个）Projects Fully Completed Put into Operation (unit)	项目建成投产率（%）Rate of Investment of Projects Completed (%)	投资总额（万元）Total Investment (10 000 yuan)	新增固定资产（万元）Newly Increased Fixed Assets (10 000 yuan)	固定资产交付使用率（%）Rate of Fixed Assets Put into Use (%)
总　计	**Total**	**15363**	**11159**	**72.6**	**50389319**	**37798802**	**75.0**
按三次产业分	**By Industry**						
第一产业	Primary Industry	361	253	70.1	788443	561714	71.2
第二产业	Secondary Industry	11898	8810	74.0	40546123	30942833	76.3
第三产业	Tertiary Industry	3104	2096	67.5	9054753	6294255	69.5
按国民经济行业分	**By Sector**						
农、林、牧、渔业	Farming,Forestry,Animal Husbandry & Fishery	361	253	70.1	788443	561714	71.2
#农业	Farming	112	85	75.9	221876	168234	75.8
林业	Forestry	50	34	68.0	104481	86396	82.7
工业	Industry	11853	8786	74.1	40336156	30772817	76.3
采矿业	Mining	859	599	69.7	2287343	1792255	78.4
制造业	Manufacturing	10031	7520	75.0	34809572	26779204	76.9
电力燃气及水的生产供应业	Power, Gas & Water Produc-tion & Supply	963	667	69.3	3239241	2201358	68.0
建筑业	Construction	45	24	53.3	209967	170016	81.0
交通运输、仓储及邮政业	Transportation, Storage, Postal & Telecommunication Services	611	379	62.0	2001859	1195913	59.7
交通运输业	Transportation	533	320	60.0	1827015	1068217	58.5
仓储业	Storage	76	58	76.3	173528	126916	73.1
邮政业	Postal	2	1	50.0	1316	780	59.3
信息传输、计算机服务和软件业	Information Transmission, Computer Service & Software Industries	259	181	69.9	762616	623822	81.8

5—15 续表 continued

指 标	Item	施工项目(个) Project under Construc-tion (unit)	全部建成投产项目(个) Projects Fully Completed Put into Operation (unit)	项目建成投产率(%) Rate of Investment of Projects Completed (%)	投资总额(万元) Total Investment (10 000 yuan)	新增固定资产(万元) Newly Increased Fixed Assets (10 000 yuan)	固定资产交付使用率(%) Rate of Fixed Assets Put into Use (%)
批发和零售业	Wholesale & Retail Trade	393	300	76.3	1161460	1022156	88.0
批发业	Wholesale	181	127	70.2	583051	509785	87.4
零售业	Retail Trade	212	173	81.6	578409	512371	88.6
住宿和餐饮业	Hotel & Catering Trade	98	76	77.6	318915	272891	85.6
#餐饮业	Catering Trade	34	26	76.5	89864	84797	94.4
金融业	Finance	26	19	73.1	69685	66342	95.2
房地产业	Real Estate	133	82	61.7	405482	242223	59.7
租赁和商务服务业	Leasing & Business Service	165	93	56.4	471092	315457	67.0
科学研究、技术服务地质勘查业	Scientific Research, Technology Service & Geological Prospecting	97	59	60.8	224747	178355	79.4
水利、环境和公共设施管理业	Water Conservancy, Environment & Public Facility Management	727	460	63.3	2221938	1200494	54.0
水利管理业	Water Conservancy	204	133	65.2	264814	187615	70.8
公共设施管理业	Public Facility Management	470	300	63.8	1793067	904494	50.4
居民服务和其他服务业	Resident & Other Services	85	65	76.5	217164	190925	87.9
教育事业	Education	204	169	82.8	353602	272477	77.1
卫生、社会保障和社会福利业	Public Health, Social Security & Social Welfare	105	72	68.6	330448	250324	75.8
#卫生事业	Public Health	95	65	68.4	314786	236049	75.0
文化、体育和娱乐业	Culture, Sports & Entertainment	72	51	70.8	213462	159499	74.7
公共管理和社会组织	Public Administration & Social Organizations	129	90	69.8	302283	303377	100.4
国际组织	International Organizations						

5－16　城镇国有单位分行业投资项目和新增固定资产（2014年）
Investment Projects & Newly Increased Fixed Assets of States-owned Units(2014)

项　目	Item	施工项目（个）Project under Construc-tion (unit)	全部建成投产项目（个）Projects Fully Completed Put into Operation (unit)	项目建成投产率（%）Rate of Investment of Projects Completed (%)	投资总额（万元）Total Investment (10 000 yuan)	新增固定资产（万元）Newly Increased Fixed Assets (10 000 yuan)	固定资产交付使用率（%）Rate of Fixed Assets Put into Use (%)
总　计	**Total**	**11540**	**7032**	**60.9**	**35465767**	**19981527**	**56.3**
按三次产业分	**By Industry**						
第一产业	Primary Industry	600	448	74.7	979286	835925	85.4
第二产业	Secondary Industry	1611	945	58.7	6298075	3650879	58.0
第三产业	Tertiary Industry	9329	5639	60.4	28188406	15494723	55.0
按国民经济行业分	**By Sector**						
农、林、牧、渔业	Farming,Forestry,Animal Husbandry & Fishery	600	448	74.7	979286	835925	85.4
#农业	Farming	70	56	80.0	124710	109931	88.1
林业	Forestry	195	146	74.9	339982	293454	86.3
工业	Industry	1567	927	59.2	6155456	3551226	57.7
采矿业	Mining	68	45	66.2	219616	156057	71.1
制造业	Manufacturing	561	332	59.2	2731129	1585055	58.0
电力燃气及水的生产供应业	Power, Gas & Water Production & Supply	938	550	58.6	3204711	1810114	56.5
建筑业	Construction	44	18	40.9	142619	99653	69.9
交通运输、仓储及邮政业	Transportation,Storage, Postal & Telecommunication Services	1687	1053	62.4	7863153	2692599	34.2
交通运输业	Transportation	1617	1010	62.5	7683425	2597344	33.8
仓储业	Storage	67	41	61.2	178457	94240	52.8
邮政业	Postal	3	2	66.7	1271	1015	79.9
信息传输、计算机服务和软件业	Information Transmission, Computer Service & Software Industries	226	162	71.7	739492	609652	82.4

注：本表仅含基建、更改、其他三部分。
Note: The investment in fixed assets in this table just contains 3 parts: investment in basic construction, innovation & others.

5－16 续表 continued

项 目	Item	施工项目(个) Project under Construc-tion (unit)	全部建成投产项目(个) Projects Fully Completed Put into Operation (unit)	项目建成投产率(%) Rate of Investment of Projects Completed (%)	投资总额(万元) Total Investment (10 000 yuan)	新增固定资产(万元) Newly Increased Fixed Assets (10 000 yuan)	固定资产交付使用率(%) Rate of Fixed Assets Put into Use (%)
批发和零售业	Wholesale & Retail Trade	137	94	68.6	376545	285900	75.9
批发业	Wholesale	44	25	56.8	151724	81240	53.5
零售业	Retail Trade	93	69	74.2	224821	204660	91.0
住宿和餐饮业	Hotel & Catering Trade	25	16	64.0	84216	18502	22.0
#餐饮业	Catering Trade	6	3	50.0	22648	2604	11.5
金融业	Finance	35	25	71.4	76867	103073	134.1
房地产业	Real Estate	714	363	50.8	2067143	1238040	59.9
租赁和商务服务业	Leasing & Business Service	105	70	66.7	437169	521090	119.2
科学研究、技术服务地质勘查业	Scientific Research, Technology Service & Geological Prospecting	81	52	64.2	174360	148516	85.2
水利、环境和公共设施管理业	Water Conservancy, Environment & Public Facility Management	3512	2039	58.1	10602226	5920323	55.8
水利管理业	Water Conservancy	725	502	69.2	1149322	865758	75.3
公共设施管理业	Public Facility Management	2674	1480	55.3	9189852	4928601	53.6
居民服务和其他服务业	Resident & Other Services	37	25	67.6	92610	123826	133.7
教育事业	Education	1234	779	63.1	2430055	1534947	63.2
卫生、社会保障和社会福利业	Public Health, Social Security & Social Welfare	548	328	59.9	1071156	828331	77.3
#卫生事业	Public Health	476	284	59.7	983078	734254	74.7
文化、体育和娱乐业	Culture, Sports & Entertainment	249	159	63.9	674520	326655	48.4
公共管理和社会组织	Public Administration & Social Organizations	739	474	64.1	1498894	1143269	76.3
国际组织	International Organizations						

5－17　城镇集体分行业投资项目和新增固定资产（2014年）
Investment Projects by Sector & Newly Increased Fixed Assets of Urban Collective Owned Units(2014)

指　标	Item	施工项目（个）Project under Construc-tion (unit)	全部建成投产项目（个）Projects Fully Completed Put into Operation (unit)	项目建成投产率（%）Rate of Investment of Projects Completed (%)	投资总额（万元）Total Investment (10 000 yuan)	新增固定资产（万元）Newly Increased Fixed Assets (10 000 yuan)	固定资产交付使用率（%）Rate of Fixed Assets Put into Use (%)
总　计	**Total**	**1837**	**1251**	**68.1**	**6787660**	**4558048**	**67.2**
按三次产业分	**By Industry**						
第一产业	Primary Industry	86	65	75.6	260162	195569	75.2
第二产业	Secondary Industry	874	597	68.3	3716466	2570334	69.2
第三产业	Tertiary Industry	877	589	67.2	2811032	1792145	63.8
按国民经济行业分	**By Sector**						
农、林、牧、渔业	Farming,Forestry,Animal Husbandry & Fishery	86	65	75.6	260162	195569	75.2
#农业	Farming	28	22	78.6	59746	55634	93.1
林业	Forestry	18	16	88.9	50607	51518	101.8
工业	Industry	862	588	68.2	3684317	2542823	69.0
采矿业	Mining	74	44	59.5	219386	159442	72.7
制造业	Manufacturing	663	464	70.0	2796437	2038094	72.9
电力燃气及水的生产供应业	Power, Gas & Water Production & Supply	125	80	64.0	668494	345287	51.7
建筑业	Construction	12	9	75.0	32149	27511	85.6
交通运输、仓储及邮政业	Transportation,Storage, Postal & Telecommunication Services	157	119	75.8	547955	308781	56.4
交通运输业	Transportation	141	110	78.0	451354	276591	61.3
仓储业	Storage	16	9	56.3	96601	32190	33.3
邮政业	Postal						
信息传输、计算机服务和软件业	Information Transmission, Computer Service & Software Industries	55	44	80.0	166727	145870	87.5

注：本表仅含基建、更改、其他三部分。

Note: The investment in fixed assets in this table just contains 3 parts: investment in basic construction, innovation & others.

5－17 续表 continued

指 标	Item	施工项目（个）Project under Construc-tion (unit)	全部建成投产项目（个）Projects Fully Completed Put into Operation (unit)	项目建成投产率（%）Rate of Investment of Projects Completed (%)	投资总额（万元）Total Investment (10 000 yuan)	新增固定资产（万元）Newly Increased Fixed Assets (10 000 yuan)	固定资产交付使用率（%）Rate of Fixed Assets Put into Use (%)
批发和零售业	Wholesale & Retail Trade	109	74	67.9	459857	311342	67.7
批发业	Wholesale	39	23	59.0	238162	130384	54.7
零售业	Retail Trade	70	51	72.9	221695	180958	81.6
住宿和餐饮业	Hotel & Catering Trade	29	16	55.2	172126	66222	38.5
#餐饮业	Catering Trade	10	5	50.0	30936	17864	57.7
金融业	Finance	19	12	63.2	110365	61127	55.4
房地产业	Real Estate	149	82	55.0	410609	229040	55.8
租赁和商务服务业	Leasing & Business Service	43	27	62.8	124809	73695	59.0
科学研究、技术服务地质勘查业	Scientific Research, Technology Service & Geological Prospecting	16	8	50.0	70277	39681	56.5
水利、环境和公共设施管理业	Water Conservancy, Environment & Public Facility Management	185	129	69.7	408240	283948	69.6
水利管理业	Water Conservancy	21	17	81.0	26298	21895	83.3
公共设施管理业	Public Facility Management	155	104	67.1	373374	256035	68.6
居民服务和其他服务业	Resident & Other Services	6	4	66.7	13642	9005	66.0
教育事业	Education	24	18	75.0	47552	44723	94.1
卫生、社会保障和社会福利业	Public Health, Social Security & Social Welfare	14	10	71.4	35408	30312	85.6
#卫生事业	Public Health	12	8	66.7	34328	29232	85.2
文化、体育和娱乐业	Culture, Sports & Entertainment	27	23	85.2	118606	113493	95.7
公共管理和社会组织	Public Administration & Social Organizations	44	23	52.3	124859	74906	60.0
国际组织	International Organizations						

5—18 城镇私营个体固定资产投资和新增固定资产（2014年）
Investment in Fixed Assets & Newly Increased Fixed Assets of Urban Private & Individual Units(2014)

指 标	Item	施工项目（个）Project under Construc-tion (unit)	投产项目（个）Projects Fully Completed Put into Operation (unit)	项目建成投产率（%）Rate of Investment of Projects Completed (%)	投资完成额（万元）Investment Made (10 000 yuan)	新增固定资产（万元）Newly Increased Fixed Assets (10 000 yuan)	固定资产交付使用率（%）Rate of Fixed Assets Put into Use (%)
总 计	**Total**	**1179**	**885**	**75.1**	**1777795**	**1531183**	**86.1**
按三次产业分	**By Industry**						
第一产业	Primary Industry	61	48	78.7	67849	70095	103.3
第二产业	Secondary Industry	603	421	69.8	1013499	873836	86.2
第三产业	Tertiary Industry	515	416	80.8	696447	587252	84.3
按国民经济行业分	**By Sector**						
农、林、牧、渔业	Farming,Forestry,Animal Husbandry & Fishery	61	48	78.7	67849	70095	103.3
#农业	Farming	15	12	80.0	13650	15118	110.8
林业	Forestry	3	2	66.7	5374	5050	94.0
工业	Industry	600	419	69.8	1011134	872571	86.3
采矿业	Mining	90	70	77.8	172013	170075	98.9
制造业	Manufacturing	497	341	68.6	802584	687205	85.6
电力燃气及水的生产供应业	Power, Gas & Water Production & Supply	13	8	61.5	36537	15291	41.9
建筑业	Construction	3	2	66.7	2365	1265	53.5
交通运输、仓储及邮政业	Transportation,Storage, Postal & Telecommunication Services	3	3	100	6422	6022	93.8
交通运输业	Transportation	3	3	100	6422	6022	93.8
仓储业	Storage						
邮政业	Postal						
信息传输、计算机服务和软件业	Information Transmission, Computer Service & Software Industries	1	1	100	1350	1350	100.0

注：本表仅含基建、更改、其他三部分。
Note: The investment in fixed assets in this table just contains 3 parts: investment in basic construction, innovation & others.

5-18 续表 continued

指 标	Item	施工项目(个) Project under Construc-tion (unit)	投产项目(个) Projects Fully Completed Put into Operation (unit)	项目建成投产率(%) Rate of Investment of Projects Completed (%)	投资完成额(万元) Investment Made (10 000 yuan)	新增固定资产(万元) Newly Increased Fixed Assets (10 000 yuan)	固定资产交付使用率(%) Rate of Fixed Assets Put into Use (%)
批发和零售业	Wholesale & Retail Trade	123	96	78.0	121183	109282	90.2
批发业	Wholesale	28	23	82.1	28323	22973	81.1
零售业	Retail Trade	95	73	76.8	92860	86309	92.9
住宿和餐饮业	Hotel & Catering Trade	181	146	80.7	280513	238335	85.0
#餐饮业	Catering Trade	85	72	84.7	126701	113261	89.4
金融业	Finance	1	0	0	420	0	0
房地产业	Real Estate	97	75	77.3	88507	66595	75.2
租赁和商务服务业	Leasing & Business Service	3	2	66.7	10311	9316	90.4
科学研究、技术服务地质勘查业	Scientific Research, Technology Service & Geological Prospecting	8	6	75.0	14812	13922	94.0
水利、环境和公共设施管理业	Water Conservancy, Environment & Public Facility Management	3	2	66.7	2080	1210	58.2
水利管理业	Water Conservancy						
公共设施管理业	Public Facility Management	3	2	66.7	2080	1210	58.2
居民服务和其他服务业	Resident & Other Services	48	44	91.7	73308	71487	97.5
教育事业	Education	21	18	85.7	47681	15213	31.9
卫生、社会保障和社会福利业	Public Health, Social Security & Social Welfare	3	3	100	10255	10255	100.0
#卫生事业	Public Health	3	3	100	10255	10255	100.0
文化、体育和娱乐业	Culture, Sports & Entertainment	21	18	85.7	34296	27965	81.5
公共管理和社会组织	Public Administration & Social Organizations	2	2	100	5309	16300	307.0
国际组织	International Organizations						

5—19 主要年份房地产开发主要指标

指 标	Item	1995	2000
一、企业（单位）个数（个）	**Number of Enterprises (unit)**	**626**	**528**
内资企业	Domestic Funds	473	407
#国有	State-owned	251	164
集体	Collective-owned	152	78
港澳台商投资企业	Funded by Enterprises form Hongkong, Macao & Taiwan	64	92
外商投资企业	Foreign Funded	86	29
二、土地开发及购置（万平方米）	**Land Development & Purchase (10 000 sq.m)**		
完成开发土地面积	Land Space Developed	1274.35	176.47
购置土地面积	Land Space Purchased	682.18	195.3
三、完成投资（万元）	**Investment Completed (10 000 yuan)**	**515050**	**386747**
#住宅	Residential Building	260541	207861
#经济适用房	Economical Houses	65078	32545
四、资金来源小计（万元）	**Sources of Funds (10 000 yuan)**	**566735**	**502039**
#国内贷款	Domestic Loans	168318	92998
利用外资	Foreign Investment	53886	12916
自筹资金	Fundraising	137817	131654
五、房屋建筑面积及价值	**Floor Space & Value of Buildings**		
施工面积（万平方米）	Floor Space under Construction (10 000 sq.m)	867.27	766.19
#住宅	Residential Building	625.77	595.25
#经济适用房	Economical Houses	133.40	112.59
竣工面积（万平方米）	Floor Space Completed (10 000 sq.m)	276.09	226.74
#住宅	Residential Building	231.99	191.17
#经济适用房	Economical Houses	59.90	50.39
竣工价值（万元）	Value of Floor Space Completed (10 000 yuan)	188746	164650
#住宅	Residential Building	148492	131042
#经济适用房	Economical Houses	37461	31137
六、商品房屋销售	**Sales of Commercial Buildings**		
销售面积（万平方米）	Floor Space of Sales (10 000 sq.m)	156.84	191.36
#住宅	Residential Building	133.98	177.80
#经济适用房	Economical Houses	38.58	43.32
销售额（万元）	Total Sales of Commercial Buildings (10 000 yuan)	158387	277384
#住宅	Residential Building	133779	245721
#经济适用房	Economical Houses	27149	39800
七、商品房待售面积（万平方米）	**Space of Commercial Buildings for sale (10 000 sq.m)**	**109.98**	**119.29**
#住宅	Residential Building	85.83	74.15
#经济适用房	Economical Houses	17.60	6.09
八、新增固定资产（万元）	**Newly Increased Fixed Assets (10 000 yuan)**	**226874**	**183837**
九、实收资本合计（万元）	**Total Capital Hold (10 000 yuan)**	**502690**	**543513**
十、经营收入总计（万元）	**Total Revenue (10 000 yuan)**	**205908**	**338043**
#土地转让收入	Land Transferred	38567	44056

Major Indicators of Real Estate Development in Main Years

2005	2010	2011	2012	2013	2014
1730	**3212**	**3154**	**2934**	**2685**	**2491**
1542	3035	2993	2793	2558	2379
205	159	141	141	104	94
74	42	32	26	22	126
112	99	93	85	75	66
76	78	68	56	52	46
					--
674.48	363.01				--
1218.06	1193.71	978.86	541.71	4319584	610.01
2867915	**12062211**	**15174656**	**15549388**	**16146322**	**18384942**
1907662	8788924	10789954	10696420	11666137	12926348
74493	218072				
3395656	**15383429**	**17835008**	**20073616**	**21552380**	**24107471**
555493	2473098	2557343	2638371	3243473	3400275
59114	85861	70124	3294	6150	2056
1128707	5417241	7117514	7884479	8156908	9016015
4082.76	12048.73	14264.02	15018.46	16040.17	17472.15
3164.96	9767.64	11407.86	11846.86	12419.68	13065.65
94.73	402.64				
1330.74	1564.31	2303.35	2333.58	1712.68	1865.98
1090.30	1342.87	1936.94	1956.57	1385.37	1441.84
14.58	46.30				
1167764	2306901	3931192	4903501	3908901	4560135
913452	1922323	3262656	4077306	3101989	3388647
9191	73396				
1438.40	2793.92	2964.15	2759.26	2995.58	3156.55
1314.37	2607.15	2749.33	2546.96	2765.15	2869.32
42.48	92.36				
2896410	9951860	11182159	11598322	13757948	15320544
2398083	8817021	9771009	9958158	11667241	12745691
61184	166859				
269.86	**192.49**	**540.60**	**926.02**	**1225.46**	**1507.45**
145.09	181.02	377.18	643.07	857.94	1024.32
	0.40				
1635726	**3164161**	**5410764**	**6923890**	**5584193**	**5888753**
2099130	**4812635**	**5554412**	**7352140**	**6662477**	
192426	**643311**	**711708**	**7919996**	**9067538**	
79030	45917	52231	163012	142461	

主要统计指标解释

全社会固定资产投资　是以货币形式表现的在一定时期内全社会建造和购置固定资产活动的工作量以及与此有关的费用的总称，它是反映固定资产投资规模、结构和发展速度的综合性指标，又是观察工程进度和考核投资效果的重要依据。全社会固定资产投资按登记注册类型可分为国有、集体、个体、联营、股份制、外商、港澳台商、其他等。按照管理渠道可分为：基本建设、更新改造、房地产开发和其他固定资产投资四个部分。

基本建设投资　基本建设指企业、事业、行政单位以扩大生产能力或工程效益为主要目的的新建、扩建工程及有关工作。其范围为总投资500万元以上（含500万元）的基本建设项目。

更新改造投资　更新改造指企业、事业单位对原有设施进行技术改造（包括固定资产更新）以及相应配套的辅助性生产、生活福利设施等工程和有关工作。其范围为总投资500万元以上的更新改造单位（或项目）。

其他固定资产投资　指全社会固定资产投资中未列入基本建设、更新改造和房地产开发投资的建造和购置固定资产的活动。

固定资产投资的资金来源　根据固定资产投资的资金来源不同，分为国家预算内资金、国内贷款、利用外资、自筹资金和其他资金来源。

（1）国家预算内资金：指中央财政和地方财政中由国家统筹安排的基本建设拨款和更新改造拨款，以及中央财政安排的专项拨款中用于基本建设的资金和基本建设拨款改贷款的资金等。

（2）国内贷款：指报告期内企、事业单位向银行及非银行金融机构借入的用于固定资产投资的各种国内借款。

（3）利用外资：指报告期内收到的用于固定资产投资的国外资金，包括统借统还、自借自还的国外贷款，中外合资项目中的外资，以及对外发行债券和股票等。国家统借统还的外资指由我国政府出面同外国政府、团体或金融组织签订贷款协议、并负责偿还本息的国外贷款。

（4）自筹资金：指建设单位报告期内收到的，用于进行固定资产投资的上级主管部门、地方和企、事业单位自筹资金。

（5）其他资金来源：指报告期内收到的除以上各种拨款、借款、自筹资金以外其他用于固定资产投资的资金。

固定资产投资按国民经济行业分　建设项目归哪个行业，按其建成投产后的主要产品或主要用途及社会经济活动性质来确定。基本建设按建设项目划分国民经济行业，更新改造、国有单位其他固定资产投资及城镇集体投资根据整个企业、事业单位所属的行业来划分。一般情况下，一个建设项目或一个企业、事业单位只能属于一种国民经济行业。为了更准确地反映国民经济各行业之间的比例关系，联合企业（总厂）所属分厂属于不同行业的，原则上按分厂划分行业。

固定资产投资按建设性质分　建设项目的性质一般分为新建、扩建、改建、迁建、恢复。基本建设按建设项目划分建设性质，更新改造、国有单位其他固定资产投资及城镇集体投资等按整个企业、事业单位的建设情况确定建设性质，房地产开发单位、农村投资、城镇工矿区私人建房等投资不划分建设性质。

（1）新建：一般是指从无到有、“平地起家”新开始建设的单位。有的单位原有的基础很小，经过建设后其新增加的固定资产价值超过原有固定资产价值（原值）三倍以上的也算新建。

（2）扩建：一般是指为扩大原有产品的生产能力，在厂内或其他地点增建主要生产车间（或主要工程）、独立的生产线或分厂的企业，事业单位和行政单位在原单位增建业务用房（如学校增建教学用房、医院增建门诊部或病床用房、行政机关增建办公楼等）也作为扩建。

（3）改建：一般是指现有企业、事业单位为了技术进步，提高产品质量，增加花色品种，促进产品升级换代，降低消耗和成本，加强资源综合利用和三废治理、劳保安全等，采用新技术、新工艺、新设备、新材料等对现有设施、工艺条件进行技术改造或更新（包括相应配套的辅助性生产、生活福利设施）。有的企业为充分发挥现有生产能力，进行填平补齐而增建不增加本单位主要产品生产能力的车间等，也属于改建。

大中小型基本建设项目划分　是根据基本建设项目的建设总规模（设计生产能力或工程效益）或计划总投资，按照

《基本建设项目大中小型划分标准》划分的建设项目类型。建设项目总规模或计划总投资划分标准原则上应按照上级批准的设计任务书或初步设计所确定的总规模或总投资为准；没有正式批准设计任务书或初步设计的，按国家或省、自治区、直辖市基本建设投资计划中所列的总规模或总投资划分；上述两条均不具备的，按本年计划施工工程的建设总规模或总投资划分。

施工项目 指报告期内曾进行建筑或安装工程施工活动的建设项目，凡是报告期内施过工的建设项目，不论施工时间长短，均作为施工项目统计。施工项目个数可以反映一定时期固定资产投资的实际规模，与同期建成投产的建设项目个数相比，可以从建设速度的角度反映固定资产投资的效果。根据建设项目施工活动的不同性质，施工项目又分为本年正式施工项目，本年收尾项目和以前年度全部停缓建项目。

全部建成投产项目 工业项目是指设计文件规定形成生产能力的主体工程及其相应配套的辅助设施全部建成，经负荷试运转，证明具备生产设计规定合格产品的条件，并经过验收鉴定合格或达到竣工验收标准，与生产性工程配套的生活福利设施可以满足近期正常生产的需要，正式移交生产的建设项目。非工业项目是指设计文件规定的主体工程和相应的配套工程全部建成，能够发挥设计规定的全部效益，经验收鉴定合格或达到竣工验收标准，正式移交使用的建设项目。

新增生产能力 指通过固定资产投资活动而增加的设计能力或工程效益，它是用实物形态表示的固定资产投资的成果的指标，也是考核投资经济效果的重要依据之一。

房屋建筑面积 指从房屋外墙线算起的各层平面面积的总和，包括可供使用的有效面积和房屋结构（如柱、墙）占用的面积。多层建筑按各层（包括地下室）面积总和计算。

住宅建筑面积 指施工和竣工房屋建筑面积中供居住用的施工和竣工房屋建筑面积。

施工面积 指报告期内施工的全部房屋建筑面积。包括本期新开工的面积、上期跨入本期继续施工的房屋面积、上期停建在本期恢复施工的房屋面积、本期竣工及本期施工后又停缓建的房屋面积。

竣工面积 指在报告期内房屋建筑按照设计要求已全部完工，达到住人和使用条件，经验收鉴定合格（或达到竣工验收标准），正式移交使用单位的各栋房屋建筑面积的总和。

房屋建筑面积竣工率 指一定时期内房屋竣工面积占同期房屋施工面积的比率。它是从房屋建筑施工速度的角度反映投资效果和建筑业经济效益的指标。

新增固定资产 指报告期内已经完成建造和购置过程，并已交付生产或使用单位的固定资产价值。该指标是表示固定资产投资成果的价值指标，也是反映建设进度，计算固定资产投资效果的指标。

建设项目投产率 指一定时期内全部建成投入生产项目个数与同期正式施工项目个数的比率。它是从项目建设速度的角度反映投资效果的指标。

固定资产交付使用率 指一定时期新增固定资产与同期完成投资额的比率。它是反映各个时期固定资产动用速度，衡量建设过程中投资效果的一个综合性指标。

房地产开发投资 指各种登记注册类型的房地产开发公司、商品房建设公司及其他房地产开发法人单位和附属于其他法人单位实际从事房地产开发或经营的活动单位统一开发的包括统代建、拆迁还建的住宅、厂房、仓库、饭店、宾馆、度假村、写字楼、办公楼等房屋建筑物和配套的服务设施，土地开发工程（如道路、给水、供电、供热、通讯、平整场地等基础设施工程）的投资，不包括单纯的土地交易活动。

商品房建设投资额 是指房地产开发企业（单位）开发建设的供出售、出租用的商品住宅、厂房、仓库、饭店、度假村、写字楼、办公楼、拆迁、回迁还建用房等房屋工程及其配套的服务设施所完成的投资额。

住宅 是指专供居住的房屋，包括别墅、公寓、职工家属宿舍和集体宿舍、职工单身宿舍和学生宿舍等。但不包括住宅楼中作为人防用、不住人的地下室等。

商业营业用房 是指商业、粮食、供销、饮食服务业等部门对外营业的用房，如度假村、饭店、商店、门市部、粮店、书店、供销店、饮食店、菜店、加油站、日杂等房屋。

完成开发土地面积 是指报告期内对土地进行开发并已完成七通一平等前期开发工程，具备进行房屋建筑物施工或出让条件的土地面积。

购置土地面积　是指报告期内通过各种方式获得土地使用权的土地面积。

商品房销售面积　指报告期内出售商品房屋合同总面积（即双方签署的正式买卖合同中所确定的建筑面积），由现房销售建筑面积和期房销售建筑面积两部分组成。

商品房销售额　指报告期内出售商品房屋的合同总价款（即双方签署的正式买卖合同中所确定的合同总价）。该指标与商品房销售面积同口径，由现房销售额和期房销售额两部分组成。

商品房待售面积　指报告期末已竣工的可供销售或出租的商品房屋建筑面积中，尚未销售或出租的商品房屋面积，包括以前年度竣工和本期竣工的房屋面积，但不包括报告期已竣工的拆迁还建、统建代建、公共配套建筑、房地产公司自用及周转房等不可销售或出租的房屋面积。

实收资本　是指企业实际收到的所有投资人投入的资本，包括以实物形式、货币形式、发明创造或技术成果等无形资产投入企业的资本。

Explanatory Notes on Main Statistical Indicators

Total Investment in Fixed Assets refers to the volume of activities in construction and purchases of fixed assets in monetary terms. It is a comprehensive indicator, which shows the size, composition and pace of the investment in fixed assets, providing basis for observing the progress of construction projects and evaluating results of investment. Total investment in fixed assets includes, by registration type of ownership, the investment by the state-owned units, collective units, individuals, joint ownership units, share-holding units, as well as investment by businessmen from foreign countries and from Hong Kong, Macao and Taiwan, and by other units. According to Chinese current management systems, the investment in fixed assets is classified into the following four parts: investment in capital construction, investment in innovation, investment in real estates development and other investment in fixed assets.

Investment in Capital Construction refers to the new construction projects or extension projects and the related work of the enterprises, institutions or administrative units mainly for the purpose of expanding production capacity or improving project efficiency covering only projects each with a total investment of 5,000,000 RMB and over.

Investment in Innovation Innovation refers to technological innovation (including the renewal of fixed assets) of the original facilities by the enterprises and institutions as well as the corresponding accessory facilities projects for production or for living and welfare purpose and the related work covering only projects each with a total investment of 5,000,000 RMB and over.

Other Investment in Fixed Assets refers to the construction and purchases of fixed assets not listed in the investment capital construction, investment in innovation and investment in real estate development.

Sources of Funds for Investment in Fixed Assets According to various sources of funds of investment in fixed assets, it is divided into state budgetary appropriation, domestic loans, foreign investment, self-raised funds, and other sources of funds.

(1) State budgetary appropriation refers to appropriation in the budget of the central and local governments earmarked for capital construction and for innovation projects, and the special appropriation from the budget of the central government for capital construction and for the transfer fund to banks to be issued as loans for capital construction projects.

(2) Domestic loans refer to various funds borrowed by enterprises and institutions from banks and non-bank financial institutions during the reference period for the purpose of investment in fixed assets.

(3) Foreign investment refers to foreign funds received during the reference period for the purpose of investment in fixed assets, including foreign funds borrowed and managed by the government, by individual units, foreign fund in joint venture program, and issue of bonds and stocks at the international financial markets. The foreign funds borrowed and managed by the government refer to foreign loans borrowed by the government from foreign governments, organizations, or financial institutions under official agreements signed by both parties, under which government is responsible for the repayment of both the principal and interests of the foreign loans.

(4) **Self-raised funds** refer to funds received by construction enterprises from their higher responsible authorities, local governments, or raised by enterprises or institutions themselves for the purpose of investment in fixed assets during the reference period.

(5) **Other** srefer to funds received during the reference period, which are not included in the above-mentioned sources.

Investment in Fixed Assets by Sector The classification of construction projects by sector is determined by the major products or the purpose of the projects when they are put into production or use, and by the nature of their social economic activities. The investment in capital construction is classified by construction projects, while investment in innovation, other investment by state-owned units and urban collective units are classified according to the sector which the whole enterprises or institution belongs to. In general, one project or one enterprise or institution can only belong to one sector. In order to reflect more accurately the proportions among various sectors, the branch factories of integrated complex are classified into different sectors according to their economic activities.

Investment in Fixed Assets by Type of Construction The construction projects in general can be classified by the type of construction into new construction, expansion, reconstruction and moving away. In capital construction, the type of construction is determined by the condition of the project. In investment, in innovation, in other investment by state-owned units and investment by collective-owned units, the type of construction is determined by the condition of the whole enterprise or institution. Investment by type of construction is not applied to investment by real-estate development units, investment in rural areas and investment in housing by urban individuals.

(1) New construction in general refers to newly constructed units. In the case in which the value of the original fixed assets is quite small, and the value of newly added fixed assets exceeds the original ones by three times, the expansion construction is considered as new construction.

(2) Expansion refers to construction of new major production workshop or independent production line within a factory or in other locations, or construction of a branch factory so as to increase the production capacity of the original products. Newly constructed business houses in institutions and administrative organizations (such as the newly constructed teaching buildings in schools, clinics or bed building in hospitals, and office buildings in administrative agencies, etc.) are also classified as expansion.

(3) Reconstruction refers to technical conditions undertaken by enterprises and institutions for the purposes of technological advancement, improvement in product quality, enlarging variety of products, promoting new generation of products, reducing production consumption and cost, promoting comprehensive utilization of resources, strengthening treatment of waste gas, waste water and solid wastes, and safety in production, etc. through application of new technologies and techniques, use of new equipment and new materials(including accessory facilities for production or for living and welfare purposes). Construction of new workshops for improving existing production capacity rather than increasing production capacity is also considered as reconstruction.

Capital Construction Projects by Size is the types of construction projects based on the total scale (designed producing capacity or project efficiency) or total investment set, according to Standards for the Classification of Construction Projects into Large, Medium-sized and Small Ones. The classification of size of construction projects or total plan investment should be determined according to the total scale or total investment set in the approved construction plan by higher responsible authorities or in the tentative design, otherwise according to the total scale or total investment set in the current capital construction plan of the state, provinces, autonomous regions, and municipalities directly under central government.

Projects Under Construction refer to projects having construction and installation activities undertaken in the reference period, irrespective of the length of construction. The number of projects under construction can reflect the actual size of investment in fixed assets during a certain period, and when compared with the number of projects completed and put into use, it can reflect the efficiency of investment in fixed assets from the perspective of the speed of construction. Depending on the nature of construction activities, projects under construction can also be classified into projects under construction in current year, winding-up projects in current year and stopped or suspended projects in previous years.

Projects Completed and Put into Use Industrial projects refer to the major projects and accessory facilities completed which result in forming production capacity and have been checked and accepted while the living and welfare facilities have been completed and can ensure normal production and formally put into production. Non-industrial projects refer to the major projects and accessory facilities completed which posses the designed capacity and have been checked, accepted and formally put into production.

Newly Increased Production Capacity refers to the increase of designed capacity and project efficiency through investment in fixed assets, which reflects the accomplishment of investment in fixed assets in kind and is one of the important indicators of observing efficiency the economic efficiency of investment.

Floor Space of Buildings Under Construction and Completed refers to total floor space in each story of buildings calculated from the outside line of building walls, including both usable space and the space occupied by constructions like pillars or walls. The floor space of multi-story buildings includes the total floor space of each story (including basement).

Floor Space of Residential Buildings refers to the floor space of the residential buildings under construction and completed among the total space of buildings under construction and completed.

Floor Space under Construction refers to total floor space of all buildings under construction during the reference period, including floor space of newly started buildings during the reference period, floor space of construction extended from the previous period to the current period, floor space of construction suspended during the previous period and resumed in the current period, floor space of construction completed in the current period, and floor space of construction started and the suspended in the current period.

Floor Space of Buildings Completed refers to the total floor space of buildings completed in the reference period, which have come up to the designed standards and have been put into use.

Completed Rate of Floor Space of Buildings refers to the ratio of the floor space of buildings completed in certain period of time to the floor space of buildings under construction in the same period that reflects the investment result and economic efficiency of the construction industry from the angle of the speed of project construction.

Newly Increased Fixed Assets refers to the value of investment in fixed assets which completed the construction and purchases and put into production or use. It is a value indicator of achievements of investment in fixed assets, reflecting the progress of construction and calculating the efficiency of investment in fixed assets.

Rate of Construction Projects Completed and Put into Use refers to the ratio of the number of construction projects completed and put into use in certain period of time to the number of projects under construction in the same period. This reflects the investment efficiency from the angle of the speed of projects construction.

Rate of Projects of Fixed Assets Completed and Put into Operation refers to the ratio of the newly increase fixed assets to the total investment made in the same period. This is a comprehensive indicator, reflecting the speed of the employment of fixed assets and the investment efficiency.

Real Estate Development and Investment It includes the investment by the real estate development companies of various registration types, commercial buildings construction companies and other real estate development units of various types of ownership in the construction of house buildings, such as residential buildings, factory buildings, warehouses, hotels, guesthouses, holiday villages, office buildings, and the complementary service facilities and land development projects, such as roads, water supply, power supply, heating, telecommunications, land leveling and other projects of infrastructure. It excludes the activities in simple land transactions.

Investment in Commercial Buildings refers to the investment in residential buildings, workshops, warehouses, hotels, official buildings, houses completed pulled down and returned, unified construction buildings and related service establishment for sale or rent by real estate development enterprises.

Residential Buildings refers to houses simply for resident, including villas, apartments, dormitory for staff and workers and students. It excludes the basements without people living in residential buildings.

Commercial Buildings refer to buildings for external business belongs to commercial, grain, supply-sales and catering departments and so on. Such as buildings of holiday villages, hotels, shops, grain shops, bookstores, supply-sales stores, catering restaurants, vegetable stores, gas stations and daily facilities stores.

Developed Land Area Completed refers to the land area of land development and prophase development projects completed, which can carry out construction or remise.

Purchased Land Area in Current Year refers to the land area accessible by various means in reporting period.

Area of Commercialized Housing Sold refers to total contracted area of commercialized housing (i.e. area of floor space as designated in the formal contracts signed by both sides)during the reference time. It constitutes floor space of completed housing and floor space of future housing.

Value of Commercialized Housing Sold refers to the total contracted value (i.e. value of sales/purchase for selling/purchase of commercialized housing as designated in the contract signed by both sides) during the reference time. This indicator has the same coverage as the area of commercialized housing sold, which constitutes as the area of commercialize housing sold, which constitutes floor space of completed housing and floor space of future housing.

Space of Commercial Houses for Sale refers to the space of commercial houses which are completed, for sale or rent but not yet in report period. It includes space of houses completed in former years and this period, but excludes space of houses completed during report period but unable to be sell or rent, such as houses completed pulled down and returned, unified construction buildings, public complementary buildings, houses for real estate companies owner-occupied and houses for turnover.

Actually Got Capital refers to capital that enterprises actually got from all the investors, including capital in kind, in form of money, as intangible assets participating enterprises such as inventions or technological achievements.

第六篇

对外经济贸易

FOREIGN ECONOMY & TRADES

（编辑：袁夏莹）

6－1 外贸进出口总额（1978－2014年）
Total Import & Export Value of Foreign Trade (1978－2014)

年份 Year	按人民币计算（万元） Calculated by RMB (10 000 yuan)				按美元计算（万美元） Calculated by USD (USD 10 000)			
	进出口总额 Total Import & Export Value	出口总额 Total Export Value	进口总额 Total Import Value	差额顺差+、逆差- Balance +,-	进出口总额 Total Import & Export Value	出口总额 Total Export Value	进口总额 Total Import Value	差额顺差+、逆差- Balance +,-
1978	45783	42305	3478	38827	26931	24885	2046	22839
1980	57112	55234	1878	53356	37823	36579	1244	35335
1985	153619	109260	44359	64901	52310	37205	15105	22100
1990	429517	348906	80611	268295	89797	72944	16853	56091
1991	544732	443062	101670	341392	102351	83248	19103	64145
1992	903567	611189	292378	318811	163850	110831	53019	57812
1993	1197113	763413	433700	329713	207760	132491	75269	57222
1994	2119857	1380777	739080	641697	245983	160222	85761	74461
1995	2689369	1880944	808425	1072519	321111	224585	96526	128059
1996	2349656	1590216	759440	830776	283132	191620	91512	100108
1997	2543484	1975177	568307	1406870	306821	238266	68555	169711
1998	2469994	2001785	468209	1533576	298377	241817	56560	185257
1999	1451332	1032287	419045	613242	175322	124701	50621	74080
2000	1686986	1236078	450908	785170	203789	149319	54470	94849
2001	1487461	1022629	464832	557797	179715	123554	56161	67393
2002	2011854	1248137	763717	484420	243032	150775	92257	58518
2003	2642161	1630853	1011308	619545	319173	197007	122166	74841
2004	3550058	1983071	1566987	416084	428847	239554	189293	50261
2005	4182696	2322127	1860569	461558	518289	287741	230548	57193
2006	5257761	2835001	2422761	412240	667398	359863	307535	52328
2007	6915250	3811510	3103740	707770	927686	511317	416369	94948
2008	9041850	5019577	4022274	997303	1324179	735117	589062	146055
2009	9699570	5715622	3983955	1731667	1420599	837110	583490	253620
2010	11808365	6408922	5399443	1009480	1770609	960988	809621	151367
2011	14818350	7912949	6905395	1007554	2333084	1245859	1087224	158635
2012	18525688	9722669	8803012	919657	2947369	1546841	1400527	146314
2013	20020330	11398148	8622181	2775967	3283690	1869499	1414191	455308
2014	24911476	14947146	9964330	4982816	4055305	2433004	1622301	810703

注：1. 外贸进出口数字自1999年起(含1999年)采用海关统计数据。
2. 按当年12月汇率计算。

Note: 1.The imports & exports figure of the foreign trade have adopted customs statistics data since 1999 (including 1999).
2.The change rate of RMB yuan to US dollar is calculated as the change rate of December of current year.

6-2 主要年份外贸进出口总额（按贸易方式分）
Total Import & Export Value of Foreign Trade in Main Years (by Type of Trade)

单位：万美元 (USD 10 000)

项 目	Item	1995	2000	2005	2010	2011	2012	2013	2014
合 计	**Total**	**321111**	**203789**	**518289**	**1770609**	**2333084**	**2947369**	**3283690**	**4055305**
一般贸易	Original Trade	261645	149839	358142	1068883	1276476	1446971	1491083	1466222
国家间、国际组织无偿援助和赠送的物资	Donation between Countries & from International Organizations		2	2	24	30	85	31	27
华侨、港澳台同胞、外籍华人捐赠物资	Donation from Overseas Chinese Compatriots in Hong Kong, Macao & Foreign Chinese		3		11	12			18
补偿贸易	Compensation Trade	3706							
来料加工装配贸易	Processing & Assembly Trade with Customers Materials	25112	16317	31841	23579	85166	94951	123424	325780
进料加工贸易	Processing Trade with Imported Materials		21221	44497	151060	221317	409329	389449	512598
寄售、代销贸易	Consign & Commission Trade		8	20					
边境小额贸易	Frontier Small Value Trade	24652	15013	70140	424094	625024	834777	1150876	1472781
来料加工装配进口的设备	Import Equipments for Processing & Assembly Trade with Customers Materials		7	311		177	57	37	
对外承包工程出口货物	Export Commodities for Contracted Projects with Foreign Countries & Regions		18	40	4675	5210	13957	2465	3688
租赁贸易	Leasing Trade			2		2			
外商投资企业作为投资进口的设备物资	Import Equipments & Materials as Investment of Foreign Investment Enterprises		1134	9842	8697	26526	16949	2401	2539
易货贸易	Barter Trade	5996	5						
免税外汇商品	Tax Free Foreign Exchange Commodities		6						
保税监管场所进出境货物	Import & Export Commodities in Bonded Supervision Areas		156	3349	55857	85757		68479	57449
海关特殊监管区域物流货物	Logistics Goods in Customs Special Supervision Areas								213313
海关特殊监管区域进口设备	Imported Equipment in Customs Special Supervision Areas								410
其它	Others		60	103	33729	7387	130293	55445	480

6－3 主要年份外贸出口总额（按贸易方式分）

Total Export Value of Foreign Trade in Main Years (by Type of Trade)

单位：万美元 (USD 10 000)

项目	Item	1995	2000	2005	2010	2011	2012	2013	2014
合计	**Total**	**224585**	**149319**	**287741**	**960988**	**1245859**	**1546861**	**1869499**	**2433004**
一般贸易	Original Trade	188402	118392	205852	462011	531479	501079	500380	498178
国家间、国际组织无偿援助和赠送的物资	Donation Between Countries & from International Organizations			2	20	30	85	31	27
华侨、港澳台同胞、外籍华人捐赠物资	Donation from Overseas Chinese Compatriots in Hong Kong, Macao & Foreign Chinese								18
补偿贸易	Compensation Trade	3429							
来料加工装配贸易	Processing & Assembly Trade with Customers Materials	16037	7976	16583	11645	32220	39932	50131	148259
进料加工贸易	Processing Trade with Imported Materials		14509	27498	109523	148935	248860	241636	299980
寄售、代销贸易	Consign & Commission Trade		8	20					
边境小额贸易	Frontier Small Value Trade	11369	8351	37729	331945	508593	724780	1047220	1400883
对外承包工程出口货物	Export Commodities for Contracted Projects with Foreign Countries & Regions		18	40	4675	5210	13957	2465	3688
租赁贸易	Leasing Trade			2		2			
易货贸易	Barter Trade	5348	2						
保税监管场所进出境货物	Import & Export Commodities in Bonded Supervision Areas		59		12220	14982		22903	13714
海关特殊监管区域物流货物	Logistics Goods in Customs Special Supervision Areas								68203
其它	Others		4	15	28949	4408	18168	4733	54

6—4 主要年份外贸进口总额（按贸易方式分）
Total Import Value of Foreign Trade in Main Years (by Type of Trade)

单位：万美元　　(USD 10 000)

项　目	Item	1995	2000	2005	2010	2011	2012	2013	2014
合　计	**Total**	**96526**	**54470**	**230548**	**809621**	**1087224**	**1400527**	**1414191**	**1622301**
一般贸易	Original Trade	73243	31447	152290	606872	744998	945891	990703	968043
国家间、国际组织无偿援助和赠送的物资	Donation between Countries & from Interna-tional Organizations		2		3			0	0
华侨、港澳台同胞、外籍华人捐赠物资	Donation from Overseas Chinese Compatriots in Hong Kong, Macao & Foreign Chinese		3		11				0
补偿贸易	Compensation Trade	277							
来料加工装配贸易	Processing & Assembly Trade with Customers Materials	9075	8341	15258	11934	52946	55019	73293	177521
进料加工贸易	Processing Trade with Imported Materials		6712	16999	41537	72382	160469	147813	212618
寄售、代销贸易	Consign & Commission Trade								
边境小额贸易	Frontier Small Value Trade	13283	6662	32411	92149	116431	109997	103656	71898
来料加工装配进口的设备	Import Equipments for Processing & Assembly Trade with Customers Materials		7	311	471	177		37	
租赁贸易	Leasing Trade								
外商投资企业作为投资进口的设备物资	Import Equipments & Materials as Invest-ment of Foreign Investment Enterprises		1134	9842	8697	26526	16949	2401	2539
易货贸易	Barter Trade	648	3						
保税监管场所进出境货物	Import & Export Commodities in Bonded Supervision Areas		97	3349	43638	70775		45577	43735
海关特殊监管区域物流货物	Logistics Goods in Customs Special Supervision Areas								145110
海关特殊监管区域进口设备	Imported Equipment in Customs Special Supervision Areas								410
其它	Others		62	88	4309	2989	112202	50711	427

6—5 主要年份外贸进出口总额（按企业性质分）
Total Import & Export Value in Main Years (by Nature of Enterprises)

单位：万美元 (USD 10 000)

项 目	Item	2008		2009		2010		2011		2012		2013		2014	
		出口 Export	进口 Import	出口 Export	进口 Import	出口 Export	进口 Import	出口 Export	进口 Import	出口 Export	进口 Import	出口 Export	进口 Import	出口 Export	进口 Import
总 计	**Total**	**735117**	**589062**	**837110**	**583490**	**960988**	**809621**	**1245859**	**1087224**	**1546841**	**1400527**	**1869499**	**1414191**	**2433004**	**1622301**
国有企业	State-Owned Enterprises	186634	137598	101583	155850	126064	271035	195818	296411	239671	410500	238576	464816	309461	540816
外商投资企业	Foreign Funded Enterprises	161965	292438	127766	239424	203246	288202	264702	429415	354236	608451	366759	580622	437073	623157
#合作企业	Sino-foreign Cooperation	1987	124	2678	88	2910	72	3193	220	2036	344	2559	1222	2533	544
合资企业	Sino-foreign Joint Venture	78104	85225	41970	51889	65776	86702	89585	156520	156513	282467	173573	301040	217059	364417
独资企业	Whouy Foreign-Owned	81874	207089	83118	187447	134560	201429	171923	272676	195687	325640	190628	278359	217481	258196
民营企业	Civilian-Owned Enterprises	386519	159026	607760	188037	631677	250187	785340	361012	952935	381569	1264164	368753	1686470	458286
#集体企业	Collective-Owned Enterprises	27228	4245	15810	5175	17171	4812	17685	6588	13316	11643	10759	6944	12437	1260
私营企业	Private Enterprises	358753	154618	591803	182857	614196	245375	767196	354425	939203	369927	1253101	361788	1673675	457021
个体工商户	Individual-Owned Business			146	5	311	0	460	0	415	0	304	21	358	4

6—6 广西同主要国家（地区）进出口商品总值（2014年）
Total Import & Export Value by Country & Region(2014)

单位：万美元 (USD 10 000)

进口原产国(地) Imported from Countries (Regions) of Origin	出口最终目的（地） Exported to Final Destination	进出口 Import & Export	出口 Export	进口 Import	2014年比2013年增减% 2014 as % of 2013		
					进出口 Import & Export	出口 Export	进口 Import
总 值	**Total**	**4055304.5**	**2433003.9**	**1622300.6**	**23.5**	**30.2**	**14.8**
亚洲	**Asia**	**2739927**	**2089575**	**650352**	**30.3**	**36.6**	**13.6**
中国香港	Hong Kong, China	264549	258156	6394	50.1	57.8	-49.3
印度	India	21510	18256	3255	-23.5	-15.6	-50.0
印度尼西亚	Indonesia	102999	54385	48614	0.6	187.1	-41.7
日本	Japan	61779	34120	27660	12.6	4.6	24.1
马来西亚	Malaysia	51954	20886	31068	-32.1	11.1	-46.2
菲律宾	the Philippines	41155	10734	30422	113.4	50.3	150.6
新加坡	Singapore	86098	70410	15688	30.4	63.1	-31.4
韩国	Republic of Korea	44988	22922	22066	16.2	35.2	1.3
泰国	Thailand	57863	15349	42514	17.8	-25.7	49.2
越南	Viet Nam	1633772	1529860	103912	28.7	33.8	-17.7
台湾省	Taiwan Province	137506	11197	126309	170.6	45.8	192.8
非洲	**Africa**	**209141**	**37835**	**171306**	**79.3**	**2.8**	**114.5**
加蓬	Gabon	4597	314	4282	-42.4	-41.3	-42.5
南非	South Africa	38556	2822	35734	12.6	-17.9	16.0
欧洲	**Europe**	**193110**	**97333**	**95777**	**-22.7**	**-3.9**	**-35.5**
比利时	Belgium	6515	4602	1913	-16.6	-18.9	-10.5
英国	United Kingdom	14050	10215	3835	-2.0	-9.9	28.0
德国	Germany	37893	15890	22004	-48.4	9.1	-62.7
法国	France	13597	5271	8326	-2.7	11.8	-10.2
意大利	Italy	13920	7688	6233	17.0	-3.7	59.3
荷兰	Netherlands	13648	12455	1193	-1.4	26.7	-70.3
西班牙	Spain	11480	6129	5351	51.5	10.5	163.4
芬兰	Finland	3872	816	3056	-25.7	30.9	-33.4
瑞典	Sweden	3924	2652	1271	-13.1	20.5	-45.0
俄罗斯联邦	Russia	19666	10473	9193	-32.0	-23.8	-39.4
拉丁美洲	**Latin America**	**427053**	**37219**	**389834**	**47.7**	**-21.1**	**61.1**
北美洲	**North America**	**333543**	**149697**	**183846**	**-3.1**	**16.2**	**-14.6**
加拿大	Canada	85812	9242	76570	-11.2	-11.0	-11.2
美国	United States	247731	140455	107276	0.1	18.5	-16.8
大洋洲	**Oceanic**	**152528**	**21345**	**131183**	**-15.7**	**-16.1**	**-15.7**
澳大利亚	Australia	147063	19251	127812	-17.5	-20.5	-17.0
东南亚国家联盟	**Association of Southeast Asia**	**1988601**	**1707316**	**281285**	**24.9**	**35.7**	**-15.6**
欧洲联盟	**European Union**	**141457**	**78856**	**62602**	**-19.4**	**5.7**	**-37.9**
亚太经济合作组织	**Asia Pacific Economic Cooperation**	**3212615**	**2221411**	**991204**	**24.9**	**33.9**	**8.6**

注：东南亚国家联盟包括：文莱、印度尼西亚、马来西亚、菲律宾、新加坡、泰国、越南、缅甸、柬埔寨、老挝。
欧洲联盟包括：比利时、丹麦、英国、德国、法国、爱尔兰、意大利、卢森堡、荷兰、希腊、葡萄牙、西班牙、奥地利、芬兰、瑞典、塞浦路斯、匈牙利、马耳他、波兰、爱沙尼亚、拉托维亚、立陶宛、斯洛文尼亚、捷克、斯洛伐克、罗马尼亚、保加利亚。
亚太经济合作组织包括：文莱、香港、印度尼西亚、日本、马来西亚、菲律宾、新加坡、韩国、泰国、中华人民共和国、台湾省、智利、墨西哥、加拿大、美国、澳大利亚、新西兰、巴布亚新几内亚、越南、俄罗斯、秘鲁。

Note: Association of Southeast Asia includes: Brunei, Indonesia, Malaysia, the Philippines, Singapore, Thailand, Viet Nam, Myanmar,Cambodia, Laos.
European Union include: Belgium, Denmark, United Kingdom, Germany, France, Ireland, Italy, Luxembourg, Holland, Greece,Portugal, Spain, Austria, Finland, Sweden, Cyprus, Hungary, Malta, Poland, Estonia, Lithuania , Latvia, Slovenia ,Czech , Slovakia, Romania, Bulgaria.
Asia Pacific Economic Cooperation include: Brunei, Hong Kong, Indonesia, Japan, Malaysia, the Philippines, Singapore, Republic of Korea, Thailand, People's Republic of China, Taiwan Province, Chile, Mexico, Canada, United States, Australia, New Zealand, Papua New Guinea, Viet Nam, Russia, Peru.

6—7　广西与东盟进出口商品总值（2014年）
Total Import & Export Value from Guangxi to ASEAN (2014)

单位：万美元　　(USD 10 000)

主要贸易方式	Main Form of Trade	进出口 Import & Export	出口 Export	进口 Import
合计（亿美元）	Total (100 million USD)	198.86	170.73	28.13
边境小额贸易	Frontier Small Value Trade	147.28	140.09	7.19
一般贸易	Original Trade	29.54	13.98	15.56
进料加工贸易	Processing Trade with Imported Materials			
来料加工装配贸易	Processing & Assembly Trade with Customers Materials	10.78	10.58	0.20
海关特殊监管区域物流货物	Logistics Goods in Customs Special Supervision Areas	5.70	2.98	2.72
主要贸易国别	**Main Countries of Trade**			
#合计	Total	1988601	1707316	281285
越南	Vietnam	1633772	1529860	103912
印度尼西亚	Indonesia	102999	54385	48614
新加坡	Singapore	86098	70410	15688
马来西亚	Malaysia	51954	20886	31068
泰国	Thailand	57863	15349	42514
菲律宾	the Philippines	41155	10734	30422
缅甸	Myanmar	3656	3579	77
柬埔寨	Cambodia	4372	1341	3031
老挝	Laos	6446	671	5775
文莱	Brunei	286	100	186

6—8 各市进出口商品总值（2014年）
Total Import & Export Value by City (2014)

单位：万美元 (USD 10 000)

地 区	Region	进出口 Import & Export	出口 Export	进口 Import
全 区	**Guangxi**	**4055305**	**2433004**	**1622301**
南宁市	Nanning City	481410	261702	219708
柳州市	Liuzhou City	226825	80197	146628
桂林市	Guilin City	94327	77225	17101
梧州市	Wuzhou City	124948	50777	74171
北海市	Beihai City	350016	175176	174840
防城港市	Fangchenggang City	546866	150522	396344
钦州市	Qinzhou City	533447	201112	332334
贵港市	Guigang City	30603	18703	11900
玉林市	Yulin City	48681	32224	16458
百色市	Baise City	72850	53059	19792
贺州市	Hezhou City	17306	7351	9955
河池市	Hechi City	47929	2291	45639
来宾市	Laibin City	10688	4699	5989
崇左市	Chongzuo City	1469407	1317965	151442

6—9 主要出口商品数量及金额（2014年）
Volume & Value of Major Export Commodities (2014)

单位：万美元 (USD 10 000)

商品名称	Item	数量 Volume	金额 Value
活猪（种猪除外）（万头）	Live Hogs(except for the boar) (10 000 heads)	520	1313
活家禽（万只）	Live Poultry (10 000 heads)	69	189
猪肉（吨）	Pork (ton)	291	152
水海产品（吨）	Aquatic & Seawater Products (ton)	106071	58334
谷物及谷物粉（吨）	Cereals & Cereals Flour (ton)	1325	350
蔬菜（吨）	Vegetables (ton)	335260	48010
粮食（吨）	Grain(ton)	87161	14004
鲜、干水果及坚果（吨）	Fresh, Dried Fruits & Nuts (ton)	329849	30042
食用油籽（吨）	Edible Oil Seeds (ton)	895	228
茶叶（吨）	Tea (ton)	1253	594
蘑菇罐头（吨）	Canned Mushroom (ton)	865	159
肥料（吨）	Fertilizer(ton)	423297	13574
中药材及中式成药（吨）	Medicinal Materials (ton)	27488	10657
生丝（吨）	Raw Silk (ton)	1147	6221
黏土及其他耐火矿物（吨）	Clay & Other Refractory Minerals (ton)	172398	196
天然硫酸钡（重晶石）（吨）	Nature barium sulfate (Barite) (ton)	805971	9524
滑石（吨）	Talcum (ton)	205604	6448
氧化锌及过氧化锌（吨）	Zinc Oxide & Zinc Peroxide (ton)	504	52
锌钡白（立德粉）（吨）	Lithopone (ton)	4159	224
医药品（吨）	Medicinal & Pharmaceutical Products (ton)	2410	9016
烟花、爆竹（吨）	Fireworks & Firecrackers (ton)	19836	5712
松香及树脂酸（吨）	Resin & Resin Acids (ton)	8185	2007
家用或装饰用木制品（吨）	Wooden Products for household Use or Decoration (ton)	6856	2027
纸及纸板（未切成形的）（吨）	Paper & Paperboard in Rolls (ton)	37069	10064
纺织纱线、织物及制品	Spin Yarn, Fabric & the Products	—	208992
水泥及水泥熟料（吨）	Cement (ton)	12743	101
平板玻璃（万平方米）	Plain Glass (10 000 sq.m)	105	30
家用陶瓷器皿（吨）	Porcelain & Pottery Wares for Family Use (ton)	83310	15277
珍珠、钻石、宝石及半宝石	Pearls , Precious or Semi-Stones	—	494
钢材（吨）	Rolled Steel (ton)	171468	21132
未锻造的铜及铜材（吨）	Unwrought Copper & Related Products (ton)	10973	8299

6－9 续表 continued

单位：万美元 (USD 10 000)

商品名称	Item	数量 Volume	金额 Value
未锻造的铝及铝材（吨）	Unwrought Aluminum & Related Products(ton)	39926	14216
液化石油气及其他烃类气（吨）	Liquified Petroleum Gas & Other Hydrocarbon Gases	106425	10271
磷酸及多磷酸（吨）	Phosphoric Acid & Polyphosphoric Acid	198030	16339
未锻造的锰（吨）	Unwrought Manganese (ton)	28055	5859
手用或机用工具（吨）	Hand Tools & Tools for Machines (ton)	18129	38438
电扇（万台）	Fans (10 000 units)	3648	8882
金属加工机床（台）	Machine Tools (unit)	76434	9705
自动数据处理设备及其部件（万台）	Automatic Data Processing Machines & Compo-nents (10 000 sets)	3590	80203
轴承（万套）	Bearings (10 000 units)	3203	4094
原电池（万个）	Primary Cells & Batteries (10 000 units)	44504	3501
蓄电池（万个）	Electric Accumulators (10 000 units)	833	7055
扬声器（万个）	Loudspeakers (10 000 units)	114	988
电容器（吨）	Electrical Capacitors (ton)	1553	42485
电线和电缆（吨）	Electric Wires & Cables (ton)	28106	16310
汽车（包括整套散件）（辆）	Motor Vehicles & Chassis (unit)	26855	33473
汽车零件	Parts of Motor Vehicles	—	21579
摩托车（辆）	Motorcycle (unit)	184029	6160
船舶（艘）	Ships(unit)	118	866
家具及其零件	Furniture & accessory	—	10737
灯具、照明装置及类似品	Lights ,Lighting Apparatus & Similar Articles	—	22443
箱包及类似容器	Boxes, Bags & similar container	—	7645
服装及衣着附件	Garments & Clothing Accessories	—	333202
鞋类（吨）	Footwear(ton)	—	50955
塑料制品（吨）	Plastic Articles (ton)	20168	17062
贵金属或包贵金属的首饰	Precious Metal or Jewelry of Rolled Precious Metal	—	242
圣诞用品（吨）	Articles for Christmas (ton)	3555	3620
竹编结品（吨）	Bamboo Products (ton)	1870	1260
藤编结品（吨）	Rattan Products (ton)	3713	1262
草编结品（吨）	Straw Mats & Straw Products (ton)	2342	1015
手表（万只）	Wrist Watches (10 000 units)	1	5
机电产品（包括本目录已具体列名的机电产品）	Mechanical & Electrical Products (including those have been show in this content)	—	1073956
高新技术产品（包括本目录已具体列名的机电产品）	High & New-tech Products (including those have been show in this content)	—	287822

6—10 主要进口商品数量及金额（2014年）
Volume & Value of Major Import Commodities (2014)

单位：万美元 (USD 10 000)

商品名称	Item	数量 Volume	金额 Value
鲜、干水果及坚果(吨)	Fresh & Dry Fruit, Nuts (ton)	663662	34262
大豆（万吨）	Soybean (10 000 tons)	503	285562
食用植物油（万吨）	Edible Vegetable Oil (10 000 tons)	1.45	1050
天然橡胶（包括胶乳,吨）	Natural Rubber (including Latex, ton)	12935	2358
合成橡胶（包括胶乳,吨）	Synthetic Rubber (including Latex, ton)	704	195
原木（吨）	Logs (ton)	24500	7080
锯材（吨）	Wood Sawn (ton)	11700	720
纸浆（吨）	Paper Pulp (tons)	177311	11677
纺织用合成纤维（吨）	Synthetic Fibers Suitable for Spinning (ton)	815	235
铁矿砂及其精矿（万吨）	Iron Ore (10 000 tons)	1333	128619
锰矿砂及其精矿（万吨）	Manganese Ores (10 000 tons)	226	37921
煤（万吨）	Coal (10 000 tons)	1154	90297
成品油（万吨）	Petroleum Products Refined (10 000 tons)	9	8306
医药品（吨）	Pharmaceutical Products (ton)	174	1208
初级形状的塑料（吨）	Primary Plastic (ton)	20398	4890
牛皮革及马皮革（吨）	Cattle Hide & Horsehide (ton)	60900	13515
棉纱线（吨）	Cotton Yarn (ton)	518	333
合成纤维纱线（吨）	Synthetic Fibers, Continuous Filament & Yarn (ton)	355	260
合成纤维长丝机织物（万米）	Synthetic Fibers, Continuous Filament Woven Fabrics (10 000 m)	990	1352
针织或钩编织物	Garments, knitted or Crocheted	—	903
原油（吨）	Crude Oil (ton)	2567056	200723
钢材（吨）	Rolled Steel (ton)	17040	1978
未锻造的铜及铜材（吨）	Unwrought Copper & Related Products (ton)	22328	16759
未锻造的铝及铝材（吨）	Unwrought Aluminum & Related Products (ton)	5217	1175
液泵及液体提升机（台）	Liquid Pump & Machine with Liquid Exaltation (unit)	61450	2034
活塞式内燃机的零件（吨）	Accessories of Gas Engine with Liquid Exaltation (ton)	275	620
空气调节器（台）	Air Conditioners (set)	16	23
机械提升搬运装卸设备及零件	Portage, Load & Unload Equipments & Accessories with Machine Exaltation	—	2401
建筑及采矿用机械及零件	Building, Mining Machinery & Accessory	—	729
食品、饮料工业用加工机械及零件	Food & Drink Processing Machinery & Accessory	—	135
制造纸及纸制品用机械及零件	Papermaking & Paper Products Machinery & Accessory	—	508
印刷、装订机械及零件	Printing & Binding Machinery & Accessory	—	3906
纺织机械及零件	Spinning Machinery & Accessory	—	437
金属加工机床（台）	Machine Tools (unit)	213	11497
橡胶或塑料加工机械及零件	Rubber or Plastic Processing Machinery & Accessory	—	501
阀门（万套）	Valves (10 000 sets)	77	1881
自动数据处理设备及其部件（千台）	Automatic Data Processing Machines & Components (1 000 sets)	6467	32748
电话机(台)	Telephone sets (set)	264	3
通断及保护电路装置及零件	Electrical Apparatus for Switching or Protecting Electrical Circuit	—	7516
电线和电缆（吨）	Electric Wires & Cables (ton)	2501	6574
汽车（包括整套散件）（辆）	Motor Vehicles (including complete sets of spare parts) (unit)	231	918
汽车零件	Parts of Motor Vehicles	—	1109
机电产品（包括本目录具体列名的机电产品）	Mechanical & Electrical Products (including those have been show in this content)	—	324181
高新技术产品（包括本目录已具体列名的机电产品）	High & New-tech Products (including those have been show in this content)	—	177581

6－11 外商直接投资额（1979－2014年）
Foreign Direct Investment (1979－2014)

单位：万美元 (USD 10 000)

年份 Year	外商直接投资 Foreign Direct Investments	年份 Year	外商直接投资 Foreign Direct Investments
1979-1983	1226	2001	38415
1985	1251	2002	41726
1990	3025	2003	45619
		2004	29579
1991	3871	2005	37866
1992	18026		
1993	87203	2006	44740
1994	81506	2007	68396
1995	66952	2008	97119
		2009	103533
1996	66618	2010	91200
1997	87986		
1998	88613	2011	101381
1999	63730	2012	74853
2000	52466	2013	70008
		2014	100119

6－12 主要年份实际利用外资情况
Basic Statistics of Foreign Capital Actually Utilized in Main Years

单位：万美元 (USD 10 000)

项目	Item	1995	2000	2006	2010	2011	2012	2013	2014
外商直接投资	**Foreign Direct Investment**	**66952**	**52466**	**44740**	**91200**	**101381**	**74853**	**70008**	**100119**
按投资方式分	By Investment Manner								
独资经营	Sole Investment	15163	18476	25150	65377	78103	43660	34258	65088
合资经营	Joint-venture	41367	16413	18120	25770	22698	21298	33469	35031
合作经营	Cooperative	10422	15477	1470	53		6	0	0
股份制	Share Holding							2281	0
按国民经济行业分	By National Economic Sector								
1.农林牧渔业	Farming, Forestry, Animal Husbandry & Fishery	2917	2092	2594	10090	6206	2509	625	310
2.工业	Industry	33316	22697	34408	46989	64424	30519	41911	44552
3.建筑业	Construction	3517	6157	221	2	30	0	0	0
4.交通运输、仓储和邮政业	Transport, Storage & Post	4587	2147	995	3003	18154	6121	5830	2263
5.批发和零售贸易、住宿和餐饮业	Wholesale, Retail Trade, Hotel & Catering Services	1369	492	1458	14268	8260	4716	4016	2701
6.房地产业	Real Estate	19997	11607	3806	11925	3233	15024	3794	40673
7.其他行业	Other Sectors	1249	7274	1258	4923	1074	15964	13832	9620
按国别、地区分	By Countries, Region								
#中国香港	Hong Kong, China	37226	20204	15559	52114	54275	42352	37047	54020
中国澳门	Macao, China	2420	1321	402	2579	2910	445	669	972
日本	Japan	3175	524	1019	1347	1480	6	13	21
新加坡	Singapore	4039	1407	1817	6010	3094	2964	0	1105
中国台湾	Taiwan, China	4295	4750	880	990	972	363	186	791
泰国	Thailand	4464	609	12	590		0	790	663
美国	United States	2004	1282	935	135	11	3024	18	719
英属维尔京群岛	British Virgin Islands		6815	11704	11708	6044	5546	9659	8589

注：1995年“房地产业”数据包含“租赁和商务服务业”。
Note: The data on “Real Estate” in 1995 includes “Leasing & Bnsiness Service”.

6—13 主要年份分市新签外商直接投资项目和金额
Items & Value of Utilization of Foreign Direct Investment Through Newly Signed Agreement by City in Main Years

城 市	City	1995	2000	2005	2010	2011	2012	2013	2014
新签项目个数（个）	**Number of Items Newly Signed (unit)**	**571**	**246**	**351**	**190**	**169**	**109**	**109**	**138**
南宁市	Nanning	88	31	89	73	57	37	49	59
柳州市	Liuzhou	36	8	20	10	8	5	11	6
桂林市	Guilin	116	45	49	18	13	11	9	18
梧州市	Wuzhou	85	41	53	19	14	5	5	6
北海市	Beihai	56	17	32	21	9	6	6	9
防城港市	Fangchenggang	24	23	11	8	3	4	1	2
钦州市	Qinzhou	20	8	24	11	23	13	11	10
贵港市	Guigang		9	7	6	11	5	3	6
玉林市	Yulin	62	43	23	14	11	5	6	7
百色市	Baise	2	3	8	1	4	3	1	1
贺州市	Hezhou	30	7	19	3	3	6	2	5
河池市	Hechi	9	5	4	1	0	0	1	2
来宾市	Laibin	18	5	4	1	6	5	3	2
崇左市	Chongzuo	4	1	8	4	7	4	1	5
新签项目合同外资额（万美元）	**Foreign Capital to Be Utilized through the Newly Signed Agreements & Contracts(USD 10 000)**	**104177**	**71549**	**110182**	**209523**	**103165**	**91192**	**215771**	**191691**
南宁市	Nanning	23557	10637	31704	70743	38396	23916	23053	77629
柳州市	Liuzhou	8275	3380	3909	6124	11396	3659	3388	10357
桂林市	Guilin	10772	6550	15437	1543	61	3244	17335	38399
梧州市	Wuzhou	5837	3151	12609	9325	4487	6541	1240	599
北海市	Beihai	10155	821	9596	30177	8214	3217	93666	2502
防城港市	Fangchenggang	3746	34536	14158	5296	1392	2794	6953	1239
钦州市	Qinzhou	12048	3057	7127	20188	13752	24278	28415	34886
贵港市	Guigang		521	255	6246	9019	2320	14020	10917
玉林市	Yulin	16465	2210	2834	11445	5899	2238	2457	5542
百色市	Baise	429	412	1502	354	3856	4560	45	-1881
贺州市	Hezhou	2303	559	1331	26348	1612	6976	4368	3878
河池市	Hechi	2605	4345	1826	265	-1682	-471	12807	2487
来宾市	Laibin	947	530	637	3435	5702	2890	3687	2414
崇左市	Chongzuo	903	840	7257	18034	1061	5030	4337	2723

6－14 主要年份对外承包工程
Overseas Contracted Projects in Main Years

项 目	Item	1995	2000	2005	2010	2011	2012	2013	2014
合同项目（个）	**Contracted Projects(unit)**	**19**	**14**	**12**	**39**	**13**	**23**	**28**	**81**
#巴基斯坦	Pakistan	3							
越南	Vietnam	11	8	1					
泰国	Thailand			2					
安哥拉	Angola			2					
纳米比亚	Namibia			4					
冈比亚	The Gambia			3					
印度尼西亚	Indonesia								
合同金额（万美元）	**Contracted Value (USD 10 000)**	**7634**	**2994**	**1233**	**61019**	**55061**	**29703**	**32008**	**86373**
#巴基斯坦	Pakistan	930							
越南	Vietnam	5137	699	346					
泰国	Thailand			66					
安哥拉	Angola			206					
纳米比亚	Namibia			224					
冈比亚	The Gambia			391					
印度尼西亚	Indonesia								
当年完成营业额（万美元）	**Volume of Business Fulfilled in the Year (USD 10 000)**	**8292**	**5042**	**2421**	**56429**	**65296**	**74972**	**83002**	**87736**
#境内国际招标工程	Domestic International Bidding Process Projects								

主要统计指标解释

进出口总额 海关进出口总额指实际进出我国国境的货物总金额，它可用以观察一个国家在对外贸易方面的总规模。进出口总额统计范围包括：对外贸易实际进出口货物，来料加工装配进出口货物，国家间、联合国及国际组织无偿援助物资和赠送品，华侨、港澳台同胞和外籍华人捐赠品，租赁期满归承租人所有的租赁货物，进料加工进出口货物，边境地方贸易及边境地区小额贸易进出口货物（边民互市贸易除外），中外合资、合作、外商独资企业进出口货物和公用物品，到、离岸价格在规定限额以上的进出口货样和广告品（无商业价值、无使用价值和免费提供出口的除外），从保税仓库提取在中国境内销售的进口货物，以及其他进出口货物。我国规定出口货物按离岸价格统计，进口货物按到岸价格统计。

外商直接投资 指外国及港澳台地区法人和自然人在中国大陆地区以现金、实物、无形资产等进行的各种方式的投资，并且在非上市公司总的全部投资及在单个外国投资者所占股权比例不低于10%的上市公司总的投资。

外国投资者可以用现金、实物和技术等投资，还可以用从外商投资企业获得的利润进行再投资。

对外承包工程 指我国境内企业法人或者其他经济组织按照国际通行做法，在国外及港澳台地区承揽、实施工程建设项目的勘察、设计、施工、监理、设备材料采购、安装调试、工程咨询、工程管理等经营活动。

Explanatory Notes on Main Statistical Indicators

Total Import & Export Value refers to the value of commodities imported into and exported from the boundary of China, it can be used to observe the total scale in foreign trade of a country. It includes: the actual imports and exports through foreign trade, imported and exported goods under the processing and assembling trades and materials, supplies and gifts as aid given gratis between governments and by the United Nations and other international organizations, the donated products of overseas Chinese, compatriot from Hong Kong, Macao and Taiwan and Chinese of foreign nationality, lease goods belonging to lessee after expiring leasing period, the imports and exports of processing with imported materials, the local trade in the border and cargoes imported and exported of small trade of border area (excluding the trade between the residents in the border), the imported and exported commodities and articles for public use of the Sino-foreign joint ventures, cooperative enterprises and ventures exclusively with foreign own investment, imported and exported sample of regulation and advertising product that are in the stipulated above-norm of the CIF and FOB (excluding which have no commercial value, using value and which export for free), the imports that are picked up from the bonded warehouse and sale in china, and other imports and exports. In our country, exports are calculated according to FOB, and imports are calculated according to CIF.

Foreign Direct Investment refers to the investment made in Chinese mainland area by corporations or natural persons from foreign countries, Hong Kong, Macao and Taiwan areas in various ways (e.g. cash, kind, intangible assets etc.), and also includes the total investment in unlisted companies and the investment in listed companies with the proportion of stock ownership no less than 10% from individual foreign investor.

Foreign investors can also invest in cash, kind and techniques, and reinvest with the profit gained from foreign-invested enterprises.

Overseas Contracted Projects refers to the business operations during the engineering construction projects contracted or carried out according to international practices in foreign countries, Hong Kong, Macao and Taiwan areas by Chinese domestic corporations or other economic institutions, such as surveying, designing, building, supervising, equipment and material purchasing, installation and debugging, project consulting, project managing etc.

第七篇

资源与环境

NATURAL RESOURCES & ENVIRONMENT

（编辑：黄浩洲　朱旭芳）

7—1 自然资源（2014年）
Natural Resources (2014)

指　　标	Indicators	2014
一、土地（2014年数据）	Land（Data in 2014）	
土地面积（万平方公里）	Land Area(10 000 sq.km)	23.76
按土地特征分：（万公顷）	By Land Use(10 000 hectares)	
林地面积	Area of Afforested Land	1331.53
牧草地面积	Grass Area	0.52
水域及水利设施用地面积	Water Area & Water Conservancy Facilities Area	86.20
二、海洋	Sea	
海岸线长度（公里）	Length of Mainland Shore(km)	1628.59
浅海面积（平方公里）	Shallow Sea Area(sq.km)	6488.31
滩涂面积（平方公里）	Sea-beach Area(sq.km)	1005.31
三、气候	Climate	
年平均气温（℃）	Annual Average Temperature(℃)	21.0
年平均日照时数（小时）	Annual Average Sunshine Time(hour)	1479
年平均降水量（毫米）	Annual Average Precipitation(mm)	1638.8
四、森林	Forest	
森林面积（万公顷）	Forest Area(10 000 hectares)	1474.51
人均森林面积（亩，按常住人口平均）	Per Capita Forest Area(mu，Average by Permanent Population)	4.67
森林蓄积量（万立方米）	Stock Volume of Forest(10 000 cu.m)	68044

注:本表资料由自治区国土厅、海洋局、林业厅、气象局气候中心气候变化评价室提供。土地数据为2014年数。

Note: Autonomous Region Territorial Resources Bureau, Oceanic Administration Bureau,Forestry Bureau and Evaluation Office for Climatic Variation in Weather Center of Meteorological Bureau provide the data in this table.The data of the land is in 2014.

7－1　续表 1　countinued

指　　标	Indicators	2014
森林覆盖率（%）	Forest-coverage Rate(%)	62.00
按市分	Grouped by City	
南 宁 市	Nanning	47.50
柳 州 市	Liuzhou	64.90
桂 林 市	Guilin	70.80
梧 州 市	Wuzhou	75.85
北 海 市	Beihai	36.30
防城港市	Fangchenggang	58.17
钦 州 市	Qinzhou	54.11
贵 港 市	Guigang	46.30
玉 林 市	Yulin	60.91
百 色 市	Baise	67.02
贺 州 市	Hezhou	72.85
河 池 市	Hechi	68.47
来 宾 市	Laibin	51.26
崇 左 市	Chongzuo	54.60
五、矿产资源（保有资源储量，万吨）	**Mineral Ensured Reserves (10 000 tons)**	
锰矿（矿石）	Manganese (ore)	33714
锡（Sn）	Tin	69
砷（As）	Arsenic	36
钨（Wo_3）	Wolfram	33
锑（Sb）	Antimony	50
铝土矿（矿石）	Bauxite(ore)	83833
滑石（矿石）	Talcum(ore)	1187
重晶石（矿石）	Barite(ore)	4919
镁（白云岩,矿石）	Magnesium(dolomite,ore)	161
硫铁矿（矿石）	Troilite(ore)	26166
煤矿（矿石）	Coal(ore)	225272

7-2 主要河流基本情况（2014年）
Major Rivers (2014)

河流名称	River	流域面积（万平方公里）Drainage Area (10 000 sq.km)	年径流量（亿立方米）Annual Flow (100 million sq.m)	水力资源蕴藏量（万千瓦）Hydropower Resource (10 000 kw)	流域面积占全区总面积的比重（%）As Percentage of Total Drainage Area of Guangxi (%)
全自治区	**Total**	**23.67**	**1978.10**	**2133.00**	**100.00**
#红水河	Hongshuihe River	3.86	255.33	690.00	16.30
郁　江	Yujiang River	6.81	262.69	355.86	28.80
西江下游区	Lower Reaches of Xijiang River	2.14	171.11	25.82	9.00
桂　江	Guijiang River	1.82	290.47	146.20	7.70
南流江	Nanliujiang River	0.92	91.77	49.06	3.90
柳　江	Liujiang River	4.20	430.07	341.82	17.70
贺　江	Hejiang River	0.84	64.46		3.50

注：本表数据由自治区水利厅提供,下表同。

Note: The data in this table and the above one is provided by Autonomous Region Water Conservancy Bureau.

7—3 水资源基本情况
Water Resources of Guangxi

年份与市别	Year & Cities	地表水资源量 (亿立方米) Volume of Surface Water Resources (100 million cu.m)	地下水资源量 (亿立方米) Volume of Underground Water Resources (100 million cu.m)	人均水资源量 (立方米/人) Per Capita Water Resources (cu.m/person)
2000		1592.10	385.01	3375.00
2001		2415.10	438.78	5031.00
2002		2372.60	514.50	4942.00
2003		1807.10	575.30	3740.00
2004		1604.52	321.53	3282.00
2005		1720.82	365.69	3494.00
2006		1881.00	453.20	3792.00
2007		1377.83	341.30	2891.02
2008		2282.45	504.77	4739.41
2009		1484.31	256.84	3069.29
2010		1823.60	355.80	3962.00
2011		1350.02	271.21	2909.00
2012		2086.36	587.34	4476.04
2013		2057.33	478.12	4359.67
		1978.06	402.97	4163.50
南宁市	Nanning	126.42	30.18	1828.52
柳州市	Liuzhou	211.71	25.66	5447.32
桂林市	Guilin	335.36	57.99	6817.45
梧州市	Wuzhou	104.25	30.34	3503.61
北海市	Beihai	26.81	9.80	1749.70
防城港市	Fangchenggang	92.62	21.75	10200.44
钦州市	Qinzhou	97.02	26.20	3050.37
贵港市	Guigang	86.65	14.00	2036.14
玉林市	Yulin	107.29	28.49	1895.55
百色市	Baise	206.38	43.81	5782.90
贺州市	Hezhou	112.34	22.32	5579.62
河池市	Hechi	240.3	45.12	6962.39
来宾市	Laibin	103.38	20.28	4777.93
崇左市	Chongzuo	127.55	27.03	6253.06

7—4 供水用水情况（2014年）

Statistics of Water Supply & Consumption(2014)

单位：亿立方米 (100 million cu.m)

地区	Region	供水总量 Total Volume of Water Supply	#地表水 Surface Water	用水总量 Total Volume of Water Consumption	#农田灌溉用水 Water for Irrigation of Agricultural Land	工业用水 Water Consumption for Industry	居民生活用水 Water Consumption for Household
全自治区	**Total**	**307.60**	**296.02**	**307.60**	**188.37**	**56.79**	**27.75**
南宁市	Nanning	42.60	40.64	42.60	24.13	10.15	4.20
柳州市	Liuzhou	23.06	21.71	23.06	12.32	5.88	2.61
桂林市	Guilin	41.83	41.10	41.83	29.81	4.32	3.05
梧州市	Wuzhou	15.38	15.36	15.38	8.56	2.76	1.89
北海市	Beihai	11.52	10.01	11.52	6.49	1.91	1.03
防城港市	Fangchenggang	6.61	6.58	6.61	3.15	1.65	0.52
钦州市	Qinzhou	15.15	14.50	15.15	10.33	1.77	1.73
贵港市	Guigang	31.41	30.25	31.41	21.18	4.67	2.30
玉林市	Yulin	25.97	24.96	25.97	16.16	3.17	3.29
百色市	Baise	20.86	19.97	20.86	12.97	3.15	1.91
贺州市	Hezhou	15.70	15.34	15.70	11.78	0.79	1.05
河池市	Hechi	15.95	15.31	15.95	11.19	1.16	1.85
来宾市	Laibin	28.51	28.06	28.51	11.59	14.04	1.19
崇左市	Chongzuo	13.04	12.22	13.04	8.71	1.38	1.12

注：本表由自治区水利厅提供。
Note: The data in this table is provided by Autonomous Region Water Conservancy Bureau.

7—5 主要城市气象站点平均气温（2014年）

单位：℃

城 市	City	1月 Jan.	2月 Feb.	3月 Mar.	4月 Apr.	5月 May.	6月 Jun.
南 宁	Nanning	12.6	12.8	17	23.7	26.9	28.2
柳 州	Liuzhou	13.2	11.2	15.6	21.8	25.4	28.2
桂 林	Guilin	11.2	8.5	14.1	19.8	23.2	27.4
梧 州	Wuzhou	13.3	12.3	16.6	22.5	25	28
北 海	Beihai	15.6	14.6	19	24.5	27.6	29.4
防城港	Fangchenggang	15.6	14.1	17.5	23.8	27	28.8
钦 州	Qinzhou	15.6	14.2	17.8	24.6	27.7	29.4
贵 港	Guigang	13.9	12.7	16.8	23.2	26.3	28.7
玉 林	Yulin	14.8	13.2	17.5	23.3	25.9	28.2
百 色	Baise	13.4	14.1	18.4	25	27.9	28.3
贺 州	Hezhou	11.5	9.7	15.1	21.2	24.5	27.4
河 池	Hechi	11.9	10.9	15.3	21.3	24.4	27.3
来 宾	Laibin	13.2	11.9	16	22.5	26.2	28.7
崇 左	Chongzuo	14.8	14.9	18.2	25.1	28.8	29.4

注：本表资料由自治区气象局气象台气候变化评价室提供。
Note: The data on this table is provided by Evaluation Office for Climatic Variation in Weather Center of Meteorological Bureau.

Monthly Average Temperature at Meteorological Stations of Major Cities (2014)

(℃)

7月 Jul.	8月 Aug.	9月 Sep.	10月 Oct.	11月 Nov.	12月 Dec.	年平均 Annual Average
28.2	27.4	27.1	23.9	19.3	12.5	21.6
29.7	28.8	28.7	25.2	18.3	11.9	21.5
29.1	27.9	27.2	23.8	16.4	10.5	19.9
28.5	27.5	27.7	24.5	19.3	12.2	21.4
29.5	28.3	28.5	26.3	21.7	14.6	23.3
28.8	28.1	28.4	26.1	21.1	14.8	22.8
29.3	28.6	28.9	26.5	21.3	14.8	23.2
29.2	28.3	28.6	25.5	19.9	13	22.2
28.6	27.6	28.2	25.3	20.5	13.5	22.2
28.6	27.9	27.2	23.9	19	13.6	22.3
28.7	27.5	26.9	23.4	17.2	10.3	20.3
27.8	27.4	26.5	23.3	17.4	11.8	20.4
29.5	28.5	28.5	25.2	18.8	12.2	21.8
29	28.2	28.4	25.6	20.6	14.6	23.1

7－6　主要城市气象站点降水量（2014年）

单位：毫米

城　市	City	1月 Jan.	2月 Feb.	3月 Mar.	4月 Apr.	5月 May.	6月 Jun.
南　宁	Nanning	1.5	15.6	30.9	52.2	51.7	147.8
柳　州	Liuzhou	5.4	41.4	131.5	252.9	304.9	403.1
桂　林	Guilin	16.3	68.5	132.8	222.9	259.4	452.2
梧　州	Wuzhou	0.1	32.8	186.6	212.1	273.1	182.8
北　海	Beihai	0.0	11.1	38.4	159.6	64.3	442.9
防城港	Fangchenggang	5.5	37.4	43.3	143.8	184.9	537.3
钦　州	Qinzhou	11.4	29.6	83.4	207.5	152.6	757.1
贵　港	Guigang	1.8	34.0	94.0	144.4	401.6	226.7
玉　林	Yulin	1.2	35.8	59.7	155.9	209.7	401.3
百　色	Baise	4.7	11.6	26.0	25.7	77.6	316.9
贺　州	Hezhou	1.0	63.7	136.3	151.1	286.4	278.0
河　池	Hechi	18.3	52.8	96.8	128.1	194.0	164.5
来　宾	Laibin	0.3	28.9	104.2	133.5	169.0	237.6
崇　左	Chongzuo	0.5	18.7	37.9	127.1	50.7	192.2

Monthly Average Precipitation at Meteorological Stations of Major Cities (2014)

(mm)

7月 Jul.	8月 Aug.	9月 Sep.	10月 Oct.	11月 Nov.	12月 Dec.	年平均 Annual Average
274.8	122.2	329.2	86.9	74.8	47.1	1234.7
91.4	176.6	29.2	56.6	111.9	55.4	1660.3
315.9	252.8	76.4	6.6	103.1	33.0	1939.9
286.6	278.7	49.5	1.8	82.5	49.8	1636.4
410.3	870.6	317.1	78.9	33.1	83.1	2509.4
829.3	666.7	511.6	175.3	27.9	58.2	3221.2
538.4	348.5	300.3	85.6	39.7	72.2	2626.3
306.9	245.5	65.2	88.0	111.9	66.9	1786.9
206.8	133.9	38.6	3.1	75.2	63.9	1385.1
275.9	96.3	146.2	81.6	83.2	6.1	1151.8
192.2	244.3	48.3	17.5	112.9	68.4	1600.1
309.2	186.6	294.1	23.4	123.4	18.5	1609.7
169.0	210.8	54.4	28.7	82.3	43.8	1262.5
240.4	239.2	107.1	67.8	116.0	27.4	1225.0

7—7 主要年份城市公用事业基本情况
Basic Statistics on Urban Public Utilities in Main Years

指 标	Item	2010	2011	2012	2013	2014
全年供水总量（万吨）	Total Volume of Tap Water Supply (10 000 tons)	147291	154483	155501	161657.19	162236.33
#生活用水量	Households	72822.76	74324.3	63118.3	78100.62	79238.97
人均日生活用水量（升）	Per Capita Daily Water Consumption (liter)	250	242	247	239.89	234.97
用水普及率（%）	Percentage of Population with Access Tap Water (%)	94.65	93.91	95.30	95.91	94.40
年末实有公共汽车营运车辆（辆）	Year-end Total Operating Public Buses (vehicle)	6839	9429	9822	10193	10752
年末公共汽车标准运营车数（标台）	Year-end Total Operating Standard Public Buses (standard vehicle)	7701	9843	10381	10955	11591
平均每万人拥有公共汽车（辆）	Operating Buses Owned per 10 000 Persons (vehicle)	9.09	10.83	11.20	11.63	11.70
人均城市道路面积（平方米）	Area of Roads Owned per 10 000 Persons (sq.m)	14.31	14.34	14.74	15.53	15.75
排水管道总长度（公里）	Length of Drainpipes (km)	6417	7264.46	7725.6	8309.04	8771.25
污水处理厂座数（座）	Number of Effluent Treatment Plants (unit)	32	33	33	32	34
污水处理厂能力（万立方米/日）	Treatment Capacity of Polluted Water (10 000 cu.m/day)	220.5	256.5	254.0	262.0	286.60
污水处理厂集中处理率（%）	Rate of Centralized Treatment of Polluted Water (%)	46.84	52.99	59.96	59.34	60.47
液化石油气供气总量（吨）	Total Liquefied Petroleum Gas Supply (ton)	303804	297416	326110	309475.43	267631.72
#家庭用量	Used by Residential Households	263720	246834	262661	242839.85	223605.45
人工煤气供气总量（万立方米）	Total Manufactured Gas Supply (10 000 cu.m)	4517	4503	4423	4533.48	4739.30
#家庭用量	Used by Residential Households	3993	3927	3788	3970.22	3951.51
天然气供气总量（万立方米）	Total Natural Gas Supply (10 000 cu.m)	10320	13606	16904	22234.10	28510.45
#家庭用量	Used by Residential Households	4403.35	5982.52	7590.54	9496.10	12546.67
用气普及率（%）	Rate of Households with Access to Natural Gas (%)	92.35	91.08	93.26	93.58	92.99
园林绿地面积（公顷）	Area of Gardens & Green Space (hectare)	60225	64461	67149	69870.44	72413.80
公园绿地面积（公顷）	Area of Green Space of Parks (hectare)	8331	10012	10753	10812.47	11085.53
人均公园绿地面积（平方米）	Per Capita Public Green Space of Parks (sq.m)	9.83	11.02	11.60	11.48	11.19
建成区绿化覆盖率（%）	Coverage Area of Forestation of Developed Area (%)	34.96	37.35	37.65	37.65	39.37
公园个数（个）	Number of Parks (unit)	146	168	178	183	196
公园面积（公顷）	Area of Parks (hectare)	5842	7205	7603	7625.86	7767.47
道路清扫保洁面积（万平方米）	Area Under Cleaning Program (10 000 sq.m)	11005	11133	11601	12927	14065
生活垃圾及粪便清运量（万吨）	Volume of Garbage, Excrement & Urine Disposal (10 000 tons)	267.71	255.81	267	312.24	348.61
公共厕所数（座）	Number of Public Lavatories (unit)	1487	2104	2159	2156	2129
生活垃圾无害化处理率（%）	Rate of Garbage No Harmful Disposal (%)	91.14	95.49	98.12	96.44	95.4

注：1.本表为21个设市城市平均水平，下表同。
2.城市建设资料由自治区住房和城乡建设厅提供。
3.有关公共交通的三个指标由自治区交通厅提供。

Note: 1.The data in this table refers to the average level of the 21 cities of Guangxi, and the same as the continued table.
2.The data on city construction is provided by the GuangXi Housing & Urban & Rural Construction Department.
3.The data on Public tromsportation is provided by the GuangXi Transportation Department.

7—8 城市市政公用设施水平（2014年）
Level of Urban Public Utilities in Cities (2014)

地 区 Region	人口密度（人/平方公里）Population Density (person/sq.km)	人均日生活用水量（升）Per Capita Daily Consumption of Tap Water for Residential Use (litre)	用水普及率（%）Rate of Population with Access to Water(%)	用气普及率（%）Rate of Population with Access to Gas(%)	每万人拥有公共汽车（标台）Buses Owned Per 10 000 Persons (vehicle)	建成区排水管道密度（公里/平方公里）Density of Sewer Pipelines (km/sq.km)
全区城市 All Cities	**1684**	**234.97**	**94.40**	**92.99**	**11.70**	**7.35**
南宁市 Nanning City	3242	308.50	90.39	98.64	14.00	2.78
柳州市 Liuzhou City	3466	205.27	97.94	94.46	7.65	6.96
桂林市 Guilin City	1457	271.00	97.25	99.72	12.53	8.17
梧州市 Wuzhou City	1196	215.47	90.12	94.19	7.22	6.15
北海市 Beihai City	430	229.14	99.61	99.61	8.65	11.19
防城港市 Fangchenggang City	763	203.85	100.00	99.61	14.05	13.38
钦州市 Qinzhou City	935	215.11	92.90	96.71	9.06	7.39
贵港市 Guigang City	1428	195.94	91.75	81.32	5.02	5.46
玉林市 Yulin City	2195	161.55	100.00	98.88	3.68	10.96
百色市 Baise City	692	250.29	100.00	51.63	7.05	7.22
贺州市 Hezhou City	3927	202.42	70.60	60.01	4.31	7.57
河池市 Hechi City	2794	223.49	97.99	83.62	6.49	10.61
来宾市 Laibin City	3108	180.61	100.00	98.99	9.34	13.55
崇左市 Chongzuo City	3366	217.35	89.13	66.90	2.85	3.48

注:本表全区数为21个设市城市平均水平,下表同。
Note: The data in this table refers to the average level of the 21 cities of Guangxi, and the same as the continued table.

7—8　续表　continued

地 区	Region	人均城市道路面积(平方米) Area of Paved Roads per Population (sq.m)	人均公园绿地面积(平方米) Public Green Space of Parks per Population (sq.m)	建成区绿地率(%) Rate of Green Land of Developed Area(%)	建成区绿化覆盖率(%) Coverage Area of Forestation of Developed Area(%)	污水处理率(%) Treatment Rate of Polluted Water(%)	#污水处理厂集中处理率(%) Concentrated Treatment Rate by Factory (%)	生活垃圾无害化处理率(%) Rate of Garbage No Harmful Disposal(%)
全区城市	**All Cities**	**15.75**	**11.19**	**33.74**	**39.37**	**87.45**	**60.47**	**95.40**
南宁市	Nanning City	14.16	12.65	39.89	49.36	87.10	74.48	100.00
柳州市	Liuzhou City	11.77	13.03	36.07	41.82	91.00	38.38	100.00
桂林市	Guilin City	11.85	11.53	35.89	40.03	87.02	86.31	73.57
梧州市	Wuzhou City	14.60	8.64	38.47	40.13	88.52	63.50	100.00
北海市	Beihai City	21.39	10.86	33.58	39.92	77.55	77.55	100.00
防城港市	Fangchenggang City	35.59	7.48	29.11	33.67	71.33	39.53	97.00
钦州市	Qinzhou City	31.67	7.32	29.37	33.94	88.90	73.49	86.65
贵港市	Guigang City	18.30	12.11	22.88	24.44	86.63	35.26	98.67
玉林市	Yulin City	14.42	9.95	32.12	37.04	99.11	99.11	100.00
百色市	Baise City	17.03	11.62	32.57	37.01	80.85	80.85	100.00
贺州市	Hezhou City	11.16	7.08	29.94	34.25	66.55	66.55	100.00
河池市	Hechi City	9.51	7.09	27.19	27.68	89.84	86.26	100.00
来宾市	Laibin City	21.76	10.40	31.77	32.82	83.19	83.19	100.00
崇左市	Chongzuo City	11.29	10.36	32.00	39.00	41.43	41.43	57.86

7—9 城市人口和建设用地（2014年）
Population & Developed Areas in Cities(2014)

地 区	Region	市区人口（万人）Urban Population (10 000 persons)	市区面积（平方公里）Area of Urban (sq.km)	城区人口（万人）Population of Cities (10 000 persons)	城区（县城）暂住人口（万人）Transient Population of cities (counties) (10 000 persons)	城区面积（平方公里）Area of Cities (sq.km)	建成区面积（平方公里）Developed Area (sq.km)	城市建设用地面积（平方公里）Land for Construction in Cities (sq.km)	#居住用地 Land for Residence	公共管理与公共服务用地 Land for Public Utilities	工业用地 Land for Industry
全区城市	**All Cities**	**2003.26**	**57089.60**	**799.98**	**191.10**	**5886.63**	**1192.82**	**1141.25**	**349.45**	**126.02**	**174.64**
南宁市	Nanning	284.38	6569.00	202.37	70.33	841.08	285.10	280.05	85.24	39.26	29.32
柳州市	Liuzhou	117.59	1016.00	111.52	49.44	464.39	180.09	180.09	47.08	17.43	41.24
桂林市	Guilin	76.75	565.00	75.83	6.50	565.00	71.18	71.18	19.05	7.24	13.84
梧州市	Wuzhou	77.85	1850.20	47.11	10.91	485.01	54.06	51.82	18.43	5.35	8.17
北海市	Beihai	63.65	957.00	35.36	5.80	957.00	73.07	70.21	25.60	9.40	4.00
防城港市	Fangchenggang	57.57	2816.40	15.39	2.40	233.13	34.88	21.64	4.87	2.05	2.22
钦州市	Qinzhou	143.30	4767.20	24.85	8.27	354.38	88.91	87.87	22.50	7.45	20.85
贵港市	Guigang	195.70	3533.00	40.13	2.91	301.50	68.52	64.52	21.77	5.59	14.22
玉林市	Yulin	107.55	1251.30	53.49	12.81	302.04	66.60	66.51	26.17	9.50	2.18
百色市	Baise	35.36	3702.00	19.87	5.23	362.60	41.11	38.00	14.54	3.41	6.93
贺州市	Hezhou	114.37	5676.60	20.00	8.33	72.15	31.01	27.56	8.19	6.38	3.73
河池市	Hechi	33.81	2340.00	19.35	3.00	80.00	22.11	21.66	6.53	2.66	4.62
来宾市	Laibin	112.82	4363.00	28.51	0.08	92.00	39.00	39.00	10.92	1.47	5.85
崇左市	Chongzuo	36.67	2951.00	16.50	0.33	50.00	28.00	17.21	5.95	1.90	2.43

注：1.全区城市数为21个设市合计数,14个地级市数为市本级数据，不含所辖（市）县。以下各表同。

2.市区、城区人口及面积统计范围以国家建设部城市（县城）建设统计报表制度为准。即市区面积指的是城市行政区域内的全部土地面积（包括水域面积），城区面积指的是设市城市的城建统计的范围面积，市区、城区人口统计范围同。

Note: 1. The data on all the cities of Guangxi refers to the summary of data on 21 cities, and the data on 14 prefecture-level cities excludes the under counties(county-level cities). And the same as the tables below.

2. The statistical ranges of population and area of urban area and cities subject to the statistical report system of city(county seat) construction from the Ministry of Construction. The area of city district refers to the total land area(including the area of water) in the administrative areas of a city, and the urban area refers to the area of statistical range of city construction in a city. And so as the statistical range of the population of city district and urban area.

7－10 城市供水情况（2014年）
Statistics of Water Supply in Cities (2014)

地 区	Region	供水综合生产能力（万立方米/日）Comprehensive Productive Capacity of Water Supply (10 000 cu.m/day)	供水管道长度（公里）Length of Water Supply Pipelines (km)	供水总量（万立方米）Total Volume of Water Supply (10 000 cu.m)	#家庭用量 Households	用水人口（万人）Number of Residents with Access to Tap Water (10 000 persons)
全区城市	**All Cities**	**644.58**	**15856.92**	**162236.33**	**61998.43**	**935.54**
南宁市	Nanning	139.20	3279.64	40668.15	20765.18	246.49
柳州市	Liuzhou	142.15	2544.90	49609.50	9046.74	157.64
桂林市	Guilin	46.60	1692.93	10891.88	5744.17	80.07
梧州市	Wuzhou	44.30	478.18	6643.37	2812.81	52.29
北海市	Beihai	32.50	1188.05	5186.01	2439.97	41.00
防城港市	Fangchenggang	17.60	462.46	4382.35	1124.59	17.79
钦州市	Qinzhou	32.15	738.92	5069.78	2109.49	30.77
贵港市	Guigang	35.08	1094.33	10389.28	2670.65	39.49
玉林市	Yulin	18.50	809.50	6031.43	3164.00	66.30
百色市	Baise	13.00	539.84	3014.00	1548.00	25.10
贺州市	Hezhou	8.00	490.11	2706.85	1300.39	20.00
河池市	Hechi	18.50	294.91	2414.50	1620.50	21.90
来宾市	Laibin	20.20	763.83	2275.16	1728.55	28.59
崇左市	Chongzuo	5.00	205.00	1457.50	747.00	15.00

7－11 城市园林绿化情况（2014年）

Basic Statistics on Parks, Gardens & Green Areas in Cities (2014)

地区	Region	绿化覆盖面积（公顷）Coverage Area of Forestation (hectare)	#建成区 Developed Area	园林绿地面积（公顷）Area of Gardens & Green Area (hectare)	#建成区 Developed Area	公园绿地面积 Area of Public Green Area (hectare)	公园面积（公顷）Area of Parks (hectare)
全区城市	**All Cities**	**79640.07**	**46958.11**	**72413.80**	**40245.48**	**11085.53**	**7767.47**
#南宁市	Nanning	42510.00	14072.00	39811.00	11373.00	3449.00	2835.00
柳州市	Liuzhou	8430.15	7532.15	7573.26	6496.26	2097.80	1327.00
桂林市	Guilin	2849.00	2849.00	2555.00	2555.00	949.00	597.00
梧州市	Wuzhou	3179.54	2169.49	3014.64	2079.90	501.42	465.16
北海市	Beihai	2917.00	2917.00	2454.00	2454.00	447.00	414.00
防城港市	Fangchenggang	1233.52	1174.52	1033.52	1015.52	133.00	79.00
钦州市	Qinzhou	3366.79	3018.00	2893.32	2611.73	242.57	49.00
贵港市	Guigang	1677.45	1674.45	1568.47	1567.47	521.07	196.00
玉林市	Yulin	2758.00	2467.00	2588.00	2139.00	660.00	635.00
百色市	Baise	1723.49	1521.49	1340.11	1339.11	291.65	161.00
贺州市	Hezhou	1093.23	1062.23	1006.76	928.29	200.58	200.58
河池市	Hechi	657.00	612.00	602.28	601.28	158.53	100.00
来宾市	Laibin	1366.97	1280.02	1295.77	1238.92	297.33	47.00
崇左市	Chongzuo	1183.00	1092.00	920.00	896.00	174.30	48.00

7－12 城市市政设施情况（2014年）
Basic Statistics on Municipal Utilities in Cities (2014)

地区	Region	城市道路长度（公里）Length of Roads (km)	城市道路面积（万平方米）Area of Roads (10 000 sq.m)	路灯盏数（盏）Number of Street Lights (10 000 unit)	排水管道长度（公里）Length of Drainpipes (km)	污水年排放量（万吨）Discharged Volume of Polluted Water (10 000 tons)	污水处理厂集中处理能力（万吨/日）Concentrated Treatment Capacity of Polluted Water by Factory (10 000 tons/day)	污水处理总量（万吨）Treated Total Volume of Polluted Water (10 000 tons)
全区城市	**All Cities**	**7638.38**	**15613.51**	**590652**	**8771.25**	**125341**	**286.6**	**109615**
#南宁市	Nanning	1500.11	3860.77	75363	791.82	30501	78.0	26566
柳州市	Liuzhou	998.05	1894.28	63849	1253.63	39688	47.5	36116
桂林市	Guilin	529.62	975.71	57635	581.75	8519	35.5	7413
梧州市	Wuzhou	448.37	847.15	61606	332.56	5315	10.5	4705
北海市	Beihai	415.85	880.30	29466	817.87	3630	20.0	2815
防城港市	Fangchenggang	287.66	633.09	17881	172.37	1187	4.0	2214
钦州市	Qinzhou	424.20	1048.75	34051	656.77	3802	17.5	3380
贵港市	Guigang	348.18	787.48	7696	374.43	7885	10.6	6831
玉林市	Yulin	553.38	956.00	25955	729.81	5260	20.0	5213
百色市	Baise	190.49	427.34	27642	296.92	2230	6.0	1803
贺州市	Hezhou	171.50	316.30	17198	234.70	1922	5.0	1279
河池市	Hechi	135.35	212.59	14123	234.49	1820	5.0	1635
来宾市	Laibin	188.29	622.17	87835	528.27	1594	5.0	1326
崇左市	Chongzuo	169.69	190.09	8643	97.51	1021	1.5	423

7—13 城市公共交通、清洁卫生和供气情况（2014年）
Basic Statistics on Public Traffic, Urban Sanitation & Gas Supply in Cities (2014)

地 区	Region	年末实有公共汽车营运车辆（辆）Year-end Operating Public Buses (vehicle)	年末实有公共汽车标台营运车辆（标台）Year-end Operating Public Buses (standard vehicle)	运营线路网长度（公里）Length of Public Transporta-tion Routes (km)	公共汽车客运总量（万人次）Total Passenger Traffic (10 000 person-times)	出租汽车运营车数（辆）Taxis (vehicle)	道路清扫保洁面积（万平方米）Area Under Cleaning Program (10 000 sq.m)	生活垃圾清运量（万吨）Volume of Garbage Disposal (10 000 tons)
全区城市	**All Cities**	**10752**	**11591**	**18886**	**146911**	**20386**	**14065**	**339**
#南宁市	Nanning	2927	3817	3033	51718	6723	3733	91.38
柳州市	Liuzhou	1003	1232	1695	23899	2139	1827	44.35
桂林市	Guilin	775	1032	745	20801	1943	1271	33.79
梧州市	Wuzhou	418	419	773	6394	691	509	15.66
北海市	Beihai	338	356	335	3079	555	1135	23.38
防城港市	Fangchenggang	274	250	735	2168	266	627	6.72
钦州市	Qinzhou	309	300	478	3483	399	942	17.72
贵港市	Guigang	187	216	267	2898	365	360	21.09
玉林市	Yulin	239	244	947	6032	664	462	19.62
百色市	Baise	168	177	524	2222	535	557	6.02
贺州市	Hezhou	122	122	182	1311	454	440	7.75
河池市	Hechi	145	145	226	2269	300	170	4.47
来宾市	Laibin	260	267	349	2118	370	592	8.76
崇左市	Chongzuo	46	48	127	346	135	173	5.01

7—13　续表　continued

地 区	Region	垃圾无害化处理量（万吨） Volume of Garbage & Urine No Harmful Disposal (10 000 tons)	粪便清运量（万吨） Volume of Excrement & Urine Disposal (10 000 tons)	公共厕所座数（座） Number of Public Lavatories (unit)	市容环卫专用车辆设备总数（辆） Environmental Sanitation Equipment (unit)	液化石油气供气总量（吨） Total Volume of Liquid Petrol Gas Supply (ton)	人工煤气供气总量（万立方米） Total Volume of Manufactured Gas Supply (10 000 cu.m)	天然气供气总量（万立方米） Total Volume of Natural Gas Supply (10 000 cu.m)
全区城市	**All Cities**	**323.29**	**9.75**	**2129**	**3442**	**267631.72**	**4739.30**	**28510.45**
#南宁市	Nanning	91.38	1.62	909	1375	60265.91		12587.97
柳州市	Liuzhou	44.35	1.59	304	471	49902.31	4543.60	4475.15
桂林市	Guilin	24.86		288	249	20056.01		3230.00
梧州市	Wuzhou	15.66	0.48	58	68	8278.75		1053.18
北海市	Beihai	23.38	0.74	116	196	19201.50		2580.03
防城港市	Fangchenggang	6.52		22	142	10289.00		193.13
钦州市	Qinzhou	15.36	0.75	70	62	9953.00		763.23
贵港市	Guigang	20.81	0.35	44	95	10237.62		817.70
玉林市	Yulin	19.62		43	53	29797.00		1720.90
百色市	Baise	6.02	0.59	87	254	5587.80		32.47
贺州市	Hezhou	7.75		17	39	6764.00		
河池市	Hechi	4.47		26	45	5013.00	195.70	
来宾市	Laibin	8.76		24	48	3259.00		181.95
崇左市	Chongzuo	2.90		12	129	3301.04		6.61

7－14 主要年份工业污染治理项目建设情况
Construction of Industrial Pollution Treatment Projects in Main Years

指标	Item	1995	2000	2005	2010	2011	2012	2013	2014
汇总工业企业数（个）	Total Number of Industrial Enterprises (unit)			255	126	191	194	159	135
施工项目本年投资来源合计（万元）	Total Funds of Projects under Construction in This Year(10 000 yuan)			103730.4	92845	129745	127329	183218	178909
排污费补助	Pollution Charges Subsidies			9533	770	1524	494		325
政府其他补助	Other Government Subsidies			284	388	3574	4721	9617	4331
企业自筹	Self-raising Funds			93914	91687	123639	80429	173601	174253
#银行贷款	Loans			32665	30	19258	8193	12281	12076
施工项目本年完成投资额（万元）	Completed Investment in Construction Projects in This Year(10 000 yuan)	33191	73659	103730.4	92845	129745	127329	183218	178909
治理废水	Treatment of Waste Water	17867	40020	33678	47388	58814	47863	66235	32927
治理废气	Treatment of Waste Gas	10184	26895	56863	27250	64494	63105	110217	106049
治理固体废物	Treatment of Solid Wastes	3771	2716	1849	17024	3249	8782	540	17201
治理噪声	Treatment of Noise Pollution	389	102	505.3	80	156	2	276	
治理污染搬迁	Treatment of Moving away for Pollution			10					
治理其他	Treatment of Other Pollution	980	3927	10824.4	1104	2801	7577	7051	22731
施工和竣工项目（个）	Projects under Construction & Projects Completed (unit)								
当年施工项目（个）	Projects under Construction (unit)	1002	1270	389	175	315	207	143	109
#治理废水	Treatment of Waste Water			166	109	146	95	52	48
治理废气	Treatment of Waste Gas			174	36	84	40	55	40
治理固体废物	Treatment of Solid Wastes			34	22	37	16	6	6
治理噪声	Treatment of Noise Pollution			7	1	6	1	3	
治理污染搬迁	Treatment of Moving away for Pollution			1					
治理其他	Treatment of Other Pollution			7	7	36	55	27	15
当年竣工项目（个）	Projects Completed (unit)	844	1060	307	166	223	203	157	119
#治理废水	Treatment of Waste Water	292	443	124	104	105	92	53	49
治理废气	Treatment of Waste Gas	355	553	138	34	62	42	71	48
治理固体废物	Treatment of Solid Wastes	100	32	30	20	25	13	5	5
治理噪声	Treatment of Noise Pollution	62	4	7	1	6	1	3	
治理污染搬迁	Treatment of Moving away for Pollution			1					
治理其他	Treatment of Other Pollution		28	7	7	22	55	25	17

7－15 主要年份工业污染排放及处理利用情况
Discharge, Treatment & Utilization of Industrial Pollution in Main Years

指 标	Item	1995	2000	2005	2010	2011	2012	2013	2014
汇总工业企业数（个）	Total Number of Industrial Enterprises (unit)			1738	4443	3565	3517	3532	3464
工业废水排放量（万吨）	Volume of Industrial Waste Water Discharged (10 000 tons)	96563	81571	145609	165211	101234	110671	89508	72936
#经过处理达标	Treated Waste Water up to Discharge Standard	42227	30303	121873	160139				
工业废气排放总量（亿标立方米）	Volume of Industrial Waste Gas Discharged (100 million cu.m)	2797	4607	8339	14520	29853	27611	29051	18631
#燃料燃烧过程中废气排放量	Volume of Waste Gas in the Process of Fuel Burning	1699	1787	4370	8584				
生产工艺过程中废气排放量	Volume of Waste Gas in the Process of Production	1098	2820	3969	5936				
二氧化硫排放总量（万吨）	Volume of Sulfur Dioxide Discharged (10 000 tons)	76	83	97	85	48.87	47.16	43.8	43.1
烟（粉）尘排放量（万吨）	Volume of Smoke (dust) Discharged (10 000 tons)					26	26.85	26.0	37.6
烟尘排放总量（万吨）	Volume of Soot Discharged (10 000 tons)	50	59	54	26				
工业粉尘排放量（万吨）	Volume of Dust Discharged (10 000 tons)	28	57	56	32				
工业固体废物产生量（万吨）	Volume of Industrial Solid Waste Product (10 000 tons)	1588	2108	3489	6232	7438	7964	7676	8038
工业固体废物处置量（万吨）	Volume of Industrial Solid Waste Treated (10 000 tons)	238	227	109	1563	2050	2218	1609	1454
工业固体废物综合利用量（万吨）	Volume of Comprehensive Utilization of Industrial Solid Waste (10 000 tons)	727	1058	2165	4231	4292	5369	5425	5058
工业固体废物排放量（万吨）	Volume of Industrial Solid Wastes Discharged (10 000 tons)	99	127	110	9.1	2.57	0.41	0.38	0.37
“三废”综合利用产品产值（万元）	Output Value of Products Made from Utilization of Waste Gas, Waste Water & Waste Residues (10 000 yuan)	110322	84856	238923	510233				

7—16　环境污染治理投资情况（2014年）
Investment in Environment Pollution Treatment (2014)

指　标	Item	2014
环境污染源治理投资总额（万元）	**Total Investment in Treatment of Environmental Pollution (10 000 yuan)**	**2045292**
一、工业污染源治理项目本年完成投资	Completed Investment in Treatment of Industrial Pollution Sources Projects in This Year	178909
二、当年完成环保验收项目环保投资	Enviornment Protection Investment in the Environmental Protection Acceptance in the Year	387683
三、城市环境基础设施建设本年完成投资额	Investment in Urban Environment Basic Facilities Construction Completed in the Year	1478700
燃气工程建设	Engineering Construction of Gas	147347
排水工程建设	Engineering Construction of Drainage	395776
园林绿化工程建设	Engineering Construction of Landscaping	825240
市容环境卫生	Sanitation of Cities	110337

7—17　重点调查工业废水排放及治理情况（2014年）
Discharge & Treatment of Waste Water by Branch of Industry (2014)

指标名称	Item	汇总工业企业数（个）Number of Industrial Enterprises (unit)	工业废水排放总量（万吨）Total Discharged Volume of Industrial Waste Water (10 000 tons)	废水治理设施数（套）Number of Facilities for Treatment of Waste Water (set)
总　计	**Total**	**3464**	**64322.32**	**2321**
煤炭采选业	Coal Mining & Processing	18	494.29	8
石油和天然气开采业	Petroleum & Natural Gas Extraction	1	0	1
黑色金属矿采选业	Ferrous Metals Mining & Processing	43	40.40	25
有色金属矿采选业	Nonferrous Metals Mining & Processing	227	8077.41	137
非金属矿采选业	Nonmetal Mining & Processing	37	212.23	16
其他采矿业	Other Mining Industries	2	1.71	2
农副食品加工业	Major Grain & Sideline Product Processing	405	14809.32	421
食品制造业	Food Production	83	1509.70	66
饮料制造业	Beverage Production	67	2595.91	84
烟草制造业	Tobacco Processing	3	40.49	1
纺织业	Textile Industry	75	850.94	77
纺织服装、鞋、帽制造业	Garments, Shoes & Accessories Manufacturing	25	1479.93	24
皮革、毛皮、羽绒及其制造业	Leather, Furs, Down & Related Products	19	263.17	15
木材加工及竹、藤、棕、草制品业	Timber, Bamboo, Cane, Palm Fiber, Straw Products	105	817.90	79
家具制造业	Manufacture of Furniture	3	0.64	1
造纸及纸制品业	Papermaking & Paper Products	164	14437.84	196
印刷业和记录媒介的复制	Printing & Record Medium Reproduction	6	13.93	2
文教、工美、体育和娱乐用品制造业	Culture, Education, Handcraft Art, Sport & Enter tainment Goods Manufacturing	3	8.31	2
石油加工、炼焦及核燃料加工业	Petroleum Refining & Coking	7	842.93	18
化学原料及化学制品制造业	Raw Chemical Materials & Chemical Products	235	8259.36	262
医药制造业	Medical & Pharmaceutical Products	83	1456.37	80

7—17 续表 continued

指 标 名 称	Item	汇总工业企业数（个）Number of Industrial Enterprises (unit)	工业废水排放总量（万吨）Total Discharged Volume of Industrial Waste Water (10 000 tons)	废水治理设施数（套）Number of Facilities for Treatment of Waste Water (set)
橡胶和塑料制品业	Rubber & Plastic Products	20	93.65	13
非金属矿物制品业	Nonmetal Mineral Products	1240	1227.46	199
# 水泥制造业	Cements Products			
黑色金属冶炼及压延加工业	Smelting & Pressing of Ferrous Metals	192	1816.42	219
有色金属冶炼及压延加工业	Smelting & Pressing of Nonferrous Metals	148	2713.90	104
金属制品业	Metal Products	71	185.71	55
通用设备制造业	Ordinary Machinery	14	131.37	12
专用设备制造业	Special Purpose Equipment	16	109.18	16
汽车制造业	Automobile Manufacturing	34	649.50	39
铁路、船舶、航空航天和其他运输设备制造业	Railway, Ship, Aerospace & Other Transportation Equipment Manufacturing	8	40.78	6
电气机械和器材制造业	Electric Equipment & Machinery	18	83.45	15
计算机、通信和其他电子设备制造业	Computer, Communication & Other Electronic Equipment Manufacturing	8	592.31	5
仪器仪表制造业	Instruments Manufacturing	7	22.83	7
其他制造业	Other Manufacturing	27	15.62	10
废弃资源综合利用业	Waste Resources Comprehensive Utilization	23	1.10	21
金属制品、机械和设备修理业	Metal Product, Machinery & Equipment Repair Services	6	170.69	9
电力、热力生产和供应业	Production & Supply of Electric Power & Steam	18	255.16	72
# 火力发电业	Thermal Power			
燃气生产和供应业	Production & Supply of Gas	2		1

7—18　重点调查工业废气排放及治理情况（2014年）

指 标 名 称	Item	汇总工业企业数（个）Number of Industrial Enterprises (unit)	废气治理设施数（套）Number of Facilities for Treatment of Waste Gas (set)	工业废气排放量（亿立方米）Total Volume of Industrial Waste Gas Emission (100 million cu.m)
总　计	**Total**	**3464**	**6358**	**18631.3**
煤炭采选业	Coal Mining & Processing	18		
石油和天然气开采业	Petroleum & Natural Gas Extraction	1		
黑色金属矿采选业	Ferrous Metals Mining & Processing	43	10	17.9
有色金属矿采选业	Nonferrous Metals Mining & Processing	227	24	33.4
非金属矿采选业	Nonmetal Mining & Processing	37	30	16.3
其他采矿业	Other Mining Industries	2		
农副食品加工业	Major Grain & Sideline Product Processing	405	560	1269.3
食品制造业	Food Production	83	105	105.8
饮料制造业	Beverage Production	67	112	334.8
烟草制造业	Tobacco Processing	3	7	3.4
纺织业	Textile Industry	75	65	18.8
纺织服装、鞋、帽制造业	Garments, Shoes & Accessories Manufacturing	25	24	6.5
皮革、毛皮、羽绒及其制造业	Leather, Furs, Down & Related Products	19	18	5.3
木材加工及竹、藤、棕、草制品业	Timber, Bamboo, Cane, Palm Fiber, Straw Products	105	154	435.9
家具制造业	Manufacture of Furniture	3	1	0.5
造纸及纸制品业	Papermaking & Paper Products	164	240	417.4
印刷业和记录媒介的复制	Printing & Record Medium Reproduction	6	3	0.5
文教、工美、体育和娱乐用品制造业	Culture, Education, Handcraft, Art, Sport & Entertainment Goods Manufacturing	3	3	0.1
石油加工、炼焦及核燃料加工业	Petroleum Refining & Coking	7	4	192.7
化学原料及化学制品制造业	Raw Chemical Materials & Chemical Products	235	428	700.3
医药制造业	Medical & Pharmaceutical Products	83	105	64.5

Discharge & Treatment of Waste Gas by Branch of Industry (2014)

二氧化硫去除率 (%) Removed rate of Sulfur Dioxide (%)	二氧化硫排放量 (吨) Volume of Sulfur Dioxide Discharged (ton)	氮氧化物去除率 (%) Removed rate of Nitrogen Oxides (%)	氮氧化物排放量 (吨) Volume of Nitrogen Oxides Discharged (ton)	烟（粉）尘排放量 (吨) Volume of Smoke & Dust Discharged (ton)
73.4	**384688.0**	**84.5**	**283735.9**	**326747.8**
	0.4	84.8	0.3	
		100.0		
48.5	63.5	61.4	23.2	487.3
85.3	1488.8	85.7	18.5	1093.8
29.4	209.3	89.5	61.4	152.4
32.5	16214.0	74.8	13052.3	33547.2
36.4	3024.8	82.2	1134.1	1380.6
33.9	8415.0	74.2	1963.0	1319.6
33.4	100.6	92.8	86.0	47.3
28.9	309.3	62.2	208.3	888.2
	471.7	14.3	95.2	108.4
27.3	243.4	58.9	48.5	75.3
8.2	704.2	59.7	401.5	5040.4
	2.6		1.5	3.6
43.6	23501.9	83.7	9372.1	11400.0
	28.8	27.9	7.7	106.8
	0.4		0.8	3.3
38.6	5983.0	92.8	2342.3	1144.0
69.9	27949.2	90.1	5396.3	12236.3
21.6	2591.1	73.2	549.8	899.5

7－18　续表

指　标　名　称	Item	汇总工业企业数（个） Number of Industrial Enterprises (unit)	废气治理设施数（套） Number of Facilities for Treatment of Waste Gas (set)	工业废气排放量（亿立方米） Total Volume of Industrial Waste Gas Emission (100 million cu.m)
橡胶和塑料制品业	Rubber & Plastic Products	20	46	9.2
非金属矿物制品业	Nonmetal Mineral Products	1240	2643	4432.8
#水泥制造业	Cements Products			
黑色金属冶炼及压延加工业	Smelting & Pressing of Ferrous Metals	192	422	3733.5
有色金属冶炼及压延加工业	Smelting & Pressing of Nonferrous Metals	148	723	3625.6
金属制品业	Metal Products	71	75	48.7
通用设备制造业	Ordinary Machinery	14	112	17.1
专用设备制造业	Special Purpose Equipment	16	169	16.4
汽车制造业	Automobile Manufacturing	34	72	238.2
铁路、船舶、航空航天和其他运输设备制造业	Railway, Ship, Aerospace & Other Transportation Equipment Manufacturing	8	4	4.9
电气机械和器材制造业	Electric Equipment & Machinery	18	35	14.4
计算机、通信和其他电子设备制造业	Computer, Communication & Other Electronic Equipment Manufacturing	8	18	2.9
仪器仪表制造业	Instruments Manufacturing	7	17	18.2
其他制造业	Other Manufacturing	27	5	12.8
废弃资源综合利用业	Waste Resources Comprehensive Utilization	23	2	0.5
金属制品、机械和设备修理业	Metal Product, Machinery & Equipment Repair Services	6	27	99.3
电力、热力生产和供应业	Production & Supply of Electric Power & Steam	18	94	2726.5
#火力发电业	Thermal Power			
燃气生产和供应业	Production & Supply of Gas	2	1	6.7

continued

二氧化硫去除率 (%) Removed rate of Sulfur Dioxide (%)	二氧化硫排放量 (吨) Volume of Sulfur Dioxide Discharged (ton)	氮氧化物去除率 (%) Removed rate of Nitrogen Oxides (%)	氮氧化物排放量 (吨) Volume of Nitrogen Oxides Discharged (ton)	烟（粉）尘排放量 (吨) Volume of Smoke & Dust Discharged (ton)
4.4	1521.6		353.5	445.5
9.6	50849.4	27.9	122720.5	88211.6
60.9	39617.3	0.6	29303.8	113637.2
74.2	106047.2	15.4	22914.1	24137.7
78.7	1308.5	3.2	276.0	499.4
	9.0		2.6	71.3
2.2	180.5		82.1	857.6
	15.5		60.7	735.2
	1.2		1.2	8.3
14.8	91.7		29.1	15.1
47.8	32.6	10.9	45.0	6.8
	24.1		6.6	9.5
0.1	34072.2		6433.4	916.9
	79.2		3.1	29.8
80.1	17.7		9.1	566.1
90.6	59496.9	51.5	66730.8	26650.7
50.0	21.5			8.6

7—19 重点调查工业固体废物排放及治理情况（2014年）

指标名称	Item	汇总工业企业数（个）Number of Industrial Enterprises (unit)	工业固体废物产生量（万吨）Volume of Industrial Solid Waste Produced (10 000 tons)	#危险废物 Dangerous Wastes
总　计	**Total**	**3464**	**7575.56**	**105.71**
煤炭采选业	Coal Mining & Processing	18	19.38	
石油和天然气开采业	Petroleum & Natural Gas Extraction	1		
黑色金属矿采选业	Ferrous Metals Mining & Processing	43	175.31	
有色金属矿采选业	Nonferrous Metals Mining & Processing	227	1270.04	
非金属矿采选业	Nonmetal Mining & Processing	37	85.50	0.13
其他采矿业	Other Mining Industries	2	6.77	
农副食品加工业	Major Grain & Sideline Product Processing	405	871.44	0.01
食品制造业	Food Production	83	12.31	0.04
饮料制造业	Beverage Production	67	49.37	
烟草制造业	Tobacco Processing	3	0.46	
纺织业	Textile Industry	75	1.70	
纺织服装、鞋、帽制造业	Garments, Shoes & Accessories Manufacturing	25	0.90	
皮革、毛皮、羽绒及其制造业	Leather, Furs, Down & Related Products	19	0.88	0.01
木材加工及竹、藤、棕、草制品业	Timber, Bamboo, Cane, Palm Fiber, Straw Products	105	40.21	
家具制造业	Manufacture of Furniture	3		
造纸及纸制品业	Papermaking & Paper Products	164	166.92	0.01
印刷业和记录媒介的复制	Printing & Record Medium Reproduction	6	0.04	
文教、工美、体育和娱乐用品制造业	Culture, Education, Handcraft, Art, Sport & Entertainment Goods Manufacturing	3	0.01	
石油加工、炼焦及核燃料加工业	Petroleum Refining & Coking	7	0.59	1.50
化学原料及化学制品制造业	Raw Chemical Materials & Chemical Products	235	348.14	59.15
医药制造业	Medical & Pharmaceutical Products	83	5.74	

Discharge & Treatment of Industrial Solid Wastes (2014)

工业固体废物 综合利用量 (万吨) Volume of Industrial Solid Wastes Utilized (10 000 tons)	工业固体废物 贮存量 (万吨) Volume of Industrial Solid Wastes Accumulated (10 000 tons)	工业固体废物 处置量 (万吨) Volume of Industrial Solid Wastes Treated (10 000 tons)	工业固体废物 排放量 (万吨) Volume of Industrial Solid Wastes Discharged (10 000 tons)
4702.28	**1707.79**	**1418.77**	**0.35**
17.28	3.15	0.27	
142.03	5.67	27.61	
708.43	527.87	129.52	0.28
84.17	1.17	0.16	
		139.93	
829.02	0.19	42.22	0.01
9.48		2.83	
49.15		0.22	
0.46			
1.62		0.09	
0.90			
0.87		0.01	
39.80		0.41	
149.42	1.56	17.06	
0.04			
0.01			
0.01		0.58	
310.58	36.89	6.52	
5.48		0.33	0.02

7－19 续表

指标名称	Item	汇总工业企业数（个）Number of Industrial Enterprises (unit)	工业固体废物产生量（万吨）Volume of Industrial Solid Waste Produced (10 000 tons)	#危险废物 Dangerous Wastes
橡胶和塑料制品业	Rubber & Plastic Products	20	1.57	
非金属矿物制品业	Nonmetal Mineral Products	1240	126.48	0.17
#水泥制造业	Cements Products			
黑色金属冶炼及压延加工业	Smelting & Pressing of Ferrous Metals	192	1129.10	0.37
有色金属冶炼及压延加工业	Smelting & Pressing of Nonferrous Metals	148	2588.38	42.02
金属制品业	Metal Products	71	2.46	0.32
通用设备制造业	Ordinary Machinery	14	14.77	0.05
专用设备制造业	Special Purpose Equipment	16	0.74	0.05
汽车制造业	Automobile Manufacturing	34	10.33	0.99
铁路、船舶、航空航天和其他运输设备制造业	Railway, Ship, Aerospace & Other Transportation Equipment Manufacturing	8	0.17	
电气机械和器材制造业	Electric Equipment & Machinery	18	0.01	0.13
计算机、通信和其他电子设备制造业	Computer, Communication & Other Electronic Equipment Manufacturing	8	42.60	
仪器仪表制造业	Instruments Manufacturing	7		0.03
其他制造业	Other Manufacturing	27	1.87	
废弃资源综合利用业	Waste Resources Comprehensive Utilization	23	0.04	0.44
金属制品、机械和设备修理业	Metal Product, Machinery & Equipment Repair Services	6	0.34	0.03
电力、热力生产和供应业	Production & Supply of Electric Power & Steam	18	600.99	0.25
#火力发电业	Thermal Power			
燃气生产和供应业	Production & Supply of Gas	2		

continued

工业固体废物综合利用量(万吨) Volume of Industrial Solid Wastes Utilized (10 000 tons)	工业固体废物贮存量(万吨) Volume of Industrial Solid Wastes Accumulated (10 000 tons)	工业固体废物处置量(万吨) Volume of Industrial Solid Wastes Treated (10 000 tons)	工业固体废物排放量(万吨) Volume of Industrial Solid Wastes Discharged (10 000 tons)
1.49		0.09	
117.23	0.98	9.66	
951.50	144.72	34.72	
655.93	982.85	952.09	0.04
1.93	1.77	0.53	
4.58	0.01	10.19	
0.70		0.04	
10.05		0.29	
0.17			
0.01			
		42.60	
1.37		0.50	
0.04			
0.04		0.30	
608.48	0.97		

主要统计指标解释

自然资源　指人类可以直接从自然界获得，并用于生产和生活的物质资源。自然资源一般可以分成可再生资源和非再生资源两大类。可再生资源指在较短时间内可以再生、可以循环利用的资源，包括土地资源、水资源、气候资源、生物资源和海洋资源等。非再生资源指在使用后不能再生的资源，包括矿产资源和地热能源。

土地资源　土地是指陆地的表层部分，它主要由岩石、岩石的风化物和土壤构成。土地资源按利用类型可以分为农用地、建筑用地和未利用地。农用地包括耕地、园地、林地、牧草地和水面。建筑用地包括居民点及工矿用地、交通用地和水利设施用地。未利用地指家用地和建筑用地以外的土地，包括滩涂、荒漠、戈壁、冰川和石山等。

林业用地面积　指生长乔木、竹类、灌木、沿海红树林等林木的土地面积，包括有林地、灌木林、疏林地、未成林造林地、迹地、苗圃等。

草地面积　指牧区和农区用于放牧牲畜或割草，植被盖度在5%以上的草原、草坡、草山等面积。包括天然的和人工种植或改良的草地面积。

海洋　是海和洋的统称。洋为地球表面上相连接的广大咸水水体的主体部分。海为地球表面相连接的广大咸水水体被陆地、岛礁、半岛包围或分隔的边缘部分。

森林面积　指由乔木树种构成，郁闭度0.2以上（含0.2）的林地或冠幅宽度10米以上的林带的面积，即有林地面积。森林面积包括天然起源和人工起源的针叶林面积、阔叶林面积、针阔混交林面积和竹林面积，不包括灌木林地面积的疏林地面积。

森林蓄积量　指一定森林面积上存在着的林木树干部分的总材积。它是反映一个国家或地区森林资源总规模和水平的基本指标之一，也是反映森林资源的丰富程度、衡量森林生态环境优劣的重要依据。

森林覆盖率　指一个国家或地区森林面积占土地总面积的百分比。森林覆盖率是反映森林资源的丰富程度和生态平衡善的重要指标。在计算森林覆盖率时，森林面积包括郁闭度0.2以上的乔木林地面积和竹林地面积，国家特别规定的灌木林地面积、农田林网以及四旁（村旁、路旁、水旁、宅旁）林木的覆盖面积。计算公式为：

$$\text{森林覆盖率}(\%)=\frac{\text{森林面积}}{\text{土地总面积}}\times 100\%$$

矿产资源保有储量　指探明的矿产储量（包括工业储量和远景储量）扣除已开采部分和地下损失量后的年底实有储量。它反映国家矿产资源的现状。

径流量　指在一定时段内通过河流某一过水断面的水量，用以反映一个国家或地区水资源的丰歉程度。计算公式为：

径流量=降水量－蒸发量

气温　指空气的温度，我国一般以摄氏度（℃）为单位表示。气候观测的温度表是放在离地面约1.5米处通风良好的百叶箱里测量的，因此，通常的气温指的是离地面1.5米处百叶箱中的温度。其统计计算方法为：

月平均气温是将全月各日的平均气温相加，除以该月的天数而得。

年平均气温是将12个月的平均气温累加后除以12而得。

降水量　指从天空降落到地面的液态或固态（经融化后）水，未经蒸发、渗透、流失而在地面上积聚的深度。其统计计算方法为：

月降水量是将全月各日的降水量累加而得。

年降水量是将12个月的月降水量累加而得。

日照时数　指太阳实际照射地面的时间。其统计方法与降水量相同。

工业废水排放量　指经过企业厂区所有排放口排到企业外部的工业废水量。包括生产废水、外排的直接冷却水、超标排放的矿井地下水和与工业废水混排的厂区生活污水，不包括外排的间接冷却水（清污不分流的间接冷却水应计算在内）。

工业废水排放达标量 指各项指标都达到国家或地方排放标准的外排工业废水量，包括未经处理外排达标和经过处理后外排达标两部分。

工业废气排放量 指企业厂内燃料燃烧和生产工艺过程中产生的各种排入空气的含有污染物的气体总量，按标准状态（273K，101325Pa）计算。

二氧化硫排放量 指企业在燃料燃烧和生产工艺过程中排入大气的二氧化硫数量。

烟尘排放量 指企业厂内燃料燃烧产生的烟气中夹带的颗粒物数量。

工业粉尘排放量 指企业在生产工艺过程中排放的颗粒物重量，如钢铁企业的耐火材料粉尘、焦化企业的筛焦系统粉尘、烧结机的粉尘、石灰窑的粉尘、建材企业的水泥粉尘等。不包括电厂排入大气的烟尘。

工业固体废物产生量 指企业在生产过程中产生的固体状、半固体状和高浓度液体废弃物的总量，包括危险废物、冶炼废渣、粉煤灰、炉渣、煤矸石、尾矿、放射性废物和其他废物等；不包括矿山开采的剥离废石和掘进废石（煤矸石和呈酸性或碱性的废石除外）。酸性或碱性废石指采掘的废石其流经水、雨淋水的pH值小于4或pH值大于10.5者。

工业固体废物综合利用量 指通过回收、加工、循环、交换等方式，从固体废物中提取或者使其转化为可以利用的资源、能源和其他原材料的固体废物量（包括当年利用往年的工业固体废物累计贮存量），如用作农业肥料、生产建筑材料、筑路等。综合利用量由原产生固体废物的单位统计。

工业固体废物处置量 指将固体废物焚烧或者最终置于符合环境保护规定要求的场所，并不再回取的工业固体废物量（包括当年处置往年的工业固体废物累计贮存量）。处置方法有填埋（其中危险废物应安全填埋）、焚烧、专业贮存场（库）封场处理、深层灌注、回填矿井等。

工业固体废物排放量 指将所产生的固体废物排到固体废物污染防治设施、场所以外的数量，不包括矿山开采的剥离废石和掘进废石（煤矸石和呈酸性或碱性的废石除外）。

“三废”综合利用产品产值 指利用“三废”（废液、废气、废渣）作为主要原料生产的产品价值（现行价）；已经销售或准备销售的应计算产品价值，留作生产自用的不应计算产品价值。

城市统计范围 根据建设部的新规定，设市城市按城区范围统计，县的统计范围为县城。

设市城市的城区 包括:

（一）街道办事处所辖地域；

（二）城市公共设施、居住设施和市政公用设施等连接到的其他镇（乡）地域；

（三）常住人口在3000人以上独立的工矿区、开发区、科研单位、大专院校等特殊区域。

县城 包括:

（一）县政府驻地的镇（城关镇）或街道办事处地域；

（二）县城公共设施、居住设施和市政公用设施等连接到的其他镇（乡）地域；

（三）常住人口在3000人以上独立的工矿区、开发区、科研单位、大专院校等特殊区域。

市区面积 指城市行政区域内的全部土地面积（包括水域面积）。地级城市行政区不包括市辖县（市），以国务院批准的行政区划面积为准。

城区面积 指设市城市的城建统计的范围面积。

市区（县）人口 指城市（县）行政区域内有常住户口和未落常住户口的人，以及被注销户口的在押犯、劳改、劳教人员。未落常住户口是指持出生、迁移、复员转业、劳改释放、解除劳教等证件未落常住户口的、无户口的人员以及户口情况不明且定居一年以上的流入人口。

城区（县城）人口 指划定的城区（县城）范围的人口数。

Explanatory Notes on Main Statistical Indicators

Natural Resources refer to the material resources that can be get from nature directly and used for production and life. Natural resources usually can be divided into 2 kinds; renewable resources and non-renewable resources. Renewable resources refer to the resources that can reproduce or recycle in a comparatively short time, including land resource, water resource, climate resource, biology resource, ocean and sea resource and so on. Non-renewable resources refer to the resources that cannot reproduce after using, including mineral resources and geothermal resource.

Land Resource Land refers to the surface of the earth, consisting of mainly rocks and its weathering and earth. Land resource can be classified, by its utilization, as land for agriculture, land for construction and unused land. Land for agriculture includes cultivated land, plantation land, forestland, grassland and waters. Land for construction includes land for residential purpose, for manufacturing and mining, for transportation and for water conservancy projects. Unused land refers to land other than land for agriculture and construction, including beaches, deserts, Gobi, glaciers and rock mountains.

Area of Afforested Land refers to land for trees, bamboo, bushes and mangrove, including forest-covered land, bush-covered land, sparse forest land, land planned for forestation and nurseries of young trees.

Area of Grassland refers to areas of grassland, grass-slopes and grass-covered hills with vegetation covering rate of over 5% that are used for animal husbandry or harvesting of grass. It includes natural, cultivated and improved grassland area.

Oceans and Seas Oceans refer to the principal part of the large bodies of saltwater connecting on the surface of the earth. Seas refer to the edges that the large bodies of saltwater connecting on the surface of the earth encircled or isolated by land, islands, reefs and peninsulas.

Forest Area refers to the area of forest where trees and bamboo grow with canopy density above 0.2 including land of natural woods and planted woods, but excluding bush land and thin forestland. It reflects the total areas of forestation.

Stock Volume of Forest refers to total stock volume of wood growing in forest area, which shows the total size and level of forest resources of a country or a region. It is also an important indicator illustrating the richness of forest resource and the status of forest ecological environment.

Forest Coverage Rate refers to the ratio of area of forestation land to total land area. It is a very important indicator that reflects the status of abundance of forest resource and ecosystem balance. Forest area includes the area of trees and bamboo grow with canopy density above 0.2, the area of shrubby tree according to regulations of the government, the area of forest land inside farm land and the area of trees plated by the side of villages, farm houses and along roads and rivers. The formula for calculating forest coverage rate is as follows:

Forest Coverage Rate(%) = (Area of Forested Land / Area of Total Land) ×100%

Ensured Reserves of Mineral Resources refer to the proven reserves of mineral resources (including industrial reserves and future reserves), which equal to the basic reserves and volume of resources minus the part mined and underground losses. They reflect status quo of mineral resources of countries.

Volume of Runoff refers to the volume of water that run through a certain cross section of a river during a given period, and it reflects the abundance of water resource in a country or region. The formula for calculating the volume of runoff is as follows:

Volume of Runoff = Amount of Precipitation – Amount of Evaporation

Atmospheric Temperature refers to the temperature of air, and is usually measured in degree centigrade (℃) in China. The thermometer for climate observation is placed in a drafty thermometer screen in distance of 1.5 meters from ground, thus the atmospheric temperature usually called refers to the temperature in the thermometer in distance of 1.5 meters from ground. The statistical calculating method is:

Average monthly atmospheric temperature equals to add up the average atmospheric temperatures of all days over a month and then multiplies the number of days over the month.

Average annual atmospheric temperature equals to add up the average monthly atmospheric temperatures and then multiplies 12.

Amount of Precipitation refers to the depth of liquid or solid (melted) water, which falls from sky to land, collected on ground without evaporation, infiltration and loss. The statistical calculating method is:

Monthly amount of precipitation equals to add up the amount of precipitation in all days over a month.

Annual amount of precipitation equals to add up the monthly amount of precipitation in 12 months of 1 year.

Sunshine Time refers to the actual hours that the sun shining ground. The statistical calculating method is the same as amount of precipitation.

Volume of Industrial Waste Water Discharged refers to the volume of industrial waste water discharged, through all outlets, to the outside of industrial enterprises, including waste water produced, direct-cooling water, underground water from mines from mines that does not meet the standard of discharge, and the domestic sewage mixed up with industrial waste water when discharged, but excluding discharged indirect-cooling water.

Volume of Waste Water up to the Standard for Discharged refers to the volume of discharged industrial wastewater that, with or without treatment, has come up to the national or local standard for discharge.

Volume of Industrial Waste Gas Emission refers to waste gas emitted from burning of fuels and from production process in the area of factory, and is measured by 10 000 standard cubic meters each year under normal condition (273K, 101325Pa).

Volume of Industrial Sulphur Dioxide Dischargedd refers to the volume of sulphur dioxide to the air in the process of fuel burning or in the production process.

Volume of Industrial Soot Discharged refers to the volume solid soot in the smoke discharged in the process of fuel burning in the area of the factory.

Industrial Dust Discharged refers to the total weight of solid dust discharged by industrial enterprises in the production process, such as dust of refractory materials form iron plants, dust from coke-screening systems or from sintering machines of coking plants, dust form lime kilns, cements dust from building material enterprises, etc., but excluding smoke and dust discharged by power plants.

Volume of Industrial Solid Wastes Produced refers to the total volume of solid, semi-solid or high-concentration liquid residue produced by industrial enterprises in their production process, including dangerous wastes, residues from melting, fly ash, slag, gangue, tailings, radioactive residues and other residues, but excluding stripped or dug stones in mining (except gangue and acid or alkali stones which are stones washed or soaked by water with a PH value smaller than 4 or larger than 10.5)

Volume of Industrial Solid Wastes Utilized in a Comprehensive Way refers to the volume of solid wastes form which useful materials can be extracted or which can be changed to be utilizable resources, energy or other materials, including the volume of industrial solid wastes stored up in the previous years and utilized in the current year, such as the solid wastes utilized as fertilizers, building materials, for making roads or for other purpose. Solid wastes producing units collect statistical data on utilization of industrial solid wastes.

Volume of Industrial Solid Wastes Treated refers to solid wastes disposed of in a non-recoverable place that meet the requirement of environmental protection, such as burying (The dangerous wastes should be buried safely), burning, piling in designated sites, pouring water into the deep strata, filing of old mines, etc. (including treatment of solid wastes piled up in the previous years).

Volume of Industrial Solid Wastes Discharged refers to the volume of industrial solid wastes produced and discharged at the places outside the special facilities or special sites for preventing against pollution, excluding stripped or dug stones in mining (except gangue and acid or alkali waste stones).

Output Value of Products Made from Utilization of Waste Gas, Waste Water and Industrial Solid Wastes refers to the value of products (calculated at current prices) made by industrial enterprises using recovered waste water, waste gas or solid wastes as main raw materials. Only the value of the products, which have been sold or are ready, to be sold should be included. The value of the products, which will be used in the production of the enterprises, should not be included.

Statistical Range of City According to the new regulation of Ministry of Construction, the statistical range of administratively designated city refers to the urban area, and the statistical range of county refers to the county seat.

Urban Area of Administratively Designated City includes:

1. the area ruled by sub-district offices;

2. the area of other towns(villages) joint by city public facilities, living facilities and municipal facilities;

3. the special area of independent industrial and mining areas, development zones, institutions of scientific research and univer-

sities and colleges, with the permanent population above 3000 persons.

County Seat includes:

1. the area of the seat towns of county governments or sub-district offices;

2. the area of other towns(villages) joint by public facilities of county seats, living facilities and municipal facilities;

3. the special area of independent industrial and mining areas, development zones, institutions of scientific research and universities and colleges, with the permanent population above 3000 persons.

Area of City District refers to the total land area(including water area) in the administrative areas of the city. The administrative areas of the prefecture-level city excludes the under counties(county-level cities), and subject to the area of administrative divisions authorized by the State Department.

Urban Area refers to the area of the statistical range of the administratively designated cities' construction.

Population of City District(county) refers to the population with permanent residences and not yet with permanent residences, and the residence-canceled population of criminals in custody, reform- through-labor personnel and reeducation- through-labor personnel. The population not yet with permanent residences refers to the personnel that without residences or have not registered their identifications(such as for birth, transferring, demobilization and returning to civilian work, reform- through-labor personnel released and reeducation- through-labor personnel released) as permanent residences yet, and also includes the influx of population that have uncertain residences and settle for more than 1 year.

Population of Urban Area(county seat) refers to the population in the range of the circumscribed urban area(county seat).

第八篇

能源生产与消费

ENERGY PRODUCTION & CONSUMPTION

（编辑：李剑波）

8－1　能源生产、消费总量（1978－2014年）
Production & Consumption of Energy (1978－2014)

单位：万吨标准煤 (10 000 tons of SCE)

年份 Year	能源生产总量 Total Production of Energy	原煤 Coal	原油 Crude Oil	水电及其他能发电 Hydropower	能源消费总量 Total Consumption of Energy	煤炭 Coal	石油 Oil	水电及其他能源发电 HydroPower
1978	508.59	382.26		126.33	781	479.53	175.14	126.33
1979	475.57	341.44		134.13	765	437.58	193.29	134.13
1980	415.21	287.79		127.42	730	413.91	188.69	127.42
1981	440.82	288.59		152.23	717	391.55	173.22	152.23
1982	481.92	306.91		175.01	769	439.95	154.04	175.01
1983	524.21	333.76	3.07	187.38	810	461.21	161.41	187.38
1984	526.19	324.50	4.50	197.19	854	487.63	169.18	197.19
1985	638.52	330.16	5.13	303.23	1008.21	530.60	125.70	303.23
1986	571.19	264.64	0.00	306.55	1022.77	542.36	125.89	306.55
1987	628.55	315.04	5.39	308.12	1135.66	648.80	133.47	308.12
1988	684.25	417.56	5.20	261.49	1160.21	728.76	121.75	261.49
1989	706.28	465.87	4.67	235.74	1200.28	776.59	127.22	235.74
1990	704.63	416.27	17.14	271.22	1308.21	820.62	151.81	271.22
1991	693.59	426.95	4.49	262.15	1386.88	903.22	155.70	262.15
1992	783.88	492.88	4.59	286.41	1549.30	1034.80	157.16	286.41
1993	958.47	502.35	4.40	451.72	1809.21	1068.67	179.18	451.72
1994	1064.73	575.91	4.61	484.21	2047.95	1232.19	193.60	484.21
1995	1103.39	561.90	14.53	526.96	2256.52	1261.41	227.49	526.96
1996	1035.50	531.33	5.14	499.03	2301.11	1303.05	244.90	499.03
1997	1065.84	472.81	5.60	587.43	2327.74	1190.25	245.92	587.43
1998	975.93	430.71	4.50	540.72	2417.68	1218.87	318.95	540.72
1999	855.47	346.25	5.00	504.22	2472.73	1299.03	327.89	504.22
2000	833.28	300.26	4.70	528.32	2487.40	1226.29	378.09	528.32
2001	838.35	260.31	4.64	573.21	2700.97	1372.09	461.87	573.21
2002	770.23	185.31	5.00	579.93	2778.58	1322.61	536.27	579.93
2003	729.67	188.12	4.69	651.15	3187.66	1632.08	678.97	651.15
2004	908.43	267.06	5.13	636.24	4014.56	1971.15	863.13	636.24
2005	1220.99	358.78	4.90	857.31	4536.74	2540.57	798.47	857.31
2006	1359.27	288.54	4.84	1065.88	5022.95	2697.33	863.95	1065.88
2007	1467.60	305.91	4.11	1157.58	5588.61	3297.28	927.71	1157.58
2008	1926.42	191.30	4.09	1730.91	6054.22	3396.42	974.73	1730.91
2009	1820.23	259.86	4.13	1556.24	6592.74	3876.53	1068.02	1556.24
2010	1951.85	428.48	3.84	1519.53	7379.23	3977.40	1224.95	1519.53
2011	1777.24	445.37	3.24	1328.63	8005.79	4315.12	1377.00	1328.63
2012	2129.80	440.96	3.27	1685.57	8530.56	4555.32	1526.97	1685.57
2013	2517.35	369.26	62.5	2084.26	9100.37	5229.98	1443.41	2084.26
2014	2869.84	341.29	83.86	2444.69	9515.34	5025.22	1593.11	2444.69

注：1.本表指标均为常规能源折合标准煤。
2.从1988年起电力折标系数调整，2000年－2013年因第三次经济普查数据作调整。

Note: 1.The items in this table are converted into SCE.
2.Since 1988, the ratio of Hydro-Power converted into SCE has been adjusted. The data from 2000 to 2013 has been adjusted by the 3rd Economic Census.

8-2 能源生产、消费构成（1978-2014年）

Composition of Energy Production & Consumption(1978-2014)

单位：%　　　　(%)

年份 Year	能源生产总量 Total Production of Energy	原煤 Coal	原油 Crude Oil	水电及其他能发电 Hydro- power	能源消费总量 Total Consumption of Energy	煤炭 Coal	石油 Oil	水电及其他能发电 Hydro-Power
1978	100	75.2		24.8	100	61.4	22.4	16.2
1979	100	71.8		28.2	100	57.2	25.3	17.5
1980	100	69.3		30.7	100	56.7	25.9	17.5
1981	100	65.5		34.5	100	54.6	24.2	21.2
1982	100	63.7		36.3	100	57.2	20.0	22.8
1983	100	63.7	0.5	35.8	100	56.9	19.9	23.1
1984	100	61.7	0.8	37.5	100	57.1	19.8	23.1
1985	100	51.7	0.8	47.5	100	52.6	12.4	30.1
1986	100	46.3	0.9	53.7	100	53.0	12.3	30.0
1987	100	50.1	0.9	49.0	100	57.1	11.8	27.1
1988	100	61.0	0.8	38.2	100	62.8	10.5	22.5
1989	100	66.0	0.7	33.4	100	64.7	10.6	19.6
1990	100	59.1	2.4	38.5	100	62.7	11.6	20.7
1991	100	61.6	0.6	37.8	100	65.1	11.2	18.9
1992	100	62.9	0.6	36.5	100	66.8	10.1	18.5
1993	100	52.4	0.5	47.1	100	59.1	9.9	25.0
1994	100	54.1	0.4	45.5	100	60.2	9.5	23.6
1995	100	50.9	1.3	47.8	100	55.9	10.1	23.4
1996	100	51.3	0.5	48.2	100	56.6	10.6	21.7
1997	100	44.4	0.5	55.1	100	51.1	10.6	25.2
1998	100	44.1	0.5	55.4	100	50.4	13.2	22.4
1999	100	40.5	0.6	58.9	100	52.5	13.6	20.4
2000	100	36.0	0.6	63.4	100	49.3	15.2	20.5
2001	100	31.1	0.6	68.3	100	50.8	17.1	20.8
2002	100	24.1	0.7	75.2	100	47.6	19.3	20.6
2003	100	25.8	0.6	73.6	100	51.2	21.3	17.3
2004	100	32.3	0.8	66.9	100	49.1	21.5	14.4
2005	100	29.4	0.4	70.2	100	56.0	17.6	17.6
2006	100	21.2	0.4	78.4	100	53.7	17.2	19.8
2007	100	20.8	0.3	78.9	100	59.0	16.6	19.3
2008	100	9.9	0.2	89.9	100	56.1	16.1	26.6
2009	100	14.3	0.2	85.5	100	58.8	16.2	22.0
2010	100	22.0	0.2	77.9	100	53.9	16.6	19.2
2011	100	25.1	0.2	74.8	100	53.9	17.2	15.5
2012	100	20.7	0.15	79.1	100	53.4	16.5	18.4
2013	100	14.7	2.5	82.8	100	57.5	15.9	22.9
2014	100	11.9	2.9	85.2	100	52.8	16.7	25.7

8－3　能源利用效益主要指标
Economic Results Indicators for the Utilization of Energy

年份 Year	每万元地区生产总值消费能源（吨标准煤） Per 10 000 Yuan GDP Energy Consumption (ton of SCE)	每万元工业总产值消费能源（吨标准煤） Per10 000 Yuan Gross Output Value of Industry Energy Consumption (ton of SCE)	每吨能源消费实现的地区生产总值（元） Per Ton Energy Consumption Format Gross Domestic Product (yuan)	每吨能源消费实现的工业总产值（元） Per Ton Energy Consumption Format Gross Industrial Output Value (yuan)
1985	5.57	5.25	1795	1905
1990	2.91	2.84	3431	3526
1991	2.67	2.57	3739	3891
1992	2.40	2.16	4173	4640
1993	2.08	1.59	4818	6276
1994	1.71	1.26	5851	7912
1995	1.51	1.26	6637	7917
1996	1.36	1.16	7379	8597
1997	1.28	1.12	7807	8928
1998	1.27	1.09	7906	9161
1999	1.27	1.16	7973	8649
2000	1.20	1.13	8362	8859
2001	1.18	1.22	8439	8213
2002	1.10	1.17	9083	8575
2003	1.13	1.11	8850	8982
2004	1.17	0.95	8553	10523
2005	1.14	0.97	8182	10273
2006	1.06	0.83	9449	12081
2007	0.96	0.72	10420	13843
2008	0.86	0.63	11597	15983
2009	0.85	0.6	11769	16678
2010	0.77	0.47	12969	21277
2011	0.68	0.41	14640	24235
2012	0.65	0.38	15280	26144
2013	0.63	0.35	15799	26489
2014	0.61	0.32	16156	31467

注：1.价值指标按当年价格计算。因1998年后价值指标作调整，故本表资料相应变化。
2.2000年-2013年因第三次经济普查数据作相应调整。

Note: 1.The data in value terms in this table are calculated at current prices. Due to the indicators of value have been readjusted since 1998, the data in this table have been relatively changed.
2.The data from 2000 to 2013 has been adjusted by the 2nd Economic Census.

8—4　能源消费弹性系数
Elasticity Ratio of Energy Consumption

年份 Year	能源消费 比上年增长（%） Growth Rate of Energy Consump-tion over Preceding Year (%)	电力消费 比上年增长（%） Growth Rate of Electricity Consump-tion over Preceding Year (%)	地区生产总值 比上年增长（%） Growth Rate of GDP over Preceding Year (%)	能源消费 弹性系数 Elasticity Ratio of Energy Consumption	电力消费 弹性系数 Elasticity Ratio of Electricity Consumption
1985	6.4	15.1	11.0	0.58	1.37
1990	8.2	11.8	7.0	1.17	1.69
1991	6.0	7.8	12.7	0.47	0.61
1992	11.7	13.1	18.3	0.64	0.72
1993	16.8	10.1	18.3	0.92	0.55
1994	13.2	13.0	15.2	0.87	0.85
1995	10.2	19.8	11.4	0.90	1.74
1996	2.0	7.5	8.3	0.24	0.90
1997	1.2	3.3	8.0	0.15	0.41
1998	3.9	7.9	10.0	0.39	0.79
1999	2.3	5.7	8.0	0.29	0.71
2000	8.0	11.4	7.9	1.01	1.44
2001	8.6	3.1	8.3	1.03	0.37
2002	2.8	7.5	10.6	0.26	0.73
2003	14.7	16.5	10.2	1.44	1.58
2004	25.9	9.9	11.8	2.19	0.84
2005	15.6	11.7	13.2	1.18	0.89
2006	10.7	13.6	13.6	0.79	1.00
2007	11.3	17.6	15.1	0.75	1.17
2008	8.3	11.7	12.8	0.65	0.91
2009	8.9	11.7	13.9	0.64	0.84
2010	11.9	16.0	14.2	0.84	1.13
2011	8.5	12	12.3	0.69	0.98
2012	6.6	3.7	11.3	0.58	0.33
2013	6.7	7.3	10.2	0.66	0.72
2014	4.6	5.6	8.5	0.54	0.66

8－5 主要年份分行业能源消费量和构成

行业名称	Sector	1995 消费总量（万吨标准煤） Total Consumption (10 000 tce)	1995 构成（%） Composition (%)
消费总计	**Total Consunmption**	**2256.52**	**100.00**
一、农、林、牧、渔业、水利业	**Farming,Forestry,Animal Husbandry,Fishery & Conservancy**	**45.37**	**2.01**
二、工业	**Industry**	**1848.24**	**81.91**
轻工业	**Light Industry**	**480.48**	**21.29**
重工业	**Heavy Industry**	**1367.76**	**60.61**
（一）采矿业	**Mining & Quarrying**	**92.03**	**4.08**
煤炭开采和洗选业	Mining & Washing of Coal	34.62	1.53
石油和天然气开采业	Extraction of Petroleum & Natural Gas		
黑色金属矿采选业	Mining & Processing of Ferrous Metal Ores	10.55	0.47
有色金属矿采选业	Mining & Processing of Non-Ferrous Metal Ores	32.46	1.44
非金属矿采选业	Mining & processing of Nonmetal Ores	9.74	0.43
开采辅助活动	Mining Assist Activities		
其他采矿业	Mining of Other Ores	4.66	0.21
（二）制造业	**Manufacturing**	**1568.96**	**69.53**
农副食品加工业	Processing of Food from Agricultural Products	187.26	8.30
食品制造业	Manufacture of Foods	36.78	1.63
酒、饮料和精制茶制造业	Wine, Drink & Refined Tea Manufacturing	29.40	1.30
烟草制品业	Manufacture of Tobacco	4.18	0.19
纺织业	Manufacture of Textile	34.56	1.53
纺织服装、服饰业	Manufacture of Textile Wearing Apparel,Footware & Caps	2.80	0.12
皮革、毛皮、羽毛及其制品业和制鞋业	Manufacture of Leather,Fur,Feather & Related Products	2.33	0.10
木材加工及木、竹、藤、棕、草制品业	Processing of Timber,Manufacture of Wood,Bamboo,Rattan,Palm & Sreaw Products	14.27	0.63
家具制造业	Manufacture of Furniture	4.56	0.20
造纸及纸制品业	Manufacture of Paper and Paper Products	66.99	2.97
印刷业和记录媒介的复制	Printing ,Reproduction of Recording Media	1.92	0.09
文教、工美、体育和娱乐用品制造业	Manufacture of Articles For Culture,Education & Sport Activity	0.29	0.01
石油加工、炼焦和核燃料加工业	Processing of Petroleum,Coking,Processing of Nuclear Fuel	8.64	0.38
化学原料及化学制品制造业	Manufacture of Raw Chemical Materials & Chemical Products	225.44	9.99
医药制造业	Manufacture of Medicines	19.76	0.88
化学纤维制造业	Manufacture of Chemical Fibers	18.37	0.81
橡胶和塑料制品业	Rubber & Plastic Products	22.83	0.65
非金属矿物制品业	Manufacture of Non-metallic Mineral Products	448.60	19.88
黑色金属冶炼及压延加工业	Smelting and Pressing of Ferrous Metals	216.38	9.59
有色金属冶炼及压延加工业	Smelting and Pressing of Nonferrous Metals	86.10	3.82
金属制品业	Manufacture of Metal Products	20.91	0.93
通用设备制造业	Manufacture of Genereal Purpose Machinery	24.95	1.11
专用设备制造业	Manufacture of Special Purpose Machinery	9.15	0.41
汽车制造业	Manufacture of Transport Equipment	13.76	0.61
铁路、船舶、航空航天和其他运输设备制造业	Railway, Ship, Aerospace & Other Transportation Equipment Manufacturing		
电气机械及器材制造业	Manufacture of Electrical Machinery & Equipment	6.60	0.29
通信设备、计算机及其他电子设备制造业	Manufacture of Communication Equipment,Computers & Other Electronic Equipment	1.63	0.07
仪器仪表制造业	Manufacture of Measuring Instruments & Machinery for Cultural Activity & Office Work	0.85	0.04
其他制造业	Other Manufacturing		
废弃资源综合利用业	Recycling and Disposal of Waste		
金属制品业、机械和设备修理业	Metal Product, Machinery & Equipment Repair Services		
（三）电力、燃气及水的生产和供应业	**Electric Power,Gas & Water Production & Supply**	**187.26**	**8.30**
电力、热力的生产和供应业	Production and Distribution of Electric Power & Heat Power	173.48	7.69
燃气生产和供应业	Production & Distribution of Gas	1.77	0.08
水的生产和供应业	Production & Distribution of Water	12.00	0.53
三、建筑业	**Construction**	**12.34**	**0.55**
四、交通运输储运业和邮政业	**Transportation,Storage & Post**	**106.17**	**4.71**
五、批发、零售业和住宿、餐饮业	**Wholesale & Retail Trade,Hotel & Catering**	**23.76**	**1.05**
六、其他行业	**Others**	**46.06**	**2.04**
七、城乡居民生活	**Residential Consumption**	**174.69**	**7.74**

注：2005-2008年因第二次经济普查数据作相应调整，2000年、2005年、2011年、2012年、2013年数据根据第三次经济普查调整。行业分类按2011年《国民经济行业分类》(GB/T4754-2011)标准。

Note: The data from 2005 to 2008 has been adjusted by the 2nd Economic Census, and the data in 2000, 2005, 2011, 2012 and 2013 has been adjusted by the 3rd Economic Census, and the industry classification is based on the standard of National Economic Industry Classificaiong (GB/T4754-2011) in 2011.

Consumption & Composition of Energy by Sector in Main Years

2000		2005		2011		2012		2013		2014	
消费总量(万吨标准煤) Total Consumption (10 000 tce)	构成(%) Composition (%)	消费总量(万吨标准煤) Total Consumption (10 000 tce)	构成(%) Composition (%)	消费总量(万吨标准煤) Total Consumption (10 000 tce)	构成(%) Composition (%)	消费总量(万吨标准煤) Total Consumption (10 000 tce)	构成(%) Composition (%)	消费总量(万吨标准煤) Total Consumption (10 000 tce)	构成(%) Composition (%)	消费总量(万吨标准煤) Total Consumption (10 000 tce)	构成(%) Composition (%)
2487.40	100.00	4536.74	100.00	8005.79	100.00	8530.56	100.00	9100.37	100.00	9515.35	100.00
52.73	2.12	96.18	2.12	129.69	1.62	134.78	1.58	191.27	2.10	218.38	2.30
1893.66	76.13	3341.76	73.66	5802.60	72.48	6131.77	71.88	6759.21	74.27	6848.42	71.97
450.47	18.11	563.46	12.42	887.84	11.09	880.35	10.32	858.98	9.44	946.51	9.95
1443.19	58.02	2778.30	61.24	4914.75	61.39	5252.27	61.57	5900.23	64.84	5901.90	62.03
83.58	3.36	92.10	2.03	86.46	1.08	80.19	0.94	86.10	0.95	85.55	0.90
25.87	1.04	14.06	0.31	9.61	0.12	17.06	0.20	13.13	0.14	12.92	0.14
0.50	0.02	0.45	0.01	0.00	0.00	0.00	0.00	1.68	0.02	1.67	0.02
7.96	0.32	21.78	0.48	32.82	0.41	15.36	0.18	12.22	0.13	12.20	0.13
40.30	1.62	39.02	0.86	30.42	0.38	23.89	0.28	30.48	0.33	29.96	0.31
6.47	0.26	13.16	0.29	13.61	0.17	23.03	0.27	28.60	0.31	28.81	0.30
0.00		0.00		0.00		0.00	0.00	0.00	0.00	0.00	0.00
2.49	0.10	3.18	0.07	0.00	0.00	0.00	0.00	0.00	0.00	0.00	0.00
1679.99	67.54	3104.04	68.42	5343.06	66.74	5623.35	65.92	6120.14	67.25	6229.81	65.47
239.29	9.62	286.72	6.32	502.76	6.28	477.71	5.60	467.89	5.14	514.21	5.40
20.65	0.83	12.70	0.28	32.02	0.40	40.95	0.48	46.97	0.52	52.69	0.55
12.93	0.52	24.04	0.53	52.04	0.65	68.24	0.80	77.33	0.85	74.49	0.78
3.73	0.15	6.35	0.14	3.20	0.04	3.41	0.04	4.10	0.05	6.50	0.07
16.17	0.65	20.87	0.46	32.82	0.41	26.44	0.31	26.87	0.30	26.72	0.28
0.99	0.04	1.36	0.03	3.20	0.04	6.82	0.08	7.53	0.08	7.40	0.08
2.24	0.09	4.54	0.10	4.80	0.06	5.97	0.07	7.14	0.08	7.09	0.07
16.91	0.68	25.41	0.56	100.07	1.25	98.10	1.15	114.24	1.26	123.87	1.30
1.49	0.06	3.18	0.07	4.00	0.05	4.27	0.05	5.47	0.06	5.39	0.06
61.94	2.49	120.22	2.65	220.96	2.76	203.03	2.38	182.94	2.01	219.17	2.30
1.74	0.07	6.35	0.14	3.20	0.04	5.12	0.06	2.74	0.03	2.70	0.03
0.25	0.01	0.45	0.01	0.80	0.01	1.71	0.02	0.30	0.00	0.30	0.00
9.45	0.38	33.12	0.73	154.51	1.93	218.38	2.56	279.73	3.07	266.85	2.80
221.63	8.91	355.23	7.83	448.32	5.60	489.65	5.74	483.98	5.32	474.05	4.98
9.95	0.40	19.51	0.43	25.62	0.32	29.86	0.35	24.93	0.27	25.18	0.26
11.94	0.48	5.44	0.12	0.00	0.00	5.12	0.06	2.45	0.03	2.40	0.03
12.19	0.49	9.53	0.21	7.21	0.09	23.89	0.28	28.01	0.31	28.33	0.30
493.00	19.82	587.05	12.94	1185.66	14.81	1273.61	14.93	1433.43	15.75	1346.85	14.15
242.52	9.75	1043.45	23.00	1488.28	18.59	1519.29	17.81	1967.96	21.63	2106.75	22.14
211.18	8.49	370.65	8.17	875.03	10.93	942.63	11.05	755.37	8.30	741.29	7.79
13.18	0.53	21.78	0.48	22.42	0.28	29.86	0.35	39.41	0.43	42.25	0.44
13.93	0.56	19.96	0.44	41.63	0.52	14.50	0.17	17.92	0.20	17.10	0.18
4.48	0.18	7.26	0.16	14.41	0.18	17.06	0.20	16.65	0.18	16.34	0.17
9.20	0.37	40.38	0.89	63.25	0.79	63.98	0.75	66.49	0.73	62.71	0.66
0.00		0.00		0.00		8.53	0.10	9.20	0.10	9.04	0.10
7.71	0.31	9.53	0.21	28.82	0.36	29.86	0.35	32.92	0.36	32.31	0.34
1.49	0.06	3.18	0.07	8.81	0.11	11.09	0.13	12.59	0.14	12.35	0.13
0.50	0.02	0.91	0.02	0.80	0.01	0.85	0.01	1.37	0.02	1.35	0.01
0.00		51.72	1.14	4.00	0.05	1.71	0.02	2.30	0.03	2.28	0.02
0.00		5.44	0.12	0.80	0.01	0.85	0.01	1.74	0.02	1.71	0.02
0.00		0.00		0.00		0.00	0.00	0.16	0.00	0.15	0.00
130.09	5.23	145.63	3.21	373.07	4.66	429.09	5.03	552.97	6.08	533.05	5.60
118.90	4.78	119.77	2.64	361.86	4.52	407.76	4.78	528.57	5.81	509.14	5.35
0.25	0.01	8.17	0.18	0.00	0.00	0.85	0.01	0.86	0.01	0.85	0.01
10.70	0.43	17.69	0.39	11.21	0.14	21.33	0.25	23.53	0.26	23.07	0.24
7.46	0.30	33.12	0.73	40.83	0.51	42.65	0.50	46.47	0.51	50.54	0.53
213.67	8.59	382.90	8.44	759.75	9.49	823.20	9.65	667.69	7.34	876.77	9.21
35.32	1.42	109.34	2.41	200.14	2.50	215.82	2.53	178.11	1.96	215.60	2.27
46.76	1.88	117.96	2.60	252.98	3.16	278.95	3.27	254.59	2.80	276.74	2.91
237.80	9.56	455.49	10.04	819.79	10.23	903.39	10.59	1003.03	11.02	1028.90	10.81

8-6　主要年份电力消费量

单位：亿千瓦时

指　标	Item
消费总计	**Total Consunmption**
一、农、林、牧、渔业、水利业	**Farming,Forestry,Animal Husbandry,Fishery & Conservancy**
二、工业	**Industry**
轻工业	**Light Industry**
重工业	**Heavy Industry**
（一）采矿业	**Mining & Quarrying**
煤炭开采和洗选业	Mining & Washing of Coal
石油和天然气开采业	Extraction of Petroleum & Natural Gas
黑色金属矿采选业	Mining & Processing of Ferrous Metal Ores
有色金属矿采选业	Mining & Processing of Non-Ferrous Metal Ores
非金属矿采选业	Mining & Processing of Nonmetal Ores
开采辅助活动	Mining Assist Activities
其他采矿业	Mining of Other Ores
（二）制造业	**Manufacturing**
农副食品加工业	Processing of Food from Agricultural Products
食品制造业	Manufacture of Foods
酒、饮料和精制茶制造业	Wine, Drink & Refined Tea Manufacturing
烟草制品业	Manufacture of Tobacco
纺织业	Manufacture of Textile
纺织服装、服饰业	Manufacture of Textile Wearing Apparel,Footware & Caps
皮革、毛皮、羽毛及其制品业和制鞋业	Manufacture of Leather,Fur,Feather & Related Products
木材加工及木、竹、藤、棕、草制品业	Processing of Timber,Manufacture of Wood,Bamboo,Rattan,Palm & Sreaw Products
家具制造业	Manufacture of Furniture
造纸及纸制品业	Manufacture of Paper & Paper Products
印刷和记录媒介的复制	Printing ,Reproduction of Recording Media
文教、工美、体育和娱乐用品制造业	Manufacture of Articles For Culture,Education & Sport Activity
石油加工、炼焦及核燃料加工业	Processing of Petroleum,Coking,Processing of Nuclear Fuel
化学原料及化学制品制造业	Manufacture of Raw Chemical Materials & Chemical Products
医药制造业	Manufacture of Medicines
化学纤维制造业	Manufacture of Chemical Fibers
橡胶和塑料制品业	Rubber & Plastic Products
非金属矿物制品业	Manufacture of Non-metallic Mineral Products
黑色金属冶炼及压延加工业	Smelting and Pressing of Ferrous Metals
有色金属冶炼及压延加工业	Smelting and Pressing of Nonferrous Metals
金属制品业	Manufacture of Metal Products
通用设备制造业	Manufacture of Genereal Purpose Machinery
专用设备制造业	Manufacture of Special Purpose Machinery
汽车制造业	Manufacture of Transport Equipment
铁路、船舶、航空航天和其他运输设备制造业	Railway, Ship, Aerospace & Other Transportation Equipment Manufacturing
电气机械及器材制造业	Manufacture of Electrical Machinery & Equipment
通信设备、计算机和其他电子设备制造业	Manufacture of Communication Equipment,Computers & Other Electronic Equipment
仪器仪表制造业	Manufacture of Measuring Instruments & Machinery for Cultural Activity & Office Work
其他制造业	Other Manufacturing
废弃资源综合利用业	Recycling & Disposal of Waste
金属制品、机械和设备修理业	Metal Product, Machinery & Equipment Repair Services
（三）电力、燃气及水的生产和供应业	**Electric Power,Gas & Water Production & Supply**
电力、热力的生产和供应业	Production & Distribution of Electric Power & Heat Power
燃气生产和供应业	Production & Distribution of Gas
水的生产和供应业	Production & Distribution of Water
三、建筑业	**Construction**
四、交通运输储运业和邮政业	**Transportation,Storage & Post**
五、批发、零售业和住宿、餐饮业	**Wholesale & Retail Trade,Hotel & Catering**
六、其他行业	**Others**
七、城乡居民生活	**Residential Consumption**

注：行业分类按2011年《国民经济行业分类》(GB/T4754-2011)标准。
Note: The industry classification is based on the standard of National Economic Industry Classification（GB/T4754－2011）in 2011.

Consumption of Electricity in Main Years

(100 million kwh)

1995	2000	2005	2010	2011	2012	2013	2014
228.08	**322.02**	**510.15**	**993.24**	**1112.21**	**1153.85**	**1237.75**	**1307.51**
8.68	**13.17**	**14.01**	**20.09**	**22.74**	**22.49**	**23.97**	**25.02**
155.51	**211.41**	**384.44**	**737.55**	**815.76**	**832.73**	**869.33**	**895.49**
40.88	**49.10**	**53.51**	**98.74**	**89.69**	**80.87**	**84.9**	**104.71**
114.63	**162.31**	**330.93**	**638.81**	**726.07**	**751.86**	**784.43**	**790.78**
14.97	**14.80**	**16.56**	**18.91**	**23**	**19.18**	**20.15**	**24.75**
5.86	4.30	2.53	2.94	2.72	3.46	3.36	3.22
	0.16	0.13	0.5	0	0.11	0.11	0.10
1.26	0.87	2.96	1.8	8.87	2.75	1.55	1.16
5.99	9.00	8.11	8.54	8.74	6.76	8.49	9.69
1.47	0.22	1.80	3.87	2.67	6.1	6.64	7.13
					0	0	0
0.39	0.25	0.83	1.26	0	0	0	0
118.75	**179.80**	**306.51**	**618.13**	**682.7**	**699.85**	**706.2**	**728.77**
13.68	15.03	18.13	34.14	40.14	37.02	38.66	39.22
2.61	1.26	1.56	4.32	4.28	5.79	6.79	8.19
1.71	0.89	1.40	6.59	5.17	6.71	6.86	5.86
0.31	0.33	0.89	1.14	0.46	0.51	0.63	0.53
3.96	3.58	4.01	3.55	5.29	3.27	3.44	3.55
0.43	0.21	0.35	0.58	0.91	2.14	2.31	2.45
0.30	0.45	0.65	1.15	1	1.26	1.53	1.59
1.76	3.35	4.73	10.71	19.51	15.64	18.83	20.29
1.04	0.38	0.76	0.27	1.01	1.18	1.36	1.63
5.29	7.67	9.95	15.86	26.02	14.78	18.93	19.18
0.38	0.54	0.96	0.57	0.94	1.52	0.8	0.95
0.04	0.05	0.05	0.04	0.15	0.52	0.07	0.08
0.50	0.83	0.92	4.03	7.63	11.52	9.52	12.11
18.46	26.18	36.01	50.77	54.62	54.08	59.23	59.92
0.93	0.65	1.86	1.99	3.33	4.25	2.29	2.61
2.43	3.73	1.21	2.14		1.66	0.78	0.88
2.11	1.99	3.12	5.96	5.34	6.67	6.67	7.62
20.01	24.27	40.98	89.03	99.35	102.31	106	111.24
14.86	30.56	94.12	192.27	210.95	240.84	240.56	260.41
13.06	41.74	52.62	148.67	145.02	137.51	126.55	112.74
2.27	2.50	5.06	9.08	6.07	8.55	10.29	11.17
3.01	3.11	3.77	4.52	11.12	3.48	3.48	3.56
1.34	1.00	1.16	2.37	3.89	4.51	4.51	4.69
2.09	2.18	6.45	8.45	16.91	17.76	18.09	19.15
					2.31	2.56	2.31
0.87	1.63	2.06	4.63	9.14	9.53	10.14	10.96
0.33	0.49	0.68	1.29	2.85	3.68	3.96	4.05
0.14	0.12	0.22	0.25	0.31	0.27	0.35	0.39
0.13	5.07	11.73	13.38	0.99	0.26	0.45	0.56
		1.10	0.38	0.3	0.28	0.51	0.82
					0.04	0.05	0.06
21.79	**16.81**	**61.37**	**100.51**	**110.06**	**113.7**	**142.98**	**141.96**
18.61	13.45	56.73	94.65	106.42	106.49	135.29	133.79
0.11	0.02	0.94	0.19	0.05	0.27	0.27	0.35
3.07	3.34	3.70	5.68	3.59	6.94	7.42	7.82
2.04	**1.00**	**5.02**	**9.84**	**11.83**	**11.89**	**14.06**	**15.51**
2.09	**4.39**	**6.87**	**11.52**	**13.31**	**14.35**	**15.74**	**18.85**
3.49	**5.97**	**13.11**	**23.92**	**27.41**	**31.13**	**36.5**	**39.92**
6.06	**9.67**	**17.26**	**46.2**	**51.27**	**57.83**	**66.59**	**74.22**
31.19	**49.58**	**69.44**	**144.12**	**169.89**	**183.43**	**211.56**	**238.50**

8-7　主要年份万元工业总产值电力消费量

单位：千瓦小时/万元

指　标	Item
总　计	**Total**
采矿业	**Mining & Quarrying**
煤炭开采和洗选业	Mining & Washing of Coal
石油和天然气开采业	Extraction of Petroleum & Natural Gas
黑色金属矿采选业	Mining & Processing of Ferrous Metal Ores
有色金属矿采选业	Mining & Processing of Non-Ferrous Metal Ores
非金属矿采选业	Mining & Processing of Nonmetal Ores
开采辅助活动	Mining Assist Activities
其他采矿业	Mining of Other Ores
制造业	**Manufacturing**
农副食品加工业	Processing of Food from Agricultural Products
食品制造业	Manufacture of Foods
酒、饮料和精制茶制造业	Wine, Drink & Refined Tea Manufacturing
烟草制品业	Manufacture of Tobacco
纺织业	Manufacture of Textile
纺织服装、服饰业	Manufacture of Textile Wearing Apparel,Footware & Caps
皮革、毛皮、羽毛（绒）及其制品业和制鞋业	Manufacture of Leather,Fur,Feather & Related Products
木材加工及木、竹、藤、棕、草制品业	Processing of Timber,Manufacture of Wood,Bamboo,Rattan,Palm & Sreaw Products
家具制造业	Manufacture of Furniture
造纸及纸制品业	Manufacture of Paper & Paper Products
印刷业和记录媒介的复制	Printing ,Reproduction of Recording Media
文教、工美、体育和娱乐用品制造业	Manufacture of Articles For Culture,Education & Sport Activity
石油加工、炼焦及核燃料加工业	Processing of Petroleum,Coking,Processing of Nuclear Fuel
化学原料及化学制品制造业	Manufacture of Raw Chemical Materials and Chemical Products
医药制造业	Manufacture of Medicines
化学纤维制造业	Manufacture of Chemical Fibers
橡胶和塑料制品业	Rubber & Plastic Products
非金属矿物制品业	Manufacture of Non-metallic Mineral Products
黑色金属冶炼及压延加工业	Smelting & Pressing of Ferrous Metals
有色金属冶炼及压延加工业	Smelting & Pressing of Nonferrous Metals
金属制品业	Manufacture of Metal Products
通用设备制造业	Manufacture of Genereal Purpose Machinery
专用设备制造业	Manufacture of Special Purpose Machinery
汽车制造业	Manufacture of Transport Equipment
铁路、船舶、航空航天和其他运输设备制造业	Railway, Ship, Aerospace & Other Transportation Equipment Manufacturing
电气机械及器材制造业	Manufacture of Electrical Machinery & Equipment
通信设备、计算机及其他电子设备制造业	Manufacture of Communication Equipment,Computers and Other Electronic Equipment
仪器仪表制造业	Manufacture of Measuring Instruments & Machinery for Cultural Activity & Office Work
其他制造业	Other Manufacturing
废弃资源综合利用业	Recycling & Disposal of Waste
金属制品、机械和设备修理业	Metal Product, Machinery & Equipment Repair Services
电力、燃气及水的生产和供应业	**Electric Power,Gas and Water Production & Supply**
电力、热力的生产和供应业	Production & Distribution of Electric Power & Heat Power
燃气生产和供应业	Production & Distribution of Gas
水的生产和供应业	Production & Distribution of Water

注：2010年起工业总产值统计范围为年主营业务收入2000万元及以上工业法人企业，2012年起按当年价格，行业分类按2011年《国民经济行业分类》（GB/T4754-2011)标准。

Note: The statistical range of gross output value of industry is the industrial corporations whose annual major business income above 2,0000,000 Yuan since 2010.and the gross output value is calculated bu current prices since 2012,industrial classification is based on the standard of National Economic Industry Classification（GB/T4754-2011）.

Electricity Consumption of Gross Output Value of Industry per 10,000 Yuan in Main Years

(kwh/10 000 yuan)

1995	2000	2005	2010	2011	2012	2013	2014
1613	**1753**	**1330**	**952**	**946**	**567**	**473**	**434**
6003	**5987**	**5642**	**827**	**925**	**401**	**270**	**247**
4056	3404	3174	1732	1735	927	871	749
						55	46
2576	1311	2324	161	152	626	82	67
2350	1023	1090	1152	702	310	265	292
1056	275	498	860	816	250	372	301
						0	0
1085							**0**
1436	**1298**	**1222**	**862**	**865**	**544**	**432**	**397**
1000	750	827	347	404	245	189	231
623	450	357	420	412	254	241	242
754	464	354	359	332	195	162	151
154	139	87	101	98	30	33	29
1025	1555	843	279	254	263	157	138
391	1229	158	176	181	182	224	187
388	682	175	141	152	112	124	124
1464	2658	1416	407	411	427	281	265
4464	5061	418	122	131	125	118	133
1734	2393	1674	1039	1009	911	488	641
489	833	198	98	97	171	77	74
272	3307	377	33	31	84	80	5
641	339	256	204	203	115	109	111
2538	2704	1972	1103	1104	659	631	578
434	182	343	113	105	160	68	60
3178	8715						
823	1074	2835	327	317	348	262	223
2129	3460	2826	1757	1762	1089	832	711
4113	4173	2806	2551	2456	1378	1077	998
2710	4088	2033	3064	3041	1536	1245	1058
1103	1988	729	1219	1185	437	363	306
554	488	398	317	306	130	111	108
521	495	212	86	83	103	98	86
319	252	145	67	65	107	95	84
					121	195	164
340	629	307	180	162	177	157	133
290	222	100	44	42	70	54	41
370	384	240	79	76	88	99	82
385	412	396	276	266	128	202	173
					44	42	28
					30	206	220
1358	**1436**	**1246**	**1353**	**1269**	**1046**	**1125**	**1061**
4818	1439	1187	1311	1261	988	1105	1053
2895	796	104	715	696	58	119	75
7962	4487	3317	2855	2404	1991	3083	2860

8－8 能源消费水平
Annual Average per Capita Energy Consumption

年 份 Year	每人每年平均用能 (千克标准煤) Annual Average per Capita Energy Consumption (kilo of SCE)	每人每年平均用电 (千瓦小时) Annual Average per Capita Electricity Consumption(kwh)	每人每年平均生活用能 (千克标准煤) Annual Average per Capita Household Energy Consumption (kilo of SCE)	每人每年生活用电 (千瓦小时) Annual Average per Capita Household Electricity Consumption(kwh)
1985	251	197	25	27
1990	299	275	25	41
1991	313	293	31	48
1992	345	327	31	51
1993	408	379	38	59
1994	456	424	36	64
1995	497	502	38	69
1996	501	535	42	73
1997	502	547	48	78
1998	517	585	49	84
1999	525	613	51	92
2000	526	678	52	104
2001	566	696	56	101
2002	578	743	60	115
2003	659	857	63	127
2004	824	938	69	123
2005	974	1095	98	149
2006	1071	1228	102	171
2007	1178	1429	112	195
2008	1263	1580	120	226
2009	1363	1771	140	267
2010	1559	2099	152	305
2011	1730	2405	177	367
2012	1829	2474	194	393
2013	1936	2633	213	450
2014	2009	2760	217	503

注：从2005年起按常住人口调整，2000年-2013年因第三次经济普查数据作相应调整。

Note:The data in this table is adjusted by permanent population since 2005.The data from 2005 to 2008 has been adjusted by the 2nd Economic Census. The data of 2013 has been adjusted by the 3rd Economic Census.

8—9 能源主要产品生活消费量

Household Energy Consumption of Main Energy Products

年 份 Year	生活用能合计 (万吨标准煤) Total Household Energy Consumption (10 000 tons of SCE)	原 煤 (万吨) Coal (10 000 tons)	液化石油气 (万吨) Liquefied Gas (10 000 tons)	煤 气 (亿立方米) Gas (100 million cu.m)	电 力 (亿千瓦时) Electricity (100 million kwh)
1985	76.12	66.71	0.07	0.00	10.56
1990	106.83	60.31	0.09	0.09	17.45
1991	133.21	59.07	6.03	0.12	20.59
1992	135.10	55.18	6.06	0.15	22.14
1993	169.27	57.57	7.89	0.21	25.97
1994	161.79	28.40	8.46	0.53	28.66
1995	174.69	27.65	15.66	0.60	31.19
1996	193.14	29.52	22.42	0.22	33.31
1997	221.23	26.16	24.40	0.37	36.30
1998	228.79	12.89	27.81	0.34	39.50
1999	238.00	10.64	32.26	0.30	43.27
2000	255.07	13.09	32.24	0.37	49.58
2001	273.02	12.96	38.94	0.25	48.44
2002	296.32	11.17	43.11	0.27	55.31
2003	316.72	13.38	45.76	0.36	61.48
2004	372.42	17.75	50.26	0.39	60.07
2005	493.28	18.56	54.26	0.41	69.44
2006	552.73	23.53	65.70	0.49	80.53
2007	582.82	29.45	70.04	0.58	93.01
2008	635.55	22.35	74.57	0.94	109.09
2009	682.64	22.56	75.8	1.1	129
2010	772.44	32.52	79.52	1.7	144.12
2011	878.67	32.45	84.56	0.4	169.89
2012	969.77	36.78	96.58	0.83	183.43
2013	1003.04	14.78	50.46	0.45	211.56
2014	1028.9	16.98	51.61	0.68	238.5

8－10　主要年份石油及燃料消费量
Consumption of Petroleum & Fuel in Main Years

品　　名	Type	1995	2000	2005	2010	2011	2012	2013	2014
原　　油（万吨）	Crude Oil (10 000 tons)	42.44	61.41	97.71	396.02	1018.84	1471.92	1296.13	1390.47
汽　　油（万吨）	Gasoline (10 000 tons)	41.32	65.87	127.75	182.68	197.56	214.53	224.21	224.3
煤　　油（万吨）	Kerosene (10 000 tons)	5.60	3.79	7.00	2.73	0.28	0.08	23.83	90.32
柴　　油（万吨）	Diesel Oil (10 000 tons)	72.43	136.82	234.06	332.37	376.91	400.50	430.89	506.17
燃料油（万吨）	Fuel Oil (10 000 tons)	13.57	7.67	20.96	24.64	32.45	38.42	44.83	31.22
液化石油气（万吨）	Liquefied Gas (10 000 tons)	15.89	35.27	50.70	84.85	98.94	115.36	125.88	103.02
煤　气（亿立方米）	Gas (100 million cu.m)	1.16	5.83	12.31	228.97	190.04	225.88	310.60	361.34

注：2013年部分数据根据第三次经济普查调整。

8－11　能源可供量（2014年）
Energy Available for Consumption (2014)

品　　名	Type	综合能源可供量 Total Energy Available	生产量 Output	调入量 Transfer From Other Regions	进口量 Imports	调出量 Transfer to Other Province Regions	年初年末库存差额 Stock Balance in This Year
综合能源（万吨标准煤）	Total Energy (10 000 tons of SCE)	9551.97	2372.52	6376.63	1419.64	1145.86	37.73
煤　炭（万吨）	Coal(10 000 tons)	6795.98	615.40	5231.76	1428.41	564.20	84.61
原　油（万吨）	Crude Oil (10 000 tons)	1390.47	58.70	1344.08	256.71		-12.31
电力（亿千瓦时）	Electricity(100 million kwh)	1307.51	1310.14	102.97		93.30	

注：电力可供生产量为水电、火电可供生产量，未包括回收能。
Note:Data on electricity available output refers to the total available output of hydro-power & thermal power, excluding the recycled energy.

主要统计指标解释

能源生产总量 指一定时期内一个国家或地区一次能源生产量的总和，是观察全国能源生产水平、规模、构成和发展速度的总量指标。一次能源生产量包括原煤、原油、天然气、水电、核能及其他动力能（如风能、地热能等）发电量，不包括低热值燃料生产量、生物质能、太阳能等的利用和由一次能源加工转换而成的二次能源产量。

能源消费总量 指一定时期内一个国家或地区物质生产部门、非物质生产部门和生活消费的各种能源的总和，是观察能源消费水平、构成和增长速度的总量指标。能源消费总量包括原煤和原油及其制品、天然气、电力，不包括低热值燃料、生物质能和太阳能等的利用。能源消费总量分为终端能源消费量、能源加工转换损失量和损失量三部分。

终端能源消费量 指一定时期内一个国家或地区生产和生活消费的各种能源在扣除了用于加工转换二次能源消费量和损失量以后的数量。

能源加工转换损失量 指一定时期内一个国家或地区投入加工转换的各种能源数量之和与产出各种能源产品之和的差额，是观察能源在加工转换过程中损失量变化的指标。

能源损失量 指一定时期内一个国家或地区能源在输送、分配、储存过程中发生的损失和由客观原因造成的各种损失量，不包括各种气体能源放空、放散量。

能源消费弹性系数 是反映能源消费增长速度与国民经济增长速度之间比例关系的指标。

计算公式为：

$$能源消费弹性系数=\frac{能源消费量年平均增长速度}{国民经济年平均增长速度}$$

电力消费弹性系数 反映电力消费增长速度与国民经济增长速度之间比例关系的指标。

计算公式为：

$$电力消费弹性系数=\frac{电力消费量年平均增长速度}{国民经济年平均增长速度}$$

Explanatory Notes on Main Statistical Indicators

Total Energy Production refers to the total production of primary energy by all energy production enterprises in a country or region in a given period of time. It is a comprehensive indicator to show the capacity, scale, composition and development of energy production of the country. The production of primary energy includes that of coal, crude oil, natural gas, hydro-power and electricity generated by nuclear energy and other means such as wind power and geothermal power. However, it excludes the production of fuels of low calorific value bio-energy, solar energy and the secondary energy converted from the primary energy.

Total Domestic Energy Consumption refers to the total consumption of energy of various kinds by material production sectors, non-material production sectors and households in a country or region in a given period of time. It is a comprehensive indicator to show the scale, composition and development of energy consumption. The total energy consumption includes that of coal, crude oil and their products, natural gas and electricity. However, it excludes the consumption of fuel of low calorific value, bio-energy and solar energy. Total domestic energy consumption can be divided into three parts: final energy consumption, loss during the process of energy conversion and loss.

Volume of Terminal Energy Consumption refers to volume of various of energy consumption for production and living in a country or region during a giving period after deducting the volume consummated in processing secondhand energy and the volume losing.

Volume of Energy Lost by Processing and Conversion refers to balance between volume of various of energy put into processing and conversion and output volume of energy in one country or area in certain period, and it is an indicator to carrying out observations at changes of volume of energy lost in processing and conversion.

Volume of Energy Los refers to various of volume of energy lost in transporting, distributing and storing and for objective causes in one country or area in certain period, excludes discharged volume of various of gas energy.

Elasticity Ratio of Energy Consumption is an indicator to show the relationship between the growth rate of energy consumption and the growth rate of the national economy. The formula is:

$$\text{Elasticity Ratio of Energy Consumption} = \frac{\text{Average Annual Growth Rate of Energy Consumption}}{\text{Average Annual Growth Rate of National Economy}}$$

Elasticity Ratio of Energy Consumption is an indicator to show the relationship between the growth rate of energy consumption and the growth rate of the national economy. The formula is:

$$\text{Elasticity Ratio of Energy Consumption} = \frac{\text{Average Annual Growth Rate of Electricity Consumption}}{\text{Average Annual Growth Rate of National Economy}}$$

第九篇

财政、金融和保险

FINANCE, BANKING & INSURANCE

（编辑：黄靖贵）

9—1 公共财政预算收支总额及指数（1978—2014年）

Total Volume & Index of Public Budget Income & Expenditure (1978—2014)

单位：万元 (10 000 yuan)

年 份 Year	公共财政预算收入 Public Budget Income	公共财政预算支出 Public Budget Expenditure	收支差额 Income & Expenditure Balance	指数（以上年为100）Index (preceding year =100) 公共财政预算收入 Public Budget Income	公共财政预算支出 Public Budget Expenditure
1978	149029	207838	-58809	123.4	143.2
1979	123898	205987	-82089	83.1	99.1
1980	125791	174440	-48649	101.5	84.7
1981	130329	160412	-30083	103.6	92.0
1982	133183	174422	-41239	102.2	108.7
1983	138862	188416	-49554	104.3	108.0
1984	137567	230558	-92991	99.1	122.4
1985	201773	297485	-95712	146.7	129.0
1986	252306	422199	-169893	125.0	141.9
1987	305368	476958	-171590	121.0	113.0
1988	338871	532723	-193852	111.0	111.7
1989	414130	577433	-163303	122.2	108.4
1990	468305	650005	-181700	113.1	112.6
1991	559225	716089	-156864	119.4	110.2
1992	611953	784754	-172801	109.4	109.6
1993	959269	1074853	-115584	156.8	137.0
1994	622617	1249283	-626666	64.9	116.2
1995	794422	1405892	-611470	127.6	112.5
1996	905102	1570121	-665019	113.9	111.7
1997	991568	1708345	-716777	109.6	108.8
1998	1196720	1983609	-786889	120.7	116.1
1999	1335647	2249775	-914128	111.6	113.4
2000	1470539	2584866	-1114327	110.1	114.9
2001	1786706	3516498	-1729792	121.5	136.0
2002	1867320	4198575	-2331255	104.5	119.4
2003	2036578	4436023	-2399445	109.1	105.7
2004	2377721	5074721	-2697000	116.8	114.4
2005	2830359	6114806	-3284447	119.0	120.5
2006	3425788	7295172	-3869384	121.0	119.3
2007	4188265	9859433	-5671168	122.3	135.2
2008	5184245	12971100	-7786855	123.8	131.6
2009	6209888	16218218	-10008330	119.8	125.0
2010	7719918	20075907	-12355989	124.3	123.8
2011	9477209	25452778	-15975569	122.8	126.8
2012	11660614	29852261	-18191647	123.0	117.3
2013	13176035	32086656	-18910621	113.0	107.5
2014	14222803	34797922	-20575119	107.9	108.4

说明：本表中公共财政预算收入和公共财政预算支出2010年以前为地方财政收入和地方财政支出。

Note:The indicators of “Public Budget Income” and “Public Budget Expenditure” refer to Local Financial Income and Local Financial Expenditure Before 2010.

9—2 主要年份财政分项目收入

Local Government Revenue by Items in Main Years

单位：万元 (10 000 yuan)

指 标	Item	2007	2008	2009	2010	2011	2012	2013	2014
财政总收入	**Total Financial Revenue**	**7038810**	**8433036**	**9668808**	**12286122**	**15422300**	**18101386**	**20012643**	**21625355**
#上划中央收入	Turn Over Revenue to the Central Government	2850545	3248791	3458920	4566204	5945091	6440772	6836608	7402552
公共财政预算收入	**Public Budget Income**	**4188265**	**5184245**	**6209888**	**7719918**	**9477209**	**11660614**	**13176035**	**14222803**
税收收入	**Total Tax Revenue**	**2826809**	**3464935**	**4176820**	**5338656**	**6448003**	**7624567**	**8757432**	**9780659**
增值税	Taxes on Value Added	588429	658507	650089	774782	861253	848105	987547	1264512
营业税	Run Taxes	1031216	1219700	1548621	2074387	2407465	2623212	3041956	3212611
企业所得税	Enterprises Income Taxes	300304	372285	360607	589533	856453	859532	940375	1093533
企业所得税退税	Return for Enterprises Income Taxes		-117		-334				
个人所得税	Individual Income Taxes	192112	194782	200448	258422	294069	241900	277433	302214
资源税	Resource Tax	31740	41411	53448	69713	85553	101929	119681	171015
固定资产投资方向调节税	Fixed Assets Investment Orientation Regulation Tax	534	-5	-2	-2	-10			
城市维护建设税	City Maintenance & Construction Tax	185412	217927	240827	296697	405098	420483	495948	531407
房产税	House Property Tax	86254	102785	113070	116542	142581	173472	211833	235635
印花税	Stamp Tax	26670	43831	53965	70265	81757	100136	116984	139617
城镇土地使用税	Urban Land Use Tax	39211	85333	94409	95713	118644	128883	159986	234488
土地增值税	Land Appreciation Tax	105211	157758	151990	222740	339912	593007	651611	683037
车船税	Tax on Vehicles and Boat Operation	8734	19452	32987	43253	54222	74962	90121	105881
耕地占用税	Farm Land Occupation Tax	39951	131219	336245	309510	339006	906846	917856	1041784
契税	Deed Tax	184189	212325	330283	411765	453475	540723	731220	752373
烟叶税	Tobacco Leaf Tax	6703	7574	9798	5670	8525	11377	14881	12552
其他税收收入	Other Tax Revenue	139	168	35					
非税收入	**Total Non-tax Revenue**	**1361456**	**1719310**	**2033068**	**2381262**	**3029206**	**4036047**	**4418603**	**4442144**
专项收入	Special Income	163642	220854	180871	226704	303745	314887	407379	429901
行政事业性收费收入	Charge of Adiministrative and Institutional Units	404737	615911	593492	650728	956031	1214518	1202154	1140393
罚没收入	Penalty Receipts	229299	251511	243914	312924	297410	381689	381520	352951
国有资本经营收入	Government Capital Operating Income	372212	404895	593341	661566	756247	991353	966988	1038912
国有资源（资产）有偿使用收入	Paid use of Stated-owned Vesources Income	141731	133138	265671	358740	531203	833992	1163824	1067260
其他收入	Other Income	49835	93001	155779	170600	184570	299608	296738	412727

9—3 主要年份财政分项目支出

Local Government Expenditure by Accounting Items in Main Years

单位：万元 (10 000 yuan)

指 标	Item	2007	2008	2009	2010	2011	2012	2013	2014
公共财政预算支出	**Public Budget Expenditure**	**9859433**	**12971100**	**16218218**	**20075907**	**25452778**	**29852261**	**32086656**	**34797922**
一般公共服务	General Public Service	1933693	2245366	2370751	2687583	3221799	3863708	4131959	4059911
外交	Diplomacy	82							
国防	National Defense	34323	31057	51815	72561	82131	76619	79199	99268
公共安全	Public Security	824496	956563	1077044	1251395	1394382	1523891	1788149	1922172
教育	Education	1893837	2512210	2965980	3668362	4568882	5892383	6099303	6605347
#普通教育	Regular Education	1543495	2074491	2390167	2982905	3719736	4887114	5022462	5578061
职业教育	Vocational Education	157548	225549	334877	349163	355561	406955	424441	473987
科学技术	Science & Technology	131873	162149	180741	216554	282470	428120	543579	599250
#应用研究	Application Research	22223	23349	30712	31212	32775	39412	55164	50772
技术研究与开发	Technological Research & Development	44628	66849	70661	89541	126866	263396	354225	414686
科学技术普及	Popularization of Science & Technology	10766	14592	11115	12345	13656	16724	18462	19347
文化体育与传媒	Culture, Sport & Media	214101	292467	292731	327718	374814	455212	498502	685192
社会保障和就业	Social Security & Employment	1106700	1289769	2036887	2170733	2506400	2823276	3481154	3871792
#财政对社会保险基金的补助	Subsidy of Finance to the Fund of Social Security	198138	142628	432047	446204	687335	988788	1265318	1417965
行政事业单位离退休	Retire of Administrative Department	399340	458704	512987	577000	530725	483010	588726	709171
城市居民最低生活保障	Lowest Cost-of-Living of Citizens in Urban Area	59818	97871	116540	129143	158387	137102	146328	139813
农村最低生活保障	Lowest Cost-of-Living of Peasants in Rural Area	12753	84622	144463	254607	353717	309049	408039	408318
医疗卫生	Public Health & Sanitation	507547	787683	1161466	1654911	2328800	2531744	2856114	3553263
#医疗服务	Public Health Service	91227	110341	216395					
医疗保障	Medical Security	257360	437517	583090	836314	1248112	1405004	1668682	1911111
环境保护	Environment Protection	135469	279740	499221	639887	538979	600090	642258	839981
#污染防治	Pollution Prevention & Treatmernt	39033	106564	161690	181610	113020	146243	145133	155892
退耕还林	Returning Land for Farming to Forestry	71327	79393	118652	123239	98495	94228	91273	78883
城乡社区事务	Community Affair in Urban & Rural Area	586447	723033	1040811	1038717	1187324	1620715	2123282	2693394
农林水事务	Affairs of Agriculture, Forestry & Water Resources	898179	1393970	2107419	2602616	3148555	3690650	3718964	3912868
#农业	Agriculture	404699	640248	1135962	1233650	1099138	1347723	1356624	1397472
扶贫	Poverty Alleviation	130868	174651	171991	182179	200648	270335	302349	367640
交通运输	Transpotation	412666	584781	815499	937145	2489779	2427442	2389886	2049153
工业商业金融等事务	Affairs of Industry, Commerce & Finance	717962	1066574	1064948	2167009	2932896	3466946	3216638	3512985
其他支出	Other Expenditures	462058	645738	552905	640716	395567	451465	517669	393346

9—4　金融机构存贷款情况（期末余额，2005—2014年）
Deposits & Loans of Financial Institutions (Year-end，2005—2014)

单位：亿元 (100 million yuan)

年　份 Year	本外币存款 Balance of Deposits in RMB & Foreign Currencies	本外币贷款 Balance of Loans in RMB & Foreign currencies
2005	4262.30	3104.60
2006	5029.47	3636.90
2007	5801.04	4331.03
2008	7075.02	5110.06
2009	9638.89	7360.43
2010	11813.90	8979.87
2011	13527.97	10646.43
2012	15966.65	12355.52
2013	18400.48	14081.01
2014	20298.54	16070.95

9－5 2014年全社会金融机构本外币信贷收支平衡表（期末余额）

Balance Sheet of Credit Funds in RMB & Foreign Currencies of Total Financial Institutions in Main Years (2014,Year-end)

单位：亿元 (100 million yuan)

资金来源项目	Sources of Finance	余额 Balance	比年初增加 Increasing Volume than Preceding Year
一、各项存款	Total Deposits	20298.54	1898.06
（一）单位存款	Deposits of Units	9152.65	763.54
#活期存款	Current Deposit	5081.83	545.23
定期存款	Time Deposit	2006.50	136.11
通知存款	Notice Deposit	206.05	10.54
保证金存款	Margin Deposit	650.25	-48.56
（二）个人存款	Personal Deposits	10532.76	1000.28
储蓄存款	Savings Account	10055.00	903.94
保证金存款	Margin Deposit	11.25	-3.92
结构性存款	Structured Deposit	466.51	100.26
（三）财政性存款	Treasury Deposits	319.36	46.32
（四）临时性存款	Temporary Deposits	19.86	4.22
（五）委托存款	Entrusted Deposits	8.05	-5.19
（六）其他存款	Other Deposits	265.87	88.90
二、金融债券	Bonds	104.98	64.98
三、中长期借款	Medium & Long-term Loans	5.70	-0.41
四、应付及暂收款	Accounts Payable & Suspense Credit	459.00	39.64
五、同业往来（来源方）	Dealings in the Same Trade(sources)	112.83	6.09
六、系统内资金往来（来源方）	Fund Transfer within System(sources)		
七、外汇买卖（来源方）	Foreign Exchange Trading (sources)	743.80	488.60
八、各项准备	Other Reserve Funds	419.37	69.97
九、所有者权益	Creditor’ s Equity	971.16	182.85
#实收资本	Called-up Capital	286.94	38.49
十、其它	Others	-3140.95	-440.12
资金来源总计	**Total Capital Sources**	**19974.43**	**2309.67**

9－5 续表 continued

单位：亿元 (100 million yuan)

资金运用项目	Sources of Finance	余额 Balance	比年初增加 Increasing Volume than Preceding Year
一、各项贷款	Total Deposits	16070.95	1954.93
（一）境内贷款	Domestic Loans	15863.45	1939.28
短期贷款	Short-term Loans	4689.54	381.49
个人贷款及透支	Personal Loans & Overdrafts	1016.20	125.38
单位普通贷款及透支	Loans & Overdrafts of Units	3439.28	331.49
普通并购贷款	Ordinary M & A Loans		
银团贷款	Bank Syndicate Loans	7.56	6.94
贸易融资	Trade Finance	226.51	-82.31
境外筹资转贷款	Loans Transformed from Overseas Financing		
中长期贷款	Medium & Long-term Loans	10803.27	1316.76
个人贷款	Personal Loans	4061.81	583.35
#个人消费贷款	Personal Loans for Consumption	2992.34	442.23
单位普通贷款	Overdrafts of Units	5632.00	541.99
普通并购贷款	Ordinary M & A Loans	31.76	15.76
银团贷款	Bank Syndicate Loans	1067.94	170.81
贸易融资	Trade Finance	6.21	5.59
境外筹资转贷款	Loans Transformed from Overseas Financing	3.55	-0.83
融资租赁	Finance Leasing	16.92	-3.49
票据融资	Bill Financing	286.37	182.81
各项垫款	Advance Money	67.35	61.81
（二）境外贷款	Overseas Loans	207.51	15.66
二、有价证券	Securities	501.43	50.56
三、股权及其它投资	Stock Rights & Other Investments	660.64	202.78
四、应收及预付款	Accounts Payable & Suspense Credit	240.12	6.41
五、同业往来（运用方）	Dealings in the Same Trade(applications)	126.77	-41.25
六、系统内资金往来（运用方）	Fund Transfer within System(applications)	1225.86	-381.31
七、外汇买卖（运用方）	Foreign Exchange Trading(applications)	743.41	488.49
八、固定资产	Fixed Investment	214.65	18.47
九、库存现金	Cash Holding	189.75	10.64
十、投资性房地产	Investment Real Estate	0.83	-0.04
资产总计	**Total Assets**	**19974.43**	**2309.67**

9-6 2014年全社会金融机构人民币信贷收支平衡表（期末余额）

Balance Sheet of Credit Funds in Renminbi of Total Financial Institutions in Main Years (2014,Year-end)

单位：亿元 (100 million yuan)

资金来源项目	Sources of Finance	余额 Balance	比年初增加 Increasing Volume than Preceding Year
一、各项存款	Total Deposits	20078.97	1811.72
（一）单位存款	Deposits of Units	9007.39	714.56
#活期存款	Current Deposit	5045.06	542.07
定期存款	Time Deposit	1938.26	88.82
通知存款	Notice Deposit	206.04	10.59
保证金存款	Margin Deposit	615.87	-44.09
（二）个人存款	Personal Deposits	10499.47	1000.11
#储蓄存款	Savings Account	10023.05	904.14
保证金存款	Margin Deposit	11.12	-3.91
结构性存款	Structured Deposit	465.30	99.88
（三）财政性存款	Treasury Deposits	320.16	46.16
（四）临时性存款	Temporary Deposits	18.54	3.78
（五）委托存款	Entrusted Deposits	8.03	-5.19
（六）其他存款	Other Deposits	225.38	52.31
二、金融债券	Bonds	104.98	64.98
三、中长期借款	Medium & Long-term Loans	3.70	-0.08
四、应付及暂收款	Accounts Payable & Suspense Credit	430.83	51.93
五、同业往来（来源方）	Dealings in the Same Trade(sources)	97.93	11.97
六、系统内资金往来（来源方）	Fund Transfer within System(sources)		
七、外汇买卖（来源方）	Foreign Exchange Trading (sources)	362.76	236.24
八、各项准备	Other Reserve Funds	401.48	68.37
九、所有者权益	Creditor's Equity	964.81	182.02
#实收资本	Called-up Capital	286.94	38.49
十、其它	Others	-3121.68	-415.11
资金来源总计	**Total Capital Sources**	**19323.79**	**2012.06**

9—6　续表　continued

单位：亿元　　(100 million yuan)

资金运用项目	Applications of Funds	余额 Balance	比年初增加 Increasing Volume than Preceding Year
一、各项贷款	Total Deposits	15585.46	1897.15
（一）境内贷款	Domestic Loans	15582.77	1898.24
短期贷款	Short-term Loans	4477.37	343.35
个人贷款及透支	Personal Loans & Overdrafts	1015.96	125.36
单位普通贷款及透支	Loans & Overdrafts of Units	3342.12	294.47
普通并购贷款	Ordinary M & A Loans		
银团贷款	Bank Syndicate Loans	7.56	6.94
贸易融资	Trade Finance	111.73	-83.41
境外筹资转贷款	Loans Transformed from Overseas Financing		
中长期贷款	Medium & Long-term Loans	10735.11	1314.00
个人贷款	Personal Loans	4061.80	583.36
#个人消费贷款	Personal Loans for Consumption	2992.32	442.23
单位普通贷款	Overdrafts of Units	5611.51	541.23
普通并购贷款	Ordinary M & A Loans	30.05	15.82
银团贷款	Bank Syndicate Loans	1031.48	173.93
贸易融资	Trade Finance	0.28	-0.34
境外筹资转贷款	Loans Transformed from Overseas Financing		
融资租赁	Finance Leasing	16.92	-3.49
票据融资	Bill Financing	286.36	182.80
各项垫款	Advance Money	67.01	61.58
（二）境外贷款	Overseas Loans	2.69	-1.09
二、有价证券	Securities	501.43	50.56
三、股权及其它投资	Stock Rights & Other Investments	660.64	202.78
四、应收及预付款	Accounts Payable & Suspense Credit	211.81	12.52
五、同业往来（运用方）	Dealings in the Same Trade(applications)	124.11	-40.96
六、系统内资金往来（运用方）	Fund Transfer within System(applications)	1473.13	-373.93
七、外汇买卖（运用方）	Foreign Exchange Trading(applications)	365.22	235.32
八、固定资产	Fixed Investment	214.64	18.47
九、库存现金	Cash Holding	186.51	10.17
十、投资性房地产	Investment Real Estate	0.83	-0.04
资金运用总计	**Total Capital Applications**	**19323.79**	**2012.06**

9-7 主要年份保险业务

Major Indictors of Insurance Business in Main Years

单位：万元 (10 000 yuan)

项　目	Item	2001	2005	2010	2011	2012	2013	2014
全部业务	**All Insurance Business**							
保费收入	**Premium Income**	**350616**	**731142**	**1790516**	**2126634**	**2382639**	**2754733**	**3132331**
保险密度（元）	Insurance Density (yuan)	73.69	149.39	389.02	457.83	508.78	583.75	661.32
保险深度（%）	Insurance Depth (%)	1.57	1.80	1.88	1.82	1.84	1.92	2
财产保险公司业务	**Property Insurance Business**							
保费收入	Premium Income	133096	238790	691943	829520	969182	1188778	1406703
企业财产保险	Enterprise Property Insurance	30655	31204	44305	49939	52598	57998	59952
机动车辆保险	Automobile Insurance	75637	160592	529660	631612	741209	902254	1037357
货物运输保险	Cargo Transportation Insurance	7653	9228	13727	16898	18161	18845	19107
其他财产保险	Other Property Insurance	8425	9084	16228	39272	43586	47380	50906
责任保险	Liability Insurance	8898	8060	23152	29846	31615	35362	43507
信用保证保险	Credit & Guarantee Insurance	726	7878	12005	14751	22431	32096	45208
农业保险	Agriculture Insurance	1102	347	7454	8314	12962	27640	49748
短期健康保险	Short-term Health Insurance		308	10517	11808	14333	25187	50234
意外伤害险	Personal Accident Insurance		12089	24078	27081	32289	42017	50685
储金	Deposits From Insured	8446	5611	4901	4701	4193	4346	4352
赔案件数（万件）	Number of Claims (10 000 cases)	11.82	28.24	79.93	90.12	120.83	147.54	176.77
赔款支出	Benefit Paid	62992	117165	270387	367699	479145	566449	710738
企业财产保险	Enterprise Property Insurance	14836	13173	10984	13995	22360	26789	55184
机动车辆保险	Automobile Insurance	36795	72637	217688	297803	385634	447984	514911
货物运输保险	Cargo Transportation Insurance	3118	18904	4831	7828	10290	9978	13070
其他财产保险	Other Property Insurance	2366	3322	5270	16199	21640	24810	28199
责任保险	Liability Insurance	4143	2571	9114	12680	13880	15724	20004
信用保证保险	Credit & Guarantee Insurance	33	1921	765	1668	1590	8274	3510
农业保险	Agriculture Insurance	476	116	7148	5371	9544	12878	39536
短期健康保险	Short term Health Insurance		61	5523	5623	7087	11554	23131
意外伤害险	Personal Accident Insurance		4459	6860	6531	7119	8457	13193
未决赔款	Outstanding Insurance	21255	55668	158487	186717	233909	279890	333106

注：2001-2007年保险密度使用平均总人口计算，2008年保险密度使用平均常住人口计算，请使用时注意口径区别。

Note:The data on “Insurance Density” from 2001 to 2007 was calculated by average total population, while the data in 2008 was calculated by average permanent population, please pay attention to the difference of coverage while using.

9—7 续表 continued

单位：万元 (10 000 yuan)

项 目	Item	2001	2005	2010	2011	2012	2013	2014
人身保险公司业务	**Life Insurance Business**							
保费收入	Premium Income	217520	492352	1098573	1297114	1413457	1566045	1725628
个人业务	Personal Insurance							
人寿保险	Life Insurance Business	161293	383881	970539	1157509	1232878	1350117	1435262
分红产品	Participating	36710	250131	837623	1025296	1095057	1176250	920041
投资连接产品	Unit-link	8837		603	496	574	674	773
其他产品	Others	115546	133750	132314	131717	137248	173193	514448
意外伤害险	Personal Accident Insurance	6302	6847	21642	24604	31514	28861	45510
健康险	Health Insurance	3180	21642	57851	68628	87237	106493	138495
团体业务	Group Insurance							
人寿保险	Life Insurance Business	27140	43950	15804	9828	9624	6063	5573
分红产品	Participating	2300	33443	0	302	761	87	6
投资连接产品	Unit-link				1			
其他产品	Others	2440	10507	15804	9525	8863	5975	5567
意外伤害险	Personal Accident Insurance	16496	17875	14765	17216	19893	33544	31340
健康险	Health Insurance	3109	18157	17972	19329	32312	40968	69449
#新单保费	Initial Premium	104475	244075	615763	737232	708929	740331	822591
有效保单件数（万件）	Policies In Force (10 000 cases)	785.49	589.65	1063	1229	1159	1283	1191
赔款和给付支出	Benefit Paid	83988	52123	173078	220447	263311	342055	380048
个人业务	Personal Insurance							
年金给付	Annuity Paid	36306	11836	24995	24491	35867	37852	48230
满期给付	Maturity Benefit	17754	6972	90873	129193	153677	213088	225969
死伤医疗给付	Benefit of Deaths, Injury & Medical Treatment	7573	7936	14436	21405	25832	31448	36008
团体业务	Group Insurance							
年金给付	Annuity Paid	6136	2952	6904	7782	8378	7984	8521
满期给付	Maturity Benefit	4791	313	3182	4476	3474	4394	3650
死伤医疗给付	Benefit of Deaths, Injury & Medical Treatment	11428	934	1085	2155	3475	6769	9927
退保	Surrender	27014	83367	82797	105651	141586	210284	350146

注：1. 本表由中国保险监督管理委员会广西监管局提供。
2. 2005年人身保险公司业务中人寿保险的个人业务和团体业务“投资连接保险”并入其他产品中统计。
3. 2005年赔款和给付支出中“赔款支出”从“死伤医疗给付”中剔除，但包含在赔款和给付支出总额中。

Note: 1. The data in this table is provided by Guangxi management & supervison bureau of Chinese insurance management & supervison committee.
2. The “Unit-link”, which belonging to personal insurance and group insurance of life insurance business in life insurance company business, was merged into the other business in 2005.
3. The “Benefit” was eliminated from “Benefit of Deaths, Injury & Medical Treatment” in “Benefit Paid” in 2005, but it is still belong to the “Benefit Paid”.

主要统计指标解释

财政收入 是指国家财政参与社会产品分配所取得的收入，是实现国家职能的财力保证。财政收入所包括的内容几经变化，目前主要包括：（1）各项税收，包括增值税、营业税、消费税、土地增值税、城市维护建设税、资源税、城市土地使用税、印花税、房产税、车船使用税、屠宰税、个人所得税、企业所得税、关税、契税、农牧业税和耕地占用税等。（2）专项收入：包括征收排污费收入、城市水资源费收入、教育费附加收入、矿产资源补偿费收入。（3）其他收入，包括国有资产经营收益、国有企业计划亏损补贴、基本建设贷款归还收入、基本建设收入、罚没收入、行政性收费收入、其他收入等。

地方财政收入 指按财政体制划分的地方本级收入。1994年分税制财政体制改革以后，属于中央财政的收入包括关税、海关代征消费税和增值税，消费税，中央企业所得税，地方银行和外资银行及非银行金融企业所得税，铁道、银行总行、保险总公司等集中缴纳的营业税、所得税、利润和城市维护建设税，增值税的75%部分，证券交易税（印花税）50%部分和海洋石油资源税。属于地方财政的收入包括营业税，地方企业所得税，个人所得税，城镇土地使用税，固定资产投资方向调节税，城镇维护建设税，房产税，车船使用税，印花税，屠宰税、农牧业税，农业特产税，耕地占用税，契税、增值税的25%部分，证券交易税（印花税）50%部分和除海洋石油资源税以外的其他资源税。

财政支出 是指国家为行使其职能，对筹集的财政资金进行有计划的分配使用的总称。国家财政支出，体现政府的活动范围和方向，反映财政资金的分配关系。财政支出主要包括：（1）基本建设支出；（2）企业挖潜改造资金；（3）地质勘探费；（4）科技三项费用；（5）流动资金；（6）支援农村生产支出；（7）农林水利气象等部门的事业费；（8）工业交通等部门事业费；（9）商业部门事业费；（10）城市维护费；（11）文教卫生事业费；（12）科学事业费；（13）其他部门事业费；（14）抚恤和社会福利救济费；（15）国防支出类；（16）行政管理费；（17）公检法支出；（18）价格补贴支出；（19）支援不发达地区支出；（20）专项支出；（21）农业综合开发支出；（22）行政事业单位离退休经费（23）其他支出等。

地方财政支出 指根据政府在经济和社会活动中的不同职责，划分中央和地方政府的责权，按照政府的责权划分确定的支出。中央财政支出包括国防支出，武装警察部队支出，中央行政管理费和各项事业费，重点建设支出以及中央政府调整国民经济结构、协调地区发展、实施宏观调控的支出。地方财政支出主要包括地方行政管理和各项事业费，地方统筹的基本建设、技术改造支出，支援农村生产支出，城市维护和建设费，价格补贴支出等。

地方财政用于农业的支出 指国家财政预算内资金用于农业的各项投资支出。包括：（1）对农垦、农业、畜牧、林业、农机管理、水利、水产、气象等部门的各项事业经费和基本建设、流动资金、挖潜改造资金、科技三项费用等专项拨款；（2）支援农业的各项生产支出，如小型农田水利和水土保持补助费、扶持农业经济困难的乡镇企业，农业生产队（组、户）改善生产基本条件的资金和农村开荒补助、农村草场和畜禽保护补助费、农村造林和林木保护补助费、农村水产补助费、农业发展和发展粮食生产专项资金支出、支援不发达地区资金中用于农业的支出等；（3）农业综合开发支出。

地方财政用于教育的支出 指国家财政预算内资金安排用于教育的各项支出。包括：（1）教育部门的事业费和基本建设拨款；（2）各部门事业费中用于教育的支出。如中等专业学校、技工学校经费、干部培训费等；（3）专项经费中的教育费附加支出，支援不发达地区资金中用于教育的支出。

信贷资金 指金融机构以信用方式积聚和分配的货币资金。金融机构信贷资金的来源有各项存款，对省外（国际）金融机构负债、流通中货币、银行自有资金及当年结益等；信贷资金的运用有各项贷款、黄金占款、外汇占款、财政借款及在省外（国际）金融机构中的资产等。

存款 指企业、机关、团体或居民根据资金必须收回的原则，把货币资金存入银行或其他信用机构保管并取得一定利息的一种信用活动形式。根据存款对象的不同可划分为企业存款、财政存款、机关团体存款、基本建设存款、城镇储蓄存款、农村存款等科目。它是银行信贷资金的主要来源。

贷款 指银行或其他信用机构根据资金必须归还的原则，按一定利率，为企业、个人等提供资金的一种信用活动形式。我国银行贷款分为流动资金贷款、固定资产贷款、城乡个体工商户贷款以及农业贷款等科目。

保险公司　在中国境内的、经过保险监督部门批准设立，并依法登记注册的各类商业保险公司。

保险金额　又叫承保额，是指保险人对被保险人负提损失补偿或约定给付的金额。它是保险合同上的最高责任额，也是计算保费的依据。

保费　又叫保险费，是指投保人为取得保险人在约定范围内所承担赔偿责任而支付给保险人的费用。

赔款　指保险人根据保险合同的规定，向被保险人支付的赔偿保险责任损失的金额。

给付　包括死伤医疗给付和满期给付。死伤医疗给付是指保险人根据人寿保险及长期健康保险合同的规定，因被保险人在保险期内发生保险责任范围内的保险事故支付给被保险人（或受益人）的金额。满期给付是指被保险人生存期满，保险人按人寿保险合同规定支付给被保险人的满期保险金额。

Explanatory Notes on Main Statistical Indicators

Government Revenue refers to the revenue of the government finance by means of participating in the distribution of the social products, which are the financial resources for ensuring the government to function. The contents of government revenue have been changed several times. Now it includes the following main items: (1) Various tax revenues, including value added taxes, business tax, consumption tax, land value added tax, tax on city maintenance and construction, resources tax, tax on use of urban land, stamp tax, tax on real estate, tax on the use of vehicles and ships, slaughter tax, personal income tax, enterprise income tax, tariff, contract tax, tax on agriculture and animal husbandry and tax on occupancy of cultivated land, etc. (2) Special income: including revenue collected from imposing fee on sewage treatment, revenue collected from imposing fee on urban water resources, extra-charges for education, and revenue collected from imposing fee on mine resources. (3) Other revenues, including profits from management of state-owned assets, subsidies to loss-making state-owned enterprise, revenue from the repayment of capital construction loan, revenue from capital construction, penalty, administration income and other incomes.

Revenue of the Local Government In according with the classification of the structure of the government finance in 1994 on the basis of the classification of channels for collection of tax revenues, the revenue of the local governments have different coverage. The revenue of the central government includes tariff, consumption tax and value added tax levied by the customs, consumption tax, income tax of the enterprises subordinate to the central government, income taxes of the local banks, foreign-funded banks and non-band financial institutions, business tax, income tax and profits of railways, head office of insurance company, which are handed over to the government in a centralized way, tax on city maintenance and construction, 75% of the value added tax, tax on ocean petroleum resources, 50% of the tax on stock dealing (stamp tax). The revenue of the local government includes business tax, income tax of the enterprises subordinated to the local government, personal income tax, tax on the use of urban land, tax on the adjustment of the investment in fixed assets. Tax on town maintenance and construction, tax on real estate, tax on the use of vehicles and ships, stamp tax, slaughter tax, tax on agriculture and animal husbandry, tax on special agricultural products, tax on the occupancy of cultivated land, contract tax, 25% of the value added tax, 50% of the tax on stock dealing (stamp tax) and tax on resources other than the ocean petroleum resources.

Government Expenditure refers to the (1) Expenditure for capital construction; (2) Innovation funds of the enterprises; (3) Geological prospecting expenses; (4) Expenditures for science and technology promotion; (5) Circulating funds; (6) Expenditure for supporting rural production; (7) Operating expenses of the departments of farming, forestry, water conservancy and meteorology etc; (8) Operating expenses of the departments of industry, transport; (9) Operating expenses of the department of commerce; (10) Expenditure for city maintenance; (11) Operating expenses of the departments of culture, education and public health; (12) Operating expenses of the department of science; (13) Operating expenses of the other departments; (14) Pension for the disabled or for the families of the bereaved and relief funds for social welfare; (15) Expenditures for national defense; (16) Administrative expenses (17) Expenditure for public security agency, procurator agency and court of justice; (18) Expenditure for price subsidies; (19) Expenditure for supporting under-developed areas; (20) Special expenditure; (21) Expenditure for comprehensive development of agriculture; (22) Expenditure for retired persons in administrative department; (23) Other expenditures.

Expenditure of the Local Governments According to the different functions of the central government and local governments in the economic and social activities, the rights of affairs administration are classified between the central government and local governments are made on the basis of the classification of the rights of affairs administration between them. The expenditure of the central government includes the expenditure for national defense, expenditure for armed police forces, the administrative expenses and various operating expenses at the level of central government, expenditure for key projects and the expenditure of the central government for adjusting the national economic structure, coordinating the development among different regions and exercising the macro-economic regulation and control. The expenditure of the local governments includes mainly the administrative expenses and various operating expenses at the level of local government, expenditure for supporting rural production, expenditure for city maintenance and construction and expenditure for price subsidies, etc.

Local Government Expenditure for Agriculture refers to the investment and expenditure of national financial budgetary fund for agriculture, including: (1) Operating expenses for agricultural exclamation, agriculture, animal husbandry, forestry, agricultural machinery management, water conservancy, aquatic products and meteorology, and special appropriation for capital construction, floating funds, innovation funds and expenditures for science and technology promotion; (2) Expenditures for supporting agricultural production, such as subsidies to the small water conservancy and rural water and soil conserving, expenditure for supporting township enterprises, funds for improving capital productive conditions of agricultural production teams and subsidies on the rural waste land exclamation, subsidies to the expenditure for the protection of grasslands and cattle and fowls, subsidies on forestation and forest protection in rural areas, subsidies on the rural aquatic products industry, special fund for developing agriculture and grain production, expenditure in funds supporting under-developed areas for agriculture; (3) Expenditure for agriculture comprehensive development.

Local Government Expenditure for Education refers to expenses of national financial budgetary fund for education, including: (1) Operating expenses and capital construction appropriation of education departments; (2) Expenditure for education in operating expenses of various departments, such as expenses for specialized secondary schools and skilled workers' schools and expenditure for cadres training, etc. (3) Education expenditure added in special expenditure and expenditure in funds supporting under-developed areas for education.

Credit Funds refer to the funds issued as loans by banking institution. The sources of credit funds of the banking institutions included deposits, liabilities to international financial institutions, currency in circulation, self-owned funds and current retained profits, etc. The credit funds can be used in forms of loans, gold, foreign exchange, government debt and assets in the other provinces, autonomous regions and municipalities (international) financial institutions.

Deposit is a form of credit by which enterprises, institutions, organizations or residents can put money into banks and other credit institutions for safekeeping and interest earning under the principle of free withdrawal. According to different depositors, deposits are divided into enterprise deposits, treasury deposits, deposits of government agencies and organizations, capital construction deposits, urban savings deposits, rural deposits and other deposits. Deposits are major sources of the credit funds of banks.

Loan is a form of credit by which banks and other credit institutions provide funds at certain interest rate to enterprises and individuals in the light of the principle of unconditional repayment. Loans from Chinese banks include circulating capital loans, fixed assets loans, loans to urban and rural individuals engaged in industrial and commercial business and agricultural loans.

Insurance Companies refer to commercial insurance companies of various forms registered by law and established in China with the approval of insurance regulatory agencies.

Amount Insured refers to the maximum that the insurant will get for the claim of the case insured.

Premium is the fee paid by the insurant based on a proportion of the benefit he or she may get from the insurance plus the insurance value. It includes the income from the deposit of property insurance and personal insurance.

Settle Claim is the compensation paid by the insurer to the insurant in accordance with the insurance contact.

Payment includes payment for death, injury or medical treatment and mature payment. Payment for death, injury or medical treatment refers to the money paid to the insurant (of the beneficiary) in accordance with the life of health insurance contract when the insurant encounters accidents within the insured period covered in the contract. Mature payment refers to the mature payment to the insurant in according with the life insurance contract at the end of the insured period for the loss which has been checked and found to be in the range liability of the insurance after an accident has happened to the insured property or to a person who has insured his life. It is further divided into settled and unsettled claim.

第十篇

物价

PRICE

（编辑：黄岚兰　李　辉　蒋志华）

10—1 居民消费及商品零售价格总指数（1978—2014年）
Consumer & Retail General Price Indices（1978—2014）

（以上年价格为100） (preceding year=100)

年 份 Year	居民消费价格总指数 Consumer General Price Index			商品零售价格总指数 Retail General Price Index		
	全 区 Total	城 市 Urban Areas	农 村 Rural Areas	全 区 Total	城 市 Urban Areas	农 村 Rural Areas
1978	100.0	99.8	100.0	100.0	99.8	100.1
1979	102.6	102.8	101.1	102.3	102.9	101.7
1980	110.0	112.6	106.0	109.2	113.1	106.1
1981	101.6	102.7	100.1	101.7	103.0	100.5
1982	103.3	104.1	102.4	103.1	104.4	102.4
1983	102.7	103.0	102.7	102.8	103.0	102.7
1984	103.3	104.6	102.4	104.2	104.5	104.1
1985	113.0	114.7	111.8	111.2	114.2	109.3
1986	106.2	106.2	106.2	105.1	106.0	104.4
1987	108.2	110.2	105.8	108.0	110.5	105.5
1988	120.8	123.3	118.4	121.0	123.5	119.4
1989	121.1	119.7	123.3	121.3	119.1	123.5
1990	101.1	98.3	104.4	100.1	97.4	102.4
1991	102.8	102.7	103.0	102.5	102.5	102.5
1992	105.9	107.0	105.4	104.6	106.2	103.9
1993	122.0	123.3	119.1	118.9	121.9	114.8
1994	126.0	125.4	126.5	124.4	122.7	125.6
1995	118.4	118.0	118.6	116.4	115.0	117.7
1996	106.5	105.5	107.4	104.5	104.1	104.9
1997	100.8	100.7	100.8	99.6	99.9	99.4
1998	97.0	97.1	96.8	96.3	96.7	95.9
1999	97.7	97.2	98.2	97.2	96.8	97.6
2000	99.7	100.0	99.5	98.6	98.4	98.8
2001	100.6	101.3	99.6	97.8	97.3	99.0
2002	99.1	98.9	99.3	98.1	98.2	98.0
2003	101.1	100.9	101.3	100.2	99.6	100.8
2004	104.4	104.1	104.9	103.9	103.4	104.4
2005	102.4	103.0	101.6	101.1	101.3	101.0
2006	101.3	101.6	100.9	100.3	100.8	99.8
2007	106.1	105.6	106.8	104.8	104.2	105.3
2008	107.8	107.6	108.5	107.6	107.6	108.3
2009	97.9	97.9	97.5	98.0	98.1	96.9
2010	103.0	102.9	103.4	103.0	103.0	103.2
2011	105.9	105.7	106.4	106.0	105.7	106.6
2012	103.2	103.2	103.3	102.3	102.2	102.4
2013	102.2	102.1	102.4	101.2	101.1	101.3
2014	102.1	102.2	101.9	101.4	101.5	101.1

注：1994年起商品零售价格总指数不包括农资。

Note: Retail General Price Index since 1994 has excluded agricultural means of production.

10—2 各地区商品零售和农业生产资料价格指数（2014年）

（以上年价格为100）

地 区	Region	总指数 General Index	一、食品类 Food	粮食 Grain	油脂类 Oil or Fat	肉禽及其制品 Meal, Poultry & Their Products	水产品 Aquatic Products	菜 Vegetables
全区平均	**Average of the Whole Autonomous Region**	**101.4**	**104.3**	**102.3**	**91.6**	**103.9**	**107.6**	**103.7**
南宁市	Nanning	100.7	104.3	101.9	93.2	103.8	109.7	102.6
柳州市	Liuzhou	102.0	105.8	104.2	89.2	106.5	113.0	104.4
桂林市	Guilin	101.4	104.4	102.8	94.6	102.9	105.0	106.1
梧州市	Wuzhou	101.2	104.3	101.7	92.8	101.7	111.1	99.1
北海市	Beihai	102.0	105.3	102.1	94.9	104.7	109.8	104.1
防城港市	Fangchenggang	102.1	104.5	101.7	96.7	103.7	107.3	102.3
钦州市	Qinzhou	101.6	104.8	102.5	93.4	103.6	106.6	101.9
贵港市	Guigang	101.7	104.3	101.7	90.3	104.2	105.6	106.9
玉林市	Yulin	102.3	104.1	103.0	87.7	105.7	107.5	98.0
百色市	Baise	101.5	104.2	101.3	88.7	104.5	104.0	108.6
贺州市	Hezhou	100.7	103.0	102.5	86.7	104.2	104.8	101.7
河池市	Hechi	102.2	105.6	102.7	92.1	106.9	110.5	104.6
来宾市	Laibin	100.7	103.1	101.4	94.6	100.9	106.8	107.0
崇左市	Chongzuo	101.7	103.8	103.2	89.4	102.1	106.7	101.3
城市平均	**Average of Urban Areas**	**101.5**	**104.6**	**102.5**	**92.3**	**104.1**	**108.9**	**102.9**
农村平均	**Average of Rural Areas**	**101.1**	**103.6**	**101.8**	**90.4**	**103.7**	**104.2**	**105.3**

Retail & Agricultural Means of Production Price Indices by Region (2014)

(preceding year=100)

干鲜瓜果 Dry Fruit (Nut) & Melon & Fruit	其他食品 Other Foods	二、饮料、烟酒类 Beverages, Tobacco & Liquor	三、服装、鞋帽类 Clothes, Shoes & Hats	服装 Clothes	鞋袜帽 Shoes, Socks & Hats	四、纺织品类 Textiles
115.7	**102.9**	**100.1**	**100.4**	**100.1**	**101.0**	**100.0**
119.0	100.1	99.1	97.2	95.9	99.7	98.3
116.9	103.6	100.7	99.5	100.5	96.9	100.8
118.2	101.0	100.3	101.0	100.1	104.0	99.5
122.2	102.4	99.3	100.7	100.1	101.5	99.4
120.5	105.4	101.5	101.7	101.8	101.8	100.0
118.0	101.4	100.9	104.5	105.4	103.0	107.3
121.7	93.1	99.2	101.6	101.6	102.4	100.8
113.1	109.6	100.6	99.3	100.0	97.9	100.2
112.8	103.6	99.7	106.4	103.0	115.7	96.7
110.7	101.6	99.9	105.5	105.8	105.2	101.0
109.8	101.2	99.9	100.1	100.8	98.5	100.3
116.3	104.8	101.0	103.2	102.3	106.5	99.5
109.2	100.3	99.8	96.5	95.6	98.7	100.3
115.5	101.9	100.4	102.2	102.5	101.3	101.1
117.4	**101.3**	**100.1**	**100.4**	**99.7**	**102.2**	**99.9**
111.9	**106.1**	**100.2**	**100.3**	**100.9**	**98.8**	**100.2**

10－2 续表 1

(以上年价格为100)

地 区	Region	五、家用电器及音像器材 Household Appliances, Music & Video Equipments	家庭设备 Household Appliances	文娱用耐用消费品 Durable Consumer Goods for Recrea-tional Use	音像器材类 Music & Video Equip-ments	六、日用品 Daily Necessi-ties	七、体育娱乐用品 Sports & Recrea-tion Goods	体育用品 Sports Goods
全区平均	**Average of the Whole Autonomous Region**	**98.7**	**99.7**	**97.1**	**100.6**	**100.4**	**100.9**	**101.1**
南宁市	Nanning	97.4	98.7	95.1	98.6	100.2	102.3	101.6
柳州市	Liuzhou	99.2	99.5	98.7	99.3	100.8	100.9	101.8
桂林市	Guilin	97.0	95.9	97.8	100.3	101.9	99.9	100.0
梧州市	Wuzhou	96.6	97.2	95.7	96.5	99.8	100.0	100.0
北海市	Beihai	97.9	99.3	95.3	99.5	99.8	102.1	103.9
防城港市	Fangchenggang	99.0	99.3	98.4	100.0	100.5	100.9	100.0
钦州市	Qinzhou	100.8	99.5	99.9	111.8	99.3	100.6	101.5
贵港市	Guigang	101.4	103.2	99.0	99.9	100.9	100.7	100.2
玉林市	Yulin	102.4	105.4	98.9	103.4	100.9	102.6	104.7
百色市	Baise	97.6	99.9	94.4	98.4	100.2	99.2	100.0
贺州市	Hezhou	96.5	96.6	96.2	100.0	99.7	100.0	100.0
河池市	Hechi	104.6	107.5	101.9	99.5	100.9	99.5	99.2
来宾市	Laibin	94.9	95.6	94.2	94.8	101.0	100.3	100.4
崇左市	Chongzuo	99.1	100.1	97.3	100.0	100.6	100.5	99.8
城市平均	**Average of Urban Areas**	**98.6**	**99.5**	**97.1**	**100.7**	**100.5**	**101.2**	**101.5**
农村平均	**Average of Rural Areas**	**98.8**	**100.0**	**97.0**	**99.5**	**100.0**	**100.0**	**100.2**

continued

(preceding year=100)

娱乐用品 Recreation Goods	八、交通、通信用品 Transporta-tion & Communi-cation Appliances	交通运输机械 Transpor-tation Appliances	通讯器材类 Communi-cation Appliances	九、家具 Furnitures	十、化妆品类 Cosmetics	十一、金银珠宝类 Gold, Silver & Jewelry
100.6	**98.7**	**99.3**	**97.5**	**100.1**	**100.3**	**91.5**
103.0	97.6	98.9	95.1	94.3	101.1	93.3
100.1	99.2	100.2	97.3	100.4	100.1	92.5
99.7	100.7	100.8	100.0	105.0	100.3	92.8
100.0	100.1	99.8	100.7	101.1	99.9	91.3
100.4	98.8	99.8	97.0	101.3	100.9	93.5
102.0	100.1	100.0	100.5	100.8	101.1	90.7
99.7	96.5	97.0	95.6	99.6	99.0	92.9
101.1	97.6	97.5	97.8	100.3	100.3	89.1
100.4	99.6	100.3	98.3	95.7	100.5	91.3
98.4	99.2	99.3	99.1	101.4	100.3	89.2
100.0	98.9	99.7	97.5	102.1	100.0	91.7
99.8	97.2	98.2	93.7	98.7	99.0	85.8
100.1	97.0	97.4	96.1	104.2	100.1	93.1
101.2	101.4	99.3	105.4	102.0	100.6	89.0
100.9	**98.8**	**99.4**	**97.6**	**99.6**	**100.4**	**92.1**
99.9	**98.5**	**99.1**	**97.4**	**101.2**	**100.1**	**90.1**

10－2 续表2 continued

（以上年价格为100） (preceding year=100)

地 区	Region	十二、中西药品及医疗保健用品类 Traditianal Chinese &Western Medicines & Health Care Articles	医疗器具及用品 Medical Appliances & Articles	中药及中成药 Traditi-onal Chinese Medicine	西药 Western Medicine	保健品及器具 Health Care Appliances & Articles	十三、书报杂志及电子出版物类 Books, Newspapers, Magazines & Electronic Publications
全区平均	**Average of the Whole Autonomous Region**	**101.8**	**100.1**	**103.2**	**100.8**	**101.6**	**101.0**
南宁市	Nanning	102.3	99.4	101.5	103.8	100.5	100.0
柳州市	Liuzhou	102.1	100.0	105.1	99.6	102.1	100.0
桂林市	Guilin	100.7	100.0	101.5	100.2	100.6	99.9
梧州市	Wuzhou	100.2	100.1	100.2	100.2	100.7	101.5
北海市	Beihai	106.0	98.9	110.8	101.9	109.4	100.8
防城港市	Fangchenggang	101.7	95.4	103.3	100.6	104.1	101.3
钦州市	Qinzhou	100.8	100.0	99.7	102.1	100.2	101.4
贵港市	Guigang	101.5	99.5	104.9	99.0	99.7	102.6
玉林市	Yulin	101.4	102.0	103.5	100.4	97.8	100.5
百色市	Baise	101.1	101.6	101.9	100.5	99.2	99.1
贺州市	Hezhou	101.4	100.0	101.9	100.3	106.4	101.9
河池市	Hechi	101.7	100.3	108.4	99.8	99.5	101.2
来宾市	Laibin	100.5	99.6	100.7	100.5	100.0	102.2
崇左市	Chongzuo	102.8	100.0	105.4	100.7	102.1	101.6
城市平均	**Average of Urban Areas**	**101.9**	**99.7**	**103.4**	**101.2**	**101.3**	**100.6**
农村平均	**Average of Rural Areas**	**101.4**	**101.1**	**103.0**	**99.9**	**102.1**	**101.6**

10－2 续表3 continued

(以上年价格为100) (preceding year=100)

地区	Region	农业生产资料价格指数 Price Index of Agricultural Means of Production	农用手工工具 Small Farm Tools	饲料 Forage	产品畜 Young Live-stock & Fowls	半机械化农具 Semimechanized Farm Tools
全区平均	**Average of the Whole Autonomous Region**	**98.9**	**102.6**	**99.0**	**100.1**	**98.8**
贵港市	Guigang	98.6	101.6	97.9	102.8	100.0
百色市	Baise	97.7	100.0	100.9	90.7	96.2
贺州市	Hezhou	98.8	106.8	100.6	95.2	100.0

10－2 续表4 continued

(以上年价格为100) (preceding year=100)

地区	Region	机械化农具 Mechanized Farm Machin-ery	化学肥料 Chemical Fertilizer	农药及农药械 Pesticide & Its Applia-nces	农用机油 Oil for Farm Machinery	其他农业生产资料 Others
全区平均	**Average of the Whole Autonomous Region**	**100.1**	**91.9**	**100.4**	**98.0**	**102.9**
贵港市	Guigang	100.2	90.8	98.9	98.7	103.1
百色市	Baise	100.4	89.4	101.9	98.4	104.3
贺州市	Hezhou	100.2	93.9	99.5	97.2	101.3

注：农资价格2014年仅在贵港、百色、贺州三市取样调查。
Note: Only 3 cities of Guigang, Baise, Hezhou have been taken sample investigation of “Price Index of Agricultural Means of Production” in 2014.

10－3 各地区居民消费价格指数（2014年）

（以上年价格为100）

地 区	Region	总指数 General Index	一、食品 Food	1.粮食 Grain	2.淀粉 Starches & Tubers	3.干豆类及豆制品 Bean & Its Products	4.油脂 Oil or Fat	5.肉禽及制品 Meal, Poultry & Their Products	6.蛋 Eggs
全区平均	**Average of the Whole Autonomous Region**	**102.1**	**104.3**	**102.2**	**100.9**	**104.8**	**91.4**	**103.6**	**106.1**
南宁市	Nanning	101.6	104.1	101.9	103.2	104.9	92.9	103.5	108.7
柳州市	Liuzhou	102.6	106.1	104.3	100.0	107.0	89.5	106.0	107.7
桂林市	Guilin	102.0	104.5	102.7	101.6	103.2	94.6	102.6	105.5
梧州市	Wuzhou	102.1	104.2	101.7	97.0	104.0	92.7	101.9	104.6
北海市	Beihai	102.8	105.5	102.0	95.8	107.7	95.0	104.6	103.8
防城港市	Fangchenggang	102.6	104.8	101.4	91.8	104.7	96.7	103.9	105.1
钦州市	Qinzhou	102.5	104.2	102.4	99.5	106.3	93.7	102.9	102.4
贵港市	Guigang	101.8	104.5	101.8	99.4	104.8	90.3	104.5	107.3
玉林市	Yulin	102.6	104.0	102.9	105.0	102.8	87.5	105.5	105.5
百色市	Baise	102.3	104.4	101.3	104.0	105.9	88.7	104.5	104.4
贺州市	Hezhou	101.9	102.6	102.5	99.9	101.1	84.1	103.5	105.9
河池市	Hechi	102.8	105.7	102.7	100.0	109.0	92.1	106.6	104.6
来宾市	Laibin	101.5	103.0	100.9	100.0	103.7	94.7	98.8	102.6
崇左市	Chongzuo	102.4	103.3	103.2	100.5	104.6	88.9	101.4	107.1
城市平均	**Average of Urban Areas**	**102.2**	**104.7**	**102.5**	**100.8**	**105.2**	**92.2**	**103.8**	**106.4**
农村平均	**Average of Rural Areas**	**101.9**	**103.7**	**101.6**	**101.7**	**104.1**	**90.1**	**103.1**	**105.2**

Consumer Price Indices by Region (2014)

(preceding year=100)

7.水产品 Aquatic Products	8.菜 Vegetables	9.调味品 Flavoring	10.糖 Sugar	11.茶及饮料 Tea & Beverages	12.干鲜瓜果 Dried & Fresh, Melons & Fruits	13.糕点饼干面包 Cake, Biscuit & Bread	14.液体乳及乳制品 Milk & Its Products
107.4	**103.9**	**101.1**	**97.9**	**102.1**	**116.3**	**102.1**	**105.9**
109.6	102.6	104.0	99.7	100.2	119.0	100.1	102.3
112.2	104.2	101.2	99.6	103.0	117.3	101.3	108.6
105.0	106.1	100.1	98.6	101.8	118.2	104.6	103.5
110.9	99.4	100.9	99.1	103.1	121.4	102.9	109.0
110.2	104.2	99.5	101.0	102.5	120.5	102.2	108.6
106.7	102.4	99.9	100.5	104.0	118.6	102.8	107.0
105.5	102.1	98.9	95.7	101.5	122.7	103.1	102.9
105.5	106.9	100.4	95.5	104.4	113.1	100.1	105.9
107.4	97.9	100.7	96.5	100.8	113.0	105.8	102.3
104.0	108.5	100.4	97.4	102.3	112.9	103.3	107.0
104.9	101.7	102.4	93.8	100.4	109.0	102.8	108.4
109.4	104.1	100.7	99.3	105.5	117.3	99.5	109.2
106.1	106.9	99.6	99.9	101.4	110.0	100.3	110.5
104.5	101.4	99.5	101.0	105.6	115.5	110.6	104.0
108.5	**103.2**	**101.3**	**99.1**	**102.0**	**117.8**	**102.4**	**105.3**
104.1	**105.3**	**100.8**	**96.0**	**102.4**	**113.1**	**101.5**	**107.4**

10－3 续表1

(以上年价格为100)

地 区	Region	15.在外用膳食品 Outward Dinner	16.其它食品 Other Foods & Manufactu ring Services	二、烟酒及用品 Tobacco, Liquor & Articles	1.烟草 Tobacco	2.酒 Liquor	三、衣着 Clothing	1.服装 Garments
全区平均	**Average of the Whole Autonomous Region**	**103.0**	**104.2**	**99.2**	**99.9**	**98.6**	**100.4**	**100.2**
南宁市	Nanning	100.9	100.1	98.6	100.0	97.5	97.2	96.2
柳州市	Liuzhou	103.7	103.6	100.0	100.0	100.0	99.9	100.6
桂林市	Guilin	103.0	101.0	99.7	99.9	99.6	101.2	100.3
梧州市	Wuzhou	105.4	102.4	97.7	100.0	95.9	100.3	99.8
北海市	Beihai	101.2	105.4	101.1	100.0	102.0	101.8	101.9
防城港市	Fangchenggang	102.5	101.4	99.8	100.0	99.6	105.1	105.6
钦州市	Qinzhou	103.9	93.1	98.6	98.2	99.0	101.8	101.7
贵港市	Guigang	103.9	109.6	98.7	100.0	97.4	99.5	99.9
玉林市	Yulin	104.9	103.6	99.0	100.0	98.2	106.3	103.3
百色市	Baise	103.3	101.6	99.0	99.5	98.5	105.5	105.8
贺州市	Hezhou	103.8	101.2	99.6	100.0	99.2	100.3	100.8
河池市	Hechi	103.0	104.8	98.8	100.0	98.2	103.8	102.6
来宾市	Laibin	101.6	100.3	99.1	100.0	98.6	96.4	95.6
崇左市	Chongzuo	103.8	101.9	98.4	100.0	96.8	102.3	102.6
城市平均	**Average of Urban Areas**	**102.8**	**101.4**	**99.2**	**99.9**	**98.6**	**100.2**	**99.6**
农村平均	**Average of Rural Areas**	**103.3**	**107.6**	**99.2**	**99.8**	**98.5**	**100.9**	**101.4**

continued

(preceding year=100)

2.衣着材料 Clothing Material	3.鞋袜帽 Footgear & Hats	4.衣着加工服务业 Clothing Manufacturing Services	四、家庭设备用品及维修服务 Household Facilities, Articles & Services	1.耐用消费品 Durable Consumer Goods	2.室内装饰品 Interior Decorations	3.床上用品 Bed Articles	4.家庭日用杂品 Daily Use Household Articles
99.9	**101.0**	**103.5**	**100.3**	**99.7**	**99.8**	**99.6**	**100.3**
100.0	99.7	99.1	98.1	96.8	100.9	97.6	99.8
100.0	97.2	100.0	100.3	99.8	100.5	101.3	100.0
97.4	104.1	100.6	100.7	99.3	100.0	100.0	101.2
98.5	101.6	103.2	99.6	98.7	101.6	99.8	100.6
100.0	101.8	101.0	100.6	100.2	101.4	100.0	99.8
107.2	102.4	119.4	101.2	100.1	102.5	108.4	100.7
99.6	102.5	98.8	99.8	99.6	101.0	101.5	99.0
100.0	97.9	104.3	101.9	102.3	102.6	100.3	101.5
94.6	115.6	106.2	100.9	101.8	85.4	96.0	97.3
100.1	105.1	107.3	101.2	100.5	100.0	101.8	100.8
101.8	98.4	102.4	100.2	98.9	101.5	98.4	100.3
100.0	106.3	120.9	102.4	104.6	100.0	98.8	100.0
99.1	98.9	112.0	100.4	98.7	102.1	101.2	101.1
101.5	101.1	110.4	100.9	101.0	106.0	100.6	99.9
99.3	**101.9**	**102.9**	**99.9**	**99.3**	**99.5**	**99.5**	**100.0**
100.7	**99.0**	**105.0**	**101.1**	**100.8**	**100.5**	**99.9**	**100.9**

10—3 续表2

(以上年价格为100)

地 区	Region	5.家庭服务及加工维修服务 Household Service & Manufacturing Upkeep	五、医疗保健和个人用品 Health Cares & Personal Articles	1.医疗保健 Medical Applia-nces & Articles	2.个人用品及服务 Personal Articles & Services	六、交通和通讯 Transportation & Commun-ication	1.交通 Transp-ortation	2.通讯 Commu-nication	七、娱乐教育文化用品及服务 Recreation, Education & Culture Articles & Services
全区平均	**Average of the Whole Autonomous Region**	**104.7**	**101.0**	**101.6**	**99.9**	**99.9**	**100.5**	**99.3**	**101.5**
南宁市	Nanning	100.5	101.5	102.2	99.8	99.7	100.3	98.9	102.5
柳州市	Liuzhou	103.2	100.5	101.2	99.1	100.5	101.5	99.3	100.7
桂林市	Guilin	108.8	100.9	100.8	101.2	99.6	99.3	100.0	101.0
梧州市	Wuzhou	99.9	100.7	100.6	100.9	100.1	99.9	100.3	100.4
北海市	Beihai	105.0	103.9	105.4	100.7	100.2	101.0	99.2	101.1
防城港市	Fangchenggang	102.9	101.0	101.8	99.4	99.6	102.0	96.7	101.7
钦州市	Qinzhou	100.1	99.9	100.6	98.4	99.3	99.5	99.2	103.5
贵港市	Guigang	102.6	100.6	101.5	99.7	99.1	98.8	99.5	100.5
玉林市	Yulin	119.4	100.7	101.2	99.6	100.8	101.9	99.6	102.9
百色市	Baise	105.1	100.5	100.8	99.9	99.1	98.6	99.8	101.0
贺州市	Hezhou	106.9	101.5	102.2	100.0	100.2	101.0	99.0	102.7
河池市	Hechi	100.0	101.1	101.8	99.4	99.9	100.3	99.5	102.2
来宾市	Laibin	109.5	101.7	101.9	101.3	101.1	103.0	98.8	102.6
崇左市	Chongzuo	100.1	101.7	102.5	100.1	101.7	102.3	101.1	102.3
城市平均	**Average of Urban Areas**	**104.5**	**101.2**	**101.7**	**100.1**	**100.1**	**100.7**	**99.4**	**101.7**
农村平均	**Average of Rural Areas**	**105.2**	**100.8**	**101.3**	**99.5**	**99.6**	**100.0**	**99.1**	**101.1**

continued

(preceding year=100)

1.文娱用耐用消费品及服务 Durable Consumer Goods for Recreati-onal Use	2.教育 Education	3.文化娱乐用品 Cultural & Recrea tional Articles	4.旅游 Touring & Outgoing	八、居住 Residence	1.建房及装修材料 Building & Building Decora-tion Materials	2.租房 Rent	3.自有住房 Private Housing	4.水、电、燃料 Water, Electricity & Fuels
97.4	**102.4**	**99.7**	**103.4**	**101.5**	**101.1**	**101.9**	**101.7**	**101.4**
95.3	105.7	100.1	101.9	101.2	103.4	101.2	101.6	99.4
98.5	100.8	98.4	103.4	101.6	99.1	103.1	102.9	101.5
97.5	102.9	99.1	100.1	100.8	98.3	101.3	102.0	100.3
96.2	102.4	100.6	98.6	103.3	102.6	102.9	104.6	102.5
96.7	101.0	100.1	107.5	100.8	99.8	101.4	101.0	101.0
98.5	100.8	101.4	109.0	100.7	100.3	100.0	100.6	101.3
99.5	101.6	101.1	117.6	103.0	101.5	102.6	103.8	103.3
99.0	100.8	99.6	102.0	101.0	101.7	99.5	99.4	103.7
98.7	105.3	101.7	100.7	101.0	101.4	100.0	101.2	100.8
96.2	103.1	98.8	99.9	100.9	101.6	101.1	100.7	100.3
98.5	104.6	99.7	99.9	102.8	100.9	106.2	103.0	101.3
101.8	101.8	99.4	103.7	100.2	101.5	100.0	101.4	98.3
95.9	101.3	97.6	113.8	100.8	98.2	101.2	99.8	103.2
98.5	102.4	100.2	104.5	102.5	103.2	101.9	101.2	103.8
97.2	**102.8**	**99.8**	**103.7**	**101.4**	**100.9**	**101.6**	**101.9**	**101.0**
98.0	**101.7**	**99.5**	**102.6**	**101.7**	**101.4**	**102.4**	**101.2**	**102.5**

10—4 主要年份工业品出厂价格（工业生产者出厂价格）分类指数
Ex-Factory Price Indices of Industrial Producers in Main Years

(以上年价格为100) (preceding year=100)

指 标	Item	1995	2000	2005	2010	2011	2012	2013	2014
总指数	**General Index**	117.2	105.5	104.9	112.0	108.5	97.8	98.2	98.4
按轻重工业分	**Grouped by Light & Heavy Industry**								
轻工业	Light Industry	123.8	109.0	105.8	115.0	114.7	98.6	97.7	97.4
以农产品为原料	Using Farm Products as Raw Materials	126.6	109.9	107.5	118.9	116.1	98.0	97.1	97.0
以非农产品为原料	Using Non-farm Products as Raw Materials	113.1	100.4	101.8	105.6	106.2	102.6	100.9	99.8
重工业	Heavy Industry	111.2	103.1	104.2	110.3	106.3	97.5	98.4	98.7
采掘	Mining & Quarrying	126.6	106.1	126.5	129.1	121.2	101.7	96.3	96.6
原料	Raw Materials Industry	105.3	106.1	105.2	113.0	106.3	98.5	98.9	99.6
加工	Manufacturing Industry	115.8	96.0	101.5	106.3	105.2	96.6	98.2	98.3
按两大部类分	**Grouped by Production & Living materials**								
生产资料	Production Materials	114.2	103.2	104.0	110.3	107.2	97.4	98.4	98.7
生活资料	Living Materials	121.4	110.4	106.8	118.2	112.0	99.0	97.5	97.5
按工业部门分	**Grouped by Department of Industry**								
冶金工业	Metallurgical Industry	111.0	108.5	106.4	118.1	110.1	90.9	94.3	94.4
电力工业	Power Industry	107.9	112.6	100.9	102.0	99.3	106.3	100.5	100.4
煤炭及炼焦工业	Coal & Coking Industry	100.9	104.1	133.1	111.0	130.5	113.6	99.0	94.2
化学工业	Chemical Industry	129.2	95.6	108.0	114.7	113.4	95.8	99.9	100.3
机械工业	Machine Building Industry	106.2	95.7	100.6	102.3	101.4	100.0	99.7	100.1
建筑材料工业	Building Materials Industry	95.2	100.6	98.3	106.6		98.1	100.4	103.3
森林工业	Timber Industry	99.8	101.4	100.5	106.4	105.7	105.4	102.8	100.6
食品工业	Food Industry	124.4	111.1	109.4	120.3	118.2	97.5	96.0	95.7
纺织工业	Textile Industry	126.1	115.5	99.9	126.8	118.0	95.2	103.1	98.9
造纸工业	Paper Making Industry	146.6	111.2	102.0	113.5	102.7	96.1	96.2	101.1
其他工业	Others	126.1	98.4	103.8	117.0	108.9	102.4	103.6	102.1

10－4 续表 continued

(以上年价格为100) (preceding year=100)

指 标	Item	1995	2000	2005	2010	2011	2012	2013	2014
按工业行业分	**Grouped by Industrial Sector**								
煤炭开采和采选业	Coal Mining & Dressing	109.4	104.1	133.1	111.5	131.5	113.9	98.9	94.0
黑色金属矿采选业	Ferrous Metals Mining & Dressing	96.9	111.0	112.5	120.4	107.3	96.4	95.2	96.9
有色金属矿采选业	Nonferrous Metals Mining & Dressing	143.4	107.4	130.5	149.9	129.3	98.9	95.2	96.7
非金属矿采选业	Nonmetal Ores Mining & Dressing	114.7	109.7	109.1	107.4	115.0	110.9	99.1	104.9
水的生产和供应业	Water Production & Supply	116.9	106.7	101.1	106.1	102.2	103.3	107.0	102.7
食品制造业	Food Manufacturing	132.6	116.8	101.9	99.3	111.3	106.7	101.9	100.9
饮料制造业	Beverage Manufacturing	121.2	100.4	101.1	112.8	107.4	101.8	102.4	100.9
烟草制品业	Tobacco Products	112.9	100.0	102.8	104.3	100.6	101.9	100.7	100.2
纺织业	Textile Industry	123.6	118.0	99.9	125.5	116.7	96.2	103.2	96.9
木材加工及竹、藤、棕草制品业	Timber Processing, Bamboo, Cane, Palm Fiber & Straw Products	93.5	100.7	100.4	106.8	105.9	105.3	102.8	99.9
家具制造业	Furniture Manufacturing	139.2	111.2	100.9	99.7	101.7	106.0	102.4	102.6
造纸及纸制品业	Papermaking & Paper Products	146.6	97.9	102.0	113.5	102.7	96.1	96.2	103.2
文教体育用品制造业	Cultural, Educational & Sports Goods	127.1	112.6	100.6	100.8	109.6	102.3	103.4	98.5
电力、热力的生产和供应业	Electricity & Heating Power Production & Supply	107.9	102.3	100.9	102.0	99.3	106.3	100.5	100.6
化学原料及化学制品制造业	Raw Chemical Materials & Chemical Products	117.0	96.4	110.1	117.7	118.1	92.4	99.1	94.9
医药制造业	Medical & Pharmaceutical Products	137.7	96.6	102.4	103.0	102.5	103.2	102.2	101.8
橡胶制品业	Rubber Products	127.7	90.9	101.3	103.6	110.1	102.4	99.5	95.4
塑料制品业	Plastic Products	95.2	100.7	110.2	101.1	103.4	101.1	101.3	98.1
非金属矿物制品业	Manufacturing of Non-metallic Minerals Mining Products	92.0	100.5	98.3	106.6	110.6	97.0	100.6	99.6
黑色金属冶炼及压延加工业	Smelting & Pressing of Ferrous Metals	116.8	103.1	98.4	111.6	107.9	88.1	93.9	91.7
有色金属冶炼及压延加工业	Smelting & Pressing of Nonferrous Metals	95.7	112.4	108.0	126.2	111.6	92.4	93.7	99.4
金属制品业	Metal Products	106.6	101.5	108.5	102.1	101.6	100.1	100.9	98.1
交通、运输设备制造业	Transport Equipment	108.5	92.6	98.7	102.1	100.7	100.8	100.3	100.1
电气机械及器材制造业	Electric Equipment & Machinery	107.2	94.1	99.5	104.3	105.5	97.2	97.6	98.2
仪器仪表及文化、办公用机械制造业	Instruments, Meters, Cultural & Clerical Machinery Producing	98.2	100.2	101.5	102.2	112.7	101.8	95.9	101.1

10－5 主要年份工业生产者购进价格指数
Purchasing Price Indices for Industrial Producers in Main Years

（以上年价格为100） (preceding year=100)

指 标	Item	1995	2000	2005	2010	2011	2012	2013	2014
总 指 数	**General Index**	**112.9**	**100.9**	**108.2**	**111.2**	**110.0**	**99.2**	**98.9**	**98.2**
燃料、动力类	Fuel & Power	107.8	98.9	112.1	109.3	105.5	104.0	97.8	98.4
黑色金属材料类	Ferrous Metals	94.7	103.0	111.3	103.7	107.7	95.2	97.6	96.0
其中：钢材	Steel	94.4	105.0	105.9	105.7	109.1	96.4	97.4	96.3
有色金属材料和电线类	Non-ferrous Metals & Wire	137.6	123.8	114.5	128.6	114.5	95.2	95.5	96.7
化工原料类	Raw Chemical Materials	125.2	104.5	110.0	112.3	116.5	98.3	98.1	99.6
木材及纸浆类	Timber & Paper Pulp	108.9	99.8	94.4	111.2	108.6	97.5	100.2	100.3
建筑材料类及非金属矿类	Building Materials & Nonmetal Mineral	88.1	92.5	103.6	114.6	109.5	98.3	98.6	100.2
其他工业原材料及半成品类	Other Industrial Raw Materials	91.7	104.7	103.7	110.3	107.0	98.5	98.6	98.2
农副产品类	Agricultural Products	148.2	90.3	116.8	116.6	115.9	101.3	103.4	98.1
纺织原料类	Textile Materials	150.5	106.3	90.6	121.4	119.5	92.1	98.5	99.8

10－6 主要年份固定资产投资价格指数
Price Indices of Investment in Fixed Assets in Main Years

（以上年价格为100） (preceding year=100)

指 标	Item	1995	2000	2005	2010	2011	2012	2013	2014
总 指 数	**General Index**	**103.4**	**101.4**	**101.4**	**103**	**106.2**	**100.6**	**100.1**	**101.6**
建筑安装工程	Construction & Installation	101.8	102.4	101.3	103.8	108.7	100.8	99.9	102.2
设备、工器具购置	Purchase of Equipment, Tools & Instruments	106.2	95.7	100.8	101.2	101	99.3	99.6	100.4
其他费用	Others	105.5	104.5	102.0	102.5	103.9	101.5	101.3	100.7

主要统计指标解释

居民消费价格指数 是反映一定时期内居民所消费商品及服务项目的价格水平变动趋势和变动程度的相对数。居民消费价格水平的变动率在一定程度上反映了通货膨胀（或紧缩）的程度。编制居民消费价格指数的目的，在于分析消费品价格和服务价格变动对社会经济和居民生活的影响，满足各级政府制定政策和计划、进行宏观调控的需要，以及为国民经济核算提供参考依据。

商品零售价格指数 是反映市场商品零售价格的变动趋势和变动程度的相对数。编制商品零售价格指数，其目的在于掌握商品价格的变动趋势，为国家宏观调控和国民经济核算提供参考依据。

工业生产者出厂价格指数 反映工业企业产品第一次出售时的出厂价格的变化趋势和变动幅度。

工业生产者购进价格指数 反映工业企业产品作为中间投入产品的购进价格的变化趋势和变动幅度。

固定资产投资价格指数 是反映固定资产投资额价格变动趋势和程度的相对数。固定资产投资额是由建筑安装工程投资完成额和设备、工器具购置投资完成额和其他费用投资完成额三部分组成的。编制固定资产投资价格指数，先分别编制上述三部分投资的价格指数，然后采用加权算术平均法，计算出固定资产投资价格总指数。

Explanatory Notes on Main Statistical Indicators

Consumer Price Indices reflect the trend and degree of changes in prices of consumer goods and services purchased by households during a given period. The rate of change of CPI reflects the degree of currency inflation(or deflation) to a certain extent. The purpose of working out CPI is analyzing the effect of the price changes of consumer goods and services on the social economy and household livelihood, meeting the needs of all levels of governments' policy and plants making, carrying out macroeconomic control, and providing reference for national accounting.

Retail Price Indices reflect the trend and degree of changes in prices of retail goods in market. The purpose of working out RPI is obtaining the trend of the price changes of goods, and providing reference for macroeconomic control and national accounting.

Producer Price Indices for Industrial Products reflects the trend and degree of the ex-factory prices of industrial products in the first sale.

Purchasing Price Indices for Industrial Producers reflects the trend and degree of the purchasing prices of industrial products as intermediate inputs.

Price Indices of Investment in Fixed Assets reflect the change trend and degree of change in prices of investment goods and projects in fixed assets during a given period. The investment in fixed assets consists of three components, namely the investment in construction and installation, the investment in purchases of equipment and instrument, and the investment in other items. Price indices of investment in fixed assets are calculated as the weighted arithmetic mean of the price indices of the three components of investment in fixed assets.

第十一篇

人民生活

PEOPLE'S LIVELIHOOD

（编辑：刘　成　陆　海）

11－1 城乡居民家庭人均收入及恩格尔系数（1978—2014年）

Per Capita Annual Income & Engle Coefficient of Urban & Rural Households（1978—2014）

年份 Year	城镇居民人均可支配收入 Per Capita Annual Disposable Income of Urban Households		农民人均纯收入 Per Capita Annual Net Income of Rural Households		城镇居民家庭恩格尔系数（%） Engle Coefficient of Urban Households（%）	农村居民家庭恩格尔系数（%） Engle Coefficient of Rural ouseholds（%）
	绝对数（元） Value（yuan）	比上年±% Growth Rate Over Precding Year（%）	绝对数（元） Value（yuan）	比上年±% Growth Rate Over Precding Year（%）		
1978						
1979						
1980	455		173		57.3	63.5
1981	429	-5.7	204	17.9	58.7	67.6
1982	427	-0.6	235	15.2	61.5	66.2
1983	444	4.1	262	11.5	59.2	66.2
1984	563	26.8	267	1.9	57.2	64.6
1985	683	21.4	303	13.5	56.6	62.2
1986	784	14.7	316	4.3	58.0	61.9
1987	899	14.7	354	12.0	59.1	62.1
1988	1159	28.9	424	19.8	54.6	59.6
1989	1304	12.5	483	13.9	59.3	58.3
1990	1448	11.0	639	3.5	58.6	64.4
1991	1614	11.4	658	3.0	55.3	62.0
1992	2104	30.4	732	11.2	55.9	61.8
1993	2895	37.6	885	20.9	53.7	63.6
1994	3981	37.5	1107	25.1	50.4	59.0
1995	4792	20.4	1446	30.6	51.0	61.3
1996	5033	5.0	1703	17.8	50.4	58.2
1997	5110	1.5	1875	10.1	47.4	58.2
1998	5412	5.9	1972	5.2	46.3	57.2
1999	5620	3.8	2048	3.9	44.3	58.3
2000	5834	3.8	1865	-9.0	39.9	55.4
2001	6666	14.3	1944	4.3	37.7	52.3
2002	7315	9.8	2013	3.5	40.7	51.9
2003	7785	6.4	2095	4.1	40.0	51.3
2004	8177	5.0	2305	10.0	44.0	54.3
2005	8917	9.0	2495	8.2	42.5	50.5
2006	9899	11.0	2771	11.1	42.1	49.5
2007	12200	23.2	3224	16.3	41.7	50.2
2008	14146	16.0	3690	14.5	42.4	53.4
2009	15451	9.2	3980	7.9	39.9	48.7
2010	17064	10.4	4543	14.1	38.1	48.5
2011	18854	10.5	5231	15.1	39.5	43.8
2012	21243	12.7	6008	14.8	39.0	42.8
2013	23305	9.7	6791	13.0	37.9	40.0
2014	24669	8.7	8683	11.4	35.2	36.9

注：2014年数据为一体化城乡住户收支调查后新口径数据，与2013年及以前公布数据不可比。下同。

Note: The data in 2014 is based on the new statistical range of the intergation survey of urban and rural residents' income and expenses, and it is not comparable with the data in 2013. The same as the following tables.

11－2 主要年份城镇居民家庭基本情况
Basic Conditions of Urban Households in Main Years

单位：人 (person)

项　目	Item	2013	2014
期内住户常住成员数	**Number of Permanent Residents**	**8770**	**8794**
调查样本住户数（户）	**Number of Households Surveyed (household)**	**2575**	**2611**
期内人均自有现住房面积（平方米）	**Per Capita Living Floor Space of Period (sq.m)**	**36.07**	**37.72**
常住成员从业人数	**Number of Employees of Permanent Residents**	**4843**	**4983**
户主文化程度	**Education of Household**		
1.未上过学	Not on school	35	32
2.小学	Primary School	371	339
3.初中	Junior Secondary School	924	932
4.高中	Senior Secondary School	663	682
5.大学专科	College & Higher Level	341	367
6.大学本科	undergraduate	219	237
7.研究生	postgraduate	23	23
本年度就业类型	**Type of Employment in the Current Year**		
1.雇主	Employer	98	86
2.公职人员	Public Officials	246	259
3.事业单位人员	And Institutions Personnel	554	529
4.国有企业雇员	Employees of Nationalized Business	289	260
5.其他雇员	Other Employees	1558	1801
6.农业自营	Farming Self-employed	1142	1055
7.非农自营	Not Farming Self-employed	956	993
本季度从事主要行业	**Engagine Major Industries in the Current Year**		
1.第一产业	Primary industry	1229	1138
2.第二产业	Secondary industry	832	862
3.第三产业	Tertiary industry	2782	2983

注:国家统计局对城乡住户调查实施了一体化改革，统一了城乡居民收入指标名称、分类和统计标准，建立了城乡统一的一体化住户调查。广西从2014年开始，正式发布此项改革后的一体化城乡住户收支与生活状况调查数据。表11-2至11-22内的数据均来源于一体化城乡住户收支调查。与2013年及以前公布的年鉴数据不可比。

Note: National Bureau of Statistics has carried out the integrate reforming on the survey of urban & rural residents, unified the names, classification and statistical standards of the indicators on urban & rural residents' income, and built up the concordant survey for urban & rural residents. Since 2014, Guangxi has formally released the data on the integration survey of urban and rural residents' income, expenses and livelihood after this reforming. The data in tables from 11-2 to 11-22 is based on the integration survey of urban and rural residents' income and expenses,and it is not comparable with the data released before 2013.

11—3 主要年份城镇居民人均可支配收入及构成
Per Capita Annual Disposable Income of Urban Households & Its Composition in Main Years

单位：元 (yuan)

项　目	Item	2013	2014
可支配收入	**Disposable Income**	**22689.38**	**24669.00**
一、工资性收入	Income of Wage & Subsidy	13345.87	13892.69
（一）工资	Wage & Subsidy	12089.54	12730.06
（二）实物福利	Physical Benefits	60.12	53.51
（三）其他	Other Income	1196.21	1109.12
二、经营净收入	Net Income from Management	2504.04	3431.32
（一）第一产业经营净收入	Net Income from Management of Primary Industry	501.78	551.45
1.农业	Farming	386.35	376.76
2.林业	Forestry	23.83	6.50
3.牧业	Animal Husbandry	55.04	90.67
4.渔业	Fishery	36.58	77.52
（二）第二产业经营净收入	Net Income from Management of Secondary Industry	328.56	461.14
（三）第三产业经营净收入	Net Income from Management of Tertiary Industry	1673.69	2418.73
三、财产净收入	Property Net Income	1973.09	2234.99
四、转移净收入	Transfer Net Income	4866.39	5110.00
（一）转移性收入	Transfer Income	5759.49	6132.27
#养老金或离退休金	Pensions for Old People & Retirement	5017.04	5184.68
（二）转移性支出	Transfer Expenditures	893.10	1022.27
#社会保障支出	Social Relief Expenditures	627.22	732.29

11—4 主要年份城镇居民人均现金可支配收入及构成
Per Capita Annual Cash disposable Income of Urban Households & Its Composition in Main Years

单位：元 (yuan)

项　目	Item	2013	2014
现金可支配收入	**Cash Disposable income**	**21640.50**	**23434.63**
一、现金工资性收入	Cash Income of Wage & Subsidy	13285.75	13839.18
（一）工资	Wage & Subsidy	12089.54	12730.06
（二）其他工资性收入	Other Income	1196.21	1109.12
二、现金经营净收入	Cash Net Income from Management	2773.10	3594.73
（一）第一产业现金经营净收入	Cash Net Income from Management of Primary Industry	452.47	443.52
1.农业	Farming	339.50	281.24
2.林业	Forestry	9.46	-10.16
3.牧业	Animal Husbandry	43.76	74.60
4.渔业	Fishery	49.51	97.84
（二）第二产业现金经营净收入	Cash Net Income from Management of Secondary Industry	445.02	554.48
（三）第三产业现金经营净收入	Cash Net Income from Management of Tertiary Industry	1875.61	2596.72
三、现金财产净收入	Cash Property Net Income	874.84	1065.29
四、现金转移净收入	Cash Transfer Net Income	4706.82	4935.43
（一）现金转移性收入	Cash Transfer Income	5599.39	5957.76
#养老金或离退休金	Pensions for Old People & Retirement	5017.04	5184.68
（二）现金转移性支出	Cash Transfer Expenditures	892.56	1022.33
#个人缴纳的社会保障支出	Social Relief Expenditures paid by individuals	627.82	732.29

11－5 主要年份城镇居民人均消费支出
Per Capita Annual Consumption Expenditure of Urban Households in Main Years

单位：元 (yuan)

项 目	Item	2013	2014
消费支出	**Consumption Expenditures**	**14470.08**	**15045.72**
一、食品烟酒	Food,Alcohol & Tobacco	4933.62	5292.83
二、衣着	Clothing	765.28	794.44
三、居住	Residence	3262.85	3390.09
四、生活用品及服务	Daily Necessities & Services	855.75	905.68
五、交通通信	Transportation & Communication	1911.40	1845.83
六、教育文化娱乐	Education Cultural & Recreation Services	1666.36	1689.03
七、医疗保健	Medical Appliances & Articles	803.19	845.73
八、其他用品和服务	Other Supplies & Services	271.63	282.10

11－6 主要年份城镇居民人均现金消费支出
Per Capita Annual Cash Consumption Expenditure of Urban Households in Main Years

单位：元 (yuan)

项 目	Item	2013	2014
现金消费支出	**Cash Consumption Expenditures**	**12276.73**	**12697.94**
一、食品烟酒	Food,Alcohol & Tobacco	4823.32	5143.42
二、衣着	Clothing	763.50	794.03
三、居住	Residence	1338.52	1367.45
四、生活用品及服务	Daily necessities and services	852.03	900.93
五、交通通信	Transportation & Communication	1909.15	1844.11
六、教育文化娱乐	Education Cultural & Recreation Services	1662.07	1688.54
七、医疗保健	Medical Appliances & Articles	666.85	683.00
八、其他用品和服务	Other Supplies & Services	261.29	276.46

11—7 主要年份城镇居民人均消费支出细项
breakdown of Per Capita Annual Consumption Expenditure of Urban Households in Main Years

单位：元 (yuan)

项　目	Item	2013	2014
消费支出	**Consumption Expenditures**	**14470.08**	**15045.72**
一、食品烟酒	Food,Alcohol & Tobacco	4933.62	5292.83
（一）食品	Food	4042.80	4230.56
（二）烟酒	Tobacco & Alcohol	257.84	272.94
（三）饮料	Beverages		84.11
（四）饮食服务	Catering Services	632.98	705.22
二、衣着	Clothing	765.28	794.44
（一）衣类	Garments	609.32	630.48
（二）鞋类	Shoes	155.97	163.96
三、居住	Residence	3262.85	3390.09
（一）租赁房房租	Tenancy	169.93	149.19
（二）住房维修及管理	Housing Maintenance & Management	345.72	337.56
（三）水电燃料及其他	Water,Electricity,Fuels Fee & ect	844.18	908.84
（四）自有住房折算租金	Conversion Rent of Owner-occupied housing	1903.02	1994.51
四、生活用品及服务	Daily Necessities & Services	855.75	905.68
（一）家具及室内装饰品	Furniture & Interior Decoration	137.87	144.89
（二）家用器具	Household Appliances	252.23	254.24
（三）家用纺织品	Home Textiles	68.09	71.66
（四）家庭日用杂品	Goods for Daily Use	256.80	254.95
（五）个人用品	Personal Items	90.75	124.55
（六）家庭服务	Household Services	50.01	55.39
五、交通通信	Transportation & Communication	1911.40	1845.83
（一）交通	Transportation	1282.91	1143.19
（二）通信	Communication	628.50	702.63
六、教育文化娱乐	Education Cultural & Recreation Services	1666.36	1689.03
（一）教育	Education	998.70	954.66
（二）文化娱乐	Consumption Goods for Recreational Use	667.66	734.37
七、医疗保健	Medical Appliances & Articles	803.19	845.73
（一）医疗器具及药品	Medical Apparatus & Medicine	271.45	282.14
（二）医疗服务	Medical Service	531.74	563.59
八、其他用品和服务	Other Supplies & Services	271.63	282.10
（一）其他用品	Other Supplies	148.93	150.30
（二）其他服务	Other Services	122.69	131.80

11－8　主要年份城镇居民人均现金消费支出细项
breakdown of Per Capita Annual Cash Consumption Expenditure of Urban Households in Main Years

单位：元　　(yuan)

项　目	Item	2013	2014
现金消费支出	**Cash Consumption Expenditures**	**12276.73**	**12697.94**
一、食品烟酒	Food,Alcohol & Tobacco	4823.32	5143.42
（一）食品	Food	3944.31	4101.95
（二）烟酒	Tobacco & Alcohol	257.64	272.92
（三）饮料	Beverages		84.09
（四）饮食服务	Catering Services	621.36	684.46
二、衣着	Clothing	763.50	794.03
（一）衣类	Garments	593.73	630.07
（二）鞋类	Shoes	155.97	163.96
三、居住	Residence	1338.52	1367.45
（一）租赁房房租	Tenancy	169.93	149.19
（二）住房维修及管理	Housing Maintenance & Management	345.72	337.56
（三）水电燃料及其他	Water,Electricity,Fuels Fee & ect	805.00	880.71
四、生活用品及服务	Daily Necessities & Services	852.03	900.93
（一）家具及室内装饰品	Furniture & Interior Decoration	125.23	144.53
（二）家用器具	Household Appliances	252.23	254.24
（三）家用纺织品	Home Textiles	68.09	71.66
（四）家庭日用杂品	Goods for Daily Use	256.80	250.56
（五）个人用品	Personal Items	90.75	124.55
（六）家庭服务	Household Services	50.01	55.39
五、交通通信	Transportation & Communication	1909.15	1844.11
（一）交通	Transportation	1281.84	1141.48
（二）通信	Communication	627.31	702.63
六、教育文化娱乐	Education Cultural & Recreation Services	1662.07	1688.54
（一）教育	Education	999.38	954.66
（二）文化娱乐	Consumption Goods for Recreational Use	662.69	733.88
七、医疗保健	Medical Appliances & Articles	666.85	683.00
（一）医疗器具及药品	Medical Apparatus & Medicine	271.44	282.13
（二）医疗服务	Medical Service	531.74	400.86
八、其他用品和服务	Other Supplies & Services	261.29	276.46
（一）其他用品	Other Supplies	141.83	149.92
（二）其他服务	Other Services	119.46	126.54

11－9 主要年份城镇居民人均消费主要食品数量

Per Capita Annual Consumption of Major Foods of Urban Households in Main Years

单位：公斤 (kg)

项 目	Item	2013	2014
食品消费情况（含自产自用）	**Conditions of Foods Consumption (including production for self consumption)**		
一、粮食消费量	Grain Consumption	112.42	110.31
（一）谷物消费量	Cereal Consumption	103.90	101.74
（二）薯类消费量	Tuber Consumption	0.93	1.07
（三）豆类消费量	Beans Consumption	7.60	7.50
1.大豆	Soybean	0.62	0.57
二、油脂类消费量	Oil & Fat	9.19	9.22
（一）植物油	Oil-bearing Crops	8.67	8.73
三、蔬菜及菜制品消费量	Vegetables & Its Products Consumption	99.03	101.82
（一）鲜菜	Fresh Vegetables	94.21	96.91
四、肉类	Meat	32.87	36.66
（一）猪肉	Pork	29.82	30.38
（二）牛肉	Beef	2.45	2.27
（三）羊肉	Mutton	0.60	0.64
五、禽类	Poultry	16.41	19.74
六、水产品	Aquatic Products	14.73	14.30
七、蛋类及蛋制品	Eggs & Its Products	6.05	6.22
八、奶和奶制品	Milk & Its Products	14.73	10.62
九、干鲜瓜果类	Dried (Fresh) Melons & Fruits	42.74	47.44
（一）鲜瓜果	Fresh Meions & Fruits	21.24	44.25
（三）坚果类	Nuts & Processed Products	2.38	2.50
十、糖果糕点类	Sweets & cakes	5.89	5.60
#食糖	Sugar	1.74	1.77

11－10　主要年份城镇居民每百户主要耐用消费品拥有量
Ownership of Major Durable Consumer Goods Per 100 Urban Households in Main Years

项　目	Item	2013	2014
耐用消费品拥有情况	**Ownership of Major Durable Consumer Goods**		
1.家用汽车（辆）	Automobile (unit)	19.91	24.03
2.摩托车（辆）	Motorcycle (unit)	54.69	58.32
3.助力车（辆）	Helping Hand Car (unit)	57.45	63.55
4.洗衣机（台）	Washing Machine (unit)	83.92	87.59
5.电冰箱（台）	Refrigerator (unit)	87.38	90.06
6.微波炉（台）	Oven (unit)	51.02	52.87
7.彩色电视机（台）	Color Television Set (unit)	116.20	120.39
8.空调器（台）	Air Conditioner (unit)	85.17	94.81
9.淋浴热水器（台）	Shower (unit)	85.00	90.93
10.排油烟机（台）	Range Hood (unit)	49.09	51.29
11.固定电话（部）	Telephone (unit)	37.07	44.10
12.移动电话（部）	Mobile Telephone (unit)	240.42	250.45
13.家用电脑（台）	Computer (unit)	68.67	75.88
14.照相机（架）	Camera (unit)	24.67	26.25

11—11 主要年份城镇居民人均第二、三产业生产经营收支情况

Production & Management Expenditure Conditions of per Capita Annual Secondary & Tertiary Industry of Urban Households in Main Years

单位：元 (yuan)

项　目	Item	2013	2014
第二产业经营收入	**Operating Income of Secondary Industry**	**582.60**	**675.20**
第二产业经营现金收入	Operating Cash Income from Management of Secondary Industry	582.75	675.20
第二产业经营费用支出	Operating Expenditures of Secondary Industry	137.72	120.72
第二产业经营现金费用支出	Operating Cash Expenditures of Secondary Industry	137.72	120.72
第三产业经营收入	Operating Income of Tertiary Industry	2127.84	2879.40
第三产业经营现金收入	Operating Cash Income of Tertiary industries	2149.85	2879.40
第三产业经营费用支出	Operating Expenditures of Tertiary Industry	240.44	282.68
第三产业经营现金费用支出	Operating Cash Expenditures of Tertiary Industry	240.44	282.68

11—12 主要年份城镇居民人均可支配收入分五等份收入组

Per Capita Annual Disposable Income of Urban Households by Income Quintile in Main Years

单位：元 (yuan)

年 份	Year	低收入户 (20%) Low Income Households (20%)	中等偏下户 (20%) Lower Middle Income Households (20%)	中等收入户 (20%) Middle Income Households (20%)	中等偏上户 (20%) Upper Middle Income Households (20%)	高收入户 (20%) High Income Households (20%)
城镇居民人均可支配收入（元）	**Per Capita Annual Disposable Income of Urban Households (yuan)**					
2013年	2013	9314.19	15704.24	20896.95	28386.64	49602.49
2014年	2014	10339.15	16958.45	23204.82	30723.35	51949.93

11－13　主要年份农村居民家庭基本情况

Basic Conditions of Rural Households in Main Years

单位：人　　(person)

项　　目	Item	2013	2014
期内住户常住成员数	Number of Permanent Residents	8382	8202
调查样本住户数（户）	Number of Households Surveyed (household)	2298	2307
期内人均自有现住房面积（㎡）	Per Capita Living Floor Space of Period (sq.m)	40.49	43.25
常住成员从业人数	Number of Employees of Permanent Residents	4957	4810
户主文化程度	Education of Household		
1.未上过学	Not on school	46	46
2.小学	Primary School	740	716
3.初中	Junior Secondary School	1155	1174
4.高中	Senior Secondary School	335	350
5.大学专科	College & Higher Level	22	22
6.大学本科	Undergraduate		
7.研究生	Postgraduate		
本年度就业类型	Type of Employment in the Current Year		
一、雇主	Employer	38	31
二、公职人员	Public Officials	27	15
三、事业单位人员	Institutions Personnel	46	35
四、国有企业雇员	Employees of Nationalized Business	10	3
五、其他雇员	Other Employees	664	723
六、农业自营	Farming Self-employed	3796	3600
七、非农自营	Not Farming Self-employed	376	403
本季度从事主要行业	Engagine Major industries in the Current Year		
一、第一产业	Primary Industry	3817	3648
二、第二产业	Secondary Industry	519	476
三、第三产业	Tertiary Industry	621	686

11－14 主要年份农村居民人均可支配收入及构成
Per Capita Annual Disposable Income of Rural Households & Its Composition in Main Years

单位：元 (yuan)

项 目	Item	2013	2014
可支配收入	**Disposable Income**	**7793.08**	**8683.18**
一、工资性收入	Income of Wage & Subsidy	2134.65	2335.37
（一）工资	Wage & Subsidy	1550.60	1933.74
（二）实物福利	Physical Benefits	3.09	4.76
（三）其他	Other Income	580.96	396.86
二、经营净收入	Net Income from Management	3794.34	4047.75
（一）第一产业经营净收入	Net Income from Management of Primary Industry	3116.37	3259.71
1. 农业	Farming	2064.87	2170.60
2. 林业	Forestry	295.57	324.73
3.牧业	Animal Husbandry	690.59	695.14
4. 渔业	Fishery	65.35	69.24
（二）第二产业经营净收入	Net Income from Management of Secondary Industry	112.25	129.48
（三）第三产业经营净收入	Net Income from Management of Tertiary Industry	565.72	658.55
三、财产净收入	Property Net Income	50.85	75.20
四、转移净收入	Transfer Net Income	1813.24	2224.86
（一）转移性收入	Transfer Income	1937.44	2342.75
#养老金或离退休金	Pensions for Old People & Retirement	301.25	387.29
（二）转移性支出	Transfer Expenditures	124.21	117.89
#社会保障支出	Social Relief Expenditures	106.30	90.48

11－15 主要年份农村居民人均现金可支配收入及构成
Per Capita Annual Cash disposable Income of Rural Households & Its Composition in Main Years

单位：元 (yuan)

项 目	Item	2013	2014
现金可支配收入	**Cash Disposable income**	**6959.23**	**7364.64**
一、现金工资性收入	Cash Income of Wage & Subsidy	2131.56	2330.61
（一）工资	Wage & Subsidy	1550.60	1933.74
（二）其他工资性收入	Other Income	580.96	396.86
二、现金经营净收入	Cash Net Income from Management	3108.07	2930.46
（一）第一产业现金经营净收入	Cash Net Income from Management of Primary Industry	2438.72	2046.29
1. 农业	Farming	1417.74	1206.34
2. 林业	Forestry	167.39	152.80
3. 牧业	Animal Husbandry	690.93	620.20
4. 渔业	Fishery	61.03	66.95
（二）第二产业现金经营净收入	Cash Net Income from Management of Secondary Industry	123.08	141.01
（三）第三产业现金经营净收入	Cash Net Income from Management of Tertiary Industry	546.27	743.17
三、现金财产净收入	Cash Property Net Income	51.96	76.18
四、现金转移净收入	Cash Transfer Net Income	1667.65	2027.39
（一）现金转移性收入	Cash Transfer Income	1791.86	2145.28
#养老金或离退休金	Pensions for Old People & Retirement	301.25	387.29
（二）现金转移性支出	Cash Transfer Expenditures	124.21	117.89
#个人缴纳的社会保障支出	Social Relief Expenditures paid by individuals	106.31	90.48

11－16　主要年份农村居民人均消费支出

Per Capita Annual Consumption Expenditure of Rural Households in Main Years

单位：元　(yuan)

项　目	Item	2013	2014
消费支出	**Consumption Expenditures**	**6035.35**	**6675.07**
一、食品烟酒	Food,Alcohol & Tobacco	2215.01	2462.88
二、衣着	Clothing	194.85	208.56
三、居住	Residence	1368.77	1550.76
四、生活用品及服务	Household Facilities, Articles & Services	366.68	394.76
五、交通通信	Transport, Post & Telecommunication Services	641.23	709.75
六、教育文化娱乐	Cultural, Educational & Recreational Articles & Services	624.16	682.50
七、医疗保健	Medicines & Medical Services	525.89	553.51
八、其他用品和服务	Other Commodities & Services	98.76	112.36

11－17　主要年份农村居民人均现金消费支出

Per Capita Annual Cash Consumption Expenditure of Rural Households in Main Years

单位：元　(yuan)

项　目	Item	2013	2014
现金消费支出	**Cash Consumption Expenditures**	**4447.58**	**4715.08**
一、食品烟酒	Food,Alcohol & Tobacco	1571.36	1645.70
二、衣着	Clothing	194.81	208.36
三、居住	Residence	546.45	566.01
四、生活用品及服务	Household Facilities, Articles & Services	358.30	385.43
五、交通通信	Transport, Post & Telecommunication Services	641.19	709.75
六、教育文化娱乐	Cultural, Educational & Recreational Articles & Services	623.79	682.47
七、医疗保健	Medicines & Medical Services	420.08	407.64
八、其他用品和服务	Other Commodities & Services	91.60	109.72

11－18 主要年份农村居民人均消费支出明细
Breakdown of Per Capita Annual Consumption Expenditure of Rural Households in Main Years

单位：元 (yuan)

项　目	Item	2013	2014
消费支出	**Consumption Expenditures**	**6035.35**	**6675.07**
一、食品烟酒	Food,Alcohol & Tobacco	2215.01	2462.88
（一）食品	Food	1968.91	2153.63
（二）烟酒	Tobacco & Alcohol	177.91	187.24
（三）饮料	Beverages		39.50
（四）饮食服务	Catering Services	68.19	82.51
二、衣着	Clothing	194.85	208.56
（一）衣类	Garments	150.22	156.85
（二）鞋类	Shoes	44.62	51.71
三、居住	Residence	1368.77	1550.76
（一）租赁房房租	Tenancy	5.52	6.91
（二）住房维修及管理	Housing Maintenance & Management	319.90	306.03
（三）水电燃料及其他	Water,Electricity,Fuels Fee & ect	348.60	409.19
（四）自有住房折算租金	Conversion Rent of Owner-occupied housing	694.76	828.63
四、生活用品及服务	Daily Necessities & Services	366.68	394.76
（一）家具及室内装饰品	Furniture & Interior Decoration	76.99	74.47
（二）家用器具	Household Appliances	111.55	111.28
（三）家用纺织品	Home Textiles	29.87	27.13
（四）家庭日用杂品	Goods for Daily Use	123.49	133.65
（五）个人用品	Personal Items	17.50	40.68
（六）家庭服务	Household Services	7.29	7.55
五、交通通信	Transportation & Communication	641.23	709.75
（一）交通	Transportation	456.53	496.01
（二）通信	Communication	184.70	213.74
六、教育文化娱乐	Education Cultural & Recreation Services	624.16	682.50
（一）教育	Education	521.72	563.44
（二）文化娱乐	Consumption Goods for Recreational Use	102.44	119.06
七、医疗保健	Medical Appliances & Articles	525.89	553.51
（一）医疗器具及药品	Medical Apparatus & Medicine	116.16	128.83
（二）医疗服务	Medical Service	409.72	424.68
八、其他用品和服务	Other Supplies & Services	98.76	112.36
（一）其他用品	Other Supplies	75.29	71.84
（二）其他服务	Other Services	23.47	40.52

11－19 主要年份农村居民人均现金消费支出明细

Breakdown of Per Capita Annual Cash Consumption Expenditure of Rural Households in Main Years

单位：元 (yuan)

项　　目	Item	2013	2014
现金消费支出	**Cash Consumption Expenditures**	**4447.58**	**4715.08**
一、食品烟酒	Food,Alcohol & Tobacco	1571.36	1645.70
（一）食品	Food	1326.95	1340.72
（二）烟酒	Tobacco & Alcohol	177.53	185.99
（三）饮料	Beverages		39.43
（四）饮食服务	Catering Services	66.88	79.57
二、衣着	Clothing	194.81	208.36
（一）衣类	Garments	150.00	156.65
（二）鞋类	Shoes	44.62	51.71
三、居住	Residence	546.45	566.01
（一）租赁房房租	Tenancy	5.52	6.91
（二）住房维修及管理	Housing Maintenance & Management	319.90	306.03
（三）水电燃料及其他	Water,Electricity,Fuels Fee & ect	221.00	253.07
四、生活用品及服务	Daily Necessities & Services	358.30	385.43
（一）家具及室内装饰品	Furniture & Interior Decoration	68.59	70.15
（二）家用器具	Household Appliances	111.55	111.28
（三）家用纺织品	Home Textiles	29.87	27.13
（四）家庭日用杂品	Goods for Daily Use	123.49	128.63
（五）个人用品	Personal Items	17.50	40.68
（六）家庭服务	Household Services	7.29	7.55
五、交通通信	Transportation & Communication	641.19	709.75
（一）交通	Transportation	456.50	496.01
（二）通信	Communication	184.69	213.74
六、教育文化娱乐	Education Cultural & Recreation Services	623.79	682.47
（一）教育	Education	521.72	563.41
（二）文化娱乐	Consumption Goods for Recreational Use	102.07	119.05
七、医疗保健	Medical Appliances & Articles	420.08	407.64
（一）医疗器具及药品	Medical Apparatus & Medicine	116.13	128.83
（二）医疗服务	Medical Service	409.72	278.81
八、其他用品和服务	Other Supplies & Services	91.60	109.72
（一）其他用品	Other Supplies	68.95	69.49
（二）其他服务	Other Services	22.64	40.24

11－20　主要年份农村居民人均消费主要食品数量

Per Capita Annual Consumption of Major Foods by Rural Households in Main Years

单位：公斤 (kg)

项　目	Item	2013	2014
食品消费情况（含自产自用）	Conditions of Foods consumption (including production for self consumption)		
一、粮食消费量	Grain Consumption	182.68	183.62
（一）谷物消费量	Cereal Consumption	178.22	178.52
（二）薯类消费量	Tuber Consumption	0.62	0.74
（三）豆类消费量	Beans Consumption	3.85	4.36
1.大豆	Soybean	0.89	0.92
二、油脂类消费量	Oil & Fat	9.96	10.19
（一）植物油	Oil-bearing Crops	7.36	8.13
三、蔬菜及菜制品消费量	Vegetables & Its Products Consumption	87.09	95.42
（一）鲜菜	Fresh Vegetables	86.19	94.28
四、肉类	Meat	25.72	27.41
（一）猪肉	Pork	25.28	25.74
（二）牛肉	Beef	0.33	0.31
（三）羊肉	Mutton	0.12	0.12
五、禽类	Poultry	14.64	16.79
六、水产品	Aquatic Products	5.72	6.62
七、蛋类及蛋制品	Eggs & Its Products	3.88	4.41
八、奶和奶制品	Milk & Its Products	5.72	2.20
九、干鲜瓜果类	Dried (Fresh) Melons & Fruits	20.66	25.14
（一）鲜瓜果	Fresh Meions & Fruits	9.54	24.25
（三）坚果类	Nuts & Processed Products	0.76	0.76
十、糖果糕点类	Sweets & Cakes	3.41	3.45
#食糖	Sugar	1.02	1.16

11－21 主要年份农村居民每百户主要耐用消费品拥有量
Ownership of Major Durable Consumer Goods Per 100 Rural Households in Main Years

项　　目	Item	2013	2014
耐用消费品拥有情况	**Ownership of Major Durable Consumer Goods**		
一、家用汽车（辆）	Automobile （unit）	6.92	7.15
二、摩托车（辆）	Motorcycle （unit）	92.71	100.87
三、助力车（辆）	Helping Hand Car （unit）	24.10	29.70
四、洗衣机（台）	Washing Machine （unit）	45.22	51.90
五、电冰箱（台）	Refrigerator （unit）	70.17	75.87
六、微波炉（台）	Oven （unit）	14.76	16.29
七、彩色电视机（台）	Color Television Set （unit）	111.13	114.49
八、空调（台）	Air Conditioner （unit）	12.52	15.34
九、热水器（台）	Shower （unit）	40.81	47.48
十、排油烟机（台）	Range Hood（unit）	5.75	6.67
十一、固定电话（部）	Telephone （unit）	20.19	25.53
十二、移动电话（部）	Mobile Telephone （unit）	237.77	252.26
十三、计算机（台）	Computer （unit）	13.96	17.42
十四、照相机（架）	Camera （unit）	2.70	2.95

11－22　主要年份农村居民人均第一产业生产经营收支情况
operating position Conditions of Per Capita Annual Primary Industry of Rural Households in Main Years

单位：元　(yuan)

项　目	Item	2013	2014
第一产业经营收入	**Operating Income of Primary industry**	**5504.88**	**6071.97**
一、农业	Farming	3243.90	3542.63
二、林业	Forestry	375.99	434.69
三、牧业	Animal Husbandry	1746.60	1927.26
四、渔业	Fishery	117.49	167.39
第一产业现金经营收入	**Operating Cash Income of Primary industry**	**4413.07**	**4481.60**
一、农业	Farming	2454.84	2388.64
二、林业	Forestry	245.95	261.18
三、牧业	Animal Husbandry	1590.30	1674.96
四、渔业	Fishery	111.35	156.82
第一产业经营费用支出	**Operating Expenditures of Primary industry**	**2225.95**	**2606.03**
一、农业	Farming	1059.14	1240.96
二、林业	Forestry	78.56	108.41
三、牧业	Animal Husbandry	1005.91	1166.79
四、渔业	Fishery	50.34	89.87
第一产业经营现金费用支出	**Operating Cash Expenditures of Primary industry**	**2087.08**	**2435.31**
一、农业	Farming	1041.21	1182.31
二、林业	Forestry	78.56	108.37
三、牧业	Animal Husbandry	905.88	1054.76
四、渔业	Fishery	50.32	89.87

11－23　主要年份农村居民人均可支配收入五等份收入分组
Per Capita Annual Disposable Income of Rural Households by Income Quintile in Main Years

单位：元　(yuan)

年 份	Year	低收入户(20%) Low Income Households (20%)	中等偏下户(20%) Lower Middle Income Households (20%)	中等收入户(20%) Middle Income Households (20%)	中等偏上户(20%) Upper Middle Income Households (20%)	高收入户(20%) High Income Households (20%)
农村居民人均可支配收入（元）	**Per Capita Annual Disposable Income of Rural Households** (yuan)					
	2013	3245.29	5476.62	7392.48	9856.64	15120.67
	2014	3251.72	5834.92	7911.25	10647.11	18306.63

主要统计指标解释

从2012年四季度起，国家统计局对分别进行的城乡住户调查实施了一体化改革，统一了城乡居民收入指标名称、分类和统计标准，建立了城乡统一的一体化住户调查。广西从2014年开始，正式发布此项改革后的一体化城乡住户收支与生活状况调查数据。

住户　指居住在一个住宅内，共同分享生活开支或收入的一群人。居住在同一房间内、不共同分享生活开支的人群，每个人都视为一个住户。住家保姆、住家家庭帮工视为单独的住户。

常住居民 指住户成员中，经常在家居住、或者调查期内居住时间超过一半的人员，以及本住户供养的学生。常住居民是住户收支的调查对象。

居民人均可支配收入　指居民可用于最终消费支出和储蓄的总和，即居民可用于自由支配的收入，既包括现金收入，也包括实物收入。按照收入的来源，可支配收入包含四项，分别为：工资性收入、经营净收入、财产净收入、转移净收入。

工资性收入　指就业人员通过各种途径得到的全部劳动报酬和各种福利，包括受雇于单位或个人、从事各种自由职业、兼职和零星劳动得到的全部劳动报酬和福利。

经营净收入　指住户或住户成员从事生产经营活动所获得的净收入，是全部经营收入中扣除经营费用、生产性固定资产折旧和生产税净额（生产税减去生产补贴）之后得到的净收入。计算公式具体为：

经营净收入=经营收入-经营费用-生产性固定资产折旧-生产税净额（生产税-生产补贴）

财产净收入　指住户或住户成员将其所拥有的金融资产和自然资源交由其他机构单位、住户或个人支配而获得的回报并扣除相关的费用之后得到的净收入。计算公式为：财产净收入 = 财产性收入 - 财产性支出

转移净收入　指国家、单位、社会团体对住户的各种经常性转移支付和住户之间的经常性收入转移。包括政府、非行政事业单位、社会团体对居民转移的养老金或退休金、社会救济和补助、政策性生活补贴、救灾款、经常性捐赠和赔偿以及报销医疗费等；住户之间的赡养收入、经常性捐赠和赔偿以及农村地区（村委会）在外（含国外）工作的本住户非常住成员寄回带回的收入等。计算公式为：转移净收入=转移性收入-转移性支出

居民收入五等份分组　指将所有调查户按人均收入水平从低到高顺序排列，平均分为五个等份，处于最高20%的收入群体为高收入组，依此类推依次为中高收入组、中等收入组、中低收入组、低收入组。

居民人均生活消费支出　指居民用于满足家庭日常生活消费需要的全部支出，既包括现金消费支出，也包括实物消费支出。根据用途不同，消费支出可划分为食品烟酒、衣着、居住、生活用品及服务、交通通信、教育文化娱乐、医疗保健、其他用品及服务八大类。

Explanatory Notes on Main Statistical Indicators

Since the 4th quarter of 2012, National Bureau of Statistics has carried out the integrate reforming on the survey of urban & rural residents which were once carried out separately, unified the names, classification and statistical standards of the indicators on urban & rural residents’ income, and built up the concordant survey for urban & rural residents. Since 2014, Guangxi has formally released the data on the integration survey of urban and rural residents' income, expenses and livelihood after this reforming.

Household refers to a group of people living in the same residence, sharing the living expenses or incomes together. If the group of people living in the same residence, but not sharing the living expenses or incomes together, then each people in this group is count as one household. The live-in caregiver or live-in journeyman is count as one simply household.

Permanent Resident refers to the personnel living at home permanently or more than a half survey period in a household, and the students provided by this household. The permanent residents are the objects of the household income and expenses survey.

Disposable Income of Household refers to the summary of final consumption and expenses available for household, namely the income can be arranged freely by household, which includes the incomes in cash and in kind. According to the resource, the disposable income includes 4 parts: income of wage and subsidy, net income from management, property net income and transfer net income.

Income of Wage & Subsidy refers to the total labor reward and various welfares earned by employment in various ways, including the total labor reward and welfares earned by being employed by institutions or individuals, working freelance, working part-time jobs and odd jobs.

Net Income from Management refers to the net income earned by household or member of household with working management, and it is the net income gained after deducting the operating costs, productive depreciation of fixed assets and net amount of productive taxes(deducting productive subsidy from productive taxes)from the total operating income. Its calculating formulation is:

Net Income from Management = Total Operating Income- Operating Costs-Productive Depreciation of Fixed Assets-
Net Amount of Productive Taxes(Productive Taxes- Productive Subsidy)

Property Net Income refers to the net income after deducting the relevant costs from the return, which is gained through organizing the financial assets and natural assets owned by the household or member of household by other institutions, households or individuals. Its calculating formulation is:

Property Net Income = Property Income - Property Expenses

Transfer Net Income refers to the various usually transferring of incomes from nation, units, and social groups to household and between households. It includes the pension or retirement pay from governments, non-administrative institutions and social groups to household, social relieves and subsidy, policy subsidy for livelihood, relief money, regularly donations, compensations and applies for medical fee, etc. It also includes the supporting income, regularly donations and compensations between households, and the income sent back or brought back by the non-permanent member of the household working out of the rural area(village committee)or overseas. Its calculating formulation is:

Transfer Net Income= Transfer Income - Transfer Expenses

Five Equal Divides of Residents’Income refers to equally divide the total survey households into 5 groups according to the capita income degrees, and rank them from low to high. The group whose income in the highest 20% is called high income households, and by analogy are the upper middle income households, middle income households, lower middle income households, and low income households.

Per Capita Consumption Expenditure for Livelihood of Household refers to the total expenses meeting the households’ needs of daily livelihood consumption, including the consumption expenses in cash and in kind. According to the use, consumption expenses can be divided into 8 broad categories: food, alcohol & tobacco, clothing, residence, daily necessities & services, transportation & communication, education, cultural & recreation services, medical appliances & articles and other supplies & services.

第十二篇

城市概况

GENERAL SURVEY OF CITIES

（编辑：温韵琳）

12－1　广西各市市辖区社会经济主要指标（2014年）

指　标	Item	南宁市 Nanning	柳州市 Liuzhou	桂林市 Guilin
年末总人口（万人）	Total Population at the Year-end (10 000 persons)	279.73	115.72	76.72
年平均人口（万人）	Annual Average Population (10 000 persons)	282.05	116.44	77.16
常住人口（万人）	Permanent Population (10 000 persons)	360.99	158.44	104.52
年出生人口（人）	Annual Birth Population (person)	24046	16234	11579
年死亡人口（人）	Annual Mortality Population (person)	2975	5417	3041
年末总户数（万户）	Total Households at the Year-end (10 000 households)	87.13	37.97	25.66
从业人员期末人数（城镇）（万人）	Total Employment of Units in Urban Area at the Year-end (10 000 persons)	79.81	49.91	22.15
第一产业（农、林、牧、渔业）	Primary Industry (Farming, Forestry, Animal Husban-dry & Fishery)	0.64	0.21	0.05
第二产业	Secondary Industry	34.56	30.56	9.52
采矿业	Mining	0	0.12	0
制造业	Manufacturing	10.18	14.03	4.48
电力、燃气及水的生产和供应业	Electricity, Gas & Water Production & Supply	5.15	0.51	0.34
建筑业	Construction	19.24	15.9	4.7
第三产业	Tertiary Industry	44.6	19.14	12.58
交通运输、仓储及邮政业	Transportation, Storage & Postal	4.51	1.67	0.67
信息传输、计算机服务和软件业	Information Transmission, Computer Service & Software Industries	1.55	0.28	0.36
批发和零售业	Wholesale & Retail Trade	4.44	1.47	1.19
住宿、餐饮业	Hotel & Catering Trade	1.86	0.44	0.83
金融业	Finance	2.96	0.89	1.08
房地产业	Real Estate	2.42	1.49	0.56
租赁和商业服务业	Leasing & Commercial Services	4.2	2.11	1.08
科学研究、技术服务和地质勘查业	Scientific Research, Technology Services & Geolo-gical Prospecting	3.39	1.29	0.57
水利、环境和公共设施管理业	Water Conservancy, Environment & Public Facility Management	1.78	1.51	0.72
居民服务和其他服务业	Resident & Other Services	0.18	0.11	0.15
教育	Education	6.93	3.55	2.19
卫生、社会保障和社会福利业	Public Health, Social Security & Social Welfare	3.8	2.27	1.26
文化、体育和娱乐业	Culture, Sports & Entertainment	1.14	0.25	0.32
公共管理和社会组织	Public Administration & Social Organizations	5.44	1.86	1.61
城镇私营和个体从业人员（人）	Private & Self-employed Individuals (person)	305657	432287	128553
城镇登记失业人数（人）	Registered Unemployment in Urban Areas (person)	24857	21286	13870
行政区域土地面积（平方公里）	Gross Area (sq.km)	6569	1017	565
#建成区面积	Developed Area	285	180	71
城市建设用地面积	Area of City Construction	280	180	71

注：1.本表数据均为市辖区数，下同。
　　2.人口指标数据为公安户籍年报数。

Note: 1. All the data in this table refers to municipal districts of the cities, and so as the continued tables.
　　2.The data on population is from the annual reports of the household registration.

Main Social & Economic Indicators of Municipal Districts of Cities (2014)

梧州市 Wuzhou	北海市 Beihai	防城港市 Fangcheng-gang	钦州市 Qinzhou	贵港市 Guigang	玉林市 Yulin	百色市 Baise	贺州市 Hezhou	河池市 Hechi	来宾市 Laibin	崇左市 Chongzuo
52.08	63.56	55.25	146.30	195.28	106.37	35.35	114.37	33.52	104.54	36.59
64.96	63.65	54.33	147	196.34	109.28	35.36	103.66	33.67	94.22	36.88
77.85	63.65	54.58	124	154.81	109.65	38.95	104.03	33.99	94.63	33.3
17321	31515	12776	19904	39593	10445	5447	37386	5848	14421	6767
5370	7836	2223	7635	7912	5197	1353	5851	1627	7171	2072
24.02	18.04	14.27	33	60.35	29.7	9.51	32.19	10.99	30.6	10.84
10.63	10.64	6.71	12.14	9.1	11.05	6.78	5.65	5.04	7.21	3.7
0.02	0.45	0.59	0.14	0.03	0	0.05	0.07	0	0.63	0.16
4.77	4.69	1.54	6.09	2.79	3.52	2.38	1.38	1.68	2.99	1.09
0	0.05	0.05	0.14	0	0	0.59	0.03	0	0	0.37
3.92	3.49	0.39	1.48	1.41	2.15	0.89	1.03	1.24	1.65	0.56
0.3	0.18	0.18	0.23	0.27	0.32	0.26	0.26	0.17	0.33	0.07
0.55	0.97	0.92	4.24	1.11	1.04	0.64	0.06	0.27	1.01	0.08
5.84	5.5	4.57	5.91	6.28	7.51	4.35	4.2	3.36	3.59	2.45
0.54	0.41	0.97	0.4	0.4	0.54	0.7	0.15	0.33	0.11	0.15
0.15	0.15	0.15	0.13	0.14	0.34	0.13	0.1	0.07	0.01	0.14
0.32	0.27	0.11	0.4	0.38	0.54	0.37	0.16	0.3	0.12	0.16
0.09	0.23	0.1	0.14	0.08	0.14	0.07	0.01	0.26	0.19	0.03
0.44	0.55	0.2	0.19	0.51	0.55	0.24	0.29	0.2	0.2	0.31
0.35	0.32	0.13	0.17	0.08	0.27	0.07	0.03	0.11	0.18	0.04
0.1	0.23	0.14	0.11	0.06	0.43	0.08	0.12	0.06	0.22	0.1
0.2	0.21	0.12	0.13	0.19	0.23	0.22	0.17	0.12	0.14	0.05
0.23	0.28	0.2	0.14	0.12	0.23	0.2	0.13	0.07	0.1	0.08
0	0.03	0	0.04	0.04	0.03	0.01	0.01	0.01	0.01	0
1.09	1.05	0.93	1.59	1.86	1.83	0.75	1.24	0.5	0.8	0.5
0.99	0.58	0.51	0.97	0.86	1.07	0.53	0.56	0.47	0.51	0.23
0.11	0.1	0.04	0.06	0.04	0.09	0.06	0.06	0.09	0.04	0.03
1.23	1.09	0.99	1.43	1.53	1.22	0.92	1.17	0.77	0.96	0.63
96218	193874	72597	85200	93291	40738	29665		48824	93064	24733
8073	4813	2035	0	969	5451	1075	2500	795	3468	1046
1793	957	2836	4852	3548	1265	3718	5517	2346	4363	2917
54	73	35	89	69	67	41	24	22	37	28
52	70	22	88	65	67	37	36	22	40	17

12－1　续表 1

指　标	Item	南宁市 Nanning	柳州市 Liuzhou	桂林市 Guilin
居住用地面积	Area of Living Space	85	47	19
公共设施用地面积	Area of Public Facilities	9	17	6
工业用地面积	Area of Industry	29	41	14
地区生产总值（当年价，万元）	Gross Domestic Product (current prices,10 000 yuan)	23314449	16467303	5151443
第一产业增加值	Primary Industry	1355917	117909	103299
第二产业增加值	Secondary Industry	9031514	10612587	2005329
第三产业增加值	Tertiary Industry	12927018	5736807	3042815
地区生产总值（2010年价格，万元）	Gross Domestic Product (Prices in the year of 2010,10 000 yuan)	19957799	14138343	4975079
人均地区生产总值（元）	Per Capita Gross Domestic Product (yuan)	82659	104148	49619
地区生产总值增长率（%）	Growth Rate of Gross Domestic Product（%）	9.2	8.43	6.96
公共财政收入（万元）	Local Government Revenue（10 000 yuan)	2317039	1088944	572284
#税收收入	Various Taxes	1768399	785962	306871
#企业所得税	Enterprise Income Taxes	272517	94036	54552
个人所得税	Individual Income Taxes	70747	21276	14332
公共财政支出（万元）	Local Government Revenue（10 000 yuan)	3116910	1513906	951995
#一般性公共服务支出	Expenditure for General Public Service	305336	124723	136332
科学技术支出	Expenditure for Science & Technology	55566	30292	24105
教育支出	Expenditure for Education	432328	215954	128839
文化体育与传媒支出	Expenditure for Culture, Sport & Media	118587	34194	23979
医疗卫生支出	Expenditure for Health Care	236606	91446	82197
节能环保支出	Expenditure for Energy Conservation & Environment Protection	28519	18044	8155
城乡社区事务支出	Expenditure for Community Affair in Urban & Rural Area	579272	441292	157962
交通运输支出	Expenditure for Transpotation	53949	87329	9875
社会保障和就业支出	Expenditure for Social Security & Employment	253734	108042	90994
住房保障支出	Housing security expenditure	112932	36520	21723
年末金融机构人民币存款余额（万元）	Year-end Deposit Balance of Financial Institutions in RMB (10 000 yuan)	63248364	20133615	12020777
#居民储蓄存款余额	Household Savings Deposits	19747219	6927762	5465470
年末金融机构人民币各项贷款余额（万元）	Year-end Loans Balance of Financial Institutions in RMB（10 000 yuan)	66757985	14035991	6772569
规模以上工业法人企业：	Indutrial Corporations above Designated Size			
工业企业数（个）	Number Industrial Enterprises（unit)	518	541	132

continued

梧州市 Wuzhou	北海市 Beihai	防城港市 Fangcheng-gang	钦州市 Qinzhou	贵港市 Guigang	玉林市 Yulin	百色市 Baise	贺州市 Hezhou	河池市 Hechi	来宾市 Laibin	崇左市 Chongzuo
18	26	5	28	22	26	15	20	7	11	6
3	9	2	13	6	10	3	2	3	6	2
8	4	2	22	14	2	7	14	5	6	2
5000590	6690569	4354738	5475089	3549628	3496382	1761903	2384354	988388	2503985	1226409
154870	773012	379032	1003636	587131	371075	238583	455757	110913	542159	231139
3398265	4008318	2711387	2173683	1168934	1352299	899761	1162391	422366	977070	576980
1447455	1909239	1264319	2297770	1793563	1773008	623559	766206	455109	984756	418290
4283786	5399444	3722349	5153773	3308565	3455652	1719122	1151702	1051441	2661774	1128894
64233	66243	80161	44225	23017	31996	45468	23327	29147	26579	37052
7.2	14.3	11.93	8.3	4.25	8.84	7.5	7.1	5.37	3.1	7.23
586394	410751	298260	361028	212015	413248	55333	172459	24864	238125	110216
296745	296760	184514	225743	155918	249122	41684	73552	19360	134448	56717
27425	30391	21734	21048	21226	24605	4045	3878	1448	10734	5690
4462	4554	3181	3729	4106	7325	1140	1222	501	1968	1371
867565	759341	619360	805932	693382	730954	167466	486189	128999	570322	353915
81265	93980	79234	69731	69001	114904	18012	49673	15029	127625	43136
15982	25716	9703	11202	5605	8294	1736	4890	832	8232	4557
13829	101954	64360	165036	182492	147098	43586	98067	35848	119603	65465
66212	10141	11297	10466	6318	15741	2552	7248	1935	9840	5580
97046	70456	40719	81775	95580	97931	18553	55622	17918	61400	29514
10924	15002	13747	13883	16147	25217	6139	8590	10240	6915	9250
184904	107712	139903	113189	43926	36467	4462	38191	1154	23421	37903
24900	19547	21746	27103	42461	12004	7323	9061	5188	11900	10056
39900	28207	78427	89535	44316	62778	14066	47762	10603	49212	43203
15583	27196	27094	35442	22869	22659	4084	31249	5537	37231	17089
4052430	5315657	3166554	4745640	4298332	5011196	2701754	2632694	2078275	2328111	1383640
1975393	2800546	1551961	2486056	2838285	3158984	1284629	1491938	1119542	1121090	549737
3191110	3519107	2866579	3900824	3143872	3161828	1926634	1745869	1281906	1900764	1072681
175	128	113	132	188	88	47	91	31	60	31

12－1　续表 2

指　标	Item	南宁市 Nanning	柳州市 Liuzhou	桂林市 Guilin
内资企业	Domestic Investment	459	515	115
国有企业	State-owned Enterprises	20	11	9
私营企业	Private Enterprises	280	287	36
港、澳、台商投资企业	Enterprises with Funds from Hong Kong, Macao & Taiwan	27	10	5
外商投资企业	Foreign Funded Enterprises	32	16	12
工业总产值（当年价，万元）	Industrial Gross Output Value (current prices, 10 000 yuan)	19989566	37474629	5063046
内资企业	Domestic Investment	15312979	27861657	4610685
国有企业	State-owned Enterprises	1191987	7542989	755603
私营企业	Private Enterprises	7491351	8489814	723140
港、澳、台商投资企业	Enterprises with Funds from Hong Kong, Macao & Taiwan	3469873	405304	166664
外商投资企业	Foreign Funded Enterprises	1206714	9207668	285697
从业人员年平均人数（万人）	Annual Average Population of Employees (10 000 persons)	14.83	20.43	5.28
流动资产合计（万元）	Annual Average Balance of Value of Circulating Funds (10 000 yuan)	6204019	15437587	2376704
固定资产合计（万元）	Annual Average Balance of Net Value of Fixed Assets (10 000 yuan)	4931862	7228802	1416874
主营业务收入（万元）	Income of Major Business (10 000 yuan)	19144072	34993066	4213527
主营业务成本（万元）	Cost of Major Business (10 000 yuan)	14530735	30652099	3327456
主营业务税金及附加（万元）	Tax & Extra Charges on Income of Major Business	621403	943500	58858
本年应交增值税（万元）	Value Added Taxes Receivable in This Year (10 000 yuan)	705210	755618	127717
利润总额（万元）	Total After-tax Profits (10 000 yuan)	1415228	1154039	289172
年末邮政局、所数（座）	Number of Post Offices in the Year-end (unit)	95	27	35
全社会用电量（万千瓦时）	Electricity Consumption (10 000 kwh)	1108120	860562	278519
#工业用电	Electricity Consumption by Industry	576020	595023	96706
城乡居民生活用电	Consumption of Electricity for Urber&Rural Resident Living	306532	130515	90056
社会消费品零售总额（万元）	Total Retail Sales of Consumer Goods (10 000 yuan)	13429421	7010346	3650579
限额以上批发零售贸易业商品销售总额（万元）	Total Sales of Enterprises above Designated Size in Wholesale & Retail Trades (10 000 yuan)	24270518	9077394	2816405
限额以上批发零售企业数（法人数）（个）	Number of Enterprises above Designated Size in Wholesale & Retail Trades (unit)	677	438	140
#零售业	Retail Trade	324	169	83

continued

梧州市 Wuzhou	北海市 Beihai	防城港市 Fangcheng-gang	钦州市 Qinzhou	贵港市 Guigang	玉林市 Yulin	百色市 Baise	贺州市 Hezhou	河池市 Hechi	来宾市 Laibin	崇左市 Chongzuo
139	99	100	111	171	81	43	81	30	54	22
5	2	4	4	2	3	3	4	4	4	3
65	50	59	60	107	41	9	59	9	20	15
26	20	5	11	13	3	4	8	0	2	3
10	9	8	10	4	4	0	2	1	4	6
11274594	14646600	9314961	9389430	3366818	3146719	2043145	2299751	962971	2454085	1516445
10023559	11110300	6608986	7793543	2704518	1634961	1916057	2241130	933744	2159588	740189
376930	233600	367469	53971	298418	279840	327899	195686	78906	446928	225845
3755506	1982300	3757411	1492822	1306120	421098	255864	1059790	254270	258452	311553
727356	3041500	277508	769990	642520	31990	127088	36120	0	11195	121728
523679	494800	2428467	825897	19780	1479768	0	22501	29227	283302	654528
5.9	5.16	2.57	3	3.73	3.29	1.87	1.88	1.86	2.23	1.28
2521215	2693200	3456941	2275383	1910560	1663998	724461	754356	1385796	1464119	628190
1986052	2074100	2607836	3701500	1589919	924157	1226215	651598	654911	1612937	820948
10458672	14220200	7587902	9144882	3083272	3177169	1486598	1971571	1190525	2270194	1344011
8589592	12540300	7121947	8201146	2765882	2733385	1150721	1768650	1141670	2060047	1064888
51409	524900	14357	700085	11991	19345	7952	8043	6482	7391	8166
652953	669200	65990	851769	81423	97003	50830	43764	47579	82580	50947
786858	980200	166010	-220251	137603	196024	10690	70076	-45264	-65965	192514
12	14	19	32	32	17	15	27	95	28	13
310085	367605	422054	403367	411743	228961	377456	446311	24269	411153	87706
234087	222366	334494	320105	297686	110513	314470	369142	16298	263404	64227
33150	68652	32641	54413	72026	64379	34009	46149	4856	40381	14297
1706648	1197655	549287	1581739	1951812	2515859	627896	722696	555262	596836	226265
912666	14723453	707119	1795388	1171608	2263743	1149206	1391668	898466	49998	457381
71	66	41	115	65	133	45	44	35	29	18
47	41	25	48	49	82	35	28	33	16	12

12－1 续表 3

指 标	Item	南宁市 Nanning	柳州市 Liuzhou	桂林市 Guilin
限额以上批发零售贸易业企业财务:	Finance of Enterpaises above Designated size in Wholesale & Retail Trades:			
年末从业人数（万人）	Number of Employees in Year-end(10 000 persons)	5.93	2.29	1.37
流动资产合计（万元）	Total Circulating Funds(10 000 yuan)	10685761	3134232	583227
固定资产合计（万元）	Total Fixed Assets(10 000 yuan)	567914	272522	135757
主营业务收入（万元）	Income from Major Business(10 000 yuan)	21653910	7929363	2292509
主营业务成本（万元）	Cost of Major Business(10 000 yuan)	20377782	7499435	2007798
主营业务税金及附加（万元）	Taxes & Extra Charges of Major Business(10 000 yuan)	69638	29129	30483
本年应交增值税（万元）	Value Added Tax Payable(10 000 yuan)	288230	124306	42682
利润总额（万元）	Total Profits(10 000 yuan)	238932	59947	107731
外商直接投资合同项目（个）	Newly Signed Projects (contracts) of Foreign Direct Investment in This Year (unit)	52	5	13
当年实际使用外资金额（万美元）	Amount of Foreign Capital Actually Utilized(USD 10 000)	22198	9976	14207
固定资产投资总额(不含农户)（万元）	Total Investment in Fixed Assets (excluding rural indivduals, 10 000 yuan)	20860810	11436700	3344756
#房地产开发投资额	Investment in Real Estate Development	4909850	2238233	706298
#住宅	Residential Buildings	3205022	1168315	462372
全年新增固定资产（万元）	Newly Increased Fixed Assets (10 000 yuan)	11578126	6114371	1454071
商品房屋销售面积（万平方米）	Floor Space of Selling Commercial Houses (10 000 sq.m)	659.57	189.82	96.42
#住宅	Residential Building	585.69	162.61	86.99
#别墅、高档公寓	Villa,High-grade Apartment	13.53	0.82	1.67
商品房屋销售额（万元）	Total Sales of Commercial Buildings (10 000 yuan)	4848497	1613530	742100
#住宅	Residential Building	3986875	1175041	589700
#别墅、高档公寓	Villa,High-grade Apartment	183034	10243	22500
商品房屋待售面积（万平方米）	Space of Commercial Buildings for Sale (10 000 sq.m)	296.24	49.86	24.53
保障性住房本年完成投资（万元）	Completed Investment in Indemniticatory Housing(10 000 yuan)	46976	258365	90297
#廉租房	Low-rent Housing	14350	28006	11150
保障性住房施工面积（万平方米）	Floor Space under Constructiong of Indemnification Housing (10 000 sq.m)	25.26	564.44	138.97
#廉租房	Low-rent Housing	8.76	31.48	17.57
保障性住房竣工面积（万平方米）	Completed Floor Space of Indemnitication Housing(10 000 sq.m)	12.91	107.7	14.49
#廉租房	Low-rent Housing	0	31.48	0
学校数（所）	Number of Schools (unit)			
普通高等学校	Institutions of Regular Higher Education			
中等职业教育学校	Secondary Schools for Vocational Education	52	22	20
普通中学学校	Regular Secondary Schools	178	64	37
小学学校	Primary Schools	458	129	79
专任教师数（人）	Number of Full-time Teachers (person)			
普通高等学校	Institutions of Regular Higher Education	18250	3354	7130
中等职业教育学校	Secondary Schools for Vocational Education	4962	2074	1023
普通中学学校	Regular Secondary Schools	11025	5426	3482
小学学校	Primary Schools	13101	4384	3734
在校学生数（人）	Student Enrollment（person）			
普通高等学校	Institutions of Regular Higher Education	351690	69018	186147
高中阶段在校学生	Secondary School Stages	59281	95862	46296

continued

梧州市 Wuzhou	北海市 Beihai	防城港市 Fangcheng-gang	钦州市 Qinzhou	贵港市 Guigang	玉林市 Yulin	百色市 Baise	贺州市 Hezhou	河池市 Hechi	来宾市 Laibin	崇左市 Chongzuo
0.48	0.45	0.19	12.15	0.44	1.03	0.43	3303	0.35	0.23	0.16
268812	3828294	341451	869258	321897	639513	251858	210375	267293	171837	44758
52996	69543	8041	89513	50680	81658	63884	42571	47311	39404	26735
817094	18450530	686260	1589439	1088970	2089525	1094295	526340	825128	494212	393273
731087	14976479	669671	1445410	987343	1894354	973485	468357	738356	435099	340496
11977	667647	6206	12925	14670	18494	13504	8236	13634	9022	8373
19060	25875	5257	23422	18182	56069	22497	7520	16432	9060	9670
24468	56309	10788	14947	34593	59789	45017	20087	22064	15988	18850
6	7	2	0	3	3	1	0	0	2	0
1078	14901	2331	0	1450	1708	5	115	2213	146	713
4072858	6283840	3307295	3799679	2830534	3701441	1215086	2996393	765669	2276200	858921
386924	1411299	659631	598364	452898	543193	236831	108315	129851	536525	93515
203354	1139572	465771	397250	332415	386124	189962	90664	84668	303295	61005
3076850	3100286	772868	1859933	1932268	3245020	754162	1701423	436541	171898	628101
112.14	157.84	105.22	110	98.56	197.11	36.55	576435	29.98	87.74	38.27
103.61	152.47	96.34	103	91.49	149.14	34.01	539182	29.01	76.62	38.11
1.84	2.86	2.91	5	0	0	0.25	0	7.9	0.4	0.27
494817	801933	464892	412758	449931	716711	160006	137680	138077	292599	96231
404061	759749	379637	361253	398554	500061	139281	122003	132119	178519	94865
13196	24400	16457	35230	0	0	1597	0	55575	2066	1180
75.67	171.49	10.31	108	22.56	59.85	16.44	277762	3.56	82.41	3.43
38466	38132	56242	94953	19859	61525	3655	13188	1868	64884	7380
15444	3029	1527	15325	2030	12484	0	0	0	9500	155
90.35	63.21	565.69	172.99	43.34	163.97	8.64	39.15	2.24	132.43	13.15
5.09	7.25	2.77	16.29	2.6	16.95	0	0	0	22.5	0.84
205819	24.03	0.7	48.69	0.65	9.99	6.18	1.67	0.73	33.61	1.7
0	7.29	0.36	0	0	2.76	0	0	0	3.36	0
15	7	1	5	7	16	1	10	6	5	6
33	42	26	9	88	58	16	7	22	41	15
141	125	198	18	428	239	103	0	44	172	64
646	1930	161	969	0	858	1420	549	198	542	672
635	697	67	357	560	961	48	513	521	315	229
3039	1311	1684	1926	8362	4449	796	890	1428	3933	829
3314	3061	2380	4234	7222	4547	1700	49	1476	4433	1744
14240	2180	3352	14869	0	17418	23977	1049	4054	7267	19016
15674	1924	9874	24814	81823	59008	1578	31390	9753	32087	5960

12－1　续表 4

指　标	Item	南宁市 Nanning	柳州市 Liuzhou	桂林市 Guilin
中等职业教育学校（人）	Secondary Schools for Vocational Education (person)	158734	66802	28023
普通中学学校（万人）	Regular Secondary Schools (10 000 persons)	18.42	8.19	4.87
小学（万人）	Primary Schools (10 000 persons)	29.45	11.26	7.28
初中毕业生升学率（%）	Precenatage of Graduates of Junior Secondary Schools Entering Senior Secondary Schools(%)	99	99	92
成人高等学校在校学生数（人）	Student Enrollment in Adult Education Schools(person)	115087	26377	51828
科技活动人员（人）	Number of Persons Engaged in Scientific & Technological Activities(person)	8920	17528	6962
R&D人员数（人）	Number of Persons Engaged in R & D Activities(person)	4004	10480	5856
体育场馆数（个）	Gymnasiums (unit)	30	53	16
剧场、影剧院数（个）	Cinemas & Theatres (unit)	18	2	8
公共图书馆图书总藏量（千册、件）	Total Collection of Public Libraries (1000 copies)	7749	1217.25	2700
订销报刊杂志累计份数（份）	Total Copies or Newspapers & Magazines Subscribed & Sold(copy)	43498.4	24849.4	17454
广播节目综合人口覆盖率（%）	Listener Rating(%)	100	100	100
电视节目综合人口覆盖率（%）	Viewer Rating(%)	100	100	100
有线电视入户率（%）	Rate of Household wit Access to Cabel-TV(%)	100	76.87	84.5
医院、卫生院数（个）	Number of Hospitals (unit)	106	56	44
医院、卫生院床位数（张）	Total Number of Beds in Hospitals (bed)	22987	12142	6404
医生数（执业医师+执业助理医师，人）	Number of Doctors (Certified physicians & certified assistant physicians, person)	14005	6065	4596
注册护士（人）	Registered Nurses (person)	16689	7891	5998
在岗职工平均人数（万人）	Average Number of Working Staff & Workers (10 000 persons)	77.36	30.22	19.85
在岗职工工资总额（万元）	Total Wages of Working Staff & Workers (10 000 yuan)	4423187	1627459	1017489
居民家庭总收入（元）	Total Income of Household(yuan)	29576	31523	28097
工资性收入	Wages Income	19687	17975	15245
经营净收入	Net Income from Business	1957	2267	3805
财产性收入	Property Income	695	966	756
转移性收入	Transfer Income	7238	10316	8291
城镇居民人均可支配收入（元）	Per Capita Annual Disposable Income of Household (yuan)	26925	28537	26464
城镇居民人均现金消费支出（元）	Per Capita Annual Consumption Expenditures of House-hold (yuan)	17877	18716	16442
#食品烟酒	Food, Cigarettes & Wine	7257	7799	6802
衣着	Clothing	1240	1432	1515
居住	Residence	1511	1849	1385
生活用品及服务	Household Facilities & Services	1192	1269	1110
交通和通信	Traffic & Communications	2906	2560	890
教育文化和娱乐	Education, Culture & Recreation	2312	2223	2034
医疗保健	Medical Services	1166	1040	2369
其他用品及服务	Others	293	544	337
每百户居民家庭拥有量:	Per 100 Households:			
家用汽车（辆）	Automobile (unit)	21	36	17
消毒碗柜（个）	Disinfection Cupboard(unit)	55	50	52
洗碗机（个）	Washing Machine(unit)	2	2	2
固定电话（部）	Fix Telephone(unit)	45	33	53
移动电话（部）	Mobil Telephone(unit)	230	223	220
其中：接入互联网	Access the Internet	73	94	96
计算机（台）	Computers(unit)	74	86	85
其中：接入互联网	Access the Internet	63	74	79
电冰箱（柜）（台）	Fridge(set)	88	92	97
彩色电视机（台）	Color TV(set)	113	112	116
中高档乐器（台）	Middle & Top Grade Musical Instrument(unit)	3	5	5
照相机（部）	Camera(unit)	35	40	42
摄像机（部）	Pickup Camera(unit)	5	10	5

continued

梧州市 Wuzhou	北海市 Beihai	防城港市 Fangcheng-gang	钦州市 Qinzhou	贵港市 Guigang	玉林市 Yulin	百色市 Baise	贺州市 Hezhou	河池市 Hechi	来宾市 Laibin	崇左市 Chongzuo
13789	21527	4538	8343	13052	30059	3152	22354	13837	7844	4238
4.35	4.82	2.99	3.16	14.1	7.23	1.43	1.27	2.07	6.43	1.65
5.1	7.09	4.89	3.03	15.75	10.6	3.14	0.07	2.69	8.4	2.7
93	90	89	99	88	184	76	97	88	90	99
6698	3100	2874	0	6316	11335	13284	2469	0	0	2174
2800	1529	1480	3107	1117	0	402	563	861	1249	1940
1490	1108	987	1912	691	0	195	200	625	435	391
2	2	1	10	1	2	2	11	3	6	8
2	3	1	2	3	6	1	1	1	4	0
568	360.7	256.89	2781	311	647.43	183.7	212.5	227.46	388	144
10334	14146.21	9693.92	8927	12485	11146.28	4452.3	6066	4202	4765	2898.94
98.95	98.9	98.2	95.84	98.88	96.2	100	96.56	93.43	95.5	98
98.9	99.7	98.1	98	99.25	98.5	100	98.13	97.46	97.8	98
82.72	90	32.46	30	33.6	66.4	26	80	69.75	15.1	30.84
26	24	21	38	41	20	19	10	17	33	18
4720	3032	2605	6663	5139	6038	3310	3247	2622	3718	1204
2155	1995	1076	2514	2414	1838	1181	1130	1164	1650	473
3283	2211	1293	3209	3126	2812	1933	1731	1642	1839	595
10.52	8.96	5.41	10.87	6.96	10.53	6.82	5.16	4.2	4.68	3.18
416067	400543	242395	477332	322714	537506	297427	231985	199836	207368	144792
25589	26752	28862	26749	26283	30218	26655	25673	26549	28873	26676
15070	14477	13821	16033	17648	16012	19554	14792	15933	16878	18102
2692	3944	9894	5234	4657	7728	1115	1431	2034	5019	3564
760	1601	1402	657	718	2082	740	2396	1452	1326	562
7068	6730	3744	4825	3261	4396	5246	7054	7130	5650	4448
23828	25800	27892	26005	24302	29285	23790	23740	24582	26417	23995
16341	16383	17283	16105	14872	17942	16419	14090	16548	17097	13099
7377	7537	6645	7002	6371	6072	6459	5433	5722	6027	5300
1006	815	878	1318	1110	975	1512	915	1247	1753	814
1805	2083	3952	2449	1336	2640	1292	1349	1047	1661	1917
1088	925	989	1490	1029	1413	1054	884	1004	965	927
1720	2742	2350	1433	2006	2722	1117	2726	3288	2633	2220
1551	1239	1099	1392	1877	2572	2808	1609	2553	2369	1243
1285	658	718	680	789	927	1673	972	1018	1266	461
509	383	651	341	354	621	504	202	669	423	215
19	15	33	42	18	37	37	29	20	9	25
58	61	78	63	71	73	77	56	63	49	53
1	0	4	1	1	4	2	0	0	0	2
31	43	53	62	54	61	44	33	27	11	45
249	241	253	289	251	300	240	309	250	307	212
53	85	108	150	108	102	113	119	77	75	113
75	60	73	81	65	103	113	96	67	50	86
50	49	64	72	47	83	110	87	47	29	75
88	86	103	91	99	105	104	103	97	85	94
115	106	120	148	144	153	121	157	107	113	104
2	3	5	7	2	6	17	3	3	5	0
23	13	15	33	21	39	42	25	20	6	18
3	1	4	6	7	5	12	3	0	2	6

12－1 续表 5

指 标	Item	南宁市 Nanning	柳州市 Liuzhou	桂林市 Guilin
(12) 洗衣机（台）	Washing Machine (unit)	82	93	87
城镇人均住房建筑面积（平方米）	Per Capital Living Floor Space of Urban Residents(sq.m)	36.71	40.51	35
居民消费价格指数（上年为100）	Consumer Price Index(Preceding year=100)	101.6	102.6	102
城镇基本养老保险参保人数（人）	Number of Urban Staff & Workers Joined Basic Pension Insurance (person)	770452	671825	421303
城镇基本医疗保险参保人数（人）	Number of Persons Joined the Urban Basic Health Care Program (person)	1458191	1135359	596366
#城镇职工基本医疗保险参保人数	Number of Persons Joined the Urban Basic Health Care Program	1088137	628887	313350
失业保险参保人数（人）	Number of Persons Joined Unemployment Insurance (person)	359693	271282	157088
工伤保险参保人数（人）	Number of Persons Joined Industrial Injury Insurance (person)	436839	395414	211013
生育保险参保人数（人）	Number of Persons Joined Bearing Insurance (person)	383835	299203	165012
社会福利院数（个）	Number of Social Welfare Homes (unit)	51	25	29
社会福利院床位数（张）	Number of Beds in Social Welfare Homes (bed)	12351	4500	2307
社区服务设施数（个）	Number of Community Service Facilities (unit)	240	198	151
城市社区综合服务设施覆盖率（%）	Coverage of Comprehension Service Facilities of Urban Communities (%)	100	93	46.72
城镇居民最低生活保障人数（人）	Number of Urban Residents under Lowest Cost-of-living Level (person)	8046	11728	7785
交通事故死亡人数（人）	Death of Traffic Accidents (person)	552	75	60
交通事故损失额（万元）	Losses of Traffic Accidents (10 000 yuan)	165	14	123
火灾事故死亡人数（人）	Death of Fire Accidents (person)	7	5	3
火灾事故损失额（万元）	Losses of Fire Accidents (10 000 yuan)	687	530	254
刑事案件立案数（件）	Number of Criminal Cases Registered (case)	32639	2189	1201
罪犯人数（人）	Number of Criminals (person)	4517	2873	1593
#青少年人数（年龄14-25周岁）	Youth(14- 25 years old)	1335	825	210
城市维护建设资金支出（万元）	Expenditure for City Maintenance & Construction(10 000 yuan)	2686598	1477232	573702
年末实有城市道路面积（万平方米）	Area of City Road in the Year-end (10 000 sq.m)	3861	1894	976
排水管道长度（公里）	Length of Sewer Pipelines (km)	792	1254	582
供水综合生产能力（包括自备水源，万立方米/日）	Comprehensive Productive Capacity of Water Supply (including those owned by individual enterprises & institutions, 10 000 cu.m/day)	134.2	142.15	46.6
城市供水总量（万吨）	Volume of Water Supply (10 000 tons)	40150	49610	10482
售水量（万吨）	Volume of Sold Water (10 000 tons)	33104	46110	8967
#居民生活用水量	For Residential Living Use	20765	9047	5604
用水人口（万人）	Number of Residents with Access to Tap Water (10 000 persons)	246.49	157.64	79.8
用水普及率（%）	Percentage of Population with Access Tap Water (%)	90.39	97.94	99.25
供气总量（人工、天然气）（万立方米）	Total Volume of Gas Supply Including Manufactured & Natural Gas (10 000 cu.m)	12588	9019	3230
#家庭用量	Residential Use	5502	5780	1980
用气人口（人）	Number of Residents with Access to Gas (person)	1130000	860500	311000
液化石油气供气总量（吨）	Total Volume of Liquid Petrol Gas Supply (ton)	60265	49902	20056
#家庭用量	Residential Use	56240	20118	18732
用液化气人口（人）	Population with Access to Liquid Petrol Gas Supply(person)	1560000	672300	510000
年末实有公共汽（电）车营运车辆数（辆）	Year-end Total Operating Public Buses & Trolleys (unit)	2866	1003	766
全年公共汽（电）车客运总量（万人次）	Annual Passenger Traffic Volume of Public Buses & Trolleys (10 000 person-times)	51724	23898.6	17102
年末实有出租汽车数（辆）	Year-end Total Number of Taxi (unit)	6270	2079	1932
绿地面积（公顷）	Area of Green Space(hectare)	39811	6496	2555
#公园绿地面积	Area of Green Space of Parks	3449	2098	949
建成区绿化覆盖面积（公顷）	Area of Forestation of Developed Area(hectare)	14072	7532	2849

continued

梧州市 Wuzhou	北海市 Beihai	防城港市 Fangcheng-gang	钦州市 Qinzhou	贵港市 Guigang	玉林市 Yulin	百色市 Baise	贺州市 Hezhou	河池市 Hechi	来宾市 Laibin	崇左市 Chongzuo
91	83	101	83	83	106	102	97	93	94	88
37.75	43.77	52.89	50.59	49.23	50.76	42.35	51.16	27.16	54	30.96
102.1	102.8	102.6	102.5	101.8	102.6	102.3	101.9	102.8	101.5	102.4
217314	129958	211017	80075	116371	34660	29561	26300	21578	47418	37809
361633	174265	183411	142546	324711	148402	61200	108000	93200	162456	107091
184108	136712	63774	111246	109655	43975	23000	38800	23500	60356	40176
75653	70122	39425	37003	46000	19625	9725	16600	10685	34441	21338
91052	78639	46174	61950	78150	24179	12010	14800	16900	41906	28700
91021	58953	40700	57426	64055	30134	11041	15500	17265	45412	27640
50	3	22	2	35	3	1	1	2	24	14
2030	315	563	146	1254	515	105	147	140	1565	487
130	87	28	288	22	203	45	9	9	21	14
60.1	68.97	100	88	75.86		58.1	42	27.27	44.02	87.5
5905	10005	29744	6633	4773	3759	3751	11157	1752	8453	3218
38	22	24	30	84	51	23	7	55	30	19
2	17	31	12	39	23	33	15	55	15	11
2	1	2	2	1	0	0	0	0	6	0
88	188	186	871	231	0	155	0	25	152	44
930	1570	643	4558	1141	1375	487	37	242	318	531
1059	1932	622	1039	1212	1643	497	48	315	445	762
75	638	186	321	355	506	115	17	51	115	120
62574	89776	101878	29321	60283	20373	167038	39845	42941	91689	51200
847	880	633	1049	787	956	430	316	213	618	304
333	818	467	657	374	730	297	235	234	487	98
44	32.5	17.6	32	35.08	18.5	13	8	15	20.2	5
6643	5186	4382	5070	4759	6031	3014	2707	2412	2495	1458
6015	4590	3485	4247	3400	5025	2508	1885	2297	2495	1303
2813	2440	1125	2109	2194	3164	1548	1300	1608	1917	747
52	41	17.79	32	36.4	66.3	25.1	20	21.9	29.75	15
90	99.61	100	98	91.75	100	100	70.59	100	87.59	89.13
1053	2580	193	763	818	1721	32	0	196	183	7
432	950	113	403	392	556	32	0	108	131	6
101700	90000	37900	120000	90000	144000	12600	0	6900	289300	2600
8279	19202	10289	9953	10238	29797	5588	6764	5013	3154	3301
8241	14050	9440	9780	10233	29592	5550	6034	4425	2893	3300
444800	320000	139300	200000	260000	511600	324600	170000	180000	280000	110000
595	310	274	366	187	239	168	122	145	374	46
6394	3079	1337.6	4001	2898	3937	2168	1124.7	2269	2000	344.62
691	551	138	585	365	664	535	454	300	565	135
3015	24543	1034	2993	1567	2588	1723	1093	635	1296	920
501	447	133	242	521	660	292	201	154	1266	174
2169	2917	1175	3038	1674	2467	1521	1062	736	1280	1092

主要统计指标解释

建成区面积 指市政区范围内经过征用的土地和实际建设发展起来的非农业生产生活建设地段，包括市区集中连片的部分以及分散在近郊区与城市有着密切联系，具有基本完善的市政公用设施的城市建设用地（如机场、污水处理厂、通讯电台）。

居住用地面积 指在城市中包括住宅及相当于居住小区及以下的公共服务设施、道路和绿地等设施的建设用地。

公共设施用地 城市中为社会服务的行政、经济、文化、教育、卫生、体育、科研及设计等机构或设施的建设用地。

工业用地 城市中工矿企业的生产车间、库房、堆场、建筑物等的建设用地。

社区服务设施数 指报告期末城镇（街道办事处、居委会）设立以非盈利为目的，为本社区居民服务，特别是为老年人、残疾人、儿童服务的社区服务中心、活动站、服务站、养老院、老年公寓、残疾人工疗站、家务服务站、婚姻介绍所等福利性设施以及职工社会保险管理服务的机构数。几种不同类型的社区服务单位，共用一个场所的，只能统计为一个社区服务设施。条件是（1）独立核算单位；（2）有固定的从业人员；（3）有一定的服务项目；（4）有一定的场所。

城镇居民最低生活保障人数 指在报告期末，家庭平均收入在当地规定的最低生活保障线以下的城镇居民数，包括“三无对象”，失业人员和在职、下岗，退休人员等。

年末实有城市道路面积 是路面经过铺筑的路面宽度在3.5米以上（含3.5米）的道路。包括高级、次高级道路和普通道路，不包括街道内部路面宽度不足3.5米的胡同、里弄。

道路面积只包括路面面积和与道路相通的广场、桥梁、停车场面积。不包括街心花坛、侧石、人行道和路肩的面积。

排水管道长度 排水道是指汇集和排放污水、废水和雨水的管渠及其附属设施所组成的系统。包括干管、支管以及通往处理厂的管道，无论修建在街道上或其它任何地方，只要是起排水作用的管道，都应作排水管道统计。排水管道按其排水性质分为污水管、雨水管、合流管三种。

供水综合生产能力 是指城建部门系统自来水公司所属自来水厂及各单位自备水源取水、净化、送水、出厂输水干管等环节的综合生产能力，以四个环节的薄弱环节为主，超负荷运行增加的能力不应计算。

供水总量 是指自来水厂供出厂外的全部水量，包括有效供水量及损失水量。

用水人口 指供应生活用水的年末实际人口。包括非农业人口和农业人口。

供气总量（人工、天然气） 是指城市煤气企业向城市生产用户、家庭用户和其他用户供应的全部煤气量，包括外购及损失量。

用气人口 指报告期末家庭用户的用气人口。

年末实有公共汽（电）车运营车辆数 是指城市公共交通企业可参加营运的全部车辆数。包括技术完好的、在修的、待修的、长期停驶的，以及拟报废尚未经上级主管部门批准报废的运营车辆数。不包括公交企业的油罐车、货车和其他专用车等非运营车，也不包括借入、租入的客运车辆。

全年公共汽（电）车客运总量 指运送乘客的总人数。包括普通票乘客人次，月票乘客人次和包车乘客人次。

年末实有出租汽车数 指经有关部门批准的专门从事出租业务的一切营业车辆。包括轿车、面包车、大客车。

绿地面积 指报告期末用作园林和绿化的各种绿地面积。包括公园绿地、生产绿地、防护绿地、附属绿地和其他绿地的面积。

公园绿地面积 指城市中向公众开放的、以游憩为主要功能，有一定的游憩设施和服务设施，同时有健全生态、美化景观、防灾减灾等综合作用的绿化用地。包括综合公园、社区公园、专类公园、带状公园和街旁绿地。其中综合公园、专类公园和带状公园面积之和为公园面积。

建成区绿化覆盖面积 指城市建成区内各单位管理的一切用于绿化的乔灌木和多年生草本植物的垂直投影面积。包括园林绿地以外的道路绿化覆盖面积（即道路的隔车带、中心绿岛和林荫道及行道树的覆盖面积）和单株树木的覆盖面积。

Explanatory Notes on Main Statistical Indicators

Developed Area refers to lands expropriated in urban administrative areas and sectors actually constructed and developed for non-agricultural production and living, it includes continuous parts in downtown area and lands for city construction that spread around outskirts and have close relation with city and have general perfect public administrative facilities (such as aerodrome, waste water treatment works and communication stations).

Area of Land for Residence refers to lands for construction in cities, including residential buildings and buildings up to residential quarters and accessorial public service facilities, roads, green land and so on.

Land for Public Facilities refers to lands for construction of institutions or facilities of administration, economy, culture, education, health care, sports, scientific research, designing services and so on serving the society in cities.

Land for Industry refers to lands for construction of productive workshops, storages, yards and buildings of industry and mining enterprises in cities.

Number of Service Facilities in Community refers to number of nonprofit institutions, set up by the urban sub-district offices or Neighbourhood Committees by the end of the reporting period, providing services for the residence in community especially the elderly, disabled persons and children, such as the Welfare facilities : community service center, activity stations, service stations, homes for the elderly, apartment for the elderly, working and treatment station for disabled persons, housework service stations, dating agencies and the service institutions for the social security of staff and workers in report period. Various community service units counted as one community service facilities if they share the same ground. The conditions are: (1) separated accounting units; (2) permanent employees; (3) certain service items; (4) certain grounds.

Number of Residents with Lowest Cost-of-living Protected refers to number of residents draw the lowest security cost in cities developing the system of lowest cost-of-living of residents, including persons without fixed habitation and work and effective identity, unemployed persons, in-service and lay-off staff, retired persons and so on.

Year-end Area of Roads Paved refers to the area of roads (except earth roads) whose paved road surface width are 3.5 meters and above. It includes high-class, less high-class and ordinary roads, and excludes earth roads and bystreets whose inner road surface is less than 3.5 meters. Area of roads just includes the area of road surface and area of plazas, bridges and parking lots communicating with road, excluding flower beds in street center, curb stones, pavements and road shoulders.

Total Length of Sewer Pipelines Sewer pipelines refer to system made up by pipelines and their appurtenant works for collecting and discharging polluted water, waste water and rain water, including artery pipelines, branch pipelines and lines leading to treatment works. All of the pipelines operating for drainage should be counted as sewer pipeline system, wherever they are built. According to nature of drainage, pipelines can be divided into sewer pipe, rain pipe and combined pipe.

Comprehensive Productive Capacity of Water Supply refers to the comprehensive productive capacity of catching water, cleaning, transportation and supply of water sources owned by various units and tap water works belong to tap water companies of city construction department system, and it gives priority to the weakest link of these four links. The increased capacity from overwork should not be figured in.

Volume of Water Supply refers to the total volume of water supply by the tap water works, including the effective water supply and loss.

Population with Access to Tap Water refers to the year-end actual population with access to tap water for residential use, including non-agricultural population and agricultural population.

Total Supply of Gas (Manufactured Gas & Natural Gas) refers to the total volume of gas supply to urban production users, residential users and other users by urban gas enterprises

Population with Access to Gas refers to the population with access to gas in the report period.

Year-end Total Operating Public Buses & Trolleys refers to total number of vehicles of city public traffic enterprises able to operate. It includes vehicles in good condition, in mending, waiting for mending, stopping operating and planning to reject but not yet approved by superior departments. It excludes the non-operating vehicles such as tank trucks, trucks and other special vehicles belonging to public traffic enterprises, and also excludes passenger vehicles borrowed or rented in.

Year-end Total Operating Public Buses & Trolleys refers to total number of passengers. It includes person-times of passengers with common tickets, person-times of passengers with commutation tickets and person-times of passengers chartering buses or trolleys.

Year-end Total Number of Taxi refers to the total number of operating vehicles approved by relevant departments exclusively for renting business. It includes number of cars, vans and buses.

Area of Green Areas refers to the area of all kinds of green land used as gardens and green areas by the end of reporting period, including the area of park green land, production green land, protection green land, accessorial green land and other kinds of green land.

Park Green Area refers to green areas open to the public for amusement and rest with the facilities of amusement, rest and services. Its function includes perfecting ecology, beautifying landscape, and preventing and reducing disaster. Park green areas include comprehensive park, community park, theme park, linear park and roadside green space. Total areas of comprehensive park, topic park and belt-shaped is the area of park

Coverage Area of Plantation in Developed Areas refers to the area of vertical projections of trees, shrubs and perennial herb for plantation managed by various units in developed areas. It includes plantation covered area of roads outside gardens and green areas （separation zones beside roads, central green islands and coverage area of boulevards and sideway trees） and coverage area of single trees.

第十三篇
农业
AGRICULTURE

（编辑：磨正中　杨海玲）

13－1 主要年份农村基本情况
Basic Statistics of Rural Area in Main Years

指　标	Item	1995	2000	2005	2010	2011	2012	2013	2014
乡镇个数（个）	Number of Township & Town Governments (unit)	1362	1360	1130	1126	1126	1126	1126	1127
#镇个数	Number of Town Governments	618	745	698	702	702	715	720	752
村委会个数（个）	Number of Villagers' Committees (unit)	14803	14849	14453	14354	14355	14355	14337	14046
通汽车村数	Villages with Bus Services	12072	14182	14017	14197	14207	14246	14233	
通电话村数	Villages with Telephone Communication	4842	11812	13669	14178	14213	14250	14244	
自来水受益村数	Villages with Tap Water	5617	7832	8440	9527	9827	10113	10140	10935
乡（镇）村户数、人口	Number of Rural(Town Governments) Households & Population								
乡（镇）村户数（万户）	Number of Rural(Town Governments) Households (10 000 households)	827.88	913.95	986.10	1029.14	1039.24	1060.83	1065.00	1092.1
乡（镇）村人口（万人）	Rural Population (10 000 persons)	3881.89	4026.44	4146.19	4203.98	4221.18	4243.35	4254	4351.47
乡（镇）村从业人员（万人）	Number of Rural(Town Governments) Laborers (10 000 persons)	1964.60	2145.35	2275.39	2387.2	2406.67	2427.11	2436	2469.46
按性别分	By sex								
男	Male	1030.85	1129.86	1202.11	1262.17	1276.01	1288.22	1293	1311.94
女	Female	933.75	1015.49	1073.28	1125.03	1130.66	1138.89	1143.00	1157.52
按产业分	By industry								
第一产业	Primary Industry	1562.88	1556.84	1503.06	1556.9	1546.23	1564.2	1465	1619
第二产业	Secondary Industry	125.97	148.57	182.84	469.46				
第三产业	Tertiary Industry	275.75	439.94	589.49	360.84				
农业机械总动力（亿瓦特）	Total Agricultural Machinery Power (100 million watts)	107.54	146.79	190.97	276.77	299.09	319.16	338.43	352.92
农用排灌动力机械（亿瓦特）	Motor Machinery for Agricultural Drainage & Irrigation (100 million watts)	10.12	16.05	23.94	31.64	37.66			
农用水泵（台）	Pumps (unit)	130684	228198	550225	834025	837376	845219	833951	867084
农用载重汽车（台）	Trucks for Agricultural use (unit)	24423	27501	33141	30137	30208			
渔业机动船（艘）	Motorized Fishing Boats (unit)	11123	13294	13971	18713	19564	23332	26919	23415
（亿瓦特）	(100 million watts)	3.48	4.46	4.87	6.99	7.09			

注：1995年乡（镇）村从业人员为“乡（镇）村实有劳动力”。

Note: “Number of rural (town governments) laborers” in 1995 refers to “Number of Rural (Town Governments) Actual Laborers”.

13－2 农林牧渔业总产值（1978－2014年）
Gross Output Value of Farming, Forestry, Animal Husbandry & Fishery (1978－2014)

（当年价格） (At current prices)　　　　单位：亿元 (100 million yuan)

年 份	Year	农林牧渔业总产值 Total	农业产值 Farming	林业产值 Forestry	牧业产值 Animal Husbandry	渔业产值 Fishery	农林牧渔服务业产值 Output Value of Service Industry for Farming, Forestry, Animal Husbandry & Fishery
一、总产值	**Gross Output Value**						
1978		46.17	36.99	2.28	6.37	0.53	
1980		63.31	44.41	4.39	13.64	0.87	
1985		108.02	66.34	8.09	30.43	3.16	
1990		252.22	149.69	18.05	75.50	8.98	
1991		278.15	164.73	20.87	81.99	10.56	
1992		333.12	188.65	26.77	100.71	16.99	
1993		378.62	214.24	27.47	114.15	22.76	
1994		516.46	283.71	31.78	164.02	36.95	
1995		698.28	384.17	32.56	225.57	55.98	
1996		821.55	450.52	38.14	263.80	69.09	
1997		882.60	482.48	38.64	280.67	80.81	
1998		865.90	476.24	37.75	263.96	87.95	
1999		844.78	454.85	37.48	261.87	90.58	
2000		828.97	418.83	38.76	275.33	96.05	
2001		872.90	439.93	39.44	292.34	101.19	
2002		916.50	465.47	39.81	306.50	104.72	
2003		1030.89	500.82	53.80	342.83	115.53	17.91
2004		1294.53	623.09	58.07	460.68	133.78	18.91
2005		1448.37	711.89	61.68	511.60	143.61	19.59
2006		1622.22	807.90	79.75	540.17	135.40	59.00
2007		2026.22	970.55	99.78	710.17	178.32	67.40
2008		2389.79	1106.74	124.26	871.66	206.98	80.15
2009		2380.51	1134.98	132.27	812.46	216.95	83.85
2010		2720.99	1339.58	173.47	870.73	247.16	90.05
2011		3323.37	1602.48	217.41	1096.58	303.11	103.79
2012		3490.72	1724.00	245.26	1072.77	331.74	116.95
2013		3755.19	1868.30	287.64	1101.23	366.65	131.37
2014		3947.73	1993.98	303.17	1087.25	413.12	150.21

13－2 续表 continued

（当年价格） (At current prices) 单位：亿元 (100 million yuan)

年 份	Year	农林牧渔业总产值 Total	农业产值 Farming	林业产值 Forestry	牧业产值 Animal Husbandry	渔业产值 Fishery	农林牧渔服务业产值 Output Value of Service Industry for Farming, Forestry, Animal Husbandry & Fishery
二、构成（以总产值合计为100）	**Composition(Gross Output Value=100)**						
1978		100.0	80.1	4.9	13.8	1.2	
1980		100.0	70.1	6.9	21.6	1.4	
1985		100.0	61.4	7.5	28.2	2.9	
1990		100.0	59.3	7.2	29.9	3.6	
1991		100.0	59.2	7.5	29.5	3.8	
1992		100.0	56.6	8.1	30.2	5.1	
1993		100.0	56.6	7.3	30.1	6.0	
1994		100.0	54.9	6.1	31.8	7.2	
1995		100.0	55.0	4.7	32.3	8.0	
1996		100.0	54.8	4.7	32.1	8.4	
1997		100.0	54.7	4.4	31.8	9.1	
1998		100.0	55.0	4.4	30.5	10.1	
1999		100.0	53.9	4.4	31.0	10.7	
2000		100.0	50.6	4.6	33.2	11.6	
2001		100.0	50.4	4.5	33.5	11.6	
2002		100.0	50.8	4.4	33.4	11.4	
2003		100.0	48.6	5.2	33.3	11.2	1.7
2004		100.0	48.1	4.5	35.6	10.3	1.5
2005		100.0	49.1	4.3	35.3	9.9	1.4
2006		100.0	49.8	4.9	33.3	8.4	3.6
2007		100.0	47.9	4.9	35.1	8.8	3.3
2008		100.0	46.3	5.2	36.5	8.7	3.3
2009		100.0	47.7	5.6	34.1	9.1	3.5
2010		100.0	49.2	6.4	32.0	9.1	3.3
2011		100.0	48.2	6.6	33.0	9.1	3.1
2012		100.0	49.4	7.0	30.7	9.5	3.4
2013		100.0	49.7	7.7	29.3	9.8	3.5
2014		100.0	50.5	7.7	27.5	10.5	3.8

注：1.按照国家统计口径，2003年起农林牧渔业总产值包括农业、林业、牧业、渔业以及农林牧渔服务业产值。
2.本表2006和2007年数据为第二次全国农业普查衔接数。

Note: 1. according to the statistic standard of our country, the gross output value of farming, forestry, animal husbandry & fishery has included the output value of the service industry of farming, forestry, animal husbandry & fishery since 2003.
2. Data of 2006 and 2007 in this table is in accordance with the second national agriculture census.

13−3 农林牧渔业总产值指数（1978−2014年）
Indices of Gross Output Value of Farming, Forestry, Animal Husbandry & Fishery(1978−2014)

（按可比价格计算，以上年为100）(at comparable prices , preceding year=100) 单位：% (%)

年 份 Year	农林牧渔业总产值 Total	农业产值 Farming	林业产值 Forestry	牧业产值 Animal Husbandry	渔业产值 Fishery	农林牧渔服务业产值 Output Value of Service Industry for Farming, Forestry, Animal Husbandry & Fishery
1978	101.8	101.9	100.8	105.0	72.8	
1979	104.8	106.1	109.7	96.9	85.2	
1980	104.2	105.2	98.9	99.0	112.8	
1981	106.0	104.1	122.7	111.7	106.4	
1982	116.2	115.4	104.6	123.5	126.3	
1983	100.7	100.6	92.5	102.7	112.0	
1984	99.7	97.0	113.7	105.6	104.2	
1985	102.1	99.6	110.5	107.2	112.5	
1986	103.4	103.1	104.2	103.3	114.5	
1987	104.9	106.6	93.1	102.7	112.5	
1988	98.1	96.7	102.7	100.4	107.0	
1989	110.3	111.4	94.5	111.8	109.4	
1990	108.0	105.4	125.1	111.3	113.9	
1991	108.1	105.3	113.0	112.9	112.2	
1992	114.9	115.3	106.7	116.1	122.9	
1993	104.7	101.3	104.2	108.9	126.6	
1994	107.3	102.4	108.0	111.5	136.0	
1995	114.9	114.0	96.2	117.2	135.9	
1996	105.0	99.6	100.3	112.5	120.4	
1997	109.9	110.7	97.4	107.7	120.4	
1998	105.2	106.5	95.5	102.9	110.1	
1999	107.9	111.4	99.8	103.6	106.2	
2000	100.2	94.7	101.9	109.4	105.3	
2001	104.9	104.9	103.5	106.0	103.4	
2002	107.8	111.2	100.7	105.2	102.7	
2003	104.3	100.0	114.8	109.2	106.9	104.0
2004	106.3	105.8	103.4	109.0	104.8	101.6
2005	107.4	105.8	107.0	110.6	105.0	101.1
2006	107.2	105.9	121.4	107.7	105.5	104.9
2007	105.8	108.1	110.3	102.0	105.2	104.7
2008	105.4	103.6	121.4	105.9	102.4	109.7
2009	105.4	105.3	102.1	105.6	106.2	106.3
2010	104.7	103.0	115.8	105.1	105.8	104.3
2011	104.8	105.8	110.9	101.4	105.9	108.7
2012	105.7	106.0	109.2	104.5	105.4	109.2
2013	104.4	104.7	108.2	102.3	105.4	108.9
2014	103.7	105.2	102.8	100.4	104.3	110.8

13—4 主要年份主要农作物播种面积
Sown Area of Major Farm Crops in Main Years

单位：千公顷 (1 000 hectares)

指 标	Item	1995	2000	2005	2010	2011	2012	2013	2014
农作物总播种面积	Total Sown Area	5745.7	6258.6	6343.9	5896.9	5996.5	6089.5	6137.3	6186.1
粮食作物	Grain Crops	3662.7	3653.8	3350.9	3061.1	3072.8	3069.1	3076.0	3067.7
占总播种面积比重（%）	Percentage to Total Area（%）	63.7	58.4	52.8	51.9	51.2	50.4	50.1	49.6
#稻 谷	Rice	2433	2301.6	2099.6	2094.4	2078.5	2057.6	2046.6	2026.2
#早 稻	Early Rice	1150.8	1078	970.1	964.8	941.3	929.8	927.9	917.6
晚 稻	Late Rice	1137.7	1068.7	982.3	979.7	986.3	979.2	967.4	959.7
玉 米	Corn	550.1	608.7	607.6	538.6	565.9	580.5	587.6	584.0
大 豆	Soybean	252.5	281.4	250.4	108.8	111.9	94.4	97.0	99.6
薯 类	Tubers	312.6	341.1	294.2	244.5	238.3	255.9	265.1	273.8
花 生	Peanuts	208.4	240.6	243.7	170.3	179.5	188.1	194.9	204.3
油菜籽	Rape Seeds	61.5	89.2	60.6	15.6	15.5	17.1	18.8	24.2
芝 麻	Sesame	9.4	7.3	4.9	5.2	5.0	5.0	5.1	5.2
黄红麻	Jute & Ambary Hemp	6.7	5.8	4.8	4.6	4.2	4.1	4.0	3.7
苎 麻	Ramie	1.2	0.9	0.4	0.5	0.5	0.5	0.5	0.5
甘 蔗	Sugarcane	454.3	508.7	747.6	1069.3	1091.6	1128.0	1125.1	1081.5
烤 烟	Flue-Cured Tobacco	10.1	11.4	13.9	12.0	12.7	14.8	18.1	17.7
木 薯	Cassava	272.9	264.3	269.5	233.0	237.5	231.2	228.0	224.1
蔬 菜（含菜用瓜）	Vegetables (including vegetable melons)	555.8	899.5	1094.4	1007.6	1040.7	1075.4	1104.6	1162.5

13－5 主要年份主要农作物产品产量
Output of Major Farm Crops in Main Years

单位：万吨 (10 000 tons)

指 标	Item	1995	2000	2005	2010	2011	2012	2013	2014
粮食作物	Grain Crops	1553.31	1667.24	1516.29	1412.32	1429.93	1484.90	1521.80	1534.41
#稻 谷	Rice	1307.66	1360.77	1188.09	1121.25	1084.10	1141.00	1156.20	1166.12
#早 稻	Early Rice	699.25	706.82	573.03	531.50	530.41	544.90	555.20	543.30
晚 稻	Late Rice	536.72	570.25	533.55	509.40	471.93	509.70	508.04	525.31
玉 米	Corn	155.47	188.44	207.26	208.70	244.72	250.60	265.95	266.40
大 豆	Soybean	28.97	36.43	36.87	16.69	20.11	15.30	13.51	13.65
薯 类	Tubers	49.68	67.61	70.63	56.18	67.84	64.80	73.00	74.15
油 料	Oil-bearing Crops	45.35	58.61	63.18	45.81	50.14	53.94	57.21	61.30
#花 生	Peanuts	39.17	49.55	55.13	43.50	47.46	51.09	54.10	57.57
油菜籽	Rapeseeds	5.34	8.16	6.33	1.47	1.61	1.71	1.90	2.50
芝 麻	Sesame	0.52	0.57	0.46	0.59	0.61	0.64	0.67	0.72
黄红麻	Jute & Ambary Hemp	1.29	1.15	0.96	1.08	1.08	0.95	0.58	0.98
苎 麻	Ramie	0.18	0.17	0.11	0.14	0.15	0.15	0.17	0.18
甘 蔗	Sugarcane	2555.73	2937.89	5154.69	7119.62	7269.96	7829.71	8104.26	7952.57
烤 烟	Flue-Cured Tobacco	1.24	1.69	1.97	2.03	2.20	2.70	3.11	2.74
蔬 菜（含菌类）	Vegetables (including ungus)		1620.75	2130.60	2129.44	2246.40	2356.72	2435.62	2610.08
木 薯	Cassava	124.51	132.56	173.61	173.21	180.33	181.31	182.75	182.82
茶 叶	Tea	1.94	1.79	2.62	3.92	4.44	4.94	5.39	5.88
水 果（含园林和瓜果类）	Fruits (including grove & melon fruits)	266.60	526.69	766.84	1094.41	1222.98	1325.03	1433.42	1560.60
#园林水果	Grove Fruits	266.60	360.14	571.58	841.77	943.81	1030.95	1122.63	1233.30
#蕉 类	Banana	96.35	127.32	136.44	207.95	229.08	256.60	275.21	300.33
沙田柚	Shatian Pomeloe	8.77	18.36	29.38	41.33	43.57	47.28	50.25	58.80
柑桔橙	Citrus & Orange	72.58	87.99	155.08	268.29	307.70	332.72	368.39	412.80
菠 萝	Pineapple	12.22	8.00	6.54	2.76	2.93	3.05	3.27	3.43
龙 眼	Longyan	11.86	15.67	38.17	40.55	47.36	50.41	51.57	55.81
荔 枝	Litchi	14.85	14.55	33.48	46.58	53.19	53.06	54.63	61.85
芒 果	Mango	4.38	10.96	18.59	15.62	18.34	21.76	34.04	40.84

注：1. 2000年以后的水果产量包括园林水果和果用瓜。
2. 2009年起薯类包括马铃薯。

Note: 1. The output of fruits since 2000 has included grove fruits & fruited melon.
2.The “Tubers” includes potatoes since 2009.

13－6 主要年份主要农作物单位面积产量

Output of Major Farm Crops Per Hectare in Main Years

单位：公斤/公顷 (kg/hectare)

指 标	Item	2005	2009	2010	2011	2012	2013	2014
粮食作物	Grain Crops	4525	4770	4614	4653	4838	4947	5002
#稻 谷	Rice	5659	5392	5354	5216	5545	5649	5755
#早 稻	Early Rice	5907	5596	5509	5636	5860	5983	5921
晚 稻	Late Rice	5432	5125	5200	4785	5205	5251	5473
玉 米	Corn	3411	4212	3875	4325	4317	4526	4562
大 豆	Soybean	1472	1652	1534	1799	1621	1393	1371
薯 类	Tubers	2401	2723	2298	2847	2532	2754	2709
花 生	Peanuts	2262	2477	2554	2644	2716	2776	2818
烤 烟	Flue-Cured Tobacco	1414	1914	1694	1734	1825	1720	1548
甘 蔗	Sugarcane	68950	70836	66583	66599	69411	72032	73530

13－7 主要年份农业生产条件基本情况

Basic Statistics on Agricultural Production Conditions in Main Years

指 标	Item	2005	2009	2010	2011	2012	2013	2014
机耕面积（千公顷）	Tractor Ploughed Area (1 000 hectares)	1032.8	2593.4	3163.7	3662.9	3868.8	3865.5	4305.5
农村用电量（亿千瓦小时）	Electricity Consumed in Rural Areas (100 million kwh)	34.31	48.48	50.22	56.18	63.31	68.38	76.21
化肥施用量（折纯量）(万吨)	Consumption of Chemical Fertilizers (10 000 tons)	201.25	229.32	237.16	242.71	249.04	255.70	258.67
氮 肥	Nitrogenous Fertilizer	63.27	68.38	69.94	70.82	72.45	74.17	74.65
磷 肥	Phosphate Fertilizer	25.23	27.98	28.85	29.57	30.46	30.91	31.25
钾 肥	Potash Fertilizer	47.95	51.49	53.23	54.82	56.04	57.28	57.39
复合肥	Compound Fertilizer	64.81	81.47	85.15	87.50	90.09	93.34	95.38
农田有效灌溉面积（千公顷）	Irrigated Area (1 000 hectares)	1519.8	1522.3	1523.0	1529.2	1541.3	1553.6	1600.0
水 库（座）	Number of Reservoirs (set)	4380	4369	4366	4348	4347	4544	4545
#大型水库	Large Reservoirs	33	37	37	37	37	57	57
中型水库	Medium-sizes Reservoirs	183	185	186	186	186	228	228
水库库容量（亿立方米）	Capacity of Reservoirs (100 million cu.m)	252.14	328.68	321.85	321.79	321.81	679	679
#大型水库	Large Reservoirs	154.3	230.44	223.38	223.37	223.37	563.00	563.00
中型水库	Medium-sizes Reservoirs	53.02	53.66	53.94	53.93	53.93	67.00	67.00
节水灌溉面积（千公顷）	Water-saving Irrigated Area (1 000 hectares)	622.1	685.9	702.2	727.2	780.8	800.5	879.6
#喷滴灌面积	Sprinkling & Drip Irrigation	4.8	5.2	5.5	6.9	26.0	38.5	56.0
除涝面积（千公顷）	Flooded or Waterlogged Area (1 000 hectares)	204.2	208.8	209.6	211.4	214.0	230.9	231.4
水土流失治理面积（千公顷）	Area of Soil Erosion under Control (1 000 hectares)	1487.6	1843.7	1870.3	1952.1	2019.5	1735.7	1791.8
堤防总长度（公里）	Total Length of Dikes (km)	2759	2805	2867.4	2948.2	3108.3	4492.2	4649.1
堤防保护耕地面积（千公顷）	Area of Land Protected by Dikes (1 000 hectares)	311.3	269.5	266.8	273.8	297.3	148.2	248.8

13−8 主要年份农作物播种面积构成
Sowing Areas Structure of Farm Crops in Main Years

（以总播种面积为100） (Total Planting Structure=100)　　单位：(%)

指　标	Item	1995	2000	2005	2010	2011	2012	2013	2014
农作物播种面积	Planting Structure of Farm Crops	100.0	100.0	100.0	100.0	100.0	100.0	100.0	100.0
一、粮食作物	Grain Crops	63.8	58.4	52.8	51.8	51.2	50.4	50.1	49.6
#稻　谷	Rice	42.3	36.8	33.1	35.3	34.7	33.8	33.3	32.8
#早　稻	Early Rice	20.0	17.2	15.3	16.2	15.7	15.3	15.1	14.8
晚　稻	Late Rice	19.8	17.1	15.5	16.5	16.4	16.1	15.8	15.5
小　麦	Wheat	0.4	0.3	0.2	0.1	0.0	0.0	0.0	0.0
玉　米	Corn	9.6	9.7	9.6	9.0	9.4	9.5	9.6	9.4
大　豆	Soybean	4.4	4.5	3.9	1.9	1.9	2.5	1.6	1.6
薯　类	Tubers	5.4	5.5	4.6	4.4	4.0	4.5	4.3	4.4
二、经济作物及其他	Economic Crops	36.2	41.6	47.2	48.2	48.8	49.6	49.9	50.4
#油料合计	Total of Oil-bearing Crops	4.9	5.5	5.0	3.3	3.4	3.5	3.6	3.8
#花　生	Peanuts	3.6	3.8	3.8	2.9	3.0	3.1	3.2	3.3
油菜籽	Rapeseeds	1.1	1.4	1.0	0.3	0.3	0.3	0.3	0.4
芝　麻	Sesame	0.2	0.1	0.1	0.0	0.1	0.1	0.1	0.1
麻　类	Fiber Crops	0.1	0.1	0.1	0.1	0.1	0.1	0.1	0.1
#黄红麻	Jute & Ambary Hemp	0.1	0.1	0.1	0.1	0.1	0.1	0.1	0.1
甘　蔗	Sugarcane & Fruit Canes	7.9	8.1	11.8	18.2	18.2	18.5	18.3	17.5
#糖　蔗	Sugarcane	7.7	7.8	11.4	17.8	17.8	18.1	17.9	17.0
烟　叶	Tobacco	0.2	0.4	0.3	0.3	0.3	0.3	0.4	0.3
#烤　烟	Flue-Cured Tobacco	0.2	0.2	0.2	0.2	0.2	0.2	0.3	0.3
木　薯	Cassava	4.8	4.2	4.2	4.0	4.0	3.8	3.7	3.6
蔬　菜（含菜用瓜）	Vegetables (including vegetable melons)	9.7	14.4	17.3	17.1	17.4	17.7	17.8	18.8
绿　肥	Green Manure	3.7	2.5	1.5	0.9	0.9	0.9	0.9	1.0

13—9 主要年份林业生产情况
Basic Statistics on Forestry in Main Years

指标	Item	1995	2000	2005	2010	2011	2012	2013	2014
造林面积（年末成活率达85（%）以上，千公顷）	Afforested Area (Survival Rate above 85 (%) at Year-end, 1 000 hectares)	130.2	57	124.0	143.3	147.8	148.9	161.4	163.6
#飞机播种	Sown by Airplane								
用材林	Timber Forest	63.8	30.5	89.4	108	113.2	99.75	93.05	91.25
经济林	Economic Forest	64.2	19.5	8.2	9.3	12.2	20.79	35.51	31.33
防护林	Shelter-forest	1.7	6.0	26.3	25.6	22.2	27.0	24.3	30.27
当年迹地更新面积（千公顷）	Slash Reforestation Areas of the Current Year (1 000 hectares)	69.6	100.7	53.6	119.9	135.3	151.78	153.33	130.71
育苗面积（千公顷）	Grow Seedlings Area (1000 hectares)	2.1	1.4	1.9	1.8	1.8	3.9	17.7	8.29
当年四旁零星植树（按实际成活计，万株）	Oddly (all around) Tree Planting of the Current Year (by actual survival rate, 10 000 roots)	3519	3355	3092	5052	5408	5671.4	5989.42	6158.37
当年幼林抚育作业面积（千公顷次）	Operative Areas of Young Growth Fostering of the Current Year (1000 hectares times)	623.3	390.5	513.2	657.9	625.9	603.6	581.1	667.0
成林抚育实际面积（千公顷）	Actual Areas of Mature Timber Fostering (1000 hectares)	310.2	280.3	211.3	503.9	590.3	865.06	879.2	1156.1
现有封山育林面积（千公顷）	Close Hillsides to Facilitate Afforesation Areas (1000 hectares)	4339.2	4251.2	3179.0	2151.0	2010.7	1858.1	1926.3	1931.8
林木种籽采集量（吨）	Forestry Seed Collection (ton)	100	154	101	154	91	69	355	316
林产品产量（吨）	Output of Forestry Products (ton)								
油茶籽	Tea-oil Seeds	86098	118620	117363	143749	151002	163924	167688	177650
油桐籽	Tung-oil Seeds	50854	63002	60372	72536	75525	77524	79935	82611
松　脂	Pine Resin	247202	216015	301943	495750	532903	557141	590021	616586
八　角	Anise	18382	30966	76462	99626	104821	114118	119632	129101
桂　皮	Cassia Bark	16716	16605	20305	28655	29940	31830	34896	34323
板　栗	Chestnuts	11162	22008	45951	73059	73100	82276	91897	92278
核　桃	Walnuts	478	262	339	929	982	1140	1219	1210
白　果	Ginkgo	2217	3629	5409	7878	8140	8471	8615	8796
茴　油	Fennel Oil	1186	1601	2236	2973	3297	3397	3729	3961
桂　油	Laurel Oil	642	779	701	1036	1133	1192	1292	1216
竹笋干	Bamboo Shoots	7453	16208	18770	24477	26003	28014	29980	32961
橡　胶	Rubber	2672	1403	678	378	213	225	999	172
木材采伐量（万立方米）	Felling Amount of Timber (10 000 cu.m)	372.90	270.27	762.55	1743.02	2065.25	2239.06	2288.03	2409.17
毛竹采伐量（万根）	Mao Bamboo (10 000 pieces)	2679.71	4655.48	5743.21	8712.93	9521.68	10207.25	10694.52	12373.63

注：2000年以前的木材和毛竹采伐量为村及村以下数量，2005年以后为全社会数量。

Note: Felling amount of timber & mao bamboo before 2000 only contains the amount of village & below. The amount after 2005 contains all amounts in every aspect.

13－10　主要年份畜牧水产主要产品生产情况
Basic Statistics on Main Products of Animal Husbandry & Fishery in Main Years

指　标	Item	1995	2000	2005	2010	2011	2012	2013	2014
一、畜禽产品产量	**Output of Animal Products**								
肉猪出栏头数（万头）	Number of Slaughtered Fattened Hogs (10000 heads)	1905.84	2756.91	3852.82	3230.00	3195.12	3342.09	3456.72	3518.01
肉类总产量（万吨）	Output of Meat (10 000 tons)	195.61	287.26	418.60	387.77	391.09	410.99	420.02	420.03
#猪　肉	Pork	153.63	217.87	300.02	241.5	239.79	252.5	261.34	266.29
牛　肉	Beef	6.54	9.79	16.95	13.7	14.27	13.86	14.33	14.38
羊　肉	Mutton	0.77	2.47	3.70	3.30	3.21	3.20	3.24	3.24
禽　肉	Poultry	34.52	55.85	95.11	124.93	128.84	136	135.32	128.24
牛　奶（吨）	Milk (ton)	9006	16816	53540	82000	88831	93600	95600	96500
蜂　蜜（吨）	Honey (ton)	4016	5563	7775	9286	9752	11639	12417	13093
蚕　茧（吨）	Silkworm Cocoons (ton)	21248	29542	148460	264716	296263	315703	323448	339622
禽　蛋（吨）	Eggs (ton)		144514	146271	200000	210000	218200	227100	221600
二、水产品产量（吨）	**Aquatic Products(ton)**	1032871	2398592	2841935	2750934	2888198	3034656	3190604	3321169
#海水产品产量	Seawater Aquatic Products	645706	1594505	1739581	1540362	1589085	1643851	1707060	1741574
按生产性质分	By Production Character								
天然生产	Naturally Grow	498192	888417	845786	662954	665281	668274	651434	650599
人工养殖	Artificially Cultured	147514	706088	893795	877408	923804	975577	1055626	1090975
淡水产品产量	Freshwater Aquiculture	387165	804087	1102354	1210572	1299113	1390805	1483544	1579595
按生产性质分	By Production Character								
天然生产	Naturally Grow	45818	91538	113148	116871	123259	129259	132687	134602
人工养殖	Artificially Cultured	341347	712549	989206	1093701	1175854	1261546	1350857	1444993

注：1996年以前水产品产量按旧标准统计，即贝类5斤折1斤计量。1997年起按新标准统计，即海蜇按三矾后的成品、海藻按干品计量，其余所有的水产品均按捕捞起水时的鲜活实际重量计量。

Note:Output of aquatic products before 1996 was calculated according to old standard, namely 5kg of shellfish were equivalent to 1 kg to count. According to new standard statistics from 1997,the jellyfish was measured according to finished product after three vitriol, marine alga was measured according to the dry product , and other aquatic products are all measured according to thelifelike actual weight while being caught from water.

13—11 各市农林牧渔业总产值及构成（2014年）
Gross Output Value & Its Composition of Farming, Forestry, Animal Husbandry & Fishery by City(2014)

(按当年价格计算) (at current prices)

各市名称	City	农林牧渔业总产值 Total	农业 Farming	林业 Forestry	牧业 Animal Husbandry	渔业 Fishery	农林牧渔服务业产值 Output Value of Service Industry for Farming, Forestry, Animal Husbandry & Fishery
一、总产值（亿元）	**Gross Output Value (100millon yuan)**						
南宁市	Nanning	609.49	337.94	28.48	185.41	25.13	32.53
柳州市	Liuzhou	274.16	159.83	21.48	75.36	8.21	9.28
桂林市	Guilin	511.10	323.79	31.91	129.66	12.11	13.63
梧州市	Wuzhou	197.89	102.53	30.13	48.47	9.30	7.46
北海市	Beihai	238.06	51.35	3.30	31.73	148.23	3.45
防城港市	Fangchenggang	116.30	33.22	15.60	11.95	53.69	1.84
钦州市	Qinzhou	314.37	145.52	22.68	78.63	61.85	5.69
贵港市	Guigang	280.69	123.23	15.59	94.06	33.50	14.31
玉林市	Yulin	426.69	174.76	25.92	180.94	18.86	26.21
百色市	Baise	257.53	142.64	26.88	69.04	14.13	4.84
贺州市	Hezhou	158.46	90.11	16.27	39.52	7.78	4.78
河池市	Hechi	231.66	104.55	22.03	93.15	7.28	4.65
来宾市	Laibin	218.61	129.18	15.15	62.22	6.35	5.71
崇左市	Chongzuo	240.68	170.23	24.84	30.22	9.29	6.10
二、构成（%）	**Composition (%)**						
南宁市	Nanning	100.0	55.5	4.7	30.4	4.1	5.3
柳州市	Liuzhou	100.0	58.3	7.8	27.5	3.0	3.4
桂林市	Guilin	100.0	63.3	6.2	25.4	2.4	2.7
梧州市	Wuzhou	100.0	51.8	15.2	24.5	4.7	3.8
北海市	Beihai	100.0	21.6	1.4	13.3	62.3	1.4
防城港市	Fangchenggang	100.0	28.6	13.4	10.3	46.1	1.6
钦州市	Qinzhou	100.0	46.3	7.2	25.0	19.7	1.8
贵港市	Guigang	100.0	43.9	5.6	33.5	11.9	5.1
玉林市	Yulin	100.0	41.0	6.1	42.4	4.4	6.1
百色市	Baise	100.0	55.4	10.4	26.8	5.5	1.9
贺州市	Hezhou	100.0	56.9	10.3	24.9	4.9	3.0
河池市	Hechi	100.0	45.1	9.5	40.2	3.2	2.0
来宾市	Laibin	100.0	59.1	6.9	28.5	2.9	2.6
崇左市	Chongzuo	100.0	70.7	10.3	12.6	3.9	2.5

13－12 各市农作物播种面积构成（2014年）

（以总播种面积为100） (Total Planting Area=100)

各市名称	City	农作物播种面积 Planting Area of Farm Crops	一、粮食作物 Grain Crops	#稻谷 Rice	玉米 Corn
南宁市	Nanning	100.0	45.6	30.3	10.8
柳州市	Liuzhou	100.0	41.2	32.9	4.1
桂林市	Guilin	100.0	54.1	38.8	5.4
梧州市	Wuzhou	100.0	54.3	41.9	2.8
北海市	Beihai	100.0	43.0	27.1	5.5
防城港市	Fangchenggang	100.0	40.3	26.1	6.8
钦州市	Qinzhou	100.0	56.7	43.3	4.6
贵港市	Guigang	100.0	61.6	48.7	6.0
玉林市	Yulin	100.0	65.4	53.6	4.2
百色市	Baise	100.0	55.4	19.8	25.7
贺州市	Hezhou	100.0	55.6	41.6	5.8
河池市	Hechi	100.0	55.2	20.3	22.7
来宾市	Laibin	100.0	39.4	27.1	6.4
崇左市	Chongzuo	100.0	23.9	13.7	6.8

Sowing Areas Structure of Farm Crops by City(2014)

单位：%（%）

二、经济和其他农作物 Economic Crops	#油料 Oil-bearing Crops	甘蔗 Sugarcane	木薯 Cassava	蔬菜（含菜用瓜） Vegetables(including vegetable melons)
54.4	5.1	16.8	4.8	20.9
58.8	3.4	25.1	0.7	23.3
45.9	3.4	0.9	1.0	25.5
45.7	4.9	1.0	8.5	26.3
57.0	8.9	17.2	8.0	19.9
59.7	2.4	37.7	1.7	17.1
43.3	2.3	14.5	6.5	15.4
38.4	6.6	6.8	6.4	14.4
34.6	3.2	3.3	4.4	21.0
44.6	2.2	16.9	1.0	18.5
44.4	5.5	1.2	3.5	23.8
44.8	2.7	17.4	3.2	15.3
60.6	3.3	37.8	1.7	12.3
76.1	2.1	55.8	2.7	8.6

13－13 各市主要农产品人均占有量（2014年）

Ownership of Per Capital Major Agricultural Products by City (2014)

单位：公斤 (kg)

各市名称	City	粮食产量 Grain	油料产量 Oil-bearing Crops	甘蔗产量 Sugarcane	蔬菜产量（含菌类） Vegetable	园林水果产量 Fruits	肉类产量 Meat	水产品产量 Aquatic Products
全 区	Total	323.95	12.94	1679.00	551.06	260.38	88.68	70.12
南宁市	Nanning	327.24	20.88	1801.31	670.64	265.40	95.74	35.54
柳州市	Liuzhou	220.43	7.84	1787.61	526.52	193.00	58.37	18.58
桂林市	Guilin	420.82	13.81	102.85	809.92	772.10	110.57	23.24
梧州市	Wuzhou	277.08	13.48	64.03	658.21	172.56	69.92	29.82
北海市	Beihai	240.13	29.35	1413.69	486.77	71.65	80.97	650.73
防城港市	Fangchenggang	221.87	6.66	3265.68	290.95	79.13	52.33	520.96
钦州市	Qinzhou	359.86	7.71	1234.97	399.25	526.20	95.72	163.75
贵港市	Guigang	365.35	21.12	564.91	341.24	58.14	90.25	49.64
玉林市	Yulin	335.76	8.50	295.57	510.83	150.92	139.18	26.08
百色市	Baise	339.54	4.28	1445.79	583.86	187.25	75.41	39.03
贺州市	Hezhou	366.89	15.06	98.79	752.48	305.24	83.71	36.40
河池市	Hechi	305.31	4.00	1399.59	372.10	100.83	66.11	21.16
来宾市	Laibin	379.45	16.63	5758.71	523.95	202.05	72.29	29.39
崇左市	Chongzuo	252.47	10.55	11677.71	440.06	221.79	61.85	33.37

注：本表按常住人口计算。
Note: Data in the table are calculated by average of permanent population.

主要统计指标解释

农林牧渔业总产值 农林牧渔业总产值是以货币表现的农林牧渔业的全部产品总量和农林牧渔服务业产值（即对农林牧渔业生产活动进行的各种支持性服务活动的价值）之和。它反映一定时期内农林牧渔业生产总规模和总成果，是观察农林牧渔业生产水平和发展速度，研究农林牧渔业内部比例关系、农林牧渔业与工业、农林牧渔业与国家建设、人民生活比例关系的重要指标，同时也是计算农林牧渔业劳动生产率和农林牧渔业增加值的基础资料。

农林牧渔业增加值 指农、林、牧、渔及农林牧渔服务业生产货物或提供服务活动而增加的价值，为农林牧渔业现价总产值扣除农林牧渔业现价中间投人后的余额。

农业机械总动力 指全部农业机械动力的额定功率之和。农业机械是指用于农业生产及其产品初加工等相关农事活动的机械和设备。总动力按法定计算单位千瓦计算。（注：1马力=735.5瓦特–0.735千瓦）

有效灌溉面积 指具有一定的水源，地块比较平整，灌溉工程或设备已经配套，在一般年景下能够进行正常灌溉的耕地面积。在一般的情况下，有效灌溉面积应等于灌溉工程或设备已经配套，能够进行正常灌溉的水田和水浇地面积之和。

农用化肥施用量 指在本年度内实际用于农业生产的化肥数量。包括：氮肥、磷肥、钾肥和复合肥。施用量分为按实物量及折纯量两种方法计算。按折纯量计算化肥数量，即把氮肥、磷肥、钾肥分别按含氮、含五氧化二磷、含氧化钾百分之一百折算。复合肥：是指多营养成分或元素组成的肥料，如磷铵等。其折纯量按所含的主要成分来折算。

农作物总播种面积 是指应该在本日历年度内收获农产品的各种农作物播种面积之和。其计算公式为：

农作物播种面积=上年秋冬播作物面积+本年春播作物面积+本年夏播作物面积=本年春收作物播种面积+本年夏收作物播种面积+本年秋收作物播种面积

粮食产量 指全社会产量。包括国有经济经营、集体统一经营和农民家庭经营的粮食产量，还包括工矿企业家庭办的农场和其他生产单位的产量。

粮食：按三大类进行统计，一是谷物，包括稻谷、小麦、玉米、高粱、谷子及其他杂粮，谷物产量一律按脱粒后的原粮（晒干）计算（玉米接脱粒后的干粒计算）；二是豆类，包括大豆、绿豆、红小豆等，按去荚后的干豆计算；三是薯类（包括红薯、马铃薯，不包括芋头、木薯），1963年以前按4公斤鲜薯折1公斤粮食计算，从1964年以后改为按5公斤鲜薯折1公斤粮食计算；按国家制度，2015年开始薯类按鲜薯重量计算。2009年以前广西的马铃薯统计在蔬菜中，2009年以后统计在粮食的薯类中；2014年以前甜玉米按粮食统计，自2014年年报始，甜玉米不在粮食统计，纳入蔬菜统计。

林产品产量 指从人工栽培的竹木上，不经砍伐竹木的根本而取得的各种林产品产量。包括生漆、棕片、五倍子、松脂、笋干、油茶籽、油桐籽、乌桕子、核桃、板栗等各种林木籽实以及修剪竹木所获得的枝叶（包括荆条、柳条、蒲葵叶5等。不包括桑叶、茶叶和水果。也不包括野生的林产品，如果某些林产品人工栽培的和野生的混在一起，不易划分，应根据它的主要来源决定其应计入林产品产量还是其他农业的采集野生植物产量，不要两方面都算，以免重复。

水果产量 指农业生产经营者日历年度内生产的乔木类和藤本类水果、多年草本水果及果用瓜。包括园林水果和非园林水果（瓜果类），不包括采集的野生水果。按鲜果产量计算。经脱水、晾干等处理的干果，如干枣、葡萄干、柿饼、桔饼等一律折合成鲜果计算。

园林水果：指农业生产经营者日历年度内在专业性果园、林地及零星种植果树（藤）上生产的水果。包括苹果、梨、柑桔类、热带及亚热带水果和其它园林水果如桃、葡萄、红枣等，不包括采集的野生水果。按实收的鲜果计算产量。经脱水、晾干等处理的干果，如干枣、葡萄干、柿饼、桔饼等一律折合成鲜果计算。

肉类总产量 指调查期内各种牲畜及家禽、兔等动物肉产量总计。猪、牛、羊、马、驴、骡、骆驼肉产量按去掉头蹄下水后带骨肉的胴体重量计算,兔禽肉产量按屠宰后去毛和内脏后的重量计算。猪牛羊禽四个品种肉产量由主要畜禽监测抽样调查获得，马、驴、骡、骆驼、兔肉产量由全面统计获得，其它特种养殖肉产量可用住户调查资料推算获得。

水产品产量 指渔业（捕捞和养殖）生产活动的最终有效成果，包括全部海水和淡水鱼类、甲壳类（虾、蟹）、贝类、头足类、藻类和其它类渔业产品的最终产量。不包括渔业生产过程中的中间成果，如鱼苗、鱼种、亲鱼、转塘鱼、存塘鱼和自用作饵料的产品等。水产品在上岸前已经腐烂变质，不能供人食用或加工成其它制品的，不统计在水产品产量中。

Explanatory Notes on Main Statistical Indicators

Gross Output Value of Farming, Forestry, Animal Husbandry and Fishery refers to the total amount of farming, forestry, animal husbandry, fishery products and the output value of services (refer to the supporting activities for farming, forestry, animal husbandry and fishery) that behave with the currency. It reflects the total achievement or total scale of agricultural production in form of magnitude of value during a certain period. It is an important synthesis index to observe the agricultural production level and development speed, and study proportionate relationship inside agriculture, proportionate relationship between agriculture and industry, agriculture and national construction, and proportionate relationship of people's livelihood. And it is also the basic data for calculating the agricultural productivity of labour and agricultural added value.

The Added Value of Farming, Forestry, Animal Husbandry and Fishery refers to the added value of products of farming, forestry, animal husbandry, fishery and relative services, or the added value of providing services. It is calculated by subtracting the intermediate inputs from the gross output value of farming, forestry, animal husbandry and fishery which calculated by the current prices.

Total Power of Farm Machinery refers to the summary of power rating of total power of agricultural machinery. Agricultural machinery refers to the machines and equipment for relative agricultural activities, which including agricultural producing and primary processing for relative products. The total power of farm machinery is calculated by the statutory unit of measurement: KW (note: 1 horsepower=735.5W=0.735KW).

Effective Irrigated Area refers to the cultivated areas whose irrigated project or equipments is in suit, have water source, have been ploughed, and could normally irrigated in usual years. Under normal circumstances, the effective irrigated area should include the total area of paddy fields and irrigated lands which are fitted irrigating projects or equipments and can be irrigated normally.

Consumption of Chemical Fertilizers refers to the chemical fertilizers actually used in agricultural production during the year, including nitrogenous fertilizer, phosphate fertilizer, potash fertilizer and compound fertilizer. Consumption of chemical fertilizers is calculated by 2 methods: practical amount and pure amount. Calculating by pure amount is separately converting the nitrogenous fertilizer, phosphate fertilizer and potash fertilizer into 100% according to their content of nitrogen, phosphorus pent oxide, potassium oxide. Compound fertilizer refers to fertilizer composed by various of nutritional components or elements, such as ammonium phosphate etc. Pure quantity is calculated by the percentage of its content of major component.

Total Sown Area of Farm Crops refers to the total sown area of farm crops which supposed to be harvested as products in the calendar year. Its calculation formula is:

Total Sown Area of Farm Crops = Autumn & Winter Sown Area of Last Year + Spring Sown Area of Current Year + Summer Sown Area of Current Year

= Spring Harvesting Area of Current Year + Summer Harvesting Area of Current Year + Autumn Harvesting Area of Current Year

The Output of Grain refers to the output of the whole society. It includes the grain output from state-owned economy, collective-owned economy and farmer family management, and also includes the output from farms run by industrial & mining enterprises and families and other production units.

The statistics of grains is divided into 3 broad categories. 1. Cereals, including rice, wheat, corn, sorghum, millet and other coarse cereals, the output of cereals is calculated by the threshed and dried grains. 2. Beans, including soybeans, mung beans and red beans etc. Its output is calculated by the dried one without pods. 3. Tubers, including sweet potatoes and potatoes, excluding taros and cassavas, is converted into that of grain at the ratio 4:1, i.e. 4kg of fresh tubers was equivalent to 1 kg of grain up to 1963, since 1964, the ratio for conversion has been 5:1. According to national system, the tubers are calculated by the fresh weight since 2015.Potatoes and taros in Guangxi are calculated as vegetable before 2009, and since 2009 they are calculated as tubers of grains. The sweet corn was calculated as grain before 2014, and it' s calculated as vegetables instead of grain since 2014.

The Output of Forestry refers to the output of various forestry products which are gained from artificial planted bamboos and trees without felling them down. It includes raw lacquer, palm sheets, Chinese gallnuts, pine resin, bamboo shoots, tea-oil seeds, bancoul nuts, Chinese tallow tree seeds, walnuts, chestnuts and various seeds of trees and branches and leaves trimmed from bamboos and trees (including twigs of the chaste trees, twigs of the willow trees, leaves of palms etc. It excludes leaves of mulberry, leaves of tea trees and fruits; it also excludes the products from wild forests). If it is difficult to discriminate certain kinds of mixed forestry products from artificial ones to wild ones, it should be accounted into the output of forestry or the output of wild plants of other agriculture according to its major resource, and it shouldn' t be calculated in both sides so as to avoiding repetition.

Output of Fruits refers to the output of fruits of trees, vines, perennial herbs and fruited melons produced by agricultural operators in the calendar year. It includes grove fruits and non-grove fruits(melons), but excludes collected wild fruits. The output of fruits is calculated with fresh weight. The dried fruits which have been dehydrated or dried out, such as dried dates, raisins, dried persimmon, tangerine cake, etc. should be converted into the fresh fruit and calculated in unison.

The grove fruits: refers to the fruits produced in professional groves, forestlands and sporadically planted trees (vines) by agricultural operators in the calendar year. It includes apples, pears, oranges, tropical and subtropical fruits and other grove fruit such as peaches, grapes and dates, excludes collected wild fruits. The output of fruits is calculated with fresh weight of fruits actually harvested. The dried fruits which have been dehydrated or dried out, such as dried dates, raisins, dried persimmon, tangerine cake, etc. should be converted into the fresh fruit and calculated in unison.

Total Output of Meat refers to total output of animal meat of various livestock, poultry and rabbits. The output of meat of pigs, cattle, sheep, horses, donkeys, mules and camels is calculated with the weight of carcasses gotten rid of heads, hooves and entrails, and the output of meat of rabbits and poultry is calculated with the weight of carcasses slaughtered and gotten rid of feather and entrails. The output of meat of pigs, cattle, sheep and poultry is gained from the sample monitor investigation of major livestock and poultry, the output of meat of horses, donkeys, mules, camels and rabbits is gained from the full investigation, and the output of meat of other culture of special species could be calculated by the data of household investigation.

Output of Aquatic Products refers to the final effective products of fishery (fishing and cultivating) producing activities, including the final volume of products of all the marine fishes, freshwater fishes, crustaceans(shrimps, crabs), shellfishes, cephalopods, algae and other fishery products, excluding the intermediate products in the fishery producing activities, such as fries, fingerlings, parent fishes, pond fishes, storage pond fishes and products for self-use of fodder. The aquatic products, which have rotten before shoring and cannot be eaten or processing to other products, should not be calculated as the output, too.

第十四篇

工业

INDUSTRY

（编辑：白　平）

14－1 全部工业总产值及指数
All Included Gross Industrial Output Value & Its Related Index

年 份	Year	全部工业总产值 Total	按登记注册类型分类 Grouped by Status of Registration			按轻、重工业 Grouped by Light & Heavy Industry	
			国有 State-owned	集体 Collective-owned	其他 Others	轻工业 Light Industry	重工业 Heavy Industry
总产值（当年价，万元）	**Gross Output Value (At Current Prices, 10 000 yuan)**						
1978		699727	551690	116121	31916	382292	317435
1980		786344	612702	136125	37517	468411	317933
1985		1393949	1084159	228070	81720	753461	640488
1990		3534331	2550882	586910	396539	1953243	1581088
1991		4214681	3000710	696019	517952	2270524	1944157
1992		5828107	3824655	955270	1048182	3041305	2786803
1993		9029300	5013602	1548821	2466877	4223400	4805900
1994		13216300	5921631	2246881	5047788	6492200	6724100
1995		14631700	5825904	2569475	6236321	6955900	7675800
1996		15984500	5798228	3014812	7171460	7951900	8032600
1997		16710300	5693497	3347962	7668841	8464900	8245400
1998		17276800	4980222	3601904	8694674	9103500	8173300
1999		16673250	4368813	3342196	8962241	8130100	8543200
2000		18002396	4105570	2769606	11127220	8620042	9382354
2001		19031372	3574148	2331629	13125595	9123525	9907847
2002		20365560	3489093	1942627	14933840	9760647	10604913
2003		23542453	3854711	1451699	18236043	10815312	12727141
2004		31530448	4426117	984325	26120006	13073722	18456726
2005		36840688	5534547	960144	30345997	14610518	22230170
2006		46864680	6201561	1080907	39582212	18008453	28856227
2007		61028644	7610728	1260445	52157471	22075424	38953220
2008		78019656	9005999	1319937	67693720	27725212	50294444
2009		86999513	9441093	1488212	76070208	30711524	56287989
2010		116717894	12812025	1594193	102311676	38578284	78139610
2011		150918805	18963165	1664560	130291080	49645017	101273788
2012		172046215	20500188	1859502	149686525	53959108	118087107
2013		194345536	11110367	2009015	181226155	58375567	135969969
2014		217303080	10714696	2231910	204356474	63437841	153865239

注：1. 本表从1995年起工业总产值按新规定计算,国有指纯国有企业。
2. 工业总产值指数按可比价格计算。
3. 本篇2004年数据为第一次经济普查数据。
4. 为了与第二次经济普查数据衔接，2005-2009年数据进行了相应调整。
5. 2013年数据为三经普汇总数据及保密单位数据，与国家工业司汇总数一致。

Note: 1.Note: 1.Gross Industrial Output Value have been calculated in accordance with the new standards since 1995, State-owned refers to pure State-owned Enterprises.
2. Related Index of Gross Industrial Output Value are calculated in accordance with Constant Prices.
3. The data of 2004 in this chapter are the figures of economic census.
4. The data from 2005 to 2009 has been adjusted for lingking up with the 2nd Economic Census.
5. The data in 2013 is the summary of the 3rd Economic Census and data of security units, and its statistical range is the same as Industrial Division of National Bureau of Statistic.

14—1 续表 continued

年 份 Year	全部工业总产值 Total	按登记注册类型分类 Grouped by Status of Registration			按轻、重工业 Grouped by Light & Heavy Industry	
		国有 State-owned	集体 Collective-owned	其他 Others	轻工业 Light Industry	重工业 Heavy Industry
指 数（上年=100） Index (preceding year=100)						
1978	109.7	109.7	109.2	117.1	107.6	112.3
1980	107.1	106.5	111.7	101.8	114.5	97.9
1985	120.8	121.1	112.2	148.3	116.7	128.0
1990	108.3	106.7	106.9	120.6	110.0	105.8
1991	115.3	111.9	119.1	190.8	117.1	113.2
1992	135.4	125.5	132.7	195.8	135.7	134.9
1993	135.2	109.1	146.7	220.3	125.7	146.3
1994	130.8	104.3	140.2	193.6	131.0	131.5
1995	115.1	105.2	113.5	110.7	103.2	121.9
1996	110.8	100.7	116.3	128.8	115.2	106.6
1997	107.2	100.5	113.7	99.8	109.7	98.2
1998	106.5	97.7	106.2	107.0	110.7	108.6
1999	106.5	97.8	85.4	118.0	100.2	102.6
2000	107.4	88.8	83.0	125.8	89.2	116.3
2001	108.0	89.5	85.6	120.0	104.5	110.6
2002	111.0	97.6	89.3	118.0	113.2	108.9
2003	115.4	100.4	75.3	127.4	117.2	116.2
2004	123.1	104.6	67.1	131.5	109.3	134.8
2005	113.2	119.2	93.5	112.9	108.1	116.8
2006	118.6	102.2	110.7	121.8	111.8	123.1
2007	125.2	117.4	112.4	126.8	126.0	124.7
2008	117.8	108.6	96.9	120.0	121.1	115.9
2009	118.1	112.2	119.5	118.2	109.5	122.8
2010	120.3	121.2	96.5	120.3	109.7	126.1
2011	118.4	136.5	96.2	116.6	111.7	121.8
2012	116.1	110.5	113.8	117	109.5	119.4
2013	116.5	54.1	114.6	125.3	121.5	114.4
2014	112.9	98.6	111.8	113.0	109.2	114.5

14－2 主要年份工业企业主要指标

指 标	Item	企业单位数（个） Number of Enterprises (unit)			
		2000	2005	2010	2014
总 计	**Total**	**3155**	**3687**	**6583**	**5447**
内资企业	**Civil Funded Enterprises**	**2948**	**3297**	**6039**	**4976**
国有经济	State-owned	1821	791	384	157
中央企业	Central Enterprises	63	49	45	18
地方企业	Local Enterprises	1758	742	339	139
集体经济	Collective-owned	548	256	256	109
股份合作企业	Cooperative Enterprises	82	71	50	22
联营企业	Joint Ownership Enterprises	13	11	9	3
有限责任公司	Limited Liability Corporations	163	707	1128	1492
股份有限公司	Share Holding Enterprises	88	167	212	214
私营企业	Private Enterprises	231	1277	3931	2936
其他企业	Other Enterprises				43
港澳台商投资企业	**Enterprises with Funds from Hong Kong ,Macao & Taiwan**	**103**	**207**	**293**	**270**
外商投资企业	**Foreign Funded Enterprises**	**104**	**183**	**251**	**201**
在总计中:	Of the Total:				
国有控股企业	State Holding Enterprises	2027	1005	632	552
在总计中:	Of the Total:				
轻工业	**Light Industry**	**1426**	**1487**	**2442**	**2083**
重工业	**Heavy Industry**	**1729**	**2200**	**4141**	**3364**
在总计中:	Of the Total:				
大型企业	Large-scale Industrial Enterprises	198	25	48	187
中型企业	Medium-scale Industrial Enterprises	400	419	798	1281
小型企业	Small-scale Industrial Enterprises	2557	3243	5737	3709
微型企业	Micro-enterprises				270

注：本表的统计范围1995年为全部乡及乡以上独立核算工业企业，2000年为全部国有和年产品销售收入500万元及以上非国有工业法人企业，2005-2010年为年主营业务收入500万元及以上工业法人企业，2011-2014年为年主营业务收入2000万元及以上工业法人企业。

Note: The statistic in the table of 1995 covered all of the township industrial enterprises and above, and data of 2000 refer to all state-owned industrial enterprises and the non-state-owned industrial enterprises with an annual sales income of over 5 million yuan, anddata of from 2005 to 2010 refer to industrial enterprises with annual business income of the main products over 5 million yuan, since 2011-2014,the data refer to industrial enterprises with annual income of the major business over 20 million yuan

Major Indicators of Industrial Enterprises in Main Years

工业总产值（当年价，万元）Gross Industrial Output Value (At Current Prices, 10 000 yuan)				全部从业人员年平均人数（人）Average Employed Persons (person)				流动资产合计（万元）Annual Average Balance of Circulating Funds (10 000 yuan)			
2000	2005	2010	2014	2000	2005	2010	2014	2000	2005	2010	2014
10032391	**25473188**	**96441278**	**206400448**	**912488**	**912102**	**1505050**	**1649880**	**6638402**	**11249972**	**37005538**	**66258758**
8887051	**19731000**	**76682817**	**170538402**	**852564**	**773606**	**1263500**	**1363859**	**5904494**	**8772365**	**27707681**	**52659324**
4105570	5534547	12812025	10714696	499646	216272	150499	76495	3293473	2708710	5079458	4028871
869987	1700251	3791390	1196068	47509	29004	28358	15334	550005	750011	1738270	791614
3235583	3834296	9020635	9518629	452137	187268	122141	61161	2743468	1958700	3341188	3237257
1326206	670825	1176462	2007298	113488	43455	37757	21482	610234	252430	372093	364405
202516	263114	1086610	480157	22490	12029	15680	3598	117024	108695	314936	229983
32322	52265	140088	68131	2752	2260	2031	717	23641	15396	50299	29503
1499467	6321223	24121675	65132923	103282	216067	359050	483030	907714	2925655	9029878	22607161
1159125	2779448	6887043	20110491	66217	94413	118552	126225	786486	1445803	4319642	8069117
557693	4069061	29503296	69759506	44008	186661	567856	634924	160086	1298079	8280640	17117119
			2265201				17388				213166
303508	**1357798**	**5699403**	**14080257**	**26210**	**62082**	**116632**	**166399**	**204492**	**682671**	**2206277**	**4090821**
841832	**4384390**	**14059058**	**21781789**	**33714**	**76414**	**124918**	**119622**	**529416**	**1794936**	**7091581**	**9508612**
6643575	12268731	36284650	60641253	653007	372398	389784	361122	5016849	5958746	15727556	23522062
3995063	**7903693**	**26615080**	**57005284**	**367066**	**377389**	**575986**	**648156**	**2444950**	**3349354**	**10784576**	**20357831**
6037328	**17569495**	**69826198**	**149395164**	**545422**	**534713**	**929064**	**1001724**	**4193452**	**7900617**	**26220962**	**45900927**
4679394	7730400	26248738	68607012	310704	127227	265881	490195	3231741	3239585	10757623	24900397
2024944	8537754	33917379	72198093	201162	303237	535571	694320	1497109	4488641	16173669	22805776
3328053	9205034	36275161	63250182	400622	481638	703598	458136	1909552	3521746	10074246	17012376
			2345160				7229				1540209

14-2 续表 1

单位：万元

指 标	Item	固定资产原价 Original Value of Fixed Assets			
		2000	2005	2010	2014
总 计	**Total**	**12964147**	**19080017**	**51408004**	**79906594**
内资企业	**Civil Funded Enterprises**	**11424337**	**16242526**	**43959624**	**66814300**
国有经济	State-owned	7418098	5773509	14181424	6528880
中央企业	Central Enterprises	2197845	2078259	7681474	909355
地方企业	Local Enterprises	5220253	3695250	6499950	5619525
集体经济	Collective-owned	672445	301532	273513	292443
股份合作企业	Cooperative Enterprises	144689	110521	1208176	216682
联营企业	Joint Ownership Enterprises	20426	30597	72634	3411
有限责任公司	Limited Liability Corporations	2077567	6780493	16763603	34656688
股份有限公司	Share Holding Enterprises	908918	2132785	3817158	11342220
私营企业	Private Enterprises	182009	1100109	7507511	13596373
其他企业	Other Enterprises				177603
港澳台商投资企业	**Enterprises with Funds from Hong Kong ,Macao & Taiwan**	**247456**	**856712**	**2900474**	**4718747**
外商投资企业	**Foreign Funded Enterprises**	**1292354**	**1980780**	**4547905**	**8373546**
在总计中:	Of the Total:				
国有控股企业	State Holding Enterprises	10419967	13036444	30226479	42716471
在总计中:	Of the Total:				
轻工业	**Light Industry**	**4006214**	**4986527**	**10690677**	**17503537**
重工业	**Heavy Industry**	**8957933**	**14093490**	**40717327**	**62403057**
在总计中:	Of the Total:				
大型企业	Large-scale Industrial Enterprises	6799517	5845482	15607285	30724349
中型企业	Medium-scale Industrial Enterprises	2878663	7607598	18652915	28817932
小型企业	Small-scale Industrial Enterprises	3285967	5626937	17147803	19041745
微型企业	Micro-enterprises				1322568

continued

(10 000 yuan)

固定资产净值 Net Value of Fixed Assets				实收资本 Total Capital Hold			
2000	2005	2010	2014	2000	2005	2010	2014
9346627	**13126063**	**36664670**	**52040253**	**4407587**	**6803910**	**15851949**	**24312719**
8110169	**11232879**	**31496168**	**43662245**	**3577502**	**5360150**	**12713358**	**19277109**
5207488	3783996	10582569	4163325	2042639	1685247	3401392	845100
1566070	1304105	5929332	593455	388898	639194	2145031	250514
3641418	2479891	4653237	3569870	1653741	1046053	1256361	594587
468787	179329	154987	189364	268002	97648	98432	75296
101877	83803	949377	140827	55598	42653	299630	40707
16369	22562	53412	1416	9180	11962	17779	1355
1586998	4930027	11473828	22026594	716846	2276024	4683364	9423457
580225	1387345	2539310	7594388	370963	653284	1360922	4688700
148317	834968	5643092	9411993	108812	584074	2763000	4149036
			134338				53458
183498	**614773**	**2195275**	**3235328**	**179367**	**561962**	**1274570**	**1936087**
1052960	**1278412**	**2973228**	**5142680**	**650718**	**881799**	**1864021**	**3099524**
			0				
7377249	8879648	20912831	26965877	3126600	4049793	7906893	11460077
2910112	**3389276**	**7190196**	**11100776**	**1524190**	**2061449**	**4653204**	**7286569**
6436515	**9736788**	**29474474**	**40939476**	**2883397**	**4742461**	**11198744**	**17026151**
4923367	4023210	10340445	19280740	2086221	1446009	3008126	7054538
1999046	5025459	13339348	19292022	892996	2846052	7270892	10104400
2424214	4077394	12984876	12791161	1428370	2511849	5572931	6757038
			676330				396743

14－2 续表 2

单位：万元

指 标	Item	负债合计 Total Liabilities 2000	2005	2010	2014
总 计	**Total**	**12932824**	**18534169**	**54132948**	**88710814**
内资企业	**Civil Funded Enterprises**	**11587555**	**15496001**	**44287260**	**73425066**
国有经济	State-owned	7303345	4829643	12182305	5993929
中央企业	Central Enterprises	2057981	1552760	6050848	950426
地方企业	Local Enterprises	5245364	3276884	6131457	5043503
集体经济	Collective-owned	966565	439258	398331	279058
股份合作企业	Cooperative Enterprises	159274	148790	784013	189793
联营企业	Joint Ownership Enterprises	32034	26166	64081	11275
有限责任公司	Limited Liability Corporations	1874049	6285633	16144204	37075897
股份有限公司	Share Holding Enterprises	1022749	2070123	5084569	11109108
私营企业	Private Enterprises	227736	1673542	9452050	18500780
其他企业	Other Enterprises				265225
港澳台商投资企业	**Enterprises with Funds from Hong Kong ,Macao & Taiwan**	**285815**	**927998**	**2774814**	**4785004**
外商投资企业	**Foreign Funded Enterprises**	**1059454**	**2110169**	**7070873**	**10500744**
在总计中：	Of the Total:				
国有控股企业	State Holding Enterprises	10119721	11301229	29019882	41048701
在总计中：	Of the Total:				
轻工业	**Light Industry**	**4513151**	**4832793**	**11830719**	**21860067**
重工业	**Heavy Industry**	**8419672**	**13701377**	**42302229**	**66850747**
在总计中：	Of the Total:				
大型企业	Large-scale Industrial Enterprises	6462542	5106233	17013726	35049791
中型企业	Medium-scale Industrial Enterprises	3022973	7264774	20990158	30081058
小型企业	Small-scale Industrial Enterprises	3447309	6163162	16129064	22170410
微型企业	Micro-enterprises				1409555

注：主营业务收入（产品销售收入）栏2000年为产品销售收入，2005-2014年为主营业务收入。
Note: In the table, data of Business Income of the Main Products（Sales Revenue） of 2000 is figure of Sales Revenue, and that from 2005 to 2014 are Business Income of the Main Products

continued

(10 000 yuan)

主营业务收入（产品销售收入） Business Income of the Main Products (Sales Revenue)				利润总额 Total Profits				利税总额 Total Profits & Taxes			
2000	2005	2010	2014	2000	2005	2010	2014	2000	2005	2010	2014
9875056	**24667860**	**92358467**	**189167905**	**359400**	**1349867**	**7715895**	**10857071**	**1170124**	**2935645**	**13244225**	**21369073**
8782692	**19225332**	**73048098**	**155852586**	**313139**	**1018503**	**5753715**	**8225276**	**1057283**	**2342055**	**10349481**	**17401146**
4085024	5543125	12307051	10195325	127266	357318	482639	218673	476799	933325	1277748	578118
832871	1688826	3407872	1122394	114801	230049	227554	26936	225470	574811	650525	79728
3252152	3854299	8899179	9072931	12465	127269	255086	191737	251328	358514	627223	498390
1273077	661895	1178772	1939875	26869	10762	58512	141201	96542	45548	105170	246386
192191	251807	983230	430496	13609	7400	139148	56909	28511	13960	277254	69278
32163	49302	119806	67250	-628	8113	22429	8791	115	12788	32533	11349
1520614	6239953	23025787	58461696	80830	302542	1900513	2992038	273400	653024	3679576	6719241
1167736	2734124	7091970	18892196	54496	232651	802764	702400	147523	437409	1198027	3569229
507548	3704471	27384971	63685866	10315	99990	2247046	3982380	33858	244949	3634787	5980719
			2179883				122885				226826
301552	**1288361**	**5349221**	**12926497**	**1775**	**79737**	**616372**	**1053698**	**15224**	**144139**	**898128**	**1566548**
790812	**4154166**	**13961148**	**20388823**	**44486**	**251627**	**1345808**	**1578098**	**97617**	**449451**	**1996617**	**2401380**
6650384	12429732	36027399	56450137	248305	677038	2275089	2099217	866662	1685077	4894700	8062614
3763708	**7485388**	**24893120**	**50938781**	**108689**	**504939**	**2683730**	**3392333**	**462188**	**1152841**	**4412933**	**6543551**
6111348	**17182472**	**67465346**	**138229124**	**250711**	**844928**	**5032165**	**7464738**	**707935**	**1782804**	**8831293**	**14825523**
4587387	7593827	26390575	64268937	283872	476527	1816122	3480037	737433	1152721	3607502	7384173
1972244	8565199	32014676	65690053	55541	604357	2957365	4108251	204874	1116429	4979234	8679204
3315425	8508834	33953216	56930851	19987	268983	2942408	3228792	227817	666494	4657489	5206099
			2278064				39992				99597

14－3 工业企业分行业主要指标（2014年）

单位：万元

行　业	Sector	企业单位数（个）Number of Enterprises (unit)	工业总产值（当年价格）Gross Industrial Output Value (At Current Prices)	全部从业人员年平均人数（人）Average Employed Persons (person)
工业企业	**Industrial Enterprises**	**5447**	**206400448**	**1649880**
煤炭的开采和洗选业	Coal Mining & Dressing	19	448889	15751
石油和天然气开采业	Oil & Gas Mining	1	239627	122
黑色金属矿采选业	Ferrous Metals Mining & Dressing	66	2313774	12346
有色金属矿采选业	Nonferrous Metals Mining & Dressing	93	2904149	22762
非金属矿采选业	Nonmetal Minerals Mining & Dressing	117	2208669	18971
开采辅助活动	Mining Assist Activities	2	26155	215
其他采矿业	Other Minerals Mining	2	32245	123
农副食品加工业	Farm & Sideline Products Processing	540	22325683	142190
#制糖业	Carbohydrate Processing	96	6607003	63295
食品制造业	Food Production	134	3378894	35635
#罐头制造业	Canned Food Manufacturing	20	389813	8793
酒、饮料和精制茶制造业	Wine, Drink & Refined Tea Manufacturing	147	4550137	44297
#酒的制造	Beverage Manufacturing	44	2047139	13650
烟草制品业	Tobacco Processing	2	2146140	3384
#卷烟制造	Cigarettes Manufacturing	1	2140164	2954
纺织业	Textile Industry	145	2493435	46293
纺织服装、服饰业	Textiles, Clothing & Dresses Manufacturing	65	1235005	24289
皮革、毛皮、羽毛及其制品和制鞋业	Leather, Fur, Feather & Related Products & Shoes Manufacturing	73	1238822	36604
木材加工及木、竹、藤、棕、草制品业	Timber Processing, Bamboo, Cane, Palm Fiber & Straw Products	518	8439846	119442
家具制造业	Furniture Manufacturing	49	1025408	11501
造纸及纸制品业	Papermaking & Paper Products	174	3815906	44882
#造纸	Papermaking	91	2197364	26137
印刷业和记录媒介的复制	Printing & Record Duplicating	70	1085654	10693
#印刷业	Printing	68	1024970	10643

注：工业企业分行业主要指标统计范围为年主营业务收入2000万元及以上工业法人企业。
Note: The statistic coverage of major indicators of industrial enterprises by industrial sectors is enterprises with business income ofthe main products of over 20 million yuan. the main products of over 5 million yuan.

Major Indicators of Industrial Enterprises by Industrial Sector (2014)

(10 000 yuan)

固定资产原价 Original Value of Fixed Assets	固定资产净值 Net Value of Fixed Assets	资产总计 Total Capital	流动资产合计 Annual Average Balance of Circulating Funds	所有者权益合计 Owner's Equity	利润总额 Total Profits	利税总额 Total Profits & Taxes	应交增值税 Value Added Tax Payable	主营业务收入 Business Income of the Main Products
79906594	**52040253**	**142259183**	**66258758**	**52856438**	**10857071**	**21369073**	**6885112**	**189167905**
302043	165352	860734	238815	396401	-13581	23432	16551	344710
140560	69785	143695	11875	128321	74425	88790		251792
407538	283717	1040311	585015	547891	172091	248345	51357	2063317
721348	510560	1607903	666622	816481	367264	554980	145416	2725263
526119	356208	1038936	499275	395132	239083	363799	97061	2060439
2073	2031	13503	1502	3328	4185	4495	218	24706
951	811	4213	3302	2633	1034	1814	336	28575
6132900	3546594	14570220	9448413	4867834	1155802	1735659	496212	19681281
3617159	1935347	6893180	4264935	2010764	479776	702189	195850	4948458
967053	689173	2034813	882097	1089594	219673	339386	102081	3094521
107161	80157	242912	125739	119226	36431	47844	10046	368953
1601464	1041469	2568618	1119521	1225673	404996	631506	111180	3743365
875015	564700	1447073	654602	646146	126002	288466	55295	1457101
552816	231965	1624895	1092564	1364104	264179	1643475	261338	2141620
536930	224856	1573367	1050056	1316127	263900	1641978	260230	2133395
535812	411342	1334184	784164	492469	87091	152828	57338	2253923
150045	85265	516038	375800	239955	102918	152466	39978	1235843
232304	152628	547825	296601	267978	70924	115575	34019	1176305
1700258	1193491	3646656	1829578	1653189	450512	729611	234184	7568577
155957	122430	444236	268521	169017	60149	86861	21992	839181
2948530	2199027	5410161	1695769	1732574	-20559	70955	79002	3381580
1940653	1574012	3970876	1156494	1253071	-68522	-29673	33486	2005833
385895	200210	528363	236790	272534	104977	138417	27601	1037430
379795	194870	493039	227190	266512	98119	129520	26155	977158

14—3 续表

单位：万元

行 业	Sector	企业单位数（个）Number of Enterprises (unit)	工业总产值（当年价格）Gross Industrial Output Value (At Current Prices)	全部从业人员年平均人数（人）Average Employed Persons (person)
文教、工美、体育和娱乐用品制造业	Culture, Education, Handcraft, Art, Sport & Entertainment Goods Manufacturing	97	1308419	39746
石油加工、炼焦及核燃料加工业	Oil Processing, Coking & Nuclear Fuel Processing	22	8545214	4803
化学原料及化学制品制造业	Raw Chemical Materials & Chemical Products	466	10244969	85230
医药制造业	Medical & Pharmaceutical Products	155	3847726	39579
化学纤维制造业	Chemical Fibre Products	1	2036	14
橡胶和塑料制品业	Rubber & Plastic Products	157	2996337	30802
非金属矿物制品业	Nonmetal Mineral Products	649	14908639	181879
#水泥制造	Cement Products	159	4761426	41259
黑色金属冶炼及压延加工业	Smelting & Pressing of Ferrous Metals	245	24491179	86764
有色金属冶炼及压延加工业	Smelting & Pressing of Nonferrous Metals	127	11956747	62369
金属制品业	Metal Products	115	3362807	30189
通用设备制造业	General Equipment Manufacturing	112	3230166	34623
专用设备制造业	For Special Purposes Equipment Manufacturing	160	5270431	47714
汽车制造	Automobile Manufacturing	323	21552067	131119
#汽车整车制造	Vehicle manufacturing	7	9970691	29066
铁路、船舶、航空航天和其他运输设备制造业	Railway, Ship, Aerospace & Other Transportation Equipment Manufacturing	37	1561961	23871
电气机械及器材制造业	Electric Equipment & Machinery	144	7623097	39280
计算机、通信和其他电子设备制造业	Computer, Communication & Other Electronic Equipment Manufacturing	105	9662127	84736
仪器仪表制造	Instruments Manufacturing	22	427413	4678
其他制造业	Other Manufacturing	18	259708	3402
废弃资源综合利用业	Waste Resources Comprehensive Utilization	27	1837972	4216
金属制品、机械和设备修理业	Metal Product, Machinery & Equipment Repair Services	3	22695	219
电力、热力的生产和供应业	Production & Supply of Electric Power ,Steam & Hot Water	197	12758584	114028
#电力生产	Electric Power Production	105	3634905	24834
#火力发电	Thermal Power	17	2051021	6953
水力发电	Hydropower	84	1542973	17637
燃气生产和供应业	Production & Supply of Gas	12	362255	2157
水的生产和供应业	Production & Supply of Water	36	259466	8962

continued

(10 000 yuan)

固定资产原价 Original Value of Fixed Assets	固定资产净值 Net Value of Fixed Assets	资产总计 Total Capital	流动资产合计 Annual Average Balance of Circulating Funds	所有者权益合计 Owner' s Equity	利润总额 Total Profits	利税总额 Total Profits & Taxes	应交增值税 Value Added Tax Payable	主营业务收入 Business Income of the Main Products
123720	88340	410524	279479	195419	60774	108610	27091	1132230
3083856	2370589	3891426	1254219	2424470	-290588	2043112	1158313	8375220
3735465	2366847	6560650	3253375	2464472	617111	923170	230493	9395579
1228275	740681	2923333	1642056	1488686	444126	642583	171256	3330797
1154	794	2038	942		-440	-412	18	2084
507083	326580	1800172	1042069	494489	129845	214950	72467	2859434
5756836	3926651	8949346	3814355	4385710	1404757	2074576	575304	13495291
3286229	2290036	4069212	1309072	2142208	645284	894392	219490	4025732
6032182	4116488	11141641	5488714	3218960	731929	1421544	625292	23476905
7171687	5087057	12944553	5484980	2562049	-13976	355262	331902	9399110
730523	476294	1921806	729242	775987	215300	342114	101472	3094762
1176142	664662	3252180	2180602	1404019	214294	314101	87572	3216557
1085787	685999	5583715	3204796	2590962	319027	455969	105952	4828936
4262733	2757725	13083866	8750265	3600604	965753	1717819	423365	19620411
1893947	1200307	5937246	4049178	1263657	572552	1107291	244275	9302540
340790	209384	952688	671835	473557	129327	192088	50609	1498669
1323566	891741	3272546	1849048	1451709	462505	649311	149050	7016966
1007048	610685	2739861	1875168	1104007	780433	968887	167067	9236013
91830	43162	237011	120700	148833	28935	37817	7815	381351
74882	45923	108137	53144	57685	27559	37133	8258	257341
105259	87449	676593	463147	167236	37825	131376	86089	1696857
3715	2279	10224	6591	6308	2371	3310	781	22096
23403240	14464432	22226568	3709224	7546512	779622	1572648	718160	12550937
13325041	8752724	12495309	1943240	3879559	624160	991312	331618	3521839
4453486	2832264	3987182	750536	1036698	175380	327698	140769	1980259
8760477	5823104	8378404	1178551	2795071	439370	652379	189169	1507552
253645	198163	401271	97012	142350	21993	26601	2511	346957
943510	616272	1233738	251571	487405	43430	54112	8413	280977

14－4 国有控股工业企业主要指标（2014年）

单位：万元

行 业	Sector	企业单位数（个）Number of Enterprises (unit)	工业总产值（当年价格）Gross Industrial Output Value (At Current Prices)	全部从业人员年平均人数（人）Average Employed Persons (person)
国有控股工业企业	**State-holding Industrial Enterprises**	**552**	**60641253**	**361122**
在总计中:	**Of the Total:**			
轻工业	Light Industry	145	7602049	54473
重工业	Heavy Industry	407	53039204	306649
在总计中:	**Of the Total:**			
大型企业	Large-scale Industrial Enterprises	50	35021436	192123
中型企业	Medium-scale Industrial Enterprises	231	20394630	129955
小型企业	Small-scale Industrial Enterprises	256	4927136	37002
微型企业	Micro-enterprises	15	298051	2042
煤炭的开采和洗选业	Coal Mining & Dressing	7	283691	10744
石油和天然气开采业	Oil & Gas Mining	1	239627	122
黑色金属矿采选业	Ferrous Metals Mining & Dressing	5	92519	980
有色金属矿采选业	Nonferrous Metals Mining & Dressing	23	596230	9221
非金属矿采选业	Nonmetal Minerals Mining & Dressing	8	275550	2911
农副食品加工业	Farm & Sideline Products Processing	42	3775657	23601
#制糖业	Carbohydrate Processing	22	1653030	18302
食品制造业	Food Production	7	160039	1772
酒、饮料和精制茶制造业	Wine, Drink & Refined Tea Manufacturing	7	392065	1876
#酒的制造	Beverage Manufacturing	3	366960	1673
烟草制品业	Tobacco Processing	2	2146140	3384
#卷烟制造	Cigarettes Manufacturing	1	2140164	2954
纺织业	Textile Industry	9	149510	2971
纺织服装、服饰业	Textiles, Clothing & Dresses Manufacturing	4	22369	450
木材加工及木、竹、藤、棕、草制品业	Timber Processing, Bamboo, Cane, Palm Fiber & Straw Products	16	551726	5764
造纸及纸制品业	Papermaking & Paper Products	10	151886	3582
#造纸	Papermaking	3	48959	1238

Major Indicators of State-owned & State-holding Industrial Enterprises (2014)

(10 000 yuan)

固定资产原价 Original Value of Fixed Assets	固定资产净值 Net Value of Fixed Assets	资产总计 Total Capital	流动资产合计 Annual Average Balance of Circulating Funds	所有者权益合计 Owner's Equity	利润总额 Total Profits	利税总额 Total Profits & Taxes	应交增值税 Value Added Tax Payable	主营业务收入 Business Income of the Main Products
42716471	**26965877**	**61922335**	**23522062**	**21202667**	**2099217**	**8062614**	**3144240**	**56450137**
3808831	2235424	7127561	3806830	3122250	429344	1963897	387721	6805498
38907640	24730454	54794774	19715232	18080417	1669873	6098717	2756519	49644639
20788018	12182282	32469119	14310671	9874425	1161295	3866101	1186545	32856084
13619093	9143510	20407608	7209023	8442517	421550	3348044	1687214	18997424
8094163	5473505	8702032	1853490	2772557	508077	834377	265786	4328828
215196	166581	343577	148878	113167	8295	14093	4695	267801
208659	107986	492880	131657	280431	4533	30903	14859	226534
140560	69785	143695	11875	128321	74425	88790		251792
13210	8086	57722	18564	23271	5115	14218	7408	90577
345343	235047	686675	201031	328599	77360	140252	42531	564734
146075	69713	139736	50414	59862	64406	91159	20414	260640
1304228	796602	2884252	1878538	775181	84484	173789	77599	3116907
1015161	604379	1587114	821680	467493		44643	41480	1050680
134428	101780	144303	38135	85939	20584	26962	5691	146715
140164	97618	190984	54382	100633	4792	25365	8963	332283
136486	94643	182644	49577	96597	4265	24603	8772	307539
552816	231965	1624895	1092564	1364104	264179	1643475	261338	2141620
536930	224856	1573367	1050056	1316127	263900	1641978	260230	2133395
50350	23589	119734	89201	40891	498	4076	3179	126271
14505	9526	20554	9378	10287	971	2690	1512	20371
252446	181823	403573	168433	134037	17195	33526	12333	386875
358981	162499	321033	78667	134995	-17842	-13101	4273	144241
94156	68778	113132	28829	17038	-5961	-4491	1349	44701

14—4 续表

单位：万元

行 业	Sector	企业单位数（个）Number of Enterprises (unit)	工业总产值（当年价格）Gross Industrial Output Value (At Current Prices)	全部从业人员年平均人数（人）Average Employed Persons (person)
印刷业和记录媒介的复制	Printing & Record Duplicating	17	230513	2910
文教、工美、体育和娱乐用品制造业	Culture, Education, Handcraft, Art, Sport & Entertainment Goods Manufacturing	3	10732	453
石油加工、炼焦及核燃料加工业	Oil Processing, Coking & Nuclear Fuel Processing	5	7894456	2968
化学原料及化学制品制造业	Raw Chemical Materials & Chemical Products	29	1740778	16765
医药制造业	Medical & Pharmaceutical Products	9	77013	1537
橡胶和塑料制品业	Rubber & Plastic Products	8	350349	4878
非金属矿物制品业	Nonmetal Mineral Products	35	1537917	13575
#水泥制造	Cement Products	15	1114556	7380
黑色金属冶炼及压延加工业	Smelting & Pressing of Ferrous Metals	12	8782815	24383
有色金属冶炼及压延加工业	Smelting & Pressing of Nonferrous Metals	28	4738208	30255
金属制品业	Metal Products	7	650873	4320
通用设备制造业	General Equipment Manufacturing	16	356435	6319
专用设备制造业	For Special Purposes Equipment Manufacturing	19	1910743	21224
汽车制造	Automobile Manufacturing	15	10644854	33079
铁路、船舶、航空航天和其他运输设备制造业	Railway, Ship, Aerospace & Other Transportation Equipment Manufacturing	5	411352	6083
电气机械及器材制造业	Electric Equipment & Machinery	6	267176	2810
计算机、通信和其他电子设备制造业	Computer, Communication & Other Electronic Equipment Manufacturing	8	259936	4162
金属制品、机械和设备修理业	Metal Product, Machinery & Equipment Repair Services	2	7326	169
电力、热力的生产和供应业	Production & Supply of Electric Power ,Steam & Hot Water	156	11673168	109317
#电力生产	Electric Power Production	70	2657060	20866
#火力发电	Thermal Power	12	1263534	5759
水力发电	Hydropower	56	1376120	15067
燃气生产和供应业	Production & Supply of Gas	2	25472	480
水的生产和供应业	Production & Supply of Water	29	234130	8057

continued

(10 000 yuan)

固定资产原价 Original Value of Fixed Assets	固定资产净值 Net Value of Fixed Assets	资产总计 Total Capital	流动资产合计 Annual Average Balance of Circulating Funds	所有者权益合计 Owner' s Equity	利润总额 Total Profits	利税总额 Total Profits & Taxes	应交增值税 Value Added Tax Payable	主营业务收入 Business Income of the Main Products
125019	65334	169797	97004	92900	32081	42228	9141	214935
7253	5322	13975	8529	6103	294	1218	815	9513
2836115	2220539	3466022	1034137	2286219	-281370	2006970	1128410	7683445
1644886	974730	1903668	700460	532583	88310	141896	41347	1650401
33002	16880	79352	52749	4192560%	7977	13412	4890	75149
141484	93927	540434	209030	72283	-3200	6052	7499	339034
1110962	752430	1509359	540228	777635	248380	343450	86990	1412526
1014242	698653	1149924	335324	628951	220046	297222	71404	1005001
3710629	2365962	6150994	3019183	1636394	81165	291233	188655	8511262
3973832	2633795	6712390	2744142	1143237	-78045	155994	212209	3554909
220991	171494	972034	283476	297907	48380	88112	27018	558225
158752	107352	526441	333570	191321	4028	13812	8658	330701
480291	293192	3932129	2129250	1808680	82660	128870	34068	1832476
1939307	1211747	6230033	4303937	1286815	592633	1138742	254415	9831060
160194	84676	497177	359548	188439	721	11367	8797	378647
107122	55804	262797	150243	71076	4455	9980	4776	220939
98440	49653	290668	207095	148349	8588	12774	3723	226063
2008	1185	8291	5752	5479	812	1417	485	6887
21346810	13139279	20196895	3281932	6671219	616023	1338570	654182	11511318
11352637	7500063	10585080	1537724	3034733	461771	764785	273059	2587749
2933706	1863889	2581430	426262	375708	44214	146310	94275	1231419
8330085	5555108	7912955	1103198	2629945	414867	615781	178784	1340058
67933	45218	76957	10627	43222	5115	5597	253	38309
889681	581340	1152886	228334	434332	39510	48820	7809	254780

14－5 国有工业企业主要指标（2014年）

单位：万元

行 业	Sector	企业单位数（个）Number of Enterprises (unit)	工业总产值（当年价格）Gross Industrial Output Value (At Current Prices)	全部从业人员年平均人数（人）Average Employed Persons (person)
国有工业企业	**State-holding Industrial Enterprises**	**157**	**10714696**	**76495**
在总计中：	**Of the Total:**			
轻工业	Light Industry	46	458054	8873
重工业	Heavy Industry	111	10256642	67622
在总计中：	**Of the Total:**			
大型企业	Large-scale Industrial Enterprises	7	6639789	27411
中型企业	Medium-scale Industrial Enterprises	68	2943860	36424
小型企业	Small-scale Industrial Enterprises	77	1012127	11174
微型企业	Micro-enterprises	5	118921	1486
煤炭的开采和洗选业	Coal Mining & Dressing	1	7408	996
黑色金属矿采选业	Ferrous Metals Mining & Dressing	1	25192	114
有色金属矿采选业	Nonferrous Metals Mining & Dressing	8	184452	3923
非金属矿采选业	Nonmetal Minerals Mining & Dressing	2	55689	80
农副食品加工业	Farm & Sideline Products Processing	9	203500	1596
#制糖业	Carbohydrate Processing	1	5770	269
食品制造业	Food Production	2	27152	263
酒、饮料和精制茶制造业	Wine, Drink & Refined Tea Manufacturing	1	3702	82
烟草制品业	Tobacco Processing			
纺织业	Textile Industry			
纺织服装、服饰业	Textile, Clothing & Dresses Manufacturing	2	13516	279
皮革、毛皮、羽毛及其制品和制鞋业	Leather, Fur, Feather & Related Products & Shoes Manufacturing			
木材加工及木、竹、藤、棕、草制品业	Timber Processing, Bamboo, Cane, Palm Fiber & Straw Products	2	85842	1287

Major Indicators of State-owned Industrial Enterprises (2014)

(10 000 yuan)

固定资产原价 Original Value of Fixed Assets	固定资产净值 Net Value of Fixed Assets	资产总计 Total Capital	流动资产合计 Annual Average Balance of Circulating Funds	所有者权益合计 Owner's Equity	利润总额 Total Profits	利税总额 Total Profits & Taxes	应交增值税 Value Added Tax Payable	主营业务收入 Business Income of the Main Products
6528880	**4163325**	**8993241**	**4028871**	**2960639**	**218673**	**578118**	**296639**	**10195325**
328209	195632	580073	266033	219773	23501	39256	13082	437951
6200671	3967693	8413168	3762838	2740866	195172	538862	283557	9757374
3322739	2075947	5260638	2853499	1373552	45666	177373	110544	6547649
2117121	1373759	2484231	813280	1148204	78615	248952	136649	2658848
1030339	682318	1070312	240436	407666	94862	148074	45959	880310
58681	31301	178060	121656	31216	-470	3719	3487	108518
13908	7539	23384	11483	13044	-761	347	966	7204
1383	1188	1332	144	1006	756	2572	1477	23860
79648	58494	128569	25835	38214	6284	27071	12494	176978
1378	504	5016	1218	3241	7298	11507	2784	41862
9910	5304	36515	20645	15785	13380	20181	5975	203933
107	78	8927	8733	-26	-1154	-648	282	6029
10776	7735	19159	11424	16160	5099	6219	991	26843
111	73	3815	3733	2550	798	960	137	3377
9299	5583	9961	2868	5476	848	1644	682	12858
29057	21528	56756	16482	27118	10195	16466	2940	83061

14—5 续表

单位：万元

行 业	Sector	企业单位数（个）Number of Enterprises (unit)	工业总产值（当年价格）Gross Industrial Output Value (At Current Prices)	全部从业人员年平均人数（人）Average Employed Persons (person)
印刷业和记录媒介的复制	Printing & Record Duplicating	8	36125	984
文教、工美、体育和娱乐用品制造业	Culture, Education, Handcraft, Art, Sport & Entertainment Goods Manufacturing	1	4514	42
石油加工、炼焦及核燃料加工业	Oil Processing, Coking & Nuclear Fuel Processing	1	373900	775
化学原料及化学制品制造业	Raw Chemical Materials & Chemical Products	6	210771	2446
医药制造业	Medical & Pharmaceutical Products	4	11352	694
橡胶和塑料制品业	Rubber & Plastic Products	1	12914	368
非金属矿物制品业	Nonmetal Mineral Products	6	90268	2572
#水泥制造	Cement Products	2	27732	115
黑色金属冶炼及压延加工业	Smelting & Pressing of Ferrous Metals	2	6023211	16288
有色金属冶炼及压延加工业	Smelting & Pressing of Nonferrous Metals			
金属制品业	Metal Products	5	299153	2350
通用设备制造业	General Equipment Manufacturing	3	68160	1115
专用设备制造业	For Special Purposes Equipment Manufacturing	3	78875	1623
汽车制造	Automobile Manufacturing	1	217077	2228
铁路、船舶、航空航天和其他运输设备制造业	Railway, Ship, Aerospace & Other Transportation Equipment Manufacturing	4	368796	5304
电气机械及器材制造业	Electric Equipment & Machinery	1	29234	387
计算机、通信和其他电子设备制造业	Computer, Communication & Other Electronic Equipment Manufacturing	3	186616	2275
金属制品、机械和设备修理业	Metal Product, Machinery & Equipment Repair Services	1	3635	79
电力、热力的生产和供应业	Production & Supply of Electric Power, Steam & Hot Water	63	2030482	24869
#电力生产	Electric Power Production	17	616315	6539
#火力发电	Thermal Power	2	309700	1355
水力发电	Hydropower	15	306615	5184
水的生产和供应业	Production & Supply of Water	16	63162	3476

continued

(10 000 yuan)

固定资产原价 Original Value of Fixed Assets	固定资产净值 Net Value of Fixed Assets	资产总计 Total Capital	流动资产合计 Annual Average Balance of Circulating Funds	所有者权益合计 Owner's Equity	利润总额 Total Profits	利税总额 Total Profits & Taxes	应交增值税 Value Added Tax Payable	主营业务收入 Business Income of the Main Products
22359	13561	29222	15233	12875	2413	3989	1411	36168
1405	917	5373	4456	2842	63	84		3423
95492	53877	111024	20296	53936	-7476	-114	6693	190325
173727	82670	243181	144547	22177	2119	3525	1166	165773
14069	7745	26145	16719	7688	-105	448	484	9673
13768	12575	31662	14770	14138	717	965	192	10710
24192	14416	52481	21118	17121	2986	8072	4516	92410
3916	2491	5290	1318	1300	581	2073	1377	27752
2993585	1931985	4477270	2279999	1224636	31322	146860	95745	5882068
64148	29549	142012	95561	30502	10461	29154	6666	262598
39240	21312	93563	57229	34705	5531	9658	3592	67062
28832	13083	94423	75941	27700	5776	7327	1289	77583
47534	23198	245579	200591	32407	7923	15499	7565	275181
137335	72239	398896	298854	155370	515	7433	5581	342835
11514	9701	16673	6972	1686	2411	3406	686	26275
58107	24975	175924	132992	109702	9759	12741	2679	157173
0	0	2100	1168	-200	656	737	21	3196
2423498	1610670	2237972	441404	949042	96918	235223	127342	1951052
1803887	1261813	1585899	196372	451169	62609	133606	66337	589284
586769	483252	618598	105586	80139	8026	45179	35404	297022
1217118	778561	967301	90786	371030	54583	88427	30933	292262
224604	132904	325235	107191	141718	2787	6143	2567	61845

14－6 非公经济工业企业主要指标（2014年）

单位：万元

行 业	Sector	企业单位数（个）Number of Enterprises (unit)	工业总产值（当年价格）Gross Industrial Output Value (At Current Prices)	全部从业人员年平均人数（人）Average Employed Persons (person)
非公经济工业企业	**Non-public Industrial Enterprises**	**4710**	**139543189**	**1235836**
在总计中:	**Of the Total:**			
轻工业	Light Industry	1851	47402099	568198
重工业	Heavy Industry	2859	92141090	667638
在总计中:	**Of the Total:**			
大型企业	Large-scale Industrial Enterprises	131	32018819	286475
中型企业	Medium-scale Industrial Enterprises	1003	49236836	538462
小型企业	Small-scale Industrial Enterprises	3334	56321257	406010
微型企业	Micro-enterprises	242	1966277	4889
煤炭的开采和洗选业	Coal Mining & Dressing	11	165095	4988
黑色金属矿采选业	Ferrous Metals Mining & Dressing	58	2150144	11103
有色金属矿采选业	Nonferrous Metals Mining & Dressing	70	2307919	13541
非金属矿采选业	Nonmetal Minerals Mining & Dressing	102	1776747	14504
开采辅助活动	Mining Assist Activities	2	26155	215
其他采矿业	Other Minerals Mining	2	32245	123
农副食品加工业	Farm & Sideline Products Processing	484	18032464	114132
#制糖业	Carbohydrate Processing	72	4843302	43218
食品制造业	Food Production	120	3184542	33065
#罐头制造业	Canned Food Manufacturing	19	387682	8793
酒、饮料和精制茶制造业	Wine, Drink & Refined Tea Manufacturing	136	3569530	37736
#酒的制造	Beverage Manufacturing	39	1105554	7539
纺织业	Textile Industry	134	2313108	42702
纺织服装、服饰业	Textiles, Clothing & Dresses Manufacturing	61	1212636	23839
皮革、毛皮、羽毛及其制品和制鞋业	Leather, Fur, Feather & Related Products & Shoes Manufacturing	73	1238822	36604
木材加工及木、竹、藤、棕、草制品业	Timber Processing, Bamboo, Cane, Palm Fiber & Straw Products	498	7823341	112610
家具制造业	Furniture Manufacturing	49	1025408	11501
造纸及纸制品业	Papermaking & Paper Products	157	3549167	40245
#造纸	Papermaking	83	2039944	24131

Major Indicators of Non-public Industrial Enterprises (2014)

(10 000 yuan)

固定资产原价 Original Value of Fixed Assets	固定资产净值 Net Value of Fixed Assets	资产总计 Total Capital	流动资产合计 Annual Average Balance of Circulating Funds	所有者权益合计 Owner's Equity	利润总额 Total Profits	利税总额 Total Profits & Taxes	应交增值税 Value Added Tax Payable	主营业务收入 Business Income of the Main Products
35794226	**24177875**	**77246798**	**41024364**	**30228695**	**8425473**	**12721129**	**3571641**	**127024948**
13138904	8537054	29492756	15933468	11577374	2834136	4324746	1203600	42375703
22655322	15640821	47754042	25090895	18651321	5591337	8396383	2368041	84649245
9343714	6700436	20129119	10135076	7861541	2205421	3317333	1000834	30106551
14741062	9869030	29001070	15108883	10948809	3534134	5073347	1247925	44283561
10617691	7106906	25886661	14534346	10504990	2646234	4237920	1277595	50698861
1091760	501503	2229949	1246058	913356	39684	92529	45288	1935975
92622	57020	363326	103114	115239	-17971	-7327	1692	118176
392586	275022	958274	542990	518451	166390	232926	43410	1907205
376005	275513	921228	465591	487883	289904	414728	102884	2160529
325094	244848	815898	421657	283113	161463	241798	65446	1646331
2073	2031	13503	1502	3328	4185	4495	218	24706
951	811	4213	3302	2633	1034	1814	336	28575
4748582	2718324	11380737	7344853	3896745	1058777	1544993	415851	16098071
2553867	1318368	5225283	3378905	1484657	482533	656650	152293	3831907
827745	585069	1873584	831398	993400	192006	302914	94210	2914498
107161	80157	242161	125198	119226	35867	47187	9962	366852
1119767	732576	2046219	988199	921461	331858	472290	73012	2926448
400591	261239	942619	534987	351100	54600	131841	17850	672658
480474	383597	1198626	683712	440951	86657	148112	53526	2108974
135541	75739	495484	366422	229668	101948	149775	38466	1215472
232304	152628	547825	296601	267978	70924	115575	34019	1176305
1442836	1009071	3225873	1654852	1509967	426295	685345	218668	7117880
155957	122430	444236	268521	169017	60149	86861	21992	839181
2555009	2007240	5025092	1593884	1599435	-196	85448	73684	3133736
1816089	1478703	3801800	1108544	1238109	-60668	-24244	31239	1863823

14—6 续表

单位：万元

行业	Sector	企业单位数（个）Number of Enterprises (unit)	工业总产值（当年价格）Gross Industrial Output Value (At Current Prices)	全部从业人员年平均人数（人）Average Employed Persons (person)
印刷业和记录媒介的复制	Printing & Record Duplicating	52	852703	7713
文教、工美、体育和娱乐用品制造业	Culture, Education, Handcraft, Art, Sport & Entertainment Goods Manufacturing	94	1297687	39293
石油加工、炼焦及核燃料加工业	Oil Processing, Coking & Nuclear Fuel Processing	17	650758	1835
化学原料及化学制品制造业	Raw Chemical Materials & Chemical Products	381	7754021	57903
医药制造业	Medical & Pharmaceutical Products	142	3664992	36146
化学纤维制造业	Chemical Fibre Products	1	2036	14
橡胶和塑料制品业	Rubber & Plastic Products	141	2439227	24091
非金属矿物制品业	Nonmetal Mineral Products	597	12370529	162346
#水泥制造	Cement Products	102	3109827	25106
黑色金属冶炼及压延加工业	Smelting & Pressing of Ferrous Metals	228	15328275	61216
有色金属冶炼及压延加工业	Smelting & Pressing of Nonferrous Metals	98	7206398	32058
金属制品业	Metal Products	104	2636117	24319
通用设备制造业	General Equipment Manufacturing	91	2836082	27445
专用设备制造业	For Special Purposes Equipment Manufacturing	140	3282854	25031
汽车制造	Automobile Manufacturing	297	10532421	94761
铁路、船舶、航空航天和其他运输设备制造业	Railway, Ship, Aerospace & Other Transportation Equipment Manufacturing	29	1120110	16729
电气机械及器材制造业	Electric Equipment & Machinery	131	5915727	31281
计算机、通信和其他电子设备制造业	Computer, Communication & Other Electronic Equipment Manufacturing	96	9398689	79663
仪器仪表制造	Instruments Manufacturing	20	418777	4055
其他制造业	Other Manufacturing	18	259708	3402
废弃资源综合利用业	Waste Resources Comprehensive Utilization	24	1773371	3025
金属制品、机械和设备修理业	Metal Product, Machinery & Equipment Repair Services	1	15369	50
电力、热力的生产和供应业	Production & Supply of Electric Power ,Steam & Hot Water	36	1030609	4328
#电力生产	Electric Power Production	32	963210	3770
#火力发电	Thermal Power	5	787488	1194
水力发电	Hydropower	25	152218	2372
燃气生产和供应业	Production & Supply of Gas	9	326779	1382
水的生产和供应业	Production & Supply of Water	6	22627	842

continued

(10 000 yuan)

固定资产原价 Original Value of Fixed Assets	固定资产净值 Net Value of Fixed Assets	资产总计 Total Capital	流动资产合计 Annual Average Balance of Circulating Funds	所有者权益合计 Owner's Equity	利润总额 Total Profits	利税总额 Total Profits & Taxes	应交增值税 Value Added Tax Payable	主营业务收入 Business Income of the Main Products
258504	133405	350389	133376	172884	72670	95951	18454	820210
116467	83018	396548	270951	189316	60480	107392	26275	1122717
247741	150051	425405	220082	138251	-9219	36142	29903	691775
2019382	1352654	4436920	2406392	1865868	504372	718314	172238	7074025
1170708	713708	2749452	1515730	1406105	410627	591690	155758	3153219
1154	794	2038	942	-97	-440	-412	18	2084
346704	222843	1007373	661001	381367	139665	211922	61772	2332385
4423016	3026639	7103592	3185553	3343833	1045343	1565271	442122	11104847
2179427	1529099	2794923	924400	1461280	402683	552676	129572	2498006
2304417	1744995	4954564	2444479	1573819	654786	1132769	435314	14597488
3195845	2451541	6229766	2740453	1417901	63969	199053	119641	5832109
489183	290757	896833	412145	433809	164378	250204	73414	2454386
1005210	550632	2681631	1812059	1198166	206930	295381	77562	2852155
598059	390150	1602945	1033563	755208	235922	324630	70153	2937684
2255516	1510703	6604391	4258460	2239864	365696	565320	163963	9439512
175221	122486	441400	301108	280628	127573	177697	40121	1088586
954132	633424	2399689	1354206	1133350	364405	517354	118538	5508786
908096	560596	2448288	1667614	955695	771903	956171	163344	9006536
82636	41053	217813	104019	137666	26991	34998	7065	372398
74882	45923	108137	53144	57685	27559	37133	8258	257341
67667	52729	542339	366429	112430	75051	168019	85679	1634107
1707	1094	1933	839	829	1559	1893	296	15209
1987988	1277920	1946855	413285	849201	161279	229085	61875	988698
1906019	1206685	1850179	399411	820059	159621	223335	58217	923339
1519779	968376	1405752	324274	660990	131166	181388	46494	748840
364007	222020	405399	69248	140359	21735	33407	10044	156744
169297	144351	304166	78897	93177	16762	20402	2015	298984
53151	34491	80217	23044	52472	3791	5004	450	23623

14－7　私营工业企业主要指标（2014年）

单位：万元

行　业	Sector	企业单位数（个）Number of Enterprises (unit)	工业总产值（当年价格）Gross Industrial Output Value (At Current Prices)	全部从业人员年平均人数（人）Average Employed Persons (person)
私营工业企业	**Collective-owned Industrial Enterprises**	**2936**	**69759506**	**634924**
在总计中：	**Of the Total:**			
轻工业	Light Industry	1087	21965883	265934
重工业	Heavy Industry	1849	47793623	368990
在总计中：	**Of the Total:**			
大型企业	Large-scale Industrial Enterprises	57	10167690	93857
中型企业	Medium-scale Industrial Enterprises	539	22657411	276923
小型企业	Small-scale Industrial Enterprises	2178	35824979	261260
微型企业	Micro-enterprises	162	1109426	2884
煤炭开采和洗选业	Coal Mining & Dressing	6	40801	1468
黑色金属矿采选业	Ferrous Metals Mining & Dressing	42	1181459	5042
有色金属矿采选业	Nonferrous Metals Mining & Dressing	52	1683775	9691
非金属矿采选业	Nonmetal Minerals Mining & Dressing	72	1006852	10580
开采辅助活动	Mining Assist Activities	2	26155	215
其他采矿业	Other Minerals Mining	2	32245	123
农副食品加工业	Farm & Sideline Products Processing	284	7174581	50670
#制糖业	Carbohydrate Processing	18	680704	9129
食品制造业	Food Production	73	1447285	13956
#罐头制造业	Canned Food Manufacturing	11	156169	3557
酒、饮料和精制茶制造业	Wine, Drink & Refined Tea Manufacturing	81	1735965	20906
#酒的制造业	Beverage Manufacturing	21	756990	4341
纺织业	Textile Industry	75	1331854	21734
纺织服装、服饰业	Textiles, Clothing & Dresses Manufacturing	41	832558	13357
皮革、毛皮、羽毛及其制品和制鞋业	Leather, Fur, Feather & Related Products & Shoes Manufacturing	31	331573	6351
木材加工及木、竹、藤、棕、草制品业	Timber Processing, Bamboo, Cane, Palm Fiber & Straw Products	360	5648856	78642
家具制造业	Furniture Manufacturing	35	547400	7427
造纸及纸制品业	Papermaking & Paper Products	97	1744876	18328
#造纸业	Papermaking	52	785019	10024

Major Indicators of Private Dwned Industrial Enterprises (2014)

(10 000 yuan)

固定资产原价 Original Value of Fixed Assets	固定资产净值 Net Value of Fixed Assets	资产总计 Total Capital	流动资产合计 Annual Average Balance of Circulating Funds	所有者权益合计 Owner's Equity	利润总额 Total Profits	利税总额 Total Profits & Taxes	应交增值税 Value Added Tax Payable	主营业务收入 Business Income of the Main Products
13596373	**9411993**	**31479188**	**17117119**	**12397450**	**3982380**	**5980719**	**1632471**	**63685866**
4268789	2803318	10164959	5741923	3965519	1275555	1882646	480908	19939073
9327585	6608676	21314230	11375196	8431931	2706825	4098073	1151563	43746793
2508864	1922121	4867401	2331487	1930811	586159	873507	253014	9814660
4799743	3257504	11095100	5964129	4208068	1567597	2280828	552779	20538210
5913970	3998402	14378634	8203735	5873594	1788355	2762895	809072	32291431
373797	233967	1138053	617768	384978	40269	63489	17606	1041565
26699	23140	59840	25442	16685	-7495	-5900	971	27146
154782	118531	364027	194946	179143	76533	123639	27805	1029957
272839	217514	670217	353503	382097	230919	308385	61989	1592320
170863	130210	458564	254613	148545	65636	106977	32915	932404
2073	2031	13503	1502	3328	4185	4495	218	24706
951	811	4213	3302	2633	1034	1814	336	28575
1223281	821123	3446771	2116776	1146220	342181	484552	125385	6600316
378605	217179	1105372	833047	162356	31888	54042	18887	596202
286689	192626	684490	294596	279216	79534	120092	34722	1333636
18911	12705	89648	52846	31375	8249	12272	3362	144486
317123	227809	978297	611788	469441	113171	193132	36657	1273326
133927	99355	568577	403318	225275	36157	83807	9430	422888
200984	148231	538523	347296	173873	47389	80446	29152	1193409
81975	49830	374912	289505	173394	81623	113721	25191	838332
43487	31915	149575	97550	59049	7503	17316	8346	316826
827318	598410	2006295	1101290	864434	286985	463167	152603	5180885
112498	91016	346932	216037	125268	38647	53288	12649	537662
615564	401059	1018741	420322	291890	78829	123646	36674	1486438
324552	249861	470047	164285	142708	23487	39291	12383	701254

14—7　续表

单位：万元

行　业	Sector	企业单位数（个）Number of Enterprises (unit)	工业总产值（当年价格）Gross Industrial Output Value (At Current Prices)	全部从业人员年平均人数（人）Average Employed Persons (person)
印刷业和记录媒介的复制	Printing & Record Duplicating	41	729411	5554
文教、工美、体育和娱乐用品制造业	Culture, Education, Handcraft, Art, Sport & Entertainment Goods Manufacturing	55	908219	23602
石油加工、炼焦及核燃料加工业	Oil Processing, Coking & Nuclear Fuel Processing	7	149035	682
化学原料及化学制品制造业	Raw Chemical Materials & Chemical Products	238	4435711	34842
医药制造业	Medical & Pharmaceutical Products	66	1464491	15425
化学纤维制造业	Chemical Fibre Products	1	2036	14
橡胶和塑料制品业	Rubber & Plastic Products	96	1578803	13559
非金属矿物制品业	Nonmetal Mineral Products	368	6238508	95450
#水泥制造	Cement Products	56	828423	9671
黑色金属冶炼及压延加工业	Smelting & Pressing of Ferrous Metals	143	7862402	31586
有色金属冶炼及压延加工业	Smelting & Pressing of Nonferrous Metals	54	2972614	15559
金属制品业	Metal Products	70	1931126	17030
通用设备制造业	General Equipment Manufacturing	58	1169594	11098
专用设备制造业	For Special Purposes Equipment Manufacturing	93	1848710	15107
汽车制造	Automobile Manufacturing	200	5524126	49936
铁路、船舶、航空航天和其他运输设备制造业	Railway, Ship, Aerospace & Other Transportation Equipment Manufacturing	22	854303	13874
电气机械及器材制造业	Electric Equipment & Machinery	85	3666755	15864
计算机、通信和其他电子设备制造业	Computer, Communication & Other Electronic Equipment Manufacturing	36	1860563	10867
仪器仪表制造业	Instruments Manufacturing	12	230254	1640
其他制造业	Other Manufacturing	8	142506	1148
废弃资源综合利用业	Waste Resources Comprehensive Utilization	15	1314364	1901
电力、热力的生产和供应业	Production & Supply of Electric Power, Steam & Hot Water	13	85171	1497
#电力生产	Electric Power Production	13	85171	1497
#火力发电	Thermal Power	1	14187	167
水力发电	Hydropower	11	68219	1235
燃气生产和供应业	Production & Supply of Gas	1	17959	24
水的生产和供应业	Production & Supply of Water	1	6613	175

continued

(10 000 yuan)

固定资产原价 Original Value of Fixed Assets	固定资产净值 Net Value of Fixed Assets	资产总计 Total Capital	流动资产合计 Annual Average Balance of Circulating Funds	所有者权益合计 Owner's Equity	利润总额 Total Profits	利税总额 Total Profits & Taxes	应交增值税 Value Added Tax Payable	主营业务收入 Business Income of the Main Products
221330	107395	293189	109334	146784	68561	89141	16477	708826
61899	47597	282910	207735	138740	44085	68759	16968	792798
26433	16875	115711	80826	13172	1894	5939	3506	121085
843059	551974	1902901	1014818	893162	309266	444851	112640	4127885
485389	267904	691324	340308	351501	164794	216110	43960	1384652
1154	794	2038	942	-97	-440	-412	18	2084
195005	122494	568901	383600	231705	87446	139208	44912	1511859
1817499	1233907	3032700	1455813	1225093	425310	687658	222293	5950273
446378	298469	589689	239722	162895	48914	85282	26985	801029
1267584	986073	2631514	1262752	1016372	328535	530399	173809	7455384
1084835	877130	2913969	1302780	847412	23591	51869	21807	2406165
380065	225937	664622	275353	320105	124292	192724	58840	1826486
195630	149043	540196	327931	221375	57525	79385	18696	992750
374795	251635	976948	622029	436845	132399	187502	43184	1631968
1030338	684045	2959570	1926527	955150	143671	230974	70835	4657154
115411	77937	285493	194555	187731	94928	131899	31690	837574
655275	457028	1509984	736737	738122	199682	303092	76645	3478934
243983	108218	428376	220195	208407	229405	247990	13743	1707957
45124	20290	68688	35848	39883	19994	25495	4937	211251
43800	32773	56938	23934	34153	14372	18278	3547	142246
43313	38207	293677	250220	28345	61786	131526	64519	1236135
121566	95502	131417	9574	42948	2996	7038	3595	84453
121566	95502	131417	9574	42948	2996	7038	3595	84453
27284	24945	27170	1014	5434	522	1191	576	11537
94088	70525	86820	7130	34676	2188	5010	2482	69120
3579	2881	10960	6679	3225	245	462	195	15715
2186	2103	2265	162	2101	1372	2064	44	6297

14—8 大中型工业企业分行业主要指标（2014年）

单位：万元

行 业	Sector	企业单位数（个） Number of Enterprises (unit)	工业总产值（当年价格） Gross Industrial Output Value (At Current Prices)	全部从业人员年平均人数（人） Average Employed Persons (person)
大中型工业企业	**Large & Medium Industrial Enterprises**	**1468**	**140805106**	**1184515**
在总计中:	**Of the Total:**			
轻工业	Light Industry	667	35740049	472990
重工业	Heavy Industry	801	105065056	711525
在总计中:	**Of the Total:**			
大型企业	Large-scale Industrial Enterprises	187	68607012	490195
中型企业	Medium-scale Industrial Enterprises	1281	72198093	694320
煤炭的开采和洗选业	Coal Mining & Dressing	13	395419	15257
黑色金属矿采选业	Ferrous Metals Mining & Dressing	8	1072240	7616
有色金属矿采选业	Nonferrous Metals Mining & Dressing	26	1746696	16002
非金属矿采选业	Nonmetal Minerals Mining & Dressing	15	643548	9694
农副食品加工业	Farm & Sideline Products Processing	160	14491701	103017
#制糖业	Carbohydrate Processing	87	6496895	61602
食品制造业	Food Production	26	1848141	21451
#罐头制造业	Canned Food Manufacturing	7	246255	6700
酒、饮料和精制茶制造业	Wine, Drink & Refined Tea Manufacturing	30	2990848	29115
#酒的制造	Beverage Manufacturing	8	1443909	8929
烟草制品业	Tobacco Processing	2	2146140	3384
#卷烟制造	Cigarettes Manufacturing	1	2140164	2954
纺织业	Textile Industry	57	1724722	32463
纺织服装、服饰业	Textiles, Clothing & Dresses Manufacturing	30	908987	18425
皮革、毛皮、羽毛及其制品和制鞋业	Leather, Fur, Feather & Related Products & Shoes Manufacturing	36	926693	33501
木材加工及木、竹、藤、棕、草制品业	Timber Processing, Bamboo, Cane, Palm Fiber & Straw Products	103	3201614	63404
家具制造业	Furniture Manufacturing	14	581227	7749
造纸及纸制品业	Papermaking & Paper Products	41	1915609	27820
#造纸	Papermaking	22	1348543	17739

注：工业企业分行业主要指标统计范围为年主营业务收入2000万元及以上工业法人企业。

Note: The statistic coverage of major indicators of industrial enterprises by industrial sectors is enterprises with business income ofthe main products of over 20 million yuan. the main products of over 5 million yuan.

Major Indicators of Large-scale & Medium-scale Industrial Enter-prises (2014)

(10 000 yuan)

固定资产原价 Original Value of Fixed Assets	固定资产净值 Net Value of Fixed Assets	资产总计 Total Capital	流动资产合计 Annual Average Balance of Circulating Funds	所有者权益合计 Owner' s Equity	利润总额 Total Profits	利税总额 Total Profits & Taxes	应交增值税 Value Added Tax Payable	主营业务收入 Business Income of the Main Products
59542281	**38572762**	**103961496**	**47706173**	**38189496**	**7588288**	**16063377**	**5247137**	**129958990**
13055888	8094238	27301539	14793504	11004006	2386743	4944172	1189630	31577567
46486393	30478524	76659957	32912669	27185490	5201545	11119205	4057506	98381424
30724349	19280740	53568379	24900397	18231283	3480037	7384173	2235921	64268937
28817932	19292022	50393117	22805776	19958214	4108251	8679204	3011216	65690053
281863	148529	787062	185688	375457	-10126	18649	16318	305521
319639	233214	657767	324171	410491	110954	144529	22385	936112
432834	287395	900155	341862	488398	282701	389508	80048	1710673
354254	235191	432112	126971	173430	135274	187837	44701	638369
4990087	2742321	11451638	7601546	3653827	873651	1269844	332917	12315537
3501088	1852692	6535456	4041442	2008180	498567	718493	193548	4838368
580028	436675	1203125	465648	672753	124119	200411	67073	1688931
93739	70720	194012	99199	107305	22208	27762	5004	239814
1046367	606078	1472498	648812	829357	315567	472916	69457	2485922
602895	345775	891512	424254	513143	110931	241233	45590	1032395
552816	231965	1624895	1092564	1364104	264179	1643475	261338	2141620
536930	224856	1573367	1050056	1316127	263900	1641978	260230	2133395
375697	285207	938784	550043	344820	69541	117941	42271	1526378
102367	58856	363723	267954	166963	77031	112147	28038	915267
187755	123062	399945	189969	219197	62588	99192	27432	873974
652664	435386	1452867	778347	555968	175577	299551	105548	2968948
68194	45187	254461	175699	75838	37050	52455	13265	442029
2514965	1896891	4164503	1166526	1310300	-112560	-73698	35543	1730201
1702750	1407093	3285544	918755	1010962	-96950	-76855	18438	1234190

14－8　续表

单位：万元

行　　业	Sector	企业单位数（个）Number of Enterprises (unit)	工业总产值（当年价格）Gross Industrial Output Value (At Current Prices)	全部从业人员年平均人数（人）Average Employed Persons (person)
印刷业和记录媒介的复制	Printing & Record Duplicating	8	306687	3183
文教、工美、体育和娱乐用品制造业	Culture, Education, Handcraft, Art, Sport & Entertainment Goods Manufacturing	53	654186	32896
石油加工、炼焦及核燃料加工业	Oil Processing, Coking & Nuclear Fuel Processing	3	7794184	2609
化学原料及化学制品制造业	Raw Chemical Materials & Chemical Products	93	4748338	54801
医药制造业	Medical & Pharmaceutical Products	41	2127192	25112
橡胶和塑料制品业	Rubber & Plastic Products	24	1056754	13774
非金属矿物制品业	Nonmetal Mineral Products	194	9316786	130397
#水泥制造	Cement Products	36	3392016	24542
黑色金属冶炼及压延加工业	Smelting & Pressing of Ferrous Metals	52	20038607	67119
有色金属冶炼及压延加工业	Smelting & Pressing of Nonferrous Metals	52	9743602	54634
金属制品业	Metal Products	23	2006251	19486
通用设备制造业	General Equipment Manufacturing	20	2046918	22335
专用设备制造业	For Special Purposes Equipment Manufacturing	35	3081047	31797
汽车制造	Automobile Manufacturing	95	17846817	102622
铁路、船舶、航空航天和其他运输设备制造业	Railway, Ship, Aerospace & Other Transportation Equipment Manufacturing	20	1238161	21005
电气机械及器材制造业	Electric Equipment & Machinery	35	4421921	24935
计算机、通信和其他电子设备制造业	Computer, Communication & Other Electronic Equipment Manufacturing	47	8305878	76650
仪器仪表制造业	Instruments Manufacturing	5	161541	2738
其他制造业	Other Manufacturing	3	69511	1536
废弃资源综合利用业	Waste Resources Comprehensive Utilization	3	56817	1411
电力、热力的生产和供应业	Production & Supply of Electric Power, Steam & Hot Water	91	10961680	101027
#电力生产	Electric Power Production	27	2235587	16308
#火力发电	Thermal Power	12	1793109	6453
水力发电	Hydropower	15	442478	9855
燃气生产和供应业	Production & Supply of Gas	2	66067	1042
水的生产和供应业	Production & Supply of Water	8	162576	4508

continued

(10 000 yuan)

固定资产原价 Original Value of Fixed Assets	固定资产净值 Net Value of Fixed Assets	资产总计 Total Capital	流动资产合计 Annual Average Balance of Circulating Funds	所有者权益合计 Owner's Equity	利润总额 Total Profits	利税总额 Total Profits & Taxes	应交增值税 Value Added Tax Payable	主营业务收入 Business Income of the Main Products
104784	54413	171738	77605	91949	41396	53916	10355	293696
74741	53445	175430	100450	83623	35543	60059	17596	620600
2800819	2193508	3381138	991768	2265466	-280840	2005267	1126593	7574663
2590255	1619594	3793256	1656398	1432013	326432	477260	116855	4290753
808428	501227	2104433	1214851	1138104	352740	496926	128159	1836308
267633	179744	892483	399095	212115	36882	62476	23093	1008370
4528616	3123367	5992549	2140348	3260931	1101926	1577161	415773	8361060
2935804	2070546	3486945	1048191	1980964	604675	806164	180040	2716314
5386193	3700493	9508748	4523456	2706874	654050	1267794	558578	19537131
6956382	4946480	11876857	4772429	2286496	-38674	281145	287868	7576099
347109	267088	1239068	381241	432397	153966	259441	84678	1865482
888455	488692	2310059	1534024	1072964	153524	224833	62567	2144907
684270	431942	4004790	2446071	1954560	206661	289604	66805	2920005
3306068	2142396	10463019	7117819	2584501	884587	1582890	377318	16549831
273293	165357	713718	497961	394508	105962	156610	43870	1223444
805218	579362	2082415	1134021	906711	264217	380393	86741	4120437
837694	502057	2183780	1544934	831868	666010	838867	154107	8007831
38774	19646	150074	75462	100178	7750	10890	2691	147564
21136	8334	31080	18267	11598	7667	11419	3103	68937
16967	7729	21761	11238	9097	5368	9720	3610	54183
15492451	9240938	15620628	2952781	5342967	440895	1017453	524478	10831440
5802921	3788181	6330860	1275925	1896692	297079	472231	159790	2151337
3935272	2704446	3680075	589510	791584	170284	300864	119962	1727359
1867649	1083735	2650785	686415	1105108	126795	171367	39828	423978
147980	120570	200293	34685	99611	21142	22893	690	83324
705484	460425	940646	165471	330065	35540	41603	5276	163445

14—9　工业企业主要经济效益指标（2014年）

单位：万元

行　业	Sector	企业亏损面 (%) Composition of Loss-making Enterprises (%)	产值利税率 (%) Ratio of Profits to Output Value (%)
总　计	**Total**	**18.1**	**10.4**
在总计中:	**Of the Total:**		
国有企业	State-owned	18.5	5.4
中央企业	Central Enterprises	11.1	6.7
地方企业	Local Enterprises	19.4	5.2
集体企业	Collective-owned	13.8	12.3
其他经济	Others	18.2	10.6
#外商及港澳台商投资企业	Foreign Funded Enterprises & Enterprises with Funds from Hong Kong ,Macao & Taiwan	18.0	11.1
在总计中:	**Of the Total:**		
轻工业	Light Industry	16.1	11.5
重工业	Heavy Industry	19.4	9.9
在总计中:	**Of the Total:**		
大型企业	Large-scale Industrial Enterprises	10.7	10.8
中型企业	Medium-scale Industrial Enterprises	15.8	12.0
小型企业	Small-scale Industrial Enterprises	18.8	8.2
微型企业	Micro-enterprises	24.8	4.2
煤炭的开采和洗选业	Coal Mining & Dressing	73.7	5.2
石油和天然气开采业	Oil & Gas Mining		37.1
黑色金属矿采选业	Ferrous Metals Mining & Dressing	21.2	10.7
有色金属矿采选业	Nonferrous Metals Mining & Dressing	23.7	19.1
非金属矿采选业	Nonmetal Minerals Mining & Dressing	12.0	16.5
开采辅助活动	Mining Assist Activities	50.0	17.2
其他采矿业	Other Minerals Mining		5.6
农副食品加工业	Farm & Sideline Products Processing	20.0	7.8
#制糖	Carbohydrate Processing	52.1	10.6
食品制造业	Food Production	12.7	10.0
#罐头食品制造	Canned Food Manufacturing	5.0	12.3
酒、饮料和精制茶制造业	Wine, Drink & Refined Tea Manufacturing	12.9	13.9
#酒的制造	Liquor & Beverage Manufacturing	27.3	14.1
烟草制品业	Tobacco Processing		76.6
#卷烟制造	Cigarettes Manufacturing		76.7
纺织业	Textile Industry	34.5	6.1

Major Economic Efficiency Indicators of Industrial Enterprises (2014)

(10 000 yuan)

主营业务收入利税率(%) Ratio of Per-tax Profits to Core Business Sales (%)	百元固定资产原价实现利税（元） Per-tax Profits per 100 yuan of Original Value of Fixed Assets (yuan)	百元主营业务收入实现利润（元） Per-tax Profits Per 100 yuan of Core Business Sales (yuan)	成本费用利润率(%) Ratio of Profits to Industrial (%)
11.3	**26.7**	**5.7**	**6.2**
5.7	8.9	2.1	2.2
7.1	8.8	2.4	2.4
5.5	8.9	2.1	2.1
12.7	84.3	7.3	8.0
11.6	28.1	5.9	6.4
11.9	30.3	7.9	8.6
12.8	37.4	6.7	7.3
10.7	23.8	5.4	5.8
11.5	24.0	5.4	5.9
13.2	30.1	6.3	6.8
9.1	27.3	5.7	6.1
4.4	7.5	1.8	1.8
6.8	7.8	-3.9	-3.9
35.3	63.2	29.6	39.3
12.0	60.9	8.3	9.2
20.4	76.9	13.5	15.8
17.7	69.1	11.6	13.4
18.2	216.9	16.9	24.1
6.3	190.8	3.6	3.7
8.8	28.3	5.9	6.2
14.2	19.4	9.7	10.1
11.0	35.1	7.1	7.6
13.0	44.6	9.9	11.0
16.9	39.4	10.8	12.2
19.8	33.0	8.6	9.6
76.7	297.3	12.3	34.6
77.0	305.8	12.4	34.9
6.8	28.5	3.9	4.0

14—9 续表

单位：万元

行 业	Sector	企业亏损面 (%) Composition of Loss-making Enterprises (%)	产值利税率 (%) Ratio of Profits to Output Value (%)
纺织服装、服饰业	Micro-enterprises	10.8	12.3
皮革、毛皮、羽毛及其制品和制鞋业	Leather, Fur, Feather & Related Products & Shoes Manufacturing	24.7	9.3
木材加工及木、竹、藤、棕、草制品业	Timber Processing, Bamboo, Cane, Palm Fiber & Straw Products	14.5	8.6
家具制造业	Furniture Manufacturing	6.1	8.5
造纸及纸制品业	Papermaking & Paper Products	27.6	1.9
#造纸	Papermaking	34.1	-1.4
印刷业和记录媒介的复制	Printing & Record Duplicating	4.3	12.7
#印刷	Printing	4.4	12.6
文教、工美、体育和娱乐用品制造业	Culture, Education, Handcraft, Art, Sport & Entertainment Goods Manufacturing	2.1	8.3
石油加工、炼焦及核燃料加工业	Oil Processing, Coking & Nuclear Fuel Processing	31.8	23.9
化学原料及化学制品制造业	Raw Chemical Materials & Chemical Products	19.3	9.0
医药制造业	Medicine Products	10.3	16.7
化学纤维制造业	Chemical Fiber Products	100.0	-20.3
橡胶和塑料制品业	Rubber & Plastic Products	17.8	7.2
非金属矿物制品业	Nonmetal Mineral Products	14.3	13.9
#水泥制造	Cement Products	22.0	18.8
黑色金属冶炼及压延加工业	Smelting & Pressing of Ferrous Metais	31.4	5.8
有色金属冶炼及压延加工业	Smelting & Pressing of Nonferrous Metals	49.6	3.0
金属制品业	Metal Products	11.3	10.2
通用设备制造业	General Equipment Manufacturing	20.5	9.7
专用设备制造业	For Special Purposes Equipment Manufacturing	12.5	8.7
汽车制造业	Automobile Manufacturing	18.6	8.0
#汽车整车制造	Vehicle manufacturing	28.6	11.1
铁路、船舶、航空航天和其他运输设备制造业	Railway, Ship, Aerospace & Other Transportation Equipment Manufacturing	2.7	12.3
电气机械及器材制造业	Electric Equipment & Machinery	10.4	8.5
计算机、通信和其他电子设备制造业	Computer, Communication & Other Electronic Equipment Manufacturing	11.4	10.0
仪器仪表制造业	Instruments Manufacturing	4.5	8.8
其他制造业	Other Manufacturing	22.2	14.3
废弃资源综合利用业	Waste Resources Comprehensive Utilization	25.9	7.1
金属制品、机械和设备修理业	Metal Product, Machinery & Equipment Repair Services		14.6
电力、热力的生产和供应业	Production & Supply of Electric Power & Heating Power	13.7	12.3
#电力生产	Electric Power Production	16.2	27.3
#火力发电	Thermal Power	23.5	16.0
水力发电	Hydropower	15.5	42.3
燃气生产和供应业	Production & Supply of Gas	33.3	7.3
水的生产和供应业	Production & Supply of Water	30.6	20.9

continued

(10 000 yuan)

主营业务收入利税率(%) Ratio of Per-tax Profits to Core Business Sales (%)	百元固定资产原价实现利税（元） Per-tax Profits per 100 yuan of Original Value of Fixed Assets (yuan)	百元主营业务收入实现利润（元） Per-tax Profits Per 100 yuan of Core Business Sales (yuan)	成本费用利润率(%) Ratio of Profits to Industrial (%)
12.3	101.6	8.3	9.3
9.8	49.8	6.0	6.5
9.6	42.9	6.0	6.4
10.4	55.7	7.2	7.9
2.1	2.4	-0.6	-0.6
-1.5	-1.5	-3.4	-3.3
13.3	35.9	10.1	11.3
13.3	34.1	10.0	11.2
9.6	87.8	5.4	5.7
24.4	66.3	-3.5	-3.9
9.8	24.7	6.6	7.1
19.3	52.3	13.3	15.7
-19.8	-35.7	-21.1	-17.1
7.5	42.4	4.5	5.0
15.4	36.0	10.4	11.7
22.2	27.2	16.0	19.1
6.1	23.6	3.1	3.3
3.8	5.0	-0.1	-0.2
11.1	46.8	7.0	7.4
9.8	26.7	6.7	7.1
9.4	42.0	6.6	7.0
8.8	40.3	4.9	5.2
11.9	58.5	6.2	6.7
12.8	56.4	8.6	9.6
9.3	49.1	6.6	7.2
10.5	96.2	8.4	9.4
9.9	41.2	7.6	8.3
14.4	49.6	10.7	12.1
7.7	124.8	2.2	2.3
15.0	89.1	10.7	12.1
12.5	6.7	6.2	6.4
28.1	7.4	17.7	21.0
16.5	7.4	8.9	9.6
43.3	7.4	29.1	39.0
7.7	10.5	6.3	6.5
19.3	5.7	15.5	18.1

14—10　国有控股工业企业主要经济效益指标（2014年）

行　业	Sector	企业亏损面 (%) Composition of Loss-making Enterprises (%)	产值利税率 (%) Ratio of Profits to Output Value (%)
总　计	**Total**	**25.5**	**13.3**
在总计中:	**Of the Total:**		
轻工业	Light Industry	27.6	25.8
重工业	Heavy Industry	24.8	11.5
在总计中:	**Of the Total:**		
大型企业	Large-scale Industrial Enterprises	24.0	11.0
中型企业	Medium-scale Industrial Enterprises	27.3	16.4
小型企业	Small-scale Industrial Enterprises	24.2	16.9
微型企业	Micro-enterprises	26.7	4.7
煤炭的开采和洗选业	Coal Mining & Dressing	42.9	10.9
石油和天然气开采业	Oil & Gas Mining		37.1
黑色金属矿采选业	Ferrous Metals Mining & Dressing	20.0	15.4
有色金属矿采选业	Nonferrous Metals Mining & Dressing	21.7	23.5
非金属矿采选业	Nonmetal Minerals Mining & Dressing	37.5	33.1
农副食品加工业	Farm & Sideline Products Processing	33.3	4.6
#制糖	Carbohydrate Processing	54.5	2.7
食品制造业	Food Production		16.8
酒、饮料和精制茶制造业	Wine, Drink & Refined Tea Manufacturing	28.6	6.5
#酒的制造	Liquor & Beverage Manufacturing		6.7
烟草制品业	Tobacco Processing		76.6
#卷烟制造	Cigarettes Manufacturing		76.7
纺织业	Textile Industry	33.3	2.7
纺织服装、服饰业	Textiles, Clothing & Dresses Manufacturing		12.0
皮革、毛皮、羽毛及其制品和制鞋业	Leather, Fur, Feather & Related Products & Shoes Manufacturing		
木材加工及木、竹、藤、棕、草制品业	Timber Processing, Bamboo, Cane, Palm Fiber & Straw Products	31.3	6.1
造纸及纸制品业	Papermaking & Paper Products	30.0	-8.6
#造纸	Papermaking	33.3	-9.2

Major Economic Efficiency Indicators of State-owned &State Holding Industrial Enterprises (2014)

主营业务收入利税率（%）Ratio of Per-tax Profits to Core Business Sales (%)	百元固定资产原价实现利税（元）Per-tax Profits per 100 yuan of Original Value of Fixed Assets (yuan)	百元主营业务收入实现利润（元）Per-tax Profits Per 100 yuan of Core Business Sales (yuan)	成本费用利润率（%）Ratio of Profits to Industrial (%)
14.3	**18.9**	**3.7**	**4.0**
28.9	51.6	6.3	8.1
12.3	15.7	3.4	3.5
11.8	18.6	3.5	3.8
17.6	24.6	2.2	2.4
19.3	10.3	11.7	13.0
5.3	6.5	3.1	3.2
13.6	14.8	2.0	2.1
35.3	63.2	29.6	39.3
15.7	107.6	5.6	6.1
24.8	40.6	13.7	16.5
35.0	62.4	24.7	33.9
5.6	13.3	2.7	2.8
4.2	4.4	-0.1	-0.1
18.4	20.1	14.0	16.3
7.6	18.1	1.4	1.3
8.0	18.0	1.4	1.2
76.7	297.3	12.3	34.6
77.0	305.8	12.4	34.9
3.2	8.1	0.4	0.4
13.2	18.5	4.8	5.7
8.7	13.3	4.4	4.6
-9.1	-3.6	-12.4	-11.1
-10.0	-4.8	-13.3	-12.1

14-10 续表

行　业	Sector	企业亏损面(%) Composition of Loss-making Enterprises (%)	产值利税率(%) Ratio of Profits to Output Value (%)
印刷业和记录媒介的复制	Printing & Record Duplicating	11.8	18.3
文教、工美、体育和娱乐用品制造业	Culture, Education, Handcraft, Art, Sport & Entertainment Goods Manufacturing	33.3	11.4
石油加工、炼焦及核燃料加工业	Oil Processing, Coking & Nuclear Fuel Processing	60.0	25.4
化学原料及化学制品制造业	Raw Chemical Materials & Chemical Products	24.1	8.2
医药制造业	Medical & Pharmaceutical Products	11.1	17.4
橡胶和塑料制品业	Rubber & Plastic Products	37.5	1.7
非金属矿物制品业	Nonmetal Mineral Products	5.7	22.3
#水泥制造	Cement Products	6.7	26.7
黑色金属冶炼及压延加工业	Smelting & Pressing of Ferrous Metals	33.3	3.3
有色金属冶炼及压延加工业	Smelting & Pressing of Nonferrous Metals	67.9	3.3
金属制品业	Metal Products		13.5
通用设备制造业	General Equipment Manufacturing	31.3	3.9
专用设备制造业	For Special Purposes Equipment Manufacturing	42.1	6.7
汽车制造	Automobile Manufacturing	33.3	10.7
铁路、船舶、航空航天和其他运输设备制造业	Railway, Ship, Aerospace & Other Transportation Equipment Manufacturing	20.0	2.8
电气机械及器材制造业	Electric Equipment & Machinery	50.0	3.7
计算机、通信和其他电子设备制造业	Computer, Communication & Other Electronic Equipment Manufacturing	25.0	4.9
金属制品、机械和设备修理业	Metal Product, Machinery & Equipment Repair Services		19.3
电力、热力的生产和供应业	Production & Supply of Electric Power, Steam & Hot Water	15.4	11.5
#电力生产	Electric Power Production	22.9	28.8
#火力发电	Thermal Power	33.3	11.6
水力发电	Hydropower	21.4	44.7
燃气生产和供应业	Production & Supply of Gas	50.0	22.0
水的生产和供应业	Production & Supply of Water	37.9	20.9

continued

主营业务收入利税率（%）Ratio of Per-tax Profits to Core Business Sales (%)	百元固定资产原价实现利税（元）Per-tax Profits per 100 yuan of Original Value of Fixed Assets (yuan)	百元主营业务收入实现利润（元）Per-tax Profits Per 100 yuan of Core Business Sales (yuan)	成本费用利润率（%）Ratio of Profits to Industrial (%)
19.6	33.8	14.9	17.6
12.8	16.8	3.1	3.4
26.1	70.8	-3.7	-4.1
8.6	8.6	5.4	5.6
17.8	40.6	10.6	11.8
1.8	4.3	-0.9	-1.0
24.3	30.9	17.6	21.5
29.6	29.3	21.9	27.9
3.4	7.8	1.0	1.0
4.4	3.9	-2.2	-2.1
15.8	39.9	8.7	9.0
4.2	8.7	1.2	1.2
7.0	26.8	4.5	4.6
11.6	58.7	6.0	6.6
3.0	7.1	0.2	0.2
4.5	9.3	2.0	2.0
5.7	13.0	3.8	3.9
20.6	70.6	11.8	13.7
11.6	6.3	5.4	5.5
29.6	6.7	17.8	21.0
11.9	5.0	3.6	3.7
46.0	7.4	31.0	42.2
14.6	8.2	13.4	15.4
19.2	5.5	15.5	18.2

14－11 大中型工业企业主要经济效益指标（2014年）

行　业	Sector	企业亏损面（%）Composition of Loss-making Enterprises (%)	产值利税率（%）Ratio of Profits to Output Value (%)
大中型工业企业	**Large & Medium Industrial Enterprises**	**15.2**	**11.4**
在总计中:	**Of the Total:**		
轻工业	Light Industry	16.6	13.8
重工业	Heavy Industry	14.0	10.6
在总计中:	**Of the Total:**		
大型企业	Large-scale Industrial Enterprises	10.7	10.8
中型企业	Medium-scale Industrial Enterprises	15.8	12.0
煤炭的开采和洗选业	Coal Mining & Dressing	69.2	4.7
黑色金属矿采选业	Ferrous Metals Mining & Dressing		13.5
有色金属矿采选业	Nonferrous Metals Mining & Dressing	19.2	22.3
非金属矿采选业	Nonmetal Minerals Mining & Dressing	20.0	29.2
农副食品加工业	Farm & Sideline Products Processing	33.1	8.8
#制糖业	Carbohydrate Processing	49.4	11.1
食品制造业	Food Production	11.5	10.8
#罐头制造业	Canned Food Manufacturing	14.3	11.3
酒、饮料和精制茶制造业	Wine, Drink & Refined Tea Manufacturing	3.3	15.8
#酒的制造	Beverage Manufacturing		16.7
烟草制品业	Tobacco Processing		76.6
#卷烟制造	Cigarettes Manufacturing		76.7
纺织业	Textile Industry	24.6	6.8
纺织服装、服饰业	Textiles, Clothing & Dresses Manufacturing	6.7	12.3
皮革、毛皮、羽毛及其制品和制鞋业	Leather, Fur, Feather & Related Products & Shoes Manufacturing	5.6	10.7
木材加工及木、竹、藤、棕、草制品业	Timber Processing, Bamboo, Cane, Palm Fiber & Straw Products	8.7	9.4
家具制造业	Furniture Manufacturing	7.1	9.0
造纸及纸制品业	Papermaking & Paper Products	41.5	-3.8
#造纸	Papermaking	50.0	-5.7
印刷业和记录媒介的复制	Printing & Record Duplicating		17.6

Major Economic Efficiency Indicators of Large&Medium Industrial Enterprises(2014)

主营业务收入利税率（%）Ratio of Per-tax Profits to Core Business Sales (%)	百元固定资产原价实现利税（元）Per-tax Profits per 100 yuan of Original Value of Fixed Assets (yuan)	百元主营业务收入实现利润（元）Per-tax Profits Per 100 yuan of Core Business Sales (yuan)	成本费用利润率（%）Ratio of Profits to Industrial (%)
12.4	**27.0**	**5.8**	**6.3**
15.7	37.9	7.6	8.4
11.3	23.9	5.3	5.7
11.5	24.0	5.4	5.9
13.2	30.1	6.3	6.8
6.1	6.6	-3.3	-3.3
15.4	45.2	11.9	13.5
22.8	90.0	16.5	20.2
29.4	53.0	21.2	27.3
10.3	25.4	7.1	7.5
14.8	20.5	10.3	10.8
11.9	34.6	7.3	7.9
11.6	29.6	9.3	10.2
19.0	45.2	12.7	14.5
23.4	40.0	10.7	12.2
76.7	297.3	12.3	34.6
77.0	305.8	12.4	34.9
7.7	31.4	4.6	4.8
12.3	109.6	8.4	9.4
11.3	52.8	7.2	7.7
10.1	45.9	5.9	6.3
11.9	76.9	8.4	9.3
-4.3	-2.9	-6.5	-6.1
-6.2	-4.5	-7.9	-7.3
18.4	51.5	14.1	16.4

14－11 续表

行 业	Sector	企业亏损面 (%) Composition of Loss-making Enterprises (%)	产值利税率 (%) Ratio of Profits to Output Value (%)
文教、工美、体育和娱乐用品制造业	Culture, Education, Handcraft, Art, Sport & Entertainment Goods Manufacturing		9.2
石油加工、炼焦及核燃料加工业	Oil Processing, Coking & Nuclear Fuel Processing	66.7	25.7
化学原料及化学制品制造业	Raw Chemical Materials & Chemical Products	14.0	10.1
医药制造业	Medical & Pharmaceutical Products	9.8	23.4
橡胶和塑料制品业	Rubber & Plastic Products	8.3	5.9
非金属矿物制品业	Nonmetal Mineral Products	4.1	16.9
#水泥制造	Cement Products	5.6	23.8
黑色金属冶炼及压延加工业	Smelting & Pressing of Ferrous Metals	25.0	6.3
有色金属冶炼及压延加工业	Smelting & Pressing of Nonferrous Metals	42.3	2.9
金属制品业	Metal Products		12.9
通用设备制造业	General Equipment Manufacturing	15.0	11.0
专用设备制造业	For Special Purposes Equipment Manufacturing	11.4	9.4
汽车制造	Automobile Manufacturing	7.4	8.9
铁路、船舶、航空航天和其他运输设备制造业	Railway, Ship, Aerospace & Other Transportation Equipment Manufacturing		12.6
电气机械及器材制造业	Electric Equipment & Machinery	14.3	8.6
计算机、通信和其他电子设备制造业	Computer, Communication & Other Electronic Equipment Manufacturing	8.5	10.1
仪器仪表制造	Instruments Manufacturing		6.7
其他制造业	Other Manufacturing	66.7	16.4
废弃资源综合利用业	Waste Resources Comprehensive Utilization	33.3	17.1
电力、热力的生产和供应业	Production & Supply of Electric Power ,Steam & Hot Water	13.2	9.3
#电力生产	Electric Power Production	25.9	21.1
#火力发电	Thermal Power	33.3	16.8
水力发电	Hydropower	20.0	38.7
燃气生产和供应业	Production & Supply of Gas		34.7
水的生产和供应业	Production & Supply of Water	25.0	25.6

continued

主营业务收入利税率（%）Ratio of Per-tax Profits to Core Business Sales (%)	百元固定资产原价实现利税（元）Per-tax Profits per 100 yuan of Original Value of Fixed Assets (yuan)	百元主营业务收入实现利润（元）Per-tax Profits Per 100 yuan of Core Business Sales (yuan)	成本费用利润率（%）Ratio of Profits to Industrial (%)
9.7	80.4	5.7	6.1
26.5	71.6	-3.7	-4.2
11.1	18.4	7.6	8.2
27.1	61.5	19.2	23.9
6.2	23.3	3.7	3.9
18.9	34.8	13.2	15.3
29.7	27.5	22.3	28.5
6.5	23.5	3.3	3.5
3.7	4.0	-0.5	-0.5
13.9	74.7	8.3	8.8
10.5	25.3	7.2	7.6
9.9	42.3	7.1	7.4
9.6	47.9	5.3	5.7
12.8	57.3	8.7	9.6
9.2	47.2	6.4	6.9
10.5	100.1	8.3	9.2
7.4	28.1	5.3	5.4
16.6	54.0	11.1	12.8
17.9	57.3	9.9	11.4
9.4	6.6	4.1	4.1
22.0	8.1	13.8	15.6
17.4	7.6	9.9	10.8
40.4	9.2	29.9	38.7
27.5	15.5	25.4	28.2
25.5	5.9	21.7	26.9

14－12　主要年份主要工业产品产量
Output of Major Industrial Products in Main Years

产品名称	Item	1995	2000	2005	2010	2011	2012	2013	2014
锰矿石（万吨）	Manganese Ore (10 000 tons)	265.40	118.65	75.18	564.39	353.41	494.77	605.79	741.45
铁矿石（万吨）	Iron Ore (10 000 tons)	272.32	68.61	62.16	353.06	423.25	484.03	908.40	871.15
粗钢（万吨）	Steel (10 000 tons)	88.78	104.73	496.29	1204.57	1212.11	1341.65	2223.65	2085.62
生铁（万吨）	Pig Iron (10 000 tons)	96.76	125.32	485.39	1113.46	959.98	1302.70	1571.63	1235.2
钢材（万吨）	Rolled Steel (10 000 tons)	80.50	102.63	519.88	1560.34	1766.40	2149.54	2791.68	3263.68
铁合金（万吨）	Ferroalloys (10 000 tons)	31.14	41.58	126.28	269.44	315.87	388.57	668.84	488.39
十种有色金属（吨）	10 Nonferrous Metal (ton)	272700	605902	666284	1405548	1339961	1112295	1238592	1375375
#铝	Aluminum	64960	185867	246263	667180	631218	656208	658842	515272
锌	Zinc	129076	235535	170110	500762	471706	318971	410139	524798
锡	Tin	23457	45874	35338	29306	27393	15903	12846	14103
氧化铝（万吨）	Oxide of Aluminum (10 000 tons)		40.81	92.46	528.84	529.21	672.24	727.99	796.80
发电量（亿千瓦小时）	Electricity (100 million kwh)	217.29	289.09	446.04	1032.15	1039.01	1186.12	1249.53	1310.03
#水电	Hydropower	136.54	168.87	195.82	475.26	415.48	536.46	479.39	629.36
原煤（万吨）	Coal (10 000 tons)	1391.42	706.67	700.34	757.57	784.52	753.61	640.34	615.43
硫酸（万吨）	Sulfuric Acid (10 000 tons)	57.43	86.04	171.77	264.27	269.49	284.29	281.75	330.6
烧碱（吨）	Caustic Soda (ton)	101700	140719	240172	430064	488177	449042	434025	416681
农用化肥（折100%，万吨）	Chemical Fertilizers (10 000 tons)	43.12	53.30	84.02	86.90	95.67	124.41	105.71	111.49
水泥（万吨）	Cement (10 000 tons)	1980.47	2198.35	3306.13	7516.51	8746.48	6986.88	11202.83	10744.58

14－12 续表 continued

产品名称	Item	1995	2000	2005	2010	2011	2012	2013	2014
汽车（辆）	Motor Vehicles (set)	73824	131238	377184	1366096	1423467	1673293	1869086	2092254
#客车	Buses		59137	288683	1076891	1116201	1245007	828835	617016
小型拖拉机（台）	Mini-tractors (set)	100900	90966	117804	282254	386795	442446	457024	431257
纱（万吨）	Yarn (10 000 tons)	7.70	9.22	11.87	11.01	12.45	11.78	11.77	10.81
布（万米）	Cloth (10 000 m)	16800	8714	5472	4633	5970	5550	5067	4480
机制纸及纸板（万吨）	Machine-made Paper & Paperboard (10 000 tons)	95.02	82.55	125.37	225.11	276.52	336.37	413.90	338.67
成品糖（万吨）	Machine-made Sugar (10 000 tons)	178.12	325.76	504.34	705.46	742.28	861.47	1010.89	1077.16
发酵酒精（万吨）	Liquor (10 000 tons)	13.93	21.46	22.45	55.76	56.18	55.95	65.59	86.17
化学原料药（吨）	Chemical Medicine (ton)	2804	2482	5449	5920	7334	6034	6915.42	7090
中成药（吨）	Traditional Chinese Medicine (ton)	57071	49719	74712	213336	189188	232036	324318	293524
表（万只）	Watches (10 000 units)	86.90	1016.88	95.34	102.15	98.41	97.06	99.02	88.68
原盐（万吨）	Salt (10 000 tons)	9.69	15.62	10.72	8.80	6.54	7.14	11.08	8.94
卷烟（万箱）	Cigarettes (10 000 cases)	98.35	72.33	106.90	143.30	148.30	150.70	153.70	156.80
罐头（吨）	Canned Food (ton)	234700	135747	171994	478805	487164	516198	559740	483416
饮料酒（千升）	Alcoholic Beverages (kilo-liter)	314889	546848.00	832112	1878833	2104674	2322123	2437584	2426751
原油加工量（万吨）	Volume of Crude Oil Proccessing (10 000 tons)				418.93	1108.01	1550.66	1296.13	1390.47
发动机（万千瓦）	Engine (10 000 kw)				15377.04	15505.84	14045.63	16730.11	16973.37

注：本表统计范围为全部工业产品产量。

Note:The statistical range of this table is the total output of industrial enterprises.

14—13　广西分市规模以上工业企业主要经济指标（2014年）

单位：万元

分市名称	Sector	企业单位数（个）Number of Enterprises (unit)	工业总产值（当年价格）Gross Industrial Output Value (At Current Prices)	全部从业人员年平均人数（人）Average Employed Persons (person)	固定资产原　价 Original Value of Fixed Assets	固定资产净　值 Net Value of Fixed Assets
广西	Guangxi	5447	206400448	1649880	79906594	52040253
南宁市	Nanning	946	28566304	244483	11624171	7261015
柳州市	Liuzhou	825	43239443	271926	12996601	8174594
桂林市	Guilin	640	21255615	199409	6674437	4224093
梧州市	Wuzhou	411	19248538	155624	4538140	3223664
北海市	Beihai	190	15955035	67514	3412907	2221271
防城港市	Fangchenggang	162	11410845	35352	3735054	2900158
钦州市	Qinzhou	285	12834869	79924	5132726	3833348
贵港市	Guigang	409	7986651	103625	3351457	2132769
玉林市	Yulin	614	14299751	205727	3554250	2191083
百色市	Baise	256	11152967	79942	8630953	5703651
贺州市	Hezhou	178	3833689	32090	2011660	1440145
河池市	Hechi	189	3831086	57515	6299225	3977703
来宾市	Laibin	209	5204660	47117	4077071	2447909
崇左市	Chongzuo	147	5877601	41492	3002172	1862807

Major Indicators Economic of Industrial Enterprises above Designated Size by City (2014)

(10 000 yuan)

资产总计 Total Capital	流动资产合计 Annual Average Balance of Circulating Funds	所有者权益合计 Owner's Equity	利润总额 Total Profits	利税总额 Total Profits & Taxes	应交增值税 Value Added Tax Payable	主营业务收入 Business Income of the Main Products
142259183	66258758	52856438	10857071	21369073	6885112	189167905
19242009	8743405	8427631	1955367	3576381	940760	27105955
30017649	17310531	9809233	1367880	3213581	879273	39667926
12188267	5523140	5399771	1717257	2553193	670149	19911761
7881518	3456455	3354122	1734972	2856282	1017697	18173759
6302524	3205022	2566070	1010397	2253762	684069	15368520
7705263	3857512	2104576	273099	452927	92568	9043994
8533064	3165671	3679698	-90362	1565242	917274	12322703
6886233	3390398	2998570	652476	939246	220663	7641411
7481321	3744193	3179744	848792	1297013	379124	13088080
11541132	4111154	3356093	165321	509069	281173	8505972
3663710	1303624	1567964	300562	424874	103533	3481713
8807733	3408202	1789042	194107	441228	208921	3629756
5883878	2270010	1244509	-21840	151399	148563	4627260
4814746	2299410	1793527	741141	968734	198851	4886393

主要统计指标解释

工业 指从事自然物质资源采掘和对工业品原料及农产品原料进行加工和再加工的物质生产部门。具体包括：（1）对自然资源的开采，如采矿、晒盐等，但不包括禽兽捕猎和水产捕捞；（2）对农副产品的加工、再加工，如粮油加工、食品加工、缫丝、纺织、制革等；（3）对采掘品的加工、再加工，如炼铁、炼钢、化工生产、石油加工、机器制造、木材加工等，以及电力、自来水、煤气的生产和供应等；（4）对工业品的修理、翻新，如机器设备的修理、交通运输工具（如汽车）的修理等。

独立核算法人工业企业 指从事工业生产经营活动的单位。独立核算法人工业企业应同时具备以下条件：①依法成立，有自己的名称、组织机构和场所，能够承担民事责任；②独立拥有和使用资产，承担负债，有权与其他单位签订合同；③独立核算盈亏，并能够编制资产负债表。

集体企业 指企业资产归集体所有，并按《中华人民共和国企业法人登记管理条例》规定登记注册的经济组织。是社会主义公有制经济的组成部分。包括城乡所有使用集体投资举办的企业，以及部分个人通过集资自愿放弃所有权并依据工商行政管理机关认定为集体所有制的企业。

国有控股企业 是指在企业的全部资本中，国家资本（股本）占较多比例，并且由国家实际控制的企业。分为"国有绝对控股企业"和"国有相对控股企业（含协议控制）"。

国有绝对控股企业 是指在企业的全部资本中，国家资本（股本）所占比例大于50%（含50%）的企业。包括：（1）纯国有企业。即"登记注册类型"为"国有"、"国有独资企业"、"国有联营"。（2）国家资本占实收资本比例≥50%。（3）在有一个或多个国有法人投资时，其中一个国有法人资本在实收资本中的比例超过50%。

国有相对控股企业（含协议控制） 是指国家资本比例不足50%，但相对大于企业中的其他经济成分所占比例的企业（相对控股），或者虽不大于其他经济成分，但根据协议规定由国家拥有实际控制权的企业（协议控制）。

股份制经济 是指以合作制为基础，由企业职工共同出资入股，吸收一定比例的社会资产投资组建，实行自主经营，自负盈亏，按劳分配与按股分红相结合的一种集体经济组织。

联营企业 是指两个及两个以上相同或不同所有制性质的企业法人或事业单位法人，按自愿、平等、互利的原则，共同投资组成的经济组织。包括国有联营、集体联营、国有与集体联营、其他联营等。

有限责任公司 是指根据《中华人民共和国公司登记管理条例》规定登记注册，由两个以上，五十个以下的股东共同出资，每个股东以其所认缴的出资额对公司承担有限责任，公司以其全部资产对其债务承担责任的经济组织。包括国有独资公司和其他有限责任公司两种。

股份有限公司 是指根据《中华人民共和国公司登记管理条例》规定登记注册，其全部注册资本由等额股份构成并通过发行股票筹集资本，股东以其认购的股份对公司承担有限责任，公司以其全部资产对其债务承担责任的经济组织。

私营企业 是指由自然人投资设立或由自然人控股，以亡雇佣劳动为基础的营利性经济组织。包括按照《公司法》、《合伙企业法》、《私营企业暂行条例》规定登记注册的私营独资企业、私营合伙企业、私营有限责任公司、私营股份有限公司。

轻工业 指主要提供生活消费品和制作手工工具的工业。按其所使用的原料不同，可分为两大类：（1）以农产品为原料的轻工业，是指直接或间接以农产品为基本原料的轻工业。主要包括食品制造、饮料制造、烟草加工、纺织、缝纫、皮革和毛皮制作、造纸以及印刷等工业；（2）以非农产品为原料的轻工业，是指以工业品为原料的轻工业。主要包括文教体育用品、化学药品制造、合成纤维制造、日用化学制品、日用玻璃制品、日用金属制品、手工工具制造、医疗器械制造、文化和办公用机械制造等工业。

重工业 指为国民经济各部门提供物质技术基础的主要生产资料的工业。按其生产性质和产品用途，可以分为下列三类：（1）采掘（伐）工业，是指对自然资源的开采，包括石油开采、煤炭开采、金属矿开采、非金属矿开采和木材采伐等工业；（2）原材料工业，指向国民经济各部门提供基本材料、动力和燃料的工业。包括金属冶炼及加工、炼焦及焦炭化学、化工原料、水泥、人造板以及电力、石油和煤炭加工等工业；（3）加工工业，是指对工业原材料进行再加工制造的工业。包括装备国民经济各部门的机械设备制造工业、金属结构、水泥制品等工业，以及为农业提供的生产资料如化肥、农药等工业。

根据上述划分原则，修理业中以重工业产品为修理作业对象的划为重工业，反之划为轻工业。

工业总产值 是以货币表现的工业企业在一定时期内生产的已出售或可供出售工业产品总量，它反映一定时期内工业生产的总规模和总水平。包括在本企业内不再进行加工，经检验、包装入库（规定不需包装的产品除外）的成品价值，对外加工费收入，自制半成品、在产品期末期初差额价值。工业总产值采用“工厂法”计算，即以工业企业作为一个整体，按企业工业生产活动的最终成果来计算，企业内部不允许重复计算，不能把企业内部各个车间（分厂）生产的成果相加。但在企业之间、行业之间、地区之间存在着重复计算。

轻重工业总产值的划分也是按“工厂法”计算的，即一个工业企业在正常情况下生产的主要产品的性质属于轻工业，则该企业的全部总产值作为轻工业总产值；一个工业企业生产的主要产品的性质属于重工业，则该企业的全部总产值作为重工业总产值。

固定资产原价 指企业在建造、购置、安装、改建、扩建、技术改造某项固定资产时所支出的全部货币总额。它一般包括买价、包装费、运杂费和安装费等。

固定资产净值 指固定资产原价减去历年已提折旧额后的净额。

主营业务收入 指企业在报告期内生产的成品、自制半成品和工业性劳务取得的收入。

Explanatory Notes on Main Statistical Indicators

Industry refers to the material production sector which is engaged in excavation of natural material resources, processing and reprocessing of industrial and agricultural raw materidls, including: (1) exploitation of natural resources, such as mining, solar salt, but not including hunting and fishing ; (2) processing and reprocessing of farm and sideline products, such as rice husking,wine making, oil pressing, cotton ginning, silk reeling, spinning and weaving, and leather making; (3) manufacture of industrial products, such as steel making, iron smelting, chemicals manufacturing, petroleum processing , machine building, timber processing; water and gas production and electricity generation and supply; (4) repairing of industrial products such as the repairing of machinery and means of transport (such as cars) .

Corporate Industrial Enterprises with Independent Accounting System refer to enterprises engaging in industrial production activities, which meet the following requirements: 1. They are established legally, having their own names, organizations, location, able to take civil liability; 2. They possess and use their assets independently, assume liabilities, and are entitled to sign contracts with other units; 3.They are financially independent, and compile their own balance sheets.

Collective-owned Enterprises refer to industrial enterprises where the means of production are owned collectively, including urban and rural enterprises invested by collectives and some enterprises which were formerly owned privately but have been registered in industrial and commercial administration agency as collective units through raising fund from the public.

State-holding Enterprises refer to enterprises that state shares are more than any other ownership in terms of their total assets. They are classified into "absolutely state-holding enterprises" and "Compare state-holding enterprises."

Absolutely State-holding Enterprises refer to enterprises whose state shares are more than 50%. They contain: (1) Pure state-holding enterprises, namely "Registration Ownership Enterprises", "State-owned Enterprises", " Companies Exclusively Funded by State", "State-owned Joint-operations Enterprises". (2) Composition of state assets in total capital hold ≥50%. (3) When there is one or more state legal person invest, one of them have more than 50% assets in total capital hold.

Relatively State-holding Enterprises (contains controlled by agreement) refer to enterprises that state shares are less than 50%,but relatively more than other economic units(relatively control),or no more than other economic units, but according to agreement, the state have actuary controlling ability to the enterprises(contains controlled by agreement)

Share-holding Enterprises refer to economic units set up on cooperative basis, with funding party from members of the enterprises and partly from outside investment, where the operation and management is decided by the members who also participate in the production, and the distribution of income is based both on work (labor input) and on shares (capital input).

Joint-operation Enterprises refer to economic units that are established by joint investment by two or more corporate enterprise or institution of the same or different types of ownership on voluntary, equal and mutual-beneficial basis. They include state-owned joint-operation enterprises, collective joint-operation enterprises, state-collective joint-operation enterprises, other joint-operation etc.

Share-holding Liability Corporations refers to economic units registered in accordance with the Regulation of the People's Republic of China on the registration of corporation enterprises, assets are collected by above 2 investors, bellow 50 investors, each investor bears limited liability to the corporation depending on the holding of shares, and the corporation bears liability to its debt to the maximum of its total assets

Share-holding Corporations Lid. refer to economic units registered in accordance with the Regulation of the People's Republic of China on the Management of Registration of Corporation Enterprises, with total registered capital divided into equal shares and raised through issuing stocks. Each investor bears limited liability to the corporation depending on the holding of shares, and the corporation bears to its debt to the maximum of its total assets

Private Enterprises refer to economic units invested or controlled (by holding the majority of the shares) by natural persons who hire labors for profit-making activities. Included in this category are private limited liability corporations, private share-holding corporations ltd., private partnership and private sole investment enterprises registered in accordance with the Corporation law, Partnership law and Tentative Regulation on Private Enterprises.

Light Industry refers to the industry that produces consumer goods and hand tools. It consists of two categories, depending on the materials used: (1) Industries using farm products as raw materials. These are branches of light industry which directly or indirectly use farm products as basic raw materials, including the manufacture of food and beverages, tobacco processing, textile, clothing, fur and leather manufacturing, paper making, printing, etc. (2) Industries using non farm products as raw materials. These are branches of light industry which use manufactured goods as raw materials, including the manufacture of cultural, educational articles and sports goods, chemicals, synthetic fiber, chemical products for daily use, glass products for daily use, metal products for daily use, hand tools, medical apparatus and instruments, and the manufacture of cultural and clerical machinery.

Heavy Industry refers to the industry whose produces capital goods, and provides various sectors of the national economy with necessary material and technical basis. It consists of the following three branches according to the purpose of production or the use of products: (1) Mining, quarrying and logging industry refers to the industry that extracts natural resources, including extraction of petroleum, coal, metal and non metal ores and logging. (2) Raw materials industry refers to the industry that provides various sectors of the national economy with raw materials, fuels and power. It includes smelting and processing of metals, coking and coke chemistry, chemical materials and building materials such as cement, plywood, and power, petroleum refining and coal dressing. (3) Manufacturing industry refers to the industry that processes raw materials. It includes machine manufacturing industry which equips sectors of the national economy, industries of metal structure and cement products, industries producing means of agricultural production, such as chemical fertilizers and pesticides.

According to the above principle of classification, the repairing trades that are engaged primarily in repairing products of heavy industry are classified into heavy industry while these engaged in repairing products of light industry are classified into light industry.

Gross Industrial Output Value is the total volume of industrial products sold or available for sale in value terms that reflects the total achievements and overall scale of industrial production during a given period. It includes the value of the finished products, which are not to be further processed in the enterprises and have been inspected, packed and put in storage, the value of industrial services rendered to other units, and the changes in the value of the semi- finished products and products in process between the beginning and closing of the period. The gross industrial output value is calculated with "factory method". No double calculations are to be made within the same enterprise. However, double counting does occur among different enterprises.

Output value of light and heavy industries is also classified with the "factory" method. Under normal conditions, if the major products of an industrial enterprise belong to light industry products, the gross output value of that enterprise is classified wholly into light industry; the same principle applies to heavy industry.

Original Value of Fixed Assets refers to the original value of all fixed assets owned by industrial enterprises, calculated at the cost paid at the time of purchase, installation, reconstruction, expansion, and technical innovation and transformation of the said assets, which includes expenses on purchase, package, transportation, and installation, etc. Net value of fixed assets is obtained by deducting depreciation over years from the original value of fixed assets.

Net Value of Fixed Assets is obtained by deducting depreciation over years from the original value of fixed assets.

Business Income of Main Products refers to the revenue form the sales of finished and semi-finished products and from rendering of industrial services by industrial services by industrial enterprises during the reference period.

第十五篇

建筑业

CONSTRUCTION

（编辑：曾　睿）

15－1 主要年份三级及三级以上建筑业企业主要指标

Major Indicators of the Third & Higher Grade Construction Enterprises in Main Years

指 标	Item	2000	2005	2010	2011	2012	2013	2014
企业个数（个）	**Number (unit)**	**2000**	**1047**	**1160**	**1174**	**1258**	**1245**	**1163**
#国有及国有控股企业	State-owned & State-holding Enterprises	260	216	169	159	159	152	142
城镇集体企业	Urban Collective-owned Enterprises	623	314	229	232	225	197	182
1. 内资企业	1. Domestic Enterprises	1067	1042	1153	1168	1252	1241	1161
2. 港澳台商投资企业	2.Enterprises Funded by Enterprises from Hong Kong, Macao & Taiwan	4	4	5	5	5	4	2
3. 外商投资企业	3. Foreign Funded Enterprises	7	1	2	1	1	0	0
总产值（万元）	**Gross Output Value (10 000 yuan)**	**1509158**	**4252101**	**12223126**	**15530712**	**18670580**	**22898810**	**26089057**
#国有及国有控股企业	State-owned & State-holding Enterprises	888224	2483506	6457240	8127477	9222792	11096091	12162752
城镇集体企业	Urban Collective-owned Enterprises	466152	638898	1170174	1464183	1526447	**1526888**	**1717443**
1. 内资企业	1. Domestic Enterprises	1502681	4228461	12007742	15292465	18270157	22893008	26086491
2. 港澳台商投资企业	2.Enterprises Funded by Enterprises from Hong Kong , Macao & Taiwan	670	1742	8837	16494	11344	5802	2566
3. 外商投资企业	3. Foreign Funded Enterprises	5807	21898	206548	221753	389079	0	0
年末从业人员（万人）	**Number of Employed Persons(10 000 persons)**	**33.3**	**43.0**	**59.06**	**59.48**	**67.03**	**76.50**	**77.92**
#国有及国有控股企业	State-owned & State-holding Enterprises	16.1	20.4	26.4	26.81	26.76	30.73	31.90
城镇集体企业	Urban Collective-owned Enterprises	13.5	10.5	7.39	7.4	7.8	6.88	6.87
1. 内资企业	1. Domestic Enterprises	15.5	42.8	58.01	58.58	63.78	76.46	77.91
2. 港澳台商投资企业	2.Enterprises Funded by Enterprises from Hong Kong, Macao & Taiwan	…	0.03	0.01	0.05	0.04	0.04	0.01
3. 外商投资企业	3. Foreign Funded Enterprises	0.1	0.1	1.03	0.85	3.21	0.00	0.00
房屋建筑施工面积（万平方米）	**Floor Space of Buildings under Construction(10 000 sq.m)**	**2327.5**	**5518.1**	**10742.3**	**12906.3**	**15076.6**	**18316.1**	**21168.1**
房屋建筑竣工面积（万平方米）	**Completed Residential Areas of Buildings(10 000 sq.m)**	**1188.7**	**2209.7**	**4093.82**	**4670.2**	**5028.7**	**5787.6**	**6733.0**

15－2 主要年份国有及国有控股建筑企业主要指标
Major Indicators of State-owned & State-holding Construction Enterprises in Main Years

指 标	Item	2000	2005	2010	2011	2012	2013	2014
企业个数（个）	Number of Enterprises（unit）	260	216	169	159	159	152	142
计算建筑业劳动生产率的平均人数（万人）	Average Number of Staff & Workers to Calculate Labor Productivity (10 000 persons)	15.6	19.7	25.1	25.8	25.2	28.8	35.4
建筑业总产值（万元）	Gross Output Value of Construction (10 000 yuan)	888224	2483506	6457240	8127477	9222792	11096091	12162752
竣工产值（万元）	Output Value of Construction Completed (10 000 yuan)	824396	1600790	3109693	4251798	4731476	5952729	4528612
房屋建筑施工面积（万平方米）	Floor Space of Buildings under Construction (10 000 sq.m)	1050.1	2380.9	4640.4	5802.0	6851.4	8708.4	10645.8
#本年新开工	Newly Started Buildings in the Year	416.6	1069	1658.8	2106.7	2811.9	2467.1	3268.0
房屋建筑竣工面积（万平方米）	Floor Space of Buildings Completed (10 000 sq.m)	464.9	808.1	1260.6	1511.6	1508.7	1605.3	1752.2
#住宅	Residential Building	281.6	529.6	844.2	994.3	946.6	1117.3	1132.7
年末自有机械设备总台数（台）	Number of Machinery & Equipment Owned at Year-end (set)	42514	46905	36782	53406	37814	37728	
年末自有机械设备净值（万元）	Net Value of Machinery & Equipment Owned at Year-end (10 000 yuan)	125314	174423	183742	190427	180498	162130	
年末自有机械设备总功率（万千瓦）	Total Power of Machinery & Equipment Owned at Year-end (10 000 kw)	98.2	104.6	107.4	131.9	95.1	110.1	
年末固定资产原值（万元）	Original Value of Fixed Assets (10 000 yuan)	751637	758096	782614	880048	825364	847846	989844
年末固定资产净值（万元）	Net Value of Fixed Assets (10 000 yuan)	597232	505996	477123	476779	444553	438954	558453
本年固定资产折旧（万元）	Depreciation of Fixed Assets (10 000 yuan)	20662	32117	53040	78022	48009	49627	68112
利润总额（万元）	Total Profits (10 000 yuan)	440	15102	51373	51471	48651	77453	104659
利税总额（万元）	Total Pre-tax Profits (10 000 yuan)	30485	95195	251929	292024	309995	393578	446876
按建筑业总产值计算的劳动生产率（元/人）	Overall Labor Productivity in Terms of Gross Output Value (yuan/person)	56937	125917	257132	315302	366174	385924	343180
按竣工面积计算的劳动生产率（平方米/人）	Overall Labor Productivity in Terms of Floor Space of Buildings Completed (sq.m/person)	29.8	41	50.2	58.6	59.9	55.8	49.4
产值利润率（%）	Ratio of Profit to Gross Output Value (%)	0.1	0.6	0.8	0.6	0.5	0.7	0.9
产值利税率（%）	Ratio of Pre-tax Profit to Gross Output Value (%)	3.4	3.8	3.9	3.6	3.4	3.5	3.7
房屋建筑面积竣工率（%）	Rate of Floor Space of Buildings Completed (%)	44.3	33.9	27.2	26.1	22	18.4	16.5
技术装备率（元/人）	Value of Machines per Laborer (yuan/person)	7784	8843	6960	7103	6745	5280	
动力装备率（千瓦/人）	Power of Machines per Laborer (kw/person)	6	5	4	5	4	4	

15—3 主要年份地方国有建筑企业主要指标

Major Indicators of Local State-owned Construction Enterprises in Main Years

指 标	Item	2000	2005	2010	2011	2012	2013	2014
企业个数（个）	Number of Enterprises (unit)	238	200	156	128	130	118	103
计算建筑业劳动生产率的平均人数（万人）	Average Number of Staff & Workers to Calculate Labor Productivity (10 000 persons)	13.3	16.7	20.3	21.1	20.5	24.644	29.7245
建筑业总产值（万元）	Gross Output Value of Construction (10 000 yuan)	691699	1949218	4878699	5985496	7588766	8778188	8368281
竣工产值（万元）	Output Value of Construction Completed (10 000 yuan)	601947	1213806	2560959	3401334	3731162	4065692	3683812
房屋建筑施工面积（万平方米）	Floor Space of Buildings under Construction (10 000 sq.m)	1004.7	2203.8	4415.9	5660.8	6697.2	8391.6	8351.8
#本年新开工	Newly Started Buildings in the Year	400.3	961.1	1490.9	2043.1	2740.4	2326.7	2701.8
房屋建筑竣工面积（万平方米）	Floor Space of Buildings Completed (10 000 sq.m)	444.3	702.3	1238.1	1479.9	1470.7	1543.3	1372.6
#住宅	Residential Building	273.2	446.7	838.5	976.6	932.5	1076.5	928.0
年末自有机械设备总台数（台）	Number of Machinery & Equipment Owned at Year-end (set)	34428	34397	23962	37314	22671	20031	
年末自有机械设备净值（万元）	Net Value of Machinery & Equipment Owned at Year-end (10 000 yuan)	93670	107045	86709	89677	114266	89364	
年末自有机械设备总功率（万千瓦）	Total Power of Machinery & Equipment Owned at Year-end (10 000 kw)	74.9	63.2	57.6	40.7	60.8	42.3	
年末固定资产原值（万元）	Original Value of Fixed Assets (10 000 yuan)	647397	427785	423670	479034	504654	492979	488579
年末固定资产净值（万元）	Net Value of Fixed Assets (10 000 yuan)	532899	299639	298090	299218	318369	308085	328598
本年固定资产折旧（万元）	Depreciation of Fixed Assets (10 000 yuan)	14028	3118	15029	25264	25814	22496	21244
利润总额（万元）	Total Profits (10 000 yuan)	3789	7854	33002	31780	45516	79950	74325
利税总额（万元）	Total Pre-tax Profits (10 000 yuan)	25426	61464	186674	206497	259196	330131	320206
按建筑业总产值计算的劳动生产率（元/人）	Overall Labor Productivity in Terms of Gross Output Value (yuan/person)	52007	116991	239954	284116	370041	356200	343180
按竣工面积计算的劳动生产率（平方米/人）	Overall Labor Productivity in Terms of Floor Space of Buildings Completed (sq.m /person)	33	42.2	60.9	70.2	71.7	62.6	49.4
产值利润率（%）	Ratio of Profit to Gross Output Value (%)	0.5	0.4	0.7	0.5	0.5	0.9	0.9
产值利税率（%）	Ratio of Pre-tax Profit to Gross Output Value (%)	3.7	3.2	3.8	3.4	3.0	3.8	3.7
房屋建筑面积竣工率（%）	Rate of Floor Space of Buildings Completed (%)	44.2	31.9	28	26.1	22	18	16.4
技术装备率（元/人）	Value of Machines per Laborer (yuan/person)	6788	6425	3900	3950	5048	3386	
动力装备率（千瓦/人）	Power of Machines per Laborer (kw/person)	5	4	3	2	3	2	

15－4　建筑企业生产情况（2014年）

Major Production Indicators of Construction Enterprises (2014)

指　标	Item	总　计 Total	#国有经济 State-owned Economic	中央企业 Central	地方企业 Local	#城镇集体经济 Urban Collective-owned Economic
企业个数（个）	Number of Enterprises (unit)	1163	116	13	103	182
#亏损企业个数	Number of Loss-making Enterprises	211	19	2	17	26
建筑业总产值(万元)	Gross Output Value of Construction (10 000 yuan)	26089057	10260932	1892651	8368281	1717443
建筑工程	Construction Projects	22448514	8888659	1489781	7398878	1635084
安装工程	Installation Projects	2194938	1038567	383515	655052	38230
其他	Others	1445605	333707	19356	314351	44129
竣工产值（万元）	Output Value of Construction Completed (10 000 yuan)	13327127	3868256	184444	3683812	1122428
房屋建筑施工面积（万平方米）	Floor Space of Buildings under Construction (10 000 sq.m)	21168.1	8568.9	217.1	8351.8	1547.3
#本年新开工	Newly Started Buildings in the Year	8478.8	2784.5	82.7	2701.8	801.9
#投标承包	Number of Bidding Projects	18059.9	8386.6	209.0	8177.6	1069.8
房屋建筑竣工面积（万平方米）	Floor Space of Buildings Completed (10 000 sq.m)	6733.0	1388.4	15.8	1372.6	823.9
#住宅面积	Residential Buildings	4329.2	937.0	9.0	928.0	478.5
年末自有机械设备总台数（台）	Number of Machinery & Equipment Owned at Year-end (set)					
年末自有机械设备总功率（万千瓦）	Total Power of Machinery & Equipment Owned at Year-end (10 000 kw)					
年末自有机械设备净值（万元）	Net Value of Machinery & Equipment Owned at Year-end (10 000 yuan)					
计算建筑业劳动生产率的平均人数(万人)	Average Number of Staff & Workers to Calculate Labor Productivity (10 000 persons)	89.9	33.2	3.5	29.7	7.1

15－5　按主要行业分组的建筑企业生产情况（2014年）
Major Production Indicators of Construction Enterprises by Sector (2014)

指　标	Item	总　计 Total	房屋建筑业 Housing Industry	土木工程建筑业 Civil Engineering	建筑安装业 Construction & Installation	建筑装饰和其他 Architectual Ornament & Others
企业个数（个）	Number of Enterprises (unit)	1163	675	212	126	150
#亏损企业个数	Number of Loss-making Enterprises	211	107	37	31	36
建筑业总产值(万元)	Gross Output Value of Construction (10 000 yuan)	26089057	20209941	4828041	690040	361035
建筑工程	Construction Projects	22448514	18109404	3855626	274277	209206
安装工程	Installation Projects	2194938	1064392	697650	402038	30858
其他	Others	1445605	1036144	274765	13725	120971
竣工产值（万元）	Output Value of Construction Completed (10 000 yuan)	13327127	11241070	1616003	281451	188603
房屋建筑施工面积（万平方米）	Floor Space of Buildings under Construction (10 000 sq.m)	21168.1	20375.4	674.4	116.8	1.5
#本年新开工	Newly Started Buildings in the Year	8478.8	8224.0	251.6	1.6	1.5
#投标承包	Number of Bidding Projects	18059.9	17302.9	641.9	113.6	1.5
房屋建筑竣工面积（万平方米）	Floor Space of Buildings Completed (10 000 sq.m)	6733.0	6593.4	114.9	23.2	1.5
#住宅面积	Residential Buildings	4329.2	4237.7	73.6	17.8	0.0
年末自有机械设备总台数（台）	Number of Machinery & Equipment Owned at Year-end (set)					
年末自有机械设备总功率（万千瓦）	Total Power of Machinery & Equipment Owned at Year-end (10 000 kw)					
年末自有机械设备净值（万元）	Net Value of Machinery & Equipment Owned at Year-end (10 000 yuan)					
计算建筑业劳动生产率的平均人数（万人）	Average Number of Staff & Workers to Calculate Labor Productivity (10 000 persons)	89.9	73.1	13.3	2.2	1.2

15－6 建筑企业主要财务状况（2014年）

Major Financial Indicators of Construction Enterprises (2014)

单位：万元 (10 000 yuan)

指　标	Item	总　计 Total	# 国有经济 State-owned Economic	中央企业 Central	地方企业 Local	# 城镇集体经济 Urban Collective-owned Economic
实收资本合计	Total Capital Hold	3303869	792541	206260	586281	200802
流动资产合计	Total Circulating Funds	12317841	5223456	1591860	3631596	601391
固定资产合计	Total Fixed Assets	1597586	577572	192481	385090	142414
固定资产原价	Original Value of Fixed Assets	2030934	855563	366985	488579	157134
累计折旧	Add Up Depreciation	788163	373658	213678	159980	42349
#本年折旧	Depreciation of the Year	130848	58568	37323	21244	4944
资产总计	Total Assets	15695645	6587643	1920020	4667622	802904
流动负债合计	Total Liquid Liabilities	9311020	4477247	1477588	2999659	433679
非流动负债合计	Total Non-liquid Liabilities	1057329	737903	187276	550626	18461
所有者权益合计	Total Creditors Equity	5057737	1360876	255157	1105719	308625
主营业务收入	Income from Major Business	23682264	9861000	2103712	7757288	1375146
主营业务成本	Cost of Major Business	21417909	9180515	1949542	7230973	1154486
主营业务税金及附加	Taxes & Extra Charges of Major Business	796978	283974	45192	238783	58171
其他业务利润	Other Profits	29688	10906	5737	5169	1142
管理费用	Management Expenses	655967	205809	63812	141997	39505
财务费用	Property Expenses	180694	102821	26598	76223	3826
利润总额	Total Profits	506542	84052	9727	74325	36053
利税总额	Total Pre-tax Profits	1331116	376991	56786	320206	97655

15—7 按主要行业分组的建筑企业财务状况（2014年）

Major Production Indicators of Construction Enterprises by Sector (2014)

单位：万元 (10 000 yuan)

指 标	Item	总 计 Total	房屋建筑业 Housing Industry	土木工程建筑业 Civil Engineering	建筑安装业 Construction & Installation	建筑装饰和其他建筑业 Architectual Ornament & Others
实收资本合计	Total Capital Hold	3303869	2230330	800640	171719	101180
流动资产合计	Total Circulating Funds	12317841	7499037	3838883	665012	314910
固定资产合计	Total Fixed Assets	1597586	1019300	496104	61489	20693
固定资产原价	Original Value of Fixed Assets	2030934	1045110	852160	92952	40712
累计折旧	Add Up Depreciation	788163	305021	415743	43914	23485
#本年折旧	Depreciation of the Year	130848	50466	69999	6316	4068
资产总计	Total Assets	15695645	9363787	5119141	853768	358949
流动负债合计	Total Liquid Liabilities	9311020	5599869	3051216	512730	147204
非流动负债合计	Total Non-liquid Liabilities	1057329	286091	714847	20436	35956
所有者权益合计	Total Creditors Equity	5057737	3292214	1325720	297116	142687
主营业务收入	Income from Major Business	23682264	17893231	4806012	697735	285286
主营业务成本	Cost of Major Business	21417909	16267508	4294186	614951	241264
主营业务税金及附加	Taxes & Extra Charges of Major Business	796978	635260	132669	20149	8900
其他业务利润	Other Profits	29688	11893	10337	7225	233
管理费用	Management Expenses	655967	424876	163072	45644	22375
财务费用	Property Expenses	180694	94321	76176	8437	1760
利润总额	Total Profits	506542	395305	85373	16475	9390
利税总额	Total Pre-tax Profits	1331116	1051762	222858	37699	18797

15－8 各种分组的建筑企业主要经济效益指标（2014年）

Major Economic Efficiency Indicators of Construction Enterprises by Various Groups (2014)

指　标	Item	劳动生产率 Labor Productivity			房屋建筑面积竣工率（%） Rate of Floor Space of Buildings Completed (%)
		按总产值计算（元/人） Calculated by Gross Output Value (yuan/person)	按竣工产值计算（元/人） Calculated by Completed Output Value (yuan/person)	按房屋竣工面积计算（平方米/人） Calculated by Floor Space of Building Completed (sq.m/person)	
总　计	**Total**	**290337**	**148313**	**74.9**	**31.8**
按经济类型分	By Economic units				
#国有经济	State-owned Economic	309254	116585	41.8	16.2
中央企业	Central Enterprises	547785	53383	4.6	7.3
地方企业	Local Enterprises	281528	123932	46.2	16.4
集体经济	Collective-owned Economic	240771	157355	115.5	53.2
按企业资质等级分	By the Classes of Enterprises				
○、一级	Zero, One Classes	340708	151390	68.3	23.3
二、三级	Two, Three Classes	222211	144156	83.9	53.0
按行业分	By Sector				
房屋建筑业	Building Construction	276329	153698	90.2	32.4
土木工程建筑业	Civil Engineering Construction	363147	121550	8.6	17.0
建筑安装业	Installation	316083	128923	10.6	19.9
建筑装饰和其他建筑业	Architectural Decoration & Others	290548	151781	1.2	100.0

15—8 续表 continued

指 标	Item	资产利润率(%) Ratio of Profit to Funds (%)	资产利税率(%) Ratio of Per-tax Profit to Funds (%)	产值利润率(%) Ratio of Profit to Gross Output Value(%)	产值利税率(%) Ratio of Pre-tax Profit to Gross Output Value (%)
总 计	**Total**	**3.23**	**8.48**	**1.94**	**5.10**
按经济类型分	By Economic units				
#国有经济	State-owned Economic	1.28	5.72	0.82	3.67
中央企业	Central Enterprises	0.51	2.96	0.51	3.00
地方企业	Local Enterprises	1.59	6.86	0.89	3.83
集体经济	Collective-owned Economic	4.49	12.16	2.10	5.69
按企业资质等级分	By the Classes of Enterprises				
O、一级	Zero, One Classes	2.70	8.72	1.30	4.18
二、三级	Two, Three Classes	3.84	8.21	3.28	7.01
按行业分	By Sector				
房屋建筑业	Building Construction	4.22	11.23	1.96	5.20
土木工程建筑业	Civil Engineering Construction	1.67	4.35	1.77	4.62
建筑安装业	Installation	1.93	4.42	2.39	5.46
建筑装饰和其他建筑业	Architectural Decoration & Others	2.62	5.24	2.60	5.21

主要统计指标解释

建筑业统计单位　指从事房屋、构筑物建造和设备安装活动的法人企业。

建筑业总产值　建筑业总产值是以货币表现的建筑业企业在一定时期内生产的建筑业产品和提供的服务的总和。建筑业总产值包括:

（1）建筑工程产值：指列入建筑工程预算内的各种工程价值。

（2）安装工程产值：指设备安装工程价值，不包括被安装设备本身价值。

（3）其他产值：建筑业总产值中除建筑工程、安装工程以外的产值。包括房屋构筑物修理产值、非标准设备制造产值、总包企业向分包企业收取的管理费以及不能明确划分的施工活动所完成的产值。

竣工产值　指以货币表现的建筑业生产所形成的成品的价值。竣工产值一般是以单位工程为对象，当该工程按照设计所规定工程内容全部完成，达到了设计规定的交工条件，经有关部门检查验收鉴定合格的单位工程价值。竣工产值包括报告期内竣工单位工程从开工到竣工的全部自行完成的价值。如果一个单位工程跨两个年度施工，其竣工价值应当包括上年度完成的价值。竣工产值不包括附属辅助企业或内部核算的其他单位为外单位生产和服务的价值。

房屋建筑施工面积　是指报告期内施工的全部房屋建筑面积，它包括本期新开工的面积、上期跨入本期继续施工的房屋面积、上期停缓建在本期恢复施工的房屋面积、本期竣工的房屋面积以及本期施工后又停缓建的房屋面积。

房屋竣工面积　是指在报告期内房屋建筑按照设计要求已全部完工，达到了使用条件，经检查验收鉴定合格的房屋建筑面积。计算房屋竣工面积，必须严格执行房屋竣工验收标准。

自有机械设备年末总功率　是指本企业（或单位）自有施工机械、生产设备、运输设备以及其他设备等列为固定资产的生产性机械设备年末总功率，按设定能力或查定能力计算。包括机械本身的动力和为该机械服务的单独动力设备，如电动机等。计量单位用千瓦，动力换算可按1马力＝0.735千瓦折合成千瓦数。电焊机、变压器、锅炉不计算动力。

自有机械设备净值　是指本企业（或单位）自有机械设备经过使用、磨损后实际存在的价值，即原值减去折旧后的净额。

房屋建筑面积竣工率　是指报告期内房屋建筑竣工面积占同期房屋建筑施工面积的比重。

技术装备率　指在报告期末自有机械设备净值与期末从业人数的比重。

动力装备率　指在报告期末自有机械设备总功率与期末从业人数的比重。

产值利润率　指在报告期内每百元产值所实现的利润。它的计算方法是：利润总额除以建筑业总产值。

产值利税率　指在报告期内每百元产值所实现的利税。它的计算方法是：利税总额除以建筑业总产值。

Explanatory Notes on Main Statistical Indicators

Statistical Unit in Construction refers to corporate enterprise engaged in the construction of buildings and structures and in the installation of equipment

Gross Output Value of Construction (Output Value of Projects Under Construction) refers to total of construction products, expressed, in money terms, completed by construction and installation enterprises during a given period of time. It includes:

(1) Output value of construction projects, that is the value of projects covered by the project budgets;

(2) Output value of installation projects, that is the value of the installation equipment,(excluding the value of the equipment to be installed);

(3) Output value of others, that is the output value of construction industry excluding of construction projects and installation projects. It includes: output value of repairs of buildings or structures; output value of non-standard equipment manufacturing; overhead expenses received by contracted enterprises the sub-contracted enterprises and the completed output value of construction activities that have no clear definition.

Output Value Completed refers to the value of the finished products make from construction producing that displays with the currency. It is the value of unit projects completed, which has come up to the designed standards and has been checked and accepted as qualified project by related departments. Output value completed includes the value of unit project completed that is all finished by itself from going into operation to completing during the report period. If the project of a unit is stepped for two years, its completed value should include the value that is finished in prior year. Output value completed does not include the value of attaching auxiliary enterprises or other checked-inside units that produce and serve for the other unit.

Floor Space of Buildings Under Construction refers to floor space of buildings under construction during the reference period including newly started buildings buildings started earlier and continued during the reference period and buildings suspended earlier restarted during the reference period, buildings completed during the reference period, and building under construction and then suspended during the reference period.

Floor Space of Buildings Completed refers to the floor space of buildings that are completed in reference period in accordance with the requirements of the design, up to the standard for putting into use, and have been checked and accepted by concerned departments as qualified ones.

Total Power of Machinery and Equipment Owned by the End of Year refers to the total power of machinery and equipment owned by the enterprises, and listed as the fixed assets of the enterprises by the end of the yea r' including machinery and equipment for construction, production and transportation. The power of the machinery is calculated on basis of the designed or verified capacity covering the power of the machinery / equipment and the separate power equipment serving the machinery / equipment (such as electric motors) but excluding welders, transformers and boilers. The unit used for the calculation of power is kilowatt, with horsepower converted to kilowatt by 1 horsepower = 0.735 kilowatt. Arc welding generator, voltage transformer and boiler don't calculate power.

Net Value of Machinery and Equipment Owned refers to the actual value of machinery and equipment owned by the enterprises after being used and broken, is obtained by deducting net value after depreciation from original value.

Rate of Floor Space of Buildings Completed refers to the ration of the floor space of buildings completed in certain period of time to the floor space of buildings under Construction in the same period.

Value of Machines per Laborer refers to the proportion of net value of machinery and equipment owned with persons employed of construction at year-end during the reference period.

Power of Machines per Laborer refers to the proportion of total power of machinery and equipment owned with persons employed of construction at year-end during the reference period.

Ratio of Profit to Gross Output Value refers to the profits that per 100 yuan make. It can be calculated as: total profits /gross output value of construction.

Ratio of Pre-tax Profit to Gross Output Value that is ratio of pre-tax profit to gross output value. Refers to the profits that per 100 yuan make. It can be calculated as: total Pre-tax profits /gross output value of construction.

第十六篇

交通、运输和邮电通信业

TRANSPORTATION, POSTAL & TELECOMMUNICATION SERVICES

（编辑：邓海梅）

16－1 主要年份民用车辆保有量
Possession of Civil Vehicles in Main Years

指　　标	Item	1995	2000	2005	2010	2011	2012	2013	2014
一、汽车（万辆）	Civil Motor Vehicles（10 000 units）	24.9	29.13	63.54	155.73	191.45	231.03	**279.81**	322.36
#私人	Private	6.51	13.27	33.49	111.71	143.83	180.76	**226.29**	269.83
1. 载客汽车（万辆）	Number of Buses and Cars (100 000 units)	10.72	15.23	38	113.13	142.58	175.77	**217.94**	258.96
#私人	Private	1.89	6.03	21.07	88.01	115.4	146.94	**187.31**	229.08
载客量（万客位）	Passenger Vehicles Seats (10 000 sets)	111.16	192.57		793.31	966.43	1163.91	**1404.28**	1623.22
大型（万辆）	Large (10 000 units)	1.3	1.7	2.45	3.22	3.42	3.53	**3.53**	3.37
#私人	Private	0.31	0.53	0.19	0.12	0.12	0.13	**0.10**	0.04
载客量（万客位）	Passenger Vehicles Seats (10 000sets)	48.02	68.6		125.95	136.15	143.47	**147.12**	145.45
2. 载货汽车（万辆）	Ordinary Trucks (10 000 units)	13.07	13.16	19.48	36.82	42.90	49.20	**55.74**	57.73
#私人	Private	4.59	7.15	8.45	20	24.57	29.91	**34.93**	37.05
载重量（万吨位）	General Trucks (10 000 tons)	48.76	58.2		127.93	146.8	166.1	**188.46**	185.37
大（重）型（万辆）	Large (10 000 units)	8.93	7.38	9.36	8.97	10.44	11.79	**13.45**	13.55
#私人	Private	3.24	3.98	3.55	3.14	3.85	4.73	**5.43**	5.12
载重量（万吨位）	General Trucks (10 000 tons)	44.33	39.7		83.01	97.64	112.32	**130.57**	129.84
3. 其他汽车（万辆）	Other Special Motor Vehicles(10 000 units)	1.11	0.75	6.05	5.78	5.98	6.06	**6.13**	5.67
#私人	Private	0.04	0.09	3.97	3.69	3.85	3.91	**4.05**	3.70
二、拖拉机（万辆）	Wheel Tractor (10 000 units)	23.52	29.17	49.07	37.95	38.51	41.45	**42.67**	48.72
#私人	Private	22.61	28.37	49.79	37.95	38.51	41.45	**42.67**	48.72
手扶拖拉车（万辆）	Walking Tractor (10 000 units)	19.16	21.21		21.68	21.94	23.60		
#私人	Private	18.6	20.9		21.68	21.94	23.60		
三、摩托车（万辆）	Motorcycles（10 000 units）	45.69	160.15	433.8	638.52	672.4	693.17	**700.64**	692.80
#私人	Private	37.55	145.57	425.97	633.02	668.47	689.78	**697.54**	689.69
普通（万辆）	Motor Bikes (10 000 units)	37.45	145.5	414.12	633.4	667.52	688.42	**695.64**	688.33
#私人	Private	33.34	137.09	407.31	627.93	663.61	685.05	**692.55**	685.22
四、挂车（万辆）	Trailers (10 000 units)	0.91	0.45	0.89	1.46	1.74	2.03	**2.39**	2.73
#私人	Private	0.39	0.22	0.28	0.38	0.49	0.61	**0.74**	0.86
五、其他类型车（万辆）	Other Motor Vehicles (10 000 units)	1.09	3.4		0.02	0.01	0.01	**0.01**	0.01
#私人	Private	0.86	1.93		…	…	…	**…**	…

说明：根据2006年口径，2005年民用汽车拥有量及其中私人民用汽车拥有量数据已做调整，不再包含农机部门的三轮汽车和低速汽车。

Note: The number of Civil Motor Vehicles and Private Civil Motor Vehicles in 2005 have been adjusted according to the new standard in 2006, and exclude the motor pedicabs and low-speed motor vehicles belong to the Agricultual Machinery Department.

16－2 主要年份民用运输船舶拥有量
Possession of Civil Transport Vessels in Main Years

指 标	Item	1995	2000	2005	2010	2011	2012	2013	2014
一、机动船（艘）	**Ⅰ.Motor Vessels (unit)**	**12360**	**8472**	**8307**	**8800**	**8668**	**8873**	**8658**	**9074**
#私人	Private	6457	3978	3450	3493	3040	3023	2590	3033
载客量（客位）	Passenger Vehicles Seats (set)	93152	83676	89716	112138	103264	111394	103685	114367
净载重量（吨位）	Net Haulage Capacity (ton)	917539	849281	2036048	5140009	6209481	6811525	7426921	7727187
总功率（千瓦）	Total Power (kw)	491044	411586	674658	1485400	1730830	1831268	1970310	2013192
1. 客船（艘）	1.Passenger Vessels (unit)	1379	1872	2269	2725	2476	2611	2357	2525
#私人	Private	998	1456	1684	2168	1856	2010	1658	1966
载客量（客位）	Passenger Vehicles Seats (set)	59758	74087	88283	110731	101857	109987	101826	112508
2. 客货船（艘）	2.Passenger and Cargo Vessels (unit)	1150	166	5	5	5	5	6	6
#私人	Private	1084	143	1					
载客量（客位）	Passenger Vehicles Seats (set)	33394	9589	1433	1407	1407	1407	1859	1859
净载重量（吨位）	Net Haulage Capacity (ton)	11912	2420		2555	2553	2555	5099	5101
3. 货船（艘）	3.Cargo Boat (unit)	9638	6403	6030	6060	6184	6254	6293	6541
#私人	Private	4367	2379	1765	1325	1184	1013	932	1067
净载重量（吨位）	Net Haulage Capacity (ton)	905627	846861	2034599	5131300	6206911	6808970	7421822	7722086
4. 拖船（艘）	4.Drawing (unit)	193	31	3	3	3	3	2	2
二、驳船（艘）	**Ⅱ.Barges (unit)**	**597**	**110**	**10**	**7**	**7**	**7**	**4**	**4**
净载重量（吨位）	Net Haulage Capacity (ton)	106289	32725	6740	6138	6138	6138	3250	3250

16－3 主要年份内河、沿海规模以上港口基本情况
Basic Statistics of Major Ports of Inland & Coast in Main Years

指 标	Item	码头长度（米）Length of Quay Lines (m)							
		1995	2000	2005	2010	2011	2012	2013	2014
内 河	**Navigable Inland Waterways**				**17288**	**17518**	**20649**	**21358**	**23126**
南宁港	Nanning Port	1115	2197	1643	3319	3319	4155	5044	5796
柳州港	Liuzhou Port	350	1150	1056	751	981	1556	1556	1556
梧州港	Wuzhou Port	1559	6376	4234	3970	3970	4586	4406	5120
贵港港	Guigang Port	890	5150	5951	7083	7083	7311	7311	7613
来宾港	Laibin Port				2165	2165	3041	3041	3041
广西北部湾港	**Ports of Beibu Gulf in Guangxi**				**24694**	**27136**	**31191**	**31496**	**34097**
其中：北海港域	Beihai Port	1210	1900	2504	5082	5082	6040	6040	6040
防城港域	Fangchenggang Port	2371	3211	4080	12134	12134	13945	14223	14897
钦州港域	Qinzhou Port	360	1730	3696	7478	9920	11206	11233	13160

16-4 主要年份运输线路里程
Length of Transportation Routes in Main Years

单位：公里 (km)

指 标	Item	1995	2000	2005	2010	2011	2012	2013	2014
一、铁路营业里程	Operating Length of Railways	2236	2725	2733	3174	3163	3164	3982	4711
#高速铁路营业里程	Operating Length of High-speed Rail	—	—	—	—	—	—	223	715
#复线里程	Length of Double Traek Lines				455	456	456	1377	2163
电气化里程	Length of Electric Lines				779	779	779	1622	2377
二、铁路正线延展里程	Extensive Length of Railways Lines	2621	3349	3462	3675	3648	3647	5367	5884
三、公路里程	Length of Highways	40904	52910	62003	101782	104889	107906	111384	114900
#高速公路里程	Length of Expressway		812	1411	2574	2754	2883	3305	3722
四、内河航道里程	Length of Navigable Inland Waterways	4521	5618	6157	6157	6157	6157	6153	6200

注：2006年度国家交通部将村道纳入公路里程统计范围。
Note: The village road has been brought into the statistical range of length of Highuays by National Department of Transportation since 2006.

16-5 主要年份规模以上港口货物吞吐量
Cargo Handled at Major Ports in Main Years

单位：万吨 (10 000 tons)

港口名称	Name of Ports	1995	2000	2005	2010	2011	2012	2013	2014
规模以上港口货物吞吐量合计	**Total Volume of Cargo Handled in Ports above Designated Size**	**1717**	**2879**	**6877**	**18575**	**23335**	**26873**	**29276**	**31025**
#内河港口	**Ports of Navigable Inland Waterways**	**998**	**1112**	**3208**	**6652**	**8004**	**9435**	**10603**	**10836**
南宁港	Nanning Port	82	58	73	485	777	1070	1292	1150
柳州港	Liuzhou Port	74	36	56	189	124	197	239	252
梧州港	Wuzhou Port	160	85	403	1601	2071	2608	3015	3142
贵港港	Guigang Port	362	468	1507	3807	4108	4512	4900	5242
来宾港	Laibin Port				569	924	1048	1157	1050
广西北部湾港	**Ports of Beibu Gulf of Guangxi**	**719**	**1768**	**3669**	**11923**	**15331**	**17438**	**18673**	**20189**
北海港域	Beihai Port	201	265	437	1251	1591	1757	2078	2276
防城港域	Fangchenggang Port	464	919	2006	7650	9024	10058	10501	11501
钦州港域	Qinzhou Port	9	140	511	3022	4716	5622	6035	6412

16－6　全社会客运量及旅客周转量（1978－2014年）
Total Passenger Traffic & Turnover of Passenger Traffic(1978－2014)

年　份	Year	总计 Total	铁路 Railways	公路 Highways	水运 Waterways	民航 Civil Aviation
客运量（万人）	**Passenger Traffic(10 000 persons)**					
1978		6398	1368	4628	383	10
1980		9369	1869	7054	429	17
1985		20018	2456	16993	526	43
1990		26272	2391	22826	984	69
1991		24685	2346	21175	1089	75
1992		27262	2703	23189	1273	95
1993		39398	2980	33968	2344	106
1994		34274	3030	29954	1177	113
1995		34317	2819	30024	1192	283
1996		36066	2385	32582	805	294
1997		38343	2495	34752	802	294
1998		39670	2576	36006	786	302
1999		41009	2496	37412	779	322
2000		42952	2508	39321	766	357
2001		44451	2270	41020	755	373
2002		45868	2148	42459	850	410
2003		43595	1936	40524	785	350
2004		48870	1938	45578	861	439
2005		52197	2037	48740	883	536
2006		56635	2347	52609	1023	656
2007		61716	2578	57213	1119	806
2008		64745	2937	60645	340	823
2009		69740	2956	65045	302	1077
2010		76967	3163	72208	395	1201
2011		84431	3383	79300	417	1331
2012		91656	3310	86449	470	1427
2013		50846	3275	45606	394	1571
2014		53881	4770	46623	512	1976

注：2013年公路水路数为交通运输部《公路运输量统计试行方案（2014）》和《水路运输量统计试行方案（2014）》确认数。
2013年按旧口径快报数为：总计97780，铁路3275，公路92378，水运556，民航1571。2013年后数据使用新口径以便衔接。

Note: The data on highways and wateways in 2013 is confirmed by Pilot Scheme of Highways Ttaffic Statistic (2014) and Pilot Scheme of Highways Ttaffic Statistic (2014) from Ministry of Transport.
The corresponding data in old statistical range is: Total 97780, Raiways 3275，Higways 92378，Waterways 556，Civil Aviation 1571.

16－6 续表 continued

年 份	Year	总计 Total	铁路 Railways	公路 Highways	水运 Waterways	民航 Civil Aviation
旅客周转量（亿人公里）	**Turnover of Passenger Traffic (100 million passenger-km)**					
1978		41.20	21.64	16.89	2.67	
1980		60.25	31.11	25.05	4.09	
1985		127.77	55.72	66.50	5.55	
1990		174.79	66.79	101.21	6.76	
1991		183.70	71.33	105.18	7.19	
1992		223.94	83.19	133.39	7.31	
1993		283.77	112.00	164.04	7.72	
1994		289.39	118.59	165.32	5.48	
1995		298.41	112.14	180.78	5.49	
1996		323.69	93.79	225.97	3.93	
1997		378.18	94.40	280.32	3.46	
1998		386.97	91.77	292.63	2.57	
1999		440.19	105.36	332.30	2.52	
2000		464.96	114.48	347.94	2.54	
2001		490.92	116.23	372.07	2.63	
2002		502.42	117.02	382.70	2.70	
2003		475.09	105.46	367.35	2.27	
2004		529.43	116.18	410.64	2.61	
2005		573.08	131.73	438.77	2.58	
2006		625.34	150.90	471.43	3.01	
2007		714.27	174.05	536.93	3.29	
2008		753.27	188.10	563.52	1.65	
2009		787.42	167.44	618.28	1.70	
2010		879.23	182.13	695.32	1.78	
2011		973.01	194.48	776.51	2.01	
2012		1047.98	187.72	857.98	2.28	
2013		611.32	193.67	415.73	1.92	
2014		652.68	236.96	413.23	2.48	

注：2013年公路水路数为交通运输部《公路运输量统计试行方案（2014）》和《水路运输量统计试行方案（2014）》确认数。
2013年按旧口径的快报数为：总计1126.83，铁路193.67，公路930.63，水运2.53。2013年后数据使用新口径以便衔接。

Note: The data on highways and wateways in 2013 is confirmed by Pilot Scheme of Highways Ttaffic Statistic (2014) and Pilot Scheme of Highways Ttaffic Statistic (2014) from Ministry of Transport.
The corresponding data in old statistical range is: Total 1126.83, Raiways 193.67, Highways 930.63, Waterways 2.53.

16－7　全社会货运量及货物周转量（1978－2014年）
Total Freight Traffic & Turnover of Freight Traffic(1978－2014)

年　份	Year	总计 Total	铁路 Railways	公路 Highways	水运 Waterways	民航 Civil Aviation
货运量（万吨）	**Freight Traffic (10 000 tons)**					
1978		5885	2118	2697	1070	
1980		4496	1833	1772	891	0.10
1985		12909	2224	9898	787	0.58
1990		19888	3798	14711	1338	0.50
1991		22469	3920	17146	1403	0.70
1992		23457	4167	17567	1666	0.90
1993		35509	4434	27723	3352	1.00
1994		28132	4920	20391	2820	1.00
1995		28622	5072	20686	2862	1.60
1996		29441	5166	22386	1887	1.70
1997		31473	5315	24349	1808	1.00
1998		32671	5364	25482	1823	1.80
1999		30862	5293	23720	1846	3.20
2000		31270	5843	23514	1910	3.38
2001		33267	6316	23747	2024	3.76
2002		33392	6636	24325	2423	7.64
2003		33457	6516	24164	2774	3.80
2004		37118	7860	25822	3432	4.20
2005		41025	8517	27861	4642	4.80
2006		45454	9374	30525	5549	5.60
2007		50152	10503	32920	6722	6.90
2008		84950	9861	64884	10198	6.80
2009		95076	9564	75766	9738	8.03
2010		113445	7052	93552	12832	9.49
2011		136143	6770	113549	15813	11.0
2012		161368	6846	135112	19398	12.2
2013		151155	6916	124677	19549	12.9
2014		163043	6687	134330	22009	17.0

注：2013年公路水路数为交通运输部《公路运输量统计试行方案（2014）》和《水路运输量统计试行方案（2014）》确认数。
2013年按旧口径的快报数为：总计179795，铁路6916，公路151841，水运21025，民航12.9。2013年后数据使用新口径以便衔接。

Note: The data on highways and wateways in 2013 is confirmed by Pilot Scheme of Highways Ttaffic Statistic (2014) and Pilot Scheme of Highways Ttaffic Statistic (2014) from Ministry of Transport.
The corresponding data in old statistical range is: Total 179795, Raiways 6916, Highways 151841, Waterways 21025, Civil Aviation 12.9.

16—7 续表 continued

年 份	Year	总计 Total	铁路 Railways	公路 Highways	水运 Waterways	民航 Civil Aviation
货物周转量（亿吨公里）	**Turnover of Freight Traffic (100 million ton-km)**					
1978		183.78	153.93	7.54	22.31	
1980		160.46	132.52	5.77	22.17	
1985		276.26	200.52	47.30	28.44	
1990		428.02	268.17	116.95	42.82	
1991		429.61	286.31	91.62	51.68	
1992		487.27	310.98	102.72	64.42	
1993		511.96	335.21	103.23	73.51	
1994		588.98	348.14	140.36	100.48	
1995		592.93	351.61	143.39	97.93	
1996		606.12	346.30	170.58	89.23	
1997		642.30	366.73	183.48	92.08	
1998		695.35	413.46	190.48	91.41	
1999		698.20	414.60	202.10	81.50	
2000		770.61	485.14	209.44	76.03	
2001		799.42	504.15	212.10	83.16	
2002		860.74	540.92	218.51	101.31	
2003		942.55	606.39	217.10	119.06	
2004		1095.66	713.35	235.62	146.69	
2005		1208.91	777.73	258.43	172.75	
2006		1338.95	846.02	286.85	206.08	
2007		1516.55	928.94	302.23	285.34	
2008		2210.23	912.86	799.96	497.41	
2009		2365.62	825.25	934.70	605.67	
2010		2926.77	891.33	1173.45	861.99	
2011		3478.23	895.38	1494.04	1088.81	
2012		4110.64	860.01	1878.29	1372.34	
2013		3856.37	809.43	1857.18	1189.76	
2014		4090.06	770.85	2068.51	1250.70	

注：2013年公路水路数为交通运输部《公路运输量统计试行方案（2014）》和《水路运输量统计试行方案（2014）》确认数。
2013年按旧口径的快报数为：总计4320.13，铁路809.43，公路2140.30，水运1370.36。2013年后数据使用新口径以便衔接。

Note: The data on highways and wateways in 2013 is confirmed by Pilot Scheme of Highways Ttaffic Statistic (2014) and Pilot Scheme of Highways Ttaffic Statistic (2014) from Ministry of Transport.
The corresponding data in old statistical range is: Total 4320.13, Raiways 809.43, Highways 2140.30, Waterways 1370.36.

16−8 公路线路长度（按等级分类，1978−2014年）
Total Length of Highways(Grouped by Class,1978−2014)

单位：公里 (km)

年 份 Year	公路里程总计 Total Length of Highways	等级公路合计 Expressway & Class I to IV Highway	高速 Expressway	一级 Class Ⅰ	二级 Class Ⅱ	三级 Class Ⅲ	四级 Class Ⅳ	等外 Below Class Ⅳ	公路等级里程占总里程（%） Proportion of Expressway & Class I to IV Highway in Total Length of Highways(%)
1978	29773							14996	
1979	30692	13771			83	1341	12347	16921	44.87
1980	31624	14703			83	1348	13272	16921	46.49
1981	31823	14902			83	1373	13446	16921	46.83
1982	32156	15264			83	1465	13716	16892	47.47
1983	32529	15740			84	1531	14125	16789	48.39
1984	32757	16061			84	1531	14446	16696	49.03
1985	32972	16329			104	1633	14592	16643	49.52
1986	33222	16703			105	1670	14928	16519	50.28
1987	33928	17604			139	1763	15702	16324	51.89
1988	35400	19193			202	1803	17188	16207	54.22
1989	35945	19829			214	1875	17740	16116	55.16
1990	36214	20098		8	358	2031	17701	16116	55.50
1991	36660	20711		11	428	1919	18353	15949	56.49
1992	37291	21488		11	682	1917	18878	15803	57.62
1993	38495	22754		11	1035	1910	19798	15741	59.11
1994	39550	23890		48	1074	2017	20751	15660	60.40
1995	40904	25509		66	1330	2163	21950	15395	62.36
1996	42696	27375		66	1448	2222	23639	15321	64.12
1997	45378	30283	193	189	1670	2208	26023	15095	66.73
1998	51073	43319	439	389	2107	16741	23643	7754	84.82
1999	51378	43671	575	389	2319	16721	23667	7707	85.00
2000	52910	45430	812	442	2628	16620	24928	7480	85.86
2001	54752	40192	822	449	4316	5213	29392	14560	73.40
2002	56297	42155	822	449	4773	5348	30763	14142	74.86
2003	58451	45284	1011	482	5351	5611	32829	13167	77.47
2004	59704	47304	1157	514	5783	5337	34314	12400	79.23
2005	62003	51046	1411	546	6299	5813	36977	10957	82.33
2006	90318	52101	1545	705	6847	5589	37415	38216	57.69
2007	94202	62861	1879	733	7325	5625	47296	31340	66.73
2008	99273	73051	2181	818	8114	6311	55624	26221	73.58
2009	100491	77154	2395	827	8559	6889	58484	23337	76.78
2010	101782	81239	2574	876	8646	7942	61200	20543	79.82
2011	104889	87296	2754	944	9132	8261	66205	17592	83.23
2012	107906	91583	2883	984	9720	8320	69676	16322	84.87
2013	111384	96343	3305	1008	10392	8258	73380	15041	86.50
2014	114900	100647	3722	1026	10618	8334	76947	14252	87.60

注：1. 从2001年起以第二次全国公路普查数据为调整基数。
2. 2006年度国家交通部将村道纳入公路里程统计范围，与往年数据不可比。

Note: 1. The data in the table have been readjusted basing on the data of the Second National Highway Census since 2001.
2. Since 2006, the Ministry of Transportation has broght the country roads under the statistical range of highway length, thus the data in 2006 is incomparable with the former years.

16—9 主要年份邮电通信水平
Level of Postal & Telecommunications Services in Main Years

指　标	Item	1995	2000	2005	2010	2011	2012	2013	2014
平均每人每年发函件数（件）	Per Capita Annul Average Number of Letters (piece)	4.6	3.6	2.4	1.4	1.4	1.3	1.1	1.1
平均每人订有报刊数（件）	Annul Average Number of Newspapers & Magazines Per Capita Subscribed (piece)	13.1	9.5	4.0	6.2	7.4	7.8	8.0	8.1
平均每万人拥有电话机数（部）	Average Number of Telephone Subscribers per 10 000 Persons Owned (set)	233.6	1102.3	3852.6	6176.6	6879.7	7469.5	8152.0	8558.2
设有邮电局、所乡(镇)比重（%）	Proportion of townships with Post & Telecommunication Office (%)	85.4	90.3	91.3	95.5	95.7	96.0	100.0	100.0
邮政储蓄市场占有率（%）	Ratio of market shares of Postal Deposit (%)	4.0	7.1	9.8	11.4	11.8	12.0	12.2	12.6
通电话的乡（镇）比重（%）	Proportion of townships with Telephone Communication (%)	96.8	100.0	100.0	100.0	100.0	100.0	100.0	100.0
按固定班期投递邮件的乡（镇）比重（%）	Proportion of townships with Delivery by Regularly Time (%)	98.2	99.9	98.7	100.0	100.0	100.0	100.0	100.0
通电话的行政村比重（%）	Proportion of Administrative Village with Telephone (%)		91.5	99.1	100.0	100.0	100.0	100.0	100.0

注：1. 1995年以来的“平均每万人拥有电话机数”含移动电话用户。

2. 平均每人每年发函件数、平均每人每年订报刊数、平均每万人拥有电话机数等指标根据2004年和2005年实际情况做相应修改。

Note: 1. “Number of Telephone Subscribers per 10 000 persons owned” have included mobile telephones subscribers since 1995.

2. The data on “Per Capita Annul Average Number of Letters”, “Annul Average Number of Newspapers & Magazines per Capita Subscribed” & “Average Number of Telephone Subscribers per 10000 persons owned” was adjusted by practical situation in 2004 & 2005.

16－10 主要年份邮政和电信主要指标
Major Indicators of Postal & Telecommunications Services in Main Years

指　标	Item	1995	2000	2005	2010	2011	2012	2013	2014
邮政快递网点总数(个)	Number of Post & Telecommunication Offices (unit)	1503	1674	1613	1518	1469	1469	1445	3419
邮路总长度（含农村投递线路，万公里）	Length of Postal Routes(including Rural Delivery Routes, 10 000 km)	16.33	17.7	17.86	19.44	19.46	20.03	19.86	63.31
邮政汽车（辆）	Motor Vehicles for Post (unit)	683	1084	1318	1554	2102	1659	1606	3908
长途业务电路总数（万路）	Total Lines of Long Distance Business (line)	2.19	8.40	57.90	64.20	108.42	131.17	155.66	231.17
邮电业务总量（亿元）	Business Volume of Post & Telecommunication Services(100 million yuan)	20.56	96.36	322.87	807.81	326.30	366.44	392.82	503.24
#邮政	Post		4.31	11.72	28.58	21.88	24.14	29.57	36.23
电信	Telecommunication Services		92.05	311.15	779.23	304.42	342.30	363.25	467.01
函件（亿件）	Number of Letters (100 million pcs)	2.08	1.67	1.20	0.72	0.64	0.61	0.54	0.50
报刊期发数（万份）	Newspapers & Magazines Circulation (10 000 copies)	720.0	667.4	340.1	360.22	389.85	387.26	379.43	407.46
固定电话年末户数（万户）	Number of Subscribers of Fixed-line Telephone(10 000 subscribers)	76.7	319.1	869.4	708.9	650.9	599.3	546.3	499.85
#城市电话	Urban	65.65	233.48	557.7	430.3	399.6	376.5	354.7	336.91
农村电话	Rural	11.04	85.64	311.70	278.60	251.30	222.8	191.6	162.94
订销报纸累计数（万份）	Total Number of Newspaper Subscribed & Sold (10 000 copies)	54392	40934	22387	27900	30579	32800	34068	34913
订销杂志累计数（万份）	Total Number of Magazines Subscribed & Sold (10 000 copies)	4284	3324	2490	3825	3715	3727	3658	3663
互联网用户数（万户）	Number of Subscribers of Internet(10 000 subscribers)	0.001	23.8	186	1579.6	2071.9	2721.80	2762.3	3186.51
#互联网宽带接入用户数	Broadband Internet Access		23.2	80	330.1	422.9	507.1	559.6	592.43
移动互联网用户数	Mobile Internet		.		1240.3	1619.4	2205.8	2202.7	2586.52
移动电话用户合计（万户）	Number of Mobile Telephone Subscribers (10 000 subscribers)	10	166.9	1021.0	2214.5	2532.7	2884.1	3285.6	3553.78
#3G移动电话用户数	3G Mobile Telephone Subscribers				98	278.6	560.7	1067.4	1359.02
公用电话（万户）	Public Telephone (10 000 subscribers)	2.26	9.92	61.8	57.4	47.5	46.6	42.6	42.06

注：1. 邮电业务总量2000年及以前按1990年不变价格计算，以后按2000年不变价格计算。订销杂志累计数根据2005年实际情况做相应修改。
2. 2014年起，邮政快递网点、邮路总长度、邮政汽车三个指标包含快递服务企业数据，之初前仅含邮政公司数。

Note: 1. The business volume of post & telecommunication services of 2000 and before were calculated at 1995's constant prices; and these since 2000 were calculated at 2000's constant prices. The Total Number of Magazines Subscribed & Sold was adjusted by the practical situation in 2005.
2. Since 2014, the indicators "Number of Post & Telecommunication Offices", "Length of Postal Routes" and "Motor Vehicles for Post" include the data from enterprises of express service, while the data before 2014 just includes the post offices.

主要统计指标解释

铁路营业里程 又称营业长度（包括正式营业和临时营业里程），指办理客货运输业务的铁路正线总长度。凡是全线或部分建成双线及以上的线路，以第一线的实际长度计算；复线、站线、段管线、岔线和特殊用途线以及不计算运费的联络线都不计算营业里程。

公路里程 指在一定时期内实际达到《公路工程技术标准JTG B01-2003》规定的技术等级的公路，并经公路主管部门正式验收交付使用的公路里程数。包括大、中城市的郊区公路，以及公路通过小城镇（指县城、集镇）街道的公路里程和公路桥梁长度、隧道长度、渡口的宽度以及分期修建的公路已验收交付使用的里程，不包括大中城市的街道、厂矿、林区生产用道和农业生产用道的里程。两条或多条公路共同经由同一路段，只计算一次，不得重复计算里程长度。按公路技术等级分为等级公路和等外公路，其中等级公路分为高速公路、一级公路、二级公路、三级公路和四级公路。

内河航道通航里程 指在一定时期内，能通航运输船舶及排筏的天然河流、湖泊水库、运河及通航渠道的长度。包括全年季节性通航累计三个月以上的航道，不包括仅供零散流放竹、木排的河道。两省以河为界的航道里程，双方均按一半计算，以免重复。该指标可以反映内河水运网的规模、水平和发展情况。

铁路旅客运量 指一定时期内使用铁路客车运送的旅客人数。铁路旅客运量的计算方法：不论票价多少或行程长短，均按单程计算为一人次；不足购票年龄免购客票的儿童，不计算运量；月、季票按每月往返各21人次计算。

铁路旅客周转量 指一定时期内使用铁路客车运送的旅客人数与运输距离的乘积之和。计算公式为：

旅客周转量（人公里）=∑（实际运送的每一乘客×该旅客出发站与到达站间距离）

=实际运送的旅客人数×旅客平均运程

铁路货物运量 指使用铁路货车实际运送的货物数重量。

铁路货物周转量 指一定时期内使用铁路货车完成的货物运量与运送距离的乘积之和。计算公式为：

货物周转量（吨公里）=∑（每批货物重量×该批货物的运送距离）

=实际运送货物吨数×货物平均运程

公路客运量 指公路运输企业及由其组织的其它单位在一定时期内实际运送的旅客人数。公路客运量的计算方法：不论乘车路程远近和票价的多少，以客票为依据，“人”为计量单位；不足购票年龄的免票儿童不计算客运量。

公路旅客周转量 指一定时期内由各种公路运输工具实际运送的旅客人数与相应的运送距离的乘积之和。计算公式为：

旅客周转量（人公里）=∑（实际运送的每一旅客×该旅客出发站与到达站间距离）

公路货运量 指一定时期内由各种公路运输工具实际运送到目的地并卸完的货物数量。反映公路货运量的指标有发送货物吨数、到达货物吨数和运送货物吨数。

公路货物周转量 指一定时期内由各种公路运输工具实际完成的货物运量与相应的运送距离的乘积之和。计算公式为：

货物周转量（吨公里）=∑（每批货物重量×该批货物的运送距离）

水路客运量 指水运企业及由其组织的其他单位在一定时期内实际运送的旅客人数。

水路旅客周转量 指水运企业和由其组织的其他单位在一定时期内实际运送的旅客人数与相应的运送距离的乘积之和。

水路货运量 指在一定时期内由各种水运工具实际运送的货物数量，包括内河、江海、远洋货运量。

水路货物周转量 指一定时期内由各种水路运输工具实际完成的货物运量与相应的运送距离的乘积之和。

港口货物吞吐量 指经由水路进、出港区范围，并经过装卸的货物数量。按货物流向分为进港吞吐量和出港吞吐量，按货物的贸易性质分为内贸和外贸吞吐量。按货物的类别分，可根据现行的交通行业标准《运输货物分类和代码》分类。

民用航空客运量 指公共航空运输飞行所载运的旅客人数。成人和儿童各按一人计算，婴儿不计人数。每一特定航班

的每一旅客只计算一次。唯一例外的是，乘坐定期航班既经过国内航段又经过国际航段的旅客，同时计算一个国内旅客和一个国际旅客。不定期航班运送的旅客每一特定航班（同一航班）只计算一次。

民用航空货邮运量 指公共航空运输飞行所载运的货物、邮件重量，货物包括外交信袋和快件。原始数据以吨位计算单位，保留一位小数。每一特定航班（同一航班）的货邮只计算一次，不能按航段重复计算。但对于既经过国内航段、又经过国际航段运输的货邮，则同时统计为国内货邮和国际货邮。不定期航班运输的货物每一特定航班（同一航班）只计算一次。

邮电业务总量 指以货币形式表现的邮电通信企业为社会提供各类邮电通信服务的总数量。计算方法为各类邮电通信服务业务的实物量分别乘以相应的不变单价，求出各类业务的货币量后加总求得。该指标反映了一定时期邮电通信业务发展的总成果，是观察邮电通信业务发展变化总趋势的综合性指标，分别按邮政业务总量和电信业务总量统计。

Explanatory Notes on Main Statistical Indicators

Length of Railways in Operation refers to the total length of the trunk line for passenger and freight transportation (including both full operation and temporary operation). The calculation is based on the actual length of the first line if this line has a full or partial double (or more). Not included are double tracks, station sidings, tracks under the charge of stations, branch lines, special-purpose lines and non-payable connecting lines. The length of railways in operation is an important indicator to show the development of the infrastructure of railway transport. It is also essential data to calculate volume of passenger freight transport, traffic density and utilization efficiency of locomotives and carriages.

Length of Highways refers to the length of highways which are built in conformity with the grades specified by the highway engineering standard 〔Highways WTBZ-Technical Standard JTG B01-2003〕 formulated by the Ministry of Transport, and have been formally checked and accepted by the departments of highways and put into use. The length of highways includes that of the suburb highways at large and medium-sized cities, highways passing through streets at small cities and towns, and also the length of bridges, tunnels, ferry piers, and the checked and accepted length of the installment highways being put to use. It does not include the length of streets in big and medium-sized cities and highways built for the production purpose at factories, mines, forest areas and agricultural areas. If two or more highways go the same section of the way, the length of the section is only calculated for once and no duplication is allowed. According to the technical grade, they are divided into grade highways and off-grade highways, and grade highways include express highways, Class I, Class II, Class III and Class IV. The length of highways is an indicator to show the development of the scale of highway construction and to provide essential information to calculate the transport network density.

Length of Navigable Inland Waterways is an indicator reflecting the size and development of inland water network. It refers to the length of the natural rivers, lakes, reservoirs, canals, and ditches open to navigation during a given period, which enables transportation by ships and rafts. It includes the channels open to navigation for over an accumulated period of 3 months in a year, yet this does not include the river courses which are only used to float odd logs and bamboo rafts. For fear of repeating calculation, the length of waterways of boundary rivers between two provinces is reckon in a half for each province. This indicator can reflect the scale, level and development situation of the inland waterway network.

Railway Passenger Traffic refers to the volume of passenger transported with railway within a specific period of time. It is calculated by the principle that one person can be counted only once in one trip and takes no account of the ticket price and traveling distance. The free tickets for under-aged children are not calculated in. Monthly tickets and season tickets are calculated as 21 person-times per 1 month.

Turnover of Railway Passenger Traffic refers to the summary of products of the number of passengers transported with railway trains and the distance of transportation within a specific period of time. It is calculated as:

Turnover of Passenger Traffic(person-km)

=∑(each passenger actually transported × distance between this passenger' s starting and arriving station)

- number of passengers actually transported × average distance of passengers transported

Railway Freight Traffic refers to the weight of goods actually transported with railway goods trains.

Turnover of Railway Freight Traffic refers to the summary of products of the volume of goods transported with railway goods trains and the distance of transportation within a specific period of time. The calculating formula is:

Turnover of Freight Traffic(ton-km)

= ∑(weight of each batch of goods × distance of this batch of goods transported)

-tonnage of goods actually transported × average distance of goods transported

Highway Passenger Traffic refers to volume of passenger transported with highway transportation enterprises and other units being organized by highway transportation enterprises within a specific period of time. It is calculated by the principle that one person can be counted as "1 person" and takes no account of the traveling distance and ticket price, according to the ticket. The free tickets for under-aged children are not calculated in.

Turnover of Highway Passenger Traffic refers to the summary of products of the number of passengers actually transported with kinds of highway conveyances and the distance of transportation within a specific period of time. It is calculated as:

Turnover of Passenger Traffic(person-km)

=∑(each passenger actually transported ×distance between this passenger' s starting and arriving station)

Highway Freight Traffic refers to the volume of goods actually transported to destinations and completely discharged with kinds of highway conveyances within a specific period of time. To reflecting Highway Freight Traffic, there are indicators such as the tonnage of goods sending off, the tonnage of goods receiving and the tonnage of goods transporting.

Turnover of Highway Freight Traffic refers to the summary of products of the volume of goods actually transported with kinds of highway conveyances and the distance of transportation within a specific period of time. The calculating formula is:

Turnover of Freight Traffic(ton-km)

=∑(weight of each batch of goods × distance of this batch of goods transported)

Waterway Passenger Traffic refers to the volume of passenger transported with waterway transportation enterprises and other units being organized by highway transportation enterprises within a specific period of time.

Turnover of Waterway Passenger Traffic refers to the summary of products of the number of passengers actually transported with waterway transportation enterprises and other units being organized by waterway transportation enterprises the distance of transportation within a specific period of time.

Waterway Freight Traffic refers to the volume of goods actually transported with kinds of waterway conveyances within a specific period of time. It includes the freight traffic of inland rivers, seas and oceans.

Turnover of Waterway Freight Traffic refers to the summary of products of the volume of goods actually

Volume of Freight Handled in Coastal Ports refers to the volume of cargo passing in and out of the harbor area of the major coastal ports and having been loaded and unloaded. The volume of freight handled may be classified by direction of flow as freight for import and freight for export, or by nature of cargo as freight for domestic trade and freight for foreign trade. The volume of freight handled maybe classified by the classification of cargo, or the current transport standard of The Classification and Code of Cargo Type.

Civil Aviation Passenger Traffic refers to the volume of passenger transported with public air transportation. An adult or child is counted as 1 person, and babies are not calculated in. One passenger in a certain flight is just counted once. The exception is that one passenger taking a fix-date flight both including domestic part and international part is calculated as 1 domestic passenger and 1 international passenger contemporarily.

Civil Aviation Freight Traffic of Goods and Posts refers to the weight of goods and posts transported with public air transportation. The goods and posts of one certain flight can be just counted once. The exception is that the goods and posts taking a fix-date flight both including domestic part and international part are calculated as 1 domestic goods and posts and 1 international goods and posts contemporarily.

transported with kinds of waterway conveyances and the distance of transportation within a specific period of time.

Business Volume of Post and Telecommunications (Business Volume of Communication) refers to the total amount of postal and telecommunication services, expressed in value terms, provided by the post and telecommunications departments for society. It can be classified as: letters, parcels, drafts, circulating presses, postal expresses, EMS, postal savings, stamp collecting, faxes, long distance telephones, rent circuitries, mobile phones, packet switching digital communication and lease and maintenance etc. This indicator reflects the overall results of development of postal and telecommunication services in a certain period, and it is an important indicator for researching construction and development of business volume of post and telecommunications. The calculating formula is:

Business Volume of Post and Telecommunications

= ∑(various Business Volume of Post and Telecommunications × fixed unit prices) + lease and maintenance and other business incomes

= Business Volume of Post + Business Volume of Telecommunications

第十七篇

批发和零售业

WHOLESALE & RETAIL TRADES

（编辑：蒙庆彬）

17－1 限额以上批发和零售业企业基本情况（2014年）

Basic Conditions of Enterprises above Designated Size in Wholesale & Retail (2014)

项目	Item	法人企业（个）Corporation Enterprises (unit)	从业人员（人）Persons Employed (person)
总计	**Total**	**2705**	**175267**
一、批发业	**Ⅰ.Wholesale**	**1163**	**65947**
1.按登记注册类型分组	**1.Grouped by Status of Registration**		
内资企业	Domestic Funded Enterprises	1156	65560
国有企业	State-owned Industry	59	10335
集体企业	Collective-owned Industry	22	1037
股份合作企业	Cooperative Enterprises	2	47
联营企业	Joint Ownership Enterprises		
国有联营企业	State Joint Ownership Enterprises		
集体联营企业	Collective Joint Ownership Enterprises		
国有与集体联营企业	Joint State-Collective Ownership Enterprises		
其他联营企业	Other Joint Ownership Enterprises		
有限责任公司	Limited Liability Corporations	336	16044
国有独资企业	Sole State-funded Corporations	19	911
其他有限责任公司	Other Limited Liability Corporations	317	15133
股份有限公司	Share Holding Enterprises	56	14666
私营企业	Private Enterprises	673	22814
私营独资企业	Private-funded Enterprises	4	159
私营合伙企业	Private Partnership Enterprises	1	21
私营有限责任公司	Private Limited Liability Corporations	646	21997
私营股份有限公司	Private Share Holding Enterprises	22	637
其他企业	Others	8	617
港、澳、台商投资企业	Enterprises with Funds from Hong Kong, Macao & Taiwan	5	317
合资经营企业	Joint Venture Enterprises	1	106
合作经营企业	Cooperative Enterprises		
独资经营企业	Enterprises with Sole Investment	4	211
投资股份有限公司	Share-holding Corporations Ltd. with Investment		
其他港澳台投资企业	Others		
外商投资企业	Foreign-investment Enterprise	2	70
中外合资经营企业	Joint Venture Enterprises	1	55
中外合作经营企业	Cooperative Enterprises		
外资企业	Enterprises with Sole Foreign Investment	1	15
外商投资股份有限公司	Share-holding Corporations Ltd. with Foreign Investment		
其他外商投资企业	Others		
2.按国民经济行业分组	**2.Grouped by National Economic Sector**		
农畜产品批发业	Wholesale of the Agricultural & Animal Products	56	2686
食品、饮料及烟草制品批发业	Wholesale of Food , Beverage & Tobacco Products	128	16153
#米、面制品及食用油批发业	Wholesale of Rice, Flour Products & Edible Oil	29	2089

17—1 续表1 continued

项 目	Item	法人企业 (个) Corporation Enterprises (unit)	从业人员 (人) Persons Employed (person)
烟草制品批发业	Wholesale of Tobacco Products	14	7281
纺织、服装及日用品批发业	Wholesale of Textile , Garments & Daily Necessities	88	5867
#服装批发业	Wholesale of Garments	14	964
文化、体育用品及器材批发业	Wholesale of Culture , Sports Goods & Apparatus	21	1053
医药及医疗器材批发业	Wholesale of Medicine & Medical Apparatus	97	8509
矿产品、建材及化工产品批发业	Wholesale of Mineral Products , Building Materials & Chemical Products	591	24482
#煤炭及制品批发业	Wholesale of Coal & Related Products	81	1548
石油及制品批发业	Wholesale of Petroleum & Related Products	67	13303
金属及金属矿批发业	Wholesale of Metal & Metallic Ore	241	3602
建材批发业	Wholesale of Building Materials	64	959
化肥批发业	Wholesale of Chemical Fertilizer	67	2826
机械设备、五金交电及电子产品批发业	Wholesale of Mechanical Equipment , Hardware & Electrical Equipment & Electronic Product	148	6606
#汽车批发业	Wholesale of Motor Vehicles Parts	36	1220
计算机、软件及辅助设备批发业	Wholesale of Computer , Software & Auxiliary Equipment	15	638
贸易经纪与代理	Trade Manager & Acting as Agent	9	122
其他批发业	Others	25	469
二、零售业	**Ⅱ.Retail**	**1542**	**109320**
1.按登记注册类型分组	**1.Grouped by Status of Registration**		
内资企业	Domestic Funded Enterprises	1511	101975
国有企业	State-owned Industry	44	2912
集体企业	Collective-owned Industry	32	1534
股份合作企业	Cooperative Enterprises	2	57
联营企业	Joint Ownership Enterprises		
国有联营企业	State Joint Ownership Enterprises		
集体联营企业	Collective Joint Ownership Enterprises		
国有与集体联营企业	Joint State-Collective Ownership Enterprises		
其他联营企业	Other Joint Ownership Enterprises		
有限责任公司	Limited Liability Corporations	505	40334
国有独资企业	Sole State-funded Corporations	45	2400
其他有限责任公司	Other Limited Liability Corporations	460	37934
股份有限公司	Share Holding Enterprises	61	11971
私营企业	Private Enterprises	859	44988
私营独资企业	Private-funded Enterprises	53	1565
私营合伙企业	Private Partnership Enterprises	11	372
私营有限责任公司	Private Limited Liability Corporations	762	40815
私营股份有限公司	Private Share Holding Enterprises	33	2236

17－1 续表2 continued

项　目	Item	法人企业（个）Corporation Enterprises (unit)	从业人员（人）Persons Employed (person)
其他企业	Others	8	179
港、澳、台商投资企业	Enterprises with Funds from Hong Kong, Macao & Taiwan	23	5633
合资经营企业	Joint Venture Enterprises	5	1545
合作经营企业	Cooperative Enterprises		
独资经营企业	Enterprises with Sole Investment	16	3957
投资股份有限公司	Share-holding Corporations Ltd. with Investment	2	131
其他港澳台投资企业	Others		
外商投资企业	Foreign-investment Enterprise	8	1712
中外合资经营企业	Joint Venture Enterprises	1	291
中外合作经营企业	Cooperative Enterprises	2	205
外资企业	Enterprises with Sole Foreign Investment	3	952
外商投资股份有限公司	Share-holding Corporations Ltd. with Foreign Investment	1	249
其他外商投资企业	Others	1	15
2.按国民经济行业分组	**2.Grouped by National Economic Sector**		
综合零售业	Comprehensive Retail	266	43339
#百货零售业	Retail of Consumer Goods	94	16521
超级市场零售业	Retail of Supermarket	153	25746
食品、饮料及烟草制品专门零售业	Special Retail of Food , Beverage & Tobacco Products	59	2056
纺织、服装及日用品专门零售业	Special Retail of Textile , Garments & Daily Necessities	33	2082
#服装零售业	Retail of Garments	15	1154
文化、体育用品及器材专门零售业	Special Retail of Culture , Sports Goods & Apparatus	95	3709
#体育用品零售业	Retail of Sports Goods	1	5
图书零售业	Retail of Books	67	2797
医药及医疗器材专门零售业	Special Retail of Medicine & Medical Apparatus	91	12265
#药品零售业	Retail of Medicines	81	11945
汽车、摩托车、燃料及零配件专门零售业	Special Retail of Motor Vehicles, Motorcycles & Parts	641	31016
#汽车零售业	Retail of Motor Vehicles	502	27056
机动车燃料零售业	Fuel Retail of Motor Vehicle	55	1839
家用电器及电子产品专门零售业	Special Retail of Household Appliances & Electronic Products	268	10575
#日用家电设备零售业	Retail of Home Electronic &Electrical Appliances	116	5804
计算机、软件及辅助设备零售业	Retail of Computer , Software & Auxiliary Equipment	69	1503
通讯设备零售业	Retail of Communication Apparatus	22	1008
五金、家具及室内装修材料专门零售业	Special Retail of Hardware, Furniture & Indoor Renovation Material	28	782
无店铺及其他零售业	Retail without Shop & Others	61	3496

17—2 主要年份限额以上批发和零售业企业商品购进、销售和库存总额

Total Purchases, Sales & Stock of Enterprises above Designated in Wholesale & Retail Sale Trade in Main Years

单位：万元 (10 000 yuan)

项目	Item	1995	2000	2005	2010	2011	2012	2013	2014
一、法人企业数（个）	**Number of Corporation Enterprises (unit)**		**681**	**902**	**1465**	**1859**	**2176**	**2375**	**2705**
二、年末从业人员（人）	**Number of Persons Employed (person)**		**100057**	**119358**	**122788**	**143712**	**159978**	**170027**	**175267**
三、商品购进总额	**Ⅰ.Total Purchases**	**5009775**	**3890602**	**11143383**	**24393191**	**34038386**	**41578059**	**45048592**	**46415288**
#进口	Imports	214441	66953	136366	399495	577844	789367	714536	1018980
四、商品销售总额	**Ⅱ.Total Sales**	**5637665**	**4181138**	**11682006**	**25892641**	**33657157**	**42275981**	**48675175**	**51919397**
1.批发	1.Wholesale	4654163	3071302	8699573	18000452	23024914	30424752	34300190	35702255.3
#出口	Exports	690372	371065	331529	465449	563059	582354	470110	1076534
2.零售	2.Retail	983502	1109836	2982433	7892189	10632244	11851228	14374985	16217142
五、年末库存总额	**Ⅲ.Total Inventory at Year-end**	**720914**	**394164**	**694048**	**1887898**	**3023276**	**3770048**	**3794962**	**4148921**

注：1995年未统计限额以上法人企业个数和年末从业人员指标数据。
Note: The number of corporation enterprises above designated size and employed persons were not calculated in 1995.

17—3　限额以上批发和零售业企业商品购进、销售、库存总额（2014年）
Total Purchases, Sales & Stock of Enterprises above Designated in Wholesale & Retail Sale Trade by Sector (2014)

单位：万元　　　　(10 000 yuan)

项　目	Item	购进总额 Total Purchases	#进口 Imports	销售总额 Total Sales				年末库存总额 Total Inven-tory at Year-end
				合计 Total	批发 Wholesale	#出口 Exports	零售 Retail Sale	
总 计	**Total**	**46415288.4**	**1018979.5**	**51919397.3**	**35702255.3**	**1076533.8**	**16217142.0**	**4148920.7**
一、批发业	**Ⅰ. Wholesale**	**34968996.6**	**727656.3**	**38739870.6**	**34228602.9**	**1076510.3**	**4511267.7**	**2421966.0**
1.按登记注册类型分组	**1. Grouped by Status of Registration**							
内资企业	Domestic Funded Enterprises	34853664.2	683406.0	38615616.6	34118719.1	1076510.3	4496897.5	2399671.3
国有企业	State-owned Industry	5811722.8	1211.0	7215343.8	7194573.9	54749.9	20769.9	284227.6
集体企业	Collective-owned Industry	963800.5	2599.0	984765.6	975410.1		9355.5	18162.3
股份合作企业	Cooperative Enterprises	3668.4		4105.8	3097.8		1008.0	117.6
联营企业	Joint Ownership Enterprises							
国有联营企业	State Joint Ownership Enterprises							
集体联营企业	Collective Joint Ownership Enterprises							
国有与集体联营企业	Joint State-Collective Ownership Enterprises							
其他联营企业	Other Joint Ownership Enterprises							
有限责任公司	Limited Liability Corporations	11429045.1	436975.0	11936153.5	11497323.0	282044.4	438830.5	1055019.7
国有独资企业	Sole State-funded Corporations	202949.1	2392.6	201906.6	184950.0	11.9	16956.6	56093.9
其他有限责任公司	Other Limited Liability Corporations	11226096.0	434582.4	11734246.9	11312373.0	282032.5	421873.9	998925.8
股份有限公司	Share Holding Enterprises	8046598.2	579.1	8605590.3	5057060.8	86126.1	3548529.5	260270.1
私营企业	Private Enterprises	8577134.4	240953.7	9845767.6	9367491.0	651533.5	478276.6	781709.7
私营独资企业	Private-funded Enterprises	11684.5		13006.6	10794.9		2211.7	28.7

17－3 续表1 continue

单位：万元 (10 000 yuan)

项　目	Item	购进总额 Total Purchases	#进口 Imports	销售总额 Total Sales 合计 Total	批发 Whole-sale	#出口 Exports	零售 Retail Sale	年末库存总额 Total Inven-tory at Year-end
私营合伙企业	Private Partnership Enterprises	2016.8		3763.8	2018.1		1745.7	891.4
私营有限责任公司	Private Limited Liability Corporations	8195880.4	233857.5	9406672.8	9047547.4	647852.3	359125.4	745829.3
私营股份有限公司	Private Share Holding Enterprises	367552.7	7096.2	422324.4	307130.6	3681.2	115193.8	34960.3
其他企业	Others	21694.8	1088.2	23890.0	23762.5	2056.4	127.5	164.3
港、澳、台商投资企业	Enterprises with Funds from Hong Kong, Macao & Taiwan	20407.3	3069.2	27098.1	19754.6		7343.5	5488.8
合资经营企业	Joint Venture Enterprises	2870.7		3290.5	1756.9		1533.6	785.5
合作经营企业	Cooperative Enterprises							
独资经营企业	Enterprises with Sole Investment	17536.6	3069.2	23807.6	17997.7		5809.9	4703.3
投资股份有限公司	Share-holding Corporations Ltd. with Investment							
其他港澳台投资企业	Others							
外商投资企业	Foreign-investment Enterprise	94925.1	41181.1	97155.9	90129.2		7026.7	16805.9
中外合资经营企业	Joint Venture Enterprises	39737.5		39730.2	32703.5		7026.7	1813.7
中外合作经营企业	Cooperative Enterprises							
外资企业	Enterprises with Sole Foreign Investment	55187.6	41181.1	57425.7	57425.7			14992.2
外商投资股份有限公司	Share-holding Corporations Ltd. with Foreign Investment							
其他外商投资企业	Others							
2.按国民经济行业分组	**2.Grouped by National Economic Sector**							
农畜产品批发业	Wholesale of the Agricultural & Animal Products	559913.4	1251.3	572570.1	551669.1	15713.1	20901.0	130281.0

17−3 续表2 continued

单位：万元 (10 000 yuan)

项 目	Item	购进总额 Total Purchases	#进口 Imports	销售总额 Total Sales 合计 Total	批发 Wholesale	#出口 Exports	零售 Retail Sale	年末库存总额 Total Inven-tory at Year-end
食品、饮料及烟草制品批发业	Wholesale of Food , Beverage & Tobacco Products	4028709.9	12870.9	5452854.4	5328456.1	50912.8	124398.3	281860.0
#米、面制品及食用油批发业	Wholesale of Rice, Flour Products & Edible Oil	305985.3		305772.3	303772.9	5452.7	1999.4	54891.9
烟草制品批发业	Wholesale of Tobacco Products	2605395.3		3930728.8	3928516.7		2212.1	148496.0
纺织、服装及日用品批发业	Wholesale of Textile , Garments & Daily Necessities	1868036.3	50996.5	1971172.1	1730614.2	242186.0	240557.9	422475.2
#服装批发业	Wholesale of Garments	104382.8	3069.2	111018.6	98942.7	31522.3	12075.9	17823.4
文化、体育用品及器材批发业	Wholesale of Culture , Sports Goods & Apparatus	248281.0		257932.5	252918.3	16796.2	5014.2	30151.3
医药及医疗器材批发业	Wholesale of Medicine & Medical Apparatus	1467689.6	4143.1	1594016.2	1514155.3	54983.5	79860.9	110431.9
矿产品、建材及化工产品批发业	Wholesale of Mineral Products , Building Materials & Chemical Products	25387288.5	640069.3	27236248.6	23375235.3	353909.8	3861013.3	1277406.6
#煤炭及制品批发业	Wholesale of Coal & Related Products	2710419.2	126981.6	3097728.2	3091683.2	58317.0	6045.0	147695.3
石油及制品批发业	Wholesale of Petroleum & Related Products	7758330.3	1141.3	8378221.3	4788256.1		3589965.2	243688.8
金属及金属矿批发业	Wholesale of Metal & Metallic Ore	12318053.2	477800.3	12944792.8	12697920.0	117714.0	246872.8	670976.9
建材批发业	Wholesale of Building Materials	784758.9	4865.8	872460.7	871295.8	59880.0	1164.9	73190.9
化肥批发业	Wholesale of Chemical Fertilizer	1082101.1	565.0	1154132.4	1144600.9	22200.7	9531.5	87924.9
机械设备、五金交电及电子产品批发业	Wholesale of Mechanical Equipment , Hardware & Electrical Equipment & Electronic Product	1111030.5	14672.5	1331803.1	1158432.3	187580.2	173370.8	156519.7

17—3 续表3 continued

单位：万元 (10 000 yuan)

项 目	Item	购进总额 Total Purchases	#进口 Imports	销售总额 Total Sales 合计 Total	批发 Wholesale	#出口 Exports	零售 Retail Sale	年末库存总额 Total Inven-tory at Year-end
#汽车批发业	Wholesale of Motor Vehicles & Parts	275909.6		320436.8	288744.8		31692.0	21930.7
计算机、软件及辅助设备批发业	Wholesale of Computer, Software & Auxiliary Equipment	139289.5	391.0	145092.8	101614.5		43478.3	13495.4
贸易经纪与代理	Trade Manager & Acting as Agent	151808.6	879.1	158822.9	156167.6	137380.4	2655.3	6111.7
其他批发业	Others	146238.8	2773.6	164450.7	160954.7	17048.3	3496.0	6728.6
二、零售业	**Ⅱ. Retail**	**11446291.8**	**291323.2**	**13179526.7**	**1473652.4**	**23.5**	**11705874.3**	**1726954.7**
1.按登记注册类型分组	**1. Grouped by Status of Registration**							
内资企业	Domestic Funded Enterprises	10610746.5	216524.2	12265412.5	1432260.1	23.5	10833152.4	1629357.2
国有企业	State-owned Industry	314771.5		333866.9	105033.3		228833.6	20378.6
集体企业	Collective-owned Industry	219289.6	2530.0	230980.2	89710.4		141269.8	19625.2
股份合作企业	Cooperative Enterprises	2582.3		2897.6			2897.6	153.5
联营企业	Joint Ownership Enterprises							
国有联营企业	State Joint Ownership Enterprises							
集体联营企业	Collective Joint Ownership Enterprises							
国有与集体联营企业	Joint State-Collective Ownership Enterprises							
其他联营企业	Other Joint Ownership Enterprises							
有限责任公司	Limited Liability Corporations	4764671.0	110950.1	5672611.4	477239.4		5195372.0	666174.0
国有独资企业	Sole State-funded Corporations	179460.0	6.2	209275.3	9982.3		199293.0	23525.2

17－3 续表4 continued

单位：万元 (10 000 yuan)

项 目	Item	购进总额 Total Purchases	#进口 Imports	销售总额 Total Sales 合计 Total	批发 Wholesale	#出口 Exports	零售 Retail Sale	年末库存总额 Total Inven-tory at Year-end
其他有限责任公司	Other Limited Liability Corporations	4585211.0	110943.9	5463336.1	467257.1		4996079.0	642648.8
股份有限公司	Share Holding Enterprises	1513717.3	1079.3	1895622.3	333123.8		1562498.5	140790.3
私营企业	Private Enterprises	3780312.5	101964.8	4111143.1	425018.0	23.5	3686125.1	779783.9
私营独资企业	Private-funded Enterprises	90003.3	83.0	97607.7	2490.6		95117.1	13816.1
私营合伙企业	Private Partnership Enterprises	10688.1		13135.8	678.1		12457.7	2273.8
私营有限责任公司	Private Limited Liability Corporations	3385097.9	101495.8	3780429.7	420851.9	23.5	3359577.8	506652.0
私营股份有限公司	Private Share Holding Enterprises	294523.2	386.0	219969.9	997.4		218972.5	257042.0
其他企业	Others	15402.3		18291.0	2135.2		16155.8	2451.7
港、澳、台商投资企业	Enterprises with Funds from Hong Kong, Macao & Taiwan	745310.0	74799.0	806187.4	41392.3		764795.1	81313.8
合资经营企业	Joint Venture Enterprises	249634.0	74322.0	243660.3	2068.6		241591.7	31017.6
合作经营企业	Cooperative Enterprises							
独资经营企业	Enterprises with Sole Investment	481976.1	477.0	550469.4	39323.7		511145.7	48654.0
投资股份有限公司	Share-holding Corporations Ltd. with Investment	13699.9		12057.7			12057.7	1642.2
其他港澳台投资企业	Others							
外商投资企业	Foreign-investment Enterprise	90235.3		107926.8			107926.8	16283.7
中外合资经营企业	Joint Venture Enterprises	16430.7		19740.7			19740.7	1968.5
中外合作经营企业	Cooperative Enterprises	13117.4		14083.2			14083.2	2860.8
外资企业	Enterprises with Sole Foreign Investment	48615.5		52719.1			52719.1	10474.3
外商投资股份有限公司	Share-holding Corporations Ltd. with Foreign Investment	7058.9		16087.0			16087.0	942.6
其他外商投资企业	Others	5012.8		5296.8			5296.8	37.5
2.按国民经济行业分组	**2.Grouped by National Economic Sector**							
综合零售业	Comprehensive Retail	2315039.5	7040.1	3215665.2	119688.0		3095977.2	498800.1

17—3 续表5 continued

单位：万元 (10 000 yuan)

项 目	Item	购进总额 Total Purchases	#进口 Imports	销售总额 Total Sales 合计 Total	批发 Wholesale	#出口 Exports	零售 Retail Sale	年末库存总额 Total Inven-tory at Year-end
#百货零售业	Retail of Consumer Goods	1075473.2	3066.7	1842480.1	77570.5		1764909.6	103984.2
超级市场零售业	Retail of Supermarket	1143173.2	6.2	1268874.9	2816.3		1266058.6	380915.0
食品、饮料及烟草制品专门零售业	Special Retail of Food , Beverage & Tobacco Products	97674.1	1060.3	111501.0	32292.2		79208.8	48186.0
纺织、服装及日用品专门零售业	Special Retail of Textile , Garments & Daily Necessities	90322.1	351.0	135717.5	9693.9		126023.6	27169.0
#服装零售业	Retail of Garments	57504.3	351.0	77962.3	7962.1		70000.2	18539.9
文化、体育用品及器材专门零售业	Special Retail of Culture, Sports Goods & Apparatus	234538.9	1105.4	263829.1	38086.9		225742.2	89384.7
#体育用品零售业	Retail of Sports Goods	980.0		1208.0			1208.0	10.0
图书零售业	Retail of Books	179274.8	0.9	198636.2	19710.3		178925.9	76638.4
医药及医疗器材专门零售业	Special Retail of Medicine & Medical Apparatus	1815975.0	2799.4	1955170.8	643094.6		1312076.2	154029.4
#药品零售业	Retail of Medicines	1782409.5	59.3	1909899.6	607842.0		1302057.6	150493.4
汽车、摩托车、燃料及零配件专门零售业	Special Retail of Motor Vehicles, Motorcycles & Parts	5727331.7	277177.7	6146231.5	347867.6		5798363.9	741935.6
#汽车零售业	Retail of Motor Vehicles	5121442.5	258145.7	5430289.3	235994.8		5194294.5	698103.0
机动车燃料零售业	Fuel Retail of Motor Vehicle	425879.2	19032.0	524212.1	102519.0		421693.1	9604.9
家用电器及电子产品专门零售业	Special Retail of Household Appliances & Electronic Products	817293.9	228.4	967248.2	222729.0	23.5	744519.2	138530.4
#日用家电设备零售业	Retail of Home Electronic & Electrical Appliances	421171.7	228.4	498668.0	89473.1	23.5	409194.9	71028.8
计算机、软件及辅助设备零售业	Retail of Computer , Software & Auxiliary Equipment	133442.4		146702.1	48179.6		98522.5	16834.2
通讯设备零售业	Retail of Communication Apparatus	74375.7		104804.3	47845.8		56958.5	15810.7
五金、家具及室内装修材料专门零售业	Special Retail of Hardware, Furniture & Indoor Renovation Material	30689.7	995.5	36372.4	5963.2		30409.2	7766.6
无店铺及其他零售业	Retail without Shop & Others	317426.9	565.4	347791.0	54237.0		293554.0	21152.9

17－4 限额以上批发和零售业企业主要财务指标（2014年）

单位：万元

项 目	Item	流动资产小计 Circulat-ing Funds	#存货 Deposit Products	固定资产原价 Original Value of Fixed Assets	累计折旧 Add Up Depreci-ation	#本年折旧 Depreciat-ion of the Year	资产合计 Total Assets	负债合计 Total Liabilities
总 计	**Total**	**19718136.8**	**3946784.7**	**2539517.3**	**882353.8**	**180406.3**	**25564495.7**	**18466017.7**
一、批发业	**Ⅰ. Wholesale**	**14601908.1**	**2484837.0**	**1416580.5**	**514446.8**	**95378.7**	**18939691.6**	**13577045.5**
1.按登记注册类型分组	**1. Grouped by Status of Registration**							
内资企业	Domestic Funded Enterprises	14555447.2	2462302.0	1413361.1	513448.3	95244.0	18890256.9	13544476.7
国有企业	State-owned Industry	1317040.6	313614.4	379323.9	165500.1	18769.4	2074162.9	683155.5
集体企业	Collective-owned Industry	70974.4	15527.7	11577.4	2689.8	633.5	91754.0	76219.4
股份合作企业	Cooperative Enterprises	385.6	22.6	211.9	71.8	6.3	755.5	646.3
联营企业	Joint Ownership Enterprises							
国有联营企业	State Joint Ownership Enterprises							
集体联营企业	Collective Joint Owner-ship Enterprises							
国有与集体联营企业	Joint State-Collective Ownership Enterprises							
其他联营企业	Other Joint Ownership Enterprises							
有限责任公司	Limited Liability Corpora-tions	5977609.1	1026790.8	156244.2	55086.1	11395.1	7081345.0	5780562.7
国有独资企业	Sole State-funded Corpora-tions	137867.6	60797.0	35990.8	12473.1	1791.2	198484.9	153108.8
其他有限责任公司	Other Limited Liability Corporations	5839741.5	965993.8	120253.4	42613.0	9603.9	6882860.1	5627453.9
股份有限公司	Share Holding Enterprises	1803986.2	405312.8	639997.7	219683.5	46547.5	3629680.6	1772312.8
私营企业	Private Enterprises	5382799.9	700625.7	224271.6	70157.3	17817.7	6006623.0	5227044.2
私营独资企业	Private-funded Enter-prises	14242.7	244.8	299.1	65.6	18.0	14516.7	12167.2
私营合伙企业	Private Partnership Enter-prises	1843.9	891.4	225.1	129.9	12.6	1939.1	1533.7
私营有限责任公司	Private Limited Liability Corporations	5061756.0	667742.5	219295.3	68860.2	17372.9	5666270.4	4918468.4
私营股份有限公司	Private Share Holding Enterprises	304957.3	31747.0	4452.1	1101.6	414.2	323896.8	294874.9
其他企业	Others	2651.4	408.0	1734.4	259.7	74.5	5935.9	4535.8
港、澳、台商投资企业	Enterprises with Funds from Hong Kong, Macao & Taiwan	13682.3	5729.1	2976.8	964.1	113.0	16386.7	8292.8
合资经营企业	Joint Venture Enterprises	1264.6	785.5	350.0	199.9	20.4	1572.7	1357.5
合作经营企业	Cooperative Enterprises							
独资经营企业	Enterprises with Sole Investment	12417.7	4943.6	2626.8	764.2	92.6	14814.0	6935.3
投资股份有限公司	Share-holding Corporations Ltd. with Investment							
其他港澳台投资企业	Others							

Main Financial Indicators of Enterprises above Designated in Wholesale & Retail Sale Trade (2014)

(10 000 yuan)

所有者权益合计 Total Creditors Equity	#实收资本 Capital Hold	#国家资本 State Capital	主营业务收入 Business Income of the Main Products	主营业务成本 Core Business Cost	主营业务税金及附加 Core Business Tax&Extra Charges	销售费用 Operat-ing Cost	管理费用 Manage-ment Expenses	财务费用 Financial Expenses	#利息支出 Interest Expen-diture	营业利润 Business Profits	利润总额 Gross Profits
7098477.8	**7015093.5**	**2169560.0**	**46299381.9**	**43012836.3**	**266155.1**	**1430289.6**	**838265.2**	**354176.6**	**275812.5**	**624891.7**	**736815.6**
5362645.9	**5387894.3**	**2011246.2**	**34527994.3**	**32432416.0**	**224837.6**	**733427.8**	**490512.6**	**277946.3**	**218443.4**	**447777.8**	**552872.1**
5345780.0	5369310.1	2011246.2	34418912.2	32328579.6	224647.8	728259.4	484976.9	276951.9	217854.9	450273.4	559015.9
1391007.4	435648.9	424274.2	6193193.7	5311479.7	197163.0	102863.5	195448.1	13790.2	20371.7	405571.3	426141.5
15534.6	7956.5		837516.1	819864.8	307.1	3275.4	4514.7	413.3	275.1	7956.2	5687.8
109.2	245.4		3809.6	3594.6	7.4	184.2	171.0	4.8	4.4	-39.8	-30.8
1300782.2	1919367.7	104416.1	10836043.8	10459300.1	9012.1	157616.9	94240.1	108014.9	77793.1	-12268.9	24340.6
45376.1	42205.8	18329.6	182275.4	173155.2	84.5	4815.7	6875.2	3279.1	3623.6	-6642.1	-1268.2
1255406.1	1877161.9	86086.5	10653768.4	10286144.9	8927.6	152801.2	87364.9	104735.8	74169.5	-5626.8	25608.8
1857367.8	1695276.7	1482555.9	7587077.5	7099581.1	7400.2	268718.9	73156.2	34155.6	25453.7	158703.7	179522.1
779578.7	1308242.7		8938110.9	8614549.2	10747.7	193933.5	116745.2	120333.8	93764.5	-109825.6	-76825.6
2349.5	1165.0		12986.2	12511.7	25.7	64.7	91.3	5.7		287.1	297.4
405.4	500.0		2278.8	2016.8	1.7	116.0	90.4	15.4		38.5	38.5
747801.9	1266229.6		8530519.4	8214781.7	10423.6	189448.3	114530.2	113107.8	87328.7	-104762.5	-71685.0
29021.9	40348.1		392326.5	385239.0	296.7	4304.3	2033.3	7204.9	6435.8	-5388.7	-5476.5
1400.1	2572.2		23160.6	20210.1	10.3	1667.0	701.6	239.3	192.4	176.5	180.3
8093.9	10584.2		25838.2	20307.9	150.5	4719.0	4705.6	9.5	37.8	82.1	-3873.8
215.2	100.0		3290.5	2820.7	14.0	313.8	472.7	37.4	37.5	-259.1	-259.1
7878.7	10484.2		22547.7	17487.2	136.5	4405.2	4232.9	-27.9	0.3	341.2	-3614.7

17－4 续表 1

单位：万元

项 目	Item	流动资产小计 Circulat-ing Funds	#存货 Deposit Products	固定资产原价 Original Value of Fixed Assets	累计折旧 Add Up Depreci-ation	#本年折旧 Depreciat-ion of the Year	资产合计 Total Assets	负债合计 Total Liabilities
外商投资企业	Enterprises With Foreign Investment	32778.6	16805.9	242.6	34.4	21.7	33048.0	24276.0
中外合资经营企业	Joint Venture Enterprises	11879.4	1813.7	94.5	10.7	10.1	12021.0	6191.8
中外合作经营企业	Cooperative Enterprises							
外资企业	Enterprises with Sole Foreign Investment	20899.2	14992.2	148.1	23.7	11.6	21027.0	18084.2
外商投资股份有限公司	Share-holding Corporations Ltd. with Foreign Investment							
其他外商投资企业	Others							
2.按国民经济行业分组	**2.Grouped by National Economic Sector**							
农畜产品批发业	Wholesale of the Agricultural & Animal Products	404189.2	160192.8	56959.8	20261.6	1756.4	551313.3	393713.9
食品、饮料及烟草制品批发业	Wholesale of Food, Beverage & Tobacco Products	2278365.0	315883.1	376286.7	163275.3	19807.8	2886623.1	1822787.3
#米、面制品及食用油批发业	Wholesale of Rice, Flour Products & Edible Oil	289602.9	52646.6	23972.1	7739.7	886.8	388869.3	305107.5
烟草制品批发业	Wholesale of Tobacco Products	773918.8	188615.0	282919.9	121066.1	15140.7	1014652.8	135105.0
纺织、服装及日用品批发业	Wholesale of Textile , Garments & Daily Necessities	1039919.4	348692.6	32848.9	6842.0	1553.3	1107727.1	993943.1
#服装批发业	Wholesale of Garments	37224.0	16678.6	2637.8	1296.3	210.2	40822.4	29758.2
文化、体育用品及器材批发业	Wholesale of Culture , Sports Goods & Apparatus	174681.1	29650.5	20594.7	6014.7	1063.8	307666.3	163431.1
医药及医疗器材批发业	Wholesale of Medicine & Medical Apparatus	719553.1	98721.2	45848.9	16666.0	6341.5	803402.7	654029.2
矿产品、建材及化工产品批发业	Wholesale of Mineral Products, Building Materials & Chemical Products	9023976.1	1338565.5	833055.7	280091.0	60492.4	12219127.9	8639988.1
#煤炭及制品批发业	Wholesale of Coal & Related Products	1561699.7	120667.0	31981.7	12225.1	2645.0	2182389.8	1414445.8
石油及制品批发业	Wholesale of Petroleum & Related Products	1457133.6	350579.6	634599.9	219769.3	43914.5	3071930.8	1386212.1
金属及金属矿批发业	Wholesale of Metal & Metallic Ore	4406301.4	641804.3	95680.1	25550.6	5627.6	5186253.2	4264287.6
建材批发业	Wholesale of Building Materials	860404.3	73297.5	9199.7	4083.5	903.0	873673.8	797439.5
化肥批发业	Wholesale of Chemical Fertilizer	413709.2	84531.8	30013.0	7407.3	3426.2	510963.6	452040.8
机械设备、五金交电及电子产品批发业	Wholesale of Mechanical Equipment, Hardware & Electrical Equipment & Electronic Product	886221.5	181390.7	45913.8	20162.6	3932.0	977948.9	841337.6
#汽车批发业	Wholesale of Motor Vehicles & Parts	181303.9	24786.6	8302.6	4237.1	562.1	203527.4	171119.0
计算机、软件及辅助设备批发业	Wholesale of Computer, Software & Auxiliary quipment	24508.0	12139.2	539.0	422.6	60.5	27177.7	16286.0
贸易经纪与代理	Trade Manager & Acting as Agent	19366.2	5087.4	785.3	276.2	26.9	20150.5	18015.9
其他批发业	Others	55636.5	6653.2	4286.7	857.4	404.6	65731.8	49799.3

continued

（10 000 yuan）

所有者权益合计 Total Creditors Equity	#实收资本 Capital Hold	#国家资本 State Capital	主营业务收入 Business Income of the Main Products	主营业务成本 Core Business Cost	主营业务税金及附加 Core Business Tax&Extra Charges	销售费用 Operating cost	管理费用 Management Expenses	财务费用 Financial Expenses	#利息支出 Interest Expenditure	营业利润 Business Profits	利润总额 Gross Profits
8772.0	8000.0		83243.9	83528.5	39.3	449.4	830.1	984.9	550.7	-2577.7	-2270.0
5829.2	5000.0		34162.1	32609.1	26.0	449.4	380.5	-7.4	0.0	714.2	715.2
2942.8	3000.0		49081.8	50919.4	13.3		449.6	992.3	550.7	-3291.9	-2985.2
157599.4	68383.7	23140.0	508609.2	482601.1	490.5	11656.4	12507.6	9744.7	8296.8	-6884.3	15446.4
1063835.8	147862.8	42469.3	4807419.6	3884716.4	197967.6	148249.5	200327.5	28152.9	23122.1	381475.8	406006.7
83761.8	25030.4	7905.0	296568.4	277352.2	210.2	24341.7	5920.6	6017.5	4559.7	8456.6	13879.9
879547.8	25472.1	21789.7	3392534.5	2560464.0	195096.8	73587.5	174704.3	-7013.3	0.0	398357.1	403752.2
113784.0	557361.4	270.0	1640798.3	1547861.5	2300.9	54448.2	33951.3	7906.4	6019.8	337.6	-2344.9
11064.2	516889.0	0.0	108538.9	96864.8	262.3	9588.2	5918.2	11.9	91.7	-559.0	-4760.7
144235.2	124827.4	1329.5	227817.8	199852.9	152.1	14980.7	7232.5	1001.1	1057.8	4160.5	6608.7
149373.5	125937.9	1642.2	1500812.5	1392022.6	3235.9	45536.3	39976.9	11376.7	8418.6	10142.1	10643.3
3579139.6	4257177.0	1937809.8	24333941.1	23506943.5	17589.9	398227.2	165718.8	210272.3	165155.0	62042.8	117156.8
767943.9	465772.6	3807.8	2849528.3	2803139.1	2841.7	36605.8	21086.1	25440.0	18043.4	-33232.6	13395.8
1685718.7	1563960.8	1490179.9	7383295.6	6872393.9	6396.9	262522.7	69316.0	22184.2	14630.8	164231.9	161916.5
921965.5	1997726.4	426475.8	11443088.0	11265813.5	5200.7	44175.2	45892.0	127666.6	105804.5	-34672.7	-22373.8
76234.3	124746.5	306.0	796613.8	780241.2	649.7	11038.9	7176.9	15585.5	10757.2	-17825.5	-17274.0
58922.8	62843.5	13027.4	1135855.3	1105639.1	1173.0	16016.3	9439.1	11935.9	10309.2	-8436.4	-10389.4
136611.3	91320.1	3514.7	1207979.8	1127758.0	2310.8	54283.4	28177.2	8708.5	5763.0	-3731.3	-1192.0
32408.4	28020.7	1170.7	291644.7	278990.3	416.1	9442.4	4409.9	1014.4	1380.6	54.0	312.8
10891.7	9553.0	0.0	124535.9	119557.4	117.9	3718.7	1463.7	406.1	344.0	-72.6	-16.7
2134.6	3850.0	1000.0	146255.0	145415.6	135.3	683.1	427.1	412.4	278.6	-1037.8	-803.7
15932.5	11174.0	70.7	154361.0	145244.4	654.6	5363.0	2193.7	371.3	331.7	1272.4	1350.8

17－4　续表2

单位：万元

项　目	Item	流动资产小计 Circulat-ing Funds	#存货 Deposit Products	固定资产原价 Original Value of Fixed Assets	累计折旧 Add Up Depreci-ation	#本年折旧 Depreciat-ion of the Year	资产合计 Total Assets	负债合计 Total Liabilities
二、零售业	**Ⅱ.Retail**	**5116228.7**	**1461947.7**	**1122936.8**	**367907.0**	**85027.6**	**6624804.1**	**4888972.2**
1. 按登记注册类型分组	**1.Grouped by Status of Registra-tion**							
内资企业	Domestic Funded Enterprises	4769123.0	1374222.8	1032403.9	338715.5	77256.3	6162754.5	4583517.6
国有企业	State-owned Industry	68753.2	18180.0	40514.0	19514.1	3157.1	122798.5	75539.2
集体企业	Collective-owned Industry	25113.3	7011.4	11196.0	2755.0	270.5	39701.7	33755.2
股份合作企业	Cooperative Enterprises	870.9	51.8	118.6	103.2	6.1	1163.2	1094.1
联营企业	Joint Ownership Enterprises							
国有联营企业	State Joint Ownership Enter-prises							
集体联营企业	Collective Joint Ownership Enterprises							
国有与集体联营企业	Joint State-Collective Owner-ship Enterprises							
其他联营企业	Other Joint Ownership Enter-prises							
有限责任公司	Limited Liability Corporations	1993312.4	561750.5	329213.1	117204.0	24869.8	2477403.8	1817485.2
国有独资企业	Sole State-funded Corporations	63903.9	23770.4	29249.2	14306.9	1513.2	104277.8	46073.5
其他有限责任公司	Other Limited Liability Corpor-ations	1929408.5	537980.1	299963.9	102897.1	23356.6	2373126.0	1771411.7
股份有限公司	Share Holding Enterprises	646200.4	128908.9	359235.7	101251.3	12604.2	1041328.2	598071.9
私营企业	Private Enterprises	2026633.7	654901.1	291161.0	97491.5	36226.5	2470788.2	2050919.2
私营独资企业	Private-funded Enterprises	35902.0	11725.3	6285.5	1636.0	531.8	46919.2	32490.7
私营合伙企业	Private Partnership Enterprises	5282.9	1132.2	1303.3	628.4	116.3	6377.1	4487.3
私营有限责任公司	Private Limited Liability Corporations	1956465.5	630317.3	276801.8	92688.8	35099.2	2368764.0	1980260.8
私营股份有限公司	Private Share Holding Enter-prises	28983.3	11726.3	6770.4	2538.3	479.2	48727.9	33680.4
其他企业	Others	8239.1	3419.1	965.5	396.4	122.1	9570.9	6652.8
港、澳、台商投资企业	Enterprises with Funds from Hong Kong, Macao & Taiwan	289903.1	72670.5	80397.9	25895.0	6647.5	381363.2	232752.9
合资经营企业	Joint Venture Enterprises	68492.0	30298.4	11384.2	5226.5	999.3	77242.8	44448.6
合作经营企业	Cooperative Enterprises							
独资经营企业	Enterprises with Sole Invest-ment	218210.5	40263.6	66386.1	20538.2	5517.9	298361.3	183939.3
投资股份有限公司	Share-holding Corporations Ltd. with Investment	3200.6	2108.5	2627.6	130.3	130.3	5759.1	4365.0
其他港澳台投资企业	Others							

continued

(10 000 yuan)

所有者权益合计 Total Creditors Equity	#实收资本 Capital Hold	#国家资本 State Capital	主营业务收入 Business Income of the Main Products	主营业务成本 Core Business Cost	主营业务税金及附加 Core Business Tax&Extra Charges	销售费用 Operat-ing Cost	管理费用 Manage-ment Expenses	财务费用 Financial Expenses	#利息支出 Interest Expen-diture	营业利润 Business Profits	利润总额 Gross Profits
1735831.9	**1627199.2**	**158313.8**	**11771387.6**	**10580420.3**	**41317.5**	**696861.8**	**347752.6**	**76230.3**	**57369.1**	**177113.9**	**183943.5**
1579236.9	1567043.9	158313.8	10968333.7	9894469.4	38216.4	615068.2	331127.3	72790.0	53081.0	147135.4	149420.9
47259.3	45321.2	24316.9	289087.1	257539.6	798.3	21743.7	8064.1	695.1	562.0	7800.9	8222.4
5946.5	6908.0		184991.1	165958.2	1882.2	6028.9	5398.6	1314.9	607.1	4015.3	3889.8
69.1	150.0		2476.7	2246.3	4.3	121.5	274.9	1.7		-97.9	-94.6
659918.6	586716.8	96326.5	5087492.3	4565644.7	14967.5	316852.4	132921.9	26629.3	20564.8	88829.2	96461.5
58204.3	60551.8	21561.1	186788.7	161275.6	667.1	13505.5	9754.5	726.0	741.1	3760.4	7325.0
601714.3	526165.0	74765.4	4900703.6	4404369.1	14300.4	303346.9	123167.4	25903.3	19823.7	85068.8	89136.5
443256.3	153406.6	36925.4	1632499.4	1470236.0	8502.5	72988.2	64783.8	8191.8	5581.5	48329.4	48735.5
419869.0	772103.8	745.0	3753851.5	3416408.5	12033.8	196167.3	119192.9	35757.2	25613.6	-1390.8	-7435.0
14428.5	13220.7		91407.6	83113.5	429.6	4529.9	3397.8	588.0	523.8	591.1	503.8
1889.8	2083.2		12421.3	10847.2	32.7	766.2	499.3	155.1	23.0	120.8	150.0
388503.2	749156.5	745.0	3466811.3	3159237.3	11271.7	185925.0	110525.8	34232.8	24661.0	-7334.5	-13871.9
15047.5	7643.4		183211.3	163210.5	299.8	4946.2	4770.0	781.3	405.8	5231.8	5783.1
2918.1	2437.5		17935.6	16436.1	27.8	1166.2	491.1	200.0	152.0	-350.7	-358.7
148610.3	50810.5		711781.6	610601.7	2649.3	66332.4	15135.4	2869.2	4071.2	28581.7	33026.4
32794.2	8042.5		209548.5	181190.8	926.3	13561.6	5134.3	1050.3	1320.3	7941.7	9937.7
114422.0	40768.0		491090.9	419151.1	1718.3	52205.0	9425.1	1739.7	2750.9	20982.7	23440.8
1394.1	2000.0		11142.2	10259.8	4.7	565.8	576.0	79.2	0.0	-342.7	-352.1

17−4 续表3

单位：万元

项 目	Item	流动资产小计 Circulat-ing Funds	#存货 Deposit Products	固定资产原价 Original Value of Fixed Assets	累计折旧 Add Up Depreci-ation	#本年折旧 Depreciat-ion of the Year	资产合计 Total Assets	负债合计 Total Liabilities
外商投资企业	Enterprises With Foreign Investment	57202.6	15054.4	10135.0	3296.5	1123.8	80686.4	72701.7
中外合资经营企业	Joint Venture Enterprises	4300.5	1697.0	1417.6	997.7	172.4	5167.2	3165.1
中外合作经营企业	Cooperative Enterprises	26667.0	2705.7	441.5	309.1	72.6	29762.0	28684.2
外资企业	Enterprises with Sole Foreign Investment	23018.2	9642.9	7299.7	1411.6	776.8	34638.6	30862.3
外商投资股份有限公司	Share-holding Corporations Ltd. with Foreign Investment	3136.8	971.3	972.8	577.6	101.5	3572.5	2488.3
其他外商投资企业	Others	80.1	37.5	3.4	0.5	0.5	7546.1	7501.8
2.按国民经济行业分组	**2.Grouped by National Economic Sector**							
综合零售业	Comprehensive Retail	960626.3	213217.2	575601.6	176435.7	38390.7	1544798.4	1105720.7
#百货零售业	Retail of Consumer Goods	516613.3	90530.7	437686.5	119667.7	25149.3	958388.6	667659.3
超级市场零售业	Retail of Supermarket	423655.6	117137.9	129047.1	54508.3	12691.3	551859.4	409841.8
食品、饮料及烟草制品专门零售业	Special Retail of Food , Beverage & Tobacco Products	70008.3	26645.8	12746.6	3873.0	607.3	85428.7	60966.6
纺织、服装及日用品专门零售业	Special Retail of Textile , Garments & Daily Necessities	54740.8	24142.6	8983.6	2430.7	742.2	67917.0	58143.6
#服装零售业	Retail of Garments	34106.0	16241.4	6055.9	1432.9	403.6	42249.3	42416.9
文化、体育用品及器材专门零售业	Special Retail of Culture , Sports Goods & Apparatus	386213.9	173884.6	64120.9	28965.5	3743.7	478276.4	333218.6
#体育用品零售业	Retail of Sports Goods	1001.0	0.0	5.0	3.0	3.0	1003.0	60.6
图书零售业	Retail of Books	80328.5	14813.3	54149.1	22963.0	1993.7	166500.7	61355.4
医药及医疗器材专门零售业	Special Retail of Medicine & Medical Apparatus	924877.5	156904.2	50242.9	21236.7	3836.5	1070935.8	788579.6
#药品零售业	Retail of Medicines	896136.3	153000.6	45736.0	19522.6	2554.3	1038709.6	764558.8
汽车、摩托车、燃料及零配件专门零售业	Special Retail of Motor Vehicles, Motorcycles & Parts	2021675.5	689112.9	332385.0	105249.3	32559.2	2561486.4	1943726.3
#汽车零售业	Retail of Motor Vehicles	1820483.9	646327.1	301564.5	92267.8	29093.0	2304496.9	1760536.0
机动车燃料零售业	Fuel Retail of Motor Vehicle	130120.1	10234.5	22884.9	9517.4	2564.8	174983.7	117120.5
家用电器及电子产品专门零售业	Special Retail of Household App-liances & Electronic Products	496423.6	143451.4	28618.4	8398.1	1859.4	554489.4	426527.6
#日用家电设备零售业	Retail of Home Electronic &Electrical Appliances	271707.4	76618.7	18805.0	4434.5	1119.7	306915.5	243075.0
计算机、软件及辅助设备零售业	Retail of Computer, Software & Auxiliary Equipment	95089.4	21632.1	3068.1	1807.6	212.9	99588.1	82396.9
通讯设备零售业	Retail of Communication Apparatus	34125.7	8800.3	671.3	419.5	86.9	39059.7	20527.8
五金、家具及室内装修材料专门零售业	Special Retail of Hardware, Furni-ture & Indoor Renovation Material	41953.0	8167.6	3421.9	1330.6	283.4	47368.2	39240.2
无店铺及其他零售业	Retail without Shop & Others	159709.8	26421.4	46815.9	19987.4	3005.2	214103.8	132849.0

continued

（10 000 yuan）

所有者权益合计 Total Creditors Equity	#实收资本 Capital Hold	#国家资本 State Capital	主营业务收入 Business Income of the Main Products	主营业务成本 Core Business Cost	主营业务税金及附加 Core Business Tax&Extra Charges	销售费用 Operating Cost	管理费用 Manage-ment Expenses	财务费用 Financial Expenses	#利息支出 Interest Expen-diture	营业利润 Business Profits	利润总额 Gross Profits
7984.7	9344.8		91272.3	75349.2	451.8	15461.2	1489.9	571.1	216.9	1396.8	1496.2
2002.1			17020.2	13629.8	89.7	2272.4	207.8	31.8		1155.6	1157.3
1077.8	1205.9		10419.9	8434.1	14.4	1059.6	269.1	267.6		735.5	804.9
3776.3	7094.6		46704.7	38092.0	182.7	9122.2	688.2	271.6	211.5	-868.9	-852.4
1084.2	1000.0		11781.8	10303.3	149.1	2616.9	324.8	-5.3		330.3	342.1
44.3	44.3		5345.7	4890.0	15.9	390.1		5.4	5.4	44.3	44.3
439077.7	422822.3	20382.1	2651731.8	2247354.4	18423.4	300758.7	111377.7	13390.2	7242.5	58906.0	56261.2
290729.3	139670.9	18939.1	1478694.6	1247124.0	13136.3	151643.2	71620.3	6405.0	3874.8	38421.7	32471.0
142017.6	277487.0	643.0	1099854.8	935323.7	4671.1	146154.6	36918.0	6508.3	3149.0	19188.5	22562.1
24462.1	16787.3	1298.0	96080.9	88302.7	343.5	5275.3	4671.1	1620.6	1505.9	314.9	439.3
9773.4	12790.6	576.1	123176.8	94276.3	804.4	21763.0	5468.1	1791.1	750.2	408.0	1701.7
-167.6	7189.9		68415.4	50692.9	525.4	16024.0	3654.6	1632.8	327.9	-2867.2	-1311.4
145057.8	316942.2	43437.7	242301.8	194136.8	1168.1	21749.8	18592.8	617.8	617.9	11191.2	175.8
942.4	680.0		1032.5	668.0	32.0	20.5	21.1	18.8	18.8	435.4	0.0
105145.3	105303.0	43437.7	184218.3	143859.9	601.6	19637.0	14974.7	172.4	297.7	9649.8	13389.7
282356.2	135396.7	50504.4	1692733.5	1522184.0	3376.4	76441.0	39882.6	14512.7	11312.1	41620.3	43844.1
274150.8	129836.7	50504.4	1653112.4	1494623.4	3068.3	67940.0	37747.9	14213.0	11177.7	40973.9	43208.1
617760.1	517793.7	32839.8	5732960.6	5354793.6	12289.5	182657.4	118759.1	38385.0	28764.2	46123.1	58978.8
543960.9	466264.6	12938.5	5082733.1	4755285.5	10566.4	159352.1	108257.8	33519.3	24983.5	34616.0	47641.5
57863.2	39829.9	19721.3	475363.3	440351.3	798.4	16050.5	6519.0	2698.4	2003.3	9316.3	9104.5
127961.8	164624.0	345.6	860495.7	767517.4	3480.6	63405.3	31836.8	6794.0	5346.9	-611.2	2965.5
63840.5	36196.5	345.6	444576.2	392773.8	2165.0	37598.3	16102.3	4086.4	2928.2	-2041.5	1451.3
17191.2	97931.8		134761.9	123005.2	372.3	4672.4	6983.9	1043.9	775.5	-982.1	-1205.6
18531.9	14722.0		88429.6	81029.8	427.8	8864.1	2756.5	449.8	383.0	-736.1	-264.9
8128.0	8370.8	110.8	35464.1	28934.8	181.9	2139.2	3195.5	1642.9	1271.1	-19.1	125.4
81254.8	31671.6	8819.3	336442.4	282920.3	1249.7	22672.1	13968.9	-2524.0	558.3	19180.7	19451.7

17—5　按登记注册类型分连锁批发和零售企业基本情况（2014年）
Basic Condictions of Chain-retail Enterprises by Categories of Registration (2014)

项　　目	Item	总店数（个）Number of Head Offices	门店总数（个）Number of Stores (unit)	年末从业人数（人）Engaged Persons (10 000 persons)	年末零售营业面积（平方米）Operating Area (10 000 sq.m)	商品销售总额（万元）Total Sales of Commodities (10 000 yuan)	商品购进总额（万元）Total Purchases Value (10 000 yuan)	统一配送商品购进额（万元）Centralized Purchases &Delivery (10 000 yuan)
总　计	**Total**	**62**	**3799**	**40095**	**3563250**	**8326145**	**3840817**	**3334758**
内资企业	Domestic Funded Enterprises	61	3710	39164	3526575	8285672	3816022	3309964
国有企业	State-owned Industry							
集体企业	Collective-owned Industry							
股份合作企业	Cooperative Enterprises							
联营企业	Joint Ownership Enterprises							
国有联营企业	State Joint Ownership Enterprises							
集体联营企业	Collective Joint Ownership Enterprises							
国有与集体联营企业	Joint State-Collective Ownership Enterprises							
其他联营企业	Other Joint Ownership Enterprises							
有限责任公司	Limited Liability Corpora-tions	17	1272	9952	362253	828875	695436	287794
国有独资公司	Sole State-funded Corpora-tions							
其他有限责任公司	Other Limited Liability Corporations	17	1272	9952	362253	828875	695436	287794
股份有限公司	Share Holding Enterprises	31	1788	24582	3044656	7270053	2954962	2868874
私营企业	Private Enterprises	13	650	4630	119666	186745	165625	153296
私营独资企业	Private-funded Enter-prises							
私营合伙企业	Private Partnership Enter-prises							
私营有限责任公司	Private Limited Liability Corporations	13	650	4630	119666	186745	165625	153296
私营股份有限公司	Private Share Holding Enterprises							
其他企业	Others							
港、澳、台商投资企业	Enterprises with Funds from Hong Kong, Macao & Taiwan							
合资经营企业（港或澳、台资）	Joint Venture Enterprises							
合作经营企业（港或澳、台资）	Cooperative Enterprises							
港、澳、台商独资经营企业	Enterprises with Sole Investment							
港、澳、台商投资股份有限公司	Share-holding Corporations Ltd. with Investment							
其他港澳台商投资	Others							
外商投资企业	Enterprises With Foreign Investment	1	89	931	36675	40473	24795	24795
中外合资经营企业	Joint Venture Enterprises	1	89	931	36675	40473	24795	24795
中外合作经营企业	Cooperative Enterprises							
外资企业	Enterprises with Sole Foreign Investment							
外商投资股份有限公司	Share-holding Corporations Ltd. with Foreign Investment							
其他外商投资	Others							

17—6 亿元以上商品交易市场基本情况（2014年）

Basic Conditions of Commodity Exchange Markets of Transaction Value over 100 Million Yuan (2014)

项　目	Item	市场数量（个）Number of Markets (unit)	摊位数（个）Number of Booths (unit)	营业面积（平方米）Operating Area (sq.m)	成交额（万元）Turnover (10 000 yuan)
总　计	**Total**	**92**	**75977**	**4492857**	**11495544**
1.综合市场	**Integrated Markets**	**24**	**28047**	**760078**	**2419387**
工业消费品综合市场	Industrial Consumable Comprehensive Markets	2	6646	213000	181637
农产品综合市场	Farm Produce Comprehensive Markets	14	11284	361403	1821534
其他综合市场	Other Comprehensive Markets	8	10117	185675	416216
2.专业市场	**Special Markets**	**68**	**47930**	**3732779**	**9076157**
生产资料市场	Production Markets	18	6871	1086633	4702525
#农用生产资料市场	Agricultural Production Markets	4	1004	77942	257145
木材市场	Wood Markets	2	268	163000	74400
建材市场	Building Material Markets	6	2690	265200	246862
金属材料市场	Metal Material Markets	4	1559	440491	3837500
机械设备市场	Mechanical Equipment Markets	1	500	30000	100100
其他生产资料市场	Others	1	850	110000	186518
农产品市场	Farm Produce Markets	16	12293	710761	1852375
#肉禽蛋市场	Meat,Poultry & Eggs Markets	7	7207	104624	466297
水产品市场	Aquatic Products Markets	1	406	2106	17483
蔬菜市场	Vegetables Markets	3	1579	336620	580745
干鲜果品市场	Dried & FreshMelons & Fruits Markets	2	609	23035	131225
其他农产品市场	Others	3	2492	244376	656625
食品、饮料及烟酒市场	Food,Beverages,Tobacco & Liquor Markets	8	4693	83903	284893
#食品饮料市场	Food & Beverages Markets	2	2600	42020	93795
茶叶市场	Tea Markets	2	240	12500	111977
其他食品饮料及烟酒市场	Others	4	1853	29383	79121
纺织、服装、鞋帽市场	Textiles,Clothing,Shocs & Hats Markets	12	15632	540475	651897
#服装市场	Clothing Markets	7	11325	422209	522000
其他纺织服装鞋帽市场	Others	5	4307	118266	129897
电器、通讯器材、电子设备市场	Electrical Appliances,Communication Appliances & Electronical Appliances Marevents	1	732	20678	90000
#计算机及辅助设备市场	Computer & Accessory Equipment Markets	1	732	20678	90000
医药、医疗用品及器材市场	Medicine,Medical Materials & Medical Instruments Markets	1	1116	23000	750000
#中药材市场	Traditional Chinese Medicinal Materials Markets	1	1116	23000	750000
家具、五金及装饰材料市场	Furniture,Hardware & Decoration Materials Markets	7	5354	666133	411055
#家具市场	Furniture Markets	2	1460	120973	148790
装饰材料市场	Decoration Materials Markets	2	907	165500	35976
五金材料市场	Hardware Materials Markets	1	700	45000	109000
其他装修市场	Others	1	476	130000	99896
汽车、摩托车及零配件市场	Cars,Motorcycles & Spare Parts Markets	5	1239	601196	333412
#汽车市场	Cars Markets	4	894	591296	316912
摩托车市场	Motorcycles Markets	1	345	9900	16500

17—7　社会消费品零售总额及指数
Total Retail Sales of Consumer Goods & Relate Indices

年　份 Year	绝对数（万元） Absolute Number (10 000 yuan)	指数（上年=100） Relate Indices (Preceding year=100)
1978	335918	
1980	457228	117.9
1985	886005	129.1
1990	1754369	103.2
1991	2002276	114.1
1992	2436189	121.7
1993	3149992	129.3
1994	3991040	126.7
1995	4981172	124.8
1996	5718385	114.8
1997	6301661	110.2
1998	6868810	109.0
1999	7404577	107.8
2000	8041371	108.6
2001	8757053	108.9
2002	9597730	109.6
2003	10768653	112.2
2004	12222421	113.5
2005	14055459	115.0
2006	16203133	115.3
2007	19327097	119.3
2008	23957870	124.0
2009	27907047	116.5
2010	33120000	118.7
2011	39082000	118.0
2012	45166000	115.6
2013	51331000	113.6
2014	57728317	112.5

注：本表数据1993-2008年已按经济普查资料口径调整。
Note: The data in this table from 1993 to 2008 was adjusted by the economic census.

17－8　各市社会消费品零售总额
Total Retail Sales of Consumer Goods by City

单位：亿元　　(100 million yuan)

地　区	Region	2008	2009	2010	2011	2012	2013	2014
全　区	**Total**	**2395.79**	**2790.70**	**3312.00**	**3908.20**	**4516.60**	**5133.10**	**5772.83**
南宁市	Nanning	647.46	757.01	905.93	1073.15	1255.59	1442.84	1616.90
柳州市	Liuzhou	344.33	400.98	480.00	568.80	661.84	758.42	858.20
桂林市	Guilin	284.77	330.92	391.53	462.36	536.35	604.03	682.87
梧州市	Wuzhou	146.54	171.09	191.77	224.08	257.21	292.34	328.30
北海市	Beihai	82.08	95.40	108.00	127.29	146.51	167.03	185.81
防城港市	Fangchenggang	39.09	45.33	51.84	61.16	71.30	81.43	91.67
钦州市	Qinzhou	124.01	145.09	172.19	204.27	237.56	268.82	303.25
贵港市	Guigang	155.86	181.08	209.54	245.97	284.05	321.72	359.56
玉林市	Yulin	224.88	262.92	307.24	362.81	422.83	482.91	545.71
百色市	Baise	83.56	97.10	113.85	134.34	156.67	178.60	201.06
贺州市	Hezhou	59.81	68.94	78.68	92.36	106.39	119.00	133.63
河池市	Hechi	99.98	115.07	131.73	154.79	176.98	198.97	223.79
来宾市	Laibin	57.57	66.84	79.46	94.42	109.53	120.87	134.17
崇左市	Chongzuo	45.99	53.45	61.08	72.40	84.37	96.38	108.44

注：本表数据2008年为第二次经济普查后修订数据。
Note: The data in this table in 2008 is adjusted by the 2nd Economic Census.

17—9 主要年份个体工商业发展情况
Development of Individual Industrial &Commercial Enterprises in Main Years

指 标	Item	1995	2000	2005	2010	2011	2012	2013	2014
一、户数（户）	**Number of Households (household)**	**923679**	**967512**	**1015941**	**1158725**	**1141622**	**1173252**	**1243444**	**1375799**
按城乡分	by Urban & Rural								
城 镇	Urban	362450	451020	558987	772103	837283	768197	929419	1038234
农 村	Rural	561229	516492	456954	386622	304339	405055	314025	337565
按行业分	by Sector								
农林牧渔业	Farming, Forestry, Animal Husbandry & Fishery	2432	12888	15414	15600	16671	17132	18108	17994
采掘业	Mining & Quarrying	3562	1972	4381	3114	2761	2224	1955	1829
制造业	Manufacturing	76662	85900	71105	71804	64128	60681	60415	62311
建筑业	Construction	762	1164	1234	2183	2213	2246	2683	3382
交通运输、仓储业	Transport & Storage	82886	85435	112534	110416	95636	149214	93631	96772
批发零售贸易业	Wholesale & Retail Trade	546260	529569	619773	750112	757149	716542	833537	933560
餐饮业	Catering Services	97128	137143	69239					
二、从业人员（人）	**Number of Employed Persons (person)**	**1307050**	**1394187**	**1635767**	**2231412**	**2172283**	**2296637**	**2492428**	**2811454**
按城乡分	by Urban & Rural								
城 镇	Urban	529941	678565	897945	1410110	1566973	1391497	1677987	1906493
农 村	Rural	777109	715622	737822	821302	605310	905140	814441	904961
按行业分	by Sector								
农林牧渔业	Farming, Forestry, Animal Husbandry & Fishery	3515	23066	30040	33017	36215	41514	48835	54852
采掘业	Mining & Quarrying	7960	5702	15827	18493	16441	13284	9605	9100
制造业	Manufacturing	139534	146868	152766	227193	223490	204294	215910	227211
建筑业	Construction	1759	3627	2710	5702	5484	5781	6940	8599
交通运输、仓储业	Transport & Storage	104559	117835	138763	154101	139274	339393	153356	157604
批发零售贸易业	Wholesale & Retail Trade	732757	726665	945430	1325885	1280985	1196093	1444283	1659230
餐饮业	Catering Services	159363	199147	135707					
三、销售总额或营业收入（万元）	**Total Sales or Sales Revenue (10 000 yuan)**	**2207961**	**3780945**	**5257851**	**9224370**	**10791865**	**10488996**		
按城乡分	by Urban & Rural								
城 镇	Urban	1079079	2289149	2952680	6790326	7410281	7223049		
农 村	Rural	1128882	1491796	2305171	2434044	3381584	3265947		
按行业分	by Sector								
农林牧渔业	Farming, Forestry, Animal Husbandry & Fishery	1802	26672	52051	101671	167771	209226		
采掘业	Mining & Quarrying						130669		
制造业	Manufacturing						765177		
建筑业	Construction						50121		
交通运输、仓储业	Transport & Storage	446543	554342	857171	1068668	980283	1409187		
批发零售贸易业	Wholesale & Retail Trade	1314567	2163885	3256990	5372823	6512158	5681067		
餐饮业	Catering Services	243321	690281	378876					

注：1.本表数据来自自治区工商行政管理局。

2.由于报送制度的变动，2004—2014年“采掘业”的数据实际是“采矿业”的数据，“交通运输、仓储业”包括邮政业，2008—2014年无法分出餐饮业数据，2013—2014年“三、销售总额或营业收入”无数据。

Note:1. The data in the table comes from Guangxi Administration for industry and commerce.

2. Because of the change of reporting system, the data from 2004 to 2014 on “Mining and Quarrying” are the data of “Mining”, and the data of “Transport and Storage” contain “Post”.The data on “catering services” since 2008 can not be divided, and the data on “Total Sales or Sales Revenne” in 2014 is vacant..

主要统计指标解释

商品购进额 指从本企业以外的单位和个人购进（包括从国外直接进口）作为转卖或加工后转卖的商品金额（含增值税）。本指标反映批发和零售业从国内外市场上购进商品的总价。商品购进包括：（1）从工农业生产者、批发和零售业企业、住宿和餐饮业企业、出版社或报社的出版发行部门和其他服务业企业购进的商品；（2）从机关团体、事业单位购进的商品；（3）从海关、市场管理部门购进的缉私和没收的商品；（4）从居民收购的废旧商品等。不包括：（1）企业为本单位自身经营用，不是作为转卖而购进的商品，如材料物资、包装物、低值易耗品、办公用品等；（2）未通过买卖行为而收入的商品，如接受其他部门移交的商品、借入的商品、收入代其他单位保管的商品、其他单位赠送的样品、加工回收的成品等；（3）经本单位介绍，由买卖双方直接结算，本单位只收取手续费的业务；（4）销售退回和买方拒付货款的商品；（5）商品溢余。

商品销售额 指对本单位以外的单位和个人出售的商品金额（包括售给本单位消费用的商品，含增值税），本指标反映批发和零售业在国内市场上销售商品以及出口商品的总价。商品销售包括：（1）售给城乡居民和社会集团消费用的商品；（2）售给农业、工业、建筑业、服务业等国民经济各行业用于生产、经营用的商品，包括售予批发和零售业作为转卖或加工后转卖的商品；（3）对国（境）外直接出口的商品。不包括：（1）未通过买卖行为付出的商品，如随机构变动移交给其他企业单位的商品、借出的商品、归还受其他单位委托代保管的商品、付出的加工原料和赠送给其他单位的样品等；（2）经本单位介绍，由买卖双方直接结算，本单位只收取手续费的业务；（3）购货退回的商品；（4）商品损耗和损失；（5）出售本单位自用的废旧物资。

批发额 指售给国民经济各行业用于生产、经营用的商品金额。

零售额 指售给城乡居民用于生活消费和社会集团用于公共消费的商品金额。

商品库存额 对于批发和零售业法人单位和个体经营户，是指报告期末取得所有权的全部商品金额（含增值税）；对于批发和零售业产业活动单位，是指报告期末实际在库且归属法人具有所有权的全部商品金额（含增值税）。这个指标反映批发和零售业的商品库存情况，以及对市场商品供应的保证程度。库存商品包括：（1）存放在本单位（如门市部、批发站、采购站、经营处）的仓库、货场、货柜和货架中的商品；（2）挑选、整理、包装中的商品；（3）已记入购进而尚未运到本单位的商品，即发货单或银行承兑凭证已到而货未到的商品；（4）寄放他处的商品，如因购货方拒绝付款而暂时存在购货方的商品；（5）委托其他单位代销（未作销售或调出）尚未售出的商品；（6）代其他单位购进尚未交付的商品。不包括：（1）所有权不属于本单位的商品，如商品已作销售但买方尚未取走的商品，代替他人保管、运输、加工的商品，代其他单位销售（未做购进或调入）而未售出的商品；（2）委托外单位加工的商品（包括本单位所属加工厂和其他生产单位加工生产尚未收回成品的商品）；（3）外贸企业代理其他单位从国外进口，尚未付给订货单位的商品；（4）代国家储备部门保管的商品。

亿元以上商品交易市场 指年成交额在亿元及以上的商品交易市场。商品交易市场是指经有关部门和组织批准设立，有固定场所、设施，有经营管理部门和监管人员，若干市场经营者入内，常年或实际开业三个月以上，集中、公开、独立地进行生活消费品、生产资料等现货商品交易以及提供相关服务的交易场所，包括各类消费品市场、生产资料市场等。

连锁总店（总部） 负责连锁企业资源（商号、商誉、经营模式、服务标准、管理模式等等）的开发、配置、控制或使用等功能的企业核心管理机构。连锁经营是指经营同类商品或服务，使用统一商号的若干店铺，在同一总店（总部）的管理下，采取统一采购或特许经营等方式，实现规模效益的组织形式，包括直营连锁、特许连锁和自愿连锁三种形式。

直营连锁是指连锁店铺由连锁公司全资或控股开设，在总部的直接控制下，开展统一经营的连锁经营形式；特许连锁是指拥有注册商标、企业标志、专利、专有技术等经营资源的企业（特许人），以合同形式将其拥有的经营资源许可其他经营者（被特许人）使用，被特许人按合同约定在统一的经营模式下开展经营，并向特许人支付特许经营费用的连锁经营形式；自愿连锁是指若干个店铺或企业自愿组合起来，在不改变各自资产所有权关系的情况下，以同一个品牌形象面对消费者，以共同进货为纽带开展的连锁经营形式。

社会消费品零售总额　指企业（单位、个体户）通过交易直接售给个人、社会集团非生产、非经营用的实物商品金额，以及提供餐饮服务所取得的收入金额。个人包括城乡居民和入境人员，社会集团包括机关、社会团体、部队、学校、企事业单位、居委会或村委会等。

Explanatory Notes on Main Statistical Indicators

Total Purchases of Commodities refer to the total value of purchases of commodities by enterprises (establishments) from other establishments or individuals (including direct import from abroad) for the purpose of re-selling, either with or without further processing of the commodities purchased. This indicator is used to show the total value of purchases of commodities by wholesale and retail establishments from domestic and overseas markets. The purchases include: (1) agricultural and industrial products purchased from producers; (2) books, magazines and newspapers purchased from distribution departments of the publishers; (3) commodities purchased from wholesale and retail establishments of different status of registration; (4) commodities purchased from other units, such as surplus materials purchased from government agencies, enterprises or institutions, commodities purchased from hotels and catering services establishments, confiscated goods purchased from customs authorities or market management agencies, second-hand goods and wastes purchased from residents; and (5) commodities directly imported from abroad. Excluded are commodities purchased by enterprises (establishments) for use in their own business operation, commodities obtained without buying or selling procedures, rejected commodities, etc.

Total Sales of Commodities refer to value of commodities sold by the establishments to other establishments and individuals (including direct export to abroad and value-added taxes). This indicator is used to show the total value of sales of commodities at domestic markets and export. The sales include: (1) commodities sold to urban and rural residents and social institutions for their consumption; (2) commodities sold to establishments in agriculture, industry, construction, post and telecommunications, wholesale and retail trades, hotels and catering services for their production and operation; (3) commodities for direct export to abroad. Excluded are: (1) commodities transferred without buying or selling procedures, such as hand-over commodities to other enterprises with institution changing, lent commodities, returned commodities that had been administered by other enterprises, processing raw materials sent out and samples present to other enterprises etc. (2)commission income from brokerage in transactions for which settlement is directly handled by buyers and sellers, (3)rejected commodities in the purchase, (4) loss in commodities, (5) self-using junk materials sold by enterprises etc.

Sales of Wholesale Trades refers to the amount of money of commodities sold to various national economic industries for producing and operating.

Sales of Retail Trades refers to the amount of money of commodities sold to urban and rural residents for household consumption and to social institutions for public consumption.

Total Stock of Commodities to wholesale and retail units and individual enterprises, it refers to total commodities possessed at the end of report periods (including value-added taxes); to wholesale and retail corporation units, it refers to total commodities actually in stock and possessed at the end of report periods (including value-added taxes). This indicator reflects the commodity stock level of various wholesale and retail enterprises and the potential for market supply. It includes: (1) commodities located in storage, garages, counters, and shelves of operating units (such as sale stores, wholesale centers, and operating offices) of wholesale and retail enterprises; (2) commodities in the process of being selected, sorted, and packed; (3) commodities not arrived but recorded as purchase in the account, i.e. commodities not arrived but payment receipts for the commodities from the sellers or the banks arrived; (4) commodities deposited in other places rather than places mentioned above, for instance: commodities in the hold of purchasers temporarily due to the refusal of payment and commodities not taken back after going through the formalities; (5) commodities entrusted to other units to sell but not sold yet; (6) commodities purchased for other units but not delivered yet. Commodities not included as: (1) stock are those not owned by the enterprises (units), (2)commodities on commission for processing but not yet delivered, (3)imported commodities of agency of foreign trade enterprise but not yet delivered to ordering units ,(4) finally those put in stock on behalf of the state material reserves units.

Volume of Transaction at Large Commodity Markets with Transaction Value over 100 Million Yuan refers to the markets with an annual transaction of over 100 million yuan markets approved by the industrial and commercial administration departments, which specialize in wholesale and retail trades of commodities with an annual transaction of over 100 million yuan. The sum of sales of all sellers in the market makes up the transaction value of the market.

Head Chain Store(Head Office) refers to the core managing institution in charge of development, allocation, controlling or using chain enterprise's resources (such as firms, business credits, operating modes, servicing standards and managing modes etc.).Chain operation refers to the type of organization of several stores selling the same commodities or providing the same services use a uniform firm, and they under the management of the same head store(head office), realizing scaled efficient by modes of uniform purchases or licensed operating. The modes of chain operation include Regular Chain, Licensed Chain and Voluntary Chain.

Regular Chain refers to chain that are invested or controlled by the headquarters. They operate under direct and unified management from the headquarters. Licensed chain refers to chain that enterprises(licensing units)owning operating resources like registered trade marks, enterprise's symbols, patents and special techniques license their resources to other operators(licensed units) in type of contracts. Licensed units operate in uniform operation mode according to contracts, and pay the licensed fees to licensing units. Voluntary Chain refers to chain that various stores or enterprises combine together voluntarily, and face the consumers with the same brand image while the own ship of assets did not changed.

Total Retail Sales of Consumer Goods refer to the summary of retail sales of commodities sold directly by wholesale and retail trades, catering services and other service industries to urban and rural households for household consumption and to social institutions for public consumption. The Retail Sales of Consumer Goods to households refer to sales of commodities sold to urban and rural households for household consumption. The Retail Sales of Consumer Goods to social institutions refer to sales of commodities sold to departments, social institutions, armies, schools, enterprises and public institutions, neighborhood committees or village committees for non-production, non-operation and public consumption purposes, paid with government expenses. Total Retail Sales of Consumer Goods includes: sales of commodities and building materials sold to urban and rural households for household and building houses, sales of Consumer Goods sold to foreigners, overseas Chinese and Chinese compatriots from Hong Kong, Macao and Taiwan visiting China, and sales of commodities sold to social institutions for non-production, non-operation and public consumption purposes. It excludes: sales of commodities between urban households, sales of commodities sold by urban households through trust shops and sales of commodities sold to agriculture, industry, and construction and so on for production.

第十八篇

住宿餐饮业和旅游

HOTELS,CATERING SERVICES & TOURISM

（编辑：蒙庆彬　钟业宁）

18－1 限额以上住宿和餐饮业企业基本情况（2014年）

Basic Conditions of Accommodation above Star-rated & Catering Service above Designated Size (2014)

项 目	Item	法人企业（个）Corporation Enterprises (unit)	从业人员（人）Persons Employed (person)
总 计	**Total**	**818**	**77844**
一、住宿业	**Ⅰ.Accommodation**	**513**	**49529**
1.按登记注册类型分组	**1. Grouped by Status of Registration**		
内资企业	Domestic Funded Enterprises	492	44390
国有企业	State-owned Industry	59	6608
集体企业	Collective-owned Industry	6	446
股份合作企业	Cooperative Enterprises	2	222
联营企业	Joint Ownership Enterprises		
国有联营企业	State Joint Ownership Enterprises		
集体联营企业	Collective Joint Ownership Enterprises		
国有与集体联营企业	Joint State-Collective Ownership Enterprises		
其他联营企业	Other Joint Ownership Enterprises		
有限责任公司	Limited Liability Corporations	143	13777
国有独资企业	Sole State-funded Corporations	3	327
其他有限责任公司	Other Limited Liability Corporations	140	13450
股份有限公司	Share Holding Enterprises	27	3642
私营企业	Private Enterprises	234	18230
私营独资企业	Private-funded Enterprises	35	1732
私营合伙企业	Private Partnership Enterprises	17	763
私营有限责任公司	Private Limited Liability Corporations	164	13896
私营股份有限公司	Private Share Holding Enterprises	18	1839
其他企业	Others	21	1465
港、澳、台商投资企业	Enterprises with Funds from Hong Kong, Macao & Taiwan	17	4655
合资经营企业	Joint Venture Enterprises	3	774
合作经营企业	Cooperative Enterprises	1	509
独资经营企业	Enterprises with Sole Investment	13	3372
投资股份有限公司	Share-holding Corporations Ltd. with Investment		
其他港澳台投资企业	Others		
外商投资企业	Foreign-investment Enterprise	4	484
中外合资经营企业	Joint Venture Enterprises	2	370
中外合作经营企业	Cooperative Enterprises	1	76
外资企业	Enterprises with Sole Foreign Investment	1	38
外商投资股份有限公司	Share-holding Corporations Ltd. with Foreign Investment		
其他外商投资企业	Others		
2.按国民经济行业分组	**2.Grouped By Sector**		
旅游饭店	Tourist Hotel	375	40674
一般旅馆	General Hotel	128	8162
其他住宿服务	Other Accommodation Service	10	693

18－1 续表 continued

项 目	Item	法人企业（个）Corporation Enterprises (unit)	从业人员（人）Persons Employed (person)
二、餐饮业	**Ⅱ.Catering Trades**	**305**	**28315**
1.按登记注册类型分组	**1. Grouped by Status of Registration**		
内资企业	Domestic Funded Enterprises	298	22578
国有企业	State-owned Industry	13	717
集体企业	Collective-owned Industry	3	102
股份合作企业	Cooperative Enterprises	4	179
联营企业	Joint Ownership Enterprises		
国有联营企业	State Joint Ownership Enterprises		
集体联营企业	Collective Joint Ownership Enterprises		
国有与集体联营企业	Joint State-Collective Ownership Enterprises		
其他联营企业	Other Joint Ownership Enterprises		
有限责任公司	Limited Liability Corporations	79	6793
国有独资企业	Sole State-funded Corporations		
其他有限责任公司	Other Limited Liability Corporations	79	6793
股份有限公司	Share Holding Enterprises	10	832
私营企业	Private Enterprises	170	13021
私营独资企业	Private-funded Enterprises	45	2360
私营合伙企业	Private Partnership Enterprises	13	478
私营有限责任公司	Private Limited Liability Corporations	108	9880
私营股份有限公司	Private Share Holding Enterprises	4	303
其他企业	Others	19	934
港、澳、台商投资企业	Enterprises with Funds from Hong Kong, Macao & Taiwan	4	469
合资经营企业	Joint Venture Enterprises	2	256
合作经营企业	Cooperative Enterprises		
独资经营企业	Enterprises with Sole Investment	2	213
投资股份有限公司	Share-holding Corporations Ltd. with Investment		
其他港澳台投资企业	Others		
外商投资企业	Foreign investment Enterprise	3	5268
中外合资经营企业	Joint Venture Enterprises	1	700
中外合作经营企业	Cooperative Enterprises		
外资企业	Enterprises with Sole Foreign Investment	2	4568
外商投资股份有限公司	Share-holding Corporations Ltd. with Foreign Investment		
其他外商投资企业	Others		
2.按国民经济行业分组	**2.Grouped By Sector**		
正餐服务业	Dinner	286	19716
快餐服务业	Snack	13	7736
饮料及冷饮服务业	Beverage & Cold Drink	2	164
其他餐饮服务业	Others	4	699

18—2 限额以上住宿和餐饮业企业经营情况（2014年）
Business of Enterprises above Desinated Size of Hotels & Catering Services (2014)

单位：万元 (10 000 yuan)

项 目	Item	营业额 Business Revenue	客房收入 From Hotels	餐费收入 From Catering
总 计	**Total**	**932171.9**	**353931.6**	**495653.3**
一、住宿业	**Ⅰ.Accommodation**	**615264.5**	**332869.0**	**212731.3**
1.按登记注册类型分组	**1. Grouped by Status of Registration**			
内资企业	Domestic Funded Enterprises	527302.6	288644.3	174448.1
国有企业	State-owned Industry	80569.4	33142.3	30739.6
集体企业	Collective-owned Industry	6190.9	2695.0	1920.9
股份合作企业	Cooperative Enterprises	1745.1	984.3	679.7
联营企业	Joint Ownership Enterprises			
国有联营企业	State Joint Ownership Enterprises			
集体联营企业	Collective Joint Ownership Enterprises			
国有与集体联营企业	Joint State-Collective Ownership Enterprises			
其他联营企业	Other Joint Ownership Enterprises			
有限责任公司	Limited Liability Corporations	158948.7	94141.1	44907.1
国有独资企业	Sole State-funded Corporations	2472.9	1105.2	1361.6
其他有限责任公司	Other Limited Liability Corporations	156475.8	93035.9	43545.5
股份有限公司	Share Holding Enterprises	40976.8	19804.8	15671.2
私营企业	Private Enterprises	226024.7	131556.8	74641.1
私营独资企业	Private-funded Enterprises	19095.1	11574.8	6964.1
私营合伙企业	Private Partnership Enterprises	6905.5	4281.2	2440.6
私营有限责任公司	Private Limited Liability Corporations	172721.9	101739.5	55693.8
私营股份有限公司	Private Share Holding Enterprises	27302.2	13961.3	9542.6
其他企业	Others	12847.0	6320.0	5888.5
港、澳、台商投资企业	Enterprises with Funds from Hong Kong, Macao & Taiwan	78399.8	37040.6	36417.4
合资经营企业	Joint Venture Enterprises	7360.1	3687.9	3432.4
合作经营企业	Cooperative Enterprises	3955.9	2005.9	1950.0
独资经营企业	Enterprises with Sole Investment	67083.8	31346.8	31035.0
投资股份有限公司	Share-holding Corporations Ltd. with Investment			
其他港澳台投资企业	Others			
外商投资企业	Foreign-investment Enterprise	9562.1	7184.1	1865.8
中外合资经营企业	Joint Venture Enterprises	8960.5	6760.1	1781.7
中外合作经营企业	Cooperative Enterprises	333.7	266.2	
外资企业	Enterprises with Sole Foreign Investment	267.9	157.8	84.1
外商投资股份有限公司	Share-holding Corporations Ltd. with Foreign Investment			
其他外商投资企业	Others			
2.按国民经济行业分组	**2.Grouped By Sector**			
旅游饭店	Tourist Hotel	515691.6	263238.7	192530.6
一般旅馆	General Hotel	89515.4	65661.4	18717.4
其他住宿服务	Other Accommodation Service	10057.5	3968.9	1483.3

18－2 续表 continued

单位：万元 (10 000 yuan)

项　目	Item	营业额 Business Revenue	客房收入 From Hotels	餐费收入 From Catering
二、餐饮业	**Ⅱ.Catering Trades**	**316907.4**	**21062.6**	**282922.0**
1.按登记注册类型分组	**1. Grouped by Status of Registration**			
内资企业	Domestic Funded Enterprises	241319.0	21062.6	207333.6
国有企业	State-owned Industry	6988.5	1520.4	4359.6
集体企业	Collective-owned Industry	790.5	0.0	676.0
股份合作企业	Cooperative Enterprises	1950.1	257.6	1599.1
联营企业	Joint Ownership Enterprises			
国有联营企业	State Joint Ownership Enterprises			
集体联营企业	Collective Joint Ownership Enterprises			
国有与集体联营企业	Joint State-Collective Ownership Enterprises			
其他联营企业	Other Joint Ownership Enterprises			
有限责任公司	Limited Liability Corporations	84573.5	3799.1	76478.6
国有独资企业	Sole State-funded Corporations			
其他有限责任公司	Other Limited Liability Corporations	84573.5	3799.1	76478.6
股份有限公司	Share Holding Enterprises	4235.6	724.7	3322.8
私营企业	Private Enterprises	133664.3	14555.2	112004.0
私营独资企业	Private-funded Enterprises	19995.4	3658.7	15377.8
私营合伙企业	Private Partnership Enterprises	4455.7	532.6	3840.6
私营有限责任公司	Private Limited Liability Corporations	106171.7	9350.8	90843.8
私营股份有限公司	Private Share Holding Enterprises	3041.5	1013.1	1941.8
其他企业	Others	9116.5	205.6	8893.5
港、澳、台商投资企业	Enterprises with Funds from Hong Kong, Macao & Taiwan	8675.8		8675.8
合资经营企业	Joint Venture Enterprises	2074.2		2074.2
合作经营企业	Cooperative Enterprises			
独资经营企业	Enterprises with Sole Investment	6601.6		6601.6
投资股份有限公司	Share-holding Corporations Ltd. with Investment			
其他港澳台投资企业	Others			
外商投资企业	Foreign-investment Enterprise	66912.6		66912.6
中外合资经营企业	Joint Venture Enterprises	14781.4		14781.4
中外合作经营企业	Cooperative Enterprises			
外资企业	Enterprises with Sole Foreign Investment	52131.2		52131.2
外商投资股份有限公司	Share-holding Corporations Ltd. with Foreign Investment			
其他外商投资企业	Others			
2.按国民经济行业分组	**2.Grouped By Sector**			
正餐服务业	Dinner	211545.5	20847.1	179294.2
快餐服务业	Snack	99596.8		99540.8
饮料及冷饮服务业	Beverage & Cold Drink	1169.1		622.0
其他餐饮服务业	Others	4596.0	215.5	3465.0

18－3 限额以上住宿和餐饮业企业主要财务指标（2014年）

单位：万元

项　目	Item	流动资产小计 Circulating Funds	#存货 Deposit Products	固定资产原价 Original Value of Fixed Assets	累计折旧 Add Up Depreciation	#本年折旧 Depreciation of the Year	资产合计 Total Assets	负债合计 Total Liabilities
总　计	**Total**	**797726.5**	**39438.6**	**1598592.9**	**647034.4**	**84820.6**	**2362699.3**	**1825073.9**
一、住宿业	**Ⅰ.Accommodation**	**617990.9**	**24071.3**	**1438215.8**	**594845.7**	**70680.7**	**1995833.0**	**1552488.9**
1.按登记注册类型分组	**1. Grouped by Status of Registration**							
内资企业	Domestic Funded Enterprises	545234.8	20753.9	1000578.6	397609.2	50199.2	1582882.9	1167620.8
国有企业	State-owned Industry	47020.7	2690.0	251783.1	122163.4	9403.5	259497.8	139534.3
集体企业	Collective-owned Industry	3081.1	95.7	11006.5	6153.5	660.3	8734.7	5886.9
股份合作企业	Cooperative Enterprises	1200.2	63.6	5657.5	2755.5	276.2	4102.2	3419.1
联营企业	Joint Ownership Enterprises							
国有联营企业	State Joint Ownership Enterprises							
集体联营企业	Collective Joint Ownership Enterprises							
国有与集体联营企业	Joint State-Collective Ownership Enterprises							
其他联营企业	Other Joint Ownership Enterprises							
有限责任公司	Limited Liability Corporations	206293.9	7762.6	303043.4	123628.6	13183.1	535219.8	397369.6
国有独资企业	Sole State-funded Corporations	1656.5	72.8	10319.2	2993.0	310.3	14345.8	9184.0
其他有限责任公司	Other Limited Liability Corporations	204637.4	7689.8	292724.2	120635.6	12872.8	520874.0	388185.6
股份有限公司	Share Holding Enterprises	19154.8	1078.0	108794.1	34992.2	8585.5	126758.9	80564.5
私营企业	Private Enterprises	263739.5	8579.4	302114.0	99927.1	16727.2	630895.8	531948.5
私营独资企业	Private-funded Enterprises	13685.4	740.1	46411.8	9954.7	1557.2	48844.6	21999.4
私营合伙企业	Private Partnership Enterprises	5515.5	79.7	14846.8	5589.9	818.3	18057.5	11483.9
私营有限责任公司	Private Limited Liability Corporations	214770.3	6590.4	181522.0	66208.1	11343.6	476051.4	408050.3
私营股份有限公司	Private Share Holding Enterprises	29768.3	1169.2	59333.4	18174.4	3008.1	87942.3	90414.9
其他企业	Others	4744.6	484.6	18180.0	7988.9	1363.4	17673.7	8897.9
港、澳、台商投资企业	Enterprises with Funds from Hong Kong, Macao & Taiwan	70071.3	3202.5	397310.6	180146.0	19398.5	384878.6	352433.0
合资经营企业	Joint Venture Enterprises	5508.5	168.6	42348.8	27401.9	1156.9	69476.1	76900.4
合作经营企业	Cooperative Enterprises	3117.2	163.7	19788.8	12663.2	778.9	11124.6	8228.5
独资经营企业	Enterprises with Sole Investment	61445.6	2870.2	335173.0	140080.9	17462.7	304277.9	267304.1
投资股份有限公司	Share-holding Corporations Ltd. with Investment							
其他港澳台投资企业	Others							
外商投资企业	Foreign-investment Enterprise	2684.8	114.9	40326.6	17090.5	1083.0	28071.5	32435.1
中外合资经营企业	Joint Venture Enterprises	1082.8	74.0	36171.1	13446.5	1067.6	25772.4	9108.1
中外合作经营企业	Cooperative Enterprises	83.9	29.2	3811.7	3310.7	13.5	584.9	22125.8
外资企业	Enterprises with Sole Foreign Investment	1518.1	11.7	343.8	333.3	1.9	1714.2	1201.2
外商投资股份有限公司	Share-holding Corporations Ltd. with Foreign Investment							
其他外商投资企业	Others							
2.按国民经济行业分组	**2.Grouped By Sector**							
旅游饭店	Tourist Hotel	489918.1	20840.1	1337109.1	565459.0	63995.8	1709040.4	1308613.7
一般旅馆	General Hotel	118657.1	3068.2	97133.2	27633.6	6281.8	271939.8	231619.9
其他住宿服务	Other Accommodation Service	9415.7	163.0	3973.5	1753.1	403.1	14852.8	12255.3

Main Financial Indicators of Enterprises above Designated in Wholesale & Retail Sale Trade (2014)

(10 000 yuan)

所有者权益合计 Total Creditors Equity	#实收资本 Capital Hold	#国家资本 State Capital	主营业务收入 Business Income of the Main Products	主营业务成本 Core Business Cost	主营业务税金及附加 Core Business Tax&Extra Charges	销售费用 Operating Cost	管理费用 Manage-ment Expenses	财务费用 Financial Expenses	#利息支出 Interest Expen-diture	营业利润 Business Profits	利润总额 Gross Profits
537625.4	**784623.2**	**159507.4**	**912045.5**	**357522.4**	**50913.1**	**315566.0**	**231161.3**	**56717.6**	**44168.0**	**-86380.7**	**-73414.8**
443344.1	**692943.3**	**157564.3**	**595938.9**	**198294.9**	**32923.2**	**221970.4**	**190354.7**	**46805.6**	**36538.7**	**-81796.6**	**-70012.2**
415262.1	451888.9	152003.1	508651.5	180102.6	28620.3	192861.9	142970.2	30915.8	25639.1	-53906.5	-45973.0
119963.5	100915.9	80665.8	75860.8	27655.3	4208.1	30474.8	21896.9	2617.1	2140.7	-7893.8	-7511.8
2847.8	2480.7		6204.1	1536.1	431.4	2679.2	1698.1	85.1	84.1	-38.1	158.1
683.1	181.0		1195.2	903.2	90.2	214.2	458.7	58.4		19.6	-63.4
137850.2	157177.5	56745.3	154571.6	52390.8	8933.2	59155.8	51304.3	9523.1	8337.8	-23198.1	-17833.9
5161.8	2000.0	2000.0	1902.2	837.9	117.0	1027.9	1006.3	43.8	30.9	-1047.4	-1048.7
132688.4	155177.5	54745.3	152669.4	51552.9	8816.2	58127.9	50298.0	9479.3	8306.9	-22150.7	-16785.2
46194.4	44903.6	13556.9	40440.6	15334.2	2011.1	13041.7	11935.8	1445.9	1245.4	-2999.7	-3619.0
98947.3	140222.1	606.2	217518.9	74805.5	12142.3	85082.9	53365.4	17015.5	13713.0	-19700.4	-17381.4
26845.2	18456.7	0.0	17045.7	8539.8	966.9	3722.7	2363.1	809.7	481.5	644.0	406.7
6573.6	6508.0	0.0	6708.1	2987.0	293.9	1534.4	1367.5	623.2	612.9	241.0	66.2
68001.1	97109.8	111.2	166694.5	56861.2	9398.7	70461.3	40799.5	11777.9	9289.3	-18298.6	-15496.3
-2472.6	18147.6	495.0	27070.6	6417.5	1482.8	9364.5	8835.3	3804.7	3329.3	-2286.8	-2358.0
8775.8	6008.1	428.9	12860.3	7477.5	804.0	2213.3	2311.0	170.7	118.1	-96.0	278.4
32445.6	221514.2	3288.2	78144.5	15558.4	3813.7	27052.5	42950.9	8784.0	3911.7	-20751.5	-17160.4
-7424.3	40983.6	3288.2	7242.7	1474.3	407.6	3236.5	4802.5	144.1	101.0	-2603.6	-1832.1
2896.1	13908.7	0.0	3955.9	866.5	207.5	1528.0	1822.0	355.0	332.8	-823.2	-716.7
36973.8	166621.9	0.0	66945.9	13217.6	3198.6	22288.0	36326.4	8284.9	3477.9	-17324.7	-14611.6
-4363.6	19540.2	2273.0	9142.9	2633.9	489.2	2056.0	4433.6	7105.8	6987.9	-7138.6	-6878.8
16664.3	16589.6	0.0	8541.3	2589.2	454.9	1625.2	3768.5	675.7	609.7	-135.2	-174.5
-21540.9	2754.2	2273.0	333.7	0.0	19.0	141.0	459.6	6428.6	6378.2	-6714.5	-6406.4
513.0	196.4	0.0	267.9	44.7	15.3	289.8	205.5	1.5	0.0	-288.9	-297.9
400426.7	650103.3	154066.9	497836.0	166973.5	27664.5	186217.0	162385.8	42941.4	33828.1	-77174.5	-65723.7
40319.9	40914.7	3221.8	88653.7	29238.4	4746.3	32993.4	24079.3	3648.7	2584.1	-4910.5	-4579.1
2597.5	1925.3	275.6	9449.2	2083.0	512.4	2760.0	3889.6	215.5	126.5	288.4	290.6

18－3　续表

单位：万元

项　　目	Item	流动资产小计 Circulating Funds	#存货 Deposit Products	固定资产原价 Original Value of Fixed Assets	累计折旧 Add Up Depreciation	#本年折旧 Depreciation of the Year	资产合计 Total Assets	负债合计 Total Liabilities
二、餐饮业	**Ⅱ.Catering Trades**	**179735.6**	**15367.3**	**160377.1**	**52188.7**	**14139.9**	**366866.3**	**272585.0**
1.按登记注册类型分组	**1. Grouped by Status of Registration**							
内资企业	Domestic Funded Enterprises	165857.3	12001.8	150326.6	46600.1	13606.0	335720.5	257329.5
国有企业	State-owned Industry	1855.4	192.2	10690.7	5082.8	397.1	8353.7	7836.4
集体企业	Collective-owned Industry	78.0	3.0	56.2	24.2	3.1	118.4	49.0
股份合作企业	Cooperative Enterprises	3165.2	37.3	1981.5	1049.1	160.7	4101.9	1243.3
联营企业	Joint Ownership Enterprises							
国有联营企业	State Joint Ownership Enterprises							
集体联营企业	Collective Joint Ownership Enterprises							
国有与集体联营企业	Joint State-Collective Ownership Enterprises							
其他联营企业	Other Joint Ownership Enterprises							
有限责任公司	Limited Liability Corporations	42774.2	3033.9	38196.6	12862.2	6505.7	97905.9	92475.3
国有独资企业	Sole State-funded Corporations							
其他有限责任公司	Other Limited Liability Corporations	42774.2	3033.9	38196.6	12862.2	6505.7	97905.9	92475.3
股份有限公司	Share Holding Enterprises	829.3	109.8	3971.8	665.0	143.7	6200.0	2701.1
私营企业	Private Enterprises	113404.4	8313.4	90367.4	25098.2	5979.5	210254.0	149812.7
私营独资企业	Private-funded Enterprises	9328.5	1943.0	16396.5	4685.1	1197.7	23094.2	10886.0
私营合伙企业	Private Partnership Enterprises	2644.0	193.7	2068.6	735.5	110.4	4060.5	3811.4
私营有限责任公司	Private Limited Liability Corporations	99480.1	6007.5	70575.0	19094.5	4589.5	179998.5	132859.5
私营股份有限公司	Private Share Holding Enterprises	1951.8	169.2	1327.3	583.1	81.9	3100.8	2255.8
其他企业	Others	3750.8	312.2	5062.4	1818.6	416.2	8786.6	3211.7
港、澳、台商投资企业	Enterprises with Funds from Hong Kong, Macao & Taiwan	3916.7	192.4	2148.2	1282.5	307.8	5439.6	2365.8
合资经营企业	Joint Venture Enterprises	263.2	0.0	173.1	130.3	13.3	307.6	266.9
合作经营企业	Cooperative Enterprises							
独资经营企业	Enterprises with Sole Investment	3653.5	192.4	1975.1	1152.2	294.5	5132.0	2098.9
投资股份有限公司	Share-holding Corporations Ltd. with Investment							
其他港澳台投资企业	Others							
外商投资企业	Foreign-investment Enterprise	9961.6	3173.1	7902.3	4306.1	226.1	25706.2	12889.7
中外合资经营企业	Joint Venture Enterprises	2476.0	688.3	1399.6	911.6	226.1	3869.9	832.5
中外合作经营企业	Cooperative Enterprises							
外资企业	Enterprises with Sole Foreign Investment	7485.6	2484.8	6502.7	3394.5	0.0	21836.3	12057.2
外商投资股份有限公司	Share-holding Corporations Ltd. with Foreign Investment							
其他外商投资企业	Others							
2.按国民经济行业分组	**2.Grouped By Sector**							
正餐服务业	Dinner	146055.8	11246.5	134329.4	39311.9	9339.7	296092.6	224925.3
快餐服务业	Snack	18374.1	3946.2	14756.6	8925.6	3687.1	44878.8	27252.4
饮料及冷饮服务业	Beverage & Cold Drink	9922.0	31.3	6630.8	2243.1	392.6	15013.7	11869.3
其他餐饮服务业	Others	5383.7	143.3	4660.3	1708.1	720.5	10881.2	8538.0

continued

(10 000 yuan)

所有者权益合计 Total Creditors Equity	#实收资本 Capital Hold	#国家资本 State Capital	主营业务收入 Business Income of the Main Products	主营业务成本 Core Business Cost	主营业务税金及附加 Core Business Tax&Extra Charges	销售费用 Operating Cost	管理费用 Manage-ment Expenses	财务费用 Financial Expenses	#利息支出 Interest Expen-diture	营业利润 Business Profits	利润总额 Gross Profits
94281.3	**91679.9**	**1943.1**	**316106.6**	**159227.5**	**17989.9**	**93595.6**	**40806.6**	**9912.0**	**7629.3**	**-4584.1**	**-3402.6**
78391.0	83568.2	1943.1	240518.3	124365.5	13713.4	71699.8	35545.3	10054.7	7619.7	-13910.4	-12637.7
517.3	2495.7	1682.3	6823.5	4064.6	290.5	1903.1	1299.4	132.7	116.6	-447.0	-252.8
69.4	31.8		886.7	449.1	30.2	106.1	165.7			135.6	32.9
2858.6	1392.4		1910.9	827.6	142.4	705.1	389.8	7.1		-88.0	-87.6
5430.6	17342.5	35.0	81968.4	41251.3	4729.2	28475.1	12114.4	3315.2	2715.7	-6181.2	-6230.3
5430.6	17342.5	35.0	81968.4	41251.3	4729.2	28475.1	12114.4	3315.2	2715.7	-6181.2	-6230.3
3498.9	2362.3	160.0	4126.7	2379.5	198.8	1180.3	329.0	38.8	2.1	188.8	104.0
60441.3	57953.7	65.8	135689.0	70066.1	7911.3	37776.6	20101.0	6327.0	4654.1	-7920.7	-6403.7
12208.2	8720.3	65.8	21748.1	13343.4	1344.2	3440.7	2038.9	255.4	53.5	1524.9	1290.6
249.1	623.3		4415.7	2160.0	283.7	1017.1	809.7	207.2	180.5	63.2	-19.7
47139.0	48268.4		106483.7	52439.3	6097.6	32973.0	17014.8	5837.6	4393.8	-9630.9	-7875.0
845.0	341.7		3041.5	2123.4	185.8	345.8	237.6	26.8	26.3	122.1	200.4
5574.9	1989.8		9113.1	5327.3	411.0	1553.5	1146.0	233.9	131.2	402.1	199.8
3073.8	2827.9		8675.8	3078.3	497.0	4434.4	208.2	11.8	9.6	448.9	450.4
40.7	130.0		2074.2	896.2	118.8	872.5	100.2	9.6	9.6	76.9	78.4
3033.1	2697.9		6601.6	2182.1	378.2	3561.9	108.0	2.2		372.0	372.0
12816.5	5283.8		66912.5	31783.7	3779.5	17461.4	5053.1	-154.5		8877.4	8784.7
3037.4	3000.0		14781.4	7396.3	870.7	5089.7	867.6	-6.9		564.0	643.9
9779.1	2283.8		52131.1	24387.4	2908.8	12371.7	4185.5	-147.6		8313.4	8140.8
71167.3	80922.0	1943.1	208657.5	110568.1	12198.6	60203.9	30799.6	8276.0	5971.4	-11667.9	-10188.1
17626.4	8037.9		101692.8	45823.6	5675.1	31998.8	8507.6	235.0	213.4	7996.7	7864.0
3144.4	1550.0		1169.1	375.2	69.9	690.0	392.2	962.2	1007.0	-935.7	-938.2
2343.2	1170.0		4587.2	2460.6	46.3	702.9	1107.2	438.8	437.5	22.8	-140.3

18—4　主要年份限额以上住宿和餐饮业企业经营情况

Business Circumstance of Enterprises above Designated Size in Hotel & Catering in Major Years

单位：万元　　(10 000 yuan)

项　目	Item	2000	2005	2010	2011	2012	2013	2014
一、法人企业数（个）	Number of Corporation Enterprises(unit)	85	393	581	662	734	802	818
二、年末从业人员（人）	Number of Persons Employed(person)	21621	59652	70818	52483	83526	81461	77844
三、营业额（万元）	Business Revenue(10 000 yuan)	70028	352590	675506	848208	965256	926203	932172
四、客房间数（间）	Number of Guest Rooms(room)			63915	69897	96443	81777	87037
五、床位数（个）	Number of Beds(bed)		80315	112690	121624	161065	139771	147920
六、餐位数（位）	Number of Catering Seatings(seat)		213534	292875	315285	367388	365375	389320
七、年末餐饮营业面积（平方米）	Area of Catering Business(sq.m)		680358	812365	1421726	1783501	1736158	1863541

注：1. 2005年住宿业为星级以上住宿企业，未设置“客房间数”指标。
2. 2000年统计范围为限额以上餐饮业，未包括住宿业；未设置四至七项指标。

Note: 1. The data on hotel in 2005 refers to the hotels above star-rate, and the indicator of “Number of Guest Rooms” has not been set.
2. The statistical range in 2000 is the catering enterprises above designated size, exculding hotel enterprises, and the relative indicators have not been set.

18—5　旅游机构数（2014年）

Number of Tourism Institutions(2014)

单位：家　　(unit)

城　市	City	旅游管理部门 Tourist Management Department	旅行社 Travel Agencies	星级饭店 Star-rated Hotels	五星 5 Star	四星 4 Star	三星 3 Star	二星 2 Star	一星 1 Star
总　计	**Total**	**150**	**608**	**466**	**11**	**74**	**265**	**114**	**2**
南宁市	Nanning	19	93	51	2	11	25	13	
柳州市	Liuzhou	14	47	45	2	10	21	12	
桂林市	Guilin	17	195	70	4	14	41	11	
梧州市	Wuzhou	8	23	30		1	18	11	
北海市	Beihai	3	50	31	1	4	17	9	
防城港市	Fangchenggang	5	28	28		6	22		
钦州市	Qinzhou	7	18	24	1	1	21	1	
贵港市	Guigang	3	23	20		5	10	5	
玉林市	Yulin	8	32	22		4	9	9	
百色市	Baise	13	19	23		4	14	5	
贺州市	Hezhou	6	15	22		2	13	6	1
河池市	Hechi	29	36	50		6	27	16	1
来宾市	Laibin	7	14	23	1	2	15	5	
崇左市	Chongzuo	11	15	27		4	12	11	

18－6 主要年份旅游人数及收入

Number of Oversea Visitor Arrivals & Tourist Income in Main Years

指 标	Item	1995	2000	2005	2010	2011	2012	2013	2014
接待入境旅游者人数(人次)	**Number of Oversea Visitor Arrivals (person-time)**	**418499**	**1240265**	**1461605**	**2502363**	**3027923**	**3502732**	**3915435**	**4211845**
港澳和台湾同胞	Compatriots from Hong Kong, Macao & Taiwan	107672	730706	585557	1088493	1313095	1575725	1792289	1995074
外国人	Foreigners	307428	506288	873103	1413870	1714828	1927007	2123146	2216771
＃日本	Japan	72706	86469	91117	84576	65615	59235	31241	38638
新加坡	Singapore	7164	6174	15545	53995	84635	100808	129784	131404
泰国	Thailand	5166	8256	48322	30552	51601	81646	106747	86644
越南	Vietnam	1110	66327	140396	292332	379477	486694	450799	427548
印度尼西亚	Indonesia	15057	14351	19065	67624	77048	96765	134099	117725
马来西亚	Malaysia	15546	11672	145537	190128	242512	242491	281445	279697
美国	United States	34878	58517	78709	101540	112932	111172	109754	119674
加拿大	Canada	5497	6376	15969	38181	49991	71526	71338	63390
英国	United Kingdom	12374	15795	24757	53996	56718	49105	52467	56935
法国	France	23241	40519	43425	85921	91429	79163	77597	67293
德国	Germany	22987	27802	32045	51535	55797	55234	55984	50064
意大利	Italy	10075	8732	15079	17164	19374	19940	20117	23507
澳大利亚	Australia	5587	7782	20036	45321	46496	45516	42880	46792
新西兰	New Zealand	1178	1440	3168	8626	8456	8403	11515	14214
国内游客人数(万人次)	**Number of Domestic Visitors (10 000 person-times)**	**1450**	**3951**	**6493**	**14074**	**17257**	**20778**	**24264**	**28565**
国际旅游外汇收入(亿美元)	**Foreign Exchange from International Tourism (100 million dollars)**	**1.21**	**3.07**	**3.59**	**8.07**	**10.52**	**12.79**	**15.47**	**17.28**
国内旅游收入(亿元)	**Domestic Tourist Income (100 million yuan)**	**17.4**	**146.8**	**277.8**	**898.1**	**1209.5**	**1578.9**	**1961.3**	**2495.0**
旅游总收入(亿元)	**Total Tourist Income (100 million yuan)**	**28.3**	**168.6**	**303.7**	**952.9**	**1277.8**	**1659.7**	**2057.1**	**2601.2**
星级饭店数(个)	**Number of Star-rated Hotels(unit)**	**41**	**162**	**350**	**423**	**443**	**456**	**477**	**466**

注：2000年及以前的星级饭店总数为涉外饭店数。

Note: The number of star-rated hotels before 2000 refers to the number of hotels for foreign tourists.

18－7 主要年份各市接待入境旅游者人数
Number of Oversea Visitor Arrivals & International Tourism Receipts by City in Main Years

单位：人次 (person-time)

指标	Item	2000		2005		2010		2012		2013		2014	
		合计 Total	外国人 Foreigners	合计 Total	外国人 Foreigners	合计 Total	外国人 Foreigners	合计 Total	外国人 Foreigners	合计 Total	外国人 Foreigners	合计 Total	外国人 Foreigners
南宁市	Nanning	45586	23746	83317	65338	167527	123267	300674	209892	351068	233107	432967	309542
柳州市	Liuzhou	20268	4148	33778	24072	81100	59153	137760	87005	167394	100150	174132	114121
桂林市	Guilin	950172	403872	1000912	585391	1486202	897491	1824141	1092967	1936542	1170849	2047792	1171655
梧州市	Wuzhou	49858	3110	37612	17959	90017	8736	152816	12087	182851	14655	190255	15263
北海市	Beihai	38087	4523	30228	18657	73008	37249	98759	53205	115820	61427	120938	63113
防城港市	Fangcheng gang					70122	66388	127497	122183	146715	140034	153803	144795
钦州市	Qinzhou					24367	2950	41631	6220	46112	6829	50312	7227
贵港市	Guigang					40485	9992	68086	12025	79323	12734	82853	11847
玉林市	Yulin					33128	10209	57942	15832	81054	20745	95939	17969
百色市	Baise					26741	7466	51516	26950	63698	34334	70106	35489
贺州市	Hezhou					164018	41557	267251	69630	309624	66541	330696	63829
河池市	Hechi					30155	9935	53546	15543	70037	21146	91705	32793
来宾市	Laibin					8163	3703	14500	6002	16848	7364	18561	6545
崇左市	Chongzuo					207330	135774	306613	197466	348349	233234	351771	222583

18－8 主要年份各市国际旅游收入

Income from International Tourism by City in Main Years

单位：万元 (10 000 yuan)

城　市	City	2000	2005	2010	2011	2012	2013	2014
南宁市	Nanning	5736	20320	37858	53449	67629	85067	100629
柳州市	Liuzhou	1031	9560	18241	23476	30073	36428	40488
桂林市	Guilin	188712	191951	341244	401305	463936	538503	582964
梧州市	Wuzhou	3004	3195	15589	22907	26725	34971	40236
北海市	Beihai	8367	5326	14768	16728	21662	26677	29164
防城港市	Fangchenggang			11731	17546	22595	27139	30148
钦州市	Qinzhou			5589	7334	8418	9332	10822
贵港市	Guigang			8129	11376	13766	16389	18813
玉林市	Yulin			9947	11327	14555	20280	25936
百色市	Baise			7298	9920	12221	14552	16522
贺州市	Hezhou			28408	41088	48201	58482	66281
河池市	Hechi			7744	10122	12644	15913	21843
来宾市	Laibin			2368	3134	3800	4342	4998
崇左市	Chongzuo			39591	53743	61664	70118	72879

18—9 主要年份各市接待入境旅游者平均每人消费额
Per Capita Consumption of Oversea Visitor Arrivals by City in Main Years

单位：元 (yuan)

城 市	City	2000	2005	2010	2011	2012	2013	2014
南宁市	Nanning	1258	2439	2260	2263	2249	2423	2324
柳州市	Liuzhou	509	2830	2249	2216	2183	2176	2326
桂林市	Guilin	1986	1918	2296	2441	2543	2781	2847
梧州市	Wuzhou	603	849	1732	1760	1749	1913	2115
北海市	Beihai	2197	1762	2023	2014	2193	2303	2411
防城港市	Fangchenggang			1673	1699	1772	1850	1960
钦州市	Qinzhou			2294	2058	2022	2024	2151
贵港市	Guigang			2008	2037	2022	2066	2271
玉林市	Yulin			3003	2634	2512	2502	2703
百色市	Baise			2729	2473	2372	2285	2357
贺州市	Hezhou			1732	1809	1804	1889	2004
河池市	Hechi			2568	2446	2361	2272	2382
来宾市	Laibin			2901	2605	2621	2577	2693
崇左市	Chongzuo			1910	1989	2011	2013	2072

18－10 各市接待国内游客人数
Number of Domestic Visitors by City

单位：万人次 (10 000 persons-times)

城　市	City	2010	2011	2012	2013	2014
南宁市	Nanning	3542.70	4374.74	5122.07	5840.26	6905.19
柳州市	Liuzhou	1300.25	1519.63	1904.10	2266.32	2605.43
桂林市	Guilin	2097.71	2623.78	3110.25	3390.52	3737.84
梧州市	Wuzhou	655.91	840.33	975.98	1131.39	1279.13
北海市	Beihai	938.43	1100.79	1311.20	1521.16	1770.67
防城港市	Fangchenggang	550.08	675.59	806.53	965.11	1168.40
钦州市	Qinzhou	469.33	570.42	692.74	774.25	868.31
贵港市	Guigang	623.02	744.62	918.75	1095.16	1266.25
玉林市	Yulin	712.55	837.47	1023.28	1355.97	1653.75
百色市	Baise	952.24	1119.78	1356.29	1680.45	1997.80
贺州市	Hezhou	487.43	640.12	785.12	999.13	1257.17
河池市	Hechi	728.01	849.13	1063.11	1281.76	1530.09
来宾市	Laibin	353.36	581.56	753.35	855.99	1197.65
崇左市	Chongzuo	662.48	779.44	954.81	1106.45	1327.35

18－11　各市国内旅游收入
Income from Domestic Visitors by City

单位：亿元　　(100 million yuan)

城　市	City	2010	2011	2012	2013	2014
南宁市	Nanning	234.78	307.05	397.13	469.64	598.73
柳州市	Liuzhou	88.59	117.38	150.66	182.27	229.09
桂林市	Guilin	134.17	178.21	230.48	294.63	373.77
梧州市	Wuzhou	50.02	64.53	81.26	100.11	123.22
北海市	Beihai	67.17	86.07	110.17	137.28	173.11
防城港市	Fangchenggang	27.89	38.73	50.36	61.79	76.73
钦州市	Qinzhou	27.04	40.03	51.02	60.99	75.67
贵港市	Guigang	34.53	48.59	65.66	85.88	107.53
玉林市	Yulin	49.55	66.95	88.21	115.83	147.53
百色市	Baise	56.64	73.23	95.08	121.84	156.01
贺州市	Hezhou	34.87	50.62	67.77	96.05	124.96
河池市	Hechi	43.32	58.41	88.97	111.81	144.39
来宾市	Laibin	15.86	32.88	41.52	50.15	70.59
崇左市	Chongzuo	33.66	46.79	60.64	73.05	93.66

18－12 各市旅游总收入

Total Tourist Income by City

单位：亿元 (100 million yuan)

城 市	City	2010	2011	2012	2013	2014
南宁市	Nanning	238.57	312.40	403.89	478.15	608.79
柳州市	Liuzhou	90.42	119.73	153.67	185.92	233.14
桂林市	Guilin	168.30	218.34	276.87	348.48	432.07
梧州市	Wuzhou	51.58	66.82	83.93	103.61	127.24
北海市	Beihai	68.64	87.74	112.34	139.94	176.03
防城港市	Fangchenggang	29.07	40.48	52.62	64.51	79.75
钦州市	Qinzhou	27.60	40.76	51.86	61.92	76.75
贵港市	Guigang	35.34	49.73	67.03	87.52	109.41
玉林市	Yulin	50.54	68.08	89.67	117.86	150.12
百色市	Baise	57.37	74.23	96.31	123.30	157.66
贺州市	Hezhou	37.71	54.73	72.59	101.89	131.59
河池市	Hechi	44.10	59.42	90.23	113.40	146.57
来宾市	Laibin	16.10	33.19	41.90	50.59	71.09
崇左市	Chongzuo	37.62	52.16	66.81	80.06	100.95

18－13　广西国家A级旅游景区一览表（2014年）
Schedule of National A-Grade Scenic Spots in Guangxi (2014)

类　别 Classification	风景名胜区名称	Name	所在地	Location
AAAAA	漓江景区	Lijiang River Scenic Spot	桂林市	Guilin City
	桂林乐满地休闲世界	Lemandi World for Leisure of Guilin		
	桂林独秀峰-王城景区	Guilin Duxiu Peak & Imperial City Scenic Zone		
	南宁青秀山风景旅游区	Qingxiu Mountain Scenic Spot of Nanning	南宁市	Nanning City
AAAA	南宁嘉和城景区	Jiahe Town Scenic Spot of Nanning	南宁市	Nanning City
	南宁九曲湾温泉景区	Jiuquwan Hotspring Scenic Spot of Nanning		
	广西八桂田园	Bagui Fields and Gardens of Guangxi		
	南宁市动物园	Nanning Zoo		
	广西药用植物园	Guangxi Medicinal Botanical Garden		
	南宁大明山风景旅游区	Damingshan Mountain Scenic Spot of Nanning		
	广西科技馆	Guangxi Science & Technology Museum		
	广西民族博物馆	Guangxi Ethnographical Museum		
	南宁市乡村大世界景区	World of Countryside of Nanning		
	南宁市武鸣县伊岭岩旅游景区	Yilingyan Rock Scenic Spot of Wuming in Nanning		
	南宁市良凤江森林旅游区	Liangfengjiang Forest Tourist Area of Nanning		
	广西规划馆景区	Guangxi Capital Exhibition		
	南宁市民歌湖景区	Minge Lake of Nanning		
	隆安县龙虎山旅游景区	Longhu Hill Scenic Spot of Long'an County		
	南宁市凤岭儿童公园	Fengling Children's Park of Nanning		
	南宁马山金伦洞景区	Jinlun Cave Scenic Spot of Mashan County in Nanning		
	柳州龙潭景区	Longtan Scenic Spot of Liuzhou	柳州市	Liuzhou City
	柳侯公园	Liuhou Park		
	柳州立鱼峰风景区	Liyu Hill Scenic Spot of Liuzhou		
	三江程阳侗族八寨景区	Dong Bazhai Scenic Spot of Sanjiang Chengyang		
	柳州博物馆	Liuzhou Museum		
	广西鹿寨香桥岩风景区	Xiangqiao Rock Scenic Spot of Luzhai County in Guangxi		
	柳州市融水县贝江景区	Beijiang River Scenic Spot of Rongshui County in Liuzhou		
	柳州市三江县丹州景区	Danzhou Scenic Spot of Sanjiang County in Liuzhou		
	柳州文庙景区	Confucian Temple Scenic Spot of Liuzhou		
	柳州城市规划展览馆	Liuzhou Urban Planning Exhibition Hall		
	柳州市马鹿山奇石博览园景区	Malu Hill Stones Exposition Garden of Liuzhou		
	柳州市三江县大侗寨景区	Dadongzhai Scenic Spot in Sanjiang County of Liuzhou		
	柳州市工业博物馆景区	Industrial Museum Scenic Spot of Liuzhou		
	柳州市百里柳江旅游景区	Liujiang River Scenic Spot of Liuzhou		
	柳州园博园景区	Liuzhou Garden Expro Scenic Spot		
	柳州市融安石门仙湖旅游景区	Liuzhou Rongan Xianhu Shimen Tourist Attractions		
	柳州柳城县知青城景区	Zhiqing Town Scenic Spot of Liucheng County		
	柳州市都乐岩景区	Dule Cave Scenic Spot in Liuzhou		
	柳州市融水元宝山龙女沟景区	Longnv Ravine Scenic Spot of Yuanbao Mountain of Rongshui County in Liuzhou		

18－13 续表1 continued

类别 Classification	风景名胜区名称	Name	所在地	Location
AAAA	七星景区	Qixing Scenic Spot	桂林市	Guilin ity
	芦笛景区	Ludi Scenic Spot		
	桂林世外桃源旅游区	Shiwaitaoyuan Scenic Spot of Guilin		
	象山景区（象山公园、滨江公园）	Xiangshan Hill Scenic Spot (Xiangshan Park, Binjiang Park)		
	桂林冠岩景区	Guanyan Rock Scenic Spot of Guilin		
	桂林愚自乐园艺术园	Art Garden in Yuzi Fairyland of Guilin		
	桂林市两江四湖景区	Two Rivers & Four Lakes Scenic Spot of Guilin		
	桂林银子岩旅游度假区	Yinzi Rock Scenic Spot of Guilin		
	桂林古东瀑布景区	Gudong Waterfall Scenic Spot of Guilin		
	兴安灵渠景区	Lingqu Scenic Spot of Xing'an County		
	桂林丰鱼岩旅游度假区	Fengyu Rock Scenic Spot of Guilin		
	桂林龙胜温泉旅游度假区	Longsheng Hotspring Scenic Spot of Guilin		
	桂林穿山景区	Chuanshan Scenic Spot of Guilin		
	桂林尧山景区	Yaoshan Hill Scenic Spot of Guilin		
	荔浦荔江湾景区	Lijiang Bay Scenic Spot of Lipu		
	桂林义江缘景区	Yijiangyuan Scenic Spot of Guilin		
	桂林叠彩伏波景区	Diecai & Fubo Hill Scenic Spot of Guilin		
	阳朔图腾古道-聚龙潭景区	Totem Ancient Road & Julong Lake Scenic Spot of Yangshuo County		
	永福金钟山旅游度假区	Jinzhongshan Hill Scenic Spot of Yongfu County		
	龙胜龙脊梯田景区	Longji Rice Terrace Scenic Spot of Longsheng County		
	灌阳千家峒景区	Qianjiadong Scenic Spot of Guanyang County		
	桂林市南溪山景区	Nanxishan Hill Scenic Spot of Guilin		
	桂林市神龙水世界景区	Shenlong Water World Scenic Spot of Guilin		
	桂林市雁山园景区	Yanshan Park Scenic Spot of Guilin		
	桂林经典刘三姐大观园景区	Scenery Park of Liusanjie in Guilin		
	桂林阳朔县蝴蝶泉旅游景区	Butterfly Spring Scenic Spot in Yangshuo County of Guilin		
	桂林西山景区	Guilin Xishan Scenic Spot		
	桂林市逍遥湖景区	Xiaoyao Lake Scenic Spot in Guilin		
	桂林罗山湖玛雅水上乐园景区	Maya Water World of Luoshan Lake in Liuzhou		
	梧州骑楼城—龙母庙景区	City of Arcade-Longmu Temple Scenic Spot of Wuzhou	梧州市	Wuzhou City
	藤县石表山休闲旅游景区	Shibiao Hill Scenic Spot of Tengxian		
	北海银滩旅游区	Yintan Coast Scenic Spot of Beihai	北海市	Beihai City
	北海海底世界	Submarine World of Beihai		
	北海海洋之窗	Oceanorama of Beihai		
	北海涠洲岛国家地质公园鳄鱼山景区	E'yushan Hill Scenic Spot of Weizhoudao Island National Geopark		
	北海市嘉和-冠山海景区	Jiahe-Guanshanhai Scenic Spot in Beihai		
	北海老城历史文化旅游区	Oldtown Historical & Cultural Tourism Area in Beihai		

18－13 续表2 continued

类别 Classification	风景名胜区名称	Name	所在地	Location
AAAA	防城港十万大山国家森林公园	Shiwandashan Mountain National Forest Park of Fangchenggang	防城港市	Fangcheng-gang City
	防城港东兴市京岛风景名胜区	Jingdao Island Scenic Spot of Dongxing City in Fangchenggang		
	东兴市屏峰雨林景区	Pingfeng Rainforest Scenic Spot of Dongxing City		
	防城港市江山半岛白浪滩旅游景区	Bailangtan Beach in Jiangshan Peninsula of Fangchenggang		
	防城港市西湾旅游区	Western Bay Tourism Area in Fangchenggang		
	钦州三娘湾旅游区	Sanniang Bay Scenic Spot of Qinzhou	钦州市	Qinzhou City
	钦州刘冯故居景区	Former Residence of Liuyongfu & Fengzicai Scenic Spot of Qinzhou		
	钦州八寨沟旅游景区	Bazhai Ravine Scenic Spot of Qinzhou		
	钦州市浦北县五皇山景区	Wuhuang Hill Scenic Spot of Pubei County in Qinzhou		
	桂平西山风景名胜区	Xishan Hill Scenic Spot of Guiping	贵港市	Guigang City
	贵港市龙潭国家森林公园景区	Longtan National Forest Park of Guiping		
	玉林容县“三名”旅游景区	“Famous Building, Famous Person & Famous Hill” Scenic Spot of Rongxian in Yulin	玉林市	Yulin City
	兴业鹿峰山风景区	Lufeng Mountain Scenic Spot of Xingye		
	陆川谢鲁温泉休闲景区	Xielu Hotspring Scenic Spot of Luchuan		
	靖西通灵大峡谷景区	Tongling Canyon Scenic Spot of Jingxi	百色市	Baise City
	百色乐业大石围天坑群景区	Leye Dashiwei Sky Hole Cluster Scenic Spot of Baise		
	百色起义纪念馆	Memorial of Baise Uprising		
	靖西古龙山峡谷群生态旅游景区	Gulong Mountain Canyon Cluster Natural Scenic Spot of Jingxi		
	百色大王岭景区	Dawang Hill Scenic Spot of Baise		
	凌云茶山金字塔景区	Pyramid of Tea Hill Scenic Spot of Lingyun County		
	百色市德保县吉星岩景区	Jixing Rock Scenic Spot in Debao County of Baise		
	百色市澄碧湖风景区	Chengbihu Lake Scenic Spot of Baise		
	百色市德保县红叶森林旅游景区	Red Leaves Forest Scenic Spot in Debao County of Baise		
	百色市平果黎明通天河旅游景区	Baise Pingguo Liming Tongtian River Scenic Area		
	百色市田阳聚之乐休闲农业景区	Baise Tianyang Poly Music Leisure Agriculture Area		
	贺州姑婆山旅游区	Gupo Mountain Scenic Spot of Hezhou	贺州市	Hezhou City
	昭平黄姚古镇风景名胜区	Huangyao Town Scenic Spot of Zhaoping		
	贺州市十八水原生态园景区	Shibashui Original Scenic Spot of Hezhou		
	巴马盘阳河景区	Panyang River Scenic Spot of Bama County	河池市	Hechi City
	巴马水晶宫景区	Crystal Palace Scenic Spot of Bama County		
	广西凤山国家地质公园景区	Fengshan National Geopark in Guangxi		
	河池市东兰红色旅游区	Red Tourism Area in Donglan County of Hechi		
	河池市宜州刘三姐故里旅游区	Liusanjie's Homeland Scenic Spot in Yizhou City of Hechi		
	河池天峨县龙滩大峡谷景区	Longtan Canyon in Tian'e County of Hechi		
	金秀莲花山旅游景区	Lianhua Mountain Scenic Spot of Jinxiu County	来宾市	Laibin City
	来宾市象州古象旅游区	Guxiang Scenic Spot of Xiangzhou County in Laibin		
	来宾市金秀圣堂湖景区	Shengtang Lake Scenic Spot of Jinxiu County in Laibin		
	大新德天跨国瀑布景区	Detian International Waterfall Scenic Spot of Daxin	崇左市	Chongzuo City
	凭祥市友谊关景区	Youyiguan Scenic Spot of Pingxiang City		
	凭祥红木文博城景区	Rosewood Exposition of Pingxiang City		

18－13 续表3 continued

类 别 Classification	风景名胜区名称	Name	所在地	Location
AAA	南宁人民公园	People's Park of Nanning	南宁市	Nanning City
	南宁金花茶公园	Golden Camellia Park of Nanning		
	横县西津湖景区	Xijin Lake Scenic Spot in Hengxian		
	横县九龙瀑布群景区	Jiulong Waterfall Scenic Spot of Hengxian		
	昆仑关旅游风景区	Kunlun Guan Scenic Spot		
	宾阳蔡氏书香古宅群景区	Caishi Oldhouse Scenic Spot of Binyang		
	南宁市大王滩风景区	Dawang Beach Scenic Spot of Nanning		
	南宁市凤凰谷景区	Fenghuang Valley Scenic Spot of Nanning		
	南宁海底世界景区	Sea World Scenic Spot of Nanning		
	南宁金湖地王云顶观光旅游景区	Top Tour of Diwang Building of Nanning		
	宾阳县白鹤观旅游度假区	Baihe Taoist Temple Scenic Spot in Binyang County		
	南宁市华南城景区	Huanancheng Scenic Spot of Nanning		
	柳州花果山生态景区	Huaguo Mountain Natural Scenic Spot of Liuzhou	柳州市	Liuzhou City
	三江石门冲景区	Shimenchong Scenic Spot of Sanjiang County		
	柳州市君武森林公园景区	Junwu Forest Park of Liuzhou City		
	鹿寨月岛湖景区	Yuedao Lake Scenic Spot of Luzhai County		
	融水雨卜苗寨景区	Yubu Miaotse Scenic Spot of Rongshui County		
	融水老子山景区	Laozi Hill Scenic Spot of Rongshui County		
	融水县田头苗寨景区	Tiantou Miaotse Scenic Spot of Rongshui County		
	柳城县红马山景区	Hongma Hill Scenic Spot in Liucheng County		
	柳州市万聚乐休闲农庄	Leisure Farm Wanjule of Liuzhou City		
	柳州市动物园	The Liuzhou City Zoo		
	三江县灌洞景区	Sanjiang County Irrigation Cave Scenic Spot		
	柳州柳城古砦仫佬族乡民俗风情旅游区	Guzhai Mulam Folklore Scenic Spot of Liucheng County in Liuzhou		
	柳州三江甜水寨旅游度假景区	Tianshuizhai Scenic Spot of Sanjiang County in Liuzhou		
	桂林阳朔文化古迹山水园	Park of Cultural & Historic Site & Landscape of Yangshuo in Guilin	桂林市	Guilin City
	桂林资江景区	Zijiang River Scenic Spot of Guilin		
	临桂十二滩漂流景区	Twelve Beach Drift Scenic Spot of lingui		
	阳朔鉴山寺景区	Jianshan Temple Scenic Spot of Yangshuo		
	阳朔九马画山景区	Nine horses Paint Mountain Scenic Spot of Yangshuo		
	荔浦天河瀑布景区	Tianhe Waterfall Scenic Spot of Lipu County		
	灵川大野神镜生态旅游景区	Dayeshenjing Ecotourism Scenic Spot of Lingchuan County		
	灵川龙门瀑布景区	Longmen Waterfall County Scenic Spot of Lingchuan County		
	平乐仙家温泉景区	Xianjia Hotspring Scenic Spot of Pingle County		
	龙胜县大唐湾景区	Datang Bay Scenic Spot in Longsheng County		
	资源县八角寨景区	Bajiaozhai Scenic Spot in Ziyuan County		
	恭城县红岩景区	Hongyan Scenic Spot in Gongcheng County		
	恭城县三庙一馆景区	Three Temples & Guild Hall Scenic Spot in Gongcheng County		
	桂林市金银寨-蛇王李景区	Guilin Gold and Silver Village-Snake King Li Scenic Spot		
	灵川县江头景区	Jiang Tou Lingchuan County Area		

18—13 续表4 continued

类别 Classification	风景名胜区名称	Name	所在地	Location
AAA	桂林兴安县红军长征突破湘江战役纪念公园	Memorial Park for the Battle of the Red Army Breaking Through the Xiangjiang River of Xing'an County in Guilin	桂林市	Guilin City
	桂林旅苑景区	Lvyuan Scenic Spot of Guilin		
	桂林芦笛岩鸡血玉文化艺术中心景区	Jixue Jade Culture & Art Centro of Ludi Cave in Guilin		
	桂林全州县湘山寺景区	Xiangshan Temple Scenic Spot of Quanzhou County in Guilin		
	藤县黎寨蝴蝶谷景区	Lizhai Butterfly Valley of Tengxian County	梧州市	Wuzhou City
	梧州市珠山景区	Zhushan Hill Scenic Spot of Wuzhou		
	梧州市中山公园	Zhongshan Park of Wuzhou		
	蒙山县梁羽生公园	Liangyusheng Park in Mengshan County		
	梧州岑溪市天龙顶山地公园景区	Tianlongding Hill Scenic Spot of Cenxi City in Wuzhou		
	梧州市蒙山县永安古城景区	Yongan Ancient City Scenic Spot of Mengshan County in Wuzhou		
	北海金海湾红树林景区	Jinhaiwan Mangrove Forest Scenic Spot in Beihai	北海市	Beihai City
	北海合浦汉文化公园景区	Han Culture park of Hepu Couty in Beihai		
	北海大江埠民俗风情村	Dajiangbu Folk Custom Village in BeiHai		
	北海涠洲岛圣堂景区	Shengtang Scenic Spot of Beihai		
	东兴陈公馆景区	Chen House Scenic Spot of Dongxing	防城港市	Fangcheng-gang City
	防城港市北仑河源头景区	The Headstream of Beilun River Scenic Spot in Fangchenggang		
	东兴市意景园旅游景区	Yijingyuan Garden Scenic Spot in Dongxing City		
	东兴市百业东兴.红木社区旅游购物景区	Baiyedongxing Rosewood Tourism & Shopping Area of Dongxing City		
	灵山六峰山景区	Liufeng Hill Scenic Spot of Lingshan	钦州市	Qinzhou City
	钦州龙门群岛海上生态公园	Longmen Archipelago Natural Ocean Park of Qinzhou		
	钦州市浦北县文昌景区	Wenchang Scenic Spot of Pubei County in Qinzhou		
	钦州市浦北县大朗书院景区	Dalang Ancient College of Pubei County in Qinzhou		
	钦州坭兴陶艺术馆景区	Nixing Pottery Gallery of Qinzhou		
	北流勾漏洞景区	Goulou Hole Scenic Spot of Beiliu	玉林市	Yulin City
	陆川龙珠湖风景名胜区	Longzhu Lake Scenic Spot of Luchuan County		
	玉林市龟山公园景区	Guishan Hill Scenic Spot of Yulin		
	北流市大容山国家森林公园	Beiliu City DaRong Mountain National Forest Park		
	玉林市容县天堂湖温泉度假山庄景区	Tiantanghu Hotspring Holiday Village of Rongxian County in Yulin		
	玉林市狮子山公园景区	Shizi Hill Park of Yulin		
	田东十里莲塘景区	Shili Lotus Scenic Spot of Tiandong	百色市	Baise City
	凌云县泗城文庙景区	Sicheng Literature Temple of Lingyun County		
	田东县右江工农民主政府旧址景区	The Site of Youjiang Former Workers & Peasants Democratic Government of Tiandong County		
	凌云县纳灵河谷景区	Naling Valley of Lingyun County		
	百色乐业罗妹莲花洞景区	Luomei Lotus Cave Scenic Spot in Leye County of Baise		
	贺州紫云景区	Ziyun Scenic Spot of Hezhou	贺州市	Hezhou City
	贺州市贺州博学园景区	Boxue Park Scenic Spot of Hezhou		
	南丹温泉公园	Hotspring Park of Nandan	河池市	Hechi City
	宜州金浪湾景区	Jinlang Bay Scenic Spot of Yizhou		
	宜州会仙山景区	Huixian Mountain Scenic Spot of Yizhou		

18－13 续表5 continued

类别 Classification	风景名胜区名称	Name	所在地	Location
AAA	河池市天峨县龙滩水电站景区	Longtan Hydroelectric Station of Tian' e County in Hechi	河池市	Hechi City
AAA	南丹白裤瑶生态博物馆	Eco-museum of Baiku Yao in Nandan County	河池市	Hechi City
AAA	大化七百弄国家地质公园景区	Qibainong National Geopark in Dahua County	河池市	Hechi City
AAA	金城江小三峡旅游景区	Xiaosanxia Scenic Spot in Jinchengjiang	河池市	Hechi City
AAA	南丹县铜江公园景区	Tongjiang River Scenic Spot in Nandan County	河池市	Hechi City
AAA	河池市金城江公园	Jinchengjiang Park in Hechi City	河池市	Hechi City
AAA	河池市环江县牛角寨瀑布群景区	Niujiaozhai Waterfalls Scenic Spot of Huanjiang County in Hechi	河池市	Hechi City
AAA	河池市巴马长寿岛景区	Changshou Island Scenic Spot of Bama County in Hechi	河池市	Hechi City
AAA	河池市巴马仁寿源景区	Renshouyuan Scenic Spot of Bama County in Hechi	河池市	Hechi City
AAA	河池宜州市古龙河漂流景区	Gulong River Rafting Scenic Spot of Yizhou City in Hechi	河池市	Hechi City
AAA	武宣百崖大峡谷景区	Baiya Canyon Scenic Spot of Wuxuan	来宾市	Laibin City
AAA	忻城莫土司衙署景区	Ancient Government Office of Mo Tusi of Xincheng County	来宾市	Laibin City
AAA	来宾市金秀县银杉公园景区	Silver Fir Park Scenic Spot of Jinxiu County in Laibin	来宾市	Laibin City
AAA	来宾市忻城县薰衣草庄园景区	Lavender Villa Scenic Spot of Xincheng County in Laibin	来宾市	Laibin City
AAA	龙州起义纪念馆	Memorial of Longzhou Uprising	崇左市	Chongzuo City
AAA	扶绥县逐羊景区	Zhuyang Scenic Spot in Fusui County	崇左市	Chongzuo City
AA	梧州白云山公园	Baiyun Hill Park of Wuzhou	梧州市	Wuzhou City
AA	北海帆顺古船木旅游景区	Fanshun Antique Boatwood Scenic Spot of Beihai	北海市	Beihai City
AA	防城港火山岛景区	Volcano Island Scenic Spot of Fangchenggang	防城港市	Fangcheng-gang City
AA	上思县百鸟乐园	Paradise of Birds of Shangsi County	防城港市	Fangcheng-gang City
AA	钦州市北部湾坭兴玉陶景区	The Nixing Potery Scenic Spot of Beibu Gulf in Qinzhou	钦州市	Qinzhou City
AA	钦州坭兴陶艺术馆景区	Art Gallery of Nixing Potery of Qinzhou	钦州市	Qinzhou City
AA	桂平市大藤峡景区	Dateng Cayon Scenic Spot in Guiping City	贵港市	Guigang City
AA	北流市白云岩景区	Baiyun Cave Scenic Spot of Beiliu city	玉林市	Yulin City
AA	兴业县桔香果业庄园旅游景区	Juxiang Fruit Manor in Xingye County	玉林市	Yulin City
AA	玉林市欢天喜地园艺乐园	Huantianxidi Gardening Paradise in Yulin	玉林市	Yulin City
AA	贺州市客家围屋景区	Scenic Spot of Hakka Buildings in Hezhou	贺州市	Hezhou City
AA	富川县神仙湖生态景区	Shenxian Lake of Fuchuan County	贺州市	Hezhou City
AA	贺州八步区黄洞月湾茶园景区	Huangdongyuewan Tea Plantation in Babu District of Hezhou	贺州市	Hezhou City
AA	贺州昭平县桂江生态景区	Guijiang River Scenic Spot in Zhaoping County of Hezhou	贺州市	Hezhou City
AA	贺州昭平县黄姚世外田园景区	Huangyao Original Scenic Spot of Zhaoping County in Hezhou	贺州市	Hezhou City
AA	罗城县武阳江景区	WuYang River Scenic Spot of Luocheng County	河池市	Hechi City
AA	宜州壮古佬景区	Zhuanggulao Scenic Spot of Yizhou	河池市	Hechi City
AA	罗城青明山庄园景区	Qingming Villa Scenic Spot of Luocheng County	河池市	Hechi City
AA	罗城于成龙公园景区	Yuchenglong Park of Luocheng County	河池市	Hechi City
AA	河池市都安县石头开花景区	Blooming Stones Scenic Spot of Du'an County in Hechi	河池市	Hechi City
AA	河池市罗城县剑江景区	Jianjiang River Scenic Spot of Luocheng County in Hechi	河池市	Hechi City
AA	象州县凉泉景区	Liangquan Scenic Spot of Xiangzhou County	来宾市	Laibin City
AA	合山奇石馆景区	Strange Stones Gallery of Heshan City	来宾市	Laibin City
AA	来宾市金海公园	Jinhai Park in Laibin	来宾市	Laibin City
AA	桂中第一支部	The 1st Party Branch of Mid Guangxi	来宾市	Laibin City
AA	凭祥地下长城景区	Great Wall Underground Scenic Spot of Pingxiang	崇左市	Chongzuo City
AA	凭祥市兰花谷公园	Park of Orchids Valley of Pingxiang City	崇左市	Chongzuo City

主要统计指标解释

营业额 指住宿和餐饮业单位在经营活动中因提供服务或销售商品等取得的全部收入，包括：客房收入、餐费收入、商品销售额（含增值税）和其他收入。不包括法人企业附营的其他行业产业活动单位的餐费收入、商品销售收入等各项收入。

客房收入 指住宿和餐饮业单位在经营活动中因提供住宿服务取得的收入。不包括法人企业附营的其他行业产业活动单位的客房收入。

餐费收入 指本单位为顾客提供就餐服务取得的收入。包括：经烹饪、调制加工后出售的各种食品，如主食、炒菜、凉拌菜等的收入。不包括法人企业附营的其他行业产业活动单位的餐费收入。

商品销售额 指对本单位以外的单位和个人出售的商品金额（包括售给本单位消费用的商品，含增值税）。本指标反映住宿和餐饮业单位出售商品的销售总额（含增值税）。不包括法人企业附营的其他行业产业活动单位的商品销售额。

其他收入 指营业额中除客房收入、餐费收入、商品销售额（含增值税）以外的其他收入。

游客 指任何为休闲、娱乐、观光、度假、探亲访友、就医疗养、购物、参加会议或从事经济、文化、体育、宗教活动，离开常住国（或常住地）到其他国家（或地方），其连续停留时间不超过12个月，并且在其他国家（或其他地方）的主要目的不是通过所从事的活动获取报酬的人。游客不包括因工作或学习在两地有规律往返的人，按出游时间分为过夜游客和一日游游客（不过夜游客）。

入境游客 指报告期内来中国（大陆）观光、度假、探亲访友、就医疗养、购物、参加会议或从事经济、文化、体育、宗教活动的外国人、港澳台同胞等游客（即入境旅游人数）。统计时，入境游客按每入境一次统计1人次。入境旅游人数包括入境过夜游客和入境一日游游客。

国内游客 指报告期内在中国（大陆）观光游览、度假、探亲访友、就医疗养、购物、参加会议或从事经济、文化、体育、宗教活动的中国（大陆）居民，其出游的目的不是通过所从事的活动谋取报酬。统计时，国内游客按每出游一次统计1人次。

出境人数（出境游客） 指中国（大陆）公民因公或因私出境前往其他国家、中国香港特别行政区、澳门特别行政区和台湾省观光、度假、探亲访友、就医疗养、购物、参加会议或从事经济、文化、体育、宗教活动的人数（即出境游客）。统计时，出境游客按每出境一次统计1人次。

旅游收入 游客（入境游客和国内游客）在旅游过程中（由游客或游客的代表为游客）支付的一切旅游支出就是国家（省、区、市）的旅游收入。旅游支出应包括过夜游客和一日游游客在整个游程中行、游、住、食、购、娱，以及为亲友、家人购买纪念品、礼品等方面的旅游支出，不包括为商业目的购物、购买房、地、车、船等资本性或交易性的投资、馈赠亲友的现金及给公共机构的捐赠。旅游收入包括国际旅游（外汇）收入和国内旅游收入。

国际旅游（外汇）收入 入境游客在中国（大陆）境内旅行、游览过程中用于交通、参观游览、住宿、餐饮、购物、娱乐等全部花费。

国内旅游收入 指国内游客在国内旅行、游览过程中用于交通、参观游览、住宿、餐饮、购物、娱乐等全部花费。

Explanatory Notes on Main Statistical Indicators

Business Revenue refers to the total incomes of hotels and catering units from services providing or goods selling in operating activities, including : incomes from hotels, incomes from catering services, incomes from sales of goods (including value-added tax) and other incomes. Business revenue excludes the incomes of the sideline industries units from catering services and goods selling.

Incomes from Hotels refer to the incomes of hotels and catering units gained for providing hotel services in operating activities. It excludes the incomes of the sideline industries units from hotel services.

Incomes from Catering Services refer to the incomes of units gained for providing catering services in operating activities, including: various foods being sold after cooking and concocting, such as income from staple food, stir-fry food and salad etc. It excludes the incomes of the sideline industries units from catering services.

Sales of Goods refer to sales of goods sold to other units or individuds (including the goods sold to this unit inside, and including value-added tax). This indicator reflects the total sales(including value-added tax) of goods of hotels and catering units. It excludes the incomes of the sideline industries units from goods soling.

Other Incomes refer to the other incomes in the turnover besidc the incomes from hotels, catering services and sales of goods(including value-added tax).

Tourists refer to the persons leaving their resident countries (or resident districts) for other countries (or districts) for the purposes of leisure, entertainment, sight-seeing, vacation, visiting relatives or friends, medical treatment, shopping, attending conference, or to engage in economic, cultural, sports and religious activities, continuously staying for less than 12 months, and not having the main purpose of being paid by their activities. Tourists excludes the persons regularly traveling round for studying or working, and is divided into overnight tourists and one-day tourists by the length of their visiting periods.

Number of Visitor Arrivals refers to the number of tourists of foreigners, Chinese compatriots from Hong Kong, Macao and Taiwan who come to China (mainland) within the reference period for sight-seeing, vacation, visiting relatives, medical treatment, shopping, attending conference, or to engage in economic, cultural, sports and religious activities. In compiling statistics, each time of visitor arrival is counted as one person-time. The number of visitor arrivals includes the number of overnight visitor arrivals and one-day visitor arrivals.

Number of Domestic Tourists refers to the number of Chinese (mainland) residents who travel within China (mainland) for sight-seeing, vacation, visiting relatives, medical treatment, shopping, attending conference, or to engage in economic, cultural, sports and religious activities. In compiling statistics, each time of traveling is counted as one person-time.

Number of Chinese Residents Going Abroad refer to the number of Chinese (mainland) residents going to other countries, Hong Kong Special Administrative region, Macao Special Administrative region and Taiwan for on official or private purposes, for sight-seeing, vacation, visiting relatives, medical treatment, shopping, attending conference, or to engage in economic, cultural, sports and religious activities. In compiling statistics, each time of leaving is counted as one person-time

Tourist Income refers to the total expenditure paid by tourists or dolegates of tourists (visitor arrivals or domestic tourists) during their journeys. It should include the tourist (overnight or one-day) expenditure for transportation, visiting, accommodation, catering, shopping, entertainment, purchasing gifts and souvenirs for families and friends during the whole journey, and exclude shopping for business purposes, capital or trading investment for buying real estates, lands, motor vehicles and ships, cash given to relatives and friends, and donations for public institutions. Tourist income includes foreign exchange earnings from international tourism and income from domestic tourism.

Foreign Exchange Earnings from International Tourism refer to the total expenditure of foreigners, overseas Chinese, Chinese compatriots from Hong Kong, Macao and Taiwan during their stay in the mainland of China on transportation, sighting, accommodation, food, shopping and entertainment.

Income from Domestic Tourism refer to expenditure of domestic tourists on transportation, sighting, accommodation, food, shopping and entertainment while they travel.

第十九篇
教育、科技和文化
EDUCATION,SCIENCE, TECHNOLOGY & CULTURE

（编辑：陈立峰）

19－1 主要年份各类学校基本情况
Basic Statistics of Schools by Type in Main Years

项　目	Item	1995	2000	2005	2010	2011	2012	2013	2014
培养研究生单位（所）	Institutions of Postgraduate Education (unit)	9	9	9	11	11	12	12	13
毕业生人数（人）	Graduates (person)	228	444	1652	5396	5994	7225	7518	8007
招生人数（人）	New Student Enrollment (person)	318	912	4561	7720	7920	8429	9417	9238
在校学生数（人）	Student Enrollment (person)	747	2057	10711	20823	22567	23545	24905	25888
普通高等学校（所）	Regular Institutions of Higher Education (unit)	27	30	51	70	70	70	70	70
毕业生人数（万人）	Graduates (10 000 persons)	1.78	2.02	6.49	13.81	15.11	16.22	16.50	17.41
招生人数（万人）	New Student Enrollment (10 000 persons)	2.04	4.72	11.67	18.38	18.83	19.73	20.07	22.77
在校学生数（万人）	Student Enrollment (10 000 persons)	6.00	11.79	33.83	56.75	60.01	62.92	64.42	70.19
专任教师（人）	Number of Full-time Teachers (person)	7542	9326	19610	31650	33459	35027	37437	37680
普通中等专业学校（所）	Regular Specialized Secondary Schools (unit)	123	127	93	357	327	319	309	295
毕业生人数（万人）	Graduates (10 000 persons)	3.83	4.17	4.96	16.36	18.00	21.49	26.75	23.05
招生人数（万人）	New Student Enrollment (10 000 persons)	4.07	4.10	5.96	38.09	31.71	31.28	30.36	27.12
在校学生数（万人）	Student Enrollment (10 000 persons)	11.67	15.87	17.04	80.95	84.20	86.24	82.22	78.27
专任教师（人）	Number of Full-time Teachers (person)	7797	8800	7040	20469	20597	20755	20459	20417
技工学校（所）	Skilled Workers' Schools (unit)	120	82	55	54	48	49	48	47
毕业生人数（万人）	Graduates (10 000 persons)	2.05	1.60	1.80	3.41	3.21	4.54	3.21	3.01
招生人数（万人）	New Student Enrollment (10 000 persons)	3.07	1.80	3.13	5.14	5.61	4.30	4.32	5.2
在校学生数（万人）	Student Enrollment (10 000 persons)	6.39	4.14	7.97	10.82	11.50	10.22	10.39	11.4
专任教师（人）	Number of Full-time Teachers (person)	3780	3405	3879	3622	3986	4457	6305	4662
普通中学（所）	Regular Secondary Schools (unit)	3077	3019	2887	2437	2385	2310	2289	2288
毕业生人数（万人）	Graduates (10 000 persons)	48.73	74.07	93.89	86.56	86.28	88.13	88.21	87.19
招生人数（万人）	New Student Enrollment (10 000 persons)	76.73	109.84	107.06	97.22	97.19	96.15	98.63	96.89
在校学生数（万人）	Student Enrollment (10 000 persons)	194.05	285.63	303.87	275.79	278.19	276.20	276.96	278.9
专任教师（人）	Number of Full-time Teachers (person)	97749	126660	152381	160840	162317	162035	169750	166162
普通高中（所）	Senior Secondary Schools (unit)	437	464	529	463	446	450	453	445
毕业生人数(万人)	Graduates (10 000 persons)	6.60	8.20	19.35	23.90	23.84	23.75	24.19	25.33
招生人数（万人）	New Student Enrollment (10 000 persons)	7.84	15.34	25.69	27.07	28.33	29.28	29.77	30.46
在校学生数(万人)	Student Enrollment (10 000 persons)	20.93	36.93	69.96	75.40	77.36	79.58	81.89	83.82
专任教师（人）	Number of Full-time Teachers (person)	14344	18913	35249	42120	43069	44557	58412	48357
普通初中（所）	Junior Secondary Schools (unit)	2640	2555	2358	1974	1939	1860	1836	1843
毕业生人数(万人)	Graduates (10 000 persons)	42.13	65.87	74.54	62.66	62.44	64.38	64.02	61.86
招生人数（万人）	New Student Enrollment (10 000 persons)	68.89	94.50	81.37	70.15	68.86	66.87	68.86	66.43
在校学生数(万人)	Student Enrollment (10 000 persons)	173.12	248.70	233.91	200.39	200.83	196.62	195.08	195.08
专任教师（人）	Number of Full-time Teachers (person)	83405	107747	117132	118720	119248	117478	111338	117805
普通小学（所）	Regular Primary Schools (unit)	16005	16109	15500	13942	13789	13535	13499	12946
毕业生人数（万人）	Graduates (10 000 persons)	81.05	103.70	84.42	71.82	70.26	68.64	70.06	67.54
招生人数（万人）	New Student Enrollment (10 000 persons)	107.48	76.76	73.46	74.11	72.67	74.21	75.29	74.97
在校学生数（万人）	Student Enrollment (10 000 persons)	639.92	536.79	452.79	430.06	427.00	426.48	426.26	431.81
专任教师（人）	Number of Full-time Teachers (person)	194780	198977	204788	220183	218967	217151	209529	210666
幼儿园（所）	Kindergartens (unit)	2555	3846	3152	5349	6208	7554	8886	9734
在园儿童（万人）	Student Enrollment (10 000 persons)	100.07	72.84	88.78	118.53	144.25	165.93	181.71	197.33
专任教师（人）	Number of Full-time Teachers (person)	22956	22942	22395	31109	37616	44857	52110	61256

注：2005年以后的普通中等专业学校统计范围为中等职业教育（学校）。
Note: The statistical range of "Regular Specialized Secondary Schools" refers to vocational schools for secondary edcation.

19—2 普通高等学校本科学生数（2014年）
Student Statistics in Institutions of Higher Education by Field of Study(2014)

单位：人 (person)

项 目	Item	毕业生数 Graduates	招生数 New Student Enrollment	在校学生数 Student Enrollment	预计毕业生数 Number of Expecting Graduates
总 计	**Total**	**70983**	**98300**	**355979**	**81127**
哲 学	Philosophy	47	93	260	45
经济学	Economics	4143	5228	20170	5023
法 学	Law	2272	2423	9310	2171
教育学	Education	2593	4583	16184	3201
文 学	Literature	9250	10607	40711	10037
历史学	History	318	343	1384	357
理 学	Science	5396	6055	23534	5811
工 学	Engineering	18684	27263	96047	21864
农 学	Agriculture	658	692	3349	924
医 学	Medicine	5577	9269	36468	6535
管理学	Administration	13871	19153	66447	15581

19—3 普通高等学校专科学生数（2014年）
Student Statistics in Institutions of Higher Education by Field of Study(2014)

项 目	Item	毕业生数 Graduates	招生数 New Student Enrollment	在校学生数 Student Enrollment	预计毕业生数 Number of Expecting Graduates
总 计	**Total**	**103067**	**129423**	**345934**	**109871**
农林牧渔大类	Farming, Forestry, Animal Husbandry & Fishery	1920	1995	5797	1795
交通运输大类	Transportation	5101	6006	17004	5439
生化与药品大类	Biochemistry & Medicine	1134	1070	2999	931
资源开发与测绘大类	Resource Developing, Survey & Draw	630	745	1942	512
材料与能源大类	Material & Energy	1821	1808	5253	1793
土建大类	Construction	15952	20978	54321	16880
水利大类	Water Conservancy	244	462	1653	612
制造大类	Manufacture	12856	15105	40469	13183
电子信息大类	Electronic Information	7821	10164	26977	8353
环保、气象与安全大类	Environmental Protection, Meteorology & Weather Safty	227	364	943	227
轻纺食品大类	Textile & Food Industry	1221	1430	3740	1166
财经大类	Finance & Economy	25326	30906	85076	28173
医药卫生大类	Medical & Health Care	8776	11327	30183	9576
旅游大类	Tourism	3090	4315	11902	3901
公共事业大类	Public Affairs	991	1128	2975	1055
文化教育大类	Culture & Education	10390	14192	36211	10571
艺术设计传媒大类	Art Design & Media	3264	4090	11079	3405
公安大类	Public Security	683	1330	2392	565
法律大类	Law	1620	2008	5018	1734

19—4 中等职业专业学校分科学生数（2014年）
Number of Students by Field of Study in Secondary Vocational Schools(2014)

单位：人 (person)

项 目	Item	毕业生数 Graduates	招生数 New Student Enrollment	初中毕业 Graduates from Junior Secondary Schools	在校学生数 Student Enrollment	预计毕业生数 Number of Expecting Graduates
合 计	**Total**	**230497**	**271153**	**174230**	**782675**	**257344**
农林牧渔类	Farming, Forestry, Animal Husbandry & Fishery	25030	26229	10824	74747	32154
资源环境类	Resouwes & Environment	185	87	41	227	55
能源与新能源类	Energy & New Energy	412	521	196	2059	1277
土木水利类	Construction & Water Conservancy	4877	6984	5036	20325	7141
加工制造类	Processing & Manufacturing	47987	47858	27307	150473	47695
石油化工类	Petrochemical Engineering	262	77	71	558	289
轻纺食品类	Textile & Food	3089	1724	988	4881	1683
交通运输类	Transportation	28298	40459	27460	116448	36598
信息技术类	Information Technique	40962	44169	28594	137508	45972
医药卫生类	Medical & Health Care	18916	21824	16839	57346	16353
休闲保健类	Leisure & Health Keeping	578	1668	677	3321	644
财经商贸类	Finance & Business	30233	34371	22288	93254	31452
旅游服务类	Tourism Services	9452	14008	9650	41917	12863
文化艺术类	Culture & Art	9512	11754	7289	33711	10346
体育与健身	Sports & Body Building	319	443	303	984	234
教育类	Education	7257	15015	14356	34420	9066
司法服务类	Jurisdiction Services	508	1012	444	1923	915
公共管理与服务类	Public Administration & Services	2243	1880	993	7130	2503
其他	Others	377	1070	874	1443	147

19－5 主要年份教师负担学生数
Student-teacher Ratio of School by Field in Main Years

单位：人 (person)

指　　标	Item	1995	2000	2005	2010	2011	2012	2013	2014
普通高等学校	Regular Institutions of Higher Education								
教师人数	Number of Teachers	7542	9326	19610	32616	33459	35027	37437	37680
平均每个教师负担学生数	Student-teacher Ratio	8	12.6	17.2	17.9	17.94	17.8	18.1	18.6
中等学校	Secondary Schools								
教师人数	Number of Teachers	116084	145397	171287	184931	186900	187247	196514	186579
平均每个教师负担学生数	Student-teacher Ratio	19.2	20.6	20.2	19.9	20	19.9	18.8	19.14
小学	Primary Schools								
教师人数	Number of Teachers	194780	198977	204788	220183	218967	217151	209529	210666
平均每个教师负担学生数	Student-teacher Ratio	32.9	27	22.1	19.5	19.5	19.6	19.7	20.5

注：中等学校包括初中、普通高中、普通中专、职业高中、技工学校。

Note: Secondary school includes junior secondary schools, senior secondary schools, specialized secondary schools, vocational secondary schools and skilled workers' schools.

19－6 主要年份各级各类教育平均每万人在校学生数
Number of Students Enrollment by Level & Type per 10 000 Persons in Main Years

单位：人 (person)

指　　标	Item	1995	2000	2005	2010	2011	2012	2013	2014
1. 高等学校	Institutions of Higher Education	25	46	99.3	156.9	169.0	181.9	192.4	198.2
普通高校	Regular Institutions of Higher Education	13	25	69.2	123.3	130.0	139.4	136.5	147.6
成人高校	Adult Education Schools	12	21	27.9	33.6	34.0	42.5	48.1	50.6
2. 高中阶段	Step of Senior Schools	135	158	232	363	376	377.7	370.0	364.9
#中职学校	Vocational Secondary Schools			75.7	199.4	208.0	208.4	196.3	188.6
普通高中	Regular Senior Secondary Schools	47	78	143.1	163.8	168.0	169.3	173.5	176.3
3. 初中阶段	Step of Junior Schools	387	535	479.3	435.3	436.4	419.9	413.4	410.4
#普通初中	Regular Junior Secondary Schools	385	528	478.5	435.3	436.4	419.9	413.4	410.4
4. 小学	Primary Schools	1424	1139	926.1	934.3	927.9	910.9	903.3	908.3
5. 幼儿园	Kindergartens	189	155	181.6	257.5	313.5	354.4	385.1	415.1

19－7 主要年份各级成人教育在校学生数
Student Enrollment in Various Adult Education in Main Years

单位：人 (person)

项 目	Item	1995	2000	2005	2010	2011	2012	2013	2014
总 计	**Total**	**378923**	**364884**	**213392**	**173921**	**158226**			**253141**
成人高等学校	Adult Education Schools	52200	100992	136579	19639	154802	199093	227016	20343
广播电视大学	Ratio & TV Universities	12142	13784		673	935	973	982	1052
职工（农民）高等学校	Schools of Higher Education for Staff, Workers(Peasants)	5518	3180		543	476	505	546	452
管理干部学院	Colleges for Management Cadres	4142	10502		11540	2080	2192	2086	10738
教育学院	Pedagogical Colleges	10995	6421		6883	2154	1943	3109	8101
普通高等学校举办	Run by Institutions of Higher Schools	19403	67105	115699	146456	149157	193480	220293	232798

19－8 主要年份义务教育普及程度
Level of Compulsory Education Populization in Main Years

单位：% (%)

指 标	Item	1995	2000	2005	2010	2011	2012	2013	2014
小学学龄儿童入学率	Percentage of School-age Children Enrolled	98.2	98.7	99.1	99.4	99.5	99.8	99.6	99.6
男童	Male Students	98.8	98.7	99.1	99.4	99.4	99.8	99.6	99.6
女童	Female Students	97.5	98.6	99.0	99.3	99.8	99.8	99.6	99.6
初中毛入学率	Crude Percentage of Children Enrolled in Junior Schools	66.3	91.7	101.9	106.7	106.9	108.9	108.8	108.9
男生	Male Students	69.3	92.4	102.2	106.8	107.0	109.3	108.9	109.1
女生	Female Students	62.8	90.9	101.6	106.5	106.5	108.5	108.7	108.7
小学生辍学率	Drop-out Rate of Primary Students	3.0	0.8	1.5	2.1	1.3	1.5	1.3	0.5
男生	Male Students	2.9	0.9	1.6	2.3	1.4	1.7	1.5	0.5
女生	Female Students	3.2	0.8	1.3	1.9	1.3	1.3	1.1	0.4
普通初中辍学率	Drop-out Rate of Regular Junior Students	7.4	5.0	5.6	6.6	3.1	3.4	3.3	2.5
男生	Male Students	8.4	5.5	6.7	8.0	3.6	4.2	4.1	3.0
女生	Female Students	6.2	4.3	4.3	5.0	2.6	2.6	2.5	2.0
小学毕业生升学率	Percentage of Graduates of Primary Schools Entering Junior Secondary Schools	85.9	92.6	96.5	97.7	98.0	97.4	98.3	98.4
男生	Male Students	89.1	93.9	96.9	96.9	97.5	95.4	97.3	97.6
女生	Female Students	81.9	91.1	96.0	98.6	98.6	99.4	99.4	99.2
初中毕业生升学率	Percentage of Graduates of Junior Secondary Schools Entering Senior Secondary Schools		39.8	58.4	79.6	83.4	77.7	80.1	85.7
小学生五年保留率	Percentage of 5-year Primary Schools Maintained	73.5	91.6	96.7	88.4	93.3	88.1	89.0	91.1
男生	Male Students	73.3	91.9	96.6	87.7	92.8	87.5	88.1	90.6
女生	Female Students	73.7	91.1	96.7	89.0	93.9	88.7	89.7	91.8
普通初中生三年保留率	Percentage of 3-year Junior Secondary Schools Maintained	83.5	82.0	83.6	82.0	89.1	90.9	90.9	94.2
男生	Male Students	79.4	79.8	80.5	78.0	87.8	89.5	88.6	93.1
女生	Female Students	89.5	84.8	87.2	86.4	90.6	92.3	92.9	95.5

19－9 主要年份科技活动基本情况
Basic Statistics for Scientific & Technical Activities in Main Years

指　标	Item	2000	2005	2010	2011	2012	2013	2014
科技机构数（个）	**Number of Scientific & Technological Research Institutions (unit)**	**732**	**639**	**714**	**723**	**816**	**825**	**847**
#科技部门属科研机构	Institutions of Research & Technological Development	234	209	138	124	123	120	121
大中型工业企业属技术开发机构	Technological Development Institutions in Large & Medium Industrial Enterprises	181	122	211	203	234	284	267
全日制高等院校属科研机构	Institutions of Research in Full-time Universities & Colleges	131	74	159	168	192	186	233
科技活动人员数（万人）	**Number of Persons Engaged in Scientific & Techno-logical Activities (10 000 persons)**	**4.86**	**5.67**	**8.91**	**10.29**	**10.77**	**10.87**	**10.72**
#R&D活动人员折合全时人员（人年）	Number of Full-time Personnel Converted from the Persons Engaged in Scientific & Techno-logical Activities (person-year)	13015	17996	33982	40129	41268	40664	41208
研究与发展经费内部支出（万元）	**Inner Expenditure of Funds for Research & Develop-ment (10 000 yuan)**	**83597**	**146745**	**628695**	**810204**	**971539**	**1076790**	**1119033**
（一）按活动类型分	By Type of Activities							
#基础研究支出	Expenditure for Basic Research	5443	9488	36005	46121	61845	54832	78630
应用研究支出	Expenditure for Application Research	14786	39076	95585	121831	118297	122770	129914
试验发展支出	Expenditure for Experimental Development	63367	93048	497105	642251	791396	899187	910488
（二）按支出用途分	By Use of Expenditure							
#日常性支出	Ordinary Expenditure	53976	141611	526983	667289	820223	864559	946395
#人员劳务费	Fees for Personel Labor Service	39621	39202	150318	194040	228590	283417	313399
（三）按资金来源分	By Resource of Funds							
#政府资金	Funds from Government	19198	32549	152128	171985	212500	210060	234760
企业资金	Funds from Enterprises	56972	105062	451914	601013	703549	804800	826558
境外资金	Funds from Foreign Countries	149	270	866	217	265	237	615

19—10　大中型工业企业科技活动基本情况（2014年）

单位：万元

指　标	Item	R&D人员折合全时当量（人年）Number of Full-time Personnel Converted from the Persons Engaged in R&D Activities (person-year)	其中：研究人员 Researchers	基础研究 Basic Research	应用研究 Application Research	试验发展 Testing Development	R&D经费内部支出 Inner Expenditure of R&D Funds	1.日常性支出 Ordinary Expenditure
总　计	**Total**	**20147.80**	**6247.20**	**20.5**	**704.1**	**19423.3**	**747273.6**	**654929.9**
一、按登记注册类型分组	**I. Grouped by Type of Registration**							
内资企业	**Domestically-funded Enterprises**	**11848.9**	**4497.00**	**20.5**	**394.3**	**11434.1**	**507201.2**	**428724.8**
国有企业	State-owned Enterprises	824.7	369.60		30.6	794.0	30125.8	28488.2
集体企业	Collective-owned Enterprises	11.1	2.60			11.1	73.4	24.9
股份合作企业	Cooperative Stock Enterprises							
有限责任公司	Limited Liability Corporations	5172.2	2019.30	14.0	124.4	5033.8	198714.6	178645.3
股份有限公司	Share Holding Enterprises	4097.7	1622.40	6.5	238.7	3852.5	152320.6	128189.2
私营企业	Private Enterprises	1736.1	481.40		0.6	1735.5	125030.9	92441.3
港、澳、台商投资企业	**Enterprises with Funds from Hong Kong, Macao or Taiwan**	**956.5**	**292.60**		**8.9**	**947.6**	**16852.7**	**14408.2**
合资经营企业（港或澳、台资）	Joint Equity (Funds from Hong Kong, Macao or Taiwan)	580.5	168.30		8.9	571.6	9946.7	8671.1
港、澳、台商独资经营企业	Enterprises Wholly Owned by Hong Kong, Macao or Taiwan	334.1	116.30			334.1	5976.0	4807.1
外商投资企业	**Foreign Funded Enterprises**	**7342.5**	**1457.70**		**300.9**	**7041.5**	**223219.7**	**211796.9**
中外合资经营企业	Sino-foreign Joint Equity	6017.8	1019.10		5.1	6012.7	175968.2	169118.6
外资企业	Wholly Foreign-owned Enterprises	326.5	39.30			326.5	11325.4	9098.6
外商投资股份有限公司	Foreign-funded Share Holding Enterprises	998.1	399.20		295.8	702.3	35926.1	33579.7
二、按工业行业大类分组	**II. Grouped by Major Defect of Industrial Branch**							
采矿业	**Mining**	**335.0**	**38.6**		**8.9**	**326.1**	**11058.1**	**8136.1**
煤炭开采和洗选业	Coal Mining & Dressing	8.3	1.7			8.3	2064.2	1313.9
有色金属矿采选业	Nonferrous Metals Mining & Processing	5.0	2.5			5.0	289.9	289.9
制造业	**Manufacturing**	**19600.7**	**6081.0**	**20.5**	**695.2**	**18885.0**	**735565.5**	**646502.0**
农副食品加工业	Farm & Sideline Products Processing	789.0	303.2		20	769.0	29121.4	23239.3

Basic Statistics for Scientific & Technical Activities Organized by Large & Medium Industrial Enterprises(2014)

(10000 yuan)

	内部经费支出中：In Recurrent Expenditure						内部经费支出中：In Inner Expenditure				
人员劳务费 Remuneration	基础研究 Basic Research	应用研究 Application Research	试验发展 Testing Development	2.资产性支出 Capital Expenditure	#1.土建工程 Projects of Construction	2.仪器设备 Instruments & Equipment	政府资金 Government Funds	企业资金 Funds from Enterprises	国外资金 Foreign Funds	其他资金 Others	R&D经费外部支出 Exterior Expenditure
211114.4	**369.5**	**20362.1**	**726542.0**	**92343.7**	**2074.1**	**90269.6**	**30878.1**	**706870.6**	**368.8**	**9156.1**	**32717.7**
109404.7	**369.5**	**17454.3**	**489377.4**	**78476.4**	**1891.9**	**76584.5**	**25241.5**	**472883.9**	**62.8**	**9013.0**	**24998.4**
9568.3		439.9	29685.9	1637.6	4.9	1632.7	2935.1	26220.1		970.6	445.0
5.4			73.4	48.5	0.5	48.0		73.4			
50949.3	25.9	10739.3	187949.4	20069.3	1015.3	19054.0	8955.2	182658.7	62.8	7037.9	18443.2
32055.7	343.6	5665.1	146311.9	24131.4	521.4	23610.0	9623.2	142195.0		502.4	5290.5
16720.2		610.0	124420.9	32589.6	349.8	32239.8	3578.0	120950.8		502.1	819.7
4065.6		**60.9**	**16791.8**	**2444.5**	**55.5**	**2389.0**	**937.3**	**15466.3**	**306.0**	**143.1**	**205.6**
2196.3		60.9	9885.8	1275.6	42.9	1232.7	602.3	8963.9	237.4	143.1	23.7
1825.2			5976.0	1168.9	12.6	1156.3	300.0	5607.4	68.6		181.9
97644.1		**2846.9**	**220372.8**	**11422.8**	**126.7**	**11296.1**	**4699.3**	**218520.4**			**7513.7**
83553.6		22.1	175946.1	6849.6	126.3	6723.3	3724.6	172243.6			4707.0
1776.7			11325.4	2226.8	0.2	2226.6	312.5	11012.9			152.5
12313.8		2824.8	33101.3	2346.4	0.2	2346.2	662.2	35263.9			2654.2
983.0		**60.9**	**10997.2**	**2922.0**	**41.6**	**2880.4**	**290.0**	**9884.6**		**883.5**	**144.5**
84.3			2064.2	750.3		750.3		1209.7		854.5	
49.3			289.9					289.9			
209913.3	**369.5**	**20301.2**	**714894.8**	**89063.5**	**2032**	**87031.5**	**30574.7**	**696350.8**	**368.8**	**8271.2**	**32323.2**
5202.6		290	28831.4	5882.1	31	5851.1	2630.7	25988.6		502.1	83.4

19－10　续表

指　标	Item	R&D人员折合全时当量（人年）Number of Full-time Personnel Converted from the Persons Engaged in R&D Activities (person-year)	其中：研究人员 Researchers	基础研究 Basic Research	应用研究 Application Research	试验发展 Testing Development	R&D经费内部支出 Inner Expenditure of R&D Funds	1.日常性支出 Ordinary Expenditure
食品制造业	**Food Production**	**89.9**	**40.1**			**89.9**	**5000.0**	**4930.3**
酒、饮料和精制茶制造业	**Beverage Production**	**475.5**	**67.7**		**57.6**	**417.9**	**9738.9**	**9036.6**
烟草制品业	**Tobacco Processing**	**113.3**	**35.5**			**113.3**	**2586.5**	**2251.5**
纺织业	Textile Industry	339.9	100.3			339.9	6722.9	4952.0
木材加工和木、竹、藤、棕、草制品业	Processing of Timbers,Manufacture of Wood,Bamboo,Rattan,Palm, and Straw Products	37.9	16.7			37.9	2118.0	1585.0
造纸和纸制品业	Papermaking & Paper Products	31.4	13.0		5.8	25.6	423.2	413.5
印刷业和记录媒介复制业	Printing & Record Duplicating	24.5	2			24.5	382.6	381.7
化学原料和化学制品制造业	Raw Chemical Materials & Chemical Products	1406.5	771.4		60.9	1345.5	51960.0	44432.4
医药制造业	Medical & Pharmaceutical Products	877.6	359.9	6.5	17.7	853.4	30619.3	26582.1
橡胶和塑料制品业	**Rubber Products**	**222.4**	**173.9**			**222.4**	**3271.3**	**3103.7**
非金属矿物制品业	Nonmetal Mineral Products	358.2	213.0	14.0		344.2	17927.1	15045.2
黑色金属冶炼和压延加工业	Smelting & Pressing of Ferrous Metals	646.8	135.4			646.8	82225.1	59639.2
有色金属冶炼和压延加工业	**Smelting & Pressing of Nonferrous Metals**	**572.8**	**112.4**		**6.0**	**566.8**	**70004.4**	**54032.8**
通用设备制造业	General Equipment Manufacturing	1219.7	538.5		295.8	923.9	39334.3	37820.1
专用设备制造业	For Special Purposes Equipment Manufacturing	1836.3	917.7		223.2	1613.1	69228.3	64118.2
汽车制造业		8653.4	1773.7		5.1	8648.3	266694.8	251960.1
铁路、船舶、航空航天和其他运输设备制造业	Railway Ships Aerospace &Other Transport Equipment Manufacturing	84.0	22.0			84.0	1416.0	1177.8
电气机械和器材制造业	**Electric Equipment & Machinery**	**1014.3**	**301.7**		**3**	**1011.3**	**24501.9**	**22254.2**
计算机、通信和其他电子设备制造业	**Communication Equipment, Computer & Other Electronic Equipment Manufacturing**	**591.5**	**166.5**			**591.5**	**18994.5**	**16930.0**
仪器仪表制造业	Instruments, Meters,Cultural & Office Machinery	54.8	8.5			54.8	618.8	481.3
电力、燃气及水生产和供应业	**Production&Supply of Electric Power, Gas & Water**	**212.2**	**127.6**			**212.2**	**650.0**	**291.8**
电力、热力生产和供应业	Production & Supply of Electric Power & Steam	212.2	127.6			212.2	650.0	291.8

continued

	内部经费支出中：In Recurrent Expenditure						内部经费支出中：In Inner Expenditure				
人员劳务费 Remuneration	基础研究 Basic Research	应用研究 Application Research	试验发展 Testing Development	2.资产性支出 Capital Expenditure	#1.土建工程 Projects of Construction	2.仪器设备 Instruments & Equipment	政府资金 Government Funds	企业资金 Funds from Enterprises	国外资金 Foreign Funds	其他资金 Others	R&D经费外部支出 Exterior Expenditure
1000.9			**5000.0**	**69.7**	**20.9**	**48.8**	**1025.4**	**3914.0**		**60.6**	**50.2**
3336.3		**571.5**	**9167.4**	**702.3**	**31.8**	**670.5**	**572.5**	**9166.4**			**36.8**
1098.5			**2586.5**	**335.0**		**335**		**2586.5**			**875.7**
991.7			6722.9	1770.9	32.6	1738.3	499.6	6223.3			23.2
580.2			2118.0	533.0		533	43.0	2075.0			6.0
290.0		50.8	372.4	9.7	0.3	9.4		423.2			
97.2			382.6	0.9		0.9		382.6			
10088.2		2501.1	49458.9	7527.6	5.7	7521.9	2893.8	48476.3		589.9	3560.0
4884.9	343.6	1013.3	29262.4	4037.2	79.6	3957.6	1553.8	28891.6		173.9	3515.9
974.1			**3271.3**	**167.6**		**167.6**	**306.0**	**2586.0**		**379.3**	
4495.9	25.9		17901.2	2881.9	53.5	2828.4	2253.8	15673.3			169.9
7710.8			82225.1	22585.9	265.8	22320.1	710.8	81514.3			242.8
7244.0		**371.8**	**69632.6**	**15971.6**	**1130.7**	**14840.9**	**2167.8**	**64885.6**		**2951**	**2425.4**
14286.7		2824.8	36509.5	1514.2	24.7	1489.5	1836.3	37244.2		253.8	2767.4
18113.1		12374.6	56853.7	5110.1	92	5018.1	3088.6	62922.2		3217.5	1129.8
113117.4		22.1	266672.7	14734.7	188.8	14545.9	6790.4	259904.4			17000.7
261.2			1416.0	238.2	2.1	236.1	18.9	1397.1			
7258.0		**281.2**	**24220.7**	**2247.7**	**56.7**	**2191.0**	**1866.6**	**22635.3**			**388.7**
8169.4			**18994.5**	**2064.5**	**2.8**	**2061.7**	**1581.5**	**16901.1**	**368.8**	**143.1**	**27.3**
237.3			618.8	137.5	12.3	125.2	27.0	591.8			
218.1			**650.0**	**358.2**	**0.5**	**357.7**	**13.4**	**635.2**		**1.4**	**250.0**
218.1			650.0	358.2	0.5	357.7	13.4	635.2		1.4	250.0

19－11 主要年份工业企业科技活动情况

Statistics for Technical Activities of Large & Medium Industrial Enterprises in Main Years

指 标	Item	2000	2007	2010	2011	2012	2013	2014
大中型工业企业（个）	**Number of Enterprises (unit)**							
#有科技活动的单位数	Units Engaged in Scientific & Technological Activities	293	191	232	290	168	186	173
#有R&D活动的单位数	Units Engaged in New Products Developing Activities		138	167	218	232	225	233
科技活动人员（万人）	**Personnel Engaged in Scientific & Technological Activities (10 000 persons)**	**2.15**	**2.68**	**3.78**	**4.88**	**5.22**	**5.37**	**5.48**
研究与发展经费内部支出（万元）	**Inner Expenditure of Funds for Research & Development (10 000 yuan)**			**438669**	**586791**	**702225**	**817062.9**	**848807.5**
（一）按活动类型分	By Type of Activities							
#基础研究支出	Expenditure for Basic Research	171	3748	167	4043	443	601.6	369.5
应用研究支出	Expenditure for Application Research	5601	26154	9083	16275	13799	6525	23160.4
试验发展支出	Expenditure for Experimental Development	50462	117480	429420	566332	687984	809936.5	825277.6
（二）按支出用途分	By Use of Expenditure							
#日常性支出	Ordinary Expenditure	42987	147382	378741	489188	605937	660527.6	740385.1
#人员劳务费	Fees for Personel Labor Service	16912	31817	91657	129971	150140	202106	230884.2
（三）按资金来源分	By Resource of Funds							
#政府资金	Funds from Government	2930	5704	22168	26354	33403	36970.1	38907
企业资金	Funds from Enterprises	48390	140294	413173	557087	666371	777281.3	796269.6
境外资金	Funds from Foreign Countries	132	68	161	44	65	65.8	368.8
新产品开发经费支出（万元）	**Expenditure for New Product Development (10 000 yuan)**	**50304**	**174798**	**460413**	**740320**	**771269**	**849394.8**	**850464**
科技活动产出情况	**Output from Scientific & Technological Activities**							
专利申请数（项）	Patent Applications Examined(item)	162	627	1591	2067	3025	4468	4840
#发明专利	Patent for Invention	20	190	488	737	1333	2234	
拥有发明专利数（项）	Number of Patent for Invention Owned (item)	78	233	950	932	1499	1889	2670
技术改造和技术获取情况	**Technological Transformation & Technical Acquisition (10 000 yuan)**							
技术改造经费支出（万元）	Expenditure for Technological Transformation (10 000 yuan)	126898	713690	1374075	1308777	1540035	1223980.5	850899.9
引进境外技术经费支出（万元）	Expenditure for Technological Recommendation from Foreign Countries (10 000 yuan)	27910	8180	8137	15298	2619	3599	12392.2
引进技术的消化吸收经费支出（万元）	Expenditure for Technical Digesting & Absorbing (10 000 yuan)	754	3411	5988	12430	6087	3604.7	6329
购买境内技术经费支出（万元）	Expenditure for Buying Domestic Technological (10 000 yuan)	6657	3779	12092	26678	11598	12881.1	16031.6

19－12 主要年份县及县以上政府部门所属研究与开发机构基本情况
Basic Statistics on Governmental Department Research & Development Institutions at & above County Level in Main Years

项　目	Item	1995	2000	2005	2010	2011	2012	2013	2014
机构数（个）	Number of Institutions (unit)	230	224	210	207	205	202	200	199
从事科技活动人员（人）	Number of Persons Engaged in Scientific & Technological Activities (person)	9227	7954	7574	8757	9022	9152	9586	10025
#科学家、工程师	Scientists & Engineers	5048	4787	4461					
#大学本科及以上学历	University Degree or above				5400	5811	6138	6719	7068
经费筹集总额（万元）	Funds for Scientific & Technological Activities (10 000 yuan)	44526	54820	72749	187190	201933	254351	286173	284221.4
#政府拨款	Funds from Government	16910	31272	60359	136474	158033	196158	230582	232426.3
经费使用总额（万元）	Expenditure of Funds for Scientific & Technological Activities (10 000 yuan)	39087	53090	73823	170741	189432	248668	271088	293344.9
#固定资产购建支出	Purchases of Fixed Assets	8910	7818	12445	28939	31617	51612	58966	80274.4

注：2009年，指标“科学家工程师”取消，改为“大学本科及以上学历”（县属机构使用“大专以上学历”）。2011年，均使用“大学本科及以上学历”。

Note: The indicator of “Scientists & Engineers” has been canceled since 2009, and it was replaced by “University Degree or above” (it is changed as “Junior College Degree or above” in county level institutions).

19—13　县及县以上政府部门所属研究与开发机构情况（2014年）
Basic Statistics on Governmental Department Research & Development Institutions at & above County Level (2014)

项　目	Item	机构数（个）Number of Institutions (unit)	从事科技活动人员合计（人）Personnel in Scientific & Technological Activities (person)	#大学本科及以上学历 University Degree or above	经费筹集总额（万元）Funds for Scientific & Technological Activities (10 000 yuan)	#政府拨款 Funds from Government	经费使用总额（万元）Total Expenditure (10 000 yuan)
总　计	**Total**	199	10025	7068	284221.4	232426.3	293344.9
一、按单位类型分	**By Unit Type**						
科学研究与技术开发机构	Institutions of Research & Technological Development	180	9552	6691	271971.9	221520.4	283668.7
科技情报与文献机构	Scientific & Technological Information & Literature Institutions	19	473	377	12249.5	10905.9	9676.2
二、按隶属关系分	**By Relationship**						
中央属	Central	7	1127	831	44910.8	23686.2	45377.5
自治区属	Autonomous	71	6369	4749	191154.7	169734.9	205787.1
地（市）属	Prefectural	71	2125	1415	45173.6	36039.3	39128.2
县属	County	50	404	73	2982.3	2965.9	3052.1
三、按学科领域分	**By Programmes**						
自然科学	Natural Sciences	10	1051	859	50357.4	33655.4	46369.3
农业科学	Agricultural Sciences	92	3343	2019	103259.4	95874.2	90816.8
医药科学	Medical Sciences	13	1766	1163	46762.4	41796.6	69302.2
工程与技术科学	Engineering & Technology	47	2993	2337	62612.4	41259.3	68710.8
人文与社会科学	Humanities & Social Sciences	37	872	690	21229.8	19840.8	18145.8

19—14 县及县以上政府部门所属研究与开发机构课题情况（2014年）

Projects of Governmental Department Research & Development Institutions at & above County Level (2014)

项 目	Item	课题数（项）Projects (unit)	投入人员（人年）Personnel Engaged in Projects (person-year)	#研究人员 Researchers	投入经费（万元）Funds of Projects (10 000 yuan)
总 计	**Total**	2928	5413	2576	83752.5
按单位类型分	**By Unit Type**				
科学研究与技术开发机构	Institutions of Research & Technological Development	2832	5181	2452	81469.6
科技情报与文献机构	Scientific & Technological Information & Literature Institutions	96	232	124	2282.9
按活动类型分	**By Activity Type**				
基础研究	Basic Research	374	517	272	6496.4
应用研究	Application Research	728	1302	715	13823.8
实验发展	Testing Development	1103	2019	938	36661
研究与实验发展成果应用	Application of R&D Achievements	415	918	376	16997.1
科技服务	Technological Sorvies	308	657	275	9774.2

注：投入的人员和经费为直接投入数据，不包括间接投入数据。
Note: The data on personnel engaged and Funds of Projects is direct input, excluding indirect input.

19－15　文化及相关产业机构和从业人员（2014年）
Institutions, Staff & Workers of Cultural & Relevant Industries (2014)

项　目	Item	总计 Total			
				合计 Total	
		机构数（个） Number of Institutions (unit)	从业人员数（人） Number of Staff & Workers (person)	机构数（个） Number of Institutions (unit)	从业人员数（人） Number of Staff & Workers (person)
总　计	**Total**	**8821**	**55589**	**1940**	**15325**
艺术业	Art	89	3212	43	1974
图书馆业	Library	112	1508	112	1508
群众文化服务业	Service for Mass Culture	1290	5109	1290	5109
艺术教育业	Art Education	3	148	3	148
文化市场经营机构（不含非公有制艺术表演团体）	Units in Operation in Culture Market (excluding non-public-owned art per formance groups)	6833	38992	6833	38992
文艺科研	Culture & Art Researching	10	170	9	162
文物业	Cultural Relics	187	2244	187	2244
其他文化产业	Other Industries	297	4206	296	4180

注：统计范围为文化系统，以下各表相同。
Note: The statistical range is the cultural system, and the same as the continued tables.

19－15 续表 continued

文化部门 Cultural Department						其他部门 Other Departments	
国有企业 State-owned Units		集体经济 Collective-owned Units		其他经济 Other Units			
机构数（个）Number of Institutions (unit)	从业人员数（人）Number of Staff & Workers (person)	机构数（个）Number of Institutions (unit)	从业人员数（人）Number of Staff & Workers (person)	机构数（个）Number of Institutions (unit)	从业人员数（人）Number of Staff & Workers (person)	机构数（个）Number of Institutions (unit)	从业人员数（人）Number of Staff & Workers (person)
1895	**14272**			**45**	**1053**	**6882**	**40272**
38	1444			5	534	46	1238
112	1508						
1290	5109						
3	148						
						6833	38992
9	162					1	8
160	2037			27	207		
283	3868			13	312	2	34

19－16 县及县以上政府部门所属研究与开发机构成果情况（1990－2014年）
Achievement of Governmental Department Research & Development Institutions at & above County Level (1990－2014)

年　份 Year	科学著作（万字） Scientific & Technological Works (10 000 words)	科学论文（篇） Scientific & Technological Works (unit)
1990	887	579
1991	1520	675
1992	881	945
1993	1027	1072
1994	841	1135
1995	583	1274
1996	35	1403
1997	23	1691
1998	50	1505
1999	79	1525
2000	84	1839
2001	62	1456
2002	58	1400
2003	51	1673
2004	34	1756
2005	50	1918
2006	62	2274
2007	58	2331
2008	62	2550
2009	63	2736
2010	72	3104
2011	39	3178
2012	48	3342
2013	87	3328
2014	102	3868

注：1999年以后科学著作计量单位为：种；1990年科学著作、科学论文不包含科技情报与文献机构数。

Note: Since 1999, the term of scientific & technological works is Kind; In the year of 1990, scientific & technological works & papers exclude ones from scientific & technological information & literature institutions.

19－17 文化及相关产业增加值（2014年）
Added Value of Culture & Relevant Industries (2014)

单位：千元 (10 00 yuan)

项目	Item	总产出 Total Output	中间消耗 Consum-ption Therein	增加值 Added Value	劳动者报酬 Remuneration for Labors	生产税净额 Net Value of Production Tax	固定资产折旧 Depreciation of Fixed Assets	营业盈余 Surplus of Operation
总计	**Total**	**4461379**	**1084245**	**3377134**	**1706882**	**143811**	**809684**	**716757**
艺术业	Art	214451	-551415	765866	124524	5561	622170	13611
#艺术表演团体	Art Performance Groups	186293	12528	173765	114324	3890	44693	10858
艺术表演场馆	Art Performance Places	23149	-564545	587694	5838	1642	577461	2753
图书馆	Library	181983	38658	143325	118404	876	23698	347
群众文化	Mass Culture	348535	57260	291275	264300	47	26309	619
艺术教育	Art Education	23206	4779	18427	15796		2631	0
文化市场经营机构	Operating Units of Culture Marlket	2442994	963173	1479821	661620	130055		688146
动漫企业	Comic & Animation	29989	14838	15151	9846	1187	1037	3081
文艺科研	Culture & Art Research	52732	9011	43721	43202	0	189	330
文物业	Relic Industry	348554	176676	171878	127678	5125	28750	10325
其他文化及相关产业	Other Culture & Relative Industries	818935	371265	447670	341512	960	104900	298

19－18 文化部门主要文化产业单位基本情况
Basic Situation of Major Units of Culture Industries in Culture Department

项目	Item	1995	2000	2005	2010	2011	2012	2013	2014
艺术表演团体	**Art Performance Groups**								
机构数（个）	Number of Institutions (unit)	117	118	118	141	148	68	59	67
从业人员（人）	Employees (person)	4408	4518	4352	4946	5461	2744	3777	3042
国内演出场次（千场次）	Times of Domestic Performance (1000 performances)	10.87	13.4	12.34	14.93	11.7	11.07	15.41	9.2
国内演出观众人次（千人次）	Person-times of Audiences of Domestic Performance(1 000 person-times)	9867	16184	13182	15076	12070	7579	8818	6639
本年收入合计（万元）	Total Income in This Year (10 000 yuan)	3806.1	6503.1	12018.0	23854.6	29784.8	17507.1	35746.6	32238.3
#财政补助收入	Income from Financial Allowance	2589.1	4913	9022.0	17950.8	21845.4	12709.4	22823.7	21449
演出收入	Income from Performance	506.7	716.9	1550.0	3678.8	4176.6	4630.6	9108.5	5496.9
本年支出合计（万元）	Total Expenditure in This Year (10 000 yuan)	3670.4	6491.8	11761.0	23871.2	28034.1	15819.9	35656.9	29396.6

注：本表中艺术表演团体基本情况数据自2010年开始，将在广西文化市场管理机构登记办证的艺术表演单位纳入统计范畴。

Note: The data on the basic situation of art performance groups has brought the art performance units of culture market in Guangxi into the statistical rarge since 2010.

19－18　续表 1　continued

项　目	Item	1995	2000	2005	2010	2011	2012	2013	2014
公共图书馆	**Public Library**								
机构数（个）	Number of Institutions (unit)	99	94	95	108	108	112	112	112
从业人员（人）	Employees (person)	1335	1540	1459	1509	1467	1467	1519	1508
总藏量（千册/件）	Total Collection of Books (1 000 copies/collects)	12430	13122	14908	18809	19965	21267	21098	24815.19
总流通人次（千人次）	Total Circulation Person-times (1 000 person-times)	8090	9268	12257	13428	12307	13664	14705	19979.57
书刊外借册次（千册次）	Copy-time of Lending Books (1 000 copy-times)	5281	6878	7614	7328	6681	8058	8539	7542.15
本年收入合计（万元）	Total Income in This Year (10 000 yuan)	1820.9	3360.9	6305.2	13320.4	14858.2	25084.2	29032.2	25968.9
#财政补助收入	Income from Financial Allowance	1562.7	2851.4	5468.7	12191.1	13424.7	22675.2	23491.3	23347.2
本年支出合计（万元）	Total Expenditure in This Year (10 000 yuan)	1768.6	3076.9	6287.5	13368.8	14085	18759.2	25285.5	26425.1
#图书购置费	Expenditure for Book Purchasing	290.6	520.3	674.2	1675.5	2098.5	2483.9	2845.1	2281.1
本年新购图书（千册）	New Books Purchased in This Year (1 000 copies)	157	201	260	563	620	913	968	1426.27
群众文化	**Mass Culture**								
群艺馆机构数（个）	Number of Institutions of Mass Culture (unit)	14	15	15	15	15	15	15	15
从业人员（人）	Employees (person)	319	337	335	345	351	487	557	512
举办展览个数（个）	Number of Exhibitions Held (unit)	57	53	84	70	66	80	128	113
组织文艺活动次数（次）	Times of Culture & Art Actions Organized (time)	119	276	289	1264	1034	1186	1142	1126
本年收入合计（万元）	Total Income in This Year (10 000 yuan)	610.6	849.3	1454	4055.1	4244.1	8268.7	11144.4	1123640
#财政补助收入	Income from Financial Allowance	331.7	566.6	1249	3372.2	3623.8	6394.2	10074.9	10024.7
本年支出合计（万元）	Total Expenditure in This Year (10 000 yuan)	651.7	876.7	1515.2	4005.9	3657.7	7366	11484	11323.3

19—18 续表 2 continued

项　　目	Item	1995	2000	2005	2010	2011	2012	2013	2014
文化馆机构数（个）	Number of Insitutions of Cultural Centers (unit)	98	99	100	107	107	108	108	108
从业人员（人）	Employees (person)	1280	1273	1195	1145	1090	1605	1629	1630
举办展览个数（个）	Number of Exhibitions Held (unit)	316	730	340	354	421	564	623	629
组织文艺活动次数（次）	Times of Culture & Art Actions Organizated (time)	1288	2166	2249	4740	4508	6215	5950	6364
本年收入合计（万元）	Total Income in This Year (10 000 yuan)	1248.4	1508.7	2606.7	6743.4	8476.5	13130	16062.7	16460
#财政补助收入	Income from Financial Allowance	897.2	1233.7	2258.3	6443.3	7903.3	12091.3	13868.5	15089.7
本年支出合计（万元）	Total Expenditure in This Year (10 000 yuan)	1218.2	1484.8	2537.4	6671.7	8247.8	12556.8	15283.8	16194.6
文化站机构数（个）	Number of Insitutions of Cultural Stations (unit)	1412	1294	1139	1162	1163	1167	1167	1167
从业人员（人）	Employees (person)	1835	1777	2273	2585	2695	2735	2832	2967
博物馆	**Museum**								
机构数（个）	Number of Institutions (unit)	37	39	49	64	71	79	104	106
从业人员（人）	Employees (person)	566	667	753	1096	1175	1529	1696	1703
文物藏品（件、套）	Collection of Relics (unit, set)	180956	170336	239327	279452	301583	362854	397058	411224
#一级品	1st Class	296	293	279	312	312	316	316	316
举办展览（个）	Number of Exhibitions Held (unit)	102	102	126	194	205	250	171	207
参观人次（千人次）	Number of Visitors (1 000 person-times)	1443	1802	1442	7441	9740	11249.6	12531.63	15078.3
#未成年人参加人次	Juveniles				2067	2790	2761.6	3382.04	3843.36
#外宾人次	Foreign Visitors	41	34	37		110	156		
本年收入合计（万元）	Total Income in This Year (10 000 yuan)	906.2	1791.5	4904.6	17239.2	19307.6	32873	39462.7	40182.6
#财政补助收入	Income from Financial Allowance	610.9	976.3	2430.1	14244.2	15097.1	27635.3	23212.5	29614.7
门票收入	Income from Ticket	50.6	122.4	228.5	39	70.6	164.5	75	
本年支出合计（万元）	Total Expenditure in This Year (10 000 yuan)	899	1852.4	4325.5	14343.6	18374	30700.9	27714.3	32572.8

注：1.公共图书馆中自2013年起“图书购置费”为“新增藏量购置费”，“本年新购图书”为“本年新增藏量”。
2.博物馆中自2013年起“举办展览”为“临时展览”。

Note: 1. The indicator of “Expenditure for Book Burchasing” of Public Library since 2013 is changed to “Expenditure for New Added Collection” “New Books Purchased in This Year” is changed to “New Added Collection in This Year”.
2. The indicator of “Number of Exhibitions Held” of Museum since 2013 is changed to “Temporary Exhibitions Held”.

19－19 各市公共图书馆基本情况（2014年）

地区	Region	机构数（个）Number of Institutions (unit)	从业人员（人）Employed Persons (person)	总藏量（千册）Library Holdings (1000 copies)	当年购买的报刊种类（种）Newspapers & Periodicals Purchased in the Year (kind)	总流通人次（千人次）Total Circulation of Persons (1000 person-times)
广西壮族自治区	**Guangxi**	**112**	**1508**	**24815.2**	**43056**	**19979.6**
自治区本级	Autonomous Region Level	3	304	5938.8	9322	4279.7
南宁市	Nanning	14	193	3016.9	4408	3671.6
柳州市	Liuzhou	11	153	1826.8	6496	1372.1
桂林市	Guilin	13	89	1520.0	2103	750.9
梧州市	Wuzhou	5	74	1051.9	1205	4620.9
北海市	Beihai	3	73	600.6	1249	768.4
防城港市	Fangchenggang	4	37	376.5	450	91.6
钦州市	Qinzhou	5	48	3080.9	853	287.9
贵港市	Guigang	6	43	839.7	1694	536.4
玉林市	Yulin	6	108	1763.4	1632	1205.9
百色市	Baise	13	108	1484.5	4455	702.6
贺州市	Hezhou	4	58	644.0	1535	380.6
河池市	Hechi	11	90	1153.7	3729	410.9
来宾市	Laibin	7	67	747.4	1928	556.9
崇左市	Chongzuo	7	63	734.1	1997	343.3

Basic Situation of Public Libraries by City (2014)

为读者举办各种活动 Activities Held for Readers				本年支出合计 (万元) Total Cost of thc Year (10 000 yuan)	资产合计 (万元) Total Capitals (10 000 yuan)	实际使用公用房屋建筑面积 (平方米) Area of Public Building Actual Used (sq.m)
组织各类讲座次数 (次) Number of Lectures Held (time)	参加人次 (千人次) Number of Persons Attending (1000 person-times)	举办展览 (次) Number of Exhibitions Held (time)	参观人次 (千人次) Number of Persons Visiting (1000 person-times)			
1699	**376.0**	**646**	**1304.4**	**26425.1**	**70854.1**	**334060**
106	22.9	66	566.2	10836.1	30616.8	78460
322	92.8	92	212.0	2783.3	9699.0	33900
107	28.8	25	14.3	1818.5	8998.7	29370
209	50.0	97	106.1	1103.9	2440.2	17160
139	31.7	38	22.1	878.2	1744.2	7730
71	14.2	31	58.6	1071.8	1933.1	23010
45	1.5	6	3.7	1509.5	1324.1	12820
139	40.8	11	22.3	666.5	1572.9	6990
73	20.7	35	30.9	580.7	1212.2	18880
141	17.7	34	72.5	1038.4	2075.4	14960
144	14.5	37	28.3	1062.8	1517.4	15370
45	9.3	36	43.5	622.4	1609.4	6650
81	14.7	48	54.0	963.5	2688.8	37460
41	4.8	47	28.0	697.4	1786.2	18600
36	11.7	43	41.9	792.1	1635.7	12680

19－20 主要年份广播事业发展情况
Basic Statistics on Broadcasting in Main Years

项 目	Item	1995	2000	2005	2010	2011	2012	2013	2014
基本情况	**Basic Statistics**								
中短波转播发射台（座）	Medium-and-short-wave Broadcasting Transmision Stations & Relaying Stations (set)	24	25	21	20	20	20	20	20
调频转播发射台（座）	Frequency Modulation Broadcasting Transmision Stations & Relaying Stations (set)	32	100	89	150	154	155	261	392
节目（套）	Programmes (unit)	31	34	60	63	64	63	65	70
全年公共广播节目播出时间（小时）	Daily Broadcasting Hours (hour)	117560	158714	257463	276733	297125	313741	324793	358517.6
广播综合人口覆盖率（%）	Listener Rating (%)	66.3	85.2	88.7	95	95.2	96.1	96.2	96.6
制作广播节目（小时）	Broadcasting Programmes Producing (hour)	47053	90269	165012	176577	169407	188949	188549	221858
新闻资讯节目	News & Information Programmes	6801	11186	23447	36670	36598	37629	36504	42427
专题服务节目	Subject Service Programmes	11999	23109	46634	43832	40140	41324	35929	39176
综艺益智	Comprehensive Entertainment Programmes	17362	27912	60556	62601	57348	71827	67584	74870
广播剧节目	Radio Play Programmes			769	409	770	645	484	1131
广告节目	Advertisement Programmes		2323	15326	13071	12793	13779	15800	18140
其他节目	Other Programmes	10891	25739	18280	19994	21758	23745	32246	46111

19—21 主要年份电视事业发展情况
Basic Statistics on Television Stations in Main Years

项 目	Item	1995	2000	2005	2010	2011	2012	2013	2014
基本情况	**Basic Statistics**								
电视转播台（座）	Television Relaying Stations (set)	1009	237	65	128	129	129	128	128
节目（套）	Programmes (unit)	20	23	39	41	41	41	41	41
全年公共电视节目播出时间（小时）	Television Broadcasting Hours of Whole Year (hour)	42572	74166	276597	481171	485287	529407	543051	548710
电视综合人口覆盖率（%）	Viewer Rating (%)	79.5	90	93.5	97	97.2	97.7	98	98.2
制作电视节目	Programmes Producing	5732	15200.0	60033	80594	102763	88403	106334	104166
新闻资讯节目（小时）	News & Information Programmes (hour)	1591	2793	17833	25367	26792	27042	34943	34540
专题服务节目（小时）	Subject Service Programmes (hour)	1387	3357	12123	15071	18801	23711	24981	27125
综艺益智节目（小时）	Comprehensive Entertainment	768	2999	7793	9101	11933	8527	12014	12855
影视剧节目（小时）	Programmes (hour)			692	416	71	306	117	91
广告节目（小时）	TV Play Programmes (hour)		4011	15168	21730	21565	21566	22156	20584
其他节目（小时）	Advertisement Programmes (hour)	1986	2040	6424	8909	23601	7250	12120	8968
电视剧（部/集）	Other Programmes (hour)	3/21	11/80	9/448	10/341	3/114	9/404	2/52	108
动画电视（小时）	TV Plays (collection/episode)				3	1	1	71	4

19—22 主要年份图书、报纸及杂志出版情况
Basic Statistics of Books, Newspaper & Magazines in Main Years

项 目	Item	1995	2000	2005	2010	2011	2012	2013	2014
图 书	**Books**								
种 数（种）	Number of Publications (kind)	2694	2739	3500	7344	7695	8667	8795	13146
印 数（万册）	Printed Copies (10 000 copies)	25397	23691	18818	24810	26820	28796	34376	39773
印 张（千印张）	Printed Sheets (1000 sheets)	1031173	1153943	1331175	1545018	1733915	1927385	2400209	2854019
报 纸	**Newspapers**								
种 数（种）	Number of Publications (kind)	66	60	50	55	54	55	54	54
印 数（万份）	Printed Copies (10 000 copies)	47475	56008	58222	69560	67229	69546	71812	72972
印 张（千印张）	Printed Sheets (1000 sheets)	451524	834192	1668812	2855711	2639518	2565130	2516898	2326772
期 刊	**Magazines**								
种 数（种）	Number of Publications (kind)	159	191	180	183	184	184	179	182
印 数（万册）	Printed Copies (10 000 copies)	4630	5242	5571	4268	4470	4516	4870	4808
印 张（千印张）	Printed Sheets (1000 sheets)	129001	149238	277555	176235	188643	179985	201151	196245

主要统计指标解释

普通高等学校 指通过全国普通高等教育统一招生考试，招收高中毕业生为主要培养对象，实施高等学历教育的全日制大学、独立设置的学院和高等专科学校、高等职业学校和其他机构。

大学、独立设置的学院主要实施本科及本科层次以上教育。独立学院主要实施本科层次的教育。高等专科学校、高等职业学校实施专科层次教育。其他机构是承担国家普通招生计划任务不计校数的机构，包括普通高等学校分校、大专班。

成人高等学校 指通过全国成人高等教育招生考试，招收具有高中毕业或同等学历的人员为主要培养对象，利用函授、业余、脱产的多种形式对其实施高等学历教育的学校。包括职工高等学校、农民高等学校、管理干部学院、教育学院、独立函授学院、广播电视大学、其他机构。

中等职业教育 调整后的中等职业学校是指将普通中等专业学校（中等技术学校、中等师范学校）、成人中等专业学校、职业高中学校、其他机构等各种实施中等职业教育的办学类型，通过合并、共建、联办、划转等形式调整为统一的办学类型。

艺术表演团体 指由文化部门主办或实行行业管理（经文化市场行政部门审批或已申报登记并领取相关许可证），专门从事表演艺术等活动的各类专业艺术表演团体，含民间职业剧团。不包括群众业余文艺表演团体。

艺术表演场馆 指由文化部门主办或实行行业管理（经文化市场行政部门审批或已申报登记并领取相关许可证），有观众席、舞台、灯光设备，公共售票、专供文艺团体演出的文化活动场所。

广播节目综合人口覆盖率 是指根据国家广电总局制定的《广播电视人口覆盖率统计技术标准和方法》，在对象区内能够收听到由中央、省、地市、或县通过无线、有线或卫星等各种技术方式转播的各级广播节目的人口数与全部总人口数的百分比。

电视节目综合人口覆盖率 是指根据国家广电总局制定的《广播电视人口覆盖率统计技术标准和方法》，在对象区内能够收听到由中央、省、地市或县通过无线、有线或卫星等各种技术方式转播的各级电视节目的人口数与全部总人口数的百分比。

科技活动 指在自然科学、农业科学、医药科学、工程与技术科学、人文与社会科学领域（简称科学技术领域）中，与科技知识的产生、发展、传播和应用密切相关的有组织的活动。可分为科学研究与试验发展（R&D）、科学研究与试验发展成果应用及相关的科技服务三类活动。

科学研究与试验发展（R&D） 指在科学技术领域，为增加知识总量、以及运用这些知识去创造新的应用而进行的系统的创造性的活动，包括基础研究、应用研究、试验发展三类活动。

基础研究 指为获得关于现象和可观察事实的基本原理的新知识（揭示客观事物的本质、运动规律，获得新发现、新学说）而进行的实验性或理论性研究，它不以任何专门或特定的应用或使用为目的。其成果以科学论文和科学著作为主要形式。

应用研究 指为获得新知识而进行的创造性研究，主要针对某一特定的目的或目标。应用研究是为了确定基础研究成果可能的用途，或是为达到预定的目标探索应采取的新方法（原理性）或新途径。其成果形式以科学论文、专著、原理理性模型或发明专利为主。

试验发展 指利用从基础研究、应用研究和实际经验所获得的现有知识，为产生新的产品、材料和装置，建立新的工艺、系统和服务，以及对已产生和建立的上述各项作实质性的改进而进行的系统性工作。其成果形式主要是专利、专有技术，具有新产品基本特征的产品原型或具有新装置基本特征的原始样机等。在社会科学领域，试验发展是指把通过基础研究、应用研究获得的知识转变成可以实施的计划（包括为进行检验和评估实施示范项目）的过程。人文科学领域没有对应的试验发展活动。

R&D人员 指单位内部从事基础研究，应用研究和试验发展三类活动的人员。包括直接参加上述三类项目活动的人员以及这三类项目的管理人员和直接服务人员。为研发活动提供直接服务的人员包括直接为研发活动提供资料文献、材料供应、设备维护等服务的人员。

政府资金　指调查单位R&D经费内部支出中来自各级政府部门的各类资金，包括财政科学技术拨款、科学基金、教育等部门事业费以及政府部门预算外资金的实际支出。

Explanatory Notes on Main Statistical Indicators

Regular Institutions of Higher Learning refer to educational establishments set up according to the govern-ment evaluation and approval procedures, enrolling graduates from senior secondary schools and providing higher education courses and training for senior professionals. They include full-time universities, colleges, high professional schools and short-term profes-sional universities.

Institutions of Higher Learning for Adults refer to educational establishments, set up in line with relevant rules approved by the government, enrolling staff and workers with senior secondary school or equivalent education, and providing higher education courses in many forms of full-time, part-time, spare-time, or correspondence for adults. Professionals thus trained receive a qualification equivalent to graduates studying regular courses at regular universities, colleges and professional colleges. Institutions of higher learning for adults include Radio and TV universities, schools of high education for staff and workers and peasants, college for management cadres, pedagogical colleges, independent correspondence colleges.

Art Troupe refers to the troupe which is engaged in drama, opera, music, dance, acrobatics or other art performance, opens independent accounts with banks and has self-supporting accounting system; excluding the troupes which are engaged partly in industrial or agricultural activities, partly in art performance and the professional troupes organized by the people.

Scientific and Technological Activities (S&T Activities) refer to organized activities which are closely related with the creation, development, dissemination, and application of the scientific and technical knowledge in the fields of natu-ral sciences, agricultural science, medical science, engineering and technological science, humanities and social sciences(referred to as scientific and technological fields). S&T activities can be classified into 3 categories: research and development (R&D) activities, application of R&D results, and related S&T services.

Research and Development (R&D) refers to systematic and creative activities in the field of science and tech-nology aiming at increasing the knowledge and using the knowledge for new application. R&D includes 3 categories of activities: basic research, applied research and experiments and development.

Basic Research refers to empirical or theoretical research aiming at obtaining new knowledge on the fundamental prin-ciples of phenomena of observable facts to reveal the nature and law of movement of objects and to acquire new discoveries or new theories. Basic research takes no specific or designated application as the aim of the research are mainly released or disseminated in the form of scientific papers or monographs.

Applied Research refers to creative research aiming at obtaining new knowledge on a specific objective or target. Pur-pose of the applied research is to identity the possible use of results from basic research, or to explore new (fundamental) methods of new approaches. Results of applied research are expressed in the form of scientific papers, monographs, fundamental models or in-vention patents.

Experiments and Development refer to systematic activities aiming at using the knowledge form basic and applied researches or form practical experience to develop new products, materials and equipment, to establish new production process, systems and services, or to make substantial improvement on the existing products, process or services. Results of experiment and development activities are embodied in patents, exclusive technology, and monotype of new products or equipment. In social sci-ences, experiment and development activities refer to the process of converting the knowledge from basic or applied researches into feasible programs (including conduct of demonstration projects for assessment and evaluation). There is on experiment and devel-opment activities in the science of humanities.

R&D Personnel refer to persons engaged in research, management and supporting activities of R&D, including persons in the project teams, persons engaged in the management of S&T activities of enterprises and supporting staff providing direct ser-vice to the research projects.

Government Funds refer to funds obtained from government agencies at all levels to be used for S&T activities, including fund for scientific undertakings, 3 kinds of fund for S&T activities, fund for capital construction for scientific researches, science fund, funds from education expenditures by education departments for S&T activities, and extra-budget fund from government agencies for S&T activities.

第二十篇

体育、卫生、社会福利与服务业

SPORT, PUBLIC HEALTH, SOCIAL WELFARE & SERVICE INDUSTRY

（编辑：陈立峰）

20－1 主要年份体育事业发展情况
Statistics on Sports in Main Years

项 目	Item	2000	2005	2010	2011	2012	2013	2014
体育系统从业人员（人）	Number of Staff & Workers in Sports System (person)	3335	3917	5183	5231	5319	3670	3971
#优秀运动队	Splendid Sports Team		1110	1535	1761	1776	119	881
体育运动学校	Physical Education & Sports Schools	180		199	168	176	523	499
业余体校	Spare Time Sports Schools	1028	1119	1886	1626	1786	716	743
训练基地	Training Bases	184	129	127	62	97	856	295
体育场馆	Sports Places	272	213	248	126	209	308	271
举办综合运动会次数（次）	Number of Comprehensive Athletic Meetings Held (time)			4	1			
举办单项比赛次数（次）	Number of Single Game Items Held (time)		23	34	14	26	25	27
举办全民健身活动次数（次）	Number of Exercises Held for All the People (time)		2675	3265	3726	2851		
#1000人以上的活动	Above 1000 Persons		448	973	748	568		
举办全民健身活动人数（万人）	Number of Persons Taking Part in Exercises Held for All the People (10 000 persons)		331	454	856	1731		
等级运动员发展人数（人）	Number of Athletes in Grades (person)	2552	707	1711	690	927	635	743
#国际级健将	International Masters of Sports		4	7	3			
运动健将	Masters of Sports	27	36	45	29	21	24	1
一级运动员	First Grade Sportsmen	41	75	184	165	177	133	223
二级运动员	Second Grade Sportsmen	354	592	1475	493	729	478	523
等级裁判员发展人数（人）	Number of Referees in Grades (person)	2154	865	1894	2685	5411	2652	2755
#国家级裁判	National Referees	10	11	1	7	12	5	
一级裁判员	First Grade Referees		78	113	161	290	185	271
二级裁判员	Second Grade Referees		776	1780	2190	1944	2458	2484

20－2 运动队体育比赛成绩（2014年）
Scores of Sports Groups in Sport Matches (2014)

单位：个 (unit)

项 目	Item	名次 Position								破记录情况 Situation of Record Breaking
		1	2	3	4	5	6	7	8	
世界三大赛	The Three Worldwide Big Matches	7	9	2	1	2	1	1		
一般国际比赛	Common Worldwide Matches	24	8	8	2	6	3	1	2	
亚洲大赛	Big Matches of Asia	4	3	2	1	1				
全国大赛	National Big Matches	49	37	51	43	53	29	27	20	
全国青少年比赛	National Matches of Youth	51	41	39	20	38	14	8	6	
一般国内大赛	Common National Matches	10	13	8	12	11	3	8	7	
合 计	**Total**	**145**	**111**	**110**	**79**	**111**	**50**	**45**	**35**	

20—3　主要年份卫生事业基本情况
Basic Situation of Public Health in Main Years

项　目	Item	1995	2000	2005	2010	2011	2012	2013	2014
一、各类卫生机构、卫生技术人员	Health Care Institutions & Medical Technical Personnel by Type								
卫生机构数（个）	Number of Health Care Institutions (unit)	5571	13707	9432	10341	10645	10829	11195	11469
#医院、卫生院	Hospitals	1709	1868	1753	1728	1745	1749	1755	1756
社区卫生服务中心（站）	Community Sanitation Service Center			156	285	262	266	261	269
疗养院	Sanatoriums	11	8	8	5	5	5	5	5
门诊部、诊所、医务室	Clinics	3333	11361	7050	7891	8130	8388	8725	9041
疾病预防控制中心(防疫站)	Sanitation & Antiepidemic Agencies	132	136	106	105	106	109	109	113
卫生监督所（局）	Sanitation Supervision Agencies			63	109	110	105	110	112
专科疾病防治院（所、站）	Specialized Prevention Hospitals (Stations)	66	66	62	43	41	41	40	41
妇幼保健院（所、站）	Maternity & Child Care Hospitals (Stations)	81	103	103	103	103	103	104	104
医学学科研究机构	Research Institutions of Medical Science	26	22	15	14	14	13	13	14
其他卫生机构	Others	126	147	41	28	129	50	39	14
病床总数（张）	Total Number of Beds (bed)	83963	85422	93767	143695	152039	168691	187216	201600
#医院、卫生院病床数	Hospitals	78788	82975	87061	133887	141278	156681	174001	187702
每千人中医院、卫生院病床数（张）	Number of Hospital Beds per 1000 Persons (bed)	1.73	1.74	1.77	2.6	2.72	2.99	3.69	3.95
卫生技术人员（人）	Medical Technical Personnel (person)	116547	127036	129210	185715	203639	220762	233777	258618
#执业医师、执业助理医师	Practitioner Doctors & Practitioner Assistant Doctors	41305	45981	54652	67314	73776	78043	77825	86525
注册护士	Registered Nurses	35636	40331	44604	69906	76505	85515	93887	103955
每千人中有卫生技术人员数（人）	Number of Medical Technical Personnel per 1000 Persons (person)	2.56	2.67	2.63	3.6	3.92	4.21	4.87	5.44
疾病预防控制中心（防疫站）（个）	Center for Disease Control and Prevention (Epidemic Prevention Stations) (unit)	132	136	106	105	106	109	109	113
卫生技术人员（人）	Medical Technical Personnel (person)	5152	5340	4839	4852	4922	5254	5354	5435
妇幼保健院（所、站）（个）	Women and Children Care Agencies (unit)	81	103	103	103	103	103	104	104
卫生技术人员（人）	Medical Technical Personnel (person)	2190	5879	7193	12763	14095	15448	16997	18357
乡镇卫生院（个）	Rural Hospitals (unit)	1273	1134	1295	1278	1280	1280	1279	1270
床位数（张）	Number of Beds (bed)	18470	12720	20963	44974	45526	49331	55526	58319
卫生技术人员（人）	Medical Technical Personnel (person)	23829	20134	28258	43687	46979	49628	53395	56298
乡村医生和卫生员人数（人）	Doctors or Health Workers in Rural Areas (person)	44617	47099	36236	36386	37419	37435	33353	36725
二、医院病床使用情况	Utilization of Hospital Beds								
病床周转次数（次）	Turnover of Beds (time)	18.5	18.7	24.55	42.1	34.9	37.1	38	38.1
病床工作日数（日）	Days Per Bed in Use (day)	263.70	218.79	256.17	299.5	340.4	350	357	347
病床使用率（%）	Utilization Rate of Beds (%)	72.70	59.78	70.18	82.06	93.26	95.63	98.00	95.06
出院者平均住院日数（日）	Average Hospitalization Period (day)	13.60	11.34	9.96	6.9	9.5	9.3	9.2	9.0
参合率（%）	Participation Rate of NCMS(%)				93.11	96.22	97.92	98.9	99.04

注：1. 本表的卫生机构数不含村卫生室和计生机构。
2. 1995年、2000年的执业医师、执业助理医师为中医师、西医师、中西医结合医师，注册护士为护师、护士。

Note: 1. The indicator "Number of Health Care Institutions" in this table excludes village clinics and institutions of family planning.
2. The practitioner doctors and practitioner assistant doctors in 1995, 2000 refer to doctors of Chinese medicine, doctors of Western medicine, senior doctors who integrate traditional Chinese therapeutics with Western therapeutics in practice, registered nurses refer to primary nurses and nurses.

20－4 卫生机构、床位、人员数（含诊所、医务室、社区卫生服务站，2014年）

Number of Health Institutions, Beds & Persons Engaged (including clinics, room infirmary & community sanitation service stations, 2014)

项 目	Item	机构数（个）Number of Institutions (unti)	实有床位（张）Beds(bed)	人员数（人）Number of Personnel (person)			
				合 计 Summary	卫生技术人员 Medical Technical Personnel		
					小 计 Subtotal	执业医师 Practitioner Doctors	执业助理医师 Practitioner Assistant Doctors
总 计	**Total**	**34669**	**106958**	**258618**	**86525**	**68419**	**18106**
按市县分	**Grouped by City & County**						
市	Grouped by City	13547	10512	14801	50869	43565	7304
县	Grouped by County	21122	96446	11060	35656	24854	10802
县级市	Grouped by County-level City	3617	15565	18180	6307	4403	1904
按经济类型分	**Grouped by Economic Type**						
国有	State-owned	8891	19102	22508	69136	56456	12680
集体	Collective-owned	8406	344	2847	1959	918	1041
联营	Joint Operation	625	180	399	187	122	65
私营	Private-owned	15431	8311	26441	13594	9654	3940
其他	Others	1316	1738	3843	1649	1269	380
按设置主办单位分	**Grouped by Sponsors**						
政府办	Run by Government	5413	18711	21673	65058	53220	11838
#卫生部门	Public Health Departments	5122	18396	21446	64134	52494	11640
社会办	Run by Society	12585	5347	14007	7213	5115	2098
个人办	Run by Individuals	16670	8858	27667	14163	9994	4169

注：此表含村卫生室数据，不包含计生机构。
Note: The data in this table includes the village clinics, and excludes institutions of family planning.

20－4　续表　continued

项　目	Item	人员数（人） Number of Personnel (person)						
		卫生技术人员 Medical Technical Personnel				其他技术人员 Other Technical Personnel	管理人员 Managerial Personnel	工勤人员 Logistics Workers
		注册护士 Registered Nurses	药师（士） Pharmacist (Assistaut Pharmacist)	检验师 Docimaster	其他 Others			
总　计	**Total**	**103955**	**14353**	**13542**	**40243**	**10813**	**17491**	**33965**
按市县分	**Grouped by City & County**							
市	Grouped by City	62249	8261	7562	19073	5906	9239	18669
县	Grouped by County	41706	6092	5980	21170	4907	8252	15296
县级市	Grouped by County-level City	6417	1245	856	3355	818	1312	2428
按经济类型分	**Grouped by Economic Type**							
国有	State-owned	94071	12525	12737	36619	10215	16664	32359
集体	Collective-owned	421	38	15	414	23	21	49
联营	Joint Operation	141	18	10	43	11	10	55
私营	Private-owned	7967	1539	565	2776	423	646	1231
其他	Others	1355	233	215	391	141	150	271
按设置主办单位分	**Grouped by Sponsors**							
政府办	Run by Government	91085	12081	12367	36139	9910	15677	31456
#卫生部门	Public Health Departments	90318	11961	12209	35844	9624	14152	30757
社会办	Run by Society	4648	676	581	889	471	975	1213
个人办	Run by Individuals	8139	1580	579	3206	432	660	1252

20—5 医疗机构诊疗人次和入院人数（2014年）
Number of Hospital Patients & Admissions (2014)

医院类别	Hospital Type	诊疗人次数（万人次）Total Number of Patients Treated (10 000 person-times)	#门、急诊 Out-patients & Emergency Patients	入院人数（万人）Hospital Admissions (10 000 persons)	每百名门急诊的入院人数（人）Hospital Admissions Per 100 Patient-times (person)
总　计	**Total**	**24932.6**	**24093.0**	**832.8**	**5.4**
医院	Hospital	8321.7	8102.8	477.9	5.9
疗养院	Sanatoriums	4.7	4.6	1.1	23.7
社区卫生服务中心	Community Sanitation Service Center	817.2	746.4	2.9	0.4
卫生院	Rural Hospitals	4990.6	4843.3	279.6	5.8
门诊部	Out-patients Department	84.0	83.5	0.6	—
妇幼保健院（所、站）	Hospitals for Maternity & Child Care	1658.0	1573.6	69.7	4.4
专科疾病防治院（所、站）	Specialized Stations	104.1	103.8	1.0	0.9

20—6 收养性社会福利单位基本情况（2014年）
Basic Statistics of Adopting Social Welfare Units (2014)

项　目	Item	机构（个）Number of Institutions (unit)	职工人数（人）Number of Staff & Workers (person)	床位（张）Number of Beds (bed)	年在院总人天数（人天）Number of Persons in Social Welfare Home (person-day)
总　计	**Total**	**555**	**8574**	**42262**	**625518**
荣誉军人康复医院	Recuperative Hospital for Soldiers with Honour	2	62	305	80403
光荣院	Homes for Disabled Veterans	74	288	2451	299878
复退军人精神病院	Mental Hospitals for Demobilized Soldiers & Veterans	4	687	1310	410530
社会福利院	Social Welfare Homes	103	2172	9462	164281
儿童福利机构	Social Welfare Homes for Children	14	513	1965	243953
社会福利医院	Social Welfare Homes for Mental Patients	4	732	1732	464498
城镇收养性老年福利机构	Adopting Welfare Units for the Elderly in Urban Areas	155	3011	17321	202194
农村收养性老年福利机构	Adopting Welfare Units for the Elderly in Rural Areas	122	367	3909	753169
其他收养性福利单位	Others	77	742	3807	337988

注：收养性社会福利单位不包括五保村。
Note: The adopting social welfare units excludes the five guarantees villages.

20－7 主要年份优抚和社会福利单位机构和人员
Institutions & Persons Engaged for Martyrs & Social Welfare in Main Years

项　　目	Item	1995	2000	2005	2010	2011	2012	2013	2014
机 构（个）	**Institutions(unit)**								
一、收养性社会福利单位	Adopting Social Welfare Units	423	634	5992	1446	1479	1471	1496	492
#优抚类收养性单位	Adopting Units for Martyrs	20	22	44	70	75	77		
福利类收养性单位	Adopting Units for Welfare	403	612	5948	1376	1404	1394		
二、优抚安置单位	Administration Units for Martyrs			62	80	49	68		
#军休所	Homes for Retired & Resigned Soldiers	10	18	32	37	38	36	36	36
军供站	Institutions for Army Facilities Supply	11	12	12	12	12	12	13	13
烈士纪念建筑物管理单位	Administrative Agencies of Martyr Memorial Buildings			18	31	20	20	21	23
三、社会福利企业单位	Number of Total Social Welfare Enterprises	482	325	276	199	170	137	143	124
#国有社会福利企业	Run by Government			42					
集体社会福利企业	Run by Communities			174					
民办社会福利企业	Run by the Local People			60					
四、救助类单位	Units for Relief	17	17	20	37	39	46	55	81
#救助管理站	Stations for Relief Management	15	15	17	30	32	39	48	58
流浪儿童救助保护中心	Helping & Protecting Centers for Waifs			3	7	7	7	7	23
五、殡仪服务单位	Funeral Institutions	24	44	56	71	68	71	56	107
六、福利彩票发行单位	Welfare Lottery-ticked Issuance Units			91	53	39	36	33	32
七、慈善团体	Charities			15					
八、社区服务中心	Community Service Centers		70	93	104	107	91	86	80
#提供住宿	Providing with Lodging			2					
不提供住宿	Providing without Lodging			91					
职工人数（人）	**Number of Staff & Workers (person)**								
一、收养性社会福利单位	Adopting Social Welfare Units	2135	3134	9136	7846	8126	7864	8724	5900
#优抚类收养性单位	Adopting Units for Martyrs	409	446	673	792	945	923	—	
福利类收养性单位	Adopting Units for Welfare	1704	2688	8463	7054	7181	6941	—	
二、优抚安置单位	Administration Units for Martyrs			770					
#军休所	Homes for Retired & Resigned Soldiers	93	141	224	242	251	246	246	220
军供站	Institutions for Army Facilities Supply	388	395	391	381	305	293	301	241
烈士纪念建筑物管理单位	Administrative Agencies of Martyr Memorial Buildings			155	185	217	218	243	307
三、社会福利企业单位	Number of Total Staff & Workers Engaged in Social Welfare Enterprises	12398	9981	9389	11292	10053	9095	8815	8139
#国有社会福利企业	Run by Government			1546					
集体社会福利企业	Run by Communities			6184					
民办社会福利企业	Run by the Local People			2105					
四、救助类单位	Units for Relief	715	645	297	348	402	441	474	556
#救助管理站	Stations for Relief Management	245	255	276	306	338	369	406	433
流浪儿童救助保护中心	Helping & Protecting Centers for Waifs			21	42	64	72	68	123
五、殡仪服务单位	Funeral Institutions	613	784	1261	1581	1549	1513	1435	1942
六、福利彩票发行单位	Welfare Lottery-ticked Issuance Units			482	323	536	494	589	669
七、慈善团体	Charities			50					
八、社区服务中心	Community Service Centers		413	901	1576	801	728	654	304
#提供住宿	Providing with Lodging			5					
不提供住宿	Providing without Lodging			896					

注：收养性社会福利单位数、收养人数不包括五保村机构数、床位数和收养人数。优抚、福利类收养性单位和优抚安置单位的调查口径自2013年起已取消。

Note: The number of adopting social welfare units and the number of adopting persons excludes the number of five guarantees villages,beds and adopting persons.The adjusted statistical range of adopting units for martyrs and welfare and administration units for martyrs has been canceled since 2013.

20—8 主要年份社会救济对象享受救济情况

Basic Statistics of Persons Receiving Subsidies or Relief Funds in Main Years

项　目	Item	2000	2005	2010	2011	2012	2013	2014
一、城镇居民最低生活保障人数（人）	Population Receiving Lowest Cost-of-living in Urban Area (person)	108173	568957	601935	575387	515317	494366	448016
城镇居民最低生活保障家庭数（户）	Number of Families Receiving Lowest Cost-of-living in Urban Area (household)		273349	306368	303471	267113	252800	228360
城镇临时救济人次数（人次）	Population Receiving Temporary Alms-giving in Urban Area (person-time)	31226	67043	4732	13848	16135	7164	5088
二、农村居民最低生活保障人数（人）	Population Receiving Lowest Cost-of-living in Rural Area (person)	204293	42745	3156789	3252252	3328459	3458922	3289710
农村居民最低生活保障家庭数（户）	Number of Families Receiving Lowest Cost-of-living in Rural Area(household)		26019	1296975	1384097	1335727	1334863	1294495
三、农村传统定期定量救济人数（人）	Population Receiving Traditional Relief in Rural Area (person)	50292	470169	6308	107369	109216	111153	117691
农村临时救济人次数（人次）	Population Receiving Temporary Almsgiving (person-time)	1298570	2058208	6308	842198	292689	251163	76608
四、农村五保户供养人数（人）	Population Enjoying the Five Guarantees (person)			327349	319975	305395	294670	289490
农村五保户供养户数（户）	Households Enjoying the Five Guarantees (household)			320567	313077	300476		
五、医疗救助（人）	Medical Assistance (person)							
民政部门资助参保人数	Number of Persons Aided by Civil Affairs Departments						250598	211705
民政部门资助参合人数	Number of Persons Joined CMS and being Aided by Civil Affairs Departments						2439585	2326681
民政部门直接救助人次数	Number of Person-times Directly Aided by Civil Affairs Departments						413584	373903
其中：住院救助人次	Number of Person-times of Hospital Assistance						295485	337638
门诊救助人次	Number of Person-times of Outpatients Assistance						118099	36265

注：医疗救助情况，民政部从2013年始使用新口径，数据与2012年以前不可比。

Note: The new statistical range of Medical Assitatnce is used by Ministry of Civil Affairs since 2013, and it is not comparable with the data before 2012.

20—9 主要年份殡葬管理情况

Condition of Burial Administration in Main Years

项　目	Item	2008	2009	2011	2012	2013	2014
一、单位数（个）	Number of Units(unit)	69	68	68	71	75	107
二、年末职工人数（人）	Number of Staff & Workers in Year-end (person)	1568	1501	1549	1513	1435	1942
三、业务活动	Operation						
（一）火化炉数（台）	Number of Cremators(unit)	71	76	76	88	88	91
（二）全年处理遗体数（具）	Annual Number of Remains Dealed(body)	58627	59506	58212	70044	71536	77139
（三）穴位数（个）	Number of Graves(unit)	155059	169135	138249	138549	121945	255235
#本年销售穴位数	#Annual Number of Sold Graves	21798	19182	23496	8884	9948	9372
（四）安葬数（具）	Number of Remains Buried(body)	107176	127623	43805	88555	94365	122806
#本年安葬数	# Annual Number of Buried Remains	8809	11746	3529	5935	6291	7482

20—10　广西残疾人工作主要情况
The Major Situation of the Disabled Work in Guangxi Autonomous Region

指　标	Item	2000	2005	2010	2011	2012	2013	2014
一、康复	**Rehabilitation**							
白内障复明手术（例）	Give-back-sight Surgeries for Glaucoma Patients (case)	16185	22528	26065	23371	25975	23172	23289
低视力配用助视器（人）	Weak Eyesight Furnished with Visual Aids (person)	331	442	451	746	4358	7697	6008
年收训聋儿（人）	Annual Deaf Children Received & Trained (person)	432	544	670	487	495	545	560
监护精神病人数（人）	Mental Patients Receiving Guardianship (person)	21958	51218	80457	79080	94374	96110	99999
麻风畸残矫治手术（例）	Remedial Surgeries for Leprosy Malformation & Disable Patients (case)		123				0	0
用品用具供应件数（件）	Number of Facilities Provided (unit)	41951	33712	18556	11331	16471	29332	20458
普及型假肢装配总例数（例）	Total Cases of Furnishing Universal Artificial Limbs (case)		450	1023	1089	2329	1224	941
肢体残疾康复训练数（人）	Rehabilitation of Persons with Physical Disability (person)		749	3964	2948	5837	7845	7007
二、教育	**Education**							
未入学学龄残疾儿童少年（人）	Disabled Children & Youth in School Age yet not Schooled (person)			9089	8534	5750	4804	4910
特残教育普通高中学校在校生（人）	Sfudents Enrollment Receiving Special Cripple Education in Ordinary Senior Schools (person)			81	335	225	261	273
残疾人中等职业学校在校生（人）	Disabled Students Enrollment in Vacational Secondary Schools (person)			81	99	192	169	177
高等教育院校录取人数（人）	Enrolled at Schools of Higher Education (person)	32	99	153	189	189	201	279
三、就业	**Employment**							
城镇残疾人本年度安排就业（万人）	Arranging Employment for the Disabled in Urban Area in This Year (10 000 persons)	1	0.8	0.52	0.49	0.57	0.53	0.59
城镇残疾人本年度新登记失业人数（万人）	Registered Application for Job of the Disabled in Urban Area in This Year (10 000 persons)			0.17	0.11	0.03	0.04	0.06
四、社会保障	**Social Security**							
城镇参加社会保险人数（万人）	Population of Taking out Social Insurance in Urban Area (10 000 persons)		1.4	4.06	4.02	40.19	31.42	
城镇纳入最低生活保障范围（万人）	Population Taken in the Range of Minimum Living Guarantee System in Urban Area(10 000 persons)		4.1	7.95	8.42	7.66	7.04	6.79
城镇集中供养人数（万人）	Urban Population Fed Constratcly (10 000 persons)			0.27	0.29	0.31	0.2	0.22
城镇其他救助救济人数（万人）	Number of Other urbam Persons Receiving Reliere (10 000 persons)			3.77	0.6	0.71	0.75	0.77
农村纳入最低生活保障范围（万人）	Population Taken in the Range of Minimum Living Guarantee System in Rural Area(10 000 persons)		2.37	36.77	43.02	45.08	40.6	39.9
农村五保供养人数（万人）	Population Receiving the Supporting for households with Livelihood Guaranteed in 5 Aspects & Temporary Relief in Urban Area (10 000 persons)			4.28	6.64	6.88	4.17	4.42
农村其他救助救济人数（万人）	Population of Receiving Terminal Allowance in Rural Area (10 000 persons)			12.17	2.87	4.07	5.57	5.75
五、扶贫	**Supporting the Poor**							
本年扶持贫困残疾人（万人）	Supporting the Poor Disabled in This Year (10 000 persons)	5.5	2.17	2.61	2.79	3.78	4.84	5.98
本年脱贫（万人）	Population of Actually Solved Warmly Dressing & Fill (10 000 persons)	10.2	1.17	1.62	2.71	8.66	3.55	3.83
本年返贫（万人）	Population Returning to Poor in This Year (10 000 persons)	2.2	0.8	0.4	0.56	0.6	0.59	0.65
六、维权	**Upholding Rights**							
侵害残疾人合法权益大案要案查处（件）	Handling Heavy Cases of Invading the Disabler's Lawful Rights (case)		1	0	0	0	0	0
残疾人法律援助（服务）中心办理案件（件）	Handled Cases of the Disabler's Legal aid (service) Center (case)			495	563	629	606	438
七、残联组织建设	**Construction of the Disabler's Association**							
省市县乡镇街道残联实有人员（人）	Actual Personnel of the Disabler's Association in Province, Cities, Counties, Townships, Towns & Streets(person)	2373	1957	2723	3253	3277	3028	3167

主要统计指标解释

等级运动员人数 指经考核正式批准授予等级运动员称号的人数。运动员等级分为国际级运动健将、运动健将、一级运动员、二级运动员。

等级裁判员人数 指经考核正式批准授予等级裁判员称号的人数。裁判员等级分为国际级、国家级、一级、二级裁判员。

卫生机构 是指从卫生行政部门取得《医疗机构执业许可证》，或从民政、工商行政、机构编制管理部门取得法人单位登记证书，为社会提供医疗保健、疾病控制、卫生监督服务或从事医学科研和教育等工作的单位。

卫生技术人员 包括执业医师、执业助理医师、注册护士、药师（士）、检验技师（士）、影像技师（士）、卫生监督员和见习医（药、护、技）等卫生专业人员。不包括从事管理工作的卫生技术人员（如院长、副院长、党委书记等）。

执业医师 指具有《医师执业证》“级别”为“执业医师”且实际从事医疗、预防保健工作的人员，不包括实际从事管理工作的执业医师。执业医师类别分为临床、中医、口腔和公共卫生四类。

执业助理医师 指具有《医师执业证》“级别”为“执业助理医师”且实际从事医疗、预防保健工作的人员，不包括实际从事管理工作的执业助理医师。执业助理医师类别分为临床、中医、口腔和公共卫生四类。

注册护士 指具有注册护士证书且实际从事护理工作的人员，不包括从事管理工作的护士。

收养性社会福利单位数 指提供食宿的、不以盈利为目的的革命伤残军人休养院、复退军人慢性病疗养院、复退军人精神病院、光荣院、社会福利院、儿童福利院、精神病人福利院、老年收养性机构（敬老院、养老院、老年公寓）等收养性的社会福利事业单位的总称。这些单位，分事业单位、企业和民办非企业3类分别填报。

收养性社会福利单位床位数 指提供食宿的、不以盈利为目的的革命伤残军人休养院、复退军人慢性病疗养院、复退军人精神病院、光荣院、社会福利院、儿童福利院、精神病福利院、老年收养性机构等收养性单位报告期末床位的实际收养能力。

城市居民最低生活保障人数 指在报告期末家庭平均收入在当地规定的最低生活保障线以下的城镇居民数。包括“三无”对象，失业人员和在职、下岗、退休人员等。

农村居民最低生活保障人数 指报告期末在建立农村最低生活保障制度的地区，得到当地政府或集体给予最低生活保障的农业人口家庭人数。

年收训聋儿 指本年度（上年9月1日至本年8月31日）康复机构收训聋儿数量。包括机构内康复和社区家庭指导聋儿数。

未入学学龄残疾儿童少年 指截止到本年度12月31日，《义务教育法》规定的入学年龄段（6–14周岁或7–15周岁）内的，因各种未能入学的各类残疾儿童少年人数。

特殊教育普通高中 指截止到本年度12月31日，按国家规定的设置标准和审批程序批准成立的，专门招收盲、聋初中毕业生实施普通高级中等教育的全日制学校（部、班）。

Explanatory Notes on Main Statistical Indicators

Number of Athletes in Grades refers to the number of athletes who have been given titles through examination. The titles of athletes include international masters of sports, masters of sports, first grade, second grade and third grade sportsmen and young athletes.

Number of Referees in Grades refers to the number of referees who have been given titles after examination. They are classified as international masters of referees, masters of referees and referees of the first, second and third grades.

Stadiums refer to stadiums for track and field events with six lane 400-meter tracks around soccer fields, permanent track marks and permanent bleachers. Stadiums are classified according to seating capacity. They include: Class A stadiums seating 25000 people each, Class B stadiums seating 15000 to 25000 people each, Class C stadium seating 5000 to 15000 people each, and Class D stadiums seating fewer than 5000 people.

Gymnasiums refer to indoor sports grounds with permanent seats in which basketball, volleyball, badminton, table tennis and gymnastics can be held. Gymnasiums are classified according to seating capacity. They include Class A gymnasiums seating over 6000 people, Class B gymnasiums seating 4000 to 6000 people, Class C gymnasiums seating 2000 to 4000 people, and Class D gymnasiums seating fewer than 2000 people.

Hospitals refer to medical institutions with permanent hospital beds, which are able to take in patients and provide them with medical and nursing services. Hospitals are classified into three categories: hospitals at or above the country level, hospitals of rural townships, and other hospitals. According to their ownership, hospitals can be classified into three categories: hospitals under the public health departments, hospitals under industrial and other departments and collective-owned hospitals. Hospitals at or above county level are divided into comprehensive and specialized hospitals.

Medical Technical Personnel refers to all medical staff and workers employed by medical institutions, including doctors of Chinese and Western medicine, senior doctors who integrate traditional Chinese therapeutics with Western therapeutics in practice, senior nurse, pharmacists of Chinese and Western medicine, laboratory specialists, other specialists, paramedics of Chinese and Western medicine, nurses, midwives, druggists in Chinese and Western medicine, laboratory technicians, other technicians, other practitioners of Chinese medicine, nursing attendants, pharmacological workers of Chinese and Western medicine, laboratory workers, and other primary medical personnel.

Actual Expenditure of Funds refers to the total actual expenditure of administrative units in this year, including wages, allowance wages, other wages, welfare funds for staff and workers, social security funds, grants, funds for official duties, expenditure for equipment purchasing, expenditure for repairing, funds for business and expenditure for other use (the 11 kinds of expenditure above are of the same to items of expenditure detail account).

Off-budget Expenditure refers to actual expenditure of accounting administrative units for off-budget expenditure. This indicator is filled by list according to total number of "off-budget expenditure" of accounting items.

Specific Fund Expenditure refers to total actual expenditure of administrative units for specific funds. Specific funds refer to specially own and owner-occupied funds, which are reserved or set by administrative units according to governmental rules, such as fund for rewards, fund of institutions and fund for appraised fixed assets.

Special Fund Expenditure refers to actual expenditure of specific fund appropriated. Specific fund refers to fund appointed use, for specific purposes and independently accounted, such as expenditure for equipment purchasing, expenditure for large scale repairing and expenditure for special survey.

Expenditure for Business refers to actual total expenditure for business and other items of units in this year, including wages, allowance wages, other wages, welfare funds for staff and workers, social security funds, funds for official duties, expenditure for equipment purchasing, expenditure for repairing, funds for business and expenditure for other use (the 10 kinds of expenditure above are of the same to items of detail account of expenditure for business).

Specific Fund Expenditure refers to total actual expenditure from specific funds of units in this year.

Special Fund Expenditure refers to total actual expenditure from special funds of units in this year.

第二十一篇

区域经济

ECONOMIC ZONES

（编辑：黄浩洲）

21－1 各个经济区域
Main Economic Indicators of

区 域	Region	土地面积（平方公里）Local Land Area (sq.km) (data of 2012's)	年末常住人口（万人）Population at the Year-end (10 000 persons)	地区生产总值（亿元）Gross Domestic Product (100 million yuan)
一、北部湾经济区（4市）	**The Beibu Gulf Economic Zone (4 cities)**	**42566**	**1260.61**	**5448.72**
北部湾经济区（4+2市）	**The Beibu Gulf Economic Zone (6 cities)**	**72755**	**2030.60**	**7439.96**
南宁市	Nanning City	22112	691.38	3148.32
北海市	Beihai City	3337	160.37	856.54
钦州市	Qinzhou City	10895	318.06	854.96
防城港市	Fangchenggang City	6222	90.80	588.89
玉林市	Yulin City	12838	566.01	1341.52
崇左市	Chongzuo City	17351	203.98	649.72
二、桂西资源富集区	**The Resource-rich Area of Western Guangxi**	**87029**	**906.00**	**2168.84**
百色市	Baise City	36202	356.88	917.95
河池市	Hechi City	33476	345.14	601.17
崇左市	Chongzuo City	17351	203.98	649.72
三、珠江－西江经济带广西七市	**The Zhujiang River-Xijiang River Economic Belt**	**107704**	**2580.37**	**9343.02**
南宁市	Nanning City	18617	691.38	3148.32
柳州市	Liuzhou City	27809	388.65	2208.51
梧州市	Wuzhou City	12572	297.55	1062.00
贵港市	Guigang City	10602	425.56	805.40
百色市	Baise City	12838	356.88	917.95
来宾市	Laibin City	11855	216.37	551.12
崇左市	Chongzuo City	13411	203.98	649.72

注：土地面积数为2012年年鉴数据。
Note: The data on Local Land Area is of 2012.

主要经济指标（2014年）
Each Economic Zone (2014)

第一产业 Primary Industry	第二产业 Secondary Industry	#工业 Industry	第三产业 Tertiary Industry	城镇居民人均可支配收入（元） Per Capita Annual Disposable Income of Urban Households (yuan)	农民人均纯收入（元） Per Capita Annual Net Income of Rural Households (yuan)
768.70	**2385.35**	**1880.28**	**2294.67**	**26210**	**9018**
1164.76	**3254.46**	**2592.45**	**3020.74**	**25784**	**8849**
354.69	1251.54	923.49	1542.09	27075	8576
149.49	454.51	407.81	252.54	25818	9079
193.95	338.94	250.57	322.07	25425	8892
70.57	340.36	298.41	177.96	26523	9524
248.78	591.66	479.53	501.08	26681	9314
147.28	277.45	232.64	224.99	23184	7707
443.22	**972.73**	**802.61**	**752.89**	**22610**	**6525**
158.71	490.02	417.90	269.22	23282	6145
137.23	205.26	152.07	258.68	21363	5723
147.28	277.45	232.64	224.99	23184	7707
1233.24	**4531.33**	**3804.76**	**3578.44**	**24738**	**8037**
354.69	1251.54	923.49	1542.09	27075	8576
160.07	1312.54	1191.11	735.90	26693	8606
117.18	646.06	595.31	298.76	24272	8342
162.14	325.51	270.65	317.75	23262	9131
158.71	490.02	417.90	269.22	23282	6145
133.17	228.21	173.67	189.75	25401	7751
147.28	277.45	232.64	224.99	23184	7707

21－1 续表 continued

区 域	Region	全社会固定资产投资(亿元) Total Investment in Fixed Assets (100 million yuan)	公共财政预算收入(亿元) Public Budget Income (100 million yuan)	公共财政预算支出(亿元) Public Budget Expenditure (100 million yuan)	社会消费品零售总额（亿元） Total Retail Sales of Consumer Goods (100 million yuan)	进出口(万美元) Total Exports & Imports (10 000 USD)	#出口 Exports
一、北部湾经济区（4市）	**The Beibu Gulf Economic Zone (4 cities)**	**4810.12**	**415.19**	**813.54**	**2197.63**	**1911739**	**788512**
北部湾经济区（4+2市）	**The Beibu Gulf Economic Zone (4+2 cities)**	**6482.47**	**552.45**	**1199.89**	**2851.78**	**3429827**	**2138701**
南宁市	Nanning City	2886.68	274.85	466.33	1616.90	481410	261702
北海市	Beihai City	786.16	47.25	104.97	185.81	350016	175176
钦州市	Qinzhou City	658.97	47.64	142.87	303.25	533447	201112
防城港市	Fangchenggang City	478.31	45.45	99.37	91.67	546866	150522
玉林市	Yulin City	1123.71	88.86	230.51	545.71	48681	32224
崇左市	Chongzuo City	548.64	48.40	155.84	108.44	1469407	1317965
二、桂西资源富集区	**The Resource-rich Area of Western Guangxi**	**1787.09**	**149.24**	**646.23**	**533.28**	**1590186**	**1373315**
百色市	Baise City	895.23	70.91	264.76	201.06	72850	53059
河池市	Hechi City	343.22	29.93	225.63	223.79	47929	2291
崇左市	Chongzuo City	548.64	48.40	155.84	108.44	1469407	1317965
三、珠江－西江经济带广西七市	**The Zhujiang River-Xijiang River Economic Belt**	**7950.42**	**672.17**	**1607.16**	**3606.63**	**2416731**	**1787102**
南宁市	Nanning City	2886.68	274.85	466.33	1616.90	481410	261702
柳州市	Liuzhou City	1765.49	113.16	261.18	858.20	226825	80197
梧州市	Wuzhou City	876.04	90.45	182.92	328.30	124948	50777
贵港市	Guigang City	547.17	36.45	146.84	359.56	30603	18703
百色市	Baise City	895.23	70.91	264.76	201.06	72850	53059
来宾市	Laibin City	431.18	37.95	129.29	134.17	10688	4699
崇左市	Chongzuo City	548.64	48.40	155.84	108.44	1469407	1317965

注：全社会固定资产投资包含固定资产投资和农户投资两部分，本表数据为固定资产投资数据。

Note: The "Total Investment in Fixed Assets" includes 2 parts: investment in fixed assets and investment from rural households, and the data in this table refers to the investment in fixed assets.

21－2　北部湾经济区（2014年）
Main Indicators of the Beibu Gulf Economic Zone (2014)

区　域	Region	地　区生产总值(亿元) Gross Domestic Product (100 million yuan)	第一产业 Primary Industry	第二产业 Secondary Industry	#工业 Industry	第三产业 Tertiary Industry
北部湾经济区（4市）	**The Beibu Gulf Economic Zone (4 cities)**	**5448.72**	**768.70**	**2385.35**	**1880.28**	**2294.67**
南宁市	**Nanning City**	**3148.32**	**354.69**	**1251.54**	**923.49**	**1542.09**
良庆区	Liangqing District	116.05	19.93	67.75	43.91	28.36
邕宁区	Yongning District	58.49	23.09	14.42	6.02	20.98
武鸣县	Wuming County	265.86	68.94	137.43	120.40	59.49
隆安县	Long' an County	55.97	22.71	17.46	11.13	15.80
马山县	Mashan County	45.29	15.31	12.46	6.20	17.52
上林县	Shanglin County	45.02	18.49	10.09	5.87	16.44
宾阳县	Binyang County	164.17	41.53	62.18	44.15	60.47
横　县	Hengxian County	237.44	64.02	107.71	82.28	65.71
北海市	**Beihai City**	**856.54**	**149.49**	**454.51**	**407.81**	**252.54**
合浦县	Hepu County	186.96	74.05	53.67	41.63	59.23
钦州市	**Qinzhou City**	**854.96**	**193.95**	**338.94**	**250.57**	**322.07**
钦南区	Qinnan District	191.79	55.93	47.98	28.67	87.88
钦北区	Qinbei District	156.33	43.40	73.37	46.19	39.57
灵山县	Lingshan County	163.15	57.94	52.33	33.12	52.89
浦北县	Pubei County	144.30	35.61	69.24	47.11	39.45
防城港市	**Fangchenggang City**	**588.89**	**70.57**	**340.36**	**298.41**	**177.96**
防城区	Fangcheng District	110.91	24.44	49.98	40.44	36.50
上思县	Shangsi County	66.63	19.15	33.39	31.02	14.09
东兴市	Dongxing City	80.98	13.79	34.95	27.80	32.24

21－2　续表　continued

区　域	Region	全社会固定资产投资（亿元）Investment in Fixed Assets (100 million yuan)	公共财政预算收入（亿元）Public Budget Income (100 million yuan)	公共财政预算支出（亿元）Public Budget Expenditure (100 million yuan)	社会消费品零售总额（亿元）Total Retail Sales of Consumer Goods (100 million yuan)
北部湾经济区（4市）	**The Beibu Gulf Economic Zone (4 cities)**	**4810.12**	**415.19**	**813.54**	**2197.63**
南宁市	**Nanning City**	**2886.68**	**274.85**	**466.33**	**1616.90**
良庆区	Liangqing District	169.46	3.85	11.50	28.70
邕宁区	Yongning District	85.46	1.77	12.68	16.87
武鸣县	Wuming County	271.98	7.90	22.75	64.75
隆安县	Long' an County	53.66	3.17	16.77	15.72
马山县	Mashan County	49.08	2.11	18.61	18.82
上林县	Shanglin County	47.61	2.44	20.15	16.51
宾阳县	Binyang County	182.64	11.09	34.05	82.95
横　县	Hengxian County	186.90	11.97	34.51	75.21
北海市	**Beihai City**	**786.16**	**47.25**	**104.97**	**185.81**
合浦县	Hepu County	157.78	6.17	29.04	65.95
钦州市	**Qinzhou City**	**658.97**	**47.64**	**142.87**	**303.25**
钦南区	Qinnan District	233.01	4.72	15.72	67.03
钦北区	Qinbei District	122.81	5.58	19.79	79.01
灵山县	Lingshan County	116.07	6.97	36.07	80.02
浦北县	Pubei County	114.31	4.56	25.33	65.06
防城港市	**Fangchenggang City**	**478.31**	**45.45**	**99.37**	**91.67**
防城区	Fangcheng District	96.68	7.84	21.52	36.76
上思县	Shangsi County	47.56	4.90	16.81	16.55
东兴市	Dongxing City	100.02	10.73	21.15	20.19

21－3 北部湾经济区主要经济指标（2006－2014年）

Main Economic Indicators of the Beibu Gulf Economic Zone (2006－2014)

年份 Year	地区生产总值(亿元) Gross Domestic Product (100 million yuan)	第一产业 Primary Industry	第二产业 Secondary Industry	#工业 Industry	第三产业 Tertiary Industry
2006	1418.09	314.25	484.67	381.40	619.16
2007	1764.60	371.74	615.46	496.05	777.40
2008	2156.01	417.90	778.79	630.11	959.32
2009	2492.99	443.36	912.17	724.33	1137.46
2010	3042.75	511.24	1198.05	954.80	1333.45
2011	3770.17	635.08	1545.18	1228.75	1589.92
2012	4268.59	678.30	1787.21	1408.75	1803.08
2013	4817.43	742.96	2097.47	1660.52	1977.00
2014	5448.72	768.70	2385.35	1880.28	2294.67

21－3 续表 1 continued

年份 Year	地区生产总值指数（上年＝100） Index of Gross Domestic Product (preceding year=100)	第一产业 Primary Industry	第二产业 Secondary Industry	#工业 Industry	第三产业 Tertiary Industry
2006	116.0	106.7	126.0	129.9	113.9
2007	117.7	106.7	123.2	126.3	118.8
2008	115.6	104.5	117.8	119.1	118.8
2009	116.0	105.5	120.3	117.8	116.7
2010	115.6	105.1	122.1	121.3	114.0
2011	115.4	105.2	123.6	124.6	112.0
2012	113.5	105.4	120.3	120.8	109.5
2013	110.5	104.7	115.0	114.8	107.7
2014	109.5	103.5	112.8	113.2	107.6

21－3 续表 2 continued

年份 Year	全社会固定资产投资(亿元) Investment in Fixed Assets (100 million yuan)	公共财政预算收入(亿元) Public Budget Income (100 million yuan)	公共财政预算支出(亿元) Public Budget Expenditure (100 million yuan)	社会消费品零售总额(亿元) Total Retail Sales of Consumer Goods (100 million yuan)	进出口(万美元) Total Exports & Imports (10 000 USD)	#出口 Exports
2006	722.25	86.34	156.96	595.69		
2007	965.03	109.96	203.54	706.14	408377	182866
2008	1292.30	137.20	272.35	871.01	605524	284497
2009	1994.51	177.16	361.15	1042.84	663919	347554
2010	2796.72	228.65	454.88	1237.96	769417	353847
2011	3671.74	277.22	544.25	1465.88	1131095	461328
2012	4513.52	339.98	672.64	1710.96	1488980	553110
2013	4246.04	384.02	738.99	1968.12	1495022	584963
2014	4810.12	415.19	813.54	2197.63	1911739	788512

注：全社会固定资产投资包含固定资产投资和农户投资两部分，本表数据为固定资产投资数据。

Note: The "Total Investment in Fixed Assets" includes 2 parts: investment in fixed assets and investment from rural households, and the data in this table refers to the investment in fixed assets.

21－4　桂西资源富集区（2014年）

Main Indicators of the Resource-rich Area of Western Guangxi (2014)

区　域	Region	地　区生产总值（亿元）Gross Domestic Product（100 million yuan）	第　一产　业 Primary Industry	第　二产　业 Secondary Industry	#工　业 Industry	第　三产　业 Tertiary Industry
桂西资源富集区	**The Resource-rich Area of Western Guangxi**	**2168.84**	**443.22**	**972.73**	**802.61**	**752.89**
百色市	**Baise City**	**917.95**	**158.71**	**490.02**	**417.90**	**269.22**
右江区	Youjiang District	176.19	23.86	89.98	72.62	62.36
田阳县	Tianyang County	103.77	22.40	57.93	49.86	23.45
田东县	Tiandong County	119.64	24.31	67.82	55.18	27.51
平果县	Pingguo County	132.43	13.70	94.16	87.22	24.58
德保县	Debao County	63.56	9.73	40.88	32.99	12.95
靖西县	Jingxi County	129.92	14.48	91.04	85.62	24.40
那坡县	Napo County	19.73	6.64	5.53	3.67	7.56
凌云县	Lingyun County	24.60	7.21	10.05	6.96	7.34
乐业县	Leye County	17.43	6.20	4.20	1.59	7.04
田林县	Tianlin County	32.31	12.28	8.68	6.39	11.35
西林县	Xilin County	18.65	8.22	3.54	1.86	6.90
隆林各族自治县	Longlin County	45.26	9.67	19.63	17.31	15.96
河池市	**Hechi City**	**601.17**	**137.23**	**205.26**	**152.07**	**258.68**
金城江区	Jinchengjiang District	98.84	11.09	42.24	32.03	45.51
南丹县	Nandan County	72.68	10.80	41.92	36.28	19.95
天峨县	Tian’e County	43.06	6.75	27.61	24.09	8.70
凤山县	Fengshan County	16.48	5.16	3.99	1.51	7.33
东兰县	Donglan County	20.64	6.47	5.11	1.71	9.06
罗城仫佬族自治县	Luocheng County	36.97	14.08	9.13	5.29	13.76
环江毛南族自治县	Huanjiang County	38.87	16.52	9.38	6.25	12.96
巴马瑶族自治县	Bama County	26.49	9.35	7.29	4.77	9.85
都安瑶族自治县	Du’an County	35.46	12.25	7.96	4.06	15.26
大化瑶族自治县	Dahua County	44.67	8.23	23.83	19.96	12.62
宜州市	Yizhou City	99.40	36.58	26.97	16.27	35.86
崇左市	**Chongzuo City**	**649.72**	**147.28**	**277.45**	**232.64**	**224.99**
江州区	Jiangzhou District	122.64	23.11	57.70	50.33	41.83
扶绥县	Fusui County	122.21	37.92	55.00	49.33	29.29
宁明县	Ningming County	95.08	27.69	45.30	39.31	22.09
龙州县	Longzhou County	78.03	21.24	33.63	26.44	23.16
大新县	Daxin County	93.90	19.85	51.71	46.29	22.34
天等县	Tiandeng County	46.36	12.76	18.04	11.95	15.57
凭祥市	Pingxiang City	45.24	4.80	15.57	8.48	24.87

21—4 续表 continued

区 域	Region	全社会固定资产投资(亿元) Investment in Fixed Assets (100 million yuan)	公共财政预算收入(亿元) Public Budget Income (100 million yuan)	公共财政预算支出(亿元) Public Budget Expenditure (100 million yuan)	社会消费品零售总额(亿元) Total Retail Sales of Consumer Goods (100 million yuan)
桂西资源富集区	**The Resource-rich Area of Western Guangxi**	**1787.09**	**149.24**	**646.23**	**533.28**
百色市	**Baise City**	**895.23**	**70.91**	**264.76**	**201.06**
右江区	Youjiang District	121.51	5.53	16.60	62.79
田阳县	Tianyang County	120.01	7.03	22.58	20.37
田东县	Tiandong County	153.01	8.82	24.60	17.90
平果县	Pingguo County	153.01	15.58	26.20	23.38
德保县	Debao County	75.21	5.57	19.31	9.73
靖西县	Jingxi County	130.01	9.48	34.67	23.19
那坡县	Napo County	21.00	1.60	15.25	6.80
凌云县	Lingyun County	25.21	1.08	15.39	5.19
乐业县	Leye County	24.91	1.06	12.64	5.62
田林县	Tianlin County	21.21	1.56	17.16	8.61
西林县	Xilin County	21.62	0.89	12.37	5.12
隆林各族自治县	Longlin County	28.51	2.33	19.89	12.36
河池市	**Hechi City**	**343.22**	**29.93**	**225.63**	**223.79**
金城江区	Jinchengjiang District	76.57	2.49	12.40	55.53
南丹县	Nandan County	40.66	6.31	20.00	22.74
天峨县	Tian'e County	18.17	1.07	11.72	10.18
凤山县	Fengshan County	17.23	0.79	16.04	6.89
东兰县	Donglan County	17.85	0.78	18.24	11.90
罗城仫佬族自治县	Luocheng County	23.66	1.71	21.18	14.58
环江毛南族自治县	Huanjiang County	24.80	1.66	18.84	17.80
巴马瑶族自治县	Bama County	21.34	1.24	15.83	10.87
都安瑶族自治县	Du'an County	31.63	1.99	29.10	18.11
大化瑶族自治县	Dahua County	25.50	2.15	20.20	14.09
宜州市	Yizhou City	45.80	4.88	22.46	41.11
崇左市	**Chongzuo City**	**548.64**	**48.40**	**155.84**	**108.44**
江州区	Jiangzhou District	85.89	5.55	13.72	22.63
扶绥县	Fusui County	114.50	10.20	22.49	18.62
宁明县	Ningming County	77.01	6.12	24.53	12.66
龙州县	Longzhou County	68.51	5.97	20.90	15.71
大新县	Daxin County	78.11	5.58	20.55	10.68
天等县	Tiandeng County	51.59	2.71	17.70	9.10
凭祥市	Pingxiang City	73.02	6.79	14.40	19.03

注：全社会固定资产投资包含固定资产投资和农户投资两部分，本表数据为固定资产投资数据。

Note: The "Total Investment in Fixed Assets" includes 2 parts: investment in fixed assets and investment from rural households, and the data in this table refers to the investment in fixed assets.

21－5 珠江－西江经济带广西七市（2014年）
Main Indicators of the Zhujiang River-Xijiang River Economic Belt (2014)

区 域	Region	地区生产总值（亿元）Gross Domestic Product (100 million yuan)	第一产业 Primary Industry	第二产业 Secondary Industry	#工业 Industry	第三产业 Tertiary Industry
珠江－西江经济带	**The Zhujiang River-Xijiang River Economic Belt**	**9343.02**	**1233.24**	**4531.33**	**3804.76**	**3578.44**
南宁市	**Nanning City**	**3148.32**	**354.69**	**1251.54**	**923.49**	**1542.09**
良庆区	Liangqing District	116.05	19.93	67.75	43.91	28.36
邕宁区	Yongning District	58.49	23.09	14.42	6.02	20.98
武鸣县	Wuming County	265.86	68.94	137.43	120.40	59.49
隆安县	Long'an County	55.97	22.71	17.46	11.13	15.80
马山县	Mashan County	45.29	15.31	12.46	6.20	17.52
上林县	Shanglin County	45.02	18.49	10.09	5.87	16.44
宾阳县	Binyang County	164.17	41.53	62.18	44.15	60.47
横 县	Hengxian County	237.44	64.02	107.71	82.28	65.71
柳州市	**Liuzhou City**	**2208.51**	**160.07**	**1312.54**	**1191.11**	**735.90**
柳江县	Liujiang County	188.03	35.31	95.17	79.94	57.55
柳城县	Liucheng County	102.94	35.73	39.69	32.35	27.51
鹿寨县	Luzhai County	114.71	27.94	55.29	43.34	31.48
融安县	Rong'an County	52.71	15.21	19.82	15.88	17.69
融水苗族自治县	Rongshui County	66.07	15.13	31.87	21.66	19.07
三江侗族自治县	Sanjiang County	37.31	16.01	9.44	4.12	11.87
梧州市	**Wuzhou City**	**1062.00**	**117.18**	**646.06**	**595.31**	**298.76**
苍梧县	Cangwu County	38.30	16.03	15.19	10.15	7.08
藤 县	Tengxian County	194.42	45.25	115.02	101.52	34.15
蒙山县	Mengshan County	56.14	10.89	28.57	24.83	16.68
岑溪市	Cenxi City	217.83	31.93	148.31	135.26	37.60
贵港市	**Guigang City**	**805.40**	**162.14**	**325.51**	**270.65**	**317.75**
港北区	Gangbei District	154.39	17.88	49.88	29.86	86.63
港南区	Gangnan District	70.81	19.11	26.65	19.98	25.05
覃塘区	Qintang District	91.86	21.73	39.05	32.32	31.08
平南县	Pingnan County	185.58	46.72	70.15	62.29	68.71
桂平市	Guiping City	264.85	55.39	138.46	124.90	71.00

21－5 续表1 continued

区 域	Region	地 区 生产总值 (亿元) Gross Domestic Product (100 million yuan)	第一产业 Primary Industry	第二产业 Secondary Industry	#工业 Industry	第三产业 Tertiary Industry
百色市	**Baise City**	**917.95**	**158.71**	**490.02**	**417.90**	**269.22**
右江区	Youjiang District	176.19	23.86	89.98	72.62	62.36
田阳县	Tianyang County	103.77	22.40	57.93	49.86	23.45
田东县	Tiandong County	119.64	24.31	67.82	55.18	27.51
平果县	Pingguo County	132.43	13.70	94.16	87.22	24.58
德保县	Debao County	63.56	9.73	40.88	32.99	12.95
靖西县	Jingxi County	129.92	14.48	91.04	85.62	24.40
那坡县	Napo County	19.73	6.64	5.53	3.67	7.56
凌云县	Lingyun County	24.60	7.21	10.05	6.96	7.34
乐业县	Leye County	17.43	6.20	4.20	1.59	7.04
田林县	Tianlin County	32.31	12.28	8.68	6.39	11.35
西林县	Xilin County	18.65	8.22	3.54	1.86	6.90
隆林各族自治县	Longlin County	45.26	9.67	19.63	17.31	15.96
来宾市	**Laibin City**	**551.12**	**133.17**	**228.21**	**173.67**	**189.75**
兴宾区	Xingbin District	250.40	54.22	97.71	66.97	98.48
忻城县	Xincheng County	51.55	17.61	17.35	14.37	16.59
象州县	Xiangzhou County	91.29	26.52	44.57	35.68	20.21
武宣县	Wuxuan County	93.28	23.64	44.44	40.04	25.21
金秀瑶族自治县	Jinxiu County	25.59	7.76	6.79	4.29	11.04
合山市	Heshan City	35.26	3.69	18.32	13.28	13.24
崇左市	**Chongzuo City**	**649.72**	**147.28**	**277.45**	**232.64**	**224.99**
江州区	Jiangzhou District	122.64	23.11	57.70	50.33	41.83
扶绥县	Fusui County	122.21	37.92	55.00	49.33	29.29
宁明县	Ningming County	95.08	27.69	45.30	39.31	22.09
龙州县	Longzhou County	78.03	21.24	33.63	26.44	23.16
大新县	Daxin County	93.90	19.85	51.71	46.29	22.34
天等县	Tiandeng County	46.36	12.76	18.04	11.95	15.57
凭祥市	Pingxiang City	45.24	4.80	15.57	8.48	24.87

21－5 续表2 continued

区 域	Region	全社会固定资产投资(亿元) Investment in Fixed Assets (100 million yuan)	公共财政预算收入(亿元) Public Budget Income (100 million yuan)	公共财政预算支出(亿元) Public Budget Expenditure (100 million yuan)	社会消费品零售总额(亿元) Total Retail Sales of Consumer Goods (100 million yuan)
珠江-西江经济带	**The Zhujiang River-Xijiang River Economic Belt**	**7950.42**	**672.17**	**1607.16**	**3606.63**
南宁市	**Nanning City**	**2886.68**	**274.85**	**466.33**	**1616.90**
良庆区	Liangqing District	169.46	3.85	11.50	28.70
邕宁区	Yongning District	85.46	1.77	12.68	16.87
武鸣县	Wuming County	271.98	7.90	22.75	64.75
隆安县	Long'an County	53.66	3.17	16.77	15.72
马山县	Mashan County	49.08	2.11	18.61	18.82
上林县	Shanglin County	47.61	2.44	20.15	16.51
宾阳县	Binyang County	182.64	11.09	34.05	82.95
横 县	Hengxian County	186.90	11.97	34.51	75.21
柳州市	**Liuzhou City**	**1765.49**	**113.16**	**261.18**	**858.20**
柳江县	Liujiang County	184.28	7.42	19.47	37.12
柳城县	Liucheng County	87.62	4.28	15.94	28.97
鹿寨县	Luzhai County	143.31	4.94	19.40	29.89
融安县	Rong'an County	74.92	2.36	13.82	22.11
融水苗族自治县	Rongshui County	75.51	3.55	24.21	21.79
三江侗族自治县	Sanjiang County	56.19	1.71	17.03	17.28
梧州市	**Wuzhou City**	**876.04**	**90.45**	**182.92**	**328.30**
苍梧县	Cangwu County	20.19	3.58	16.51	17.97
藤 县	Tengxian County	187.27	12.14	34.08	66.62
蒙山县	Mengshan County	46.17	1.66	10.85	12.96
岑溪市	Cenxi City	215.13	14.43	34.91	60.08
贵港市	**Guigang City**	**547.17**	**36.45**	**146.84**	**359.56**
港北区	Gangbei District	125.64	7.32	14.63	124.75
港南区	Gangnan District	99.34	2.98	14.31	35.44
覃塘区	Qintang District	58.07	2.91	14.06	34.99
平南县	Pingnan County	119.01	7.65	35.65	62.30
桂平市	Guiping City	145.10	7.60	41.80	102.08

注：全社会固定资产投资包含固定资产投资和农户投资两部分，本表数据为固定资产投资数据。

Note: The "Total Investment in Fixed Assets" includes 2 parts: investment in fixed assets and investment from rural households, and the data in this table refers to the investment in fixed assets.

21－5 续表3 continued

区 域	Region	全社会固定资产投资（亿元）Investment in Fixed Assets (100 million yuan)	公共财政预算收入（亿元）Public Budget Income (100 million yuan)	公共财政预算支出（亿元）Public Budget Expenditure (100 million yuan)	社会消费品零售总额（亿元）Total Retail Sales of Consumer Goods (100 million yuan)
百色市	**Baise City**	**895.23**	**70.91**	**264.76**	**201.06**
右江区	Youjiang District	121.51	5.53	16.60	62.79
田阳县	Tianyang County	120.01	7.03	22.58	20.37
田东县	Tiandong County	153.01	8.82	24.60	17.90
平果县	Pingguo County	153.01	15.58	26.20	23.38
德保县	Debao County	75.21	5.57	19.31	9.73
靖西县	Jingxi County	130.01	9.48	34.67	23.19
那坡县	Napo County	21.00	1.60	15.25	6.80
凌云县	Lingyun County	25.21	1.08	15.39	5.19
乐业县	Leye County	24.91	1.06	12.64	5.62
田林县	Tianlin County	21.21	1.56	17.16	8.61
西林县	Xilin County	21.62	0.89	12.37	5.12
隆林各族自治县	Longlin County	28.51	2.33	19.89	12.36
来宾市	**Laibin City**	**431.18**	**37.95**	**129.29**	**134.17**
兴宾区	Xingbin District	227.62	5.60	25.00	59.68
忻城县	Xincheng County	33.07	2.47	16.22	19.55
象州县	Xiangzhou County	67.33	3.99	17.14	20.38
武宣县	Wuxuan County	63.12	4.38	17.77	18.20
金秀瑶族自治县	Jinxiu County	17.78	1.44	10.83	7.20
合山市	Heshan City	22.25	1.87	10.28	9.16
崇左市	**Chongzuo City**	**548.64**	**48.40**	**155.84**	**108.44**
江州区	Jiangzhou District	85.89	5.55	13.72	22.63
扶绥县	Fusui County	114.50	10.20	22.49	18.62
宁明县	Ningming County	77.01	6.12	24.53	12.66
龙州县	Longzhou County	68.51	5.97	20.90	15.71
大新县	Daxin County	78.11	5.58	20.55	10.68
天等县	Tiandeng County	51.59	2.71	17.70	9.10
凭祥市	Pingxiang City	73.02	6.79	14.40	19.03

注：全社会固定资产投资包含固定资产投资和农户投资两部分，本表数据为固定资产投资数据。
Note: The "Total Investment in Fixed Assets" includes 2 parts: investment in fixed assets and investment from rural households, and the data in this table refers to the investment in fixed assets.

第二十二篇

各市基本情况

BASIC STATISTICS OF CITIES

（编辑：黄浩洲）

22－1　各市社会经济主要指标（2014年）

指　标	Item	南宁市 Nanning	柳州市 Liuzhou	桂林市 Guilin
行政区域土地面积（平方公里）	Administrative Region Land Area (sq.km)	22099	18597	27809
地区生产总值（当年价，亿元）	Gross Domestic Product (At current prices, 100 million yuan)	3148.32	2208.51	1826.27
第一产业	Primary Industry	354.69	160.07	320.63
第二产业	Secondary Industry	1251.54	1312.54	865.05
#工业	Industry	923.49	1191.11	717.27
第三产业	Tertiary Industry	1542.09	735.90	640.59
人均地区生产总值（元）	Per Capita GDP (yuan)	45735	57049	37288
地区生产总值指数（%,上年=100）	Indices of Gross Domestic Product (%, preceding year=100)	108.5	108.5	108.0
第一产业	Primary Industry	104.2	103.3	104.9
第二产业	Secondary Industry	109.9	108.5	109.9
#工业	Industry	110.3	108.6	110.0
第三产业	Tertiary Industry	108.2	109.7	106.6
人均地区生产总值指数（%,上年=100）	Indices of Per Capita GDP (%, preceding year=100)	107.5	107.6	107.1
户籍年末总人口（万人）	Total Population at Year-end (10 000 persons)	729.66	377.93	526.48
男性	Male	382.65	196.16	273.56
女性	Female	347.00	181.77	252.92
出生人口（万人）	Birth (10000person)	14.22	7.92	10.74
死亡人口（万人）	Death (10000person)	3.54	1.76	2.74
年末总户数（万户）	Total Households at Year-end (10 000 households)	220.09	111.71	161.65
就业人员（万人）	Employed Persons (10 000 persons)		262.28	
城镇登记失业率（%）	Urban Registered Unemployment Rate (%)	2.95	3.95	3.75
城镇非私营就业人员（万人）	Number of Employed Persons in Urban Units (10 000 persons)	95.85	60.56	43.39
#国有单位	State-owned Units	41.74	21.16	21.70
城镇集体单位	Urban Collective-owned Units	1.06	2.42	1.31
城镇私营单位就业人数（万人）	Number of Employed Persons in Urban Private Enterprises (10 000 persons)	81.86	38.24	
城镇单位就业人员（含劳务派遣）平均工资（元）	Average Wages of Employed Persons in Urban Units (yuan)	54826	47759	46670
国有单位	State-owned Units	56836	48412	47723
城镇集体单位	Urban Collective-owned Units	44050	36409	43055
固定资产投资（亿元，不含农户）	Investment in Fixed Assets (100 million yuan, excluding rural registents)	2886.68	1765.49	1536.88
#房地产开发	Investment in Real Estate Development	551.82	277.52	215.23
商品房销售额（亿元）	Sales of Commercial Houses (100 million yuan)	531.87	194.58	171.01
#住宅	Residential Buildings	440.03	148.29	151.43

注：本表统计范围为全市数。
Note: The statistic indicators in this table refer to the whole city (including the counties belonging to the city).

Main Social & Economic Indicators by City (2014)

梧州市 Wuzhou	北海市 Beihai	防城港市 Fangcheng-gang	钦州市 Qinzhou	贵港市 Guigang	玉林市 Yulin	百色市 Baise	贺州市 Hezhou	河池市 Hechi	来宾市 Laibin	崇左市 Chongzuo
12572	3337	6238	1089.54	10602	12838	36202	11753	33476	13411	17332
1062.00	856.54	588.89	854.96	805.40	1341.52	917.95	448.97	601.17	551.12	649.72
117.18	149.49	70.57	193.95	162.14	248.78	158.71	98.59	137.23	133.17	147.28
646.06	454.51	340.36	338.94	325.51	591.66	490.02	192.02	205.26	228.21	277.45
595.31	407.81	298.41	250.57	270.65	479.53	417.90	134.23	152.07	173.67	232.64
298.76	252.54	177.96	322.07	317.75	501.08	269.22	158.36	258.68	189.75	224.99
35819	53636	65179	26971	19004	23780	25807	22375	17467	25558	31942
106.0	112.4	110.4	109.8	105.2	108.4	108.4	106.1	108.2	106.1	108.3
102.1	101.9	101.6	104.0	103.0	103.4	104.2	104.2	103.7	102.1	103.8
107.0	118.7	115.2	113.6	105.2	110.9	109.9	105.5	112.4	105.9	111.5
107.8	119.7	117.1	110.8	105.2	109.9	108.7	105.6	113.1	106.3	111.0
105.0	105.7	105.2	107.5	106.4	107.2	107.8	108.1	105.9	109.4	107.5
105.4	111.3	109.1	109.0	104.3	107.6	107.6	105.4	107.6	105.4	107.8
340.27	169.31	94.24	402.00	543.17	707.95	412.02	238.05	419.85	266.38	248.18
180.84	89.03	51.12	219.78	288.60	379.62	214.63	125.46	218.64	139.92	130.86
159.43	80.28	43.13	182.23	254.57	328.33	197.39	112.59	201.21	126.46	117.32
10.27	3.15	2.19	13.66	12.43	17.54	8.33	6.75	9.25	5.24	4.63
2.22	0.78	0.38	2.51	1.92	4.75	2.01	1.29	2.21	1.00	1.45
98.35	43.73	24.66	97.82	157.29	203.23	110.78	64.51	124.06	77.89	70.76
189.57	60.30	63.66	31.61	274.01		238.76		205.70	164.51	151.10
3.21	3.10	1.64	3.43	1.91	3.30	3.30	2.91	2.85	3.50	2.53
19.37	14.41	9.65	20.23	18.67	34.72	20.91	10.15	19.38	13.53	13.60
9.47	7.14	6.20	0.33	12.44	16.70	14.49	7.23	13.52	7.96	9.27
0.91	1.12	0.17	0.29	1.21	2.42	1.10	0.13	0.77	0.51	0.25
	19.89	3.84	11.38	5.58		21.59	3.63	7.11	23.28	3.99
38612	42608	43807	40576	40156	41211	40981	42958	40193	42680	39575
41397	46208	42644	42561	43121	43342	39953	43404	41123	43521	40209
35706	38260	34313	38110	27542	42898	34140	40210	29156	44035	29853
876.04	786.16	478.31	658.97	547.17	1123.71	895.23	530.28	343.22	431.18	548.64
88.00	157.49	89.26	76.17	77.88	96.33	54.36	17.82	27.13	74.78	34.66
73.44	94.18	64.24	53.41	70.70	108.62	46.00	17.84	25.92	43.35	36.92
62.09	88.70	54.13	46.67	63.94	82.23	35.63	15.59	24.91	30.90	30.04

22－1 续表1

指 标	Item	南宁市 Nanning	柳州市 Liuzhou	桂林市 Guilin
商品房屋销售面积（万平方米）	Selling Space of Commercial Houses (10 000 sq.m)	802.57	286.49	351.66
#住宅	Residential Buildings	720.95	252.83	336.61
公共财政预算收入（亿元）	Public Budget Income (100 million yuan)	274.85	133.16	123.89
#税收收入	Tax Revenue	204.65	96.59	35.72
#国内增值税	Value-added Tax	23.40	15.29	6.89
营业税	Sales Tax	48.22	16.66	18.08
企业所得税	Enterprises Income Tax	29.63	11.01	8.54
个人所得税	Individual Income Tax	7.57	2.79	2.21
公共财政预算支出（亿元）	Public Budget Expenditure (100 million yuan)	465.77	261.61	304.43
#教育支出	Expenditure for Education	75.48	45.44	53.43
社会保障和就业支出	Expenditure for Social Security & Employment	45.83	24.00	29.06
医疗卫生（与计划生育）支出	Expenditure for Medical & Health Care	44.67	23.96	36.21
农林水利事务支出	Expenditure for Affairs of Agriculture, Forestry & Water Resources	42.39	24.58	38.89
农村居民人均纯收入（元）	Per Capita Annual Net Income of Rural Households (yuan)	8576	8606	9431
农村居民人均生活费支出（元）	Per Capita Annual Living Expenditure of Rural Households (yuan)	6718	7186	6825
#食品支出	Expenditure for Food	3042	3102	3030
城镇居民人均可支配收入（元）	Per Capital Annual Disposable Income of Urban Households (yuan)	27075	26693	26811
城镇居民人均生活消费性支出（元）	Per Capita Living Expenditure of Urban Households (yuan)	19032	16970	16930
#食品支出	Expenditure for Food	7386	6866	6871
农村人均住房面积（平方米）	Per Capita Living Floor Space of Rural Households (sq.m)	45.08	36.16	
城镇人均住房建筑面积（平方米）	Per Capita Living Building Space of Urban Households (sq.m)	36.40	41.66	
乡村户数（万户）	Rural Households (10 000 households)	133.87	62.88	107.19
常用耕地面积（千公顷）	Daily Cultivated Area (1000 hectares)	692.46	351.20	334.10

Continued

梧州市 Wuzhou	北海市 Beihai	防城港市 Fangcheng-gang	钦州市 Qinzhou	贵港市 Guigang	玉林市 Yulin	百色市 Baise	贺州市 Hezhou	河池市 Hechi	来宾市 Laibin	崇左市 Chongzuo
182.06	169.62	156.06	148.90	173.38	311.73	130.04	70.56	67.63	147.19	120.62
170.33	139.28	144.49	140.69	163.54	254.15	109.87		65.59	132.85	111.34
90.45	47.25	45.45	138.31	66.11	88.81	70.91	24.41	29.93	37.95	48.39
48.49	34.06	28.12	118.50	26.65	52.83	44.08	15.05	19.82	21.56	26.75
3.84	2.58	2.39	1.39	3.60	4.64	4.53	19.93	3.16	2.28	3.66
6.49	9.44	6.75	6.10	6.44	7.16	7.88	3.26	5.14	4.64	4.36
3.61	3.45	2.72	2.55	3.27	4.29	2.80	1.53	1.99	1.61	1.70
0.66	0.52	0.41	0.52	0.64	1.08	0.73	0.37	0.65	0.34	0.39
184.05	104.97	99.83	141.27	147.14	229.10	261.13	117.36	226.19	129.29	155.56
38.03	19.68	11.68	34.44	43.34	57.62	49.82	1.59	47.59	26.84	31.92
14.20	5.70	12.27	17.04	13.54	26.03	27.39	11.36	22.28	13.03	19.06
24.21	11.71	6.47	19.55	23.94	35.46	28.86	14.40	26.15	15.78	15.53
16.69	13.43	10.65	14.65	17.71	24.42	34.60	17.30	34.92	15.18	20.61
8342	9079	9524	8892	9131	9314	6145	7337	5723	7751	7707
5829	5757	6685	5366	6182	5546	6114	5665	5252	6547	7446
2435	2318	3390	2488	2812	2403	2588	2278	2129	2533	2844
24272	25818	26523	25425	23262	26081	23282	23590	21363	25401	23184
15899	15045	15896	15316	15779	15996	14474	13493	14204	15654	13219
6801	5293	6440	7002	6577	6399	5663	5249	4804	5883	5384
	30.67	41.50		45.12	34.08					
	46.61	58.40		45.50	47.63					
76.09	24.71	17.61	83.57	117.49	132	81.14	52.29	93.58	53.35	53.75
171.65	125.24	91.66	197.70	320.48	238.7	450.27		366.89	408.84	520.48

22－1　续表2

指　　标	Item	南宁市 Nanning	柳州市 Liuzhou	桂林市 Guilin
农业机械总动力（万千瓦）	Total Agricultural Machinery Power (10 000 kw)	472.71	215.69	495.15
化肥使用量（折纯量，万吨）	Consumption of Chemical Fertilizers (Pure quantity, 10 000 tons)	46.82	19.71	68.28
农村用电量（亿千瓦时）	Electricity Consumed in Rural Areas (100 million kwh)	10.69	5.06	6.55
有效灌溉面积（千公顷）	Irrigated Area (1 000 hectares)	253.56	88.55	215.04
农作物总播种面积（千公顷）	Total Sown Area of Farm Crops (1 000 hectares)	967.78	406.62	698.63
#粮食作物	Grain Crops	441.39	167.33	378.24
粮食产量（万吨）	Grain Output (10 000 tons)	225.27	85.33	206.19
甘蔗产量（万吨）	Output of Sugarcane (10 000 tons)	1239.98	489.00	50.40
油料产量（万吨）	Output of Oil Plants (10 000 tons)	14.37	3.04	6.77
蔬菜产量（万吨）	Output of Vegetables (10 000 tons)	443.97	196.69	383.11
园林水果产量（万吨）	Output of Grove Fruits (10 000 tons)	182.69	74.72	378.32
肉类总产量（万吨）	Total Output of Meat (10 000 tons)	65.91	22.60	54.18
奶类产量（万吨）	Output of Milk (10 000 tons)	5.00	0.66	0.16
禽蛋产量（万吨）	Output of Eggs (10 000 tons)	3.21	1.32	5.78
水产品产量（吨）	Output of Aquatic Products (ton)	244635	71920	113856
工业企业单位数（个）	Number of Industrial Enterprises (unit)	946	825	625
工业总产值（规模以上，当年价，亿元）	Gross Industrial Output Value (Above designated size, at current prices, 100 million yuan)	2856.63	4323.94	2116.65
#轻工业	Light Industry	1226.45	460.02	781.24
重工业	Heavy Industry	1630.18	3863.93	1335.41
#大型企业	Large Enterprises	633.94	2238.17	387.37
中型企业	Medium Enterprises	910.74	1060.22	752.73
小型企业	Small Enterprises	1311.95	963.40	969.22
#内资企业	Domestic Funds Enterprises	2278.73	3356.69	2026.82
港澳台商投资企业	Enterprises with Funds from Hong Kong, Macao & Taiwan	373.19	40.53	16.54
外商投资企业	Foreign Funded Enterprises	204.71	926.73	73.29
工业企业资产总计（亿元）	Total Assets of Industrial Enterprises (100 million yuan)	1924.20	3001.76	1170.53
工业企业负债合计（亿元）	Total Liabilities of Industrial Enterprises (100 million yuan)	1065.16	2007.44	651.44
工业企业所有者权益（亿元）	Owner's Equity of Industrial Enterprises (100 million yuan)	842.76	980.92	519.09
工业企业主营业务收入（亿元）	Business Income of the Major Products of Industrial Enterprises (100 million yuan)	2710.60	3966.79	1957.64
工业企业利润总额（亿元）	Total Profits of Industrial Enterprises (100 million yuan)	195.54	136.79	160.75
工业企业本年应交增值税（亿元）	Value Added Tax Payable of Industrial Enterprises (100 million yuan)	94.08	87.93	61.30
工业企业从业人员年平均人数（万人）	Annual Average Number of Employed Persons of Industrial Enterprises (10 000 persons)	24.45	27.19	19.72
建筑企业单位数（个）	Number of Construction Enterprises (unit)	411	81	150
建筑业企业从业人员（万人）	Number of Persons Employed in Construction Enterprises (10 000 persons)	30.17	16.48	7.71
建筑业总产值（亿元）	Gross Output Value of Construction (100 million yuan)	933.92	538.14	254.29

Continued

梧州市 Wuzhou	北海市 Beihai	防城港市 Fangcheng-gang	钦州市 Qinzhou	贵港市 Guigang	玉林市 Yulin	百色市 Baise	贺州市 Hezhou	河池市 Hechi	来宾市 Laibin	崇左市 Chongzuo
131.83	137.64	81.54	174.16	325.81	324.80	292.38	128.16	324.33	182.36	242.62
7.23	6.50	6.48	26.74	19.57	16.40	12.01	5.59	13.33	24.71	29.88
4.40	1.84	2.12	4.82	4.86	8.70	8.95	3.02	7.98	4.75	2.43
73.17	50.51	29.14	82.40	151.56	141.00	107.79	65.51	85.46	100.79	85.58
291.66	182.87	123.89	392.20	442.94	492.50	498.72	248.44	490.48	440.30	541.60
158.46	78.67	49.94	222.24	273.00	322.30	276.25	138.06	270.97	173.30	122.98
82.15	38.35	20.05	114.07	154.84	189.40	120.78	73.62	105.08	81.82	51.35
18.98	225.76	295.05	391.47	239.41	166.70	514.27	19.82	481.69	1241.78	2375.19
4.00	4.69	0.60	2.44	9.95	4.80	1.52	3.02	1.38	3.59	2.15
194.83	77.73	26.18	126.37	142.29	286.90	207.05	149.79	126.71	110.00	89.45
51.16	11.44	7.15	166.80	24.64	85.10	66.61	61.25	34.70	43.57	98.29
20.73	12.93	4.73	30.34	38.25	78.50	26.82	16.80	22.75	15.38	12.58
0.09	0.16	0.49	2.10	0.40	0.50	0.03	0.75	0.00	0.54	0.00
0.82	1.82	0.65	2.26	2.22	6.50	0.46	0.72	0.46	0.40	0.24
88409	1039182	470685	519063	21	147100	138833	73047	72829	63400	67875
411	190	161	270	409	614	256	178	189	209	147
1924.85	1595.50	1141.08	1291.44	798.67	1429.98	1115.30	383.37	383.11	520.47	587.76
315.81	240.54	475.82	405.25	327.60	656.94	127.96	74.70	105.58	179.66	323.43
1609.05	1354.97	665.27	886.19	471.06	773.04	987.33	308.67	277.53	340.81	264.33
668.21	588.18	366.78	111.78	194.94	293.05	434.98	48.13	103.23	79.29	154.63
701.39	772.50	383.77	706.19	331.96	569.15	353.98	178.46	171.91	222.60	264.78
555.25	234.83	390.53	469.36	263.76	567.78	326.34	156.77	107.97	218.57	168.35
1720.42	1213.48	844.05	1110.19	668.81	1125.66	1055.48	323.52	363.33	448.21	431.70
133.12	316.41	51.59	98.96	82.13	116.37	59.81	54.63	5.91	36.41	13.10
71.31	65.62	245.45	82.29	47.72	187.95		5.22	13.86	35.84	142.96
788.15	630.25	770.53	838.38	688.62	748.13	1154.11	366.37	880.77	588.39	481.47
435.33	365.29	557.56	456.25	384.70	410.30	870.99	208.02	701.80	462.34	288.88
335.41	256.61	210.46		299.86	317.97	335.61	156.80	178.90	124.45	179.35
1817.38	1536.85	904.40	1223.95	764.14	1308.81	850.60	348.17	362.98	462.73	488.64
173.50	101.04	27.31	-10.56	65.25	84.88	16.53	30.06	19.41	-2.18	74.11
101.77	68.41	9.26	29.25	22.07	37.91	28.12	10.35	20.89	14.86	27.59
15.56	6.75	3.54	7.73	10.36	20.57	7.99	3.20	5.75	4.71	4.15
44	48	50	59	44	74	67	34	49	35	36
1.40	1.81	2.80	9.46	1.73	6.91	1.69	0.17	1.98	1.95	0.78
26.10	63.62	78.88	274.78	48.58	216.21	37.34	12.69	52.26	50.28	21.90

22－1 续表3

指 标	Item	南宁市 Nanning	柳州市 Liuzhou	桂林市 Guilin
房屋建筑施工面积（万平方米）	Floor Space of Buildings under Construction (10 000 sq.m)	6541.09	5937.07	2238.42
房屋建筑竣工面积（万平方米）	Floor Space of Buildings Completed (10 000 sq.m)	1382.03	1079.89	337.77
公路里程（公里）	Length of Highways (km)	12458	8156	13859
#等级公路	Length of Expressway & Class I to IV Highway	11641	6660	11479
民用汽车拥有量（辆）	Number of Civil Motor Vehicles Owned (vehicle)	889943	443272	363009
#私人汽车	Private Motor Vehicles	710055	377575	309747
邮政业务总量（亿元）	Business Volume of Post Service (100 million yuan)	5.39	1.67	3.57
电信业务总量（亿元）	Business Volume of Telecommunications Service (100 million yuan)	122.32	27.68	49.38
固定电话用户（万户）	Local Telephone Subscribers (10 000 subscribers)	78.13	34.89	58.80
移动电话用户（万户）	Number of Mobile Telephone Subscribers (10 000 subscribers)	752.41	370.23	397.60
互联网用户数（万户）	Number of Internet Subscribers (10 000 subscribers)	166.78	123.15	72.70
社会消费品零售总额（亿元）	Total Retail Sales of Consumer Goods (100 million yuan)	1616.90	858.20	682.87
批发和零售业法人企业数（个）	Number of Corporation Enterprises in Wholesale & Retail (unit)	772	507	269
批发和零售业年末从业人数（人）	Number of Year-end Employed Persons in Wholesale & Retail (person)	61255	25439	20050
批发和零售业商品销售额（亿元）	Sales of Goods of Wholesale & Retail (100 million yuan)	2464.69	941.92	571.93
住宿和餐饮业法人企业数（个）	Number of Corporation Enterprises in Hotel & Catering (unit)	208	73	168
住宿和餐饮业年末从业人数（人）	Number of Year-end Employed Persons in Hotel & Catering (person)	28159	7221	14747
住宿和餐饮业营业额（亿元）	Turnover of Hotel & Catering (100 million yuan)	38.70	8.92	110.94
进出口总额（万美元）	Total Import & Export (USD 10 000)	481410	226825	94327
进口额	Import	219708	146628	17102
出口额	Export	261702	80197	77225
实际外商直接投资（万美元）	Foreign Actual Direct Investment (USD 10 000)	63950	9986	14487
入境国际旅游者人数（万人次）	Number of International Tourists Through Guangxi (10 000 person-times)	43.30	17.41	203.32
#外国人	Foreigners	30.95	11.40	117.17
国际旅游外汇收入（万美元）	Foreign Exchange Earnings From International Tourism (USD 10 000)	18375.76	6588.69	96902.71
国内旅游人数（万人次）	Number of Domestic Tourists (10 000 person-times)	6905.19	2605.43	3871.16
国内旅游总收入（亿元）	Total Domestic Tourism Receipts (100 million yuan)	585.74	229.09	420.30
星级饭店数（个）	Total Number of Tourist Hotel (unit)	50	47	69
金融机构本外币存款（亿元）	Saving Deposit in RMB & Foreign Currencies of Financial Institutions (100 million yuan)	7209.56	2565.67	2269.76
金融机构人民币存款（亿元）	Saving Deposit in RMB of Financial Institutions (100 million yuan)	7064.49	2553.66	2252.39
#单位存款	Deposit of Units	4225.35	1362.88	782.78
个人存款	Personal Deposit	2529.86	1141.02	1432.40
#储蓄存款	Savings Account	2321.74	1061.01	1327.45

Continued

梧州市 Wuzhou	北海市 Beihai	防城港市 Fangcheng-gang	钦州市 Qinzhou	贵港市 Guigang	玉林市 Yulin	百色市 Baise	贺州市 Hezhou	河池市 Hechi	来宾市 Laibin	崇左市 Chongzuo
982.77	424.81	443.87	1150.47	435.24	1804.17	232.63	300.74	539.97	329.99	100.11
84.55	166.32	313.38	679.64	171.81	1059.17	146.95	43.16	91.48	154.49	50.88
5619	2728	2901	6170	6899	10146	16106		12645	6464	7016
4698	2637	2326	5846	5573	7777	14294		11517	4888	6447
626247	138492	79751	702700	162104	291698	171169	95506	154906	83539	80101
605597	120413	67371	47000	144000	259259	147974	84754	134094	70747	66837
2.04	1.17	0.94	1.34	2.80	3.46	1.97	0.89	1.68	0.93	1.31
21.42	20.81	10.64	17.36	24.02	39.00	17.89	14.06	26.02	9.97	17.84
20.02	23.14	12.83	32.12	37.86	62.37	25.54	12.93	25.51	14.23	14.98
175.75	168.77	89.98		235.23	402.72	239.11	133.94	222.80	140.54	150.10
28.33	27.57	13.68		31.29	53.71	30.71	20.00	28.85	17.07	16.13
328.30	185.81	91.67	303.25	359.56	545.71	201.06	133.63	223.79	134.17	108.44
99	81.00	70	150	94	231	139	59	95	67	70
5649	5279	2747	6582	5550	16544	8181	4007	6251	3336	3297
95.28	147.66	127.48	185.46	130.34	970.67	147.17	65	326.08	61.87	94.00
42	43	22	31	31	55	58	11.00	30	18	28
2391	3343	1522	2483	2197	5045	3592	1234	2138	1599	2181
2.22	3.97	1.51	2.17	1.94	69.28	3.32	0.90	28.74	13.41	2.47
124948	350016	546866	533447	30603	48681	72850	17306	47929	10688	1469407
74171	174840	396344	332334	11900	16458	19792	9955	45639	5989	1317965
50777	175176	150522	201112	18703	32224	53059	7351	2291	4699	151442
1078	13000	2440	51171	2200	(实际利用外资) 2968	201	2602	10616	842	6329
19.03	12.09	15.38	5.03	8.29	9.59	7.01	33.07	9.17	1.86	35.18
3.00	6.31	14.48		1.18	1.80	3.55	6.38	3.28	0.65	22.27
6547.81	4745.91	4906.43	1761.09	3061.00	4220.64	2688.70	10706.13	3551.63	813.36	11859.86
1279.13	1720.69	1168.40	868.31	1266.25	1653.75	1997.80	1257.17	1530.09	1216.90	1327.35
123.33	168.11	76.73	75.61	107.53	147.53	156.01	124.96	144.39	75.40	93.66
30	30	28	24	20	22	31	22	50	22	27
855.65	717.55	482.06	773.86	907.69	1303.98	881.14	460.22	814.39	495.28	561.74
853.32	699.52	470.24	768.10	905.75	1302.45	880.56	459.85	812.26	494.84	561.55
288.43	247.50	180.99	266.28	228.52	277.91	328.46	161.89	283.18	191.99	181.24
547.11	445.07	272.87	486.35	664.14	1007.73	528.67	288.13	506.86	288.78	360.47
529.52	432.53	266.66		659.96	993.04	523.08	284.53	502.25	285.47	355.91

22－1　续表4

指　标	Item	南宁市 Nanning	柳州市 Liuzhou	桂林市 Guilin
金融机构本外币贷款（亿元）	Loans in RMB & Foreign Currencies of Financial Institutions (100 million yuan)	7487.09	1786.77	1389.55
金融机构人民币贷款（亿元）	Loans in RMB of Financial Institutions (100 million yuan)	7091.46	1770.26	1385.70
境内贷款	Domestic Loans	7089.69	1770.15	1384.59
短期贷款	Short-term Loans	1501.45	712.61	408.72
中长期贷款	Medium & Long-term Loans	5378.95	979.41	956.11
境外贷款	Overseas Loans	1.77	0.11	0.10
幼儿园数（所）	Number of Kindergartens (unit)	1384	653	825
在园儿童数（万人）	Student Enrollment (10 000 persons)	27.32	12.07	10.04
普通小学学校数（所）	Number of Regular Primary Schools (unit)	1451	670	1138
普通小学专任教师数（人）	Full-time Teachers in Regular Primary Schools (person)	28561	13431	19531
普通小学招生数（万人）	New Student Enrollment in Regular Primary Schools (10 000 persons)	10.28	5.10	6.39
普通小学在校学生数（万人）	Regular Primary Student Enrollment (10 000 persons)	56.70	28.71	33.75
普通小学毕业生数（万人）	Graduates of Regular Primary Schools (10 000 persons)	8.37	4.13	4.50
普通中学学校数（所）	Number of Regular Secondary Schools (unit)	342	163	219
普通中学专任教师数（人）	Full-time Teachers in Regular Secondary Schools (person)	23776	12097	15620
普通中学招生数（万人）	New Student Enrollment in Secondary Schools (10 000 persons)	12.79	6.13	6.97
普通中学在校学生数（万人）	Student Enrollment in Regular Secondary Schools (10 000 persons)	38.29	17.64	20.36
普通中学毕业生数（万人）	Graduates in Regular Secondary Schools (10 000 persons)	12.06	5.30	6.36
普通高等学校数（所）	Regular Institutions of Higher Education (unit)	32	6	9
普通高等学校专任教师数（人）	Full-time Teachers in Regular Institutions of Higher Education (person)	18441	3354	7122
普通高等学校招生数（万人）	New Student Enrollment in Regular Institutions of Higher Education (10 000 persons)	11.62	3.18	5.60
普通高等学校在校学生数（万人）	Student Enrollment in Regular Institutions of Higher Education (10 000 persons)	35.62	8.76	18.52
普通高等学校毕业生数（万人）	Graduates in Regular Institutions of Higher Education (10 000 persons)	9.07	2.48	4.82
公共图书馆（个）	Public Libraries (unit)	17	11	14
卫生机构数（个）	Number of Health Institutions (unit)	2613	2371	5256
#医院、卫生院	Hospitals, Village Clinics	211	160	198
卫生机构床位数（张）	Number of Beds in Health Institutions (bed)	37362	20656	18394
#医院、卫生院	Hospitals, Village Clinics	34306	19218	16791
卫生机构人员数（人）	Number of Employed Personnel in Health Institutions (person)	69203	35090	38998
#卫生技术人员	Medical & Technical Personnel	53486	27587	28070
#执业医师、执业助理医师	Certified Physicians, Certified Assistant Physicians	21174	9177	10154
注册护士	Senior Nurses	22623	11640	11619

Continued

梧州市 Wuzhou	北海市 Beihai	防城港市 Fangcheng-gang	钦州市 Qinzhou	贵港市 Guigang	玉林市 Yulin	百色市 Baise	贺州市 Hezhou	河池市 Hechi	来宾市 Laibin	崇左市 Chongzuo
622.32	457.52	407.61	531.51	547.29	749.07	673.66	279.64	471.52	330.58	336.82
620.27	434.02	380.21	524.37	546.92	747.87	673.33	279.00	467.18	330.15	335.72
620.08	433.92	380.10	524.22	546.88	747.83	673.32	278.99	467.18	330.57	335.68
245.59	110.02	80.03	171.50	203.89	288.46	220.34	128.00	166.98	114.29	125.49
372.70	322.32	296.40	346.84	339.08	438.07	443.01	148.35	297.93	209.15	206.81
0.19	0.10	0.11	0.15	0.04	0.04	0.01	148.00	0.00	0.01	0.04
469	258	182	243	835	1251	1182	356	805	899	428
12.00	7.23	3.45	14.72	20.33	29.13	15.48	8.33	14.94	8.42	7.53
894	392	518	1080	1139	1475	1278	692	1370	400	705
14955	7233	4349	29039	20419	28774	15886	9411	18204	9891	9494
4.64	2.55	1.48	5.70	7.34	10.11	5.74	3.40	6.07	3.15	3.03
28.21	15.30	8.77	34.26	44.22	59.8	34.24	18.27	34.72	17.87	16.97
4.67	2.45	1.35	6.25	7.74	10.06	5.27	2.76	5.16	2.63	2.56
133	90	46	121	226	290	188	107	197	83	83
11148	6414	2849	11143	18902	22256	11156	7046	11859	7832	5680
6.57	3.45	1.69	8.02	11.74	13.96	6.92	4.05	7.22	3.15	3.31
18.75	3.18	5.04	21.49	35.32	39.96	19.98	10.77	20.36	11.97	8.83
5.67	3.15	1.59	6.12	11.77	12.34	6.66	3.33	6.86	4.00	2.56
3	5	1	2		1	6	1	2	2	5
725	1930	161			858	1571	549	746	542	1440
0.54	0.84	0.18	0.85		0.51	0.95	0.34	0.55	0.30	1.44
1.67	2.18	0.34	1.90		1.72	2.76	1.04	1.52	0.73	3.89
0.38	0.74	0.00	0.70		0.41	0.64	0.25	0.33	0.19	0.88
5	3	4	5	6	6	13		11	7	7
1470	1090	626	475	4263	3560	2594	1127	2274	1500	1437
93	50	43	77	108	154	207	77	180	93	23
11453	7074	3719	13157	13512	21521	15805	7395	14612	9850	7453
10817	7031	3719		12894	20094	14695	6989	13783	8965	4175
21643	11469	7157	13154	26107	33501	25476	13676	23553	14287	14453
14520	8775	5141	15586	17170	23387	17911	9950	16917	10231	9887
4714	3232	1736	4696	5590	7978	5367	2978	5475	3458	3165
6042	3526	1973	6066	6265	8700	5896	1980	6810	3816	3995

22-2 南宁市主要经济指标情况（1978-2014年）
Main Economic Indicators of Nanning (1978-2014)

年份 Year	生产总值（按当年价格，亿元） Gross Domestic Product (current prices, 100 million yuan)	第一产业 Primary Industry	第二产业 Secondary Industry	#工业 Industry	第三产业 Tertiary Industry	生产总值指数（上年=100） Indices of Gross Domestic Product (preceding year=100)	第一产业 Primary Industry	第二产业 Secondary Industry	#工业 Industry	第三产业 Tertiary Industry
1978	14.74	6.19	5.22	4.75	3.33	111.5	110.3	112.1	108.1	112.6
1979	10.68	2.90	5.17	4.73	2.61	119.7	111.1	134.1	133.9	106.2
1980	18.01	7.01	7.00	6.45	4.00	105.5	105.3	108.0	112.6	101.7
1981	12.44	3.32	5.62	5.02	3.50	109.0	109.2	102.2	102.6	121.9
1982	13.72	4.11	5.99	5.26	3.62	108.8	120.2	107.2	105.6	102.0
1983	14.95	4.11	6.58	5.82	4.26	108.8	98.1	110.7	111.5	115.8
1984	15.38	4.12	6.51	5.65	4.75	100.0	98.3	96.4	95.6	107.4
1985	30.93	11.83	10.84	9.59	8.27	112.7	103.4	122.1	117.7	113.1
1986	35.15	12.64	12.72	11.10	9.79	107.9	101.4	111.7	110.1	114.1
1987	42.05	14.64	15.67	13.75	11.75	112.6	105.2	117.6	118.3	114.2
1988	53.78	17.88	19.13	16.67	16.76	109.7	92.8	109.0	108.3	129.6
1989	62.04	19.16	21.92	20.06	20.96	107.4	107.7	102.8	108.0	114.9
1990	70.88	23.10	24.84	22.83	22.94	109.6	111.1	111.6	112.1	107.8
1991	79.32	23.91	27.46	25.20	27.95	106.3	100.6	106.9	106.7	111.6
1992	91.81	27.77	30.47	27.59	33.56	112.7	115.1	109.3	107.9	114.3
1993	134.62	34.44	49.93	43.65	50.25	123.5	106.9	134.4	129.7	128.3
1994	187.23	49.10	67.51	57.80	70.61	116.5	107.7	119.6	117.1	120.7
1995	235.81	61.52	80.79	65.22	93.49	114.5	112.6	114.9	108.3	115.7
1996	267.20	69.05	84.59	66.64	113.56	111.4	105.9	110.4	107.7	116.5
1997	304.49	78.59	92.22	70.98	133.69	112.5	113.9	108.8	106.3	115.2
1998	339.55	83.44	99.73	76.71	156.38	111.5	108.4	110.3	110.3	114.8
1999	356.99	85.26	101.99	77.23	169.73	109.4	107.4	108.1	106.4	111.7
2000	377.94	87.66	105.37	79.09	184.91	107.7	100.7	104.6	105.4	113.9
2001	418.17	90.74	113.16	85.25	214.26	108.8	102.2	106.4	106.7	113.2
2002	463.18	94.35	125.56	93.39	243.27	110.9	107.7	112.0	112.2	111.6
2003	521.78	99.70	152.35	109.62	269.73	110.9	103.7	119.3	113.4	109.4
2004	619.12	107.68	193.38	137.83	318.06	113.2	105.9	118.2	116.8	113.1
2005	727.90	124.25	231.21	165.18	372.44	113.4	108.2	115.6	115.0	114.0
2006	880.11	144.34	297.31	221.29	438.46	116.8	108.4	125.3	129.9	114.4
2007	1089.07	178.00	372.27	284.09	538.80	117.4	107.3	121.2	124.2	117.9
2008	1320.43	203.11	457.94	352.27	659.39	114.7	105.3	114.8	116.9	117.4
2009	1524.71	212.38	527.46	395.80	784.88	115.1	105.8	117.0	113.5	116.3
2010	1800.26	244.43	651.88	483.78	903.94	114.2	105.7	117.8	115.9	113.7
2011	2211.44	305.55	829.61	612.59	1076.28	113.5	105.7	118.3	118.1	112.2
2012	2503.18	322.96	960.75	706.11	1219.48	112.3	105.2	118.1	118.7	109.6
2013	2803.54	349.93	1110.89	820.60	1342.73	110.3	104.8	114.6	114.8	108.1
2014	3148.32	354.69	1251.54	923.49	1542.09	108.5	104.2	109.9	110.3	108.2

22—2 续表 continued

年份 Year	全社会固定资产投资（亿元）Total Investment in Fixed Assets (100 million yuan)	社会消费品零售总额（亿元）Total Retail Sales of Consumer Goods (100 million yuan)	进出口（万美元）Total Import & Export (USD 10 000)	#出口 Exports	财政收入（亿元）Finance Revenue (100 million yuan)	#公共财政预算收入 Public Budget Income	公共财政预算支出（亿元）Public Budget Expenditure (100 million yuan)	城镇居民人均可支配收入（元）Per Capita Annual Disposable Income of Urban Households (yuan)	农村居民人均纯收入（元）Per Capita Annual Net Income of Rural Households (yuan)
1978	1.77	3.47			2.01	2.01	0.71		88
1979	2.47	4.02			1.98	1.98	0.60		105
1980	1.67	4.94			2.37	2.37	0.74	386	107
1981	1.34	5.50			2.45	2.45	0.74	445	135
1982	1.65	6.24			2.60	2.60	0.81	478	158
1983	1.96	6.93			2.63	2.63	0.77	513	239
1984	2.39	8.42			2.74	2.74	0.95	624	316
1985	4.46	11.72			3.54	3.54	1.80	716	367
1986	5.93	12.50			3.89	3.89	2.67	851	404
1987	6.80	15.16			4.41	4.41	2.90	949	461
1988	9.15	20.59			5.11	5.11	4.05	1166	521
1989	7.39	23.79			5.74	5.74	3.94	1274	574
1990	7.59	25.16	13732	9983	6.39	6.39	4.77	1454	624
1991	8.44	30.63	15884	11153	7.01	7.01	4.84	1659	683
1992	11.36	36.76	15903	10121	7.35	7.35	4.84	2106	778
1993	23.65	52.09	23324	9463	10.65	10.65	6.69	3081	912
1994	33.90	66.79	25234	9424	15.02	7.35	8.58	4543	1093
1995	56.35	83.99	17594	6988	17.11	9.12	9.46	5544	1326
1996	64.39	100.66	13703	6210	19.05	10.36	10.58	5973	1553
1997	74.78	115.36	36368	29434	21.58	11.68	11.95	5931	1788
1998	82.36	128.64	39753	33228	24.52	13.16	13.99	6570	1942
1999	88.08	137.14	57100	40094	27.01	14.97	17.29	6847	2079
2000	113.17	212.43	66164	51238	36.46	21.65	29.07	7448	1791
2001	121.41	231.35	53733	43053	45.29	29.19	34.86	7906	1954
2002	145.56	256.78	49668	40746	52.53	31.28	45.26	8796	2111
2003	190.36	288.45	65792	51143	61.06	36.24	52.50	9162	2231
2004	262.76	332.05	63625	52421	74.63	43.25	62.12	8059	2467
2005	362.90	380.34	71916	57716	100.22	45.20	73.55	9203	2680
2006	447.22	438.20	92853	71681	120.36	56.62	93.08	10193	3033
2007	560.22	518.81	128596	101316	150.84	70.15	118.00	11877	3462
2008	693.44	647.46	186666	158604	191.17	92.88	166.08	14446	4001
2009	1043.91	757.01	278735	238172	231.37	120.46	203.55	16254	4385
2010	1483.02	905.93	220407	158638	300.88	156.10	261.28	18032	5005
2011	2018.95	1073.15	251042	166236	363.52	186.29	301.85	20005	5848
2012	2585.18	1255.59	414678	251734	422.00	229.72	376.51	22561	6777
2013	2475.01	1450.84	442117	235270	473.66	256.25	418.40	24817	7685
2014	2933.87	1616.90	481410	261702	526.59	274.85	465.77	27075	8576

注：2004年以前城镇居民人均可支配收入口径为城市居民可支配收入。

Note: The statistical range of indicator "per capita Annual Disposable Income of Urban Households" refers to the households in cities before 2004.

22－3 柳州市主要经济指标情况（1978－2014年）
Main Economic Indicators of Liuzhou (1978－2014)

年份 Year	生产总值（按当年价格，亿元）Gross Domestic Product (current prices, 100 million yuan)	第一产业 Primary Industry	第二产业 Secondary Industry	#工业 Industry	第三产业 Tertiary Industry	生产总值指数（上年=100）Indices of Gross Domestic Product (preceding year=100)	第一产业 Primary Industry	第二产业 Secondary Industry	#工业 Industry	第三产业 Tertiary Industry
1978	9.89	2.70	4.86	4.53	2.33	106.6	104.7	106.4	107.2	109.5
1979	10.87	2.76	5.31	4.94	2.80	104.5	98.8	106.8	108.1	106.6
1980	12.26	3.16	6.11	5.67	2.99	112.9	104.8	116.7	116.5	114.2
1981	13.47	3.73	6.56	6.09	3.18	106.4	110.7	104.9	106.2	105.0
1982	14.10	3.99	6.68	6.23	3.43	105.2	103.4	105.0	105.6	107.3
1983	16.29	4.31	7.76	7.27	4.23	109.9	105.5	108.9	109.0	116.1
1984	18.74	4.57	9.14	8.40	5.04	114.0	101.8	121.1	120.4	112.5
1985	23.16	5.18	11.53	10.77	6.45	120.1	102.2	127.9	128.2	119.6
1986	26.87	5.94	13.57	12.50	7.36	113.2	105.7	118.5	119.4	107.3
1987	35.51	6.93	18.87	17.27	9.72	117.0	108.9	115.4	114.2	126.4
1988	42.78	8.12	21.53	19.79	13.13	107.6	96.5	105.4	105.9	118.9
1989	49.01	9.61	24.06	22.43	15.34	102.7	111.2	100.8	101.8	102.3
1990	52.80	11.98	24.23	22.88	16.59	102.8	106.4	100.6	101.0	104.9
1991	61.67	11.97	28.85	26.41	20.85	111.5	98.1	113.9	113.5	117.0
1992	76.34	13.73	36.49	33.42	26.12	119.2	115.1	120.2	120.5	120.2
1993	105.48	16.23	56.71	52.77	32.54	110.3	105.0	123.0	123.8	101.7
1994	141.56	21.04	78.94	72.80	41.57	115.1	100.7	130.7	130.4	105.6
1995	177.64	29.25	93.46	85.68	54.93	116.5	114.7	117.8	116.8	115.8
1996	178.75	31.93	82.52	73.56	64.30	102.2	108.3	98.7	97.4	104.0
1997	201.07	33.54	91.26	82.07	76.27	115.0	110.8	110.4	110.8	122.8
1998	216.86	34.74	96.04	87.48	86.08	107.9	101.8	105.6	106.7	113.0
1999	228.37	35.60	99.09	91.10	93.68	107.3	106.8	105.9	106.3	109.1
2000	251.56	37.36	107.26	99.70	106.93	109.0	105.3	108.7	109.6	110.7
2001	283.68	39.40	119.84	111.59	124.45	111.1	106.8	112.2	112.8	111.4
2002	314.63	42.86	135.51	124.07	136.27	113.7	106.9	117.8	115.8	111.7
2003	361.57	44.61	168.73	150.61	148.23	111.9	104.6	117.2	112.4	108.7
2004	440.83	54.56	226.06	203.54	160.21	114.2	107.9	120.4	120.5	109.0
2005	512.00	58.95	266.11	241.78	186.95	114.0	107.3	117.5	118.6	111.6
2006	622.34	65.75	345.79	319.71	210.79	115.2	108.0	121.0	122.5	109.3
2007	755.12	77.20	437.93	407.55	239.99	115.6	106.8	119.4	119.9	112.2
2008	905.26	85.52	543.66	505.78	276.08	114.1	105.1	118.6	119.2	109.0
2009	1046.05	90.45	636.43	588.07	319.18	116.3	105.4	120.1	119.1	112.4
2010	1315.31	109.48	839.96	776.84	365.87	115.8	105.4	120.4	119.9	109.8
2011	1579.72	135.86	1003.68	923.21	440.17	110.8	105.7	111.7	111.3	110.3
2012	1820.61	147.38	1147.36	1055.69	525.87	111.5	106.1	111.7	111.6	112.6
2013	2010.05	159.29	1274.93	1166.65	575.84	110.0	105.0	111.6	111.0	107.6
2014	2208.51	160.07	1312.54	1191.11	735.90	108.5	103.3	108.5	108.6	109.7

22—3 续表 continued

年份 Year	全社会固定资产投资（亿元） Total Investment in Fixed Assets (100 million yuan)	社会消费品零售总额（亿元） Total Retail Sales of Consumer Goods (100 million yuan)	进出口（万美元） Total Import & Export (USD 10 000)	#出口 Exports	财政收入（亿元） Finance Revenue (100 million yuan)	#公共财政预算收入 Public Budget Income	公共财政预算支出（亿元） Public Budget Expenditure (100 million yuan)	城镇居民人均可支配收入（元） Per Capita Annual Disposable Income of Urban Households (yuan)	农村居民人均纯收入（元） Per Capita Annual Net Income of Rural Households (yuan)
1978	1.23	3.63			2.79	2.79	1.15		82
1979	0.96	3.93			2.99	2.99	0.73		91
1980	1.73	4.75			2.96	2.96	0.79	384	81
1981	1.33	5.45			3.24	3.24	0.80	431	103
1982	1.68	6.04			3.41	3.41	0.96	467	159
1983	1.81	6.61			2.92	2.92	0.97	489	254
1984	2.99	7.30			3.34	3.34	1.17	586	270
1985	4.88	9.43			4.37	4.37	1.95	668	316
1986	5.37	10.96			4.91	4.91	3.32	841	352
1987	8.67	12.54			5.76	5.76	3.95	966	392
1988	9.76	16.97			6.43	6.43	4.10	1119	453
1989	7.63	18.25			7.23	7.23	4.88	1260	518
1990	6.59	18.84			7.55	7.55	5.26	1515	586
1991	10.71	21.66			7.81	7.69	5.35	1794	694
1992	15.64	26.54			8.40	8.40	5.72	2105	783
1993	35.34	39.75			13.10	13.10	9.22	3267	890
1994	45.78	48.38			17.07	6.92	8.35	3912	1120
1995	38.68	60.48			18.78	8.26	9.71	4508	1440
1996	40.54	63.06			18.34	7.78	11.68	4805	1701
1997	41.36	72.65			20.90	9.32	12.06	5457	2035
1998	46.17	74.45			25.74	13.05	13.95	5552	2155
1999	45.46	77.43			27.93	13.93	16.60	5328	2183
2000	44.83	81.15			33.09	16.86	19.48	5740	1658
2001	50.77	94.57	21317	14022	42.20	21.76	27.43	7547	1797
2002	75.78	102.86	26813	14632	49.00	23.24	30.77	7928	1954
2003	109.37	90.90	28454	13922	58.19	27.13	38.37	8370	2082
2004	141.32	175.50	59342	19236	67.74	29.81	43.73	9155	2250
2005	171.76	200.25	69599	21230	80.19	28.18	49.48	9556	2534
2006	200.69	230.50	101256	39472	95.20	34.85	62.61	11002	2914
2007	302.04	274.08	133110	68613	116.38	40.37	74.93	12866	3497
2008	430.30	344.33	202586	93049	140.13	52.44	96.36	14474	3956
2009	681.86	400.98	167882	36484	157.64	61.41	127.48	16017	4330
2010	1004.88	480.00	281894	62952	201.18	74.64	155.03	17766	4935
2011	1304.57	568.80	278372	92446	229.60	89.45	184.29	19615	5721
2012	1683.13	661.84	311234	90678	260.18	113.55	221.17	22181	6746
2013	1566.71	758.42	288429	87472	285.06	125.12	240.58	24355	7663
2014	1810.94	858.2	226825	80197	316.55	133.16	261.61	26693	8606

注：1. 城镇居民人均可支配收入2004年（含2004年）以前为城市居民人均可支配收入。
2. 2000年以后农民人均纯收入统计口径调整。

Note:1. The statistical range of indicator “Per Capita Annual Disposable Income of Urban Households” is the household in cities in and before 2004.
2. After 2000 the statistical range of Per Capita Net Income of Farmers has been adjusted.

22－4　桂林市主要经济指标情况（1978－2014年）
Main Economic Indicators of Guilin (1978－2014)

年份 Year	生产总值（按当年价格，亿元）Gross Domestic Product (current prices, 100 million yuan)	第一产业 Primary Industry	第二产业 Secondary Industry	#工业 Industry	第三产业 Tertiary Industry	生产总值指数（上年=100）Indices of Gross Domestic Product (preceding year=100)	第一产业 Primary Industry	第二产业 Secondary Industry	#工业 Industry	第三产业 Tertiary Industry
1978	11.22	4.87	3.96	3.66	2.39	111.2	105.1	109.9	109.7	123.8
1979	12.57	5.70	4.32	3.94	2.55	108.3	111.1	107.8	106.1	103.3
1980	13.76	6.11	4.73	4.26	2.92	103.7	97.9	109.2	108.3	107.6
1981	14.54	6.44	4.85	4.28	3.25	103.3	102.9	99.9	98.4	109.8
1982	15.96	7.36	4.95	4.36	3.65	107.4	109.0	103.6	103.6	110.0
1983	17.71	8.26	5.35	4.77	4.10	107.4	107.4	106.1	107.6	109.2
1984	19.69	8.54	6.02	5.26	5.13	109.9	100.5	114.4	114.5	120.9
1985	24.42	10.47	7.54	6.55	6.40	114.9	107.4	121.1	118.1	118.4
1986	28.54	11.30	9.31	7.89	7.93	109.5	102.3	113.0	113.5	114.9
1987	34.47	12.92	11.37	9.16	10.19	110.4	100.7	111.8	108.1	120.6
1988	41.82	16.08	13.21	11.00	12.53	105.3	101.7	105.6	107.3	108.7
1989	45.06	16.96	14.23	12.22	13.87	100.8	104.9	100.4	102.7	97.1
1990	49.88	20.45	14.44	12.36	15.00	103.0	102.4	101.7	102.0	105.3
1991	57.13	22.20	17.01	15.06	17.93	113.5	109.3	116.8	120.9	116.1
1992	70.87	25.95	23.27	20.42	21.64	117.8	110.3	131.4	132.2	114.2
1993	96.93	32.33	35.29	30.65	29.31	119.8	107.9	137.2	138.5	118.2
1994	134.28	50.33	43.41	37.88	40.54	112.4	111.2	113.1	113.7	113.0
1995	178.03	65.00	57.62	49.75	55.41	118.5	119.4	117.4	114.9	118.9
1996	223.11	80.71	69.17	59.33	73.22	121.0	116.8	120.3	119.9	126.7
1997	247.31	90.03	74.85	64.18	82.42	111.9	118.2	106.9	106.5	110.7
1998	259.64	90.67	82.92	70.89	86.05	107.8	102.7	113.7	113.8	107.4
1999	278.32	96.27	85.33	72.39	96.72	109.5	106.2	109.2	108.5	113.3
2000	302.49	99.50	93.57	79.49	109.42	110.1	105.2	111.3	111.7	113.6
2001	332.53	104.96	101.41	86.81	126.16	109.8	107.3	109.1	110.5	112.7
2002	360.78	107.50	112.47	95.60	140.81	109.2	102.5	111.6	110.9	112.8
2003	391.54	105.63	139.89	117.51	146.02	109.8	106.0	112.1	110.2	110.5
2004	459.16	118.05	170.73	143.52	170.38	113.1	109.2	115.9	115.8	113.4
2005	512.03	119.89	186.99	155.67	205.15	113.6	107.9	118.8	119.9	112.7
2006	595.52	133.42	234.83	200.34	227.27	112.2	106.5	116.3	117.8	111.8
2007	724.05	157.72	290.76	250.60	275.56	114.8	105.8	121.2	122.7	113.7
2008	851.59	171.42	357.46	308.71	322.71	112.9	106.0	118.2	119.7	111.1
2009	948.23	177.90	412.00	354.05	358.33	113.8	105.3	117.6	116.7	113.9
2010	1103.56	203.31	492.35	417.93	407.89	113.8	104.8	120.7	120.2	110.3
2011	1327.57	247.11	615.08	519.85	465.37	111.8	105.2	118.7	118.9	106.7
2012	1485.02	271.84	697.46	585.55	515.71	113.1	106.7	119.3	119.8	108.0
2013	1657.90	299.44	792.87	662.66	565.59	111.0	105.2	115.5	115.3	107.3
2014	1826.27	320.63	865.05	717.27	640.59	108.0	104.9	109.9	110.0	106.6

22—4 续表 continued

年份 Year	全社会固定资产投资（亿元） Total Investment in Fixed Assets (100 million yuan)	社会消费品零售总额（亿元） Total Retail Sales of Consumer Goods (100 million yuan)	进出口（万美元） Total Import & Export (USD 10 000)	#出口 Exports	财政收入（亿元） Finance Revenue (100 million yuan)	#公共财政预算收入 Public Budget Income	公共财政预算支出（亿元） Public Budget Expenditure (100 million yuan)	城镇居民人均可支配收入（元） Per Capita Annual Disposable Income of Urban Households (yuan)	农村居民人均纯收入（元） Per Capita Annual Net Income of Rural Households (yuan)
1978	0.91	4.17			0.92				
1979	0.98	4.74			0.94				
1980	1.48	5.60			0.96				
1981	1.38	6.00			1.09				
1982	1.73	6.34			1.24				
1983	1.73	6.70			1.40				
1984	1.76	8.03			1.56				
1985	3.27	11.02			1.74				
1986	5.75	12.17			2.07				
1987	8.77	15.17			2.74				
1988	9.58	19.88	435	435	3.72				
1989	7.60	20.71	1841	1653	4.65				
1990	7.34	22.22	2696	1791	5.07				513
1991	7.50	24.86	4143	2737	8.03				689
1992	12.71	28.84	5185	4278	8.87				735
1993	25.36	37.57	8404	5736	9.48				872
1994	33.09	50.75	9204	8454	12.86				1137
1995	42.58	67.28	19114	16360	15.32				1575
1996	53.02	82.49	23661	14763	17.97				2075
1997	58.62	90.30	24253	16044	20.68				2347
1998	63.20	95.92	23945	13300	22.73	14.76	19.92		2570
1999	69.83	104.17	20887	11267	23.16	15.21	21.77		2673
2000	79.23	113.52	26167	12909	24.22	15.89	24.15		2878
2001	88.51	124.12	21277	11940	29.52	20.52	30.92		2063
2002	97.41	136.04	23813	14158	32.90	20.19	36.57		2195
2003	111.05	103.95	26227	16488	37.04	22.13	40.95		2354
2004	146.90	142.88	35468	23861	42.74	25.52	45.09	8149	2638
2005	198.73	164.78	44155	30843	51.61	24.78	54.62	9268	3003
2006	260.87	191.17	58426	42871	59.33	29.70	64.80	10713	3391
2007	403.05	228.79	79243	53074	72.50	36.32	84.67	12908	3908
2008	485.96	284.77	101058	69541	85.55	45.18	117.15	14636	4465
2009	659.35	330.92	73600	51547	97.64	55.15	141.71	16221	4833
2010	908.56	391.53	90743	62220	121.08	67.08	183.59	17949	5487
2011	1140.53	462.36	95655	71700	141.94	80.75	232.67	19882	6325
2012	1462.40	536.35	97487	78858	163.56	106.01	261.33	22300	7328
2013	1390.32	604.03	92370	75889	180.37	111.00	286.56	24552	8361
2014	1627.30	682.87	94327	77225	195.18	123.89	304.43	26811	9431

22－5　梧州市主要经济指标情况（1978－2014年）
Main Economic Indicators of Wuzhou (1978－2014)

年份 Year	生产总值（按当年价格，亿元）Gross Domestic Product (current prices, 100 million yuan)	第一产业 Primary Industry	第二产业 Secondary Industry	#工业 Industry	第三产业 Tertiary Industry	生产总值指数（上年=100）Indices of Gross Domestic Product (preceding year=100)	第一产业 Primary Industry	第二产业 Secondary Industry	#工业 Industry	第三产业 Tertiary Industry
1978	6.07	3.07	1.77	1.64	1.22	125.2	109.8	172.9	175.3	117.0
1979	6.32	3.17	1.87	1.68	1.28	113.8	123.4	107.7	105.7	101.3
1980	6.99	3.42	2.11	1.91	1.46	105.6	107.3	103.4	103.0	104.5
1981	7.88	3.46	2.46	2.22	1.96	109.2	93.4	116.0	116.8	130.5
1982	9.07	4.23	2.73	2.43	2.11	106.2	111.7	106.3	160.1	104.6
1983	9.85	4.50	2.81	2.52	2.49	105.2	104.0	100.8	99.7	113.5
1984	10.62	5.03	2.89	2.59	2.70	105.7	107.4	102.5	103.2	106.0
1985	12.68	5.75	3.54	3.14	3.40	97.4	110.5	116.1	114.0	115.4
1986	14.41	6.20	4.02	3.58	4.18	127.8	107.3	107.7	109.1	117.1
1987	17.91	7.68	5.17	4.65	5.06	113.2	111.8	114.3	115.9	114.4
1988	21.96	9.16	6.43	5.71	6.36	109.2	103.9	112.5	110.9	114.1
1989	25.35	10.61	7.25	6.48	7.49	106.1	108.1	105.0	107.5	104.6
1990	30.69	13.08	7.09	6.36	10.52	119.7	114.5	104.6	102.0	142.9
1991	35.02	14.31	7.86	7.04	12.85	117.3	114.5	113.9	118.7	125.1
1992	45.24	17.51	11.03	9.75	16.70	116.6	111.1	109.4	106.4	129.5
1993	59.36	21.16	17.51	15.67	20.69	120.5	109.0	155.1	162.0	112.7
1994	73.24	27.81	21.77	19.29	23.66	104.4	102.6	114.6	114.1	98.0
1995	86.27	32.72	25.00	21.75	28.56	105.9	106.9	105.5	103.3	105.0
1996	96.55	35.96	28.98	25.69	31.60	108.5	106.1	115.8	118.0	104.4
1997	107.21	37.57	33.95	29.91	35.69	112.4	105.2	119.3	119.0	113.9
1998	112.00	38.85	34.19	29.63	38.96	105.5	99.7	105.0	104.2	112.9
1999	115.78	39.95	34.67	30.51	41.16	108.2	107.5	107.3	108.9	109.7
2000	127.08	41.77	38.51	33.27	46.79	108.1	101.9	110.2	108.9	112.1
2001	139.05	43.13	41.64	35.86	54.28	108.4	105.2	107.8	108.1	111.8
2002	153.16	46.10	47.06	39.86	60.00	110.2	106.8	111.5	109.7	111.9
2003	162.00	40.22	56.02	46.32	65.76	109.5	100.8	120.2	116.5	107.6
2004	196.61	47.74	75.93	60.42	72.95	114.2	109.7	124.8	119.9	108.1
2005	228.40	49.83	97.61	81.07	80.96	114.6	105.8	121.0	119.4	114.1
2006	270.42	52.96	126.23	109.40	91.22	114.6	105.2	123.0	127.6	110.2
2007	319.57	59.67	165.00	145.61	94.91	115.6	102.8	126.6	129.0	108.4
2008	400.12	66.45	215.50	190.96	118.17	114.9	104.1	123.6	124.9	107.0
2009	453.65	69.53	246.60	215.91	137.52	117.6	106.6	123.7	122.9	113.0
2010	579.28	79.96	341.23	304.60	158.10	117.8	104.8	125.3	126.8	110.2
2011	742.49	96.02	465.84	422.43	180.62	114.3	105.6	119.6	120.9	107.4
2012	832.58	104.84	525.22	479.88	202.52	113.6	105.1	117.5	119.0	108.5
2013	991.71	115.32	654.83	605.03	221.55	113.2	104.8	116.8	117.5	107.9
2014	1062.00	117.18	646.06	595.31	298.76	106.0	102.1	107.0	107.8	105.0

22—5 续表 continued

年份 Year	全社会固定资产投资(亿元) Total Investment in Fixed Assets (100 million yuan)	社会消费品零售总额(亿元) Total Retail Sales of Consumer Goods (100 million yuan)	进出口(万美元) Total Import & Export (USD 10 000)	#出口 Exports	财政收入(亿元) Finance Revenue (100 million yuan)	#公共财政预算收入 Public Budget Income	公共财政预算支出(亿元) Public Budget Expenditure (100 million yuan)	城镇居民人均可支配收入(元) Per Capita Annual Disposable Income of Urban Households (yuan)	农村居民人均纯收入(元) Per Capita Annual Net Income of Rural Households (yuan)
1978	0.33	2.53			0.90	0.90	0.60	442	85
1979	0.40	2.78			0.82	0.82	0.56	449	88
1980	0.50	3.30			0.95	0.95	0.61	458	94
1981	0.58	3.61		16735	1.04	1.04	0.71	459	93
1982	0.84	3.79		16577	1.06	1.06	0.75	486	133
1983	0.90	4.01		16374	1.05	1.05	0.81	472	230
1984	0.88	4.40		14713	1.14	1.14	1.02	589	264
1985	1.31	6.15		15454	1.42	1.42	1.21	776	327
1986	2.00	7.17		19573	1.54	1.54	1.77	942	385
1987	2.41	8.57	29089	20611	1.89	1.89	1.95	1093	453
1988	3.32	10.82	28502	19393	2.34	2.34	2.43	1571	516
1989	3.94	11.74	23785	18333	2.62	2.62	2.86	1724	555
1990	4.10	12.10	22940	19171	2.71	2.71	3.26	1890	598
1991	5.00	13.89	24707	19556	3.44	3.44	3.49	2314	662
1992	9.72	17.53	37416	23636	3.75	3.75	4.02	2315	803
1993	16.51	23.10	44064	24692	5.16	5.16	4.92	3246	1054
1994	19.55	31.61	47494	26422	4.07	3.29	5.32	4309	1247
1995	24.86	37.76	42880	23103	6.61	4.13	5.85	4909	1565
1996	21.48	42.49	24490	16105	7.58	4.65	6.36	4945	2015
1997	23.10	46.21	21211	13956	8.18	5.31	6.87	4934	2212
1998	23.95	48.27	18951	9781	8.84	5.92	8.25	4838	2302
1999	13.42	52.17	17340	9818	9.08	6.16	8.96	5415	2394
2000	20.73	57.55	19569	12400	9.88	6.87	10.27	5221	2442
2001	26.32	63.32	10621	14300	11.32	8.12	13.76	5838	1784
2002	30.14	69.54	15406	18293	12.59	8.20	16.46	6282	1897
2003	41.70	76.40	21223	21975	14.26	9.17	19.25	6785	2007
2004	73.04	71.31	37304	25724	17.64	11.94	22.02	7062	2292
2005	99.89	85.55	45805	29260	20.25	11.99	27.21	8118	2575
2006	121.94	98.04	44051	29073	23.08	13.71	33.84	9449	2879
2007	151.37	115.59	51494	32191	27.03	15.27	43.66	11362	3252
2008	198.31	146.54	50845	36114	32.42	18.13	50.91	13268	3854
2009	330.37	171.09	55835	38763	40.06	23.49	71.71	14747	4218
2010	468.42	191.77	64221	44548	56.13	32.42	90.96	16427	4879
2011	631.65	224.08	79616	52508	76.14	44.91	118.55	18239	5651
2012	858.09	257.21	121038	44127	101.02	73.83	159.21	20563	6592
2013	850.30	292.30	176506	49932	118.23	85.74	175.95	22537	7475
2014	926.36	328.30	124948	50777	122.42	90.45	184.05	24272	8342

22－6 北海市主要经济指标情况（1978－2014年）
Main Economic Indicators of Beihai (1978－2014)

年份 Year	生产总值（按当年价格，亿元）Gross Domestic Product (current prices, 100 million yuan)	第一产业 Primary Industry	第二产业 Secondary Industry	#工业 Industry	第三产业 Tertiary Industry	生产总值指数（上年=100）Indices of Gross Domestic Product (preceding year=100)	第一产业 Primary Industry	第二产业 Secondary Industry	#工业 Industry	第三产业 Tertiary Industry
1978	2.86	1.72	0.78	0.73	0.35	100.8	98.8	101.9	101.2	109.6
1979	3.21	1.82	1.92	0.86	0.47	103.7	101.1	102.7	102.3	118.4
1980	3.67	1.86	1.19	0.99	0.61	110.4	104.5	123.4	110.9	116.7
1981	3.77	1.94	1.16	1.04	0.67	105.4	104.8	99.6	107.5	116.4
1982	4.44	2.48	1.14	1.01	0.83	108.4	115.8	99.5	97.0	95.1
1983	4.79	2.51	1.28	1.12	1.00	107.7	104.4	116.1	111.8	109.8
1984	5.16	2.33	1.45	1.24	1.38	110.2	98.0	100.4	108.4	171.4
1985	6.83	3.04	2.27	1.65	1.52	107.8	93.8	140.1	128.2	111.8
1986	8.01	3.28	2.77	2.10	1.96	117.7	105.7	128.3	126.1	128.8
1987	9.47	3.98	3.02	2.24	2.47	103.3	110.4	105.0	106.8	105.1
1988	12.08	5.01	3.75	3.16	3.32	110.0	105.6	120.5	124.1	106.1
1989	13.81	6.30	3.94	3.43	3.57	104.6	109.2	101.2	103.2	101.4
1990	17.61	8.05	4.78	4.19	4.78	125.6	138.9	108.4	107.2	123.0
1991	21.21	9.52	5.92	5.08	5.77	107.9	98.1	116.7	114.0	117.8
1992	31.55	11.94	9.82	7.37	9.79	142.1	115.5	164.3	150.0	162.3
1993	54.31	15.03	20.51	12.78	18.77	146.3	104.3	179.2	162.0	160.4
1994	75.45	19.72	28.24	20.94	27.49	118.1	111.6	123.7	140.0	116.6
1995	88.26	26.16	27.61	21.04	34.49	102.6	117.9	89.2	89.6	108.1
1996	91.62	29.23	24.04	18.63	40.03	102.6	105.7	94.3	97.9	108.7
1997	95.33	29.99	26.03	21.85	39.31	101.6	101.1	101.0	105.6	102.4
1998	102.63	32.58	30.02	24.19	40.03	109.4	108.7	115.0	111.8	105.2
1999	107.63	34.96	29.75	24.63	42.97	106.9	107.4	103.7	105.9	109.6
2000	113.67	35.46	31.81	26.98	46.40	107.7	103.8	110.0	112.7	108.6
2001	123.44	37.39	33.87	29.26	52.18	109.3	103.4	115.6	119.8	109.4
2002	134.39	39.43	36.77	31.05	58.19	110.4	104.6	113.5	112.3	112.3
2003	140.14	39.08	42.82	33.29	58.24	111.8	102.9	123.6	116.4	110.7
2004	155.53	42.76	51.92	44.57	60.85	111.3	103.1	120.2	123.7	110.7
2005	164.61	51.76	49.81	41.64	63.04	121.9	107.9	137.8	139.9	123.9
2006	179.25	56.08	59.32	50.36	63.85	110.9	104.2	118.9	120.9	110.2
2007	225.95	63.53	71.79	61.32	90.62	117.9	104.8	128.0	130.6	119.5
2008	276.50	70.60	96.60	82.50	109.30	116.8	103.7	125.8	126.0	117.8
2009	321.06	77.07	118.40	100.70	125.60	116.2	104.7	123.0	122.0	116.5
2010	401.41	87.17	167.88	144.92	146.36	117.6	103.7	132.3	133.5	110.0
2011	496.60	115.50	207.40	176.10	173.80	118.2	103.1	131.9	132.9	111.4
2012	630.09	127.37	303.75	267.77	198.97	121.7	104.3	138.3	141.9	108.7
2013	735.00	142.81	373.65	332.78	218.53	113.3	104.1	119.1	119.8	108.1
2014	856.54	149.49	454.51	407.81	252.54	112.4	101.9	118.7	119.7	105.7

22－6 续表 continued

年份 Year	全社会固定资产投资(亿元) Total Investment in Fixed Assets (100 million yuan)	社会消费品零售总额(亿元) Total Retail Sales of Consumer Goods (100 million yuan)	进出口(万美元) Total Import & Export (USD 10 000)	#出口 Exports	财政收入(亿元) Finance Revenue (100 million yuan)	#公共财政预算收入 Public Budget Income	公共财政预算支出(亿元) Public Budget Expenditure (100 million yuan)	城镇居民人均可支配收入（元）Per Capita Annual Disposable Income of Urban Households (yuan)	农村居民人均纯收入（元）Per Capita Annual Net Income of Rural Households (yuan)
1978	0.27	1.15	3005	3005	0.32	0.32	0.21		
1979	0.29	1.31	3040	3040	0.33	0.33	0.23		
1980	1.01	1.67	3893	3893	0.37	0.37	0.30		
1981	0.61	1.94	3676	3676	0.40	0.40	0.33		
1982	0.64	2.24	3948	3948	0.45	0.45	0.34		
1983	0.55	2.46	4192	4191	0.46	0.46	0.31	539	239
1984	1.06	2.75	3731	3731	0.52	0.52	0.54	754	316
1985	2.03	3.84	10236	9218	0.78	0.78	0.73	828	400
1986	2.77	4.69	8409	7389	0.86	0.86	1.21	998	417
1987	2.65	5.00	10634	9218	0.93	0.93	1.14	1122	458
1988	3.01	6.77	8353	6929	1.10	1.10	1.10	1296	546
1989	2.35	6.74	16828	8794	1.32	1.32	1.65	1376	586
1990	3.11	7.07	14510	8998	1.59	1.59	1.82	1591	738
1991	3.85	7.86	17182	8462	1.95	1.95	2.25	1910	786
1992	10.05	9.72	24409	9430	2.85	2.85	2.70	2727	869
1993	36.58	15.42	13865	9318	5.68	5.68	5.27	4516	1281
1994	34.75	18.61	16592	8373	6.77	5.33	6.88	5649	1635
1995	25.81	21.57	39655	8260	8.30	5.87	7.96	6365	2224
1996	17.48	24.01	26976	7768	7.69	4.95	6.08	6396	2348
1997	17.58	26.30	32096	10406	8.41	5.46	5.95	6558	2394
1998	24.11	28.68	19381	15178	9.70	6.63	8.26	6301	2366
1999	25.65	31.16	16812	13250	10.69	7.56	8.79	6483	2427
2000	21.83	34.01	7403	4876	10.20	6.54	8.98	6167	2155
2001	19.94	37.34	7327	5040	10.68	6.85	10.72	7013	2265
2002	26.60	40.75	10782	6738	11.63	7.19	13.33	7692	2454
2003	43.06	34.24	14429	8668	13.06	8.27	13.21	8015	2587
2004	51.40	40.71	15073	10656	15.32	9.72	14.63	8773	2790
2005	51.40	46.24	20079	13770	19.27	10.86	17.77	9520	3180
2006	67.24	53.41	29172	19574	23.10	14.04	24.98	10380	3414
2007	87.40	64.36	49838	30671	30.03	19.02	33.57	12334	3846
2008	200.30	82.08	71075	43863	27.03	14.34	31.26	13989	4309
2009	321.85	95.40	79643	47351	35.75	17.22	50.99	15134	4697
2010	485.26	108.00	137122	83948	47.10	27.51	63.04	16798	5426
2011	603.19	127.29	171242	113143	57.50	37.06	84.64	18656	6249
2012	725.36	146.51	207820	118382	100.10	41.13	98.73	21202	7227
2013	674.90	167.30	269833	136611	113.60	42.11	99.47	23407	8239
2014	797.71	185.81	350016	175176	127.39	47.25	104.97	25818	9079

22－7 防城港市主要经济指标情况（1978－2014年）
Main Economic Indicators of Fangchenggang (1978－2014)

年份 Year	生产总值（按当年价格，亿元）Gross Domestic Product (current prices, 100 million yuan)	第一产业 Primary Industry	第二产业 Secondary Industry	#工业 Industry	第三产业 Tertiary Industry	生产总值指数（上年=100）Indices of Gross Domestic Product (preceding year=100)	第一产业 Primary Industry	第二产业 Secondary Industry	#工业 Industry	第三产业 Tertiary Industry
1978	1.08	0.56	0.29	0.22	0.23	-	-	-	-	-
1980	1.26	0.68	0.30	0.21	0.28	102.5	105.4	90.3	102.1	108.7
1985	2.56	1.56	0.42	0.30	0.58	103.3	101.7	103.9	99.3	107.2
1986	3.09	1.73	0.62	0.51	0.75	124.4	118.0	143.7	164.1	127.8
1987	3.71	1.89	0.70	0.58	1.12	114.0	107.2	106.9	107.5	136.1
1988	4.68	2.34	0.86	0.65	1.48	102.6	90.5	110.8	103.3	120.6
1989	5.82	3.30	0.90	0.73	1.62	117.4	140.0	104.3	110.3	92.3
1990	6.98	4.02	1.04	0.84	1.92	110.1	104.2	121.2	119.4	115.9
1991	8.24	4.33	1.59	1.20	2.32	116.7	100.8	124.9	118.8	142.3
1992	12.38	6.08	2.02	1.37	4.29	127.9	105.1	143.0	143.2	150.8
1993	17.49	6.12	4.33	3.00	7.04	124.8	100.2	150.6	148.6	134.2
1994	24.66	8.95	7.51	5.71	8.20	122.3	120.9	151.6	160.3	104.9
1995	29.26	11.73	7.01	5.60	10.52	112.2	115.2	106.4	113.3	115.1
1996	36.66	13.96	10.27	8.17	12.43	116.8	121.0	126.4	122.3	105.3
1997	44.64	18.11	12.08	9.72	14.45	115.1	116.5	118.1	118.4	110.7
1998	49.04	19.27	13.12	10.30	16.65	112.0	109.3	111.8	109.5	114.8
1999	52.05	19.46	14.06	11.35	18.54	108.2	104.5	107.3	108.2	112.6
2000	55.03	19.99	14.28	11.57	20.77	107.4	100.6	111.0	113.2	110.0
2001	60.03	20.18	16.12	13.12	23.72	108.8	103.3	114.2	114.9	110.5
2002	66.53	20.40	20.05	17.41	26.09	113.1	102.7	129.6	138.6	110.6
2003	72.53	20.70	21.41	18.09	30.42	110.7	106.2	116.1	114.9	109.8
2004	83.32	21.67	27.38	22.34	34.28	111.7	104.8	118.9	114.3	110.8
2005	99.14	26.04	35.22	29.72	37.87	116.0	105.3	130.9	135.6	111.0
2006	122.78	29.54	48.55	41.23	44.70	119.8	107.6	132.9	133.2	116.0
2007	162.91	32.87	72.71	64.34	57.33	120.8	105.7	127.3	130.3	123.5
2008	213.34	36.45	99.38	87.94	77.50	120.2	104.9	120.7	120.3	127.9
2009	251.04	39.88	124.93	109.73	86.23	122.6	104.7	136.2	136.0	116.5
2010	320.42	47.43	159.77	138.19	113.21	117.8	105.7	120.1	117.4	119.9
2011	413.77	57.79	217.63	187.32	138.35	115.3	105.8	119.0	117.4	114.0
2012	443.99	61.16	233.56	197.64	149.28	112.2	105.7	117.8	117.8	106.5
2013	530.40	67.30	295.36	255.59	167.74	112.4	105.5	117.9	119.5	105.9
2014	588.89	70.57	340.36	298.41	177.96	110.4	101.6	115.2	117.1	105.2

注：2013年更新为全国第三次经济普查数据。
Note: The data in 2013 has been adjusted according to the 3rd National Economic Census.

22－7 续表 continued

年份 Year	全社会固定资产投资（亿元） Total Investment in Fixed Assets (100 million yuan)	社会消费品零售总额（亿元） Total Retail Sales of Consumer Goods (100 million yuan)	进出口（万美元） Total Import & Export (USD 10 000)	#出口 Exports	财政收入（亿元） Finance Revenue (100 million yuan)	#公共财政预算收入 Public Budget Income	公共财政预算支出（亿元） Public Budget Expenditure (100 million yuan)	城镇居民人均可支配收入（元） Per Capita Annual Disposable Income of Urban Households (yuan)	农村居民人均纯收入（元） Per Capita Annual Net Income of Rural Households (yuan)
1978	0.32	0.57			0.08	0.08	0.18		72
1980	0.35	0.77			0.91	0.91	0.22		78
1985	0.58	1.12			0.17	0.17	0.41		246
1986	0.76	1.92			0.21	0.21	0.60		286
1987	0.90	2.11			0.25	0.25	0.72		296
1988	1.41	2.84			0.33	0.33	0.75		338
1989	0.68	3.34			0.50	0.50	0.89		387
1990	0.92	3.52	1348	1043	0.58	0.51	1.17		443
1991	1.90	3.68	1642	1399	0.93	0.56	1.33		535
1992	2.45	5.11	1348	1063	1.57	0.94	1.93		862
1993	8.56	6.70	1738	1049	2.92	2.92	2.71		877
1994	10.41	9.83	3730	2417	3.64	2.30	4.08		1020
1995	13.13	12.79	17715	10863	3.84	2.47	4.72		1443
1996	11.39	14.86	19800	10146	4.04	2.62	3.97	4508	1855
1997	11.88	16.56	30353	23214	4.51	3.04	4.38	5122	2269
1998	14.42	17.93	41202	28015	5.21	3.69	5.43	5456	2503
1999	14.69	19.38	33083	21789	5.42	3.86	5.47	5591	2626
2000	15.23	20.94	24073	12593	4.13	3.26	4.74	6200	1844
2001	17.53	22.66	10459	1855	4.53	3.61	6.61	6661	2026
2002	16.03	24.29	34444	5742	5.03	3.57	7.54	7664	2163
2003	19.70	17.60	48685	7358	5.61	3.84	8.37	7869	2334
2004	30.40	20.28	73486	8358	6.78	4.72	9.14	6324	2517
2005	42.96	22.89	84953	9924	8.04	4.51	10.22	7254	2704
2006	68.96	26.37	102900	11610	10.59	5.21	13.92	9113	3172
2007	103.53	31.41	143857	19495	15.76	7.74	19.08	12159	3791
2008	146.32	39.09	220775	30660	21.92	11.70	26.22	14364	4474
2009	254.10	45.33	216891	39202	27.39	18.47	40.10	16067	4930
2010	376.84	51.84	279774	77906	35.12	22.69	52.57	17831	5628
2011	491.27	61.16	410586	94431	44.35	28.30	60.77	19722	6502
2012	550.39	71.30	489826	82804	52.38	35.55	74.73	22203	7539
2013	475.45	81.43	430030	107839	59.26	40.71	88.48	24423	8557
2014	499.91	91.67	546866	150522	65.33	45.45	97.52	26523	9524

注：1. 2003年及以前城镇居民人均可支配收入指标数据为城市居民人均可支配收入数据。
2. 2000年后数据口径有调整。

Note: 1. The indicator "Per Capita Annual Disposable Income of Urban Households" refers to the per capita annual disposable income of city residents in and before 2003.
2. The statistical range of data after 2000 has been adjusted.

22－8 钦州市主要经济指标情况（1978－2014年）
Main Economic Indicators of Qinzhou (1978－2014)

年份 Year	生产总值（按当年价格，亿元）Gross Domestic Product (current prices, 100 million yuan)	第一产业 Primary Industry	第二产业 Secondary Industry	#工业 Industry	第三产业 Tertiary Industry	生产总值指数（上年=100）Indices of Gross Domestic Product (preceding year=100)	第一产业 Primary Industry	第二产业 Secondary Industry	#工业 Industry	第三产业 Tertiary Industry
1978	4.46	2.80	0.85	0.70	0.80	107.0	97.1	137.7	116.7	121.3
1979	4.80	2.93	0.99	0.80	0.88	108.3	106.1	114.0	114.8	109.9
1980	6.15	4.01	1.15	0.93	0.99	122.0	127.6	115.5	114.3	110.6
1981	6.50	4.15	1.26	1.00	1.06	106.9	107.3	111.0	112.6	101.0
1982	7.79	5.38	1.22	0.95	1.19	113.6	120.7	93.0	90.2	110.2
1983	8.20	5.39	1.34	1.02	1.46	104.2	100.0	107.7	109.0	118.9
1984	8.40	5.26	1.42	1.07	1.72	95.6	88.3	105.0	104.4	114.0
1985	9.72	5.93	1.76	1.39	2.03	105.8	99.7	116.6	120.9	114.1
1986	11.79	7.20	2.25	1.82	2.34	111.8	108.2	125.4	126.8	108.9
1987	14.48	8.66	2.78	2.33	3.03	112.6	111.5	116.1	118.5	111.8
1988	16.70	9.12	3.36	2.81	4.22	101.4	90.1	106.3	107.3	124.7
1989	18.85	10.03	3.60	3.03	5.21	111.9	119.3	95.8	94.8	113.2
1990	23.92	13.33	4.07	3.46	6.52	119.8	108.7	136.8	143.1	128.0
1991	28.50	14.91	4.97	4.30	8.62	118.4	113.5	117.8	119.4	129.0
1992	38.79	21.28	7.19	5.82	10.33	132.1	139.5	140.7	135.1	113.7
1993	52.65	26.73	12.30	9.83	13.61	113.4	102.1	154.4	157.9	109.7
1994	70.12	37.74	15.03	12.36	17.35	110.0	113.5	108.4	109.9	104.3
1995	86.89	47.03	16.41	13.73	23.45	107.0	105.9	98.4	98.3	118.5
1996	97.82	51.81	17.54	14.00	28.47	108.9	102.7	115.0	112.4	116.1
1997	109.58	57.86	20.46	16.33	31.26	113.8	116.9	111.1	109.6	110.5
1998	118.23	62.98	22.29	17.58	32.96	111.9	112.0	116.4	116.7	108.0
1999	122.86	66.01	22.06	17.46	34.78	110.5	115.6	102.5	102.1	108.0
2000	131.25	68.69	23.49	19.49	39.07	104.7	101.9	103.4	106.9	111.5
2001	142.55	72.79	26.28	21.22	43.48	108.7	107.4	112.7	109.8	108.6
2002	148.12	71.02	29.02	22.98	48.08	110.9	109.8	112.1	109.9	111.9
2003	152.89	70.02	34.98	28.62	47.89	106.4	101.3	113.2	111.5	111.0
2004	171.25	72.67	43.99	35.91	54.60	113.3	113.3	116.2	114.8	111.3
2005	188.02	76.45	51.50	41.65	60.08	114.9	107.2	138.7	143.4	111.0
2006	235.95	84.29	79.50	68.52	72.15	115.1	105.3	131.4	136.4	113.6
2007	286.67	97.34	98.69	86.30	90.65	116.9	107.4	124.6	127.6	120.6
2008	345.75	107.77	124.85	107.37	113.13	115.4	103.4	121.3	120.3	122.0
2009	396.18	114.04	141.38	118.10	140.76	115.2	105.8	119.6	116.4	119.2
2010	520.67	132.21	218.51	187.91	169.90	118.0	104.9	130.6	131.4	115.5
2011	646.65	156.00	290.70	252.90	199.91	120.1	105.1	136.6	140.3	110.7
2012	691.32	166.81	289.15	237.24	235.35	111.8	106.5	114.4	111.5	111.6
2013	753.74	181.77	316.85	250.12	255.13	107.9	104.6	110.3	107.3	106.3
2014	854.96	193.95	338.94	250.57	322.07	109.8	104.0	113.6	110.8	107.5

22－8 续表 continued

年份 Year	全社会固定资产投资(亿元) Total Investment in Fixed Assets (100 million yuan)	社会消费品零售总额(亿元) Total Retail Sales of Consumer Goods (100 million yuan)	进出口(万美元) Total Import & Export (USD 10 000)	#出口 Exports	财政收入(亿元) Finance Revenue (100 million yuan)	#公共财政预算收入 Public Budget Income	公共财政预算支出(亿元) Public Budget Expenditure (100 million yuan)	城镇居民人均可支配收入（元） Per Capita Annual Disposable Income of Urban Households (yuan)	农村居民人均纯收入（元） Per Capita Annual Net Income of Rural Households (yuan)
1978	0.51	1.66			0.40	0.40	0.46		117
1979	0.57	1.93			0.42	0.42	0.44		136
1980	0.66	2.37			0.47	0.47	0.5		182
1981	0.61	2.59			0.67	0.67	0.54		206
1982	0.89	2.95			0.74	0.74	0.55		244
1983	1.01	3.29			0.61	0.61	0.51		259
1984	0.92	3.67			0.60	0.60	0.65		250
1985	0.78	4.49			0.65	0.65	0.82	620	278
1986	1.30	5.11			0.81	0.81	1.26	745	302
1987	1.27	6.14			0.93	0.93	1.4	865	455
1988	1.96	7.70			1.12	1.12	1.63	1242	506
1989	1.82	9.31			1.35	1.35	3.01	1507	494
1990	1.69	9.77			1.62	1.62	2.32	1640	655
1991	2.45	13.07			2.04	2.04	2.58	1852	663
1992	5.59	15.56			2.28	2.28	2.68	2095	800
1993	12.61	21.65			3.41	3.41	3.49	3091	985
1994	13.28	20.50			3.91	2.22	3.61	4030	1231
1995	14.16	25.18			4.39	2.68	3.97	4635	1670
1996	15.50	28.39			4.93	3.20	4.69	5098	1930
1997	15.47	32.29			5.70	3.84	5.51	5027	2174
1998	20.76	35.42			6.64	4.67	6.29	5433	2362
1999	20.80	39.06			7.44	5.79	7.68	5672	2475
2000	23.02	42.81	3357	1146	8.26	6.72	9.27	5692	2092
2001	28.93	47.37	1772	1208	8.35	5.52	11.68	6328	2278
2002	35.30	51.23	3202	2059	9.24	6.23	13.25	6734	2442
2003	44.50	55.87	4320	3598	10.19	6.99	15.59	7437	2610
2004	63.00	62.47	9056	5191	11.75	7.84	16.78	7922	2783
2005	89.85	70.76	19846	11415	14.11	9.08	20.87	8942	3091
2006	117.88	80.72	44040	13458	17.17	10.47	24.91	10041	3405
2007	165.93	95.32	84089	31384	23.56	13.04	32.37	12057	3934
2008	248.91	124.01	127008	51370	32.00	18.28	48.80	14106	4444
2009	374.65	145.09	88572	22566	38.02	21.01	66.51	15768	4843
2010	451.60	172.19	131101	32558	58.37	22.36	78.00	17356	5340
2011	558.34	204.27	298225	87518	123.10	25.57	96.98	19248	6167
2012	652.59	237.56	376656	100190	139.20	33.58	122.67	21600	7140
2013	609.72	268.82	353042	105243	136.12	44.95	134.26	23695	8054
2014	726.95	303.05	533447	201112	138.31	47.64	141.27	25425	8892

22－9　贵港市主要经济指标情况（1996－2014年）
Main Economic Indicators of Guigang (1996－2014)

年份 Year	生产总值（按当年价格，亿元） Gross Domestic Product (current prices, 100 million yuan)	第一产业 Primary Industry	第二产业 Secondary Industry	#工业 Industry	第三产业 Tertiary Industry	生产总值指数（上年=100） Indices of Gross Domestic Product (preceding year=100)	第一产业 Primary Industry	第二产业 Secondary Industry	#工业 Industry	第三产业 Tertiary Industry
1996	108.26	50.95	19.70	18.17	37.60	100.5	94.7	91.9	91.6	116.1
1997	111.58	52.03	20.58	19.26	38.98	106.7	108.9	106.5	107.8	104.2
1998	113.66	51.73	21.58	20.06	40.35	107.6	108.7	106.6	106.3	106.9
1999	115.38	51.31	21.98	20.54	42.08	105.6	106.8	103.2	103.5	105.7
2000	120.81	51.17	24.87	23.16	44.77	104.3	98.3	109.8	109.5	108.1
2001	132.35	52.59	28.11	25.98	51.65	108.5	104.7	113.4	112.9	110.0
2002	139.82	52.92	29.94	27.24	56.96	110.8	109.5	111.3	110.3	111.9
2003	156.92	52.51	38.58	33.98	65.83	111.4	104.9	125.0	121.4	110.6
2004	191.18	62.21	53.52	46.24	75.45	112.8	106.9	123.9	121.0	111.5
2005	222.82	66.01	72.63	60.23	84.19	116.2	107.4	137.8	133.2	109.3
2006	260.02	70.08	88.85	75.17	101.09	112.9	105.1	120.3	122.6	112.7
2007	330.56	83.30	127.51	111.25	119.75	117.0	102.9	133.2	136.4	112.4
2008	386.82	96.34	153.46	133.62	137.02	111.3	105.2	111.8	112.0	115.0
2009	437.73	96.92	182.21	158.37	158.61	115.2	104.8	120.7	120.2	115.6
2010	544.66	108.05	248.25	218.78	188.35	114.0	104.6	120.6	120.8	112.0
2011	630.82	138.79	264.49	228.92	227.54	106.1	105.4	105.2	104.4	107.8
2012	679.18	148.68	273.38	229.15	257.13	110.2	106.1	112.0	110.4	110.1
2013	742.01	160.76	303.35	253.11	277.90	108.2	104.9	111.1	110.7	106.2
2014	805.4	162.14	325.5	270.65	317.75	105.2	103.0	105.2	105.2	106.4

22—9 续表 continued

年份 Year	全社会固定资产投资(亿元) Total Investment in Fixed Assets (100 million yuan)	社会消费品零售总额(亿元) Total Retail Sales of Consumer Goods (100 million yuan)	进出口(万美元) Total Import & Export (USD 10 000)	#出口 Exports	财政收入(亿元) Finance Revenue (100 million yuan)	#公共财政预算收入 Public Budget Income	公共财政预算支出(亿元) Public Budget Expenditure (100 million yuan)	城镇居民人均可支配收入（元） Per Capita Annual Disposable Income of Urban Households (yuan)	农村居民人均纯收入（元） Per Capita Annual Net Income of Rural Households (yuan)
1996	7.75	45.39	6432	4560	6.42	4.19	5.22		1906
1997	9.06	43.9	7063	5359	6.46	4.21	5.35		2103
1998	12.26	46.79	3115.3	2502	7.24	4.98	6.58		2179
1999	13.04	49.37	1173	749	7.41	5.39	7.33		2114
2000	17.29	53.67	1892	1628	8.03	5.81	8.12		1868
2001	21.09	58.58	1553	1122	9.00	6.46	10.97		1979
2002	29.47	63.46	5046	2513	10.03	6.59	12.88		2091
2003	36.35	70.7	5666	4254	12.04	8.09	15.47		2228
2004	58.61	79.96	6306	5130	14.31	9.56	18.42	6209	2399
2005	129.43	91.42	7777	5443	17.05	9.21	22.01	7642	2693
2006	149.56	104.5	9544	6144	19.08	10.97	27.33	8938	2961
2007	155.9	123.8	11474	8515	23.02	12.29	35.31	10717	3472
2008	220.07	155.86	16388	9525	29.07	15.62	47.44	12666	4049
2009	290.18	181.08	14324	11131	34.03	19.53	64.24	13915	4504
2010	385.29	209.54	17386	12090	40.02	21.44	90.80	15531	5289
2011	430.02	245.97	27228	14033	43.33	21.69	106.07	17017	6257
2012	552.24	284.05	23144	10609	50.03	26.57	126.24	19314	7253
2013	496.26	321.72	22123	12143	57.42	31.22	140.46	21361	8189
2014	611.41	359.56	30603	18703	66.11	36.45	146.84	23262	9131

22－10　玉林市主要经济指标情况（1978－2014年）
Main Economic Indicators of Yulin (1978－2014)

年份 Year	生产总值（按当年价格，亿元）Gross Domestic Product (current prices, 100 million yuan)	第一产业 Primary Industry	第二产业 Secondary Industry	#工业 Industry	第三产业 Tertiary Industry	生产总值指数（上年=100）Indices of Gross Domestic Product (preceding year=100)	第一产业 Primary Industry	第二产业 Secondary Industry	#工业 Industry	第三产业 Tertiary Industry
1978	9.12	5.79	1.66	1.43	1.67	102.0	101.2	107.6	116.1	97.2
1979	9.18	5.75	1.61	1.30	1.82	99.7	93.9	95.9	90.5	127.3
1980	10.42	6.76	1.66	1.41	2.00	110.8	109.9	94.4	112.7	113.5
1981	11.64	7.45	1.89	1.59	2.30	112.8	112.1	114.5	113.3	113.5
1982	13.86	9.01	2.17	1.84	2.69	118.5	120.7	113.2	106.1	116.7
1983	14.36	9.01	2.34	1.94	3.01	100.7	95.6	108.5	100.5	109.9
1984	15.45	9.41	2.58	2.02	3.46	106.4	101.3	109.1	94.8	117.7
1985	17.63	10.11	3.42	2.92	4.10	105.2	93.9	120.5	167.7	119.4
1986	20.74	11.55	4.32	3.64	4.87	112.4	108.7	121.9	125.5	111.9
1987	26.98	14.67	5.75	4.92	6.56	120.9	111.9	128.9	133.9	130.0
1988	33.57	18.31	7.31	6.23	7.95	106.6	101.4	114.8	113.7	107.8
1989	35.97	19.62	7.78	6.51	8.58	101.2	108.8	101.9	106.0	89.9
1990	41.13	23.99	8.24	6.79	8.90	109.1	107.8	103.3	107.3	117.0
1991	50.40	27.30	11.31	9.61	11.79	112.6	106.4	128.9	129.0	118.9
1992	65.31	30.29	18.97	16.69	16.04	126.6	109.3	156.1	156.1	135.0
1993	97.97	36.08	36.67	33.29	25.22	125.2	103.8	143.2	153.1	117.5
1994	134.92	52.92	49.25	45.40	32.75	115.6	119.0	112.5	112.1	115.4
1995	156.08	63.65	50.71	46.01	41.71	111.2	110.0	113.1	113.5	110.0
1996	168.34	72.91	51.46	46.67	43.97	104.5	106.0	101.9	101.8	103.6
1997	173.51	77.16	51.58	47.14	44.77	104.3	107.0	101.3	101.2	104.7
1998	187.40	80.87	57.77	52.88	48.76	109.2	106.5	111.2	112.4	110.6
1999	191.15	80.37	57.10	52.59	53.68	106.5	107.4	102.8	103.3	111.0
2000	199.64	78.42	60.70	55.58	60.52	106.1	98.5	109.4	109.4	112.9
2001	213.91	81.59	61.17	55.55	71.14	107.4	105.1	107.8	107.9	110.1
2002	231.70	80.61	71.50	65.34	79.59	110.4	105.8	116.7	117.6	110.1
2003	258.45	79.68	84.99	77.24	93.78	108.3	98.0	116.8	116.4	111.9
2004	312.68	99.49	101.03	87.80	112.16	115.2	112.3	122.1	117.2	110.8
2005	352.60	100.62	120.80	104.41	131.19	113.1	106.8	117.5	116.8	114.6
2006	410.96	107.62	148.64	129.90	154.70	113.5	107.0	119.2	120.1	113.4
2007	501.39	128.88	187.06	164.60	185.45	115.2	105.1	121.6	122.4	116.5
2008	602.83	149.49	230.32	201.70	223.02	112.8	105.8	114.7	114.7	115.4
2009	683.49	152.06	277.14	241.11	254.29	114.8	106.2	120.7	119.3	114.0
2010	840.25	171.73	373.39	324.14	295.13	115.7	105.7	123.7	122.5	112.8
2011	1019.94	213.81	458.59	395.50	347.55	111.0	105.4	113.7	113.0	110.9
2012	1102.08	229.20	482.33	404.39	390.55	110.9	106.1	114.6	113.3	108.7
2013	1198.46	243.83	526.62	434.06	428.01	110.0	104.2	113.8	112.9	107.8
2014	1341.52	248.78	591.66	479.53	501.08	108.4	103.4	110.9	109.9	107.2

22－10 续表 continued

年份 Year	全社会固定资产投资（亿元） Total Investment in Fixed Assets (100 million yuan)	社会消费品零售总额（亿元） Total Retail Sales of Consumer Goods (100 million yuan)	进出口（万美元） Total Import & Export (USD 10 000)	#出口 Exports	财政收入（亿元） Finance Revenue (100 million yuan)	#公共财政预算收入 Public Budget Income	公共财政预算支出（亿元） Public Budget Expenditure (100 million yuan)	城镇居民人均可支配收入（元） Per Capita Annual Disposable Income of Urban Households (yuan)	农村居民人均纯收入（元） Per Capita Annual Net Income of Rural Households (yuan)
1978	0.39	3.11			0.89		0.68		
1979	0.46	3.50			0.79		0.69		
1980	0.46	3.93			0.87		0.77		
1981	0.35	4.36			1.06		0.92		
1982	0.82	5.03			1.22		0.93		
1983	1.20	5.83			1.15		0.93		
1984	0.62	7.15			1.06		1.07		
1985	0.99	8.85			1.41		1.61		
1986	1.40	10.25			1.46		1.94		
1987	1.98	12.49			1.95		2.28		
1988	3.89	17.56			2.69		3.04		
1989	2.46	22.02	1010		2.95		3.52		
1990	2.38	23.15	2083		3.23		4.01		
1991	7.52	25.88	2471		3.70		4.35		
1992	12.92	29.18	5542		4.21		4.89		
1993	21.46	34.53	6409		7.24		6.74		
1994	34.65	47.49	17887		9.32	5.36	8.54		
1995	42.03	61.34	19100		11.16	6.82	10.72		
1996	39.77	72.84	18482		12.54	8.19	10.82		
1997	26.11	76.48	18145		13.19	9.04	11.44		
1998	29.43	80.73	23280	21149	13.95	9.59	12.44		
1999	25.79	83.39	6690	6324	15.24	10.85	14.11		
2000	28.15	75.77	17854	17163	16.65	12.09	16.11		1736
2001	30.03	82.62	9800	8400	15.44	10.53	18.86		1839
2002	33.86	90.53	13280	9945	18.32	10.87	20.84		1959
2003	48.33	99.63	26001	17510	21.43	12.06	24.07		2035
2004	92.30	113.97	30143	21422	25.42	14.13	26.76	7136	2259
2005	131.31	130.80	36916	25866	28.64	14.86	31.97	8297	2573
2006	176.11	151.39	34807	26705	33.68	17.74	40.42	10175	3041
2007	230.68	180.96	37023	29780	40.68	20.88	54.89	12202	3536
2008	290.69	224.88	44214	31665	47.75	25.57	71.59	14156	4123
2009	444.61	262.92	35401	21663	54.67	30.61	96.21	15827	4531
2010	615.56	307.24	45148	31594	68.96	36.84	129.37	17642	5302
2011	792.18	362.81	63457	34069	85.86	48.94	159.73	19590	6269
2012	1004.26	422.83	58807	35843	100.36	65.57	192.65	22171	7269
2013	974.78	482.91	41679	28992	113.81	75.48	203.73	24366	8272
2014	1154.39	545.71	48681	32224	128.17	88.81	229.10	26681	9341

22－11　百色市主要经济指标情况（1978－2014年）
Main Economic Indicators of Baise (1978－2014)

年份 Year	生产总值（按当年价格，亿元）Gross Domestic Product (current prices, 100 million yuan)	第一产业 Primary Industry	第二产业 Secondary Industry	#工业 Industry	第三产业 Tertiary Industry	生产总值指数（上年=100）Indices of Gross Domestic Product (preceding year=100)	第一产业 Primary Industry	第二产业 Secondary Industry	#工业 Industry	第三产业 Tertiary Industry
1978	6.15	3.92	1.09	0.93	1.14	112.9	111.7	115.2	106.7	114.2
1979	6.53	4.06	1.15	0.98	1.32	107.1	104.9	108.7	109.3	112.0
1980	6.74	4.10	1.23	0.99	1.41	96.4	94.8	99.0	97.3	98.6
1981	7.46	4.67	1.25	1.04	1.54	110.8	117.2	93.5	96.2	109.0
1982	8.38	5.34	1.30	1.07	1.74	106.6	106.4	102.3	100.8	110.5
1983	9.09	5.64	1.46	1.20	1.99	107.9	104.6	112.5	113.0	113.7
1984	9.40	5.47	1.56	1.30	2.37	98.7	90.9	106.7	110.2	113.3
1985	10.56	5.99	1.80	1.50	2.77	102.5	99.9	108.3	107.5	103.9
1986	12.85	7.41	2.16	1.89	3.28	110.3	110.4	108.8	114.2	111.0
1987	15.21	8.26	2.96	2.57	3.99	110.3	104.8	124.1	122.4	111.7
1988	17.87	9.52	3.42	2.87	4.93	103.7	101.7	104.2	101.5	107.0
1989	19.92	10.60	3.83	3.34	5.49	101.3	103.0	104.4	106.4	96.0
1990	23.14	11.84	4.35	3.73	6.95	103.3	101.0	103.3	102.1	107.5
1991	26.91	13.41	5.54	4.59	7.96	108.7	105.3	119.4	113.4	107.8
1992	31.04	14.12	7.04	5.39	9.88	111.3	105.2	120.9	115.0	114.8
1993	41.56	18.31	10.69	7.42	12.56	112.7	108.0	124.3	116.7	111.4
1994	58.68	26.50	13.54	10.33	18.64	115.3	112.4	112.7	122.0	121.9
1995	77.13	32.62	20.53	15.66	23.98	116.3	112.6	127.7	122.7	112.7
1996	89.18	37.10	23.20	20.43	28.88	114.4	114.5	112.6	130.7	115.7
1997	97.14	40.49	24.50	21.11	32.15	113.1	112.0	115.3	114.3	112.7
1998	106.08	44.56	27.04	23.09	34.48	110.9	112.2	112.0	111.6	108.3
1999	112.02	47.28	28.66	24.17	36.08	109.1	109.4	110.5	109.4	107.3
2000	119.50	47.85	32.43	26.81	39.22	107.2	103.1	107.8	105.6	110.7
2001	128.37	49.45	35.25	28.42	43.67	107.1	101.0	111.4	110.3	111.1
2002	143.97	48.09	47.43	37.25	48.45	113.1	104.7	130.4	129.4	108.1
2003	162.13	50.32	58.38	47.28	53.43	112.9	103.4	129.9	133.2	106.2
2004	203.76	61.04	82.83	69.22	59.89	115.9	106.0	127.4	129.9	112.2
2005	239.36	63.91	105.70	88.06	69.75	115.2	106.1	120.3	118.8	117.1
2006	297.28	67.32	149.11	126.14	80.85	115.0	103.8	122.8	121.6	112.5
2007	352.73	79.98	176.49	151.47	96.26	115.4	104.0	122.2	124.1	113.8
2008	416.24	88.07	217.61	189.29	110.56	113.4	103.2	120.2	123.7	109.7
2009	452.86	90.77	225.78	191.66	136.31	114.8	104.1	119.8	119.1	113.8
2010	573.99	105.21	313.89	273.49	154.80	115.0	104.9	121.1	121.4	110.5
2011	656.71	125.61	357.84	312.26	173.26	106.5	104.6	107.7	108.3	105.2
2012	755.24	137.14	414.21	361.92	203.89	109.2	107.4	109.7	109.1	109.6
2013	803.58	148.76	432.59	373.87	222.22	108.6	105.3	110.1	109.8	107.2
2014	917.95	158.71	490.02	417.90	269.22	108.4	104.2	109.9	108.7	107.8

22－11 续表 continued

年份 Year	全社会固定资产投资（亿元）Total Investment in Fixed Assets (100 million yuan)	社会消费品零售总额（亿元）Total Retail Sales of Consumer Goods (100 million yuan)	进出口（万美元）Total Import & Export (USD 10 000)	#出口 Exports	财政收入（亿元）Finance Revenue (100 million yuan)	#公共财政预算收入 Public Budget Income	公共财政预算支出（亿元）Public Budget Expenditure (100 million yuan)	城镇居民人均可支配收入（元）Per Capita Annual Disposable Income of Urban Households (yuan)	农村居民人均纯收入（元）Per Capita Annual Net Income of Rural Households (yuan)
1978	0.58	2.05			0.54	0.54	0.83		57
1980	0.95	2.75			0.47	0.47	0.96		64
1985	1.47	4.56			0.77	0.77	1.87		139
1986	1.33	5.56			0.87	0.87	2.29		166
1987	1.53	6.56			1.14	1.14	2.74		191
1988	2.76	8.46			1.42	1.42	3.07		218
1989	2.09	8.64			1.67	1.67	3.53		259
1990	2.74	8.91			1.95	1.95	3.84	1546	283
1991	4.67	10.36			2.23	2.23	4.03	1620	330
1992	8.77	14.57			2.36	2.36	4.85	2002	382
1993	18.47	14.14	62	62	3.74	3.74	5.42	2703	483
1994	20.63	18.76	986	986	4.53	2.71	6.34	4017	643
1995	27.92	23.55	1736	1552	5.78	3.70	8.55	5035	909
1996	13.31	24.67	1985	1805	7.13	4.56	8.07	5180	1261
1997	13.75	27.40	4259	3014	8.57	5.42	9.53	5049	1642
1998	18.80	29.83	4392	3335	10.04	6.90	12.01	5495	1848
1999	21.38	31.82	2770	1460	11.24	7.62	13.50	5607	1985
2000	29.46	34.02	2433	1393	12.78	8.18	14.68	5747	1183
2001	37.32	36.82	3210	2205	14.67	9.38	20.64	6806	1258
2002	58.08	39.99	11439	5484	16.69	9.54	23.55	7215	1331
2003	76.31	43.72	13358	7090	20.10	11.64	27.00	7378	1403
2004	102.74	37.22	17110	4775	24.80	14.15	32.82	6687	1550
2005	175.56	48.72	18560	6943	32.37	15.23	39.74	8077	1783
2006	249.92	56.23	32489	12104	40.08	20.19	52.73	9887	2110
2007	293.66	66.22	43980	17046	50.08	26.79	75.19	12197	2463
2008	325.45	83.56	48921	33994	55.10	29.46	98.48	13169	2820
2009	530.15	97.10	37238	26212	56.85	28.55	111.46	14573	3064
2010	639.71	113.85	39415	20264	72.32	33.86	137.67	15976	3461
2011	764.01	134.34	42887	25521	84.07	39.69	162.89	17384	4052
2012	1000.07	156.67	50866	29286	98.11	56.58	214.85	19561	4774
2013	845.44	178.60	59786	38667	107.69	65.70	231.69	21458	5409
2014	895.23	201.06	72850	53059	108.7	70.91	261.13	23282	6145

22－12 贺州市主要经济指标情况（2002－2014年）
Main Economic Indicators of Hezhou (2002－2014)

年份 Year	生产总值（按当年价格，亿元）Gross Domestic Product (current prices, 100 million yuan)	第一产业 Primary Industry	第二产业 Secondary Industry	#工业 Industry	第三产业 Tertiary Industry	生产总值指数（上年=100）Indices of Gross Domestic Product (preceding year=100)	第一产业 Primary Industry	第二产业 Secondary Industry	#工业 Industry	第三产业 Tertiary Industry
2002	110.26	42.54	30.68	27.74	37.04	107.6	102.0	109.0	108.9	113.7
2003	114.98	40.71	38.24	31.86	36.03	110.5	104.9	116.6	112.6	112.1
2004	139.50	49.43	54.28	44.77	35.79	112.6	106.3	122.8	116.5	108.9
2005	141.07	51.25	48.52	35.38	41.30	114.6	105.2	123.9	121.7	109.8
2006	162.15	53.61	61.40	46.40	47.15	113.3	105.1	118.6	119.8	114.3
2007	205.43	48.39	100.39	83.19	56.65	115.0	105.0	120.5	122.4	116.5
2008	227.36	55.28	104.30	84.00	67.77	106.4	103.9	106.1	106.0	108.8
2009	249.22	56.31	112.07	85.21	80.84	112.6	104.3	113.8	107.8	117.2
2010	296.87	63.68	139.57	105.91	93.62	113.1	104.5	119.6	119.2	110.0
2011	356.40	78.92	165.09	124.77	112.39	110.6	105.2	113.5	114.6	109.8
2012	394.21	85.43	183.53	136.10	125.25	109.0	106.2	110.9	109.1	108.0
2013	423.85	92.58	196.30	143.55	134.97	108.7	104.4	112.0	112.2	106.1
2014	448.97	98.59	192.02	134.23	158.36	106.1	104.2	105.5	105.6	108.1

22—12 续表 continued

年份 Year	全社会固定资产投资（亿元）Total Investment in Fixed Assets (100 million yuan)	社会消费品零售总额（亿元）Total Retail Sales of Consumer Goods (100 million yuan)	进出口（万美元）Total Import & Export (USD 10 000)	#出口 Exports	财政收入（亿元）Finance Revenue (100 million yuan)	#公共财政预算收入 Public Budget Income	公共财政预算支出（亿元）Public Budget Expenditure (100 million yuan)	城镇居民人均可支配收入（元）Per Capita Annual Disposable Income of Urban Households (yuan)	农村居民人均纯收入（元）Per Capita Annual Net Income of Rural Households (yuan)
2002	12.51	25.72	9901	7731	6.26	3.67	10.25		1793
2003	22.49	28.29	11671	9011	7.06	4.63	12.76		1894
2004	45.98	31.06	11251	9401	8.78	5.98	13.89	6415	2090
2005	82.96	34.85	11220	9290	11.22	6.95	17.23	7516	2351
2006	106.10	39.87	10281	8760	13.56	8.50	21.84	8619	2682
2007	133.66	45.65	9853	8614	15.81	9.72	28.43	10790	3093
2008	159.19	59.81	10558	9502	16.01	8.52	35.47	12772	3458
2009	254.68	68.94	14085	12749	18.15	10.39	47.98	14151	3776
2010	363.3	78.68	10953	9140	22.08	12.13	61.23	15802	4298
2011	464.71	92.36	15499	11580	26.65	14.02	78.91	17606	4963
2012	591.58	106.39	15589	9061	32.04	19.21	97.69	19855	5823
2013	483.19	119.00	19951	7220	35.76	21.95	107.26	21682	6557
2014	566.02	133.63	17306	7351	40.60	24.41	118.32	23590	7337

22－13　河池市主要经济指标情况（1978－2014年）
Main Economic Indicators of Hechi (1978－2014)

年份 Year	生产总值（按当年价格，亿元）Gross Domestic Product (current prices, 100 million yuan)	第一产业 Primary Industry	第二产业 Secondary Industry	#工业 Industry	第三产业 Tertiary Industry	生产总值指数（上年=100）Indices of Gross Domestic Product (preceding year=100)	第一产业 Primary Industry	第二产业 Secondary Industry	#工业 Industry	第三产业 Tertiary Industry
1978	5.67	2.53	1.69	1.40	1.46	108.9	95.8	126.8	120.6	133.7
1979	6.57	3.14	2.02	1.71	1.42	103.1	102.1	112.0	108.3	95.4
1980	7.82	3.89	2.19	1.85	1.73	107.7	103.4	110.0	106.2	116.3
1981	7.58	3.84	1.90	1.67	1.84	95.9	98.2	85.2	93.8	104.1
1982	8.44	4.52	1.89	1.68	2.31	109.6	117.4	94.5	95.6	107.6
1983	8.56	4.17	2.23	1.94	2.16	100.9	94.9	113.5	112.0	104.3
1984	9.84	4.71	2.68	2.23	2.46	109.3	105.7	115.8	112.4	111.1
1985	12.72	5.49	4.33	3.72	2.90	121.7	107.5	159.8	152.8	112.8
1986	14.25	6.02	4.74	3.83	3.49	100.8	98.4	93.5	92.9	116.3
1987	17.34	7.11	5.84	4.69	4.39	115.9	109.5	121.6	102.5	120.2
1988	20.78	8.90	6.74	5.70	5.15	100.4	96.8	102.4	107.1	103.8
1989	24.43	10.08	8.24	6.86	6.11	115.9	125.7	114.0	115.8	103.7
1990	27.91	11.43	8.65	7.43	7.83	108.0	112.0	105.6	106.2	123.4
1991	31.56	12.59	9.18	7.98	9.79	109.8	108.1	103.7	104.9	119.0
1992	37.17	14.41	10.86	9.37	11.90	111.3	105.9	115.8	117.1	114.2
1993	51.33	17.86	18.12	16.04	15.35	121.0	108.6	145.7	151.1	112.1
1994	73.14	24.75	27.16	23.89	21.23	121.1	111.1	133.4	132.8	117.3
1995	98.89	30.24	37.70	32.89	30.95	118.5	110.6	122.4	120.1	121.9
1996	108.77	35.20	36.32	31.34	37.24	105.0	104.4	99.2	98.3	114.0
1997	122.84	39.04	40.90	34.00	42.91	110.3	110.8	109.3	106.8	111.1
1998	130.03	42.52	43.62	35.01	43.89	110.9	108.5	112.6	110.9	111.1
1999	137.75	43.70	46.08	37.37	47.97	109.3	106.7	110.8	111.8	109.8
2000	141.39	41.81	56.31	48.95	43.27	108.0	102.9	111.0	111.5	108.6
2001	145.31	43.05	54.58	45.53	47.68	103.8	104.3	98.1	93.1	109.2
2002	137.64	42.94	42.00	32.17	52.69	95.2	102.0	74.6	65.6	108.8
2003	148.58	44.34	46.08	34.17	58.16	106.9	104.1	108.4	103.5	108.3
2004	178.45	54.58	58.68	43.32	65.20	113.7	110.2	122.2	118.5	109.4
2005	206.96	58.55	76.08	57.36	72.34	113.5	107.9	124.7	126.2	108.3
2006	248.89	64.80	100.87	78.48	83.22	114.1	107.2	122.1	123.4	111.1
2007	319.31	73.86	144.43	120.07	101.02	116.7	105.5	122.2	127.3	119.2
2008	367.31	80.26	166.45	142.63	120.60	113.0	103.8	117.3	121.2	114.3
2009	382.77	82.20	165.86	136.33	134.72	108.2	104.2	105.3	100.1	114.5
2010	468.74	97.87	216.29	180.08	154.58	112.5	105.8	117.0	114.7	111.4
2011	511.96	119.81	211.65	173.39	180.50	104.1	103.6	100.8	101.5	109.1
2012	492.71	126.34	174.34	132.96	192.02	99.3	104.9	93.2	90.5	103.9
2013	528.62	133.78	189.78	143.02	205.06	106.0	103.9	108.1	107.0	104.9
2014	601.17	137.23	205.26	152.07	258.68	108.2	103.7	112.4	113.1	105.9

22－13 续表 continued

年份 Year	全社会固定资产投资(亿元) Total Investment in Fixed Assets (100 million yuan)	社会消费品零售总额(亿元) Total Retail Sales of Consumer Goods (100 million yuan)	进出口(万美元) Total Import & Export (USD 10 000)	#出口 Exports	财政收入(亿元) Finance Revenue (100 million yuan)	#公共财政预算收入 Public Budget Income	公共财政预算支出(亿元) Public Budget Expenditure (100 million yuan)	城镇居民人均可支配收入（元） Per Capita Annual Disposable Income of Urban Households (yuan)	农村居民人均纯收入（元） Per Capita Annual Net Income of Rural Households (yuan)
1978	1.43	2.26			0.47	0.47	0.78		54
1979	1.16	2.54			0.42	0.42	0.78		55
1980	1.14	2.73			0.43	0.43	0.84		55
1981	0.90	2.86			0.44	0.44	0.83		61
1982	1.04	3.03			0.45	0.45	0.92		75
1983	1.36	3.59			0.51	0.51	1.13		96
1984	1.86	4.09			0.58	0.58	1.46		133
1985	2.60	5.36			0.76	0.76	1.76		145
1986	3.54	5.80			0.81	0.81	2.33		174
1987	4.30	6.95			1.11	1.11	2.52		214
1988	4.71	10.32			1.39	1.39	3.03		254
1989	5.64	9.98			1.78	1.78	3.40		302
1990	5.61	9.93			1.96	1.96	3.86		332
1991	6.42	10.91			2.20	2.20	4.20		368
1992	9.16	13.14			2.54	2.54	4.71		413
1993	14.14	15.57		50	4.43	2.59	6.26		519
1994	20.81	20.83		846	5.70	3.21	7.17		656
1995	26.02	29.02	2625	2408	7.85	4.55	8.76		900
1996	24.29	34.41	2586	2056	9.12	5.46	9.43	3890	1170
1997	30.32	38.88	4027	3441	10.58	6.59	11.08	3976	1591
1998	36.76	42.70	4869	4861	11.84	7.70	13.34	4662	1748
1999	36.16	46.66	1730	1666	13.20	8.87	15.17	4726	1885
2000	40.55	50.95	1834	1812	14.50	9.56	16.42	4800	1386
2001	50.15	55.62	1350	1336	18.68	12.38	23.36	5292	1384
2002	53.45	59.03	1348	1143	16.63	9.43	23.98	5033	1419
2003	60.81	46.24	4115	2665	16.65	9.85	25.30	5238	1497
2004	92.05	52.01	10369	5837	20.03	12.15	28.40	6156	1727
2005	137.00	60.50	14567	8667	23.04	11.60	33.72	7170	1912
2006	188.28	68.78	28276	18241	27.40	13.18	43.24	8619	2186
2007	218.74	80.55	26083	15546	34.32	14.45	58.64	10752	2592
2008	211.17	99.98	31406	12506	40.23	17.91	80.68	12042	2944
2009	277.80	115.07	48624	16474	40.32	21.04	93.40	13369	3183
2010	361.95	131.73	64621	12634	47.34	22.95	120.97	14889	3599
2011	437.24	154.79	78614	10839	50.72	23.36	142.45	16448	4118
2012	277.84	176.99	52444	8112	44.56	22.17	175.95	17964	4620
2013	349.14	198.97	48148	3758	50.23	26.97	198.04	19653	5198
2014	399.65	223.79	47929	2291	54.67	29.93	226.19	21363	5723

22－14　来宾市主要经济指标情况（1978－2014年）
Main Economic Indicators of Laibin (1978－2014)

年份 Year	生产总值（按当年价格，亿元）Gross Domestic Product (current prices, 100 million yuan)	第一产业 Primary Industry	第二产业 Secondary Industry	#工业 Industry	第三产业 Tertiary Industry	生产总值指数（上年=100）Indices of Gross Domestic Product (preceding year=100)	第一产业 Primary Industry	第二产业 Secondary Industry	#工业 Industry	第三产业 Tertiary Industry
1978	3.60	2.32	0.71	0.59	0.57	101.9				
1979	3.68					102.4				
1980	3.86	2.48	0.76	0.67	0.62	102.2	101.2	115.6	95.7	111.6
1981	4.28									
1982	5.02									
1983	5.71									
1984	6.36									
1985	6.97	4.04	1.46	1.18	1.48	101.9	88.7	113.8	102.9	132.5
1986	7.65									
1987	9.43									
1988	11.69									
1989	14.35									
1990	16.78	8.98	4.54	4.07	3.26	106.3	97.4	103.5	102.9	130.4
1991	20.40	10.33	5.48	4.90	4.59	115.1	111.5	108.8	108.2	133.3
1992	23.57	12.17	6.04	5.37	5.36	110.4	109.8	109.6	109.2	112.7
1993	32.77	15.38	10.03	9.06	7.36	114.6				
1994	45.47	21.33	14.11	12.64	10.03	103.3	97.8	108.8	107.1	108.5
1995	59.31	28.80	17.98	16.19	12.53	116.3	118.8	114.1	113.1	114.0
1996	72.23	34.77	21.56	19.75	15.90	115.4	110.1	116.8	118.4	125.0
1997	79.73	37.81	23.94	21.50	17.98	112.9	114.9	110.5	107.6	112.2
1998	86.89	36.86	30.37	22.38	19.67	114.9	100.9	140.6	109.7	109.0
1999	87.49	39.44	27.55	21.51	20.50	106.4	111.3	100.9	110.7	106.9
2000	98.95	42.34	33.87	30.46	22.73	104.7	102.3	101.8	115.9	114.2
2001	109.21	45.55	37.39	34.42	26.27	110.9	109.3	108.1	110.6	113.2
2002	114.71	46.13	39.05	35.01	29.54	109.7	108.4	111.0	108.6	110.1
2003	126.30	48.71	44.21	39.57	33.38	110.7	106.8	115.6	115.7	110.7
2004	154.75	58.91	57.13	51.45	38.71	113.1	108.6	119.7	119.9	110.8
2005	165.22	52.54	65.17	58.05	47.51	113.4	107.9	118.2	118.4	113.6
2006	200.06	65.88	77.41	69.50	56.77	113.9	108.6	116.4	116.7	116.3
2007	235.64	70.10	96.86	87.23	68.68	115.3	106.4	122.2	123.4	115.1
2008	273.47	76.22	113.87	100.25	83.38	112.8	105.0	114.9	113.2	117.4
2009	303.14	80.36	129.45	109.47	93.33	112.9	104.6	116.5	112.1	114.8
2010	405.22	97.83	192.35	168.00	115.04	118.0	105.0	125.0	123.1	117.8
2011	486.21	120.37	231.75	195.60	134.09	113.0	105.1	118.9	116.3	109.9
2012	514.29	127.01	236.07	189.06	151.22	111.7	107.7	114.6	112.1	109.8
2013	515.57	134.45	219.51	169.21	161.61	103.0	105.1	99.5	98.0	107.8
2014	551.12	133.17	228.21	173.67	189.75	106.1	102.1	105.9	106.3	109.4

22－14 续表 continued

年份 Year	全社会固定资产投资（亿元） Total Investment in Fixed Assets (100 million yuan)	社会消费品零售总额（亿元） Total Retail Sales of Consumer Goods (100 million yuan)	进出口（万美元） Total Import & Export (USD 10 000)	#出口 Exports	财政收入（亿元） Finance Revenue (100 million yuan)	#公共财政预算收入 Public Budget Income	公共财政预算支出（亿元） Public Budget Expenditure (100 million yuan)	城镇居民人均可支配收入（元） Per Capita Annual Disposable Income of Urban Households (yuan)	农村居民人均纯收入（元） Per Capita Annual Net Income of Rural Households (yuan)
1978	0.73	1.47	436	436	0.52	0.20	0.39		
1979	0.68	1.59		840	0.41	0.25	0.36		
1980	0.83	1.84	979	979	0.44	0.25	0.34		
1981	0.43	2.20		935	0.46	0.24	0.36		
1982	0.47	2.28		859	0.51	0.33	0.41		
1983	0.63	2.95		607	0.65	0.38	0.46		
1984	0.83	3.08		414	0.74	0.38	0.81		
1985	1.06	3.70	204	204	0.91	0.52	0.76		259
1986	1.81	3.99		224	1.40	0.61	1.00		
1987	2.51	4.54		455	1.88	0.86	1.38		
1988	3.75	6.12		518	2.22	1.08	1.66		
1989	2.89	7.14		542	2.67	1.50	2.03		
1990	1.58	7.07	265	265	2.19	1.65	2.43		591
1991	1.27	8.04		409	2.45	1.69	2.46		604
1992	2.03	8.85		2813	3.49	2.09	3.49		660
1993	4.05	7.99		69	3.77	2.75	3.77		794
1994	7.01	9.88		245	3.97	1.80	3.94		945
1995	10.04	11.54	2268	2268	3.89	2.41	4.12		1219
1996	11.32	12.94	5166	3630	4.90	3.01	5.24		1512
1997	13.66	13.95	5718	3952	6.04	3.45	5.17		1845
1998	30.86	14.33	2586	1014	6.99	4.39	6.20		1998
1999	27.35	16.54	10829	3537	7.63	4.91	6.85		2142
2000	18.01	18.09	6009	4554	8.39	5.49	8.20		1458
2001	16.52	20.06	7088	4763	9.16	5.53	9.42		1639
2002	24.11	22.59	7956	4969	10.23	5.35	14.13		1769
2003	34.92	25.41	9034	5646	11.31	3.86	14.25		1927
2004	45.62	28.77	17814	10013	13.74	6.26	16.11	6428	2113
2005	56.89	32.97	14329	7356	17.51	6.64	20.89	8166	2385
2006	74.65	38.71	15009	8810	21.06	8.63	25.49	10051	2829
2007	93.90	46.15	23985	13243	26.07	10.39	33.83	12089	3245
2008	125.77	57.57	52149	20200	30.29	14.64	46.09	14037	3767
2009	205.01	66.84	26929	16725	34.14	20.48	61.18	15609	4094
2010	306.90	79.46	17127	10213	43.05	24.94	89.76	17334	4659
2011	419.58	94.42	13091	3563	47.66	25.10	100.17	19233	5382
2012	561.80	109.53	14321	6565	52.55	32.20	119.82	21499	6231
2013	453.22	120.87	11965	4634	56.13	36.37	123.68	23563	7085
2014	482.83	134.17	10688	4699	58.11	37.95	129.29	25401	7751

22－15　崇左市主要经济指标情况（2003－2014年）
Main Economic Indicators of Chongzuo (2003－2014)

年份 Year	生产总值（按当年价格，亿元）Gross Domestic Product (current prices, 100 million yuan)	第一产业 Primary Industry	第二产业 Secondary Industry	#工业 Industry	第三产业 Tertiary Industry	生产总值指数（上年=100）Indices of Gross Domestic Product (preceding year=100)	第一产业 Primary Industry	第二产业 Secondary Industry	#工业 Industry	第三产业 Tertiary Industry
2003	104.22	40.96	24.97	19.31	38.28	108.3	103.8	111.5	109.9	111.9
2004	125.55	48.34	31.08	25.26	46.13	112.8	110.2	118.6	117.9	112.1
2005	151.13	55.34	43.63	36.29	52.17	113.9	108.8	129.4	130.3	107.5
2006	194.03	66.45	66.58	58.13	61.00	117.1	110.1	127.8	130.4	114.5
2007	231.87	76.24	78.12	67.97	77.51	116.6	107.1	122.9	123.9	119.7
2008	272.98	81.45	101.67	89.11	89.86	111.8	105.7	118.9	119.9	110.0
2009	304.36	86.94	107.41	90.83	110.01	112.6	105.1	111.6	108.1	120.1
2010	392.37	114.85	149.11	127.53	128.41	113.1	107.0	116.6	115.0	114.0
2011	491.85	144.98	197.42	169.71	149.45	110.5	106.2	116.0	115.6	108.1
2012	530.51	142.95	216.96	184.06	170.60	111.8	105.2	117.4	117.4	110.4
2013	584.63	149.44	248.24	210.62	186.95	110.2	104.2	115.7	115.9	107.8
2014	649.72	147.28	277.45	232.64	224.99	108.3	103.8	111.5	111.0	107.5

22－15 续表 continued

年份 Year	全社会固定资产投资（亿元） Total Investment in Fixed Assets (100 million yuan)	社会消费品零售总额（亿元） Total Retail Sales of Consumer Goods (100 million yuan)	进出口（万美元） Total Import & Export (USD 10 000)	#出口 Exports	财政收入（亿元） Finance Revenue (100 million yuan)	#公共财政预算收入 Public Budget Income	公共财政预算支出（亿元） Public Budget Expenditure (100 million yuan)	城镇居民人均可支配收入（元） Per Capita Annual Disposable Income of Urban Households (yuan)	农村居民人均纯收入（元） Per Capita Annual Net Income of Rural Households (yuan)
2003	32.49	20.11	26185	22009	13.01	8.86	18.38	—	1927
2004	40.73	23.90	32628	28005	14.84	8.31	20.61	6208	2122
2005	52.81	26.98	49490	41380	16.74	8.46	23.78	7102	2298
2006	71.05	31.06	55332	43609	20.50	8.51	27.77	8640	2767
2007	115.15	36.71	93233	78026	26.94	12.30	39.83	11070	3290
2008	128.49	45.99	160531	134526	32.07	16.77	52.85	12732	3754
2009	212.28	53.45	286765	257935	36.73	20.79	70.06	14032	4028
2010	308.84	61.08	373711	341557	47.54	26.16	85.53	15620	4621
2011	415.14	72.40	507571	468275	57.65	30.23	103.11	17301	5370
2012	532.15	84.37	713458	680593	66.00	39.49	130.99	19370	6263
2013	482.38	96.38	1027713	975800	73.02	47.49	140.92	21289	7077
2014	581.49	108.44	1469407	1317965	73.16	48.40	155.51	23184	7707

22－16　广西农垦管区社会经济主要指标
Main Social & Economic Indicators by Guangxi State Farms

指　标	Item	2008	2009	2010	2011	2012	2013	2014
辖区土地面积（平方公里）	Administrative Region Land Area (sq.km)	1681.98	1701.65	1701.84	1681.88	1681.88	1681.88	1681.88
地区生产总值（当年价，亿元）	Gross Domestic Product (At current prices, 100 million yuan)	161.15	193.07	236.88	296.67	341.92	382.72	417.9
第一产业	Primary Industry	24.78	27.46	33.06	39.73	41.81	45.93	47.20
第二产业	Secondary Industry	100.45	118.08	145.79	180.48	213.03	240.82	262.60
#工业	Industry	79.64	89.78	113.53	137.25	160.32	183.38	199.30
建筑业	Construction	20.81	28.30	32.26	43.23	52.71	57.44	63.30
第三产业	Tertiary Industry	35.92	47.53	58.03	76.46	87.08	95.97	108.10
年末总人口（万人）	Total Population at Year-end (10 000 persons)	25.53	26.81	28.51	31.82	35.28	36.93	37.98
男性	Male	14.69	15.60	16.54	18.78	20.51	21.67	22.51
女性	Female	10.84	11.21	11.97	13.04	14.77	15.26	15.47
年末总户数（万户）	Total Households at Year-end(10 000 households)	6.98	7.61	8.36	9.88	10.69	11.07	11.45
就业人员（万人）	Employed Persons (10 000 persons)	15.67	16.34	16.93	18.51	20.13	20.46	20.85
第一产业	Primary Industry	5.75	5.81	5.92	6.09	6.17	6.31	6.17
第二产业	Secondary Industry	6.34	6.62	7.03	8.25	9.31	9.31	9.55
第三产业	Tertiary Industry	3.58	3.91	3.98	4.17	4.65	4.84	5.13
国有单位就业人员（万人）	Number of Employed Persons in State-owned Units(10 000 persons)	5.55	5.73	5.76	5.89	5.90	6.07	5.94
在岗职工人数（万人）	Number of Staff & Workers (10 000 persons)	3.54	3.40	3.23	3.16	3.01	2.91	2.77
在岗职工工资总额（亿元）	Total Wage of Staff & Workers (100 million yuan)	59171	58796	64937	71739	79755	87731	92626
在岗职工平均工资（元）	Average Wage of Staff & Workers (yuan)	16410	17293	19455	22583	26585	29662	32609
全社会固定资产投资总额（亿元）	Total Investment in Fixed Assets (100 million yuan)	60.90	101.16	131.31	180.21	235.41	270.79	281.00
#基本建设	Basic Construction	43.30	71.13	83.87	107.39	150.79	176.22	181.01
更新改造	Innovation	3.97	9.81	9.86	15.78	7.93	11.06	11.64
其他投资	Others	0.95	2.29	5.53	9.09	10.75	11.30	12.14
房地产开发	Real Estate Development	10.26	14.03	27.45	33.36	32.88	47.97	61.52
私人建房	Housing Construction by Individuals	2.42	3.90	4.60	14.59	33.06	24.24	14.69
城镇固定资产投资（亿元）	Urban Investment in Fixed Assets (100 million yuan)	58.56	98.27	127.67	173.67	229.33	257.25	266.95
城镇居民人均可支配收入（元）	Per Capita Annual Disposable Income of Household (yuan)	11145	12095	13310	14775	17550	19654	21641
农林牧渔业从业人口	Farming, Forestry, Animal Husbandry & Fishery Employed Persons (10 000 persons)	5.75	5.81	5.92	6.09	6.2	6.31	6.18
常用耕地面积（千公顷）	Daily Cultivated Area (1000 hectares)	30.90	31.80	32.65	32.91	32.81	33.76	33.85
农林牧渔业总产值（当年价，亿元）	Gross Output Value of Farming, Forestry, Animal Husbandry & Fishery (At current prices, 100 million yuan)	41.21	42.56	51.56	63.00	70.44	75.92	78.79

22－16 续表 continued

指　标	Item	2008	2009	2010	2011	2012	2013	2014
农业机械总动力（万千瓦）	Total Agricultural Machinery Power (10 000 kw)	17.49	18.93	23.62	25.30	25.43	27.30	27.7
化肥使用量（折纯量，万吨）	Consumption of Chemical Fertilizers (Pure quantity, 10 000 tons)	5.11	4.97	4.97	5.53	5.52	5.82	5.51
农场用电量（万千瓦小时）	Electricity Consumed in Rural Areas (10 000 kwh)	29405	30786	32097	38711	48746	49132	49518
有效灌溉面积（千公顷）	Irrigated Area (1 000 hectares)	9.91	10.66	11.52	12.61	12.99	12.83	13.57
农作物总播种面积（千公顷）	Total Sown Area of Farm Crops (1 000 hectares)	29.59	31.93	32.39	32.63	32.76	32.76	32.97
#甘蔗播种面积（千公顷）	Total Sown Area of Sugarcane (1 000 hectares)	22.23	22.42	22.55	22.62	22.91	22.62	21.98
甘蔗产量（万吨）	Output of Sugarcane (10 000 tons)	230.42	220.15	227.75	223.72	239.43	242.19	234.56
剑麻纤维产量（万吨）	Output of Sisal fiber (10 000 ton)	1.68	1.82	1.80	2.02	2.11	2.19	1.94
干毛茶产量（吨）	Output of Primary tea (ton)	2646	1266	881	849	1137	1068	968
水果产量（万吨）	Output of Fruits (10 000 tons)	16.11	18.20	16.14	18.02	23.50	25.28	25.68
生猪年末存栏头数（万头）	Number of Pigs in Livestock (10 000 heads)	66.08	75.45	90.15	100.29	127.40	145.71	164.43
肉猪出栏头数（万头）	Number of Slaughtered Fattened Hogs (10 000 heads)	85.60	109.65	130.66	130.94	154.46	179.99	193.3
肉类总产量（万吨）	Total Output of Meat (10 000 tons)	6.81	8.64	10.07	10.10	11.91	13.73	14.71
#猪牛羊肉产量	Pork, Beef & Mutton Output	6.02	7.70	9.17	9.19	10.85	12.63	13.59
牛奶产量（吨）	Output of Cow milk (10 000 tons)	4781	5210	4366	4471	4017	3989	4111
水产品产量（万吨）	Output of Aquatic Products (10 000 ton)	1.33	1.55	1.50	1.57	1.66	1.70	1.63
工业企业单位数（规模以上，个）	Number of Industrial Enterprises (Above designated size, unit)	303	324	369	248	274	300	329
工业总产值（规模以上，当年价，亿元）	Gross Industrial Output Value(Above designated size, at current prices, 100 million yuan)	186.63	206.09	266.40	315.10	387.54	450.07	514.19
工业企业增加值（规模以上，当年价，亿元）	Value-added of Industrial Enterprises (Above designated size, at current prices, 100 million yuan)	73.52	84.24	105.99	118.47	144.33	161.94	183.19
工业企业税金（规模以上，亿元）	Taxation expense of Industrial Enterprises (Above designated size, 100 million yuan)	8.24	8.65	10.13	10.27	10.55	11.29	12.55
工业企业利润（规模以上，亿元）	Total Profits of Industrial Enterprises (Above designated size, 100 million yuan)	17.74	18.14	20.11	24.23	26.62	27.07	29.94
成品糖产量（万吨）	Machine-made Sugar (10 000 tons)	83.37	76.40	61.30	67.55	69.82	83.16	84.77
发酵酒精产量（万吨）	Output of Alcohol (10 000 tons)	18.75	22.54	21.47	20.02	25.22	22.12	22.35
剑麻制品（万吨）	Sisal Product (10 000 tons)	2.41	3.62	4.31	4.88	5.71	4.57	4.35
淀粉产量（万吨）	Output of Starch (10 000 tons)	19.02	25.76	28.57	29.96	29.66	32.80	32.67
软饮料产量（万吨）	Output of Soft Drinks (10 000 tons)	21.85	28.51	28.21	30.06	31.64	25.64	17.81
成品茶（吨）	Refined Tea (ton)	4393	2288	2298	2188	2761	2873	2710
人造板产品（万立方米）	Artificial Plate (10 000 cu.m)	77.42	88.43	95.87	106.61	141.22	143.44	161.21
水泥（万吨）	Cement (10 000 tons)	53.03	44.26	46.46	53.76	44.52	48.00	49.46
饲料产量（万吨）	Output of Feed (10 000 tons)	15.35	23.47	31.36	41.16	46.37	54.67	63.78
工农业产品进出口总额（亿元）	Import & Export of Industrial & Agricultural Products (100 million yuan)	12.96	12.04	17.10	17.17	14.46	16.88	18.29
年末实有外来投资企业及项目个数（个）	Actual Number of External Investment Enterprises & Projects in Year-end (unit)	662	729	759	820	892	980	1057

第二十三篇

县（市、区）基本情况

BASIC STATISTICS OF COUNTIES(CITIES,DISTRICTS)

（编辑：杨海玲）

23－1　109个县域社会经济主要指标（2014年）

指　标	Item	兴宁区 Xingning District	青秀区 Qingxiu District
行政区域土地面积（平方公里）	Administrative Region Land Area (sq.km)	751	865
常住户数（户）	Total Households at Year-end (household)	93215	199866
常住人口（万人）	Total Population at Year-end (10 000 persons)	41.77	75.68
户籍人口（万人）	Registered Population (10 000 persons)	30.83	67.35
地区生产总值（万元）	Gross Domestic Product (10 000 yuan)		
第一产业增加值	Primary Industry		
第二产业增加值	Secondary Industry		
#工业	Industry		
第三产业增加值	Tertiary Industry		
人均生产总值（元）	Per Capital GDP (yuan)		
地区生产总值指数（上年=100）	Indices of Gross Domestic Product (preceding year=100)		
第一产业	Primary Industry		
第二产业	Secondary Industry		
#工业	Industry		
第三产业	Tertiary Industry		
人均生产总值指数（上年=100）	Indices of Per Capital GDP (preceding year=100)		
地区生产总值构成（%）	Construction of GDP (%)		
第一产业	Primary Industry		
第二产业	Secondary Industry		
第三产业	Tertiary Industry		
公共财政收入（万元）	Government Revenue (10 000 yuan)	73368	236962
各项税收（万元）	Total Tax Revenue (10 000 yuan)	242528	1071565
公共财政支出（万元）	Government Expenditure (10 000 yuan)	126539	237188
年末金融机构各项存款余额（万元）	Year-end Deposits of Financial Institutions (10 000 yuan)		63958829
#居民储蓄存款余额	Urban & Rural Savings Deposits		
年末金融机构各项贷款余额（万元）	Year-end Loans of Financial Institutions (10 000 yuan)		66024757
耕地面积（公顷）	Farmland(hectare)	14747	20798
设施农业占地面积（公顷）	Protected Agriculture Covered(hectare)	300	337
农作物总播种面积（公顷）	Total Sown Area of Major Farm Crops (hectare)	26993	37613

注：本表主要数据由各县（市）区上报，部分指标为快报数，下同。
Note: The data in this table is reported by relevant counties (cities,districts), and part of data is from express report and the same as the following.

Main Social & Economic Indicators by County (2014)

江南区 Jiangnan District	西乡塘区 Xixiangtang District	良庆区 Liangqing District	邕宁区 Yongning District	武鸣县 Wuming County	隆安县 Long'an County	马山县 Mashan County	上林县 Shanglin County
1183	1298	1369	1254	3389	2306	2345	1871
159147	240125	91556	95423	237596	88627	159041	148833
59.52	119.44	36.38	27.52	55.5	32.81	40.11	45.74
48.21	76.66	26.35	34.96	70.01	41.53	55.59	49
		1160472	584915	2658646	559688	452923	450224
		199342	230897	689418	227100	153143	184943
		677502	144198	1374315	174584	124598	100893
		439120	60167	1203996	111345	61960	58685
		283628	209820	594914	158004	175182	164388
		32088	21274	47921	18264	11327	12845
		107.8	108.6	109.9	104.2	102.5	107.1
		103.2	103.3	104.6	104.5	104.3	105.4
		109.2	116.1	107.9	103.7	97.2	111.8
		100.4	113.1	107.7	101.8	94.4	108.8
		107.4	107.3	122.0	104.6	105.7	104.9
		106.4	108.1	109.6	103.7	101.9	106.6
		17.2	39.5	25.9	40.6	33.8	41.1
		58.4	24.7	51.7	31.2	27.5	22.4
		24.4	35.8	22.4	28.2	38.7	36.5
169497	389782	38499	17685	119017	51260	21115	24358
398516	193867	131307	8508	76438	20615	23712	33909
251129	508666	113510	125092	227545	167652	186069	201544
	63958829			1673947	778259	654492	758470
				1200532	557336	452591	532524
	66024757			1097711	379518	280731	348411
44880	44400	36863	45355	118562	62404	46185	48229
699		136		665.24	102	72	28
72801	43753	59571	65085	178779	71520	58922	60461

23－1 续表1

指 标	Item	兴宁区 Xingning District	青秀区 Qingxiu District
#粮食作物	Grain Crops	11131	15371
粮食总产量（吨）	Yield of Grain (ton)	56075	86662
#稻谷	Rice	48244	67154
油料产量（吨）	Yield of Oil-bearing Crops (ton)	4845	8500
糖料产量（吨）	Yield of Sugar Crops (ton)	99982	505327
园林水果产量（吨）	Yield of Fruit (ton)	7051	14776
肉类总产量（吨）	Output of Meat (ton)	20273	34260
#猪肉	Pork	10729	22252
禽蛋产量（吨）	Output of Eggs (ton)	685	2357
奶类产量（吨）	Output of Milk (ton)	2121	
蔬菜产量（吨）	Yield of Vegetables (ton)	166999	160125
水产品产量（吨）	Aquatic Products (ton)	7568	6469
规模以上工业企业单位数（个）	Number of Industrial Enterprises above Designated Size (unit)	28	27
规模以上工业总产值（当年价，万元）	Included Gross Industrial Output Value above Designated Size (at current price, 10 000 yuan)	337029	496381
规模以上工业企业从业人员年平均人数（人）	Annual Average Number of Employed Persons (person)	3115	4312
规模以上工业企业主营业务收入（万元）	Income from Major Business (10 000 yuan)	313844.5	491592
公路里程（公里）	Length of Domestic Highways (km)	316	629.27
民用汽车拥有量（辆）	Number of Civil Motor Vehicles Owned (unit)		
年末实有公共汽（电）车营运数（辆）	Year-end Total Operating Public Buses (vehicle)		
年末实有出租汽车数（辆）	Year-end Total Taxis (vehicle)		
固定电话年末用户（户）	Number of Local Telephone Subscribers in Year-end (subscriber)		
年末移动电话用户数（户）	Number of Mobile Telephone Subscribers at Year-end (subscriber)		
互联网宽带接入用户（户）	Number of Internet Subscribers (subscriber)		
全社会用电量（万千瓦时）	Total Consumption of Electricity (10 000 kwh)	119100	63700
#居民生活用电量	Household Consumption of Electricity	37100	55500
社会消费品零售总额（万元）	Total Retail Sale of Consumer Goods (10 000 yuan)	3427533	3329100
固定资产投资（万元）	Investment in Fixed Assets (10 000 yuan)	2099182	5937198

Continued

江南区 Jiangnan District	西乡塘区 Xixiangtang District	良庆区 Liangqing District	邕宁区 Yongning District	武鸣县 Wuming County	隆安县 Long'an County	马山县 Mashan County	上林县 Shanglin County
16941	12837	19788	26460	73330	37270	40270	38860
93179	66694	100804	137564	379976	168505	183257	187124
70768	42985	81845	117625	229070	83656	83616	139415
12294	9151	6057	12456	40385	5690	2484	7331
1494968	348107	1079377	1164760	1900020	600030	220512	593420
49057	551531	69560	38206	646458	315592	14430	5815
30910	39418	36434	58753	153055	45508	40614	39309
10526	20655	10747	19916	100872	33181	28780	33325
3740	4130	849	641	11625	1115	787	541
4865	1215	652	0	1351	87	0	
492949	290049	297488	224511	957390	255662	193523	120420
14227	13777	12365	12355	44495	14582	11755	20077
159	228	60	12	204	40	16	13
6805744	9281991	1415902	167296	2238731	543557	134455	260605
31588	78205	12143	1447	37098	5889	2526	3115
5710940	9532426	1124292	161185	1836580	517378	135709	202490
	660.75	1043	977	1740.69	0	1167.4	915
		2500	24874	22620	0	17852	13552
		979	125	136	41	12	20
					21		18
			495	163143	33379	29819	17225
			300125	493921	243406	255161	216533
			62345	58859	21874	22203	24260
312120	391900	55030		134933	64762.67	33774	22895
48926	99600	17977	3480	27980	12889.32	30443	10965
1637280.4	3625557	287041	168667	650220	157235	188390.2	165082
2912903	5458981	1716012	922523	2719802	536560	480319	525626

23－1　续表2

指　　标	Item	兴宁区 Xingning District	青秀区 Qingxiu District
新增固定资产（万元）	Newly Increased Fixed Assets (10 000 yuan)	772263	2684254
房地产开发投资完成额（万元）	Real Estate Development (10 000 yuan)	928873	1825842
#住宅	Residential Buildings	669938	1088697
住宅竣工面积（万平方米）	Completed Floor Space of Residential Buildings (10 000 sq.m)	38.64	62.18
普通中学数（所）	Number of Regular Secondary Schools (unit)	14	13
小学数（所）	Number of Primary Schools (unit)	46	76
普通中学专任教师数（人）	Full-time Teachers in Regular Secondary Schools (person)	600	954
小学专任教师数（人）	Full-time Teachers in Primary Schools (person)	1475	2327
普通中学在校学生数（人）	Student Enrollment in Regular Secondary Schools (person)	9807	9377
小学在校学生数（人）	Primary Student Enrollment (person)	31996	50280
专业技术人员（人）	Number of Professionals (person)	1771	3050
#农业技术人员	Agricultural Professionals	34	46
医疗卫生机构床位数（床）	Number of Beds in Healthcare Institutions (bed)	3028	10310
医疗卫生机构技术人员（人）	Medical & Technical Personnel of Healthcare Institutions (person)	3869	16820
#执业（助理）医师	Practitioner (assistant) Doctors	1348	16800
城镇居民人均可支配收入（元）	Per Capita Annual Disposable Income of Urban Households (yuan)	29939	34421
农村居民人均纯收入（元）	Annual Per Capita Net Income of Rural Residents (yuan)	9939	10075
各种社会福利收养性单位数（个）	Number of Adopting Units of Social Welfare (unit)	4	15
各种社会福利收养性单位床位数（张）	Number of Beds in Adopting Units of Social Welfare (bed)	165	203
城镇基本养老保险参保人数（人）	Number of Persons Joining Basic Pension Insurance (person)		61978
城镇基本医疗保险参保人数（人）	Number of Persons Joining Basic Health Care Insurance (person)		80620
失业保险参保人数（人）	Number of Persons Joining Unemployment Insurance (person)		
新型农村合作医疗参保人数（人）	Number of Persons Joining New-type Rural Cooperative Medical Service (person)	133872	177210
新型农村社会养老保险参保人数（人）	Number of Persons Joining New-type Rural Social Pension Insurance (person)	60874	57433
城镇居民最低生活保障人数（人）	Number of Urban Residents Receiving Lowest Cost-of-living (person)	1392	820
农村居民最低生活保障人数（人）	Number of Rural Residents Receiving Lowest Cost-of-living (person)	2725	3388

Continued

江南区 Jiangnan District	西乡塘区 Xixiangtang District	良庆区 Liangqing District	邕宁区 Yongning District	武鸣县 Wuming County	隆安县 Long'an County	马山县 Mashan County	上林县 Shanglin County
848842	2724109	824476	224872	1824364	0	299196	317985
408558	764438	522937	342660	256290	22341	16373	26543
247042	712133	311190	212558	194804	21571	14907	21685
27.31	33.94	10.41	3.59	37.89	15.42	22.4	8
31	41	18	11	26	16	20	17
88	107	66	72	138	123	140	111
1383	1657	682	794	2117	858	1492	1388
2261	3961	1411	1246	2487	1122	2377	2029
18688	28100	14146	16431	28033	15924	22802	21435
57478	90442	34043	22195	34582	29800	36556	30429
3698	9325	2814	3850	7487	3674	5471	5169
134	30	85	293	279	142	146	134
365	7695	1312	1825	2576	1805	1429	1268
618	7544	1702	1450	2971	1274	2099	1496
207	2971	643	465	1003	389	512	746
25332	24507	23393	23958	25831	20840	20720	20174
9903	9171	9398	8873	10154	6615	6058	6334
8	9	42	8	21	97	15	28
665	270	471	296	461	1002	750	415
		720	16106	46500	20419	18017	18100
		27550	16485	69000	40567	32900	34500
	41460		16485	18900	10704	8541	9658
314149	309914	210348	281494	580600	363339	500378	424021
84206	97327	75827	89152	296325	152850	154986	162600
875	12259	280	536	1743	2314	23278	3596
1965	8585	5050	5812	11644	23729	25283	21965

23－1 续表3

指　　标	Item	宾阳县 Binyang County	横　县 Hengxian County
行政区域土地面积（平方公里）	Administrative Region Land Area (sq.km)	2298	3448
常住户数（户）	Total Households at Year-end (household)	311037	342978
常住人口（万人）	Total Population at Year-end (10 000 persons)	108.41	119.35
户籍人口（万人）	Registered Population (10 000 persons)	105.48	124.55
地区生产总值（万元）	Gross Domestic Product (10 000 yuan)	1641736	2374421
第一产业增加值	Primary Industry	415256	640202
第二产业增加值	Secondary Industry	621786	1077078
#工业	Industry	441510	822762
第三产业增加值	Tertiary Industry	604694	657141
人均生产总值（元）	Per Capital GDP (yuan)	20520	26890
地区生产总值指数（上年=100）	Indices of Gross Domestic Product (preceding year=100)	107.3	102.6
第一产业	Primary Industry	103.3	104.5
第二产业	Secondary Industry	107.1	98.9
#工业	Industry	106.8	95.8
第三产业	Tertiary Industry	110.3	107.9
人均生产总值指数（上年=100）	Indices of Per Capital GDP (preceding year=100)	106.7	101.9
地区生产总值构成（%）	Construction of GDP (%)		
第一产业	Primary Industry	25.3	27.0
第二产业	Secondary Industry	37.9	45.4
第三产业	Tertiary Industry	36.8	27.6
公共财政收入（万元）	Government Revenue (10 000 yuan)	156000	119663
各项税收（万元）	Total Tax Revenue (10 000 yuan)	117317	122182
公共财政支出（万元）	Government Expenditure (10 000 yuan)	340490	343781
年末金融机构各项存款余额（万元）	Year-end Deposits of Financial Institutions (10 000 yuan)	1586848	1948676
#居民储蓄存款余额	Urban & Rural Savings Deposits	1238376	1524167
年末金融机构各项贷款余额（万元）	Year-end Loans of Financial Institutions (10 000 yuan)	852376	1197885
耕地面积（公顷）	Farmland(hectare)	91575.87	110498
设施农业占地面积（公顷）	Protected Agriculture Covered(hectare)	471.4	396
农作物总播种面积（公顷）	Total Sown Area of Major Farm Crops (hectare)	135086	151827

Continued

城中区 Chengzhong District	鱼峰区 Yufeng District	柳南区 Liunan District	柳北区 Liubei District	柳江县 Liujiang County	柳城县 Liucheng County	鹿寨县 Luzhai County	融安县 Rong'an County
78	36830	177	301	2537	2114	2975	2900
56880	122497	127350	141469	216924	124349	116939	89461
16.83	41.69	51.06	44.36	59.13	37.42	34.51	33.9
14.42	35.89	33.3	36.36	55.77	40.78	41.4	32.59
				1880305	1029367	1147134	527126
				353091	357336	279363	152072
				951703	396946	552939	198157
				799428	323527	433430	158776
				575510	275085	314832	176897
				32238	28487	33700	18074
				110.5	108.7	108.4	103.3
				103.2	106.4	103.5	103.1
				111.4	110.3	110.8	104.5
				110.7	113.1	113.1	105.8
				113.2	108.7	108.2	101.7
				108.7	108.1	107.8	102.8
				18.8	34.7	24.4	28.8
				50.6	38.6	48.2	37.6
				30.6	26.7	27.4	33.6
57627	52514	70040	62863	74184	42771	49420	39588
198709	49148	253533	291300	135020	20078	64568	17755
65285	64748	84196	87997	193945	159328	193834	138885
				1412606	735720	1183616	633898
				948131	531650	785030	443329
				1245080	512134	818475	353522
374	13426	2530	8474	86125	77794	59098.6	26908
26	100	2.5	287	154	2066	250	48
1423	11192	4398	12099	91283	90109	78830	43610

23－1　续表4

指　　标	Item	宾阳县 Binyang County	横　县 Hengxian County
#粮食作物	Grain Crops	70320	78590
粮食总产量（吨）	Yield of Grain (ton)	368660	422390
#稻谷	Rice	316898	342901
油料产量（吨）	Yield of Oil-bearing Crops (ton)	17298	17110
糖料产量（吨）	Yield of Sugar Crops (ton)	1665085	2080391
园林水果产量（吨）	Yield of Fruit (ton)	17186	63678
肉类总产量（吨）	Output of Meat (ton)	64141	83076
#猪肉	Pork	40555	50942
禽蛋产量（吨）	Output of Eggs (ton)	1562	2403
奶类产量（吨）	Output of Milk (ton)	205	2997
蔬菜产量（吨）	Yield of Vegetables (ton)	559550	697498
水产品产量（吨）	Aquatic Products (ton)	38492	43437
规模以上工业企业单位数（个）	Number of Industrial Enterprises above Designated Size (unit)	73	97
规模以上工业总产值（当年价，万元）	Included Gross Industrial Output Value above Designated Size (at current price, 10 000 yuan)	1290048	2528764
规模以上工业企业从业人员年平均人数（人）	Annual Average Number of Employed Persons (person)	16959	28696
规模以上工业企业主营业务收入（万元）	Income from Major Business (10 000 yuan)	1183995	2512750
公路里程（公里）	Length of Domestic Highways (km)	992.7	1842
民用汽车拥有量（辆）	Number of Civil Motor Vehicles Owned (unit)	14040	35827
年末实有公共汽（电）车营运数（辆）	Year-end Total Operating Public Buses (vehicle)	222	23
年末实有出租汽车数（辆）	Year-end Total Taxis (vehicle)	120	136
固定电话年末用户（户）	Number of Local Telephone Subscribers in Year-end (subscriber)	88801	59273
年末移动电话用户数（户）	Number of Mobile Telephone Subscribers at Year-end (subscriber)	173040	175965
互联网宽带接入用户（户）	Number of Internet Subscribers (subscriber)	79895	67627
全社会用电量（万千瓦时）	Total Consumption of Electricity (10 000 kwh)	110601.34	135475
#居民生活用电量	Household Consumption of Electricity	34161.2	38044
社会消费品零售总额（万元）	Total Retail Sale of Consumer Goods (10 000 yuan)	830784	752073.5
固定资产投资（万元）	Investment in Fixed Assets (10 000 yuan)	1941329	1982018

Continued

城中区 Chengzhong District	鱼峰区 Yufeng District	柳南区 Liunan District	柳北区 Liubei District	柳江县 Liujiang County	柳城县 Liucheng County	鹿寨县 Luzhai County	融安县 Rong'an County
310	3800	1921	3387	35635	32920	32510	20845
1416	16000	10303	17106	174837	173357	170046	101910
454	12152	9262	13479	147546	156771	142737	93616
120	816	638	1037	3297	8407	9923	1913
570	238919	3560	311094	1884234	2420414	1067699	480050
665	7299	3315	32624	97144	316564	119536	109283
2881	4457	5764	14118	51473	45726	32317	21494
1013	2470	3327	7310	32922	33772	22477	11959
0	17	4879	2655	697	1565	1531	740
160	2138	384	2578	568	9	753	0
12170	75745	45800	162993	736657	216112	354391	161146
420	1084	1786	9321	15727	16844	9321	6427
16	222	121	149	107	41	48	33
1219654.2	9946123	5121154	5880330	2518426	803523	1380907	427794
2814	71932	49205	31126	23111	8457	21932	5672
1281098.5	9407940.8	4338259	5242438	1870775	633339	1183755	382136.1
70.38		50.39	162.68	1223.9	1192	1470	900.27
				52140	7000	9794	14465
					28	80	21
					50	43	60
				214095	15213	28949	21149
				319952	290062	220699	241031
				48916	35078	52454	28351
		147617.23	497167	79591.82	40443.19	110970.92	24850.59
		35954.35	36183	25630.82	14805.37	15591.34	10392.73
1352881	1577047	2330563.5	1651000	371201.7	789725.9	298946.6	221081
731522	4957786	1329800	1293831	1842791	876180	1433124	749195

23－1 续表5

指　　标	Item	宾阳县 Binyang County	横　县 Hengxian County
新增固定资产（万元）	Newly Increased Fixed Assets (10 000 yuan)	1532963	1779196
房地产开发投资完成额（万元）	Real Estate Development (10 000 yuan)	136238	150629
#住宅	Residential Buildings	107635	116034
住宅竣工面积（万平方米）	Completed Floor Space of Residential Buildings (10 000 sq.m)	4.56	63.04
普通中学数（所）	Number of Regular Secondary Schools (unit)	41	41
小学数（所）	Number of Primary Schools (unit)	218	272
普通中学专任教师数（人）	Full-time Teachers in Regular Secondary Schools (person)	3130	3227
小学专任教师数（人）	Full-time Teachers in Primary Schools (person)	3860	3645
普通中学在校学生数（人）	Student Enrollment in Regular Secondary Schools (person)	55096	17184
小学在校学生数（人）	Primary Student Enrollment (person)	65705	14165
专业技术人员（人）	Number of Professionals (person)	8844	9765
#农业技术人员	Agricultural Professionals	304	350
医疗卫生机构床位数（床）	Number of Beds in Healthcare Institutions (bed)	2911	2375
医疗卫生机构技术人员（人）	Medical & Technical Personnel of Healthcare Institutions (person)	3654	3341
#执业（助理）医师	Practitioner (assistant) Doctors	986	1067
城镇居民人均可支配收入（元）	Per Capita Annual Disposable Income of Urban Households (yuan)	24321	25152
农村居民人均纯收入（元）	Annual Per Capita Net Income of Rural Residents (yuan)	9047	8883
各种社会福利收养性单位数（个）	Number of Adopting Units of Social Welfare (unit)	23	199
各种社会福利收养性单位床位数（张）	Number of Beds in Adopting Units of Social Welfare (bed)	2911	2248
城镇基本养老保险参保人数（人）	Number of Persons Joining Basic Pension Insurance (person)	60813	49102
城镇基本医疗保险参保人数（人）	Number of Persons Joining Basic Health Care Insurance (person)	109187	79210
失业保险参保人数（人）	Number of Persons Joining Unemployment Insurance (person)	22479	19520
新型农村合作医疗参保人数（人）	Number of Persons Joining New-type Rural Cooperative Medical Service (person)	864616	1080125
新型农村社会养老保险参保人数（人）	Number of Persons Joining New-type Rural Social Pension Insurance (person)	465736	280239
城镇居民最低生活保障人数（人）	Number of Urban Residents Receiving Lowest Cost-of-living (person)	1849	2885
农村居民最低生活保障人数（人）	Number of Rural Residents Receiving Lowest Cost-of-living (person)	19514	30376

Continued

城中区 Chengzhong District	鱼峰区 Yufeng District	柳南区 Liunan District	柳北区 Liubei District	柳江县 Liujiang County	柳城县 Liucheng County	鹿寨县 Luzhai County	融安县 Rong'an County
722672	995178	1223254	1232233		670760	698764	617929
573877	900943	310020	474779	145271	94913	103983	56161
322688	496915	199850	208906		57015	88963	21298
16.03	35.3	33	38.69	22.97	4.81	7	0
6	8	21	14	18	17	7	14
19	22	38	41	121	128	66	108
596	640	1125	925	1426	1025	948	905
922	799	1811	1089	2277	1669	1384	1192
8366	10797	18695	13217	17684	13190	12505	12741
15875	21603	44126	26749	35609	21489	24866	18683
1497		2752	7914	7161	5305	3912	3350
5		15	36	320	215	162	726
5562	4973	1863	2184	1595	1460	1636	1324
5548	5075	2860	3076	1669	1982	1966	1368
1716	1253	1400	1100	643	445	721	361
28949	28246	28356	28598	25146	22371	24941	22407
15901	16343	14454	12144	10258	9904	9415	8336
4	4	8	5	16	46	29	27
465	840	1545	220	356	648	531	334
3365	4443	8900	5302	15693	40792	45834	30383
	120848		186512	53694	45679	66724	50808
	42035		71586	35918	12497	18388	8815
	68635		63602	439863	329528	345041	261503
2193	10783	8900	15009	195463	111800	159297	101529
1050	2794	3324	54248	580	1175	3817	2111
265	295	654	14328	11539	10325	14040	14958

23－1 续表6

指 标	Item	融水苗族自治县 Rongshui County	三江侗族自治县 Sanjiang County
行政区域土地面积（平方公里）	Administrative Region Land Area (sq.km)	4638	2417
常住户数（户）	Total Households at Year-end (household)	131971	106400
常住人口（万人）	Total Population at Year-end (10 000 persons)	50.23	37.14
户籍人口（万人）	Registered Population (10 000 persons)	51	39.34
地区生产总值（万元）	Gross Domestic Product (10 000 yuan)	660707	373132
第一产业增加值	Primary Industry	151326	160071
第二产业增加值	Secondary Industry	318663	94391
#工业	Industry	216636	41153
第三产业增加值	Tertiary Industry	190718	118671
人均生产总值（元）	Per Capital GDP (yuan)	16129	12282
地区生产总值指数（上年=100）	Indices of Gross Domestic Product (preceding year=100)	110.5	104.1
第一产业	Primary Industry	104.9	105.0
第二产业	Secondary Industry	114.1	101.8
#工业	Industry	113.9	99.3
第三产业	Tertiary Industry	108.5	106.4
人均生产总值指数（上年=100）	Indices of Per Capital GDP (preceding year=100)	110.0	103.6
地区生产总值构成（%）	Construction of GDP (%)		
第一产业	Primary Industry	22.9	42.9
第二产业	Secondary Industry	48.2	25.3
第三产业	Tertiary Industry	28.9	31.8
公共财政收入（万元）	Government Revenue (10 000 yuan)	35540	17133
各项税收（万元）	Total Tax Revenue (10 000 yuan)	25543	13568
公共财政支出（万元）	Government Expenditure (10 000 yuan)	245813	170252
年末金融机构各项存款余额（万元）	Year-end Deposits of Financial Institutions (10 000 yuan)	838278	598907
#居民储蓄存款余额	Urban & Rural Savings Deposits	600602	379789
年末金融机构各项贷款余额（万元）	Year-end Loans of Financial Institutions (10 000 yuan)	470560	266865
耕地面积（公顷）	Farmland(hectare)	55808	20672.02
设施农业占地面积（公顷）	Protected Agriculture Covered(hectare)	33	6
农作物总播种面积（公顷）	Total Sown Area of Major Farm Crops (hectare)	47804	26036

Continued

叠彩区 Diecai District	象山区 Xiangshan District	七星区 Qixing District	雁山区 Yanshan District	临桂区 Lingui District	阳朔县 Yangshuo County	灵川县 Lingchuan County	全州县 Quanzhou County
52	90	121	288	2247	1436	2302	3979
46295	85759	69811	17857	134771	90523	109759	254159
18.71	28.72	25.83	11.87	50.21	32.23	37	82.61
14.57	24.05	21.01	7.16	49.22	32.23	38.16	83.28
				2156081	976683	1314425	1519790
				374918	217176	327886	444482
				1386078	383773	646239	621704
				1197055	216723	556676	525459
				395085	375734	340300	453604
				46907	34807	36578	23387
				109.1	109.0	110.0	108.6
				103.5	106.0	105.9	104.8
				110.9	112.1	111.8	111.6
				109.6	109.8	111.0	113.2
				107.7	107.6	109.6	106.7
				107.8	108.0	109.2	107.9
				17.4	22.2	24.9	29.3
				64.3	39.3	49.2	40.9
				18.3	38.5	25.9	29.8
26491	97100	79012	11761	162398	55295	107627	38562
31595	66903	103423	6395	197225.9	38250	104048	45398
28743	57879	92771	38261	287633	136139	226607	238547
				1629337	824343	1348082	1424412
				941515	607707	976479	1141358
				1371758	455577	977429	707214
1048.5	1476.29	941	6100.26	47532	14726	27999.35	70998
43	26.61	27	126	854	158	233.5	163
2361	2597	2343	9627	82310	45676	61815.78	126864

23－1 续表7

指 标	Item	融水苗族自治县 Rongshui County	三江侗族自治县 Sanjiang County
#粮食作物	Grain Crops	23842	14048
粮食总产量（吨）	Yield of Grain (ton)	118990	69370
#稻谷	Rice	103808	60402
油料产量（吨）	Yield of Oil-bearing Crops (ton)	2592	1618
糖料产量（吨）	Yield of Sugar Crops (ton)	503073	7372
园林水果产量（吨）	Yield of Fruit (ton)	50416	10316
肉类总产量（吨）	Output of Meat (ton)	28866	18869
#猪肉	Pork	16569	10212
禽蛋产量（吨）	Output of Eggs (ton)	285	819
奶类产量（吨）	Output of Milk (ton)		
蔬菜产量（吨）	Yield of Vegetables (ton)	139624	62291
水产品产量（吨）	Aquatic Products (ton)	7413	3577
规模以上工业企业单位数（个）	Number of Industrial Enterprises above Designated Size (unit)	34	22
规模以上工业总产值（当年价，万元）	Included Gross Industrial Output Value above Designated Size (at current price, 10 000 yuan)	503109	60406
规模以上工业企业从业人员年平均人数（人）	Annual Average Number of Employed Persons (person)	5255	1519
规模以上工业企业主营业务收入（万元）	Income from Major Business (10 000 yuan)	439375	59888
公路里程（公里）	Length of Domestic Highways (km)	1765	1056.43
民用汽车拥有量（辆）	Number of Civil Motor Vehicles Owned (unit)	17039	33458
年末实有公共汽（电）车营运数（辆）	Year-end Total Operating Public Buses (vehicle)	33	22
年末实有出租汽车数（辆）	Year-end Total Taxis (vehicle)	80	80
固定电话年末用户（户）	Number of Local Telephone Subscribers in Year-end (subscriber)	16487	16876
年末移动电话用户数（户）	Number of Mobile Telephone Subscribers at Year-end (subscriber)	313260	225781
互联网宽带接入用户（户）	Number of Internet Subscribers (subscriber)	30265	24394
全社会用电量（万千瓦时）	Total Consumption of Electricity (10 000 kwh)	34330	30910.7
#居民生活用电量	Household Consumption of Electricity	20074	9278.38
社会消费品零售总额（万元）	Total Retail Sale of Consumer Goods (10 000 yuan)	279903	172787.1
固定资产投资（万元）	Investment in Fixed Assets (10 000 yuan)	755063	717439

Continued

叠彩区 Diecai District	象山区 Xiangshan District	七星区 Qixing District	雁山区 Yanshan District	临桂区 Lingui District	阳朔县 Yangshuo County	灵川县 Lingchuan County	全州县 Quanzhou County
629	1326	475	4104	48280	23900	32630.31	78820
4010	6541	2556	20141	263491	119075	172838	433927
3628	5799	2143	15628	243313	95534	148239	381836
136	58	90	306	1214	6018	1830.89	13267
440	0		300	68573	23783	12968.34	37023
270	156	147	23600	108426	352884	252025.8	282281
2596	4191	5702	17890	98626	28947	52626	75931
1583	3271	4674	6578	33466	18151	31210	60264
142	412	153	2552	16050	2288	8873.21	8204
126	236	867		0	71	0	
42170	15950	53773	81408	432413	262041	540391.34	477427
420	1763	1052	2713	15615	8247	10127	23138
13	27	69	13	63	26	73	45
311700	1475800	2911203	274110	3641599	485650	1864430	1538193
2279	17575	27100	2774	18992	13998	199	7187
202951.9	1356000	2232650	238492	3581594	481673	1851425	1492600
36.1	75.94	73	276.68	1109.65	783.7	872.43	1862.4
20288	33855	29789	3709	25245	18018	24866	28809
				130	64	160	71
		130	1	50	28		88
				49404	21800	26700	20441
				392827	215400	319580	229273
				229370	31200	55116	23013
	116639.88	65998.79		66988.84	34072	80522.65	135247
	27707.91	24312.82		21940.67	14155	19808.72	24690
711479.2	1240860.5	592569.4	34728	348258.2	230936	442488	288032.2
469491	1079151	1106092	293969	2250306	953236	1604702	1248758

23－1　续表8

指　标	Item	融水苗族自治县 Rongshui County	三江侗族自治县 Sanjiang County
新增固定资产（万元）	Newly Increased Fixed Assets (10 000 yuan)	758063	222237
房地产开发投资完成额（万元）	Real Estate Development (10 000 yuan)	88560	48117
#住宅	Residential Buildings	84720	38858
住宅竣工面积（万平方米）	Completed Floor Space of Residential Buildings (10 000 sq.m)	17.78	1.71
普通中学数（所）	Number of Regular Secondary Schools (unit)	25	16
小学数（所）	Number of Primary Schools (unit)	290	247
普通中学专任教师数（人）	Full-time Teachers in Regular Secondary Schools (person)	968	1038
小学专任教师数（人）	Full-time Teachers in Primary Schools (person)	2092	1463
普通中学在校学生数（人）	Student Enrollment in Regular Secondary Schools (person)	20935	15871
小学在校学生数（人）	Primary Student Enrollment (person)	38995	32429
专业技术人员（人）	Number of Professionals (person)	4945	4020
#农业技术人员	Agricultural Professionals	187	145
医疗卫生机构床位数（床）	Number of Beds in Healthcare Institutions (bed)	1479	1012
医疗卫生机构技术人员（人）	Medical & Technical Personnel of Healthcare Institutions (person)	1815	1309
#执业（助理）医师	Practitioner (assistant) Doctors	577	395
城镇居民人均可支配收入（元）	Per Capita Annual Disposable Income of Urban Households (yuan)	23242	21994
农村居民人均纯收入（元）	Annual Per Capita Net Income of Rural Residents (yuan)	5966	6060
各种社会福利收养性单位数（个）	Number of Adopting Units of Social Welfare (unit)	21	37
各种社会福利收养性单位床位数（张）	Number of Beds in Adopting Units of Social Welfare (bed)	471	1535
城镇基本养老保险参保人数（人）	Number of Persons Joining Basic Pension Insurance (person)	28181	13901
城镇基本医疗保险参保人数（人）	Number of Persons Joining Basic Health Care Insurance (person)	81314	23769
失业保险参保人数（人）	Number of Persons Joining Unemployment Insurance (person)	11226	4925
新型农村合作医疗参保人数（人）	Number of Persons Joining New-type Rural Cooperative Medical Service (person)	442702	335969
新型农村社会养老保险参保人数（人）	Number of Persons Joining New-type Rural Social Pension Insurance (person)	230830	158655
城镇居民最低生活保障人数（人）	Number of Urban Residents Receiving Lowest Cost-of-living (person)	5346	7262
农村居民最低生活保障人数（人）	Number of Rural Residents Receiving Lowest Cost-of-living (person)	71385	38987

Continued

叠彩区 Diecai District	象山区 Xiangshan District	七星区 Qixing District	雁山区 Yanshan District	临桂区 Lingui District	阳朔县 Yangshuo County	灵川县 Lingchuan County	全州县 Quanzhou County
31318	235231	722630	190575	882096	408614	920003	650259
192042	136583	230215	39314	939661	17922	218710	14599
94346	136583	165701	5100	798489	17922	155094	11203
8.42	2.58	18.24	5.36	27.12	0.6	17.27	
1	1	5	2	19	11	20	30
13	23	29	7	83	88	49	286
65	49	172	217	1628	943	1186	2523
466	901	1661	337	1762	1179	1570	2698
438	413	1638	1549	20005	10841	13037	28910
8867	20731	21047	3893	31584	17907	22946	47718
507	1041	990	715	5156	4553	3435	7368
4	6	4	32	205	200	127	235
1031	2654	85	117	759	773	1493	1630
1635	3818	229	132	2805	915	2380	2096
642	1269	141	51	791	311	718	879
26650	27222	28128	23103	32018	32106	28266	22868
9525	9748	12247	9038	11330	10868	10023	9594
7	4	9	4	80	15	54	203
215	427	657	18	770	257	565	2184
1729				21425	20964	22079	41290
				57989	41802	61402	82512
				14782	6033	10761	13512
25015	22893	10744	54317	401172	288439	296253	695919
3914	193		15879	222850	150530	174899	350015
1692	3251	25486	107	8075	667	2214	7872
639	706	35508	3496	25915	14580	20020	45595

23－1　续表9

指　　标	Item	兴安县 Xing'an County	永福县 Yongfu County
行政区域土地面积（平方公里）	Administrative Region Land Area (sq.km)	2333	2795
常住户数（户）	Total Households at Year-end (household)	127527	79583
常住人口（万人）	Total Population at Year-end (10 000 persons)	33.82	23.96
户籍人口（万人）	Registered Population (10 000 persons)	38.4	28.46
地区生产总值（万元）	Gross Domestic Product (10 000 yuan)	1421603	1031336
第一产业增加值	Primary Industry	299621	223479
第二产业增加值	Secondary Industry	778427	643929
#工业	Industry	676072	516930
第三产业增加值	Tertiary Industry	343555	163928
人均生产总值（元）	Per Capital GDP (yuan)	42184	43188
地区生产总值指数（上年=100）	Indices of Gross Domestic Product (preceding year=100)	106.4	105.6
第一产业	Primary Industry	105.0	105.1
第二产业	Secondary Industry	104.1	106.6
#工业	Industry	103.3	108.2
第三产业	Tertiary Industry	113.8	101.8
人均生产总值指数（上年=100）	Indices of Per Capital GDP (preceding year=100)	105.8	105.1
地区生产总值构成（%）	Construction of GDP (%)		
第一产业	Primary Industry	21.1	21.7
第二产业	Secondary Industry	54.8	62.4
第三产业	Tertiary Industry	24.1	15.9
公共财政收入（万元）	Government Revenue (10 000 yuan)	133142	34324
各项税收（万元）	Total Tax Revenue (10 000 yuan)	90430	41809
公共财政支出（万元）	Government Expenditure (10 000 yuan)	231678	145983
年末金融机构各项存款余额（万元）	Year-end Deposits of Financial Institutions (10 000 yuan)	1143573	576753
#居民储蓄存款余额	Urban & Rural Savings Deposits	944836	436271
年末金融机构各项贷款余额（万元）	Year-end Loans of Financial Institutions (10 000 yuan)	949323	452060
耕地面积（公顷）	Farmland(hectare)	26757	27043.2
设施农业占地面积（公顷）	Protected Agriculture Covered(hectare)	124.96	274
农作物总播种面积（公顷）	Total Sown Area of Major Farm Crops (hectare)	65289	50209

Continued

灌阳县 Guanyang County	龙胜各族自治县 Longsheng County	资源县 Ziyuan County	平乐县 Pingle County	荔浦县 Lipu County	恭城瑶族自治县 Gongcheng County	万秀区 Wanxiu District	长洲区 Changzhou District
1835	2538	1954	1919	1760	2139	439	373
99003	48074	56811	148669	113490	90537	120077	52609
23.81	15.8	15.05	45.15	35.7	28.75	32.64	19.96
29.3	18.1	17.68	45.05	38.57	30.13	32.54	16.7
661518	525801	443476	943726	1274715	766134		
163125	100261	96622	366972	283821	229018		
324553	287159	222560	344924	618153	356834		
286133	236696	172847	290335	519276	318614		
173841	138381	124294	231830	372742	180282		
27848	33352	29545	24858	35746	30068		
108.4	108.8	110.8	106.3	113.2	110.7		
105.1	105.4	105.3	105.0	106.0	104.5		
105.4	109.4	112.9	107.3	119.3	116.3		
106.5	110.2	115.5	106.3	121.3	116.9		
118.6	109.7	110.6	106.1	107.2	106.8		
107.9	108.4	110.1	105.7	112.9	110.4		
24.7	19.1	21.8	38.9	22.3	29.9		
49.1	54.6	50.2	36.5	48.5	46.6		
26.2	26.3	28.0	24.6	29.2	23.5		
18224	30092	24623	30625	84908	32507	45962	78893
25416	35611	19438	30239	66507	37741	39142	78893
150192	143404	122613	159205	176356	145753	80515	73089
616901	461926	487143	703716	882279	575321	605758	202880
472617	299820	322613	593081	704102	439723	405758	202879
315391	268598	275775	365301	640448	342156	512430	281260
19716	17851	16586	20809	30560	5893.2	3469	2830
49	6	18	44	235	17	11	8
42430	21134	21753	68846	52244	42376	7723	9630

23－1　续表10

指　标	Item	兴安县 Xing'an County	永福县 Yongfu County
#粮食作物	Grain Crops	38920	27480
粮食总产量（吨）	Yield of Grain (ton)	216216	147240
#稻谷	Rice	172555	125192
油料产量（吨）	Yield of Oil-bearing Crops (ton)	6676	1838
糖料产量（吨）	Yield of Sugar Crops (ton)	2456	230241
园林水果产量（吨）	Yield of Fruit (ton)	340192	136544
肉类总产量（吨）	Output of Meat (ton)	47326	42201
#猪肉	Pork	38229	20280
禽蛋产量（吨）	Output of Eggs (ton)	3322	2475
奶类产量（吨）	Output of Milk (ton)	55	197
蔬菜产量（吨）	Yield of Vegetables (ton)	328034	232589
水产品产量（吨）	Aquatic Products (ton)	11238	6845
规模以上工业企业单位数（个）	Number of Industrial Enterprises above Designated Size (unit)	52	55
规模以上工业总产值（当年价，万元）	Included Gross Industrial Output Value above Designated Size (at current price, 10 000 yuan)	1795143.3	1629680
规模以上工业企业从业人员年平均人数（人）	Annual Average Number of Employed Persons (person)	10630	9936
规模以上工业企业主营业务收入（万元）	Income from Major Business (10 000 yuan)	1660862.4	1539562
公路里程（公里）	Length of Domestic Highways (km)	1128.4	722.66
民用汽车拥有量（辆）	Number of Civil Motor Vehicles Owned (unit)	22065	12381
年末实有公共汽（电）车营运数（辆）	Year-end Total Operating Public Buses (vehicle)	60	31
年末实有出租汽车数（辆）	Year-end Total Taxis (vehicle)	110	21
固定电话年末用户（户）	Number of Local Telephone Subscribers in Year-end (subscriber)	21529	21575
年末移动电话用户数（户）	Number of Mobile Telephone Subscribers at Year-end (subscriber)	28057	138742
互联网宽带接入用户（户）	Number of Internet Subscribers (subscriber)	20058	25086
全社会用电量（万千瓦时）	Total Consumption of Electricity (10 000 kwh)	67916.68	39491
#居民生活用电量	Household Consumption of Electricity	13139.33	9925
社会消费品零售总额（万元）	Total Retail Sale of Consumer Goods (10 000 yuan)	374783	247966.8
固定资产投资（万元）	Investment in Fixed Assets (10 000 yuan)	1547835	845167

Continued

灌阳县 Guanyang County	龙胜各族自治县 Longsheng County	资源县 Ziyuan County	平乐县 Pingle County	荔浦县 Lipu County	恭城瑶族自治县 Gongcheng County	万秀区 Wanxiu District	长洲区 Changzhou District
27337	10830	9279	31270	23738	18908	4638	3524
169517	65820	57474	168530	128565	83960	24020	16570
132616	44383	42946	126444	95323	47723	21529	14320
3184	366	1180	12557	5658	13273	303	1585
4740	0	0	54797	65634	3000	665	0
314489	74725	61409	714018	254124	867761	10829	5558
31096	11725	9786	32974	50270	23484	7370	6769
26866	6870	6534	22764	37718	15219	5301	4442
1589	586	723	4426	2776	3149	406	616
4	0	0	0	51	0	247	77
160708	112310	142044	513094	258044	169473	9008	82469
4941	712	1344	9975	6978	7308	5994	8929
26	22	31	20	57	22	64	16
832000	466699	443634	864232	1593101	932129	125725	5314948
2855	6845	3816	7314	36267	7450	173	15922
820131	464765	419576	847517	1431187	863466	1198548	5317587
702	770	662	758.4	895.65	810.96	46	246.09
10904	8754	21719	16374	20768	15095	16844	4850
108	18	14	128	92	34	345	
52	61	30	50	216	62		
18930	10405	7689	28172	34509	20200	39265	62030
161250	144392	79209	229400	286150	184015	70028	63858
20386	17073	13035	36716	39165	25100	1216224	99052
80957	34882	53999.82	39911	48491.78	43135	63728	118762
10325	5585	4909.47	14897	17820.2	10591	9099	94656
158000.2	85377	104139	208111	463592.7	226486	56032	61600
476074	403241	466186	788877	981958	722459	1303067	1260684

23－1　续表11

指　　标	Item	兴安县 Xing'an County	永福县 Yongfu County
新增固定资产（万元）	Newly Increased Fixed Assets (10 000 yuan)	1236550	1175791
房地产开发投资完成额（万元）	Real Estate Development (10 000 yuan)	32058	28767
#住宅	Residential Buildings	26176	20079
住宅竣工面积（万平方米）	Completed Floor Space of Residential Buildings (10 000 sq.m)	1	4.61
普通中学数（所）	Number of Regular Secondary Schools (unit)	15	13
小学数（所）	Number of Primary Schools (unit)	93	81
普通中学专任教师数（人）	Full-time Teachers in Regular Secondary Schools (person)	924	732
小学专任教师数（人）	Full-time Teachers in Primary Schools (person)	1091	927
普通中学在校学生数（人）	Student Enrollment in Regular Secondary Schools (person)	10905	9398
小学在校学生数（人）	Primary Student Enrollment (person)	19555	15916
专业技术人员（人）	Number of Professionals (person)	3699	2968
#农业技术人员	Agricultural Professionals	213	138
医疗卫生机构床位数（床）	Number of Beds in Healthcare Institutions (bed)	1421	951
医疗卫生机构技术人员（人）	Medical & Technical Personnel of Healthcare Institutions (person)	1355	1201
#执业（助理）医师	Practitioner (assistant) Doctors	761	767
城镇居民人均可支配收入（元）	Per Capita Annual Disposable Income of Urban Households (yuan)	27146	27457
农村居民人均纯收入（元）	Annual Per Capita Net Income of Rural Residents (yuan)	11726	8775
各种社会福利收养性单位数（个）	Number of Adopting Units of Social Welfare (unit)	15	53
各种社会福利收养性单位床位数（张）	Number of Beds in Adopting Units of Social Welfare (bed)	534	561
城镇基本养老保险参保人数（人）	Number of Persons Joining Basic Pension Insurance (person)	28640	17261
城镇基本医疗保险参保人数（人）	Number of Persons Joining Basic Health Care Insurance (person)	70345	31370
失业保险参保人数（人）	Number of Persons Joining Unemployment Insurance (person)	11173	6228
新型农村合作医疗参保人数（人）	Number of Persons Joining New-type Rural Cooperative Medical Service (person)	318144	228053
新型农村社会养老保险参保人数（人）	Number of Persons Joining New-type Rural Social Pension Insurance (person)	157958	110939
城镇居民最低生活保障人数（人）	Number of Urban Residents Receiving Lowest Cost-of-living (person)	2654	4036
农村居民最低生活保障人数（人）	Number of Rural Residents Receiving Lowest Cost-of-living (person)	18415	22881

Continued

灌阳县 Guanyang County	龙胜各族自治县 Longsheng County	资源县 Ziyuan County	平乐县 Pingle County	荔浦县 Lipu County	恭城瑶族自治县 Gongcheng County	万秀区 Wanxiu District	长洲区 Changzhou District
348282	355717	240597	528614	941542	338222	1123009	907244
21264	6353	7280	56688	49298	53801	140892	190764
18074	1695	4200	40084	39261	43227	78989	156130
15.72	3.73	4.1	6.68	22.67	0	3.02	12.83
13	3	7	16	13	14	2	4
139	11	83	76	157	104	43	28
817	432	469	1131	844	894	1137	95
1309	752	760	1637	1615	1331	1209	748
9367	6041	6368	15257	14356	11901	1016	1898
15439	9610	11812	27660	21357	19530	20085	13925
4042	2565	2335	4292	3632	3804	1412	1035
213	157	75	194	171	157	11	40
811	533	465	1207	1131	838	2224	525
798	1040	510	1777	1227	1211	3545	820
277	287	228	848	529	420	1639	319
22905	25690	23546	23459	27142	23686	24582	25549
6278	6017	7373	8934	9648	8156	10477	10189
65	13	12	32	13	66	12	4
444	403	127	453	481	907	322	56
15433	8166	11695	26962	27071	20883	40798	18358
29229	25191	9462	49326	53844	41841	19864	30660
4980	6433	5300	7959	8053	7800	19864	9275
247255	146866	144585	356064	310081	242823	68812	95468
126387	74202	69395	166986	153815	136615	25762	5995
4819	2207	1128	5325	3633	5359	3712	1852
20150	16450	9955	41815	21239	28517	3723	17352

23－1　续表12

指　　标	Item	龙圩区 Longxu District	苍梧县 Cangwu County
行政区域土地面积（平方公里）	Administrative Region Land Area (sq.km)	1068	2758
常住户数（户）	Total Households at Year-end (household)	84229	101826
常住人口（万人）	Total Population at Year-end (10 000 persons)	27.85	39.84
户籍人口（万人）	Registered Population (10 000 persons)	30.28	39.84
地区生产总值（万元）	Gross Domestic Product (10 000 yuan)		382960
第一产业增加值	Primary Industry		160300
第二产业增加值	Secondary Industry		151905
#工业	Industry		101515
第三产业增加值	Tertiary Industry		70755
人均生产总值（元）	Per Capital GDP (yuan)		11845
地区生产总值指数（上年=100）	Indices of Gross Domestic Product (preceding year=100)		87.5
第一产业	Primary Industry		103.6
第二产业	Secondary Industry		73.9
#工业	Industry		72.3
第三产业	Tertiary Industry		97.4
人均生产总值指数（上年=100）	Indices of Per Capital GDP (preceding year=100)		87.0
地区生产总值构成（%）	Construction of GDP (%)		
第一产业	Primary Industry		41.8
第二产业	Secondary Industry		39.7
第三产业	Tertiary Industry		18.5
公共财政收入（万元）	Government Revenue (10 000 yuan)	51050	47080
各项税收（万元）	Total Tax Revenue (10 000 yuan)	47673	30652
公共财政支出（万元）	Government Expenditure (10 000 yuan)	65228	165102
年末金融机构各项存款余额（万元）	Year-end Deposits of Financial Institutions (10 000 yuan)		1197576
#居民储蓄存款余额	Urban & Rural Savings Deposits		798982
年末金融机构各项贷款余额（万元）	Year-end Loans of Financial Institutions (10 000 yuan)		886026
耕地面积（公顷）	Farmland(hectare)	12117.94	20887
设施农业占地面积（公顷）	Protected Agriculture Covered(hectare)	18.5	17
农作物总播种面积（公顷）	Total Sown Area of Major Farm Crops (hectare)	26249.7	37580

Continued

藤　县 Tengxian County	蒙山县 Mengshan County	岑溪市 Cenxi City	海城区 Haicheng District	银海区 Yinhai District	铁山港区 Tieshangang District	合浦县 Hepu County	港口区 Gangkou District
3946	1279	2784	182	541	503	2762	410
297623	72056	269563	95000	43122	44659	261528	40440
86.08	19.82	85.82	35.94	18.7	14.85	90.88	16.54
107.09	22.13	93.77	29.83	15.83	18.02	105.67	13.32
1944226	561387	2178260				1869566	
452491	108853	319254				740524	
1150228	285713	1483055				536734	
1015181	248335	1352586				416269	
341507	166821	375951				592309	
22643	28425	27417				20641	
107.3	100.2	108.1				109.7	
104.5	105.1	104.9				102.9	
108.2	95.1	109.0				116.8	
109.6	94.7	109.2				117.4	
107.8	107.8	106.9				106.6	
106.6	99.6	107.4				108.7	
23.3	19.4	14.7				39.6	
59.1	50.9	68.0				28.7	
17.6	29.7	17.3				31.7	
121419	25695	180791	45372	34058	26581	61701	109575
103862	22902	88125	37190	25923	20505	84538	94627
340682	108487	349092	56718	75554	58552	289876	103106
1429029	397639	1478830	5315656			1858261	
1070424	282229	1182829	3519107			1544790	
853318	259409	1033369	3013700			1056078	
38832	12852	36692	2241	21903	19533	81484	3221
26	10	71	39	927	691	1083	17
99655	35005	78690	4406	26949	21543	129981	7096

23－1　续表13

指　　标	Item	龙圩区 Longxu District	苍梧县 Cangwu County
#粮食作物	Grain Crops	17147.9	24960
粮食总产量（吨）	Yield of Grain (ton)	83833	129939
#稻谷	Rice	76955	118339
油料产量（吨）	Yield of Oil-bearing Crops (ton)	5749	6295
糖料产量（吨）	Yield of Sugar Crops (ton)	1267	5882
园林水果产量（吨）	Yield of Fruit (ton)	75415	83398
肉类总产量（吨）	Output of Meat (ton)	15450	24374
#猪肉	Pork	10699	17109
禽蛋产量（吨）	Output of Eggs (ton)	256	176
奶类产量（吨）	Output of Milk (ton)	0	0
蔬菜产量（吨）	Yield of Vegetables (ton)	83399	143165
水产品产量（吨）	Aquatic Products (ton)	6079	9705
规模以上工业企业单位数（个）	Number of Industrial Enterprises above Designated Size (unit)	31	11
规模以上工业总产值（当年价，万元）	Included Gross Industrial Output Value above Designated Size (at current price, 10 000 yuan)	525333	181426
规模以上工业企业从业人员年平均人数（人）	Annual Average Number of Employed Persons (person)	9131	1392
规模以上工业企业主营业务收入（万元）	Income from Major Business (10 000 yuan)	4819021	161023
公路里程（公里）	Length of Domestic Highways (km)	276	1235.11
民用汽车拥有量（辆）	Number of Civil Motor Vehicles Owned (unit)	2391	17211
年末实有公共汽（电）车营运数（辆）	Year-end Total Operating Public Buses (vehicle)	63	
年末实有出租汽车数（辆）	Year-end Total Taxis (vehicle)		
固定电话年末用户（户）	Number of Local Telephone Subscribers in Year-end (subscriber)	24150	16508
年末移动电话用户数（户）	Number of Mobile Telephone Subscribers at Year-end (subscriber)	204550	322944
互联网宽带接入用户（户）	Number of Internet Subscribers (subscriber)	38501	21541
全社会用电量（万千瓦时）	Total Consumption of Electricity (10 000 kwh)		16874.23
#居民生活用电量	Household Consumption of Electricity		1111.23
社会消费品零售总额（万元）	Total Retail Sale of Consumer Goods (10 000 yuan)	308695	179733.9
固定资产投资（万元）	Investment in Fixed Assets (10 000 yuan)	836713	201892

Continued

藤　县 Tengxian County	蒙山县 Mengshan County	岑溪市 Cenxi City	海城区 Haicheng District	银海区 Yinhai District	铁山港区 Tieshangang District	合浦县 Hepu County	港口区 Gangkou District
48010	13060	47470	1355	5675	5812	65830	4471
264791	66538	235844	4588	23546	27718	327631	18604
236604	51983	193875	1428	14567	19461	235653	11801
11348	4690	9925	1210	7343	10635	27676	1343
44420	63255	67870	9952	753995	215715	1259423	2428
127659	25660	153105	10882	9582	4571	89394	1427
56690	16833	79825	6124	15097	11767	96324	2186
37268	11597	40530	4679	8451	7945	57065	761
2572	1594	2548	36	970	142	17092	1878
5	210	360	485	517		610	
984036	204742	406350	42427	131239	75356	528263	18352
27244	10527	19131	228939	216394	174937	418915	197668
97	29	84	84	13	8	62	57
2807376	687639	4281480	7352000	160138	6288718.3	1302717	7964169
62602	7896	24699	39521	2141	6365	13972	15926
2724408	653257	4201824	7293830	147595	6016572	965321	6096510
1713	358.47	1545	91.75	422	338.11	1882	263.73
3619	634	35252	123700		3141	9949	
72	8	255				109	
54	23	54				62	
46121	11041	68304	243000			81124	41003
504429	121159	466108	552000			734148	96785
61006	19177	53983	187130			98259	38269
117350	23275.8	84740.11	123980	8400	184791.81	109886	128955
25240	7252.35	28201.37	32300	5800	7773.04	39008	9716
666179	129576.9	588606	1058500	61048	79107.3	651646	181715
1872711	461687	2269819	2980785	1567700	1594828	1604895	2340539

23－1　续表14

指　　标	Item	龙圩区 Longxu District	苍梧县 Cangwu County
新增固定资产（万元）	Newly Increased Fixed Assets (10 000 yuan)	567852	173799
房地产开发投资完成额（万元）	Real Estate Development (10 000 yuan)	55265	0
#住宅	Residential Buildings		0
住宅竣工面积（万平方米）	Completed Floor Space of Residential Buildings (10 000 sq.m)		0
普通中学数（所）	Number of Regular Secondary Schools (unit)	10	16
小学数（所）	Number of Primary Schools (unit)	69	134
普通中学专任教师数（人）	Full-time Teachers in Regular Secondary Schools (person)	659	999
小学专任教师数（人）	Full-time Teachers in Primary Schools (person)	1450	1878
普通中学在校学生数（人）	Student Enrollment in Regular Secondary Schools (person)	11912	17858
小学在校学生数（人）	Primary Student Enrollment (person)	29023	32338
专业技术人员（人）	Number of Professionals (person)	15	11023
#农业技术人员	Agricultural Professionals	0	2836
医疗卫生机构床位数（床）	Number of Beds in Healthcare Institutions (bed)	506	880
医疗卫生机构技术人员（人）	Medical & Technical Personnel of Healthcare Institutions (person)	888	1033
#执业（助理）医师	Practitioner (assistant) Doctors	323	361
城镇居民人均可支配收入（元）	Per Capita Annual Disposable Income of Urban Households (yuan)	21307	17040
农村居民人均纯收入（元）	Annual Per Capita Net Income of Rural Residents (yuan)	7547	6050
各种社会福利收养性单位数（个）	Number of Adopting Units of Social Welfare (unit)		4
各种社会福利收养性单位床位数（张）	Number of Beds in Adopting Units of Social Welfare (bed)		45
城镇基本养老保险参保人数（人）	Number of Persons Joining Basic Pension Insurance (person)		8324
城镇基本医疗保险参保人数（人）	Number of Persons Joining Basic Health Care Insurance (person)		34381
失业保险参保人数（人）	Number of Persons Joining Unemployment Insurance (person)		7069
新型农村合作医疗参保人数（人）	Number of Persons Joining New-type Rural Cooperative Medical Service (person)	238589	351349
新型农村社会养老保险参保人数（人）	Number of Persons Joining New-type Rural Social Pension Insurance (person)	125800	202608
城镇居民最低生活保障人数（人）	Number of Urban Residents Receiving Lowest Cost-of-living (person)	22300	1718
农村居民最低生活保障人数（人）	Number of Rural Residents Receiving Lowest Cost-of-living (person)	226400	31303

Continued

藤 县 Tengxian County	蒙山县 Mengshan County	岑溪市 Cenxi City	海城区 Haicheng District	银海区 Yinhai District	铁山港区 Tieshangang District	合浦县 Hepu County	港口区 Gangkou District
1021227	556963	1686487	2394195	129045	123929	1442152	661812
275505	36078	181959	809968	685900		163580	401650
210758	22223	127287	451007	529209		123635	340035
8.43	14.68	12.1	68.6	27.7		44.2	11.14
38	11	34	13	10	9	41	3
271	75	331	25	40	53	277	32
3161	713	3378	178	433	607	3281	178
5225	909	3945	1532	928	736	4010	615
55197	10575	56761	3594	6831	5176	55180	2893
87583	15293	80848	42594	18349	11554	79144	11755
10359	3524	10937	1744	1496	1343	11022	1071
540	113	559	1	15		212	42
2166	877	2573	2734	253	160	3999	223
2663	731	2651	4066	376	212	3292	423
1258	223	1178	1501	228	81	1190	165
22527	22154	25079	26239	25822	25338	25178	27937
8045	6716	8527	9885	9959	9524	8873	10063
26	46	23	11	30	4	130	4
595	545	518	521	313	75	1470	182
54442	14079	40599	9606		60561	106650	15731
107673	31005	164987	118545	1600	7022	180023	30952
20085	8035	19268			7856	37512	8136
955975	182563	782035	59276	136044	152018	840777	59523
372368	80315	330016	3743	45585	60561	266409	13685
3995	2316	8826	3617	1384	808	9789	19263
112286	16982	67857	769	3099	7403	43135	38263

23－1 续表15

指 标	Item	防城区 Fangcheng District	上思县 Shangsi County
行政区域土地面积（平方公里）	Administrative Region Land Area (sq.km)	2427	2810
常住户数（户）	Total Households at Year-end (household)	102212	62895
常住人口（万人）	Total Population at Year-end (10 000 persons)	38.04	24.34
户籍人口（万人）	Registered Population (10 000 persons)	42.61	24.17
地区生产总值（万元）	Gross Domestic Product (10 000 yuan)	1109127	666299
第一产业增加值	Primary Industry	244407	191472
第二产业增加值	Secondary Industry	499770	333908
#工业	Industry	404438	310204
第三产业增加值	Tertiary Industry	364950	140919
人均生产总值（元）	Per Capital GDP (yuan)	29276	31980
地区生产总值指数（上年=100）	Indices of Gross Domestic Product (preceding year=100)	109.3	106.0
第一产业	Primary Industry	104.1	100.3
第二产业	Secondary Industry	111.8	109.9
#工业	Industry	112.8	110.8
第三产业	Tertiary Industry	108.8	104.0
人均生产总值指数（上年=100）	Indices of Per Capital GDP (preceding year=100)	107.9	105.2
地区生产总值构成（%）	Construction of GDP (%)		
第一产业	Primary Industry	22.0	28.7
第二产业	Secondary Industry	45.1	50.1
第三产业	Tertiary Industry	32.9	21.2
公共财政收入（万元）	Government Revenue (10 000 yuan)	78391	75970
各项税收（万元）	Total Tax Revenue (10 000 yuan)	69657	58610
公共财政支出（万元）	Government Expenditure (10 000 yuan)	215180	167139
年末金融机构各项存款余额（万元）	Year-end Deposits of Financial Institutions (10 000 yuan)	1072438	454090
#居民储蓄存款余额	Urban & Rural Savings Deposits	851949	298243
年末金融机构各项贷款余额（万元）	Year-end Loans of Financial Institutions (10 000 yuan)	556059	232862
耕地面积（公顷）	Farmland(hectare)	26323	58700
设施农业占地面积（公顷）	Protected Agriculture Covered(hectare)	122	
农作物总播种面积（公顷）	Total Sown Area of Major Farm Crops (hectare)	49208	57567

Continued

东兴市 Dongxing City	钦南区 Qinnan District	钦北区 Qinbei District	灵山县 Lingshan County	浦北县 Pubei County	港北区 Gangbei District	港南区 Gangnan District	覃塘区 Qintang District
589	2310	2217	3558	2526	1020	1099	1352
38282	144847	186436	430777	240854	187693	213000	149423
15.28	60.42	83.8	169.95	75.06	52.68	52.7	57.15
14.13	60.43	83.8	163.32	92.06	68.67	68.5	60.23
809761	1917944	1563345	1631541	1443008	1543902	708052	918598
137860	559328	433992	579378	356092	178759	191056	217317
349511	479847	733685	523308	692389	498841	266464	390513
277982	286722	461921	331164	471137	298575	199832	323174
322391	878769	395669	528855	394527	866302	250532	310768
53309	34910	22703	13779	19295	25805	13478	21947
108.3	111.8	111.7	111.0	114.0	103.2	103.9	105.8
105.0	102.9	104.4	105.5	103.2	103.7	102.3	102.4
110.0	122.4	118.9	115.8	122.2	99.4	104.4	107.4
109.9	120.0	111.8	112.8	122.1	98.3	106.0	106.8
107.4	111.4	106.6	110.0	107.5	106.6	104.4	105.8
106.9	110.7	110.8	110.3	113.2	102.2	103.1	105.0
17.0	29.2	27.8	35.5	24.7	11.6	27.0	23.7
43.2	25.0	46.9	32.1	48.0	32.3	37.6	42.5
39.8	45.8	25.3	32.4	27.3	56.1	35.4	33.8
107266	47192	55784	69726	66340	51662	57642	29131
84478	33379	52487	71685	50645	126117	29764	68782
211450	152522	194032	360705	254462	146005	149851	140649
1081755			1758063	1177286	4298332		
852416			1444248	929525			
702616			792468	550444	3143872	68489	
5647	46503	46766	80526	39203	37726	42825	61797.66
45.23	522	292.43	340	185	115	145	204
10014	87340	92365	136310	76106	40037	61190	70581

23－1　续表16

指　　标	Item	防城区 Fangcheng District	上思县 Shangsi County
#粮食作物	Grain Crops	27239	12059
粮食总产量（吨）	Yield of Grain (ton)	110781	46459
#稻谷	Rice	81067	32941
油料产量（吨）	Yield of Oil-bearing Crops (ton)	2601	1512
糖料产量（吨）	Yield of Sugar Crops (ton)	476289	2455899
园林水果产量（吨）	Yield of Fruit (ton)	47164	11903
肉类总产量（吨）	Output of Meat (ton)	26044	11359
#猪肉	Pork	17127	5054
禽蛋产量（吨）	Output of Eggs (ton)	3461	735
奶类产量（吨）	Output of Milk (ton)	0	4776
蔬菜产量（吨）	Yield of Vegetables (ton)	157032	44625
水产品产量（吨）	Aquatic Products (ton)	132988	16993
规模以上工业企业单位数（个）	Number of Industrial Enterprises above Designated Size (unit)	57	22
规模以上工业总产值（当年价，万元）	Included Gross Industrial Output Value above Designated Size (at current price, 10 000 yuan)	1391834	979300
规模以上工业企业从业人员年平均人数（人）	Annual Average Number of Employed Persons (person)	9819	4800
规模以上工业企业主营业务收入（万元）	Income from Major Business (10 000 yuan)	944206	492500
公路里程（公里）	Length of Domestic Highways (km)	1204.94	1201.88
民用汽车拥有量（辆）	Number of Civil Motor Vehicles Owned (unit)		637
年末实有公共汽（电）车营运数（辆）	Year-end Total Operating Public Buses (vehicle)	64	20
年末实有出租汽车数（辆）	Year-end Total Taxis (vehicle)		32
固定电话年末用户（户）	Number of Local Telephone Subscribers in Year-end (subscriber)	26704	
年末移动电话用户数（户）	Number of Mobile Telephone Subscribers at Year-end (subscriber)	387623	
互联网宽带接入用户（户）	Number of Internet Subscribers (subscriber)	35664	6505
全社会用电量（万千瓦时）	Total Consumption of Electricity (10 000 kwh)	102839.95	22553.02
#居民生活用电量	Household Consumption of Electricity	18693	11907.27
社会消费品零售总额（万元）	Total Retail Sale of Consumer Goods (10 000 yuan)	367572	165469.7
固定资产投资（万元）	Investment in Fixed Assets (10 000 yuan)	966756	475631

Continued

东兴市 Dongxing City	钦南区 Qinnan District	钦北区 Qinbei District	灵山县 Lingshan County	浦北县 Pubei County	港北区 Gangbei District	港南区 Gangnan District	覃塘区 Qintang District
6168	40253	55650	78600	47650	25535	41676	38988
24616	177569	288923	411942	262026	154055	249750	221959
20238	133466	245387	355004	224773	121416	214315	162934
562	3593	11516	4637	4685	7806	10261	16725
15927	1065455	923208	1352657	524025	529929	326445	1009985
11004	60010	362044	671676	574281	13986	14513	11792
7691	42234	102480	94710	63516	59440	45471	48640
4693	15039	22468	42808	42500	46940	34512	39953
467	6648	1878	10032	4021	2954	2510	5385
97	133		20199	710	3053	0	79
41836	337134	395962	351608	178991	118965	109221	140485
123036	396171	38184	43038	34179	15262	25744	17902
27	53	51	64	80	44	78	70
1116616	1338688	1703888	1726369	1809570	1632986.7	810296	909656
4851	10219	12759	21136	11135	17878	11800	8286
975722	1131551	1317000	1575739	1574971	1605697.3	732271	720756.9
302	805.68		2100.39	1643	655	839.86	1118
			35000	13679	40732	18071	18600
90			58	274	189	26	
110			103	78	268	68	57
35064			97479	65021	1833	55487	50350
228502			679169	450619	23123	38148	39350
39420			115233	36945	7365	13754	14450
42427.99	103752		89227.54	52686	151826	43728	128270.11
18576.32	20806		40751.21	24494	29698	20112	15834.24
201924.4	670341	790187	800191	650553	1247500	354448	349863.1
1053739	2330067	1228102	1160706	1143082	1370481	993433	580733

23－1　续表17

指　标	Item	防城区 Fangcheng District	上思县 Shangsi County
新增固定资产（万元）	Newly Increased Fixed Assets (10 000 yuan)	11394	307656
房地产开发投资完成额（万元）	Real Estate Development (10 000 yuan)	257981	9571
#住宅	Residential Buildings	124944	
住宅竣工面积（万平方米）	Completed Floor Space of Residential Buildings (10 000 sq.m)	3.84	1.1
普通中学数（所）	Number of Regular Secondary Schools (unit)	18	12
小学数（所）	Number of Primary Schools (unit)	142	52
普通中学专任教师数（人）	Full-time Teachers in Regular Secondary Schools (person)	926	647
小学专任教师数（人）	Full-time Teachers in Primary Schools (person)	1639	1128
普通中学在校学生数（人）	Student Enrollment in Regular Secondary Schools (person)	16866	11313
小学在校学生数（人）	Primary Student Enrollment (person)	34500	19527
专业技术人员（人）	Number of Professionals (person)	3702	2685
#农业技术人员	Agricultural Professionals	68	16
医疗卫生机构床位数（床）	Number of Beds in Healthcare Institutions (bed)	730	652
医疗卫生机构技术人员（人）	Medical & Technical Personnel of Healthcare Institutions (person)	917	837
#执业（助理）医师	Practitioner (assistant) Doctors	418	265
城镇居民人均可支配收入（元）	Per Capita Annual Disposable Income of Urban Households (yuan)	27847	17115
农村居民人均纯收入（元）	Annual Per Capita Net Income of Rural Residents (yuan)	9906	7785
各种社会福利收养性单位数（个）	Number of Adopting Units of Social Welfare (unit)	40	
各种社会福利收养性单位床位数（张）	Number of Beds in Adopting Units of Social Welfare (bed)	795	
城镇基本养老保险参保人数（人）	Number of Persons Joining Basic Pension Insurance (person)	36354	13269
城镇基本医疗保险参保人数（人）	Number of Persons Joining Basic Health Care Insurance (person)	84349	51308
失业保险参保人数（人）	Number of Persons Joining Unemployment Insurance (person)	16478	10212
新型农村合作医疗参保人数（人）	Number of Persons Joining New-type Rural Cooperative Medical Service (person)	276172	155591
新型农村社会养老保险参保人数（人）	Number of Persons Joining New-type Rural Social Pension Insurance (person)	105914	87898
城镇居民最低生活保障人数（人）	Number of Urban Residents Receiving Lowest Cost-of-living (person)	10514	7274
农村居民最低生活保障人数（人）	Number of Rural Residents Receiving Lowest Cost-of-living (person)	41541	29089

Continued

东兴市 Dongxing City	钦南区 Qinnan District	钦北区 Qinbei District	灵山县 Lingshan County	浦北县 Pubei County	港北区 Gangbei District	港南区 Gangnan District	覃塘区 Qintang District
332139	1019955	735176	804721	892241	1098892	482053	351323
223363	382796	213439	73932	89473	408098	37024	19294
172877	235576	159545	59409	62162	294889	31446	14525
18.64	80.31	38.43	0.44	17.9	64.37	5.34	0.08
8	15	20	40	27	28	21	21
50	153	202	405	311	129	167	134
518	883	1512	4152	2441	2130	1792	2330
841	2224	3700	6268	3625	2933	2635	2452
9184	16297	29562	86177	48152	32746	30044	35274
19244	49050	79068	140327	70732	62702	47271	42836
2341	4845	6020	13335	7892	5568	4801	5064
57	113	64	259	289	66	155	83
408	1073	2142	4369	2432	2665	1585	1329
704	1429	1787	4325	2402	3693	1571	1474
245	829	526	1068	676	1239	714	370
31363	26228	25782	24422	24503	24736	24500	23669
11860	9236	8552	9001	8987	10003	9655	10143
5	120		312	17	46	72	95
74	1340		3380	395	493	641	507
14328	13800	37600	26500	34162	10502	4050	
41054	75792	68588	39600	81589	102062	144590	24139
7021	9518	16500	22000	18000			
97709	397636	701420	1430735	752288	440750	577270	517718
54647	88484	234789	330475	275509	137660	156017	140492
1274	2554	1967	12578	4529	2132	916	3447
5581	20061	25049	106665	60310	12010	18321	24890

23－1　续表18

指　　标	Item	平南县 Pingnan County	桂平市 Guiping City
行政区域土地面积（平方公里）	Administrative Region Land Area (sq.km)	2984	4071
常住户数（户）	Total Households at Year-end (household)	430214	539240
常住人口（万人）	Total Population at Year-end (10 000 persons)	145	195.54
户籍人口（万人）	Registered Population (10 000 persons)	149.43	196.48
地区生产总值（万元）	Gross Domestic Product (10 000 yuan)	1855805	2648518
第一产业增加值	Primary Industry	467220	553878
第二产业增加值	Secondary Industry	701530	1384596
#工业	Industry	622860	1248951
第三产业增加值	Tertiary Industry	687055	710043
人均生产总值（元）	Per Capital GDP (yuan)	16045	17207
地区生产总值指数（上年=100）	Indices of Gross Domestic Product (preceding year=100)	106.7	105.6
第一产业	Primary Industry	102.9	103.2
第二产业	Secondary Industry	109.2	105.9
#工业	Industry	109.4	105.7
第三产业	Tertiary Industry	106.1	106.4
人均生产总值指数（上年=100）	Indices of Per Capital GDP (preceding year=100)	105.9	104.7
地区生产总值构成（%）	Construction of GDP (%)		
第一产业	Primary Industry	25.2	20.9
第二产业	Secondary Industry	37.8	52.3
第三产业	Tertiary Industry	37.0	26.8
公共财政收入（万元）	Government Revenue (10 000 yuan)	76535	75963
各项税收（万元）	Total Tax Revenue (10 000 yuan)	96618	84412
公共财政支出（万元）	Government Expenditure (10 000 yuan)	356199	417868
年末金融机构各项存款余额（万元）	Year-end Deposits of Financial Institutions (10 000 yuan)	1960455	2798705.1
#居民储蓄存款余额	Urban & Rural Savings Deposits	1600523	2172305.66
年末金融机构各项贷款余额（万元）	Year-end Loans of Financial Institutions (10 000 yuan)	987405	1337881.2
耕地面积（公顷）	Farmland(hectare)	61080	117054.4
设施农业占地面积（公顷）	Protected Agriculture Covered(hectare)	1	489
农作物总播种面积（公顷）	Total Sown Area of Major Farm Crops (hectare)	106930	169067

Continued

玉州区 Yuzhou District	福绵区 Fumian District	容 县 Rongxian County	陆川县 Luchuan County	博白县 Bobai County	兴业县 Xingye County	北流市 Beiliu City	右江区 Youjiang District
1265	82899	2257	1554	3836	1468	2472	3718
294888	117026	207433	323777	469520	216324	406909	103857
70.4	43.65	65.75	78.2	138	53.97	122.03	38.95
106.37	43.72	85.04	109.2	182.21	76.48	147.17	35.37
2898951	597431	1476496	2026538	2038887	1195313	2521374	1761903
156813	214262	330446	304532	721684	358485	401925	238583
1114736	237563	784967	1114209	753523	511223	1354378	899761
870092	152940	708815	976911	591042	327809	1121730	726246
1627402	145606	361083	607797	563680	325605	765071	623559
41340	15260	22679	25975	14814	20797	21619	45468
108.8	109.2	107.6	108.8	107.6	108.9	108.4	107.5
102.1	104.3	103.5	103.2	103.5	103.1	104.2	105.2
110.9	112.4	110.0	111.9	110.8	113.2	109.9	105.2
108.9	110.3	110.6	111.5	112.5	108.9	108.2	102.3
107.6	105.6	105.9	105.9	106.6	107.4	107.7	112.6
107.8	108.4	106.7	108.1	107.0	108.3	107.6	106.3
5.4	35.8	22.3	15.0	35.4	30.0	16.0	13.5
38.5	39.8	53.2	55.0	37.0	42.8	53.7	51.1
56.1	24.4	24.5	30.0	27.6	27.2	30.3	35.4
135522	33767	81083	93608	104712	68609	126866	55333
118077	27495	76239	80231	92838	43397	133233	79609
222902	100669	240400	337515	450017	210109	367491	165349
		1630001	1279956	1918627	959732	2225037	2701754
		1366255	1120938	1675911	818150	1907210	1284629
		804038	712972	1015891	503162	1280800	1926634
32529.1		29131	33448	71734	33762	41279	24885.13
	411	174	273	438	714	139	70
33799	42956	57446	60947	142449	63408	91446	57989

23－1 续表19

指 标	Item	平南县 Pingnan County	桂平市 Guiping City
#粮食作物	Grain Crops	69893	101996
粮食总产量（吨）	Yield of Grain (ton)	359718	562896
#稻谷	Rice	315811	492197
油料产量（吨）	Yield of Oil-bearing Crops (ton)	26874	37821
糖料产量（吨）	Yield of Sugar Crops (ton)	154695	330558
园林水果产量（吨）	Yield of Fruit (ton)	106199	99902
肉类总产量（吨）	Output of Meat (ton)	109893	119023
#猪肉	Pork	85649	85719
禽蛋产量（吨）	Output of Eggs (ton)	5737	5578
奶类产量（吨）	Output of Milk (ton)	620	227
蔬菜产量（吨）	Yield of Vegetables (ton)	480990	564833
水产品产量（吨）	Aquatic Products (ton)	78336	72745
规模以上工业企业单位数（个）	Number of Industrial Enterprises above Designated Size (unit)	108	117
规模以上工业总产值（当年价，万元）	Included Gross Industrial Output Value above Designated Size (at current price, 10 000 yuan)	1553270	3059708
规模以上工业企业从业人员年平均人数（人）	Annual Average Number of Employed Persons (person)	27395	50023
规模以上工业企业主营业务收入（万元）	Income from Major Business (10 000 yuan)	1440379	3112440
公路里程（公里）	Length of Domestic Highways (km)	1484	2581.07
民用汽车拥有量（辆）	Number of Civil Motor Vehicles Owned (unit)	32930	40993
年末实有公共汽（电）车营运数（辆）	Year-end Total Operating Public Buses (vehicle)	65	110
年末实有出租汽车数（辆）	Year-end Total Taxis (vehicle)	100	450
固定电话年末用户（户）	Number of Local Telephone Subscribers in Year-end (subscriber)	111777	104709
年末移动电话用户数（户）	Number of Mobile Telephone Subscribers at Year-end (subscriber)	557018	750011
互联网宽带接入用户（户）	Number of Internet Subscribers (subscriber)	67833	80192
全社会用电量（万千瓦时）	Total Consumption of Electricity (10 000 kwh)	132496	168321.89
#居民生活用电量	Household Consumption of Electricity	42305	51926.89
社会消费品零售总额（万元）	Total Retail Sale of Consumer Goods (10 000 yuan)	886117	1020749.9
固定资产投资（万元）	Investment in Fixed Assets (10 000 yuan)	1190116	1653593

Continued

玉州区 Yuzhou District	福绵区 Fumian District	容　县 Rongxian County	陆川县 Luchuan County	博白县 Bobai County	兴业县 Xingye County	北流市 Beiliu City	右江区 Youjiang District
19740	27252	38510	44710	87960	42500	61580	18212
117093	164466	232486	275357	489137	255897	359681	81999
111842	152363	214756	253678	390708	232048	326567	43437
4301	3423	3248	5746	12352	4203	14697	1405
24761	206872	20012	119448	1101678	97455	97200	1393200
23209	44217	154346	55785	273385	34929	265540	167600
39296	58313	87073	117209	222262	169183	91826	30730
25761	20927	44947	82613	178945	57501	60017	15679
8046	19500	13811	9219	5173	3534	5285	682
69		244	150	437		4026	255
338599	361513	343982	285997	704152	217778	599705	313500
19710	12408	11858	24039	39711	1323	31158	21788
93	25	91	110	110	28	173	47
3147533	116906	2107521	3225261	1641808	950648	3196500	77422.1
31475	4471	23696	7315	40622	4474	70853	16400
2369468	122331.6	1926291	2745902	1282544	709708	3043900	1498972
1025		1319	1670.5	2458.85	1251	1687.13	1400.46
72560	16785	29065	178528	45240	22330	51198	102763
1129	90	256	35	534	165	424	158
664		70	100	85	50	63	471
159824	509	80633	75576	88583	52339	131186	61785
949292	222868	464904	460901	786643	374203	727246	451443
181432	13526	60469	57395	73107	52839	87515	82846
201568	22955	60581.38	77977.46	102683.53	61228.77	122124	377456
45755	9580	27059.05	25531.27	47050.59	18050.81	39157	34009.28
2374668	141190.9	526320	486837	837594	277348	813131	627896.4
2910109	791332	1212477	1502652	1870345	1113564	1907175	1215086

23－1 续表20

指　标	Item	平南县 Pingnan County	桂平市 Guiping City
新增固定资产（万元）	Newly Increased Fixed Assets (10 000 yuan)	1190116	1315249
房地产开发投资完成额（万元）	Real Estate Development (10 000 yuan)	190519	135406
#住宅	Residential Buildings	130385	118411
住宅竣工面积（万平方米）	Completed Floor Space of Residential Buildings (10 000 sq.m)	19.16	3.09
普通中学数（所）	Number of Regular Secondary Schools (unit)	64	74
小学数（所）	Number of Primary Schools (unit)	286	505
普通中学专任教师数（人）	Full-time Teachers in Regular Secondary Schools (person)	4524	6016
小学专任教师数（人）	Full-time Teachers in Primary Schools (person)	7291	9145
普通中学在校学生数（人）	Student Enrollment in Regular Secondary Schools (person)	91302	120931
小学在校学生数（人）	Primary Student Enrollment (person)	139347	179727
专业技术人员（人）	Number of Professionals (person)	12965	30549
#农业技术人员	Agricultural Professionals	150	174
医疗卫生机构床位数（床）	Number of Beds in Healthcare Institutions (bed)	3622	4565
医疗卫生机构技术人员（人）	Medical & Technical Personnel of Healthcare Institutions (person)	3732	5387
#执业（助理）医师	Practitioner (assistant) Doctors	1653	1724
城镇居民人均可支配收入（元）	Per Capita Annual Disposable Income of Urban Households (yuan)	22885	22457
农村居民人均纯收入（元）	Annual Per Capita Net Income of Rural Residents (yuan)	8696	8775
各种社会福利收养性单位数（个）	Number of Adopting Units of Social Welfare (unit)	110	83
各种社会福利收养性单位床位数（张）	Number of Beds in Adopting Units of Social Welfare (bed)	1137	1013
城镇基本养老保险参保人数（人）	Number of Persons Joining Basic Pension Insurance (person)	40758	66537
城镇基本医疗保险参保人数（人）	Number of Persons Joining Basic Health Care Insurance (person)	133256	75320
失业保险参保人数（人）	Number of Persons Joining Unemployment Insurance (person)	20535	33100
新型农村合作医疗参保人数（人）	Number of Persons Joining New-type Rural Cooperative Medical Service (person)	1301541	1603083
新型农村社会养老保险参保人数（人）	Number of Persons Joining New-type Rural Social Pension Insurance (person)	439164	637226
城镇居民最低生活保障人数（人）	Number of Urban Residents Receiving Lowest Cost-of-living (person)	13601	9634
农村居民最低生活保障人数（人）	Number of Rural Residents Receiving Lowest Cost-of-living (person)	86648	92253

Continued

玉州区 Yuzhou District	福绵区 Fumian District	容县 Rongxian County	陆川县 Luchuan County	博白县 Bobai County	兴业县 Xingye County	北流市 Beiliu City	右江区 Youjiang District
2365200	557395	1149089	850000	567610	734207	1505955	754162
532497		80315	41970	103847	19185	174748	236831
350733		61015	41970	78129	14340	156863	189962
41		10.2	8.15	35.9	12.3	54	24.86
25	16	37	33	81	31	51	16
132	110	220	168	354	205	298	103
1800	1159	2558	3169	4766	1702	4857	889
3183	1450	2832	4705	8364	2766	7598	1752
26295	17652	47464	55094	103963	31402	89344	12987
76863	29170	68469	85226	153723	54165	160011	31309
5653	2974	8248	10936	18201	5532	14780	3700
132	74	333	234	158	139	398	85
5896		2356	2189	3629	1202	3768	3736
7392		2808	2325	3816	1322	3857	4911
2628	165	930	817	1166	486	1504	1589
30192	28379	22982	24036	22679	22432	28337	23790
10736	9040	9033	9153	9133	8270	10042	8341
5		17	27	38	129	15	24
316		359	515	3855	1189	447	537
55818	8184	35722	37098	52549	17871	82097	31198
133202	15200	128690	104188	183219	37061	186919	48300
15410	4215	19800	20479	23233	9490	24070	9725
352350	376450	656321	925749	1346851	612510	1239400	221341
114093	118545	252082	267429	544620	184885	361593	106593
3667	416	4577	8984	14375	1416	7969	3751
22964	30752	38549	89536	128730	42876	82034	23976

23－1 续表21

指 标	Item	田阳县 Tianyang County	田东县 Tiandong County
行政区域土地面积（平方公里）	Administrative Region Land Area (sq.km)	2373	2813
常住户数（户）	Total Households at Year-end (household)	101043	107386
常住人口（万人）	Total Population at Year-end (10 000 persons)	34.39	36.82
户籍人口（万人）	Registered Population (10 000 persons)	35.4	43.2
地区生产总值（万元）	Gross Domestic Product (10 000 yuan)	1037735	1196361
第一产业增加值	Primary Industry	224011	243085
第二产业增加值	Secondary Industry	579268	678211
#工业	Industry	498643	551822
第三产业增加值	Tertiary Industry	234456	275065
人均生产总值（元）	Per Capital GDP (yuan)	32429	32643
地区生产总值指数（上年=100）	Indices of Gross Domestic Product (preceding year=100)	111.7	105.9
第一产业	Primary Industry	103.5	104.4
第二产业	Secondary Industry	117.6	107.3
#工业	Industry	115.7	104.5
第三产业	Tertiary Industry	109.9	103.4
人均生产总值指数（上年=100）	Indices of Per Capital GDP (preceding year=100)	111.2	105.0
地区生产总值构成（%）	Construction of GDP (%)		
第一产业	Primary Industry	21.6	20.3
第二产业	Secondary Industry	55.8	56.7
第三产业	Tertiary Industry	22.6	23.0
公共财政收入（万元）	Government Revenue (10 000 yuan)	70349	88217
各项税收（万元）	Total Tax Revenue (10 000 yuan)	135951	222508
公共财政支出（万元）	Government Expenditure (10 000 yuan)	216025	236138
年末金融机构各项存款余额（万元）	Year-end Deposits of Financial Institutions (10 000 yuan)	707861	819711
#居民储蓄存款余额	Urban & Rural Savings Deposits	500709	606817
年末金融机构各项贷款余额（万元）	Year-end Loans of Financial Institutions (10 000 yuan)	620219	799890
耕地面积（公顷）	Farmland(hectare)	49096.3	64718
设施农业占地面积（公顷）	Protected Agriculture Covered(hectare)	448	71
农作物总播种面积（公顷）	Total Sown Area of Major Farm Crops (hectare)	58457	69572

Continued

平果县 Pingguo County	德保县 Debao County	靖西县 Jingxi County	那坡县 Napo County	凌云县 Lingyun County	乐业县 Leye County	田林县 Tianlin County	西林县 Xilin County
2457	2580	3326	2223	2057	2633	5524	2997
144443	89998	166924	61868	59265	48952	66923	40867
45.08	33.18	64.86	21.34	20.09	17.27	26	15.85
51.21	36.84	65.84	21.32	22.18	17.39	26.05	15.85
1324344	635552	1299197	197267	245978	174318	323064	186494
136974	97316	144789	66386	72110	61991	122773	82170
941588	408762	910401	55263	100517	41967	86779	35361
872249	329881	856229	36710	69648	15944	63890	18551
245782	129474	244007	75618	73351	70360	113512	68964
29571	20893	25402	12613	12960	11457	14123	13120
106.4	110.1	111.7	113.9	110.1	105.8	110.8	106.5
103.2	103.8	103.6	103.6	104.3	104.8	106.0	105.8
107.6	113.0	114.3	144.6	114.8	104.8	121.8	106.1
107.5	112.0	114.4	163.9	112.4	104.9	125.3	106.5
103.9	105.5	107.8	106.8	108.3	107.2	107.3	107.6
105.4	109.5	110.8	113.4	109.6	105.2	110.4	105.8
10.3	15.3	11.1	33.7	29.3	35.6	38.0	44.1
71.1	64.3	70.1	28.0	40.9	24.1	26.9	19.0
18.6	20.4	18.8	38.3	29.8	40.3	35.1	36.9
155843	55734	94816	18865.5	10846	10614	15641	8890
83747	65669	66016	11372	10846	6237	10788	5696
262016	192486	336929	152491	153523	126788	170460	123738
1041486	466736	863643	333603	313855	274435.85	437856	310187
699543	320393	562716	197279	194909	143346.31	265168	142221
1174419	531253	516409	150352	164943	147238.85	274951	136724
46132.1	40262	68733	27431	16533	25177	24961.17	22080
2134	20	12	13	8.09	7	122	5
43583	40042	73955	25308	22029	18195	35524	23688

23－1　续表22

指　标	Item	田阳县 Tianyang County	田东县 Tiandong County
#粮食作物	Grain Crops	23917	25337
粮食总产量（吨）	Yield of Grain (ton)	122345	123822
#稻谷	Rice	65056	78543
油料产量（吨）	Yield of Oil-bearing Crops (ton)	1889	1528
糖料产量（吨）	Yield of Sugar Crops (ton)	501480	1694712
园林水果产量（吨）	Yield of Fruit (ton)	136199	173691
肉类总产量（吨）	Output of Meat (ton)	29120	32595
#猪肉	Pork	20699	22356
禽蛋产量（吨）	Output of Eggs (ton)	240	545
奶类产量（吨）	Output of Milk (ton)	0	0
蔬菜产量（吨）	Yield of Vegetables (ton)	604300	387838
水产品产量（吨）	Aquatic Products (ton)	18570	17979
规模以上工业企业单位数（个）	Number of Industrial Enterprises above Designated Size (unit)	29	30
规模以上工业总产值（当年价，万元）	Included Gross Industrial Output Value above Designated Size (at current price, 10 000 yuan)	1310112	1543084
规模以上工业企业从业人员年平均人数（人）	Annual Average Number of Employed Persons (person)	6709	11964
规模以上工业企业主营业务收入（万元）	Income from Major Business (10 000 yuan)	833622	972471
公路里程（公里）	Length of Domestic Highways (km)	1180.8	1268.72
民用汽车拥有量（辆）	Number of Civil Motor Vehicles Owned (unit)	15033	64540
年末实有公共汽（电）车营运数（辆）	Year-end Total Operating Public Buses (vehicle)	93	82
年末实有出租汽车数（辆）	Year-end Total Taxis (vehicle)	115	52
固定电话年末用户（户）	Number of Local Telephone Subscribers in Year-end (subscriber)	26348	31871
年末移动电话用户数（户）	Number of Mobile Telephone Subscribers at Year-end (subscriber)	209003	253005
互联网宽带接入用户（户）	Number of Internet Subscribers (subscriber)	31039	33790
全社会用电量（万千瓦时）	Total Consumption of Electricity (10 000 kwh)	66788	81211
#居民生活用电量	Household Consumption of Electricity	13064	15604
社会消费品零售总额（万元）	Total Retail Sale of Consumer Goods (10 000 yuan)	203665	179040.5
固定资产投资（万元）	Investment in Fixed Assets (10 000 yuan)	1200103	1530065

Continued

平果县 Pingguo County	德保县 Debao County	靖西县 Jingxi County	那坡县 Napo County	凌云县 Lingyun County	乐业县 Leye County	田林县 Tianlin County	西林县 Xilin County
27168	26790	52910	17337	14786	12012	21217	14668
114382	106639	236143	65621	53072	52997	99104	58176
56703	49177	92543	26941	22133	19087	44920	23103
792	863	1584	172	1138	1740	712	1557
407976	296700	292746	11989	14166	1949	359820	136975
21821	20170	16061	8054	7810	7038	35557	54036
36781	20618	30446	12255	12816	9952	22116	11051
22352	11794	20311	8260	9444	6986	14888	6602
854	327	359	186	130	157	419	340
0	0	34	6	0	0	0	0
125688	113321	133861	69445	55787	53879	96380	53570
8852	2022	7300	801	961	15556	3384	16110
39	22	17	6	16	3	14	7
2294458	864226	2332384.43	70289	182500	10424	171793.4	41447
18042	7331	7409	941	2200	395	1984	1489
1973835	681292	1613323	67306	170600	9396	145329	40284
1369.3	986	1536.72	1109.44	1210	1279.5	1742	819.7
16491	37214	12731	4067	3321	22100	30977	[illegible]
173	61	619	32	27	47	50	42
28	79	194	51	30	42	30	42
33765	26974	28652	7773	9958	7339	15860	9242
302084	172078	268788	103969	111245	91615	143803	93551
48538	18634	30686	9834	10866	7878	14084	8919
248094	110755	110559	26348.27	30062	8245.37	40182	8884.8
20468.5	11025.2	17381.19	5172.23	9716.2	5228.25	8313.91	4701.13
233817	97331.9	231865.8	67970	51859.8	56188	86144.2	51165
1530066	785871	1300110	210021	252099	249090	212147	216226

23－1　续表23

指　　标	Item	田阳县 Tianyang County	田东县 Tiandong County
新增固定资产（万元）	Newly Increased Fixed Assets (10 000 yuan)	579360	986633
房地产开发投资完成额（万元）	Real Estate Development (10 000 yuan)	95416	45381
#住宅	Residential Buildings	66970	21045
住宅竣工面积（万平方米）	Completed Floor Space of Residential Buildings (10 000 sq.m)	3.9	10.9
普通中学数（所）	Number of Regular Secondary Schools (unit)	11	19
小学数（所）	Number of Primary Schools (unit)	76	158
普通中学专任教师数（人）	Full-time Teachers in Regular Secondary Schools (person)	834	1177
小学专任教师数（人）	Full-time Teachers in Primary Schools (person)	1099	1828
普通中学在校学生数（人）	Student Enrollment in Regular Secondary Schools (person)	12202	17266
小学在校学生数（人）	Primary Student Enrollment (person)	24439	34408
专业技术人员（人）	Number of Professionals (person)	3409	4356
#农业技术人员	Agricultural Professionals	137	132
医疗卫生机构床位数（床）	Number of Beds in Healthcare Institutions (bed)	1071	1771
医疗卫生机构技术人员（人）	Medical & Technical Personnel of Healthcare Institutions (person)	1255	1774
#执业（助理）医师	Practitioner (assistant) Doctors	268	665
城镇居民人均可支配收入（元）	Per Capita Annual Disposable Income of Urban Households (yuan)	23829	26315
农村居民人均纯收入（元）	Annual Per Capita Net Income of Rural Residents (yuan)	7392	8357
各种社会福利收养性单位数（个）	Number of Adopting Units of Social Welfare (unit)	74	68
各种社会福利收养性单位床位数（张）	Number of Beds in Adopting Units of Social Welfare (bed)	683	1030
城镇基本养老保险参保人数（人）	Number of Persons Joining Basic Pension Insurance (person)	12466	161513
城镇基本医疗保险参保人数（人）	Number of Persons Joining Basic Health Care Insurance (person)	53278	49925
失业保险参保人数（人）	Number of Persons Joining Unemployment Insurance (person)	8230	11900
新型农村合作医疗参保人数（人）	Number of Persons Joining New-type Rural Cooperative Medical Service (person)	294200	361598
新型农村社会养老保险参保人数（人）	Number of Persons Joining New-type Rural Social Pension Insurance (person)	165165	161513
城镇居民最低生活保障人数（人）	Number of Urban Residents Receiving Lowest Cost-of-living (person)	1127	3350
农村居民最低生活保障人数（人）	Number of Rural Residents Receiving Lowest Cost-of-living (person)	38702	63350

Continued

平果县 Pingguo County	德保县 Debao County	靖西县 Jingxi County	那坡县 Napo County	凌云县 Lingyun County	乐业县 Leye County	田林县 Tianlin County	西林县 Xilin County
649491	430727	2806	174033	268964	219447	240748	137404
104908	12910	13112	0	0	5558	9730	23855
81024	9037	8356	0	0	0	7530	11928
8.44	3.37	14.29	0	0	0	17.55	0.9
11	15	27	11	13	13	16	11
196	50	300	125	116	83	106	41
1415	820	1556	488	610	590	582	480
1893	1302	2258	934	962	1068	1184	747
19090	11857	27205	8182	14400	10844	12144	8871
36432	24099	44643	16525	20842	18300	27999	18024
4949	3385	5572	2492	2610	2533	2913	2008
222	83	386	52	52	82	102	89
1718	1109	1742	613	521	437	423	556
2206	1191	1532	681	540	415	631	520
698	240	393	226	133	281	137	112
26444	25774	20228	18118	22089	22457	21835	19139
6963	5656	5423	4548	4923	4926	5648	5331
102	55	104	33	22	9	54	12
1091	1216	1202	486	247	184	1037	386
35287	10336	11448	6494	7908	341	8631	6846
84735	33399	59196	18800	16200	14298	33412	16287
11950	4720	11085	4615	4500	3400	5173	3700
403645	302559	580285	192936	187501	151962	159430	129970
125202	173787	257664	103006	88231	64260	86845	60125
4014	2310	4497	2916	4650	2190	2753	1929
46349	45589	104066	39345	27639	26122	51426	26506

23－1　续表24

指　　标	Item	隆林各族自治县 Longlin County	八步区 Babu District
行政区域土地面积（平方公里）	Administrative Region Land Area (sq.km)	3518	5517
常住户数（户）	Total Households at Year-end (household)	89952	304341
常住人口（万人）	Total Population at Year-end (10 000 persons)	39.58	104.03
户籍人口（万人）	Registered Population (10 000 persons)	39.58	117.07
地区生产总值（万元）	Gross Domestic Product (10 000 yuan)	452553	1382305
第一产业增加值	Primary Industry	96700	274814
第二产业增加值	Secondary Industry	196279	620468
#工业	Industry	173105	447785
第三产业增加值	Tertiary Industry	159573	487023
人均生产总值（元）	Per Capital GDP (yuan)	12921	21853
地区生产总值指数（上年=100）	Indices of Gross Domestic Product (preceding year=100)	106.7	105.9
第一产业	Primary Industry	102.9	102.4
第二产业	Secondary Industry	108.1	106.0
#工业	Industry	108.8	107.6
第三产业	Tertiary Industry	105.8	107.5
人均生产总值指数（上年=100）	Indices of Per Capital GDP (preceding year=100)	106.0	104.9
地区生产总值构成（%）	Construction of GDP (%)		
第一产业	Primary Industry	21.4	19.9
第二产业	Secondary Industry	43.4	44.9
第三产业	Tertiary Industry	35.2	35.2
公共财政收入（万元）	Government Revenue (10 000 yuan)	23250	116648
各项税收（万元）	Total Tax Revenue (10 000 yuan)	17378	101398
公共财政支出（万元）	Government Expenditure (10 000 yuan)	197269	469009
年末金融机构各项存款余额（万元）	Year-end Deposits of Financial Institutions (10 000 yuan)	535147	2632694
#居民储蓄存款余额	Urban & Rural Savings Deposits	346379	1491938
年末金融机构各项贷款余额（万元）	Year-end Loans of Financial Institutions (10 000 yuan)	290252	1745869
耕地面积（公顷）	Farmland(hectare)	50879	66334.63
设施农业占地面积（公顷）	Protected Agriculture Covered(hectare)	109.81	667
农作物总播种面积（公顷）	Total Sown Area of Major Farm Crops (hectare)	32914	118828

Continued

昭平县 Zhaoping County	钟山县 Zhongshan County	富川瑶族自治县 Fuchuan County	金城江区 Jinchengjiang District	南丹县 Nandan County	天峨县 Tian'e County	凤山县 Fengshan County	东兰县 Donglan County
3273	1472	1572	2346	3905	3184	1738	2437
127479	94842		110000	97179	49203	59336	84054
34.92	36.04	26.35	33.99	30.57	17.71	20.02	21.98
44.25	43.95	32.78	33.81	31.5	17.71	21.95	30.79
564661	764950	557437	988388	726768	430617	164814	206351
183080	154009	187088	110913	108013	67495	51574	64686
183473	354975	227423	422366	419217	276089	39902	51065
90101	248388	178447	320252	362756	240944	15107	17143
198108	255965	142926	455109	199537	87033	73338	90600
16210	21314	21215	29147	25469	27228	9998	9477
105.4	109.4	100.5	105.4	106.5	127.4	96.7	108.1
105.5	104.1	106.6	104.2	101.6	100.8	100.2	106.4
107.3	112.7	93.9	102.6	107.7	140.9	83.9	109.2
109.8	112.0	91.9	100.8	108.8	145.1	66.1	102.7
103.0	106.7	107.2	109.7	105.2	103.6	107.2	108.1
104.9	108.8	99.9	104.7	105.9	126.7	96.3	107.4
32.4	20.1	33.6	11.3	14.9	15.7	31.3	31.4
32.5	46.4	40.8	42.7	57.7	64.1	24.2	24.7
35.1	33.5	25.6	46.0	27.4	20.2	44.5	43.9
21100	23092	24641	24864	63078	10704	7899	13160
12548	37768	41699	19315	76494	8310	7640.1	6296
171742	164153	162238	128999	199997	117167	160176	182373
535485	775999	654273	2187057	692317	343715	365028	462725
388269	529253	438880	1095650	482049	192774	175990	250203
303365	411192	329606	1266341	498590	374929	142356	207829
17584.11	37544.94	41838.69	23155	23542	12752	14690.67	14001
95	180	165	26	20	2	37	0
40065	38305	51245	37847	36629	26807	22014	22812

23－1 续表25

指 标	Item	隆林各族自治县 Longlin County	八步区 Babu District
#粮食作物	Grain Crops	22865	58770
粮食总产量（吨）	Yield of Grain (ton)	92918	314315
#稻谷	Rice	36394	272437
油料产量（吨）	Yield of Oil-bearing Crops (ton)	1787	12904
糖料产量（吨）	Yield of Sugar Crops (ton)	30958	121607
园林水果产量（吨）	Yield of Fruit (ton)	18022	124571
肉类总产量（吨）	Output of Meat (ton)	20473	77384
#猪肉	Pork	13888	56595
禽蛋产量（吨）	Output of Eggs (ton)	330	2088
奶类产量（吨）	Output of Milk (ton)		78
蔬菜产量（吨）	Yield of Vegetables (ton)	63289	808166
水产品产量（吨）	Aquatic Products (ton)	25510	29948
规模以上工业企业单位数（个）	Number of Industrial Enterprises above Designated Size (unit)	10	87
规模以上工业总产值（当年价，万元）	Included Gross Industrial Output Value above Designated Size (at current price, 10 000 yuan)	270900	2297143
规模以上工业企业从业人员年平均人数（人）	Annual Average Number of Employed Persons (person)	2220	19375
规模以上工业企业主营业务收入（万元）	Income from Major Business (10 000 yuan)	230800	1976766
公路里程（公里）	Length of Domestic Highways (km)	1717	2247.77
民用汽车拥有量（辆）	Number of Civil Motor Vehicles Owned (unit)	50878	68695
年末实有公共汽（电）车营运数（辆）	Year-end Total Operating Public Buses (vehicle)	34	122
年末实有出租汽车数（辆）	Year-end Total Taxis (vehicle)	50	453
固定电话年末用户（户）	Number of Local Telephone Subscribers in Year-end (subscriber)	15795	60260
年末移动电话用户数（户）	Number of Mobile Telephone Subscribers at Year-end (subscriber)	180541	1156184
互联网宽带接入用户（户）	Number of Internet Subscribers (subscriber)	16063	123458
全社会用电量（万千瓦时）	Total Consumption of Electricity (10 000 kwh)	141549	446311
#居民生活用电量	Household Consumption of Electricity	10119.44	46149
社会消费品零售总额（万元）	Total Retail Sale of Consumer Goods (10 000 yuan)	123638.6	722695.9
固定资产投资（万元）	Investment in Fixed Assets (10 000 yuan)	285098	2996393

Continued

昭平县 Zhaoping County	钟山县 Zhongshan County	富川瑶族自治县 Fuchuan County	金城江区 Jinchengjiang District	南丹县 Nandan County	天峨县 Tian'e County	凤山县 Fengshan County	东兰县 Donglan County
26609	26466	26212	17379	20268	17494	13319	15777
141868	149191	130794	74013	87068	66477	42821	56208
120540	130220	98709	42101	51975	23958	17042	29465
1699	4282	11344	772	3015	1082	633	1269
104	11611		435814	110646	2048	25879	27402
49705	90891	347328	35374	39005	26827	7020	28009
25752	34403	30441	13609	20438	11486	9951	13521
18543	23592	24799	10202	10545	8589	7805	8358
1188	1279	2648	115	343	200	194	328
21	7428		0			0	0
214951	171205	303591	198899	161362	31454	33654	50200
18368	16151	8580	8493	1737	6655	323	5067
20	34	27	29	13	3	14	6
225550	631437	665157	873700	1171382	368164	92412	34175
2200	5706	4789	16597	9465	579	1760	714
186700	627449	624176	1160964	778254	368333	88704	30129
327.6	626.57	130.52	885	1152.89	1120.13	790.8	1296
8363	8629		29967	14834	5007	5032	7624
106	34	16	10125	53	41	20	9
35	100	60	343	81	44	42	23
19035	13731	16000		22256	6358	8404	17085
404644	258465	174700		187317	114856	119141	147820
27093	29256	24956		38560	4269	21688	24460
28155.28	29738	41123	151929	205249.36	8933.92	9880.95	13837.4
11714.2	10438.01	10266	21164	9184.76	7300.09	5692.28	8128
198131.2	285437	130051	555262	227436.8	102116	65677	119018.8
700829	872858	732716	765669	406591	181720	205505	178524

23－1 续表26

指 标	Item	隆林各族自治县 Longlin County	八步区 Babu District
新增固定资产（万元）	Newly Increased Fixed Assets (10 000 yuan)	262802	1477590
房地产开发投资完成额（万元）	Real Estate Development (10 000 yuan)	7800	108315
#住宅	Residential Buildings	7380	87383
住宅竣工面积（万平方米）	Completed Floor Space of Residential Buildings (10 000 sq.m)	4.61	23.39
普通中学数（所）	Number of Regular Secondary Schools (unit)	20	50
小学数（所）	Number of Primary Schools (unit)	187	303
普通中学专任教师数（人）	Full-time Teachers in Regular Secondary Schools (person)	918	3085
小学专任教师数（人）	Full-time Teachers in Primary Schools (person)	1784	4684
普通中学在校学生数（人）	Student Enrollment in Regular Secondary Schools (person)	20431	53017
小学在校学生数（人）	Primary Student Enrollment (person)	51489	93942
专业技术人员（人）	Number of Professionals (person)	3900	4722
#农业技术人员	Agricultural Professionals	76	87
医疗卫生机构床位数（床）	Number of Beds in Healthcare Institutions (bed)	966	4672
医疗卫生机构技术人员（人）	Medical & Technical Personnel of Healthcare Institutions (person)	1089	6613
#执业（助理）医师	Practitioner (assistant) Doctors	317	1982
城镇居民人均可支配收入（元）	Per Capita Annual Disposable Income of Urban Households (yuan)	23492	25070
农村居民人均纯收入（元）	Annual Per Capita Net Income of Rural Residents (yuan)	5000	7904
各种社会福利收养性单位数（个）	Number of Adopting Units of Social Welfare (unit)	20	188
各种社会福利收养性单位床位数（张）	Number of Beds in Adopting Units of Social Welfare (bed)	513	1597
城镇基本养老保险参保人数（人）	Number of Persons Joining Basic Pension Insurance (person)	3035	24764
城镇基本医疗保险参保人数（人）	Number of Persons Joining Basic Health Care Insurance (person)	35750	100963
失业保险参保人数（人）	Number of Persons Joining Unemployment Insurance (person)	6550	19298
新型农村合作医疗参保人数（人）	Number of Persons Joining New-type Rural Cooperative Medical Service (person)	367838	910626
新型农村社会养老保险参保人数（人）	Number of Persons Joining New-type Rural Social Pension Insurance (person)	139725	262226
城镇居民最低生活保障人数（人）	Number of Urban Residents Receiving Lowest Cost-of-living (person)	4427	11157
农村居民最低生活保障人数（人）	Number of Rural Residents Receiving Lowest Cost-of-living (person)	106643	58200

Continued

昭平县 Zhaoping County	钟山县 Zhongshan County	富川瑶族自治县 Fuchuan County	金城江区 Jinchengjiang District	南丹县 Nandan County	天峨县 Tian'e County	凤山县 Fengshan County	东兰县 Donglan County
689665	802205	642896		427420	151156	31362	185726
23856	23100	22887	129851	13782	0	13196	975
17504	16699	21099		11860	0	12196	748
5.88	4.76	14.71	6.75	22.4	0.25	2.31	18.49
19	20	17	22	16	13	14	11
149	125	116	69	166	89	99	62
1141	1192	1144	1386	903	463	833	712
1844	1726	1436	1623	1937	1114	1040	1348
19010	19331	14604	20788	14900	9896	10405	13524
33480	32289	22381	26966	30676	18853	18947	24458
5010	4242	200	3555	4997	2421	3278	3242
217	168	6	167	198	95	209	187
1250	1219	898	2762	871	512	653	802
930	1361	1120	3491	960	191	888	787
421	356	270	1164	365	143	530	263
22604	22224	21988	24582	26064	19015	17194	17359
6998	7150	6827	6236	7209	5701	4715	4790
143	3	16	23	13	10	35	23
1617	108	428	277	285	483	420	342
17733	16112	946	21578	12285	8130	7627	8889
57209	45969	39567	93200	90211	20340	22400	24792
10075	11356	8972	10685	9287	6306	5663	5816
345548	365860	270139	183482	226109	151220	180212	262191
148915	89564	146673	62261	88328	68311	60224	139820
4815	6556	4207	1752	6104	2437	7046	4851
30464	29823	15379	11749	28517	42105	59956	44075

23－1 续表27

指　标	Item	罗城仫佬族自治县 Luocheng County	环江毛南族自治县 Huanjiang County
行政区域土地面积（平方公里）	Administrative Region Land Area (sq.km)	2692	4553
常住户数（户）	Total Households at Year-end (household)	117942	116930
常住人口（万人）	Total Population at Year-end (10 000 persons)	37.84	27.72
户籍人口（万人）	Registered Population (10 000 persons)	38.15	37.08
地区生产总值（万元）	Gross Domestic Product (10 000 yuan)	369745	388684
第一产业增加值	Primary Industry	140824	165230
第二产业增加值	Secondary Industry	91312	93817
#工业	Industry	52931	62454
第三产业增加值	Tertiary Industry	137609	129637
人均生产总值（元）	Per Capital GDP (yuan)	12137	14052
地区生产总值指数（上年=100）	Indices of Gross Domestic Product (preceding year=100)	107.2	108.2
第一产业	Primary Industry	107.8	106.9
第二产业	Secondary Industry	108.1	111.6
#工业	Industry	105.3	111.7
第三产业	Tertiary Industry	105.6	106.9
人均生产总值指数（上年=100）	Indices of Per Capital GDP (preceding year=100)	106.5	107.8
地区生产总值构成（%）	Construction of GDP (%)		
第一产业	Primary Industry	38.1	42.5
第二产业	Secondary Industry	24.7	24.1
第三产业	Tertiary Industry	37.2	33.4
公共财政收入（万元）	Government Revenue (10 000 yuan)	17126	15243
各项税收（万元）	Total Tax Revenue (10 000 yuan)	30113	25061
公共财政支出（万元）	Government Expenditure (10 000 yuan)	210177	188438
年末金融机构各项存款余额（万元）	Year-end Deposits of Financial Institutions (10 000 yuan)	671391	619681.99
#居民储蓄存款余额	Urban & Rural Savings Deposits	454313	411868.49
年末金融机构各项贷款余额（万元）	Year-end Loans of Financial Institutions (10 000 yuan)	248331	312012.87
耕地面积（公顷）	Farmland(hectare)	44890	59714
设施农业占地面积（公顷）	Protected Agriculture Covered(hectare)	50	20
农作物总播种面积（公顷）	Total Sown Area of Major Farm Crops (hectare)	57512	46520

Continued

巴马瑶族自治县 Bama County	都安瑶族自治县 Du'an County	大化瑶族自治县 Dahua County	宜州市 Yizhou City	兴宾区 Xingbin District	忻城县 Xincheng County	象州县 Xiangzhou County	武宣县 Wuxuan County
1976	4116	2750	3857	4403	2541	1918	1704
68445	175359	104415	201562	305978	130330	100810	115307
25.79	68.65	36.85	66.36	94.63	31.92	29.25	36.3
28.17	70.21	46.05	65.81	111.81	42.7	36.74	44.69
264916	354649	446730	993999	2503985	515500	912894	932848
93541	122464	82268	365758	542159	176105	265175	236371
72880	79573	238257	269660	977070	173497	445669	444361
47728	40575	199635	162693	669727	143661	356799	400424
98495	152612	126205	358581	984756	165898	202050	252115
11624	6718	12164	17373	26577	16206	31285	25773
105.8	104.5	122.3	104.3	103.1	104.3	111.1	108.4
101.0	102.3	104.4	102.8	103.1	101.9	101.0	102.0
108.5	105.6	140.5	104.5	101.5	105.5	115.4	111.0
109.9	105.3	146.6	104.4	101.1	110.9	116.1	111.5
106.4	105.4	104.2	105.6	105.7	105.4	116.1	110.2
105.4	104.0	121.7	103.8	102.2	103.7	110.5	107.7
35.3	34.6	18.4	36.8	21.7	34.2	29.1	25.4
27.5	22.4	53.3	27.1	39.0	33.7	48.8	47.6
37.2	43.0	28.3	36.1	39.3	32.1	22.1	27.0
21144	36566	39933	48846	56026	24703	39872	43753
17306.53	30475	39451	37536	26994	10843	42281	53227
158843	291062	201969	224419	249214	162216	171361	176210
422288.88	763400	517561	1207473	2328111	532875	688971	693630
253618.61	463400	327554	926554	1121090	326828	405923	504848
178726.02	342671	364577	743269	1900764	238675	420530	394586
18851.46	30839	25361	99188.22	190378	60345	71865	60152
27		16	31	1133	26	143	131
41272	62569	35729	99107	205569	55124	72961	72236

23－1　续表28

指　　标	Item	罗城仫佬族自治县 Luocheng County	环江毛南族自治县 Huanjiang County
#粮食作物	Grain Crops	26587	24310
粮食总产量（吨）	Yield of Grain (ton)	114406	128826
#稻谷	Rice	77586	87642
油料产量（吨）	Yield of Oil-bearing Crops (ton)	2374	714
糖料产量（吨）	Yield of Sugar Crops (ton)	880000	518983
园林水果产量（吨）	Yield of Fruit (ton)	46913	22459
肉类总产量（吨）	Output of Meat (ton)	21619	21680
#猪肉	Pork	16899	14239
禽蛋产量（吨）	Output of Eggs (ton)	573	499
奶类产量（吨）	Output of Milk (ton)	0	
蔬菜产量（吨）	Yield of Vegetables (ton)	100000	130579
水产品产量（吨）	Aquatic Products (ton)	6038	3800
规模以上工业企业单位数（个）	Number of Industrial Enterprises above Designated Size (unit)	21	23
规模以上工业总产值（当年价，万元）	Included Gross Industrial Output Value above Designated Size (at current price, 10 000 yuan)	151737	175320
规模以上工业企业从业人员年平均人数（人）	Annual Average Number of Employed Persons (person)	4600	5406
规模以上工业企业主营业务收入（万元）	Income from Major Business (10 000 yuan)	127988	185301.5
公路里程（公里）	Length of Domestic Highways (km)	809.19	1147.71
民用汽车拥有量（辆）	Number of Civil Motor Vehicles Owned (unit)	9816	13579
年末实有公共汽（电）车营运数（辆）	Year-end Total Operating Public Buses (vehicle)	164	25
年末实有出租汽车数（辆）	Year-end Total Taxis (vehicle)	56	56
固定电话年末用户（户）	Number of Local Telephone Subscribers in Year-end (subscriber)	11700	9850
年末移动电话用户数（户）	Number of Mobile Telephone Subscribers at Year-end (subscriber)	199300	192000
互联网宽带接入用户（户）	Number of Internet Subscribers (subscriber)	29382	45320
全社会用电量（万千瓦时）	Total Consumption of Electricity (10 000 kwh)	26809.33	27948.78
#居民生活用电量	Household Consumption of Electricity	12037.57	11346.46
社会消费品零售总额（万元）	Total Retail Sale of Consumer Goods (10 000 yuan)	145834	177954
固定资产投资（万元）	Investment in Fixed Assets (10 000 yuan)	236598	248049

Continued

巴马瑶族自治县 Bama County	都安瑶族自治县 Du'an County	大化瑶族自治县 Dahua County	宜州市 Yizhou City	兴宾区 Xingbin District	忻城县 Xincheng County	象州县 Xiangzhou County	武宣县 Wuxuan County
17597	44923	25944	47360	66210	26873	34870	28535
60326	124853	74242	221537	309776	109212	190451	131775
22534	34488	18639	125403	237476	55786	173085	103430
1049	85	502	2666	18448	2620	2552	9795
415595	500396	252465	1647664	7504718	570537	1626392	2136579
26044	25023	11361	79000	145927	35369	65219	136541
18945	40372	28701	27505	66734	18617	19325	38381
12393	30510	22227	17532	46801	10440	12118	31942
286	702	456	865	1607	530	800	566
0		0		4719		0	697
73213	67094	43668	376936	458067	188679	145505	171784
4645	2924	16725	16422	30327	5448	11759	11844
12	11	8	45	60	13	61	46
127695	103036	231616	386405	2454085	311418	910706	1076835
1742	2600	2017	10696	22317	3092	8367	5888
106919	95080.2	230339	441837	2270194	294964	888095	691505
914.32	1678	1288.73	1275.4	2563.33	236	876.69	758.6
5875	7230	6881	29149	38275	1435	13786	13080
24	44	24	60	248	4	12	172
62	43	60	175	370	27	20	45
16563	41910	34001	38953	37333	11241	32963	22703
150263	277190	203718	257424	953611	81164	179965	266960
23869	47625	34438		108855	26369	25892	28106
17969.32	36150.91	26666.7	93205	411152.76	24549	29586	60867.97
9889.37	23865.16	13794	26756	40380.59	11606	11262	13096.79
108650	181089.9	140853.7	411123	596836.4	195521	203782	181977
213431	316337	255005	458008	2276209	330703	673330	692204

23－1　续表29

指　　标	Item	隆林各族自治县 Longlin County	八步区 Babu District
新增固定资产（万元）	Newly Increased Fixed Assets (10 000 yuan)	196024	85439
房地产开发投资完成额（万元）	Real Estate Development (10 000 yuan)	24876	5413
#住宅	Residential Buildings	8100	4620
住宅竣工面积（万平方米）	Completed Floor Space of Residential Buildings (10 000 sq.m)	2.4	12.86
普通中学数（所）	Number of Regular Secondary Schools (unit)	14	16
小学数（所）	Number of Primary Schools (unit)	130	144
普通中学专任教师数（人）	Full-time Teachers in Regular Secondary Schools (person)	925	1024
小学专任教师数（人）	Full-time Teachers in Primary Schools (person)	1641	1675
普通中学在校学生数（人）	Student Enrollment in Regular Secondary Schools (person)	13975	15537
小学在校学生数（人）	Primary Student Enrollment (person)	26057	25456
专业技术人员（人）	Number of Professionals (person)	3999	4203
#农业技术人员	Agricultural Professionals	221	352
医疗卫生机构床位数（床）	Number of Beds in Healthcare Institutions (bed)	1040	801
医疗卫生机构技术人员（人）	Medical & Technical Personnel of Healthcare Institutions (person)	1214	976
#执业（助理）医师	Practitioner (assistant) Doctors	404	281
城镇居民人均可支配收入（元）	Per Capita Annual Disposable Income of Urban Households (yuan)	17019	19083
农村居民人均纯收入（元）	Annual Per Capita Net Income of Rural Residents (yuan)	4956	6203
各种社会福利收养性单位数（个）	Number of Adopting Units of Social Welfare (unit)	49	15
各种社会福利收养性单位床位数（张）	Number of Beds in Adopting Units of Social Welfare (bed)	460	276
城镇基本养老保险参保人数（人）	Number of Persons Joining Basic Pension Insurance (person)	8622	9715
城镇基本医疗保险参保人数（人）	Number of Persons Joining Basic Health Care Insurance (person)	36875	51885
失业保险参保人数（人）	Number of Persons Joining Unemployment Insurance (person)	6700	8652
新型农村合作医疗参保人数（人）	Number of Persons Joining New-type Rural Cooperative Medical Service (person)	307390	313860
新型农村社会养老保险参保人数（人）	Number of Persons Joining New-type Rural Social Pension Insurance (person)	139236	139483
城镇居民最低生活保障人数（人）	Number of Urban Residents Receiving Lowest Cost-of-living (person)	3528	1415
农村居民最低生活保障人数（人）	Number of Rural Residents Receiving Lowest Cost-of-living (person)	50618	20263

Continued

巴马瑶族自治县 Bama County	都安瑶族自治县 Du'an County	大化瑶族自治县 Dahua County	宜州市 Yizhou City	兴宾区 Xingbin District	忻城县 Xincheng County	象州县 Xiangzhou County	武宣县 Wuxuan County
172507	169719	137790	428745	174972	245375	238467	296573
28737	22084	10618	21757	536525	19859	45090	90942
16521	16907	10618	18069	298814	19859	30012	60198
0.6		9.92	32	37.36	2.66	8.49	2.35
14	27	17	29	30	7	11	12
110	261	163	215	156	118	101	101
714	1891	1279	1693	2802	972	985	1175
1533	3426	2069	2255	4775	1688	1327	1425
12908	35925	22353	31097	38751	12417	13860	19843
28824	63045	41846	46779	80691	24529	32451	30973
3279	6712	5184	6499	12969	3761	3721	4977
168	267	258	324	1113	207	255	203
628	1821	1492	3051	3991	1871	1226	1647
967	1841	1426	3605	1213	984	1158	1396
243	707	448	1100	1090	550	415	408
18015	18185	17286	22685	26417	24453	26021	24615
4819	5089	5140	7630	8572	6709	8197	7647
13	24	22	24	153	14	22	14
297	803	470	728	1412	420	497	775
8462	15110	14268	213607	27024	7721	29815	26705
34270	47031	47031	80093	129046	35580	42224	51508
7700	10522	10522	12196	15361	6275	8515	10008
229932	638202	383681	517392	849516	351202	300319	362266
87128	230803	164801	206759	270910	82668	136513	116583
2201	9170	10881	15426	8357	1004	4465	3746
30153	102157	60154	29107	33760	13408	23724	22654

23－1 续表30

指　　标	Item	金秀瑶族自治县 Jinxiu County	合山市 Heshan City
行政区域土地面积（平方公里）	Administrative Region Land Area (sq.km)	2469	366
常住户数（户）	Total Households at Year-end (household)	50906	43290
常住人口（万人）	Total Population at Year-end (10 000 persons)	12.67	11.6
户籍人口（万人）	Registered Population (10 000 persons)	15.63	13.84
地区生产总值（万元）	Gross Domestic Product (10 000 yuan)	255921	352555
第一产业增加值	Primary Industry	77614	36899
第二产业增加值	Secondary Industry	67886	183249
#工业	Industry	42948	132804
第三产业增加值	Tertiary Industry	110421	132407
人均生产总值（元）	Per Capital GDP (yuan)	20255	30393
地区生产总值指数（上年=100）	Indices of Gross Domestic Product (preceding year=100)	107.8	104.1
第一产业	Primary Industry	102.2	104.3
第二产业	Secondary Industry	106.7	100.0
#工业	Industry	107.3	95.5
第三产业	Tertiary Industry	112.4	109.7
人均生产总值指数（上年=100）	Indices of Per Capital GDP (preceding year=100)	107.4	104.0
地区生产总值构成（%）	Construction of GDP (%)		
第一产业	Primary Industry	30.4	10.5
第二产业	Secondary Industry	26.5	52.0
第三产业	Tertiary Industry	43.1	37.5
公共财政收入（万元）	Government Revenue (10 000 yuan)	20421	22524
各项税收（万元）	Total Tax Revenue (10 000 yuan)	16420	28165
公共财政支出（万元）	Government Expenditure (10 000 yuan)	108343	102769
年末金融机构各项存款余额（万元）	Year-end Deposits of Financial Institutions (10 000 yuan)	340551	364236
#居民储蓄存款余额	Urban & Rural Savings Deposits	202281	227272
年末金融机构各项贷款余额（万元）	Year-end Loans of Financial Institutions (10 000 yuan)	185996	160948
耕地面积（公顷）	Farmland(hectare)	13699	12404
设施农业占地面积（公顷）	Protected Agriculture Covered(hectare)	24	11
农作物总播种面积（公顷）	Total Sown Area of Major Farm Crops (hectare)	21042	13367

Continued

江州区 Jiangzhou District	扶绥县 Fusui County	宁明县 Ningming County	龙州县 Longzhou County	大新县 Daxin County	天等县 Tiandeng County	凭祥市 Pingxiang City
2918	2841	3704	2311	2747	2159	645
108367	124298	110807	79907	101262	97130	38205
33.2	39.96	38.14	22.35	30.41	32.95	11.48
37.17	45.94	44.21	27.04	37.83	45.1	11.18
1226409	1222053	950806	780320	938986	463608	452424
231139	379167	276883	212436	198537	127582	47995
576980	550031	453020	336283	517057	180365	155744
503284	493250	393134	264440	462891	119491	84830
418290	292855	220903	231601	223392	155661	248686
37052	31347	27620	34953	31087	14094	39479
107.2	107.7	109.0	110.9	106.7	106.5	110.1
100.7	104.1	104.1	106.9	103.6	102.6	105.5
110.7	111.0	114.7	118.3	107.1	107.7	113.6
110.1	111.1	113.6	118.7	106.2	106.3	116.8
106.9	107.1	105.9	104.7	108.5	107.7	109.1
106.0	107.0	108.4	110.6	106.2	106.6	109.7
18.9	31.0	29.2	27.2	21.1	27.5	10.6
47.0	45.0	47.6	43.1	55.1	38.9	34.4
34.1	24.0	23.2	29.7	23.8	33.6	55.0
90955	102017	85233	59707	55807	39370	86352
59676	63079	56044	62580	70876	26559	29973
139432	224899	245326	209033	205475	174511	144020
1383640	872758	685031	687825.6	699674	616997	669550
549737	676937	488043	403411.7	491199	437718	539792
1072681	510004	335956	384992.4	363013	287418	403096
113962.2	132480.07	85044.49	64967.9	68945.47	46776.96	9525
72	187	42.26	19	27.74	3.07	1
92893	142540	74759	65794	68695	56574	12442

23－1　续表31

指　　标	Item	金秀瑶族自治县 Jinxiu County	合山市 Heshan City
#粮食作物	Grain Crops	10900	5951
粮食总产量（吨）	Yield of Grain (ton)	48015	28997
#稻谷	Rice	36405	25922
油料产量（吨）	Yield of Oil-bearing Crops (ton)	1276	1171
糖料产量（吨）	Yield of Sugar Crops (ton)	244553	335013
园林水果产量（吨）	Yield of Fruit (ton)	42203	10435
肉类总产量（吨）	Output of Meat (ton)	8805	4024
#猪肉	Pork	6734	2381
禽蛋产量（吨）	Output of Eggs (ton)	323	129
奶类产量（吨）	Output of Milk (ton)	0	0
蔬菜产量（吨）	Yield of Vegetables (ton)	85149	50941
水产品产量（吨）	Aquatic Products (ton)	1680	2308
规模以上工业企业单位数（个）	Number of Industrial Enterprises above Designated Size (unit)	14	8
规模以上工业总产值（当年价，万元）	Included Gross Industrial Output Value above Designated Size (at current price, 10 000 yuan)	77401.8	369034
规模以上工业企业从业人员年平均人数（人）	Annual Average Number of Employed Persons (person)	1244	8097
规模以上工业企业主营业务收入（万元）	Income from Major Business (10 000 yuan)	77126.2	295241
公路里程（公里）	Length of Domestic Highways (km)	840.2	221.46
民用汽车拥有量（辆）	Number of Civil Motor Vehicles Owned (unit)	8546	8205
年末实有公共汽（电）车营运数（辆）	Year-end Total Operating Public Buses (vehicle)	68	40
年末实有出租汽车数（辆）	Year-end Total Taxis (vehicle)	138	108
固定电话年末用户（户）	Number of Local Telephone Subscribers in Year-end (subscriber)	19205	14860
年末移动电话用户数（户）	Number of Mobile Telephone Subscribers at Year-end (subscriber)	145433	54326
互联网宽带接入用户（户）	Number of Internet Subscribers (subscriber)	13676	13285
全社会用电量（万千瓦时）	Total Consumption of Electricity (10 000 kwh)	15628	20772
#居民生活用电量	Household Consumption of Electricity	4836	5283
社会消费品零售总额（万元）	Total Retail Sale of Consumer Goods (10 000 yuan)	72064	91564
固定资产投资（万元）	Investment in Fixed Assets (10 000 yuan)	177825	229279

Continued

江州区 Jiangzhou District	扶绥县 Fusui County	宁明县 Ningming County	龙州县 Longzhou County	大新县 Daxin County	天等县 Tiandeng County	凭祥市 Pingxiang City
10612	15960	15438	12697	27125	36232	3991
43267	64668	71497	51842	120516	144140	17577
30251	50808	58786	36682	83164	71948	12971
2964	9373	3318	2688	1206	1697	216
6000441	6206731	4092550	3623138	2948073	454186	421429
38093	157543	38086	118860	66371	21601	10559
8570	16337	20309	8699	31141	35154	5589
4868	10849	15399	4964	23460	29552	3891
262	580	305	252	372	336	287
5	0				0	0
50067	360380	122475	99025	77707	148045	36796
10156	17587	7995	15441	10335	3557	2886
29	24	20	15	25	14	14
1371200	1261626	1023958	683001	1058343	237743	234778
9281	7012	4231	6674	10512	2272	1609
1134200	853213	930757	615464	1021889	187296.3	165900
676	1350	1490.81	955.5	940.9	909	429.81
15905	12000	11060	2450	7146	3616	6811
50	91	23	39	13	22	22
134	51	20	50	12	30	50
	19705	14000	19532	24517	24120	15035
	45736	285000	100255	203210	148286	110842
	22010	21800	20221	26778	14960	27643
41472	46407.02	27356	23586.59	100986	32217.99	19865
14297	16135.64	12934	10827.47	11826.9	11501	6823
226256.2	186242.8	126613	157100	106751	91042.5	190315
858921	1145046	770098	685090	781115	515940	730177

23－1　续表32

指　标	Item	金秀瑶族自治县 Jinxiu County	合山市 Heshan City
新增固定资产（万元）	Newly Increased Fixed Assets (10 000 yuan)	74636	118965
房地产开发投资完成额（万元）	Real Estate Development (10 000 yuan)	44367	10988
#住宅	Residential Buildings	20632	10928
住宅竣工面积（万平方米）	Completed Floor Space of Residential Buildings (10 000 sq.m)	1.24	8.23
普通中学数（所）	Number of Regular Secondary Schools (unit)	6	3
小学数（所）	Number of Primary Schools (unit)	78	6
普通中学专任教师数（人）	Full-time Teachers in Regular Secondary Schools (person)	438	331
小学专任教师数（人）	Full-time Teachers in Primary Schools (person)	870	630
普通中学在校学生数（人）	Student Enrollment in Regular Secondary Schools (person)	5709	4080
小学在校学生数（人）	Primary Student Enrollment (person)	9962	7843
专业技术人员（人）	Number of Professionals (person)	2614	1942
#农业技术人员	Agricultural Professionals	145	65
医疗卫生机构床位数（床）	Number of Beds in Healthcare Institutions (bed)	670	627
医疗卫生机构技术人员（人）	Medical & Technical Personnel of Healthcare Institutions (person)	650	546
#执业（助理）医师	Practitioner (assistant) Doctors	285	252
城镇居民人均可支配收入（元）	Per Capita Annual Disposable Income of Urban Households (yuan)	25046	23458
农村居民人均纯收入（元）	Annual Per Capita Net Income of Rural Residents (yuan)	5476	7487
各种社会福利收养性单位数（个）	Number of Adopting Units of Social Welfare (unit)	13	4
各种社会福利收养性单位床位数（张）	Number of Beds in Adopting Units of Social Welfare (bed)	305	150
城镇基本养老保险参保人数（人）	Number of Persons Joining Basic Pension Insurance (person)	9886	18921
城镇基本医疗保险参保人数（人）	Number of Persons Joining Basic Health Care Insurance (person)	19790	56808
失业保险参保人数（人）	Number of Persons Joining Unemployment Insurance (person)	4779	6471
新型农村合作医疗参保人数（人）	Number of Persons Joining New-type Rural Cooperative Medical Service (person)	126419	84245
新型农村社会养老保险参保人数（人）	Number of Persons Joining New-type Rural Social Pension Insurance (person)	44004	17772
城镇居民最低生活保障人数（人）	Number of Urban Residents Receiving Lowest Cost-of-living (person)	1265	1371
农村居民最低生活保障人数（人）	Number of Rural Residents Receiving Lowest Cost-of-living (person)	16115	3687

Continued

江州区 Jiangzhou District	扶绥县 Fusui County	宁明县 Ningming County	龙州县 Longzhou County	大新县 Daxin County	天等县 Tiandeng County	凭祥市 Pingxiang City
628101	795042	633263	370480	526743	369244	560134
93515	69608	53215	43208	23586	38705	21794
61005	53705	41660	32074	19095	37617	15480
5.83	12.44	26.6	16.01	6.59	10.75	4.78
11	18	13	6	12	16	3
58	107	173	70	146	121	37
642	1646	1062	562	839	934	336
1448	1915	2070	1151	1586	1392	637
9201	17975	13397	8785	12291	14344	4405
25348	32558	34368	15038	22210	30133	9715
2698	4841	4039	2388	3689	4112	1708
78	60	60	55	56	117	13
1297	1284	1036	940	991	1346	270
2023	1037	1215	1231	1258	1145	705
682	492	462	415	381	331	276
23995	24006	20829	21046	23858	19764	25877
8518	8640	7613	6763	8063	6599	7664
20	17	17	20	40	14	2
213	334	529	440	930	521	120
25030	31620	22200	17768	16104	12668	10768
84298	106683	53382	45834	59104	64431	28237
10191	11034	10585	9076	8610	7484	4902
261669	329758	370438	216450	291463	378348	77576
104168	135230	164859	109273	141495	100673	48663
2779	9654	5230	2346	1430	11191	2370
15861	7386	24378	12269	33113	45627	3513

附录

GENERAL SURVEY

附件

2014年广西壮族自治区国民经济和社会发展统计公报

广西壮族自治区统计局 国家统计局广西调查总队

2015年4月9日

2014年，面对复杂严峻的国际国内形势和艰巨繁重的改革发展稳定任务，自治区党委、政府团结带领全区各族人民，认真贯彻落实党中央、国务院关于稳增长、促改革、调结构、惠民生、防风险的决策部署，主动作为，综合施策，攻坚克难，经济运行在新常态下稳中向好，各项社会事业取得新进展。

一、综 合

初步核算，全年地区生产总值[2]（GDP）15672.97亿元，比上年增长8.5%。其中，第一产业增加值2412.21亿元，增长3.8%；第二产业增加值7335.60亿元，增长10.1%；第三产业增加值5925.16亿元，增长8.1%。第一、二、三产业增加值占地区生产总值的比重分别为15.4%、46.8%和37.8%，对经济增长的贡献率分别为6.4%、60.2%和33.4%。按常住人口计算，人均地区生产总值33090元。

图1 2014年地区生产总值及其增长速度

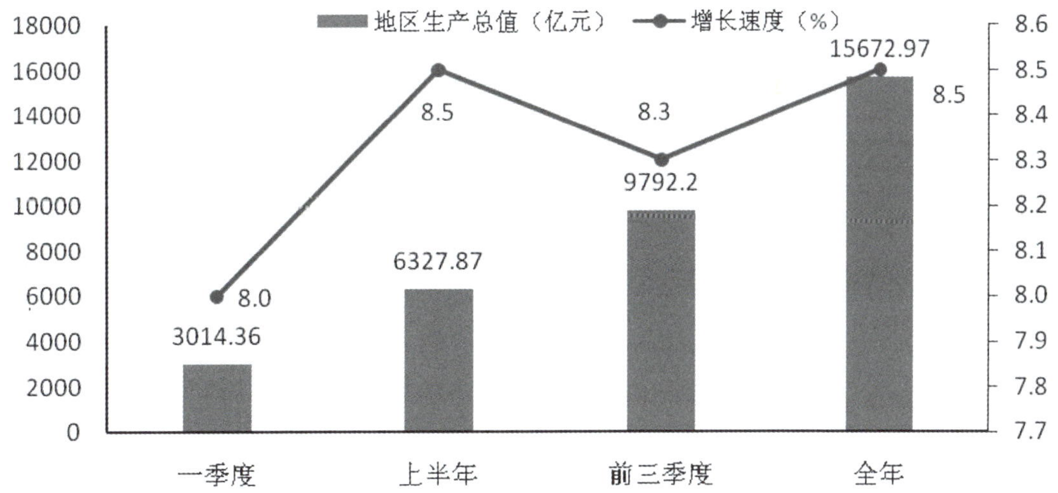

全年居民消费价格比上年上涨2.1%，其中食品价格上涨4.3%。固定资产投资价格上涨1.6%。工业生产者出厂价格下降1.6%。工业生产者购进价格下降1.8%。农产品生产者价格下降1.9%。农业生产资料价格下降1.1%。

图2 2014年居民消费价格月度涨跌幅度

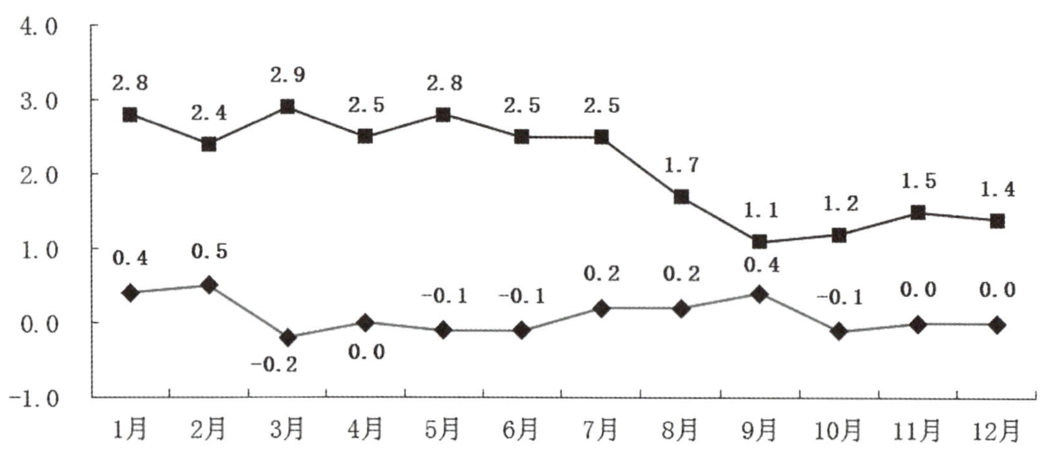

表1 2014年居民消费价格比上年涨跌幅度

单位：%

指　　标	广　西		
		城市	农村
居民消费价格	2.1	2.2	1.9
其中：食　品	4.3	4.7	3.7
烟　酒	-0.8	-0.8	-0.8
衣　着	0.4	0.2	0.9
家庭设备用品及维修服务	0.3	-0.1	1.1
医疗保健和个人用品	1.0	1.2	0.8
交通和通信	-0.1	0.1	-0.4
娱乐教育文化用品及服务	1.5	1.7	1.1
居　住	1.5	1.4	1.7

年末全区常住人口就业人员2795.35万人，比上年增长0.47%，其中城镇就业人数1145.81万人。城镇新增就业47.7万人，比上年减少3.35万人，下降6.56%。年末城镇登记失业率3.15%，比上年末下降0.15个百分点。

全年财政收入2162.4亿元，比上年增长8.1%。公共财政预算收入1422.05亿元，增长7.9%，其中，税收收入977.79亿元，增长11.7%。公共财政预算支出3475.92亿元，增长8.3%。

图3 2014年财政收入及其增长速度

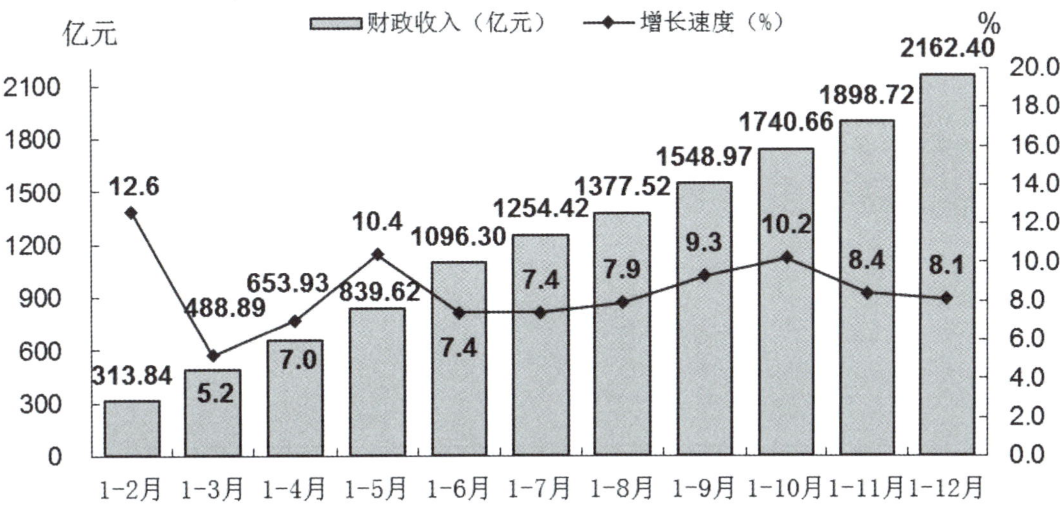

二、农　业

全年粮食种植面积 3067.7千公顷，比上年减少8.3千公顷；油料种植面积237.09千公顷，增加15.08千公顷；甘蔗种植面积1081.54千公顷，减少43.55千公顷；蔬菜种植面积1162.47千公顷，增加57.89千公顷；木薯种植面积224.09千公顷，减少5.02千公顷；果园面积1089.05千公顷，增加49.58千公顷；桑园面积192.63千公顷，增加6.38千公顷。

全年粮食产量1534.4万吨，比上年增加12.6万吨，增长0.8%。其中，夏粮产量36.9万吨，增长2.5%；早稻产量543.3万吨，下降2.1%；秋粮产量954.2万吨，增长2.5%。油料产量61.30万吨，增长7.2 %；甘蔗产量7952.57万吨，下降1.9%；蔬菜产量（含食用菌）2610.08万吨，增长7.2 %；园林水果产量1233.30万吨，增长9.9%。

表2　2014年主要农产品产量及其增长速度

单位:万吨

产品名称	产 量	比上年增长%
粮　食	1534.4	0.8
其中：稻　谷	1166.12	0.85
其中：早　稻	543.30	-2.1
油　料	61.30	7.16
其中：花生	57.57	6.42
甘　蔗	7952.57	-1.87
蔬　菜（含菌类）	2610.08	7.16
烤　烟	2.74	-11.99
木　薯	182.82	-0.05
园林水果	1233.30	9.86

续表

产品名称	产量	比上年增长%
其中：柑橘类	472.18	11.69
香蕉	259.23	4.57
菠萝	3.43	4.71
荔枝	61.86	12.74
龙眼	55.81	8.15
芒果	40.84	19.91
茶 叶	5.88	8.99
蚕 茧	33.96	5.0

年末生猪存栏2360.3万头，比上年末下降4.5 %。全年生猪出栏3518万头，增长1.8%。全年猪、牛、羊、禽肉类总产量412.1万吨，比上年下降0.5%。其中，猪肉产量266.3万吨，增长1.9%；牛肉产量14.4万吨，增长0.3%；羊肉产量3.2万吨，下降0.01%；禽肉产量128.2万吨，下降 5.3 %。全年禽蛋产量22.2万吨，减少2.4%。牛奶产量9.65万吨，增长1.0%。蚕茧产量33.96万吨，增长5%。水产品产量332.12万吨，增长4.09%，其中海水产品产量174.15万吨，增长2.02%。

全年木材采伐量2550万立方米，比上年增长2.8%。松脂产量61.7万吨，增长4.5%。

三、工业和建筑业

全年全部工业增加值6065.3亿元，比上年增长10.1%。

全年规模以上工业增加值增长10.7%。在规模以上工业中，国有企业增长2.5%，集体企业增长12.4%，股份制企业增长12.0 %，外商及港澳台商投资企业增长9.0%，其他经济类型企业增长5.6%。轻工业增长8.6%，重工业增长11.6%。分门类看，采矿业增长11.7%，制造业增长11.3%，电力热力燃气及水生产和供应业增长2.9%。

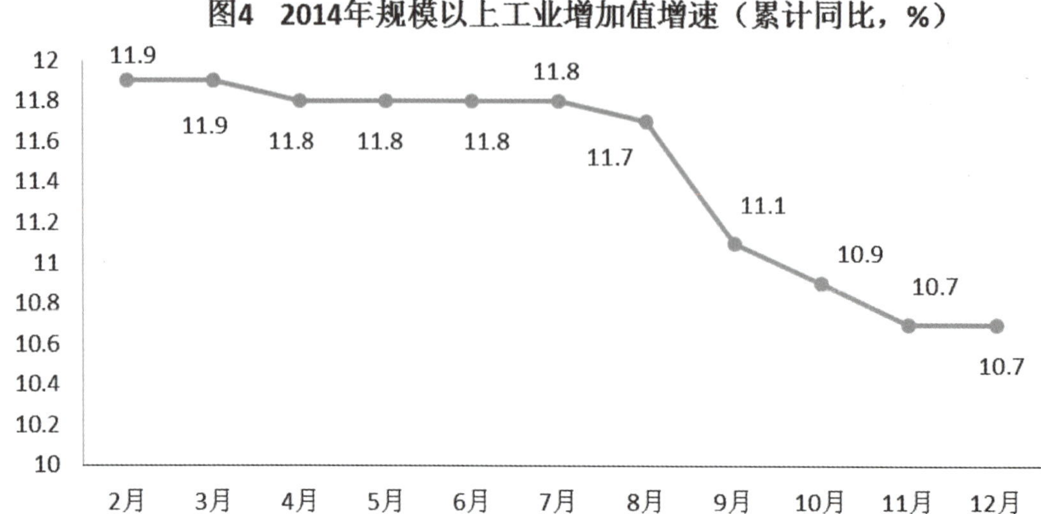

表3　2014年规模以上工业主要产品产量及其增长速度

产品名称	单　位	产　量	比上年增长%
成品糖	万吨	1077.15	6.6
发酵酒精	千升	85.81	2.9
卷　烟	万箱	156.8	2.0
机制纸及纸板	万吨	319.62	-14.4
原　煤	万吨	582.52	-6.5
发电量	亿千瓦小时	1247.33	4.6
其中：火电	亿千瓦小时	647.32	-12.0
水电	亿千瓦小时	566.96	33.7
粗　钢	万吨	2084.32	-3.4
钢　材	万吨	3262.6	9.4
十种有色金属	万吨	137.34	11.2
其中：电解铝	万吨	51.53	-21.8
氧化铝	万吨	796.8	9.5
水　泥	万吨	10645.77	0.0
显示器	万台	1702.83	89.0
电子元件	亿只	109.94	-54.8
化　肥（折100%）	万吨	108.62	3.3
发动机	万千瓦	16973.37	1.5
汽　车	万辆	209.23	11.9
铁合金	万吨	488.39	3.3

全年规模以上工业中，农副食品加工业增加值比上年增长9.8%;木材加工和木竹藤棕草制品业增长19.6%；通用设备制造业增长2.9%；专用设备制造业增长3.4%；计算机通信和其他电子设备制造业增长30.4%；电气机械及器材制造业增长10.7%；汽车制造业增长12.6%。六大高耗能行业增加值比上年增长9.3%。其中，非金属矿物制品业增长9.9%;化学原料及化学制品制造业增长7.8%；有色金属冶炼及压延加工业增长15.3%；黑色金属冶炼及压延加工业增长13.3%；电力热力生产和供应业增长2.5%；石油加工炼焦及核燃料加工业增长0.3%。

全年规模以上工业经济效益综合指数361.6，比上年提高9.9点；主营业务收入18455.1亿元，增长10.1%；利税总额1874.9亿元，增长8.7%，其中利润总额963.8亿元，增长9.9%。

表4　2014年规模以上工业企业利润总额及其增长速度

单位：亿元

指　　标	利润总额	比上年增长%
规模以上工业企业	963.8	9.9
其中：国有控股企业	191.3	17.6
其中：大中型企业	606.4	6.8
其中：国有企业	19.3	-14.7

续表

指　　标	利润总额	比上年增长%
集体企业	13.8	-8.2
股份合作企业	5.4	7.8
股份制企业	632.9	14.7
外商及港澳台投资企业	227.4	3.5
其他经济类型企业	65.0	2.9
其中：轻工业	306.3	-5.5
重工业	657.4	18.9

分行业看，农副食品加工业实现利润98亿元，比上年下降4.5%；汽车制造业实现利润94.2亿元，增长18.7%;非金属矿物制品业实现利润23亿元，增长14.6%；电力热力行业实现利润75.8亿元，增长63.6%；专用设备制造业实现利润26.5亿元，增长32.3%;有色金属冶炼及压延加工业亏损0.6亿元，减亏43.27%；化学原料及化学制品制造业实现利润62.8亿元，增长12.5%；黑色金属冶炼业实现利润69.6亿元，增长32.6%。

全年全社会建筑业增加值1274.56亿元，比上年增长10.0%。

全区具有资质等级的总承包和专业承包建筑业企业实现利润44.84亿元，比上年增长0.9%；上缴税金84.72亿元，增长17.7%

四、固定资产投资

全年全社会固定资产投资13843.21亿元，比上年增长 16.3 %，扣除价格因素，实际增长14.5%。其中，固定资产投资（不含农户）13287.60 亿元，比上年增长16.7 %；农户投资555.61亿元，比上年增长6.1%。

在固定资产投资（不含农户）中，分管理渠道看，基本建设投资5418.23亿元，比上年增长20.4%；更新改造投资5038.93亿元，增长16.7%；房地产开发投资1838.49亿元，增长13.9%；其他投资304.48亿元，下降2.9%。分投资主体看,国有投资4287.33亿元，比上年增长11.3 %；非国有投资9000.27亿元，增长19.5%，其中民间投资8707.29亿元，增长19.9%。分产业看，第一产业投资520.16亿元，比上年增长12.7%；第二产业投资5721.65亿元，增长18.7%，其中工业投资5460.79亿元，增长14.2%；第三产业投资7045.79亿元，增长15.5%。

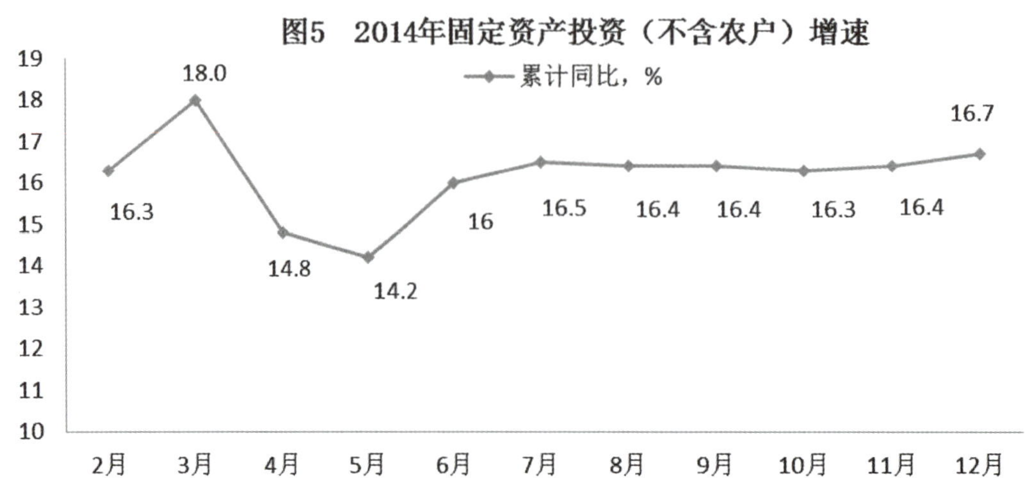

全年房地产开发投资1838.49亿元，比上年增长13.9%。其中，住宅投资1292.63亿元，增长10.8%；办公楼投资70.90亿元，增长37.2%；商业营业用房投资254.00亿元，增长45.2%。商品房施工面积17472.15万平方米，增长8.9%，其中住宅13065.65万平方米，增长5.2%。商品房竣工面积1865.98万平方米，增长9.0%，其中住宅1441.84万平方米，增长4.1%。商品房销售面积3156.55万平方米，增长5.4%，其中住宅2869.32万平方米，增长3.8%。

表5 2014年分行业固定资产投资（不含农户）及其增长速度

单位：亿元

行　　业	投资额	比上年增长%
总　计	13287.60	16.7
农、林、牧、渔业	520.16	12.7
采矿业	338.03	-1.6
制造业	4518.09	16.3
其中：农副食品加工业	286.21	5.9
造纸及纸制品业	115.07	2.6
石油加工、炼焦及核燃料加工业	48.51	-43
化学原料及化学制品制造业	237.20	3.6
非金属矿物制品业	761.03	26.8
黑色金属冶炼及压延加工业	175.24	-4.4
有色金属冶炼及压延加工业	146.93	-15
金属制品业	185.84	34.1
通用设备制造业	153.53	22.2
专用设备制造业	222.85	27.6
交通运输设备制造业	306.81	16.9
电气机械及器材制造业	170.55	26.8
通信设备计算机及其他电子设备制造业	143.50	43.3
电力、燃气及水的生产和供应业	604.67	10.0
其中：电力、热力的生产与供应业	410.26	18.2
建筑业	260.86	536.8
交通运输、仓储和邮政业	1274.14	16.1
信息传输、计算机服务和软件业	134.42	21.6
批发和零售业	469.87	23.8
住宿和餐饮业	228.47	-1.8
金融业	45.20	15.5
房地产业[3]	551.37	18.6
租赁和商务服务业	230.00	51.9
科学研究、技术服务和地质勘查业	68.32	35.9

续表

行　　业	投资额	比上年增长%
水利、环境和公共设施管理业	1394.97	12.7
居民服务和其他服务业	64.28	24.3
教育	288.13	14.8
卫生、社会保障和社会福利业	132.45	13.6
文化、体育和娱乐业	150.65	18.0
公共管理和社会组织	175.01	-0.4
国际组织		

表6　2014年房地产开发和销售主要指标完成情况及其增长速度

指　　标	单　位	绝对数	比上年增长%
投资额	亿元	1838.49	13.9
其中：住宅	亿元	1292.63	10.8
其中：90平方米及以下	亿元	408.20	14.1
房屋施工面积	万平方米	17472.15	8.9
其中：住宅	万平方米	13065.65	5.2
房屋新开工面积	万平方米	4138.43	11.4
其中：住宅	万平方米	2958.26	1.9
房屋竣工面积	万平方米	1865.98	9.0
其中：住宅	万平方米	1441.84	4.1
商品房销售面积	万平方米	3156.55	5.4
其中：住宅	万平方米	2869.32	3.8
本年资金来源	亿元	2410.75	11.9
其中：国内贷款	亿元	340.03	4.8
其中：个人按揭贷款	亿元	360.22	7.9
本年购置土地面积	万平方米	610.01	41.2
土地成交价款	亿元	160.94	41.4

五、国内贸易

全年社会消费品零售总额5716.6亿元，比上年增长12.5%，扣除价格因素，实际增长10.9%。按经营地统计，城镇消费品零售额5033.11亿元，增长12.5%；乡村消费品零售额683.49亿元，增长12.4%。

在限额以上企业商品零售额中，汽车类零售额比上年增长8.6%，家用电器和音像器材类增长0.9%，通讯器材类下降11.6%，体育娱乐用品类下降11.3%，文化办公用品类下降0.3%，家具类增长23.9%，建筑及装潢材料类增长6.7%，日用品类增长7.5%，粮油、食品、饮料、烟酒类增长8.8%，服装、鞋帽、针纺织品类增长0.7%，化妆品类增长17.9%，金银珠宝类下降7.2%。

图6　2014年社会消费品零售总额增速（累计增速，%）

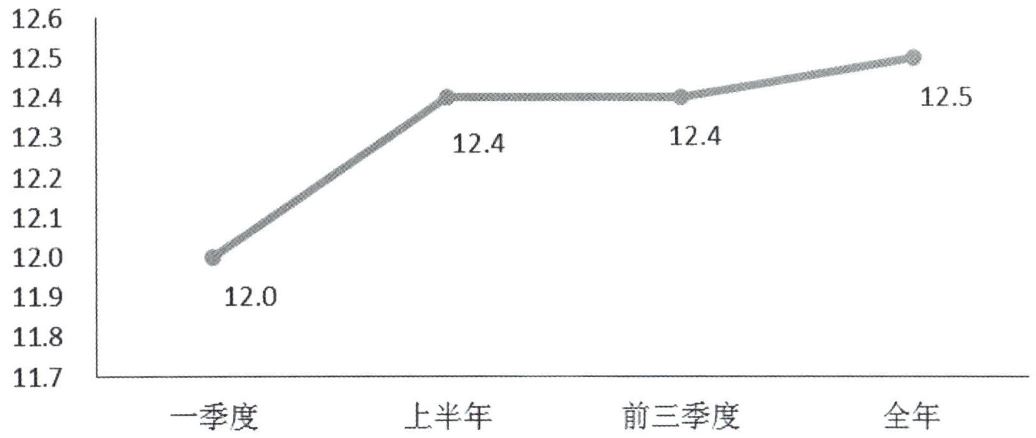

六、对外经济

全年货物进出口总额405.53亿美元，比上年增长23.5%。其中，货物出口243.30亿美元，比上年增长30.2%；货物进口162.23亿美元，增长14.8%。进出口差额（出口减进口）81.07亿美元。从出口企业性质看，国有企业出口30.95亿美元，比上年增长29.7%；外商投资企业出口43.71亿美元，增长19.2%；私营企业出口167.37亿美元，增长33.6%。

表7　2014年货物进出口总额及其增长速度

单位：亿美元

指　　标	绝对数	比上年增长%
货物进出口总额	405.53	23.5
其中：一般贸易	146.62	-1.6
其中：货物出口额	243.3	30.2
其中：一般贸易	49.82	-0.4
来料加工	14.83	195.7
进料加工	30	24.1
边境小额贸易	140.09	33.8
货物进口额	162.23	14.8

图7　2014年货物进出口总额及其增长速度

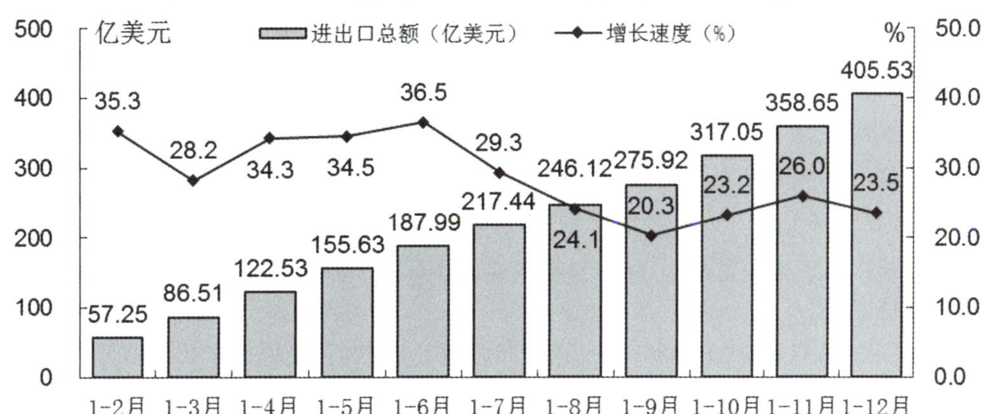

表8 2014年对主要国家和地区货物进出口总额及其增长速度

单位：亿美元

国家和地区	货物出口额	比上年增长%	货物进口额	比上年增长%
亚洲	208.96	36.6	65.04	13.6
其中：东盟	170.73	35.7	28.13	-15.6
其中：越南	152.99	33.8	10.39	-17.7
其中：中国香港	25.82	57.8	0.64	-49.3
日本	3.41	4.6	2.77	24.1
韩国	2.29	35.2	2.21	1.3
非洲	3.78	2.8	17.13	114.5
欧洲	9.73	-3.9	9.58	-35.5
其中：欧盟	7.89	5.7	6.26	-37.9
拉丁美洲	3.72	-21.1	38.98	61.1
北美洲	14.97	16.2	18.38	-14.6
其中：美国	14.05	18.5	10.73	-16.8
大洋洲	2.13	-16.1	13.12	-15.7

全年批准项目合同外资额（商务部口径,下同）19.17亿美元，比上年下降11.2%;外商直接投资额10.01亿美元，比上年增长43.0%。

全年对外承包工程和劳务合作完成营业额8.77亿美元，比上年增长5.7%。

七、交通、邮电和旅游

全年交通运输、仓储和邮政业增加值714.37亿元，比上年增长4.9%。

表9 2014年旅客、货物运输量及其增长速度

指　　标	单　位	绝对数	比上年增长%
旅客运输总量	万　人	53880	4.5
旅客运输周转量	亿人公里	652.68	6.8
货物运输总量	万　吨	163040	7.9
货物运输周转量	亿吨公里	4089.65	6.0

全年港口完成货物吞吐量3.11亿吨，比上年增长5.9 %，其中外贸货物吞吐量1.29亿吨，增长10.1%。港口集装箱吞吐量173.01万标准箱，增长16.8%。

全年新增公路里程3516公里，公路总里程达114900公里。其中，高速公路里程3722公里，比上年新增417公里。全年新增铁路营业里程728公里，铁路营业总里程达4711公里，其中，高速铁路营业里程715公里，比上年新增492公里。

2014年末全区民用汽车保有量319.48万辆，比上年末增长14.2%，其中轿车151.52万辆，增长19.4%。年末私人汽车保有量269.64万辆，增长19.2%。

全年完成邮电业务总量503.24亿元，比上年增长15.5%。其中，邮政业务总量36.23亿元，增长22.5%；电信业务总量467.01亿元，增长15.0%。全年局用交换机（含接入网设备）总容量1765.30万门。年末固定电话用户达到499.85万户。其中，城市电话用户336.91万户，农村电话用户162.95万户。新增移动电话用户268.19万户，年末达到3553.78万户。年末全区固定及移动电话用户总数达到4053.63万户，比上年末增加221.79万户。电话普及率达到85.9部/百人。

全年入境过夜游客421.18万人次，比上年增长7.6 %；国际旅游（外汇）收入17.28亿美元，增长11.7%。接待国内旅客28564.93万人次，增长17.7%，国内旅游收入2494.99亿元，增长27.2%。旅游总收入2601.99亿元，增长26.5%。

八、金融

全年金融业增加值876.73亿元，比上年增长14.9%。

年末金融机构本外币各项存款余额20298.54亿元，比年初增加1898.06亿元，其中人民币各项存款余额20078.97亿元，增加1811.72亿元。年末金融机构本外币各项贷款余额16070.95亿元，比年初增加1954.93亿元，其中人民币各项贷款余额15585.46亿元，增加1897.15亿元。

表10　2014年金融机构本外币存贷款余额及其增长速度

单位：亿元

指　　标	年末数	比上年末增长%
各项存款余额	20298.54	10.3
其中：单位存款	9152.65	9.2
个人存款	10532.76	10.5
各项贷款余额	16070.95	14.1
其中：短期贷款	4689.54	9.7
中长期贷款	10803.27	13.9

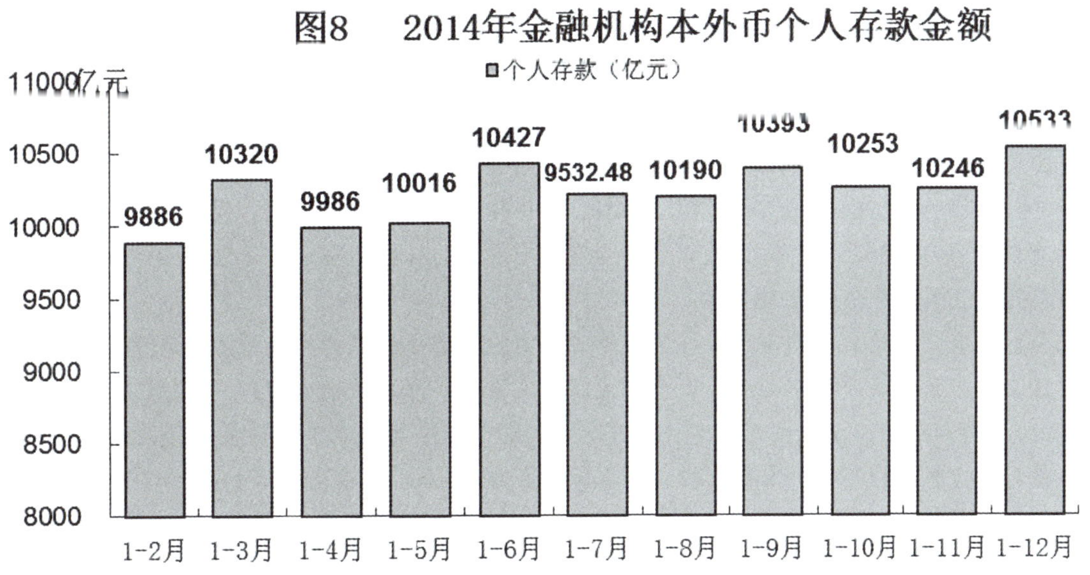

年末上市公司（A股）数量32家，市价总值2345.9亿元，比上年末增长71.6%。

全年保险公司原保险保费收入[4] 313.3亿元，比上年增长13.7%。其中，财产险业务原保险保费收入130.62亿元，增长16.5%；寿险业务原保险保费收入143.79亿元，增长6.2%；健康险和意外险业务原保险保费收入38.89亿元，增长39.4%。支付各类赔款及给付109.15亿元，增长20%。其中，财产险业务赔款67.53亿元，增长23.4%；寿险业务给付31.47亿元，增长8.7%；健康险和意外险业务赔款及给付10.14亿元，增长39.7%。

九、教育和科学技术

全年研究生教育招生0.92万人，在校研究生2.59万人，毕业生0.8万人。普通高等教育招生22.77万人，在校生70.19万人，毕业生17.41万人。各类中等职业教育（含技工）招生32.31万人，在校生89.66万人，毕业生26.06万人。普通高中招生30.46万人，在校生83.82万人，毕业生25.33万人。普通初中招生66.44万人，在校生195.08万人，毕业生61.86万人。普通小学招生74.97万人，在校生431.81万人，毕业生67.54万人。特殊教育招生0.13万人，在校生1.32万人，毕业生0.04万人。幼儿园在园幼儿197.34万人。

表11　2014年各类教育发展情况

单位：万人

指　　标	招生人数	在校生人数	毕业生人数
研究生	0.92	2.59	0.8
普通高等教育	22.77	70.19	17.41
中等职业教育	32.31	89.66	26.06
普通高中	30.46	83.82	25.33
普通初中	66.44	195.08	61.86
普通小学	74.97	431.81	67.54
特殊教育	0.13	1.32	0.04

全年自治区安排科学研究与技术开发计划项目1890项，资助经费5.31亿元。其中，技术研究与开发经费35900万元；科技成果转化资金10200万元；自然科学基金6500万元；自治区主席科技资金500万元。取得省部级以上登记科技成果666项，其中，应用技术成果617项；软科学研究成果20项；基础理论成果29项。全年获广西科技进步奖项目160项，其中，特别贡献奖2项；自然科学奖10项；技术发明奖10项；科学技术进步奖138项。全年专利申请量32294件，同比增长 38.9%，其中发明专利申请量22235件，同比增长54.6%。全年授权专利9664件，同比增长22.6%，其中授权发明专利1933件，同比增长49.3%。2014年末全区拥有有效发明专利5655件，每万人口发明专利拥有量为1.21件，同比增长52.0%。全年共签订技术合同2348项，技术合同成交金额11.58亿元。

年末全区共有产品检测实验室（指全区获得省级实验室资质认定的检验检测实验室）897个，国家级质检中心10个，自治区级质检中心30个。全区现有产品质量、体系认证机构3个，累计完成产品认证企业个数（有效期内）480个。全区共有法定计量技术机构87个，全年强制检定计量器具118.26万台（件）。累计制、修订地方标准1165个，有效期内广西名牌产品数265个，地理标志保护产品42个。全区共有地震台站137个，地震监测台网7个。全年全区各级气象台共发布气象预警信号7110次，全年自治区气象台发布预警136次。全区共有海洋观测站5个。

十、文化、卫生和体育

年末全区共有县级以上公共图书馆112个，文化馆123个，博物馆112个，国有艺术表演团体16个，娱乐场所3374个，互联网上网服务营业场所（网吧）4478个。年末全区共有49个项目列入国家级非物质文化遗产名录，424个项目列入自治区级非物质文化遗产名录。文化产业示范（试验）园区和产业示范基地国家级8个、省级103个。按机构分，年末全区共有广播电台8 座，电视台7座，广播电视台83座。有线广播电视用户638.74万户，有线数字电视用户429.03万户。年末广播综合人口覆盖率为96.6%；电视综合人口覆盖率为98.2%。全年出版各类报纸6.6亿份，各类期刊0.5亿册，图书3.38亿册。年末全区共有档案馆126个，已开放各类档案82.3万卷又150.3万件。

年末全区共有医疗卫生机构（含村卫生室和计生机构）34669个，其中，医院486个，乡镇卫生院1270个，社区卫生服务中心269个，诊所（卫生所、医务室）8933个，村卫生室21917个，疾病预防控制中心113个，卫生监督所（中心）112个，妇幼保健院（所、站）104个。卫生技术人员25.86万人，其中执业医师和执业助理医师8.65万人，注册护士10.40万人。医疗卫生机构床位20.19万张，其中医院12.94万张，乡镇卫生院5.83万张。全年全区甲乙丙类法定报告传染病52.08万例，报告发病率1103.62/10万，报告死亡率 6.43/10万。

2014年全年运动员在世界三大赛中获金银铜牌12枚，其中金牌3枚，银牌4枚，铜牌5枚。有1人创1项世界青少年纪录，有1人创1项亚洲运动会纪录。

十一、人口、人民生活和社会保障

年末全区户籍总人口5475万人，比上年末增加53万人。年末常住人口[5]4754万人，比上年末增加35万人，其中城镇人口2187万人。全年出生人口72万人，出生率14.07‰；死亡人口30万人，死亡率6.21‰；自然增长率7.86‰。

表12　2014年常住人口及其主要构成

单位：万人

指　　标	年末数	比重%
全区常住人口	4754	
其中：城镇	2187	46.01
乡村	2567	53.99
其中：男性	2470	51.95
女性	2284	48.05
其中：0-14岁	1026	21.58
15-64岁	3268	68.75
65岁及以上	460	9.67

城乡居民收入继续增加。全年全区居民人均可支配收入15557元，比上年增长10.5%，扣除价格因素，实际增长8.2%。按常住地分，城镇居民人均可支配收入24669元，比上年增长8.7%，扣除价格因素，

实际增长6.5%；城镇居民人均可支配收入中位数[6]为23263元，增长11.7%。农村居民人均可支配收入8683元，比上年增长11.4%，扣除价格因素，实际增长9.3%；农村居民人均可支配收入中位数为8447元，增长14.4%。全年农村居民人均纯收入为7565元。

全区居民人均消费支出10247元，比上年增长7.1%，扣除价格因素，实际增长4.9%。按常住地分，城镇居民人均消费支出15045元，增长4.0%，扣除价格因素，实际增长1.9%；农村居民人均消费支出6675元，增长10.6%，扣除价格因素，实际增长8.5%。农村居民家庭食品消费支出占消费总支出的比重（即恩格尔系数）为36.9%，城镇为35.2%。

表13 2013–2014年城乡居民生活改善情况

指　　标	2013年	2014年
城镇居民人均可支配收入（元）	23305	24669
农村居民人均纯收入（元）	6791	7565
城镇居民家庭恩格尔系数（%）	37.9	35.2
农村居民家庭恩格尔系数（%）	40	36.9
城镇职工基本养老保险人数（万人）	538.37	557.59
城乡居民基本养老保险人数（万人）	—	1720.98
新型农村合作医疗参合率（%）	98.9	99.03

按常住地分，农村居民人均居住住房面积43.25平方米，比上年增加2.76平方米，增长6.8%。城镇居民人均住房建筑面积37.72平方米，比上年增加1.64平方米，增长4.6%。

年末全区参加城镇职工基本养老保险人数557.59万人，比上年末增加19.22万人。其中，参保职工377.31万人，参保离退休人员180.28万人。参加城镇基本医疗保险的人数1067.35万人，增加 36.37万人。其中，参加城镇职工基本医疗保险人数482.62万人，参加城镇居民基本医疗保险人数584.73万人。参加城镇基本医疗保险的农民工21.34万人，减少 5.24万人。参加失业保险的人数258.98万人，增加 6.72万人。参加工伤保险的人数338.22万人，增加12.6万人，其中参加工伤保险的农民工52.78万人，减少3.63 万人。参加生育保险的人数280.25万人，增加 10.01万人。

参加城乡居民基本养老保险的人数1720.98万人，增加40.29万人。年末领取失业保险金人数为6.07万人。

年末全区共有111个县（市、区）开展了新型农村合作医疗试点工作，新型农村合作医疗参合率99.03%；新型农村合作医疗基金支出总额为162.38亿元，受益人数5915.75万人。城乡居民基本养老保险参保人数1720.98万人，其中城镇居民参保人数40.68万人，农村居民参保人数1680.30万人。年末领取失业保险金人数为6.07万人。

年末全区共有提供住宿社会服务机构 564个，床位4.02万张，年末在院（站）人天数632.45万人/天。全区孤儿收养数23509人，其中集中供养孤儿 2592人，社会散居孤儿20917人。儿童收养登记1692件，其中涉外收养120件。各类社区服务机构（含五保村）9714个，其中社区服务中心174个，社区服务站511个。全区共有44.80万城镇居民得到政府最低生活保障，329.80万农村居民得到政府最低生活保障，28.95万农村居民得到政府五保救济。全年民政部资助参保人数21.32万人，资助参合人数243.05万人，直接医疗救助人次数38.59万人次。在残疾人群体中，纳入城镇最低生活保障范围的有6.79万人，纳入农村最低生活保障范围的有39.90万人，纳入五保供养的有4.43万人。

十二、资源、环境和安全生产

全年全区国有建设用地供应总量1.98万公顷，比上年下降13.2%。其中，工矿仓储用地0.29万公顷，下降29.5%；住宅用地0.23万公顷，下降11.4%；基础设施等其他用地1.35万公顷，下降6.3%。

全年平均降水量1422毫米。全年总用水量290.9亿立方米，比上年下降5.6%。其中，生活用水增长2.4%，工业用水减少30.2%，农业用水下降0.1%，生态补水下降23.0%。万元地区生产总值用水量[7] 185.6立方米,万元工业增加值用水量64.3立方米,人均用水量611立方米。

全年完成造林面积299万公顷，其中人工造林146万公顷。全区已获批准的国家级生态示范区25个。全区建成自然保护区达到77个，其中国家级自然保护区22个。自然保护区面积135.27万公顷。森林覆盖率62.1%。活立木蓄积量6.8亿立方米。森林蓄积量6.47亿立方米。新增水土流失治理面积329.65平方公里。

全年平均气温为21.0℃，共有4个热带气旋直接影响广西。

初步核算，全年能源消费总量比上年增长4.6%。万元地区生产总值能源消耗[8]比上年下降3.7%。规模以上万元工业增加值综合能源消耗比上年下降9.3%。

285个水质监测断面中，Ⅰ～Ⅲ类水质断面比例占95%，劣Ⅴ类水质断面比例占2%。

在监测的14个城市中，空气质量均达到二级以上（含二级）标准。在监测的14个城市中，城市区域声环境质量较好的有8个，占57.1%，轻度污染的有6个，占42.9%。

年末城市污水处理厂日处理能力达405.5万立方米，比上年末增长6.0%；城市污水处理率达到86.5%，提高2.1个百分点。建成区绿地覆盖率达到35.7%，提高1.1个百分点。

全年各类生产安全事故共死亡2641 人，比上年下降3.4%。亿元地区生产总值生产安全事故死亡人数为0.17人，下降0.1%；工矿商贸企业生产安全事故死亡人数为318人，下降12.6%；道路交通万车死亡人数为2.07人，下降 3.7%；煤矿百万吨死亡人数为1.62人。

注释：

［1］本公报中2014年数据均为初步统计数。部分数据因四舍五入的原因，存在与分项合计不等的情况。

［2］地区生产总值、各产业增加值绝对数按现价计算，增长速度按不变价格计算。

［3］房地产业投资除房地产开发投资外，还包括建设单位自建房屋以及物业管理、中介服务和其他房地产投资。

［4］原保费收入主要是与再保险保费收入进行区分的，国家规定保险公司必须按照一定比例进行分保，接受保险分出的公司收取的保费就是再保费收入，而由公司自己做的业务得到保费收入就是原保费收入。

［5］常住人口指在广西居住半年以上的人口，以及户口在广西、外出广西不满半年或在境外工作学习的人口。

［6］人均收入中位数是指将所有调查户按人均收入水平从低到高顺序排列，处于最中间位置的调查户的人均收入。

［7］万元地区生产总值用水量、万元工业增加值用水量按现价计算。

［8］万元地区生产总值能耗和规模以上万元工业增加值能耗增速按2010年不变价格计算。

资料来源：

本公报中城镇新增就业、登记失业率、社会保障数据来自自治区人力资源和社会保障厅；户籍总人口数据来自自治区公安厅；财政数据来自自治区财政厅；物价、城乡居民收入和支出、恩格尔系数、部分农业数据来自国家统计局广西调查总队；进出口数据来自南宁海关；外商直接投资、对外承包工程和劳务合作等数据来自自治区商务厅；金融数据来自中国人民银行南宁中心支行；保险数据来自中国保险监督委员会广西监管局；旅游数据来自自治区旅游局；公路里程，港口数据来自自治区交通运输厅；旅客、货物运输量和周转量、高速铁路数据来自自治区交通运输厅、南宁铁路局和广西机场集团；汽车保有量数据来自自治区交警总队；邮政业务数据来自自治区邮政管理局；电信业务数据来自自治区通信管理局；教育数据来自自治区教育厅；安排科技计划课题、专利数据、技术合同等数据来自自治区科技厅；质量检验、标准制定修订数据来自自治区质量技术监督局；地震数据来自自治区地震局；艺术表演团体、博物馆、公共图书馆、文化馆、娱乐场所、互联网上网服务营业场所（网吧）、非物质文化遗产、文化产业示范（试验）园区和产业示范基地数据来自自治区文化厅；广播电视数据来自自治区广播电影电视局；报纸、期刊、图书数据来自自治区新闻出版局；档案数据来自自治区档案局；卫生、新农合数据来自自治区卫生厅；体育数据来自自治区体育局；社会服务、孤儿情况、低保和五保供养数据来自自治区民政厅；残疾人数据来自自治区残疾人联合会；安全生产数据来自自治区安全生产监督管理局；交通事故数据来自自治区公安厅；气象预警、平均气温、登陆台风数据来自自治区气象局；国有建设用地供应数据来自自治区国土资源厅；水资源、新增水土流失治理面积数据来自自治区水利厅；林业数据来自自治区林业厅；自然保护区、环境监测数据来自自治区环境保护厅；城市污水处理、建成区绿地覆盖率来自自治区住房和城乡建设厅；其他数据均来自自治区统计局。